Todos los libros de Linkgua Ediciones cuentan con modelos de Inteligencia Artificial entrenados por hispanistas. Pregúntale al chat de tu libro lo que desees acerca de la obra o su autor/a.

Para **ebooks**: Accede a nuestro modelo de IA a través de este enlace.

Para **libros impresos**: Escanea el código QR de la portada con tu dispositivo móvil.

Obtén análisis detallados de nuestros libros, resúmenes, respuestas a tus preguntas y accede a nuestras ediciones críticas generativas para una experiencia de lectura más enriquecedora.
La transparencia y el respeto hacia la autoría de las fuentes utilizadas son distintivos básicos de nuestro proyecto. Por ello, las respuestas ofrecen, mediante un sistema de citas, las fuentes con las que han sido elaboradas.

Autores varios

Diccionario de la literatura cubana

Tomo I

Barcelona **2024**
Linkgua-ediciones.com

Créditos

Título original: Diccionario de la literatura cubana.

© 2024, Red ediciones S. L.

e-mail: info@linkgua.com

Diseño de cubierta: Michel Mallard.

ISBN tapa dura: 978-84-1126-572-0.
ISBN rústica: 978-84-9953-757-3.
ISBN ebook: 978-84-9953-954-6.

Sumario

A

Abárzuza, Francisco (La Habana, 1838-12 abril 1910). Realizó los primeros estudios en su ciudad natal; niño aún se trasladó a España, donde cursó la segunda enseñanza como alumno del Real Seminario de Vergara. Conflictos familiares impidieron su completa dedicación a las letras. En 1872 obtuvo la Flor Natural por su poesía «Al mar», en unos juegos florales celebrados en Gerona, España. Residió por largo tiempo en Inglaterra, Francia y Bélgica. Recorrió varios países de América. Colaboró en *Revista de España* y la *Abeja Recreativa*, de la que fue uno de los fundadores. Tradujo algunas piezas de Shakespeare. Dejó algunas obras inéditas, entre ellas poemas y dramas.

Bibliografía activa

Poesías, Leídas en el Ateneo Científico y Literario de Madrid el sábado 2 de abril de 1881, Madrid, Imprenta de M. G. Hernández, 1881.

El divorcio entre dos almas, poema, prólogo de Urbano González Serrano, Madrid, Establecimiento Tipo-litográfico Real 1, 1882.

Bibliografía pasiva

Colorado, Vicente, «*El divorcio entre dos almas*», en *Revista de Cuba*, La Habana, 12, 394-397, 1882.

Abascal, Jesús (Matanzas, 8 junio 1934). Cursó la primera enseñanza y el bachillerato en letras en las Escuelas Pías de La Habana (1941-1951). Recibió clases de dibujo comercial. Ha trabajado como office-boy y mercadista en agencias de publicidad (1955-1960). Asistió al Primer Congreso Nacional de Escritores y Artistas de Cuba. Ha visitado a Checoslovaquia (1964), República Democrática Alemana (1964) y Rumania (1969). Tiene colaboraciones en *Prensa Libre, con la Guardia en Alto, Trabajo, Bohemia, Lunes de Revolución, La Tarde, Cuba, Mujeres, Unión, Islas* y *Mar y Pesca*. Participó en el Congreso Cultural de La Habana (1969). Ha sido redactor de la oficina de divulgación de la Comisión de Orientación Revolucionaria del Partido Comunista de Cuba e investigador literario en el Instituto de Literatura y Lingüística de la Academia de Ciencias. Es redactor de la revista *Mar y Pesca*.

Bibliografía activa

Soroche y otros cuentos, La Habana, Ediciones El Puente, 1963.

Staccato, relatos, La Habana, Ediciones Unión 1967.

Bibliografía pasiva

Álvarez Bravo, Armando, «El primer libro», en *La Gaceta de Cuba*, La Habana, 3, 39, 22, julio, 1964.

Abeja, La (Trinidad, Las Villas, 1856). Periódico quincenal de ciencias, literatura y artes. Comenzó el 15 de enero. Era dirigido por José A. Cortés y Andrés Sánchez y de

Arregui. No obstante anunciarse como quincenal, tuvo una salida irregular. En sus páginas se publicaban artículos de crítica literaria, cuentos, poesías y otras cuestiones de interés local. Fueron colaboradores de esta publicación Luisa Pérez Montes de Oca, Joaquín Lorenzo Luaces, José Fornaris, *El Cucalambé* (seudónimo de Juan C. Nápoles Fajardo), Ramón Vélez Herrera, Adelaida del Mármol, Tristán de Jesús Medina, Rafael García Copley, Úrsula Céspedes, Domingo del Monte y P. Muchos trabajos aparecieron firmados con seudónimos. El último número encontrado (10) corresponde al 1.º de noviembre de 1856.

Abeja científica, artística y literaria (La Habana, 1848-1849). Revista que comenzó a salir en octubre, según consta en la prensa de la época. José María Labraña, en la página 651 de su trabajo «La prensa en Cuba» —aparecido en *Cuba en la mano. Enciclopedia popular ilustrada* (La Habana, Imprenta Úcar, García, 1940, págs. 649-786)—, afirma que era dirigida por José A. Cortés y A. Sánchez y que publicó nueve números. No tenía día fijo de salida. Carlos Manuel Trelles señala, en la primera parte de su trabajo «Bibliografía de la prensa cubana (de 1764 a 1900) y de los periódicos publicados por cubanos en el extranjero» —en *Revista Bibliográfica Cubana* (La Habana, 2, 7, 9, enero-febrero, 1938)—, que su periodicidad fue semanal. También afirma Trelles que la dirigía Eladio López Quintana y que se publicó hasta agosto de 1849.

En la sección «Noticias varias» del diario habanero *La Prensa* del 8 de noviembre de 1848, al referirse a la tercera entrega de esta publicación, se expresa que la misma «se hace recomendable porque la mayor parte de sus producciones son originales». Aunque no se ha encontrado ningún ejemplar, se sabe que aparecieron en sus páginas trabajos de José Fornaris, Tristán de Jesús Medina, Adelaida del Mármol, Rafael María de Mendive y Manuel Hernández Echerri.

Bibliografía

«La *Abeja*, publicación literaria», en *La Prensa*, La Habana, 3.ª época, 6, 257, 3, octubre 28, 1848.

Academia Cubana de la Lengua. La Real Academia Española de la Lengua aprobó el 19 de mayo de 1926 la creación de la Academia Correspondiente en Cuba. En octubre de ese año ofreció la primera sesión pública. En agosto de 1951 el gobierno cubano le dio carácter oficial. Cuenta con un director, un vicedirector, un secretario, un tesorero y un bibliotecario. Tiene como objetivos estudiar la lengua española y velar por su pureza, propiedad y esplendor en Cuba, estudiar la vida, desenvolvimiento y modalidades de la lengua española en Cuba en todos sus aspectos (lexicográfico, fonético, semántico) y formar la lista de voces y acepciones cubanas, informar a la Real Academia Española sobre las voces y expresiones cubanas, evacuar las consultas que sobre el lenguaje, y de modo especial sobre cubanismos, le hagan el gobierno de Cuba, la Real Academia Española y las demás Academias de la América hispana correspondientes de la de España. El primer director fue Enrique José Varona. Entre 1951 y 1969 ocupó ese cargo José María Chacón y Calvo. Actualmente lo ejerce Antonio Iraizoz. El *Boletín de la Academia Cubana de la Lengua* se publicó desde enero de 1952 hasta diciembre de 1964.

Bibliografía

Chacón y Calvo, José M., «Instituciones oficiales de cultura», en *Libro de Cuba*, La Habana, publicaciones Unidas, 1954, pág. 665.

Estatutos de la Academia Cubana de la Lengua, La Habana, 1971.

Academia Cubana de Literatura. Fue concedida por Real Orden dictada el 23 de diciembre de 1833 y quedó constituida el 6 de marzo de 1834.

Nicolás de Cárdenas ocupó el cargo de director, Blas Osés el de vicedirector y Domingo del Monte el de secretario. Contó con veintisiete académicos de número, entre los que se encontraban figuras como José de la Luz y Caballero, José Antonio Saco y Felipe Poey. En Matanzas, Puerto Príncipe, Puerto Rico y Madrid, se designaron académicos correspondientes. En esta última se nombraron siete, entre ellos Francisco Martínez de la Rosa, primer ministro en ese momento. La Comisión Permanente de Literatura se convertía así en Academia Cubana de Literatura, indudable exponente del espíritu de cubanidad. Tendría, hasta cierto punto, independencia de la Sociedad Económica de Amigos del País, pues debía remitirle su reglamento para que lo aprobase. El cumplimiento de esta formalidad fue el inicio de un incidente que significó la muerte casi instantánea de la Academia. La directiva de la Sociedad Económica, irritada porque los miembros de la Comisión Permanente de Literatura habían elevado su solicitud a la Reina Gobernadora sin intervención de la corporación, ejerció su influencia en la esfera oficial y la Academia desapareció.

Bibliografía

El Académico, seudónimo de José Antonio Saco y López, «A el Socio amante de la literatura», en *Diario de La Habana*, La Habana, 104, 2, abril 14, 1834.

Un discípulo de la Academia, seudónimo, «Comunicado, Al público», en *Diario de La Habana*, La Habana, 106, 2, abril 17, 1834.

Un Estudiante, seudónimo, «Comunicado, A la cuestión», en *Diario de La Habana*, La Habana, 110, 3, abril 20, 1834.

Fulano, seudónimo, «Comunicado», en *Diario de La Habana*, La Habana, 103, 2, abril 13, 1834.

Guerra, Ramiro, *Manual de historia de Cuba, económica, social y política*, La Habana, Imprenta Cultural, 1938, págs. 317-320.

Monte, Domingo del, «Al público», en *La Au-

rora, Matanzas, 3.ª época, 200, 2-3, abril 29, 1834.

Otro Académico más amante del orden que de la literatura, seudónimo, «Comunicados, Dos palabras al *Socio amante de la literatura y del orden*», en *Diario de La Habana*, La Habana, 104, 2, abril 15, 1834.

«Real Sociedad Patriótica», en *Diario de La Habana*, La Habana, 107, 1-2, abril 18, 1834.

Saco, José Antonio, *Justa defensa de la Academia Cubana de Literatura, contra los violentos ataques que se le han dado en el* Diario de La Habana, *desde el 12 al 23 de abril del presente año, escrita por José Antonio Saco y publicada por un amigo de la Academia*, Nueva Orleans, Matanzas, Impresa por Mr. St. Romse, Oficina del Courrier, 1834.

Salazar y Roig, Salvador, «José Antonio Saco y la Academia Cubana de Literatura», en *Alma Cubana*, La Habana, 4, 1-3, 13-19, enero-marzo, 1926.

El Socio, amante de la literatura y del orden, seudónimo de Antonio Zambrana y Valdés, «Comunicado», en *Diario de La Habana*, La Habana, 102, 2, abril 12, 1834.

Un Suscriptor imparcial amante de la justicia, seudónimo, «Al público» y «Comunicado, Contestación a la que me da el suscriptor amigo de la Claridad», en *Diario de La Habana*, La Habana, 105 y 112, 3 y 3-4, abril 16 y 22, 1834.

Zambrana, Antonio, «Comunicado» en *Diario de La Habana*, La Habana, 113, 2-3, abril 23, 1834.

Academia de Ciencias de Cuba El Gobierno Revolucionario, por medio de la Ley número 1011 dictada el 20 de febrero de 1962, creó la Comisión Nacional de la Academia de Ciencias de Cuba, como etapa previa al desarrollo de ésta. El presidente de la Comisión y posteriormente de la Academia, fue el Doctor Antonio Núñez Jiménez. Entre sus miembros se encontraban Juan Marinello, Fernando Ortiz, Emilio Roig de Leuchsenring, José López Sánchez, Julio Le Riverend, Salvador Massip, Abelardo Moreno, Gilberto Silva y José B. Altshuber. Una vez fortalecida la Comisión, se dieron pasos más definitivos para la constitución de la Academia de Ciencias, cuyas funciones actuales son las de dirigir, coordinar y orientar los estudios, investigaciones y demás actividades científicas no docentes en todas las ramas de las ciencias naturales y sociales, planificar las investigaciones científicas de acuerdo con la Junta Central de Planificación y servir como organismo consultor de la misma en todo lo que concierne a la actividad científica y tecnológica, divulgar los conocimientos e investigaciones mediante publicaciones y demás vías de difusión, promover la celebración de congresos, reuniones e intercambios de índole nacional e internacional, proponer al gobierno el envío de delegaciones de alto nivel a congresos y misiones de estudio, crear organismos de carácter científico, tales como institutos y centros de investigación, y realizar investigaciones en las diferentes ramas de la ciencia. Para el desarrollo de sus trabajos cuenta con un presidente, cargo ocupado actualmente por el Doctor Zoilo Marinello, un consejo científico superior, un consejo de presidencia, un consejo de dirección y un aparato económico-administrativo. Los diferentes institutos que forman como tales la Academia, están agrupados según las diferentes ramas de la ciencia: el Instituto de Ciencias Sociales, que comprende lo relacionado con los asuntos históricos, etnológicos y arqueológicos; el Instituto de Literatura y Lingüística; el Archivo Nacional; el Departamento de Filosofía, que funciona adscrito a la Presidencia; los institutos pertenecientes a las ramas de las ciencias agrícola y biológica, que comprenden el Instituto de Investigaciones Fundamentales de la Agricultura Tropical «Alejandro de Humboldt», el Instituto de Investigaciones de la Caña de Azúcar, el Instituto de Investigaciones Fundamentales del Cerebro, el Instituto de Suelos, el Instituto de Botánica, el Instituto de Zoología, el Instituto de Investigaciones Agropecuarias «Jorge Dimitrov» y el Departamento de Ecología Forestal. Las ramas de las ciencias físico-técnicas, químicas y geociencias abarcan el Instituto de Matemática, Cibernética y Computación, el Instituto de Investigaciones Nucleares, el Instituto de Geofísica y Astronomía, el Instituto de Oceanología, el Instituto de Meteorología, el Instituto de Geología y Paleontología, el Instituto de Geografía, el Instituto de Investigación Técnica Fundamental y el Instituto de Química. Dentro de la rama de la documentación funciona el Instituto de Documentación e Información Científico Técnica. Atiende además la Academia el Museo de las Ciencias «Carlos J. Finlay» y el Museo «Tomás Romay». La Academia tiene dos delegaciones o filiales, una en la provincia de Oriente y otra en Isla de Pinos, que cubren diversas áreas de trabajo. Entre sus publicaciones periódicas se destacan la *Revista de Agricultura*, iniciada en 1967, y la colección *Series*, donde aparecen los temas desarrollados por especialidades. Otros títulos publicados por la Academia de Ciencias son *Obras completas de Tomás Romay* (1965, 2 T.); *Obras completas de Carlos J. Finlay* (1965, 1967, 1970 y 1971, 5 T.); *Biografía de un cimarrón* (1966), de Miguel Barnet; *Historia de la Revolución de Haití* (1966), de José Luciano Franco; *Índice histórico de la provincia de Camagüey. 1899-1952* (1970). Los institutos y otras dependencias editan diversos boletines, anuarios, resúmenes bibliográficos, etc.

Bibliografía

Academia de Ciencias de Cuba 1970, La Habana, Ediciones de la Academia de Ciencias, *s. a.*

Núñez Jiménez, Antonio, «Nace nuestra Academia de Ciencias» y «Discurso del Doctor, en la sesión solemne conmemorativa del X Aniversario», en *Granma*, La Habana, 8, 43 y

44, 2 y 3-4, febrero 19 y 21, 1972.

«La Academia de Ciencias de Cuba en su décimo aniversario», en *Bohemia*, La Habana, 64, 8, 40-47, febrero 25, 1972.

Academia de Ciencias de Cuba, nacimiento y forja, La Habana, Ediciones de la Academia de Ciencias de Cuba, 1972.

Osa, José de la, «Cinco preguntas sobre la Academia de Ciencias», en *Granma*, La Habana, 11, 41, 4, febrero 18, 1975.

«Obtiene importantes resultados en el trabajo científico la Academia de Ciencias de Cuba en saludo al Primer Congreso», en *Granma*, La Habana, 11, 303, 6, diciembre 23, 1975.

Academia de la Historia de Cuba. Fue creada por Decreto Presidencial fechado el 20 de agosto de 1910, e inaugurada el 10 de octubre del propio año. Tuvo en sus inicios carácter independiente, adscrita a la Secretaría de Instrucción Pública y Bellas Artes; en julio de 1914 se le concedió personalidad jurídica propia y plena capacidad civil para todos los efectos legales. Estuvo dirigida por un presidente de honor, que debía ser a su vez el secretario de Instrucción Pública y Bellas Artes, un presidente efectivo, treinta académicos de número residentes en La Habana, treinta académicos correspondientes residentes en las provincias o en el extranjero, un secretario y un bibliotecario. El primer presidente fue Fernando Figueredo, sustituido tras una corta etapa por Evelio Rodríguez Lendián. Los objetivos fundamentales de la Academia fueron investigar, adquirir, coleccionar y clasificar todos aquellos documentos que en mayor o menor grado pudieran ser una contribución al enriquecimiento de nuestra historia. Además, se preocupó por salvar los objetos que constituyeran recuerdos históricos. Organizó concursos, ofreció conferencias y publicó monografías, colecciones y documentos. Contó con un archivo compuesto por más de diez mil documentos, entre los cuales figuran originales de Carlos Manuel de Céspedes y Salvador Cisneros Betancourt y copias valiosas extraídas del Archivo de Indias, relacionadas con la historia de Cuba. En 1919 apareció el primer tomo de *Anales de la Academia de La Historia*, publicado bajo la dirección de Domingo Figarola Caneda. Su último número apareció en 1956.

También editó, entre 1944 y 1956, un *Anuario* que recogía en sus páginas las actividades y diversas cuestiones administrativas relacionadas con la institución. Desaparecida en 1960, su archivo y biblioteca pasaron al Archivo Nacional de la Academia de Ciencias de Cuba y al Archivo Histórico de la Revolución.

Bibliografía

Iraizoz, Antonio, «Labor de la Academia de la Historia», en *Anales de la Academia de la Historia de Cuba*, La Habana, 13, 123-125, enero-diciembre, 1931.

Lagómasino Álvarez, Luis, «La Academia de la Historia», en *Boletín nacional de historia, geografía y ciencias naturales*, La Habana, 1, 2-3,

24-28, junio-diciembre, 1912.

Pérez Cabrera, José Manuel, «Palabras pronunciadas en la Feria Anual del Libro celebrada en el Parque Central de La Habana, el día 5 de diciembre de 1943» y «Palabras leídas a nombre de la Academia de la Historia de Cuba, con motivo de la IV Feria Cubana del Libro celebrada en el Parque Central de La Habana, el día 10 de diciembre de 1945», en *Anales de la Academia de la Historia de Cuba*, La Habana, 25 y 27, 119-123 y 118-121, enero-diciembre, 1943 y 1945.

«Proyecto de reglamento de la Academia de la Historia de Cuba», en *Anales de la Academia de la Historia La Habana*, 1 y 3, 1 y 1, 199-206 y 219-232, julio-agosto y enero-junio, 1919 y 1921.

Santovenia, Emeterio Santiago, *Cuarenta años de la vida de la Academia*, La Habana, Imprenta El Siglo XX, 1950.

La vida de la Academia de la Historia, 1910-1932, por *Juan Miguel Dihigo y Mestre, y otros*, La Habana, Imprenta El Siglo XX, 1924-1932, 9 T.

Academia Municipal de Artes Dramáticas. En 1947 el Municipio de La Habana, a través de su departamento de Bellas Artes, inauguró una Academia de Artes Dramáticas en el Conservatorio Municipal de Música, dirigida por Martínez Aparicio. El plan de estudios constaba de tres años, organizado para enseñanza teórica y práctica. En 1949 la Academia logró un local propio para sus clases y trabajos experimentales. En 1953 ocupó la dirección de la institución Mario Rodríguez Alemán, quien centró su interés en intensificar el trabajo práctico del alumnado, para lo cual se inauguró un teatro experimental, como complemento de los estudios realizados, llamado El Corral. Esta Academia se mantuvo hasta los primeros años del triunfo de la Revolución.

Bibliografía

González Freyre, Natividad, «Academia Municipal», en su *Teatro cubano, 1927-1961*, La Habana, Ministerio de Relaciones Exteriores, 1961, págs. 86-87.

Academia Nacional de Artes y Letras. Fue creada por Decreto Presidencial el 31 de octubre de 1910.

En sus inicios tuvo carácter de corporación independiente, adscrita a la Secretaría de Instrucción Pública y Bellas Artes, pero en 1914 se le concedió personalidad jurídica propia y plena capacidad civil para todos los efectos legales. Contó con las secciones de Literatura, Arquitectura, Escultura, Pintura y Música, y estuvo dirigida por un presidente, un director, un tesorero, un secretario general y un bibliotecario-conservador, con sus vices correspondientes. El primer presidente fue Antonio Sánchez de Bustamante Sirvén. El núcleo primitivo de miembros se constituyó con sesenta y cinco personas residentes en La Habana y dedicados a las bellas artes, que serían académicos de número, y con veinticuatro residentes en el interior del país, que serían académicos correspondientes. Hubo además académicos honorarios, que residían en el extranjero, y académicos supernumerarios, que eran los académicos de número que habían perdido este carácter por ausentarse dos años consecutivos de la ciudad de La Habana. Los principales objetivos de la Academia Nacional de Artes y Letras fueron la publicación de toda clase de obras y trabajos que pudieran contribuir a un mejor conocimiento y estudio de la teoría e historia de las bellas artes; recoger y divulgar libros, dibujos, estampas, cuadros y otros objetos artísticos; velar por la conservación y restauración de los monumentos, y auxiliar al gobierno en la evacuación de consultas sobre las diferentes ramas que abarcó la corporación. Además, trabajó en favor de la creación de becas con sus propios fondos o gestionándolas con los organismos oficiales, organizó exposiciones y conferencias públicas y otorgó el Gran Premio Nacional de Artes y Letras, discutido cada año dentro de una de las distintas secciones que formaban la Academia. En 1916 apareció el primer tomo de *Anales de la Academia Nacional de Artes y Letras*, publicado bajo la dirección de Rafael Montoro, y cuyo último número salió en 1960.

En los 39 volúmenes que editaron está recogida toda la vida de la Academia. Entre sus muchas publicaciones se encuentran la *Colección póstuma de las obras de Jesús Castellanos*, las *Obras completas de Enrique Hernández Miyares* y la mayoría de los discursos y conferencias que se ofrecieron en sus salones. En 1960 cesaron las actividades de esta institución cultural.

Bibliografía

Chacón y Calvo, José María, «Instituciones oficiales de cultura», en *Libro de Cuba*, La Habana, publicaciones Unidas, 1954, págs. 664-665.

Estatutos y reglamento, La Habana, Imprenta Avisador Comercial, 1915.

«Nuevos estatutos de la Academia Nacional de Artes y Letras», en *Anales de la Academia Nacional de Artes y Letras*, La Habana, 7, 7, 1-2, 82-99, enero-junio 1922.

«Primeros estatutos de la Academia Nacional de Artes y Letras», en *Anales de la Academia Nacional de Artes y Letras*, La Habana, 7, 7, 1-2, 54-63, enero-junio, 1922.

«Reglamento de la Academia Nacional de Artes y Letras», en *Anales de la Academia de Artes y Letras*, La Habana, 7, 7, 1-2, 63-79, enero-junio, 1922.

Trabajos de la corporación desde que se fundó en 22 de octubre de 1910 hasta noviembre de 1912, La Habana, Imprenta Cubana, 1912.

Trabajos de la corporación durante los años académicos de 1912-1913 y de 1913-1914, Sesión inaugural de 1914-1915, La Habana, Imprenta Avisador Comercial, 1914.

Trabajos de la corporación durante el año académico de 1914-1915, La Habana, Imprenta Avisador Comercial, 1915.

Academia Universitaria de Literatura.
Quedó constituida el 22 de junio de 1925 por
iniciativa de Salvador Salazar, quien fue su
presidente perpetuo. Estuvo integrada por
alumnos y graduados de las escuelas de
Letras y de Pedagogía de la Universidad de
La Habana. Su objetivo central fue el cultivo,
propaganda y estudio de la literatura universal, especialmente la cubana. Mediante sus
seis secciones: Literatura Cubana, Literatura
Española, Literatura Francesa, Literatura
Hispanoamericana, Literatura Inglesa y
Literatura Alemana, ofreció conferencias literarias, actividades musicales, etc. En mayo de
1926 organizó sus Primeros Juegos Florales,
concurso donde se admitían obras literarias de
diversos géneros y composiciones musicales.
Entre sus fundadores figuraron Aurelio Boza
Masvidal, Hortensia Pichardo, Raimundo Lazo
y Manuel Bisbé.

Bibliografía

«La Academia Universitaria de Literatura», en
Alma Cubana, La Habana, 4, 1-3, 3-11, enero-
marzo, 1926.

**Acción. Por la renovación integral
de Cuba** (Véase **Páginas literarias y
Suplementos literarios**)

Acento. En la provincia con la cultura
(Bayamo, Oriente, 1947-1948). Revista dirigida
y editada por Alberto Baeza Flores, Humberto
Moya Diez, Francisco Morales Maceo, Carlos
Catasús Bertot, René Capote Riera, Benigno
Pacheco Bonet y Víctor Montero Mendoza.
Con el primer número, correspondiente al
invierno de 1947, apareció *El Machete*, «boletín
relámpago publicado por el grupo Acento».
La publicación, que no admitía «avisos comerciales de ninguna especie», era costeada por
distintas instituciones de la propia ciudad y se
distribuía gratuitamente. La mitad de la edición
se destinaba al extranjero. Publicó poesías —
de autores nacionales y extranjeros—, cuentos,
críticas y otros trabajos. Las viñetas de la portada fueron realizadas por el pintor Mariano
Rodríguez. Aparecieron en sus páginas trabajos firmados por Emilio Ballagas, Cintio
Vitier, José Lezama Lima, Fina García Marruz,
Rafaela Chacón Nardi, Carilda Oliver Labra,
Ernesto Fernández Arrondo, Eliseo Diego,
Octavio Smith, Adolfo Menéndez Alberdi,
Ramón Guirao y otros. Solo se han encontrado
los tres primeros números, el último correspondiente al verano y otoño de 1947 e invierno
y primavera de 1948.

Bibliografía

Fernández Arrondo, Ernesto, «Entrelíneas,
Voces de poesía», en *Diario de la Marina*, La
Habana, 105, 96, 4, abril 22, 1947.
Marquina, Rafael, «Vida cultural, Un "hurra"
por Bayamo», en *Información*, La Habana, 11,
70, 9, marzo 22, 1947.

Acosta, **Agustín** (Matanzas, 12 noviembre
1886, Miami, 12 marzo 1979). Cursó la primera

enseñanza y el bachillerato en su ciudad natal. Desde muy joven comenzó a trabajar como telegrafista de los ferrocarriles. Fue jefe del servicio de telégrafos de Matanzas y de La Habana (1909-1920). En 1912 ocupó una plaza en el Palacio Presidencial. En los años 1913, 1914 y 1915 obtuvo Flores Naturales en juegos florales efectuados en Santiago de Cuba y La Habana. Se graduó de Doctor en Derecho Civil en la Universidad de La Habana en 1918; más tarde, en 1921, obtuvo el título de notario público. Se estableció como notario en Jagüey Grande (Matanzas). Durante la dictadura de Gerardo Machado sufrió prisión política. A la caída del régimen machadista fue nombrado gobernador provisional de Matanzas (1933-1934). En el gobierno de Mendieta ocupó la secretaría de la presidencia. De 1936 a 1944 fue senador de la República. Presidió el Partido Unión Nacionalista (1936-1937). También en La Habana ejerció como notario público. Visitó Estados Unidos (1953). Fue colaborador en *Letras*, *El Fígaro* (donde publicó sus primeros poemas), *El Cubano Libre*, *Orto*, *Social*, *Carteles*, *Diario de la Marina*, *Las Antillas*, *Ariel*, *Archipiélago* y otros periódicos y revistas de importancia. En ocasiones presidió el Ateneo de Matanzas. Miembro de la extinta Academia Nacional de Artes y Letras —en la que ingresó con el discurso *Federico Uhrbach. Las montañas: cumbres de la materia. Los poetas: cumbres del espíritu* (La Habana, Imprenta Molina, 1938), recogido con la contestación de Dulce María Borrero de Luján,

de la Academia Cubana de la Lengua y del Colegio de Abogados y el Colegio Notarial, de Matanzas. Junto con Regino Eladio Boti y José Manuel Poveda es uno de los representantes del renacimiento lírico que tuvo lugar en provincias antes de la década del veinte. Algunos de sus poemas han sido traducidos al francés. Tiene inéditas sus traducciones de poemas de Baudelaire, Verlaine, Lamartine, etc., así como libros de poesías y prosa. Abandonó el país en 1973.

Bibliografía activa

Ala, poemas, La Habana, Jesús Montero, 1915; La Habana, edición de la Organización Nacional de Bibliotecas Ambulantes y Populares, 1958.

Hermanita, poemas, La Habana, Imprenta El Siglo XX, 1923.

La zafra, poema de combate, La Habana, Minerva, 1926.

Los camellos distantes, poemas, La Habana, Imprenta Molina, 1936.

Martí, su obra y su apoteosis, conferencia, Bayamo, Ediciones Rumbos, 1941.

Últimos instantes, poemas, La Habana, Editorial La Verónica, 1941.

Las islas desoladas, poemas, La Habana, Imprenta F. Verdugo, 1943.

Poesías escogidas de Agustín Acosta, «Pórtico», por Diego Pereda, y «Unas palabras», por Fidencio Pérez Rosado, La Habana, Editorial La Verdad, 1950.

Poema del centenario, prólogo de José Álvarez

Conde, Santa Clara, 1953.

¿Fue Martí precursor del modernismo? Conferencia, La Habana, 1954.

Agustín Acosta, sus mejores poesías, Barcelona, Editorial Bruguera, 1955.

Jesús, poema, La Habana, Sociedad Colombista Panamericana, 1957.

En torno a la poesía de Manuel Gutiérrez Nájera, Marianao, La Habana, Instituto Municipal de Cultura, 1959.

Caminos de hierro, poemas, La Habana, Ágora, 1963.

Bibliografía pasiva

«Agustín Acosta, *Últimos instantes*», en *América*, La Habana, 18, 3, 93, junio, 1943.

Arenales, Ricardo, «El libro Ala, de Agustín Acosta», en *El Fígaro*, La Habana, 31, 30, 394, julio 25, 1915.

Bueno, Salvador, «En los ochenta años de Agustín Acosta», en *El Mundo*, La Habana, 65, 21 736, 4, noviembre 12, 1966.

Camín, Alfonso, «Agustín Acosta», en su *Hombres de España y de América*, La Habana, Imprenta Militar, 1925, págs. 283-287.

Chacón y Calvo, José María, «Agustín Acosta y su poema *Jesús*, I y II», en *Diario de la Marina*, La Habana, 125, 183 y 186, 6 D y 4 A, agosto 4 y 8, 1957.

«Las cartas de Agustín Acosta», en *El Mundo*, La Habana, 65, 21 746, 1, 5, noviembre 24, 1966.

Frau Marsal, L., «Ala, poesías por Agustín Acosta», en *Diario de la Marina*, edición de la mañana, La Habana, 83, 206, 11, julio 25, 1915.

Lamar Schweyer, Alberto, «Agustín Acosta», en su *Los contemporáneos*, ensayo sobre la literatura cubana del siglo, La Habana, Imprenta Los Rayos X, 1921, págs. 25-42.

Lezcano, Miguel, «Agustín Acosta», en *Arte*, La Habana, 7, 220, 14, diciembre 30, 1920.

Lizaso, Félix y José Antonio Fernández de Castro, «Agustín Acosta», en su *La poesía moderna en Cuba, 1882-1925*, antología crítica, ordenada y publicada, Madrid Librería y Casa Editorial Hernando, 1926, págs. 219-222.

Mañach, Jorge, «Carta a Agustín Acosta, en el cincuentenario de sus primeros versos», en *Bohemia*, La Habana, 46, 49, 38, 95-96, diciembre 5, 1954.

Martínez Villena, Rubén, «*Hermanita*, de Agustín Acosta», en su *Un nombre*, Prosa literaria, La Habana, Imprenta Úcar, García, 1940, págs. 99-103.

Mella, Julio Antonio, «Un comentario a *La zafra* de Agustín Acosta», en *Bohemia*, La Habana, 55, 32, 70-71, 79, agosto 9, 1963.

Ortiz Fernández, Fernando, «El poema de la zafra», en *Revista Bimestre Cubana*, La Habana, 22, 1, 5-22, enero-febrero, 1927.

Serpa, Enrique, «Sobre una obra de Agustín Acosta *Hermanita*», en *El Fígaro*, La Habana, 40, 16, 250-251, septiembre 23, 1923.

Torriente, Loló de la, «Agustín Acosta, coloquio del poeta y la poesía, Charla con», en *Bohemia*, La Habana, 60, 21, 32-35, 90, mayo 24,

1968.

Vitier, Cintio, «Agustín Acosta», en su *Cincuenta años de poesía cubana, 1902-1952*, ordenación, antología y notas, La Habana, Ministerio de Educación, Dirección de Cultura, 1952, págs. 81-82.

Vitier, Medardo, «Un canto de Agustín Acosta», en *Letras*, La Habana, 2.ª época, 9, 24, 509, noviembre 16, 1913.

«Agustín Acosta y *Los camellos distantes*» en *Lyceum*, La Habana, 3, 11 y 12, 21-25, septiembre-diciembre, 1938.

Acosta, **Leonardo** (La Habana, 25 agosto 1933-La Habana, 23 noviembre 2016). Realizó estudios primarios y secundarios en su ciudad natal. En 1950 inició la carrera de arquitectura en la Universidad de La Habana, pero la abandonó. Se dedicó a la música. Trabajó como saxofonista en varias orquestas populares, en Cuba, Estados Unidos y Venezuela (1956). Al triunfo de la Revolución comenzó a ejercer el periodismo y fue corresponsal de Prensa Latina en México y Praga. Trabajó durante cuatro años en el Grupo de Experimentación Sonora del ICAIC. Ha colaborado en *Unión*, *Casa de las Américas*, *El Caimán Barbudo*, *Revolución y Cultura*. Es autor del prólogo a la edición cubana del libro de Marshall W. Sterns *La historia del jazz* (*1966*). Actualmente trabaja en el Consejo Nacional de Cultura. Obtuvo el Premio Nacional de Literatura en 2006.

Bibliografía activa

Paisajes del hombre, relatos, La Habana, Ediciones Unión, 1967.

José Martí, la América precolombina y la conquista española, La Habana, Casa de las Américas, 1974, Cuadernos Casa, 12.

Bibliografía pasiva

Santos Moray, Mercedes, «La descolonización como batalla ideológica», en *Unión*, La Habana, 14, 1, 153-156, marzo, 1975.

Acosta y Guerra, **Ignacio María de** (La Habana, 4 octubre 1814-Matanzas, 24 diciembre 1871). Comenzó a estudiar con su padre. A los siete años fue trasladado a Matanzas, donde concluyó la primaria. Pocos años después, a los doce de edad, pasó a La Habana para continuar sus estudios. Ingresó en el colegio que dirigía don Benito de Ortigueira y más tarde en el Real Seminario de San Carlos, donde estudió latinidad y filosofía. Por esa época comenzó a cultivar la poesía. En Matanzas, tras su regreso definitivo en 1833, colaboró en *La Guirnalda*, *El Yumurí*, *La Aurora de Matanzas*, *Aurora del Yumurí* —en el que también fue redactor—, *El Duende*, periódico satírico, y *Liceo de Matanzas*. Colaboró además en las publicaciones habaneras *El Artista*, *Flores del Siglo* y *Revista de La Habana*. Editó, con Emilio Blanchet, el *Aguinaldo de Luisa Molina* (1856). Trabajó como profesor en los colegios Santa Teresa, La Empresa, El Siglo XIX y San Carlos. Fue cofundador y director del Colegio Matancero e inspector de instrucción en uno de los barrios de Matanzas. En 1864 fue nombrado juez examinador para las oposiciones del Colegio Municipal. Es autor de una pieza de teatro titulada *Un novel por protección*, en un acto, estrenada en 1847. *Su Romance histórico y geográfico de la isla de Cuba*, dedicado a los niños, fue declarado texto de lectura para las escuelas gratuitas de Matanzas. En muchos de sus poemas utilizó el seudónimo *Iñigo*. Firmaba también con sus iniciales I. M. de A.

Bibliografía activa

Delirios del corazón, Poesías amatorias, Matanzas, Imprenta de Gobierno por S. M., 1845.

Romance histórico y geográfico de la Isla de Cuba, Matanzas, Establecimiento Tipográfico de la Aurora del Yumurí, 1858.

Poesías, Nueva York, Imprenta de Néstor Ponce de León, 1893.

Bibliografía pasiva

Carbonell, José Manuel, «Ignacio María de Acosta, Iñigo, 1814-1871, en su *La poesía lírica en Cuba*, recopilación dirigida, prologada y anotada, tomo 2, La Habana, Imprenta El Siglo XX, 1928, págs. 326-327, Evolución de la cultura cubana, 1608-1927, 2.

«Delirios del Corazón» en *El Faro Industrial de La Habana*, La Habana, 5, 119, 2, abril 30, 1845.

López Prieto, Antonio, «Ignacio María de Acosta, Iñigo», en su *Parnaso cubano*, Colección de poesías selectas de autores cubanos desde Zequeira a nuestros días precedida de una Introducción histórico-crítica sobre el desarrollo de la poesía en Cuba, con biografías y notas críticas y literarias de reputados literarios, T. 1, La Habana, Editor Miguel de Villa, 1881, págs. 332.

Villaverde, Cirilo, «Bibliografía cubana, Poesías de don Ignacio María Acosta», en *Faro Industrial de La Habana*, La Habana, 2, 296, 2, octubre 24, 1842.

Actas del Folklore (La Habana, 1961). Boletín mensual del Centro de Estudios del Folklore del Teatro Nacional de Cuba. Comenzó a salir en enero, editado por la Sección de Publicaciones del Teatro Nacional. Fungía como asesor Argeliers León. En su primer número se expresa que esta revista «se propone ser una publicación que aborde temas científicos y referencias documentales que sirvan de base para la investigación». En sus páginas aparecían, además de trabajos elaborados por los miembros del centro que la publicaba, artículos reproducidos de revistas extranjeras y cubanas del pasado (*Archivos del Folklore Cubano*, *Estudios Afrocubanos*), siempre referentes a las distintas manifestaciones del folklore. Colaboraron en *Actas del Folklore* Argeliers León, Miguel Barnet, Marcelino Arozarena, Rogelio Martínez Furé, Carolina Poncet, Renée Méndez Capote, Ada Iglesias y otros. En diciembre de 1961, a raíz de la creación del Instituto Nacional de Etnología y Folklore, deja de publicarse (número 10 noviembre 12). Este último número presentó un índice de todo lo publicado por la revista. Compilado por Tomás F. Robaina se ha publicado su índice, aparecido en *Índice. Revistas folklóricas cubanas*, La Habana, Biblioteca Nacional José Martí. Departamento de Hemeroteca e Información de Humanidades, 1971.

Actualidades (La Habana, 1913-1917). Revista popular ilustrada. Comenzó a publicarse el 25 de septiembre, dirigida por Mariano Miguel. Se editaba semanalmente. En sus páginas aparecían trabajos de variada índole, incluyendo los literarios. Entre sus colaboradores se destacan Joaquín Nicolás Aramburu, Fernando Llés, Felipe Pichardo Moya, Arturo Ramón de Carricarte, *Ducazcal* (seudónimo de Joaquín Navarro Riera), Pedro Alejandro López, Rafael Suárez Solís, León Ichaso, Hilarión Cabrisas, Eduardo Varela Zequeira, Enrique Coll, Manuel Rodríguez Rendueles, Víctor Muñoz, Higinio Julio Medrano. La revista presentaba, además, una relación de colaboradores extranjeros, entre ellos Eduardo Zamacois, Francisco Villaespesa, José Alsina y Alfonso Camín. El último número que se ha encontrado (4) corresponde al 17 de octubre del propio año 1913. El 26 de mayo de 1917 reaparece, también dirigida por Mariano Miguel, con el mismo título y subtítulo, aunque no consignan que se trate de una segunda época. José I. Rivero comparte las labores de

dirección con M. Miguel. El jefe de información era Miguel de Marcos. En esta etapa colaboraron nuevamente Rafael Suárez Solís, Felipe Pichardo Moya, Arturo Ramón de Carricarte, Víctor Muñoz, León Ichaso. También prestaron su colaboración Emilio Roig de Leuchsenring, Arturo Alfonso Roselló, Álvaro de la Iglesia y destacados dibujantes de la época, como Enrique García Cabrera y Rafael Blanco. Con el número 8, correspondiente al 14 de julio, cesó su publicación.

Bibliografía
«Actualidades», en *Diario de la Marina*, La Habana, edición de la tarde, 74, 249, 4, septiembre 27, 1913.

Adelante (La Habana, 1935-1939). Revista mensual. Cultura y Justicia Social / Igualdad y Confraternidad. Comenzó a salir en junio, dirigida por el Doctor Jorge Santana Fernández, quien, exceptuando un corto período en que estuvo a su frente Raimundo Rol Vinent, se mantuvo siempre en el cargo. *Adelante* era «vocero de los lineamientos ideológicos que la Asociación *Adelante* sustenta, y que son en amplio y general sentido: *Luchar contra la injusticia social y por la completa igualdad social, económica y política de todas las personas*». Desde el número 2 apareció como Órgano de la Asociación *Adelante*. La revista divulgó las creaciones literarias y artísticas del negro, aunque no limitó a éste su radio de acción. En sus páginas colaboraron, entre otros, Nicolás Guillén, José Luciano Franco, Juan Marinello, Salvador García Agüero, Marcelino Arozarena, Félix Pita Rodríguez, Lino Dou, Rómulo Lachatañeré, María Villar Buceta, Manuel Cuéllar Vizcaíno, Gustavo E. Urrutia, Miguel Ángel Céspedes. El último número encontrado (44 y 45) corresponde a febrero de 1939.

Bibliografía

Borroto Mera, Tomás, «La revista *Adelante*», en *La Gaceta de Cuba*, La Habana, 102, 7-9, abril, 1972.

Cervantes, Carlos A., «A propósito del tercer aniversario, en *Adelante*, La Habana, 4, 37, 5-6, junio, 1938.

Adelante (Véase **Suplementos literarios**)

Afrocubana, **Literatura** El aporte africano a la integración étnica y cultural de Cuba es considerable, según ha demostrado, mejor que nadie, Fernando Ortiz. Desde antes del descubrimiento de la isla, ya el negro había hecho acto de presencia en la vida y en la cultura españolas. Con los conquistadores vinieron a Cuba los primeros africanos que luego el tráfico de esclavos, incrementado sobre todo por el desarrollo azucarero, multiplicó en forma extraordinaria hasta finales del siglo XIX. A Cuba llegaron africanos procedentes de las más diversas regiones del continente negro, aunque la mayoría provenía de su porción ecuatorial. Entre las diversas lenguas y culturas importantes, la *yoruba* o *lucumí* y la *bantú* son las que mayor influencia han tenido en el proceso de integración cultural de Cuba. Aunque ya Antonio Bachiller y Morales había iniciado el estudio de algunos rasgos peculiares de la población negra de Cuba en su libro *Los negros* (1887), fue Fernando Ortiz quien llevó a su más alto desarrollo tales investigaciones y con mayor rigor científico. A él se deben, desde la precisa determinación de la procedencia y variedad cultural de los africanos traídos a Cuba, con su obra *Los negros esclavos* (1916), hasta el análisis minucioso de sus aportes a la danza, el teatro, la poesía y la música cubanas. Estimulados por él, han surgido después esclarecedores estudios y recopilaciones antológicas de Lydia Cabrera, Ramón Guirao, Rómulo Lachatañeré, Argeliers León, etc., que con las obras de Ortiz constituyen las más seguras fuentes para el estudio de las persistencias africanas en nuestro folklore.

La presencia de «lo negro» en la literatura culta se da ya en las letras españolas, desde Gil Vicente y las comedias y «pasos» de Lope de Rueda, en los que se emplea el lenguaje bozal, el español deformado por los negros, y en los que hasta puede hallarse un lejano antecedente de la oración al «ánima sola» (comedia *Eufemia*, 1567). Lope de Vega, Góngora y la mexicana Sor Juana Inés de la Cruz, entre otros menos ilustres, llevarán negros a sus obras e insistirán en el cultivo del lenguaje bozal.

En Cuba la presencia negra se impone ya en el más antiguo documento literario conocido, el poema en octavas *Espejo de paciencia* (1608), donde, además de aludirse a los esclavos africanos que intervienen en la acción, resalta la figura de Salvador Golomón, negro criollo de Bayamo y en definitiva el verdadero héroe de la lucha de los «insulanos» contra el pirata francés Gilberto Girón, referida en el poema. El negro será después simple comparsa en los primeros artículos costumbristas, elemento decorativo, y no alcanzará papel protagónico hasta el segundo tercio del siglo XIX, durante el cual la lucha contra la trata de esclavos lo traerá a primer plano en las filantrópicas «composiciones negreras» que Domingo del Monte propone a sus discípulos y contertulios, teniendo cuidado de evitar que la denuncia de la explotación inicua de los esclavos alcance acentos subversivos. Producto de esta cuidadosa elaboración literaria son la *Autobiografía*, de Juan Francisco Manzano, escrita en 1839, pero no publicada entre nosotros hasta 1937; el *Francisco*, de Anselmo Suárez y Romero, publicada en 1880, pero terminada en 1839; y numerosos poemas inspirados en «la triste suerte del infeliz esclavo africano». Un poco excéntricas de esta órbita delmontina se hallan *Sab* (1841), de la Avellaneda, *Cecilia Valdés* (1882), de Cirilo Villaverde, cuya primera parte data también de 1839; y *Romualdo o uno de tantos* (1891), de Francisco Calcagno, de escaso valor literario, pero interesante por ser uno de los pocos relatos de esa época sobre el cimarronaje.

Plácido (seudónimo de Gabriel de la Concepción Valdés) es un poeta «blanco» que solo esporádicamente hinca el dardo de agudo epigrama sobre el problema social. En todos los casos esta literatura «negrera», sobre el negro, específicamente sobre el esclavo, ve a éste con perspectiva enteramente «blanca» y se expresa con lenguaje de absoluta pureza castiza, sin muchas concesiones a la lengua bozal y, menos, al punto de vista del «hombre de color».

Después de la terrible represión que siguió a la Conspiración de La Escalera (1844), desaparece el negro como protagonista literario y es sustituido por el siboney, que comporta menos riesgos. Aparece el negro, en cambio, como *bufón*, figura grotesca en los versos y sainetes del gallego Bartolomé José Crespo, más conocido por su seudónimo *Creto Gangá*; en ellos se burla, con el empleo del bozal, de los vanos intentos del negro esclavo o liberto por imitar a los blancos y sus modos de vida y expresión. Sin embargo, de la mera burla a los negros, versos y sainetes bufos fueron pasando a la crítica de la sociedad colonial en comedias en las que, como en la «*dell'Arte*» italiana, el negrito, el gallego y la mulata fueron convirtiéndose en personajes constantes, en caracteres estereotipados, *tipos* de la sociedad que se critica y en la cual el negrito es siempre el avispado censor y el afortunado vencedor en contiendas que, al parecer, no rebasan el ámbito doméstico. Ya en 1868 *Los negros catedráticos*, de Francisco Fernández, y *Perro huevero, aunque le quemen el hocico*, de Juan Francisco Valerio, resultan una crítica de la vida cubana que llegó a ser considerada subversiva en el caso del último ejemplo, algunas de cuyas frases fueron tomadas por alusiones políticas y provocaron el ataque de los voluntarios al Teatro Villanueva de La Habana en 1869.

Las «guarachas», de las que se hizo una recopilación en 1882, pintan con socarrona agudeza todos los tipos humanos y anticipan formas posteriores de la poesía mulata.

Tras la Guerra de los Diez Años, con la participación numerosa y eminente del «hombre de color», el surgimiento de grandes figuras como Antonio Maceo y la abolición de la esclavitud, el tema del negro es abordado desde ángulos diferentes: científico en Bachiller y Morales, sociológico y político en José Martí y Diego Vicente Tejera y sobre todo desde el negro mismo, en escritores de su raza, como Juan Gualberto Gómez y Martín Morúa Delgado. Este último escribe dos novelas, *Sofía* (1891) y *La familia Unzúazu* (terminada en 1896 y publicada en 1901), en las que se propuso trazar un cuadro de la vida social cubana, desde el punto de vista del «hombre de color». A partir de la abolición de la esclavitud, el negro es ya una *persona* cuya presencia no puede ser ignorada, aunque aún siga padeciendo injusta discriminación. El encanto sensual de la mujer negra o mulata, que encendiera ya versos románticos como los de Francisco Muñoz del Monte, excitará también a los modernistas, con Rubén Darío a la cabeza.

La república mediatizada, semicolonial, que engendró la interesada intervención imperialista, no dio, en los primeros lustros del siglo XX, margen muy ancho para la expresión literaria y menos para la integración cultural. Los trabajos tesoneros de Fernando Ortiz, que se inician en 1906 con *Los negros brujos*, y la creciente maduración política e ideológica de las masas populares, fueron creando el clima indispensable para el reconocimiento del aporte del negro a nuestra vida y a nuestra cultura. Por los años veinte comienza, en todo el mundo, el auge del «negrismo», que halla eco inmediato en las tierras mulatas de América. En Cuba, tras los acercamientos esporádicos al tema por José Manuel Poveda, Felipe Pichardo Moya, Regino Eladio Boti y Agustín Acosta, el movimiento negrista comienza propiamente en 1928 con Ramón Guirao y José Zacarías Tallet, inspirados ambos en la rumba, para imponerse, a partir de 1930, con Nicolás Guillén, que es quien dio rango mayor y sentido a lo que se ha denominado *poesía afrocubana*, *negrista* o *mulata*, como prefieren llamarla Fernando Ortiz y el mismo Guillén, quien llamó a los suyos de *Sóngoro cosongo* (1931) «versos mulatos». A Guillén siguió una serie numerosa de cultivadores, cuyas figuras más destacadas son Emilio Ballagas y Marcelino Arozarena, además de un breve pero valioso aporte de Regino Pedroso. La recitadora Eusebia Cosme llevó a todos los escenarios de lengua española la nueva modalidad poética que ha propagado también, en su etapa decadente, el recitador Luis Carbonell. Porque el éxito de Guillén y de Ballagas promovió en muchos el deseo de intentar una poesía que fue, por grados, regresando al pintoresquismo bufo e intrascendente, prosaico, de los poemas burlescos de *Creto Gangá*, con abuso, inclusive, del lenguaje.

De sus formas más logradas, el movimiento de la poesía mulata, afrocubana o negrista, siguió dos líneas divergentes: una sensual y externa, que se goza en la explotación del ritmo y el color utilizando la deformación lingüística del bozal y la jitanjáfora, y que tiene ejemplos en la mayor parte de la obra de Guirao, de Ballagas, en muchas porciones de la de Guillén; y otra de más hondo contenido humano, que sin abandonar los elementos rítmicos y coloristas que caracterizan, desde sus comienzos, a esta forma de expresión poética, los pone al servicio de una intención más profunda que conduce derechamente a la poesía social. En Guirao, en Tallet o en Ballagas no faltan poemas de aguda intención social, pero es en la obra de Nicolás Guillén donde tal dirección alcanza su máximo desarrollo, desde la sutil crítica encerrada en la socarronería de los primeros «motivos de son», tan cerca, en intención y estilo, de las «guarachas» del siglo XIX, hasta su poesía mayor de *El son entero* (1943) y de las «elegías antillanas», en que estrofas tradicionales y nuevas formas de versos dicen el canto de un hombre nuevo alzado sobre el color y la explotación capitalista.

La poesía afrocubana, mulata o negrista presenta rasgos formales comunes: la reiteración de ciertos temas tomados del folklore, como las comparsas carnavalescas, la rumba, los pregones, supersticiones, leyendas religiosas y totémicas, los tipos populares y la sátira social; el cultivo de formas lingüísticas más o menos características, que van desde el lenguaje bozal, ya utilizado por los escritores españoles desde el siglo XVI, hasta la jitanjáfora, o palabra sin sentido, con puro valor musical, que fue también usada por los precursores del movimiento. Es frecuente el uso poético del seseo, de la omisión de la s y la z en sílabas cerradas, la caída de la d intervocálica, la pérdida de la d, la l o la r finales, la metátesis de la l y la r, etc. Se da también, en alguna medida, la incorporación a la poesía de vocablos de origen africano, provenientes de las diversas lenguas llegadas a Cuba, pero no pocas veces se mezclan con estas voces auténticas otras más o menos similares creadas por los poetas, a usanza de los viejos maestros del Siglo de Oro.

En la prosa, el movimiento afrocubano, negrista o mulato, está representado, ante todo, por la novela *¡Ecue-Yamba-O!* (1933), de Alejo Carpentier, y por las colecciones de cuentos de origen yoruba contados por Lydia Cabrera, con tan indudable influencia de Blaise Cendrars. Más cerca del sabor directo del informante ingenuo parecen estar las leyendas teogónicas yorubas narradas por Rómulo Lachatañeré en su libro *¡Oh mío Yemayá!* (1938). Gerardo del Valle ha recogido tardíamente, en 1967, sus «cuentos del cuarto fambá», que aparecieron en diversas revistas en los comienzos del movimiento. Éste, según acepta la mayoría de sus historiadores y críticos, cesó, como tal movimiento, alrededor de 1937. La poesía posterior, la de Guillén fundamentalmente, siguió líneas más amplias que superan la dirección inicial.

Bibliografía

Arrom, José Juan, «La poesía afrocubana», en su *Estudios de literatura hispanoamericana*, La Habana, Imprenta Úcar, García, 1951, págs. 109-145.

Ballagas, Emilio, *antología de la poesía negra hispanoamericana*, Madrid, M. Aguilar Editor, 1935.

Mapa de la poesía negra americana, antología, Buenos Aires, Editorial Pleamar, 1946.

«Situación de la poesía afroamericana», en *Revista Cubana*, La Habana, 21, 5-60, enero-diciembre, 1946.

Cabrera, Lydia, *Cuentos negros de Cuba*, prólogo de Fernando Ortiz, La Habana, Editorial La Verónica, 1940.

Porqué..., *Cuentos negros de Cuba*, La Habana, Ediciones CR, 1948.

El monte, igbo finda, ewe orisba vitifinfinda, notas sobre las religiones, la magia, las supersticiones y el folklore de los negros criollos y del pueblo de Cuba, La Habana, Ediciones CR, 1954.

Anagó, Vocabulario lucumí, el yoruba que se habla en Cuba, prólogo de Roger Bastide, La Habana, Ediciones CR, 1957.

Feijóo, Samuel, «El son en la letra-De Góngora a Nicolás Guillén», en *Signos*, La Habana, 2, 3, 85-204, mayo-agosto, 1971.

Fernández de Castro, José A., *Tema negro en las letras de Cuba, 1608-1935*, La Habana, Ediciones Mirador, 1943.

Fernández Retamar, Roberto, «Poesía negra», en su *La poesía contemporánea en Cuba, 1927-1953*, La Habana, Orígenes, 1954, págs. 45-62.

Fernández Robaina, Tomás, *Bibliografía sobre estudios afroamericanos*, La Habana, Biblioteca Nacional José Martí, 1968.

Franco, José L., *Folklore criollo y afrocubano*, La Habana, Publicaciones de la Junta Nacional de Arqueología y Etnología, 1959.

Afroamérica, La Habana, Publicaciones de la Junta de Arqueología, 1961.

Guirao, Ramón, *Órbita de la poesía afrocubana, 1928-1937*, antología, selección, notas biográficas y vocabulario, La Habana, Imprenta Úcar, García, 1938.

Cuentos y leyendas negras de Cuba, selección, nota preliminar y vocabulario, La Habana, Ediciones Mirador, 1942.

Lachatañeré, Rómulo, *¡Oh, mío Yemayá!* «Oh, mío Yemayá» por Fernando Ortiz, Manzanillo, Editorial El Arte, 1938.

Manual de santería, La Habana, Editorial Caribe, 1942.

Ortiz Fernández, Fernando, *Hampa afrocubana, Los negros esclavos, estudio sociológico de derecho público*, La Habana, *Revista Bimestre Cubana*, 1916.

Glosario de afronegrismos, prólogo de Juan Miguel Dihigo, La Habana, Imprenta El Siglo

XX, 1924.

«La poesía mulata, presentación de Eusebia Cosme, la recitadora» en *Revista Bimestre Cubana*, La Habana, 34, 205-213, 1934.

«Más acerca de la poesía mulata, Escorzos para su estudio», en *Revista Bimestre Cubana*, La Habana, 37, 23-39, 218-227, 439-443, 1936.

La africanía de la música folklórica de Cuba, La Habana, Ministerio de Educación, Dirección de Cultura, 1950.

Los bailes y el teatro de los negros en el folklore de Cuba, La Habana, Ediciones Cárdenas, 1951.

Portuondo, José Antonio, «El negro, héroe, bufón y persona en la literatura cubana colonial», en *Unión*, La Habana, 6, 4, 30-36, diciembre, 1968.

Sanz y Díaz, José, *Lira negra*, antología, Madrid, M. Aguilar Editor, 1945.

Trelles y Govín, Carlos Manuel, «Bibliografía de autores de la raza de color, de Cuba», en *Cuba Contemporánea*, La Habana, 15, 43, 169, 30-78, enero, 1927.

Valle, Rafael Heliodoro, «Para la Bibliografía afroamericana», en *Miscelánea de estudios dedicados a Fernando Ortiz por sus discípulos, colegas y amigos con ocasión de cumplirse sesenta años de la publicación de su primer impreso en Menorca en 1895*, tomo 3, La Habana, Imprenta Úcar, García, 1957, págs. 1427-1495.

Agostini, **Víctor** (Nueva York, 6 octubre 1908). En Nueva York estudió hasta el último año de *High School*, pero no llegó a graduarse. Se trasladó a Cuba en 1925. Muy joven aún comenzó a trabajar. Volvió a Estados Unidos en 1936 y 1939. Dio a conocer sus primeros artículos y cuentos en *El Bancario* en 1942. Por los años cincuenta fundó, con Rosa Hilda Zell, la agrupación de narradores Buró del Cuento. Ha colaborado en *Bohemia*, *Carteles*, *Cultura* (El Salvador), *Nuestro Tiempo*, *Ciclón*, *Revista de la Biblioteca Nacional*, *El País*, *El Mundo*, *Revolución*, *Casa de las Américas* y *La Gaceta de Cuba*. Dirigió un programa radial semanal de noticias y comentarios culturales titulado «Balcón de la Cultura» (1961). Es autor de ensayos. Ocasionalmente ha cultivado la poesía. Se retiró como trabajador bancario en 1969.

Bibliografía activa

Hombres y cuentos, La Habana, Editorial Lex, 1955.

Bibijaguas, relatos, La Habana, Ediciones Unión, 1963.

Dos viajes, novela, La Habana, Ediciones R, 1965.

Filin, novela, UNEAC, 1973.

Bibliografía pasiva

Casáus, Víctor, «Dos viajes» en Unión, La Habana, 5, 1, 170-172, enero-marzo, 1966.

Martínez Bello, Antonio, «Hombres y cuentos, de Víctor Agostini», en *Revista de la Biblioteca*

Nacional, La Habana, 2.ª serie, 6, 3, 191-192, julio-septiembre, 1955.

Aguayo, **Alfredo Miguel** (Ponce, Puerto Rico, 28 marzo 1866-La Habana, 30 abril 1948). Radicado desde muy joven en La Habana, se graduó de Doctor en Leyes y en Pedagogía en la Universidad. Como pedagogo desarrolló una extensísima labor en la dirección de escuelas, en la cátedra universitaria, en la dirección de la Escuela de Pedagogía de la Universidad de La Habana y como autor de numerosos libros de texto para las escuelas primarias. Fue presidente de la Asociación Pedagógica de La Habana y miembro de la Sociedad Geográfica de Cuba. Colaboró en *Revista de Educación*, *Universidad de La Habana*, *El Mundo*, *Revista Bimestre Cubana*, *Revista Pedagógica Cubana*, etc. Se destacó como conferenciante. Utilizó el seudónimo *GyP*.

Bibliografía activa

Pedagogía, La Habana, Librería e Imprenta La Moderna Poesía, 1904, 5 T.

Curso de pedagogía, La Habana, Imprenta La Moderna Poesía, 1905.

Las escuelas normales y su organización en Cuba, La Habana, Imprenta Avisador Comercial, 1909.

La pedagogía en las universidades, La Habana, Imprenta Avisador Comercial, 1909.

Enseñanza de la lengua materna en la escuela elemental, La Habana, Imprenta Comas y López, 1910.

La escuela primaria como debe ser, La Habana, Imprenta La Propagandista, 1916.

Luis Vives como educador, La Habana, Imprenta El Siglo XX, 1916.

El método funcional en la educación, conferencia pronunciada en la Universidad de La Habana el día 4 de diciembre de 1915, La Habana, Imprenta El Siglo XX, 1916.

Los valores humanos en la sicología y en la educación, conferencia leída en la Universidad de La Habana el día 11 de enero de 1919, La Habana, Imprenta El Siglo XX, 1919.

El vocabulario de los niños cubanos, La Habana, Universidad de La Habana, 1920.

La universidad y sus problemas, discurso inaugural del curso académico de 1921 a 1922, La Habana, Imprenta El Siglo XX, 1921.

La Escuela de Pedagogía y la ley de habilitación de maestros de las escuelas públicas, La Habana, Escuela de Pedagogía, 1924.

Asociación Pedagógica Universitaria, La Habana, La Propagandista, 1925.

Tratado de Psicología pedagógica, prólogo de Enrique José Varona, La Habana, Imprenta La Moderna Poesía, 1925.

¿Cómo debe organizarse el cuerpo de instructores de una universidad, en interés de la enseñanza, la investigación científica y la formación y elección del profesorado académico? La Habana, Carasa, 1930.

Didáctica de la escuela nueva, La Habana, Cultural, 1932.

Filosofía y nuevas orientaciones de la educa-

ción, La Habana, Cultural, 1932.

Problemas generales de la nueva educación, La Habana, Cultural, 1936.

Tres grandes educadores cubanos, Varona, Echemendía, María Luisa Dolz, La Habana, 1937.

Guía didáctica de la escuela nueva, La Habana, Cultural, 1938.

Los cursos de estudio, organización, evaluación y revisión, La Habana, Cultural, 1939.

Pedagogía para escuelas y colegios normales, La Habana, Cultural, 1940.

La información, la ciencia y la sabiduría, discurso pronunciado en el homenaje que le tributó la Universidad de La Habana el 10 de agosto de 1942, con motivo de la imposición por el Embajador de México, de la Medalla del Mérito Docente «Ignacio Altamirano», La Habana, Universidad de La Habana, 1942.

Ensayos sobre la educación de la postguerra, La Habana, Cultural, 1944.

La escuela novísima; o, Escuela del porvenir, La Habana, Cultural, 1946.

Bibliografía pasiva

Aguayo, Jorge, *Bibliografía de Alfredo Miguel Aguayo*, compilada, La Habana, Cultural, 1950.

Camacho, Pánfilo Daniel, «Vidas cubanas, Alfredo Miguel Aguayo», en *Amenidades del Domingo*, suplemento del periódico *Acción*, La Habana, 2, septiembre 30, 1934.

Chacón y Calvo, José María, «Una figura continental, el Doctor Alfredo Miguel Aguayo» en *Diario de la Marina*, La Habana, 116, 105, 4, mayo 4, 1948.

González, Diego, «El Doctor Alfredo Miguel Aguayo, una vida que alumbra», en *Cervantes*, La Habana, 18, 3-5, 15-16, marzo-mayo, 1943.

«La muerte del Doctor Aguayo, el más eminente educador de habla española», en *Diario de la Marina*, La Habana, 116, 107, 4, mayo 6, 1948.

Mañach, Jorge, «Aguayo, el juvenil anciano», en *Diario de la Marina*, La Habana, 116, 106, 4, mayo 5, 1948.

Martínez, Luciano, «Los grandes educadores cubanos, Alfredo Miguel Aguayo y Sánchez», en *Revista Cubana de Educación*, La Habana, 1, 4, 10-11, marzo, 1942.

Maza, Piedad, *La ciencia y la filosofía en la obra educativa del Doctor Aguayo*, La Habana, Universidad de La Habana, Escuela de Pedagogía, 1942.

Suvillaga, Lázaro, seudónimo de Gilberto González Contreras, «Alfredo Miguel Aguayo», en *Mañana*, La Habana, 2.ª época, 5, 200, 2, junio 21, 1943.

Agüero, Brígida (Camagüey, 12 mayo 1837-Id., 26 junio 1865). Hija del poeta Francisco Agüero y Estrada. Pasó la niñez en una finca cerca de Puerto Príncipe, en la que recibió de sus padres la primera educación. Pasados los años se trasladó, por razones familiares, a dicha ciudad, donde dio a conocer sus poemas. En 1861 amplió su educación en la academia que sostenía la Sociedad Filarmónica de Camagüey. Más tarde llegó a ser socia de mérito de dicha Sociedad. En sus últimos años enfermó de tisis. Sus poemas aparecen recogidos por José Manuel Carbonell en el tomo tercero de su *Evolución de la cultura cubana. 1608-1927. La poesía lírica en Cuba*. T. 3. La Habana, Imprenta El Siglo XX, 1928, págs. 365-367.

Bibliografía pasiva

Carbonell, José Manuel, «Brígida Agüero y Agüero, 1837-1866, en su *La poesía lírica en Cuba*, recopilación dirigida, prologada y anotada, tomo 3, La Habana, Imprenta El Siglo XX, 1928, págs. 363-364, Evolución de la cultura cubana, 1608-1927, 3.

Agüero, Omega (Camagüey, 20 agosto 1940). En su ciudad natal estudió hasta cuarto año de bachillerato. En La Habana cursó estudios en un seminario de dramaturgia y trabajó como actriz en teatro, radio y televisión. De regreso en Camagüey, enseñó inglés en una secundaria básica y trabajó como maestra en un aula de Educación Obrero-Campesina. Ha colaborado, con poemas y cuentos, en *Cuadernos del Viento* (México), *Unión*, *La Gaceta de Cuba*, *Revolución y Cultura*, *El Caimán Barbudo*. En 1973 ganó el Premio David, de la UNEAC, con su libro de cuentos *La alegre vida campestre*.

Bibliografía activa

La alegre vida campestre, La Habana, Unión de Escritores y Artistas de Cuba, 1974.

Bibliografía pasiva

Arias, Salvador, «Omega Agüero y la vida campestre», en *Unión*, La Habana, 14, 2, 135-137, junio, 1975.

Aguililla, Aracely de (San Diego, Pinar del Río, 14 mayo 1920). Pasó su niñez en el campo. Más tarde se trasladó a La Habana y posteriormente a Oriente. Su formación es autodidacta. Ha residido ocasionalmente en México y Estados Unidos. El argumento de su novela *Primeros recuerdos* fue premiado en un concurso por el ICAIC. Uno de sus cuentos recibió distinción en un concurso convocado por la Federación de Mujeres Cubanas. Cultiva además el teatro infantil. Su libro de testimonio *Por llanos y montañas* fue recomendado por el jurado Casa de las Américas 1970 para su publicación.

Bibliografía activa

Primeros recuerdos, novela, La Habana, Ediciones Unión, 1963.

Por llanos y montañas, La Habana, UNEAC, 1975.

Bibliografía pasiva

Llopis, Rogelio, «*Primeros recuerdos*, ¿novela o memorias?», en *La Gaceta de Cuba*, La Habana, 3, 39, 22, julio 5, 1964.

Aguinaldo Camagüeyano (Puerto Príncipe-Puerto Príncipe, 1848). «Publicado últimamente por el *Fanal*», señala Carlos Manuel Trelles en el tomo tercero de su *Bibliografía cubana del siglo XIX* (*1841-1855*) (Matanzas, Imprenta de Quirós y Estrada, 1912, pág. 116); además, indica que el dato ha sido tomado de *Aurora* (*La Aurora de Matanzas*, se supone) de 14 de enero de 1846. El propio Trelles consigna la existencia de un *Aguinaldo camagüeyano* dedicado a las lectoras del *Fanal*, correspondiente a 1848, sin citar la imprenta donde se editaba. Era un «volumen literario anual que publicaban Emilio Peyrellade y Francisco Agüero (*El Solitario*), y añade que desde 1848 hasta 1852 «se publicó en diciembre de cada año, en verso». En el correspondiente a 1848 aparecieron poesías de Mercedes Torres, José Ramón Betancourt, Francisco, Mariano, Esteban y Antonio Agüero y Ana M. de Hecheverría. José María Labraña, en la página 651 de su trabajo «La prensa en Cuba» —aparecido en *Cuba en la mano. Enciclopedia popular ilustrada* (La Habana, Imprenta Úcar, García, 1940, págs. 649-786)—, señala como su fecha de publicación el año 1864 y añade a los colaboradores los nombres de *El Lugareño* (seudónimo de Salvador Cisneros Betancourt) y Esteban de Jesús Borrero. No se ha encontrado ningún ejemplar.

Carlos Manuel Trelles señala en la primera parte de su trabajo «Bibliografía de la prensa cubana (de 1764 a 1900) y de los periódicos publicados por cubanos en el extranjero» —en *Revista La Habana*, 2, 7, 11, enero-febrero, 1938)—, que su duración se extendió entre los años de 1848 a 1852.

Aguinaldo Habanero (Véase **Antologías**)

Aguinaldo Matancero (Véase **Antologías**)

Aguinaldos (Véase **Antologías**)

Aguirre, **Mirta** (La Habana, 18 octubre 1912). Desde muy joven se incorporó a las luchas revolucionarias. Ingresó en el Partido Comunista de Cuba en 1932. Durante la dictadura de Gerardo Machado tuvo que trasladarse a México como exiliada. En 1939 fue delegada al Congreso Nacional Femenino celebrado en La Habana. Se doctoró en leyes en 1941. Ha realizado estudios especiales de literatura, música y filosofía marxista. En 1947 obtuvo premio en los Juegos Florales Iberoamericanos por su obra *Influencia de la mujer en Iberoamérica*. Ese mismo año le fue otorgado el premio periodístico «Justo de Lara». En 1948 ganó el premio en el concurso convocado por el Lyceum Lawn Tennis Club por su libro *Un hombre a través de su obra: Miguel de Cervantes Saavedra*. Asistió ese año a los congresos por la paz celebrados en París y Nueva York. Ha sido miembro activo de la Liga Juvenil Comunista, la Liga Antiimperialista, Defensa Obrera Internacional, el Partido Comunista de

Cuba y el Partido Socialista Popular. Trabajó, durante toda su etapa de funcionamiento, en la Comisión Nacional para el Trabajo Intelectual del Partido Socialista Popular. Fue vicepresidenta de la Federación Democrática de Mujeres Cubanas y responsable político de la Sociedad Cultural Nuestro Tiempo. Trabajó como traductora y redactora y como guionista de radio y televisión. Durante años tuvo a su cargo la sección de cine, teatro y música del periódico *Hoy*. También ha colaborado en *Mensajes*, *Mediodía*, *La Última Hora*, *La Palabra*, *Revista Lyceum*, *Cuba Socialista*, *Casa de las Américas*, *Universidad de La Habana*. Fue coeditora de *Gaceta del Caribe* (1944) y subdirectora del semanario *La Última Hora* (1951-1954). Perteneció a los consejos de redacción de *Nuestro Tiempo* y *Cuadernos de Arte y Ciencia*. Después del triunfo de la Revolución fue directora de la Sección de Teatro y Danza del Consejo Nacional de Cultura. A partir de 1962 se incorporó, como profesora, a la Escuela de Letras y Artes de la Universidad de La Habana. Ocupó además la dirección de su Departamento de Lenguas y Literaturas Hispánicas. Ha colaborado en los Cuadernos H de la Facultad de Humanidades. Es miembro del Partido Comunista de Cuba. Se ha distinguido por su labor como conferencista. En 1974 ganó el primer premio en el concurso que sobre Sor Juana Inés de la Cruz convocó la Secretaría de Obras Públicas de México, con su libro *Del encausto a la sangre: Sor Juana Inés de la Cruz*. Es autora de la Introducción a la edición cubana de *El ingenioso hidalgo Don Quijote de la Mancha* (La Habana, Instituto Cubano del Libro, 1972). Ha utilizado los seudónimos *Rosa Iznaga*, *Rita Agumerri* y *Luis Robles Garza*.

Bibliografía activa

Recuerdos de Mella, La Habana, Arrow Press, 1937.

Presencia interior, poemas, La Habana, 1938.

Palabras en Juan Cristóbal, La Habana, Imprenta El Siglo XX, 1940 1.

Clara Zetkin, La Habana, Ediciones Sociales, 1941; edición parcial, La Habana, Ministerio del Trabajo, 1962.

Todo para aplastar al nazismo, Resoluciones de la II Asamblea Nacional de URC, La Habana, Ediciones Sociales, 1941.

Influencia de la mujer en Iberoamérica, ensayo, La Habana, Imprenta P. Fernández, 1947; La Habana, Servicio Femenino para la Defensa Civil, 1948.

Un hombre a través de su obra, Miguel de Cervantes Saavedra, La Habana, Sociedad Lyceum, 1948.

La Edad de Oro y las ideas martianas sobre educación infantil, La Habana, Universidad de La Habana, Escuela de Letras y Artes, 1963, texto mimeografiado.

El neorrealismo italiano, La Habana, Consejo Nacional de Cultura, 1963.

Canción antigua a Che Guevara, La Habana, 1970.

La obra narrativa de Cervantes, La Habana, Instituto Cubano del Libro, 1971.

Miguel de Cervantes, La Habana, Instituto Cubano del Libro, 1973, Cuadernos H, Grandes figuras, 1.

El romanticismo de Rousseau a Hugo, La Habana, Instituto Cubano del Libro, Editorial Arte y Literatura, 1973.

Juegos y otros poemas, La Habana, Hungría, Instituto Cubano del Libro, Editorial Gente Nueva, 1974.

Del encausto a la sangre, Sor Juana Inés de la Cruz, México D. F., Larios e Hijos Impresores, 1975; La Habana, Casa de las Américas, 1975, Cuadernos Casa, 17.

Bibliografía pasiva

Carrera, Julieta, «Mujeres, Mirta Aguirre», en *El Mundo*, La Habana, 34, 11099, 4, octubre 26, 193-4.

Diego, Eliseo Alberto, «Juegos y otros poemas», en *Cuba Internacional*, La Habana, 7, 67, 64, marzo, 1975.

Fernández Retamar, Roberto, «Mirta Aguirre, 1912, Su Poesía social», en su *La poesía contemporánea en Cuba, 1927-1953*, La Habana, Orígenes, 1954, págs. 75-76.

García Marruz, Fina, «Notas para un libro sobre Cervantes», en *Orígenes*, La Habana, 6, 24, 41-52, invierno de 1949.

«Sobre "Canción antigua a Che Guevara"», en *Unión*, La Habana, 14, 2, 129-134, junio, 1975.

García Ronda, Denia, «Juegos y otros poemas», en *La Gaceta de Cuba*, La Habana, 134, 28, julio, 1975.

«Gran triunfo de Mirta Aguirre» en *Liberación Social*, La Habana, 3, 3, 13, marzo, 1946.

Guillón, José Diego, «Mirta Aguirre, encarnación de la nueva poesía revolucionaria», en *Revista de Cuba*, Santiago de Cuba, 1, 3, 21-22, abril, 1938.

Millan, Verna Carleton, «Tres escritores cubanos y la crítica norteña», en *Frente*, La Habana, 3, 16, 2, diciembre 2, 1938.

Poumier, María, «El romanticismo de Rousseau a Víctor Hugo por Mirta Aguirre», en *Santiago*, Santiago de Cuba, 17, 179-202, marzo, 1975.

Rodríguez Calderón, Mirta, «La cultura no es más que la culminación de la educación, Charla con Mirta Aguirre, una educadora destacada», en *Granma*, La Habana, 7, 164, 5, mayo 1, 1971.

«Sor Juana es la ilustre olvidada de la cultura latinoamericana», entrevista, en *Granma*, La Habana, 11, 7, 5, enero 9, 1975.

Sabas Alomá, Mariblanca, «Mirta Aguirre y sus "Diez romances de hoy"», en *Carteles*, La Habana, 18, 40, 28, 41, octubre 2, 1932.

Suárez, Adolfo, «Juegos y poemas para niños», en *El Caimán Barbudo*, La Habana, 2.ª época, 90, 27, mayo, 1975.

Vitier, Cintio, «Mirta Aguirre», en su *Cincuenta años de Poesía cubana, 1902-1952*, ordenación, antología y notas por La Habana, Ministerio de Educación, Dirección de Cultura, 1952, págs. 280.

Aguirre, Sergio (La Habana, 4 marzo 1914-La Habana, 2003). Cursó la primaria y el bachillerato en su ciudad natal. Ingresó, muy joven aún, en el Ala Izquierda Estudiantil y en la Liga Juvenil Comunista. Se doctoró en Filosofía y Letras en la Universidad de La Habana en 1941. Durante muchos años ejerció como profesor de Historia y de Geografía en el Instituto de Segunda Enseñanza de Artemisa; más tarde, por breve tiempo, profesó en el de la Víbora (La Habana). En 1960 trabajó como asesor técnico en el Ministerio de Educación. Fue nombrado profesor de Historia de Cuba (1961) en la Escuela de Ciencias Políticas y ocupó la dirección de la Escuela de Historia (1962), ambas de la Universidad de La Habana. Ha colaborado en *Hoy, Última Hora, Fundamentos, El Comunista, Dialéctica, La Calle, El Pitirre, Orientador Revolucionario, Nueva Revista Cubana, Cuba Socialista* y *Granma*, así como en *Historia Moderna*, de Moscú. Representó a Cuba en el XII Congreso Internacional de Ciencias Históricas (Viena, 1965) y en la Conferencia de Historiadores de Países Socialistas (Moscú, 1965). Miembro de la Sociedad Cubana de Estudios Históricos e Internacionales y asesor del Instituto de Historia de la Academia de Ciencias de Cuba. Utilizó los seudónimos *Juan Bostezo* e *Inocencia Avestruz*.

Bibliografía activa

Lecciones de historia de Cuba, Primer cuaderno, La Habana, MINED, Instituto Superior de Educación, Comisión Nacional de Escuelas de Instrucción Revolucionaria, 1960; 2.ª edición, Id.; 3.ª edición, La Habana, 1961; 4.ª edición, La Habana, Minfar, Departamento de Instrucción Revolucionaria, 1963.

El cincuentenario de un gran crimen, La Habana, Minfar, Departamento de Instrucción Revolucionaria, 1962.

Quince objeciones a Narciso López, anexionismo, esclavitud, mercenarios, La Habana, Mined, Instituto Superior de Educación, 1962.

Historia de Cuba, 1492-1790, tomo 1, La Habana, Editora Nacional de Cuba, Editora Pedagógica, 1966.

Eco de caminos, nota preliminar de Carlos Funtanellas, La Habana, Instituto Cubano del Libro, Editorial de Ciencias Sociales, 1974.

Bibliografía pasiva

Becerra, Iván, «Este Sergio Aguirre», entrevista, en *Alma Mater*, La Habana, 118, 2-7, diciembre, 1970.

Aguirre, Yolanda (La Habana, 13 noviembre 1925). Cursó estudios de filosofía y letras y de arte en la Universidad de La Habana. En 1957 asistió al Festival de la Juventud celebrado en Moscú. Después del triunfo de la Revolución trabajó en el Consejo Nacional de Cultura y en el Departamento de Extensión Universitaria de la Universidad de La Habana. Ha viajado por Europa y Estados Unidos. Colaboraciones suyas han aparecido en *Universidad de La Habana, Revista de Arquitectura y Cuba*. En

1966 obtuvo premio en el género de ensayo en el concurso de la Unión de Escritores y Artistas de Cuba por su libro *Vidriería cubana*. Es profesora de la Escuela de Letras de la Universidad de La Habana.

Bibliografía activa

Apuntes en torno al teatro colonial en Cuba, 1790-1833, La Habana, Universidad de La Habana, 1968, Cuadernos cubanos, 3.

Vidriería cubana, La Habana, Instituto Cubano del Libro, 1971.

Ahora (Véase **Suplementos literarios**)

Alba, **El** (Matanzas, 1868). Carlos Manuel Trelles señala, en la primera parte de su «Bibliografía de la prensa cubana (de 1764 a 1900) y de los periódicos publicados por cubanos en el extranjero» —en *Revista Bibliográfica Cubana* (La Habana, 2, 7, 13, enero-febrero, 1938)—, que era un «semanario de ciencias, literatura, crítica, teatros, etc.», cuya publicación se extendió desde el 15 de marzo hasta mayo de 1868. Dirigido por Ángel Mestre Tolón, tuvo como redactores a Rafael Otero, Ildefonso Estrada y Zenea, J. Torres y R. Sánchez. Trelles, de cuyo trabajo antes citado se han tomado todos los datos, pues no se ha encontrado ningún ejemplar, expresa que en sus páginas se publicó el proverbio «Ojo al Cristo que es de plata», de Miguel Teurbe Tolón.

Alba de Villa Clara, **El** (Santa Clara, 1862-1878). Carlos Manuel Trelles señala, en la primera parte de su trabajo «Bibliografía de la prensa cubana (de 1764 a 1900) y de los periódicos publicados por cubanos en el extranjero» —en *Revista Bibliográfica Cubana* (La Habana, 2, 7, 13, enero-febrero, 1938)—, que comenzó a salir el 4 de octubre y terminó en julio de 1878. Añade el propio Trelles que en 1866 estaba en su segunda época y que en 1868 lo dirigía Francisco Toymil. José María Labraña, en la página 652 de su trabajo «La prensa en Cuba» —publicado en *Cuba en la mano. Enciclopedia popular ilustrada* (La Habana, Imprenta Úcar, García, 1940, págs. 649-786)—, señala que era un «periódico literario, artístico, económico, agrícola y mercantil», dirigido en sus primeros tiempos por Manuel Dionisio González, a quien sustituyó Francisco Toymil. También expresa Labraña que «el chispeante Francisco de Paula Gelabert fue un constante colaborador». Manuel García Garófalo, en «Periodismo villaclareño prerrevolucionario, es decir, anterior al año en que efectuó la independencia» —publicado en *Anales de la Academia de la Historia de Cuba* (La Habana, 8: 125-151, enero-diciembre, 1926)—, también ofrece como fecha de su comienzo el 4 de octubre de 1862, y añade que se publicaba los martes, jueves y sábados. El propio García Garófalo expresa que posteriormente se convirtió en «diario político», y concluye señalando que *El Alba* «fue un buen periódico, aunque casi siempre sus redactores no comulgaban en las ideas radicales de muchos cubanos; siendo una especie de conservador o apegado a los sentimientos de los dominadores, pero sin incurrir en las intransigencias de éstos. Queremos decir, que fue órgano tímido de la opinión». No se ha visto ningún ejemplar de esta publicación.

Albaladejo, Mariano (Matanzas, 6 enero 1884-La Habana, 6 octubre 1954). Pasó su infancia y adolescencia en su provincia natal. A los doce años fue acusado de tentativa de rebelión contra España por habérsele ocupado municiones que pertenecían al Cuartel de la Guardia Civil. Hacia 1904 se trasladó a La Habana y comenzó a frecuentar las tertulias de Esteban Borrero. Por esta época se mantenía en contacto, en Matanzas, con el grupo «Areópago Bohemio». Estudió cirugía dental en Sutherland University (Florida). Colaboró en las publicaciones matanceras *El Yucayo*, *El Correo*, *El Estudiante*, *El Tipógrafo* y *El Republicano Conservador*, y en las habaneras *La Discusión*, *Diario de la Marina*, *El Mundo*, *El Fígaro*, *Letras*, *Cuba y América*, *Azul y Rojo*, *Social*, *Cuba Libre*, *Bohemia*, *Universidad de La Habana*, *La Época* (en ésta redactaba la sección de crítica teatral). Viajó por América, Europa y Asia. En sus últimos años vivió en Santiago de las Vegas (La Habana). Sus libros de poesía inéditos fueron recogidos póstumamente en un tomo.

Bibliografía activa

Alta mar, poemas, La Habana, Seoane y Fernández, Impresores, 1951.

Poesías, «El poeta y su obra», por Juan J., Remos, La Habana, Talleres Tipográficos de la Sociedad Colombista Panamericana, 1957.

Bibliografía pasiva

Carbonell, José Manuel, «Mariano Albaladejo y Malberty, 1884», en su *La poesía lírica en Cuba*, recopilación dirigida, prologada y anotada, tomo 5, La Habana, Imprenta El Siglo XX, 1928, págs. 196-197, Evolución de la cultura cubana, 1608-1927, 5.

Iraizoz, Antonio, «Mariano Albaladejo», en *El Mundo*, La Habana, 49, 15 559, 12, junio 25, 1950.

Peraza, Fermín, «Mariano Albaladejo», en *El Mundo*, La Habana, 54, 17 198, A4, octubre 6, 1955.

Pérez Chávez, Rubén, «Mariano Albaladejo», en *Orto*, Manzanillo, Oriente, 42, 10-11, 10-12, octubre-noviembre, 1954.

Planas, Juan Manuel, «Han muerto dos poetas, Mariano Albaladejo y Federico Villoch», en *Revista de la Biblioteca Nacional*, La Habana, 2.ª serie, 5, 4, 83-86, octubre-diciembre, 1954.

Alborada, La (Villa Clara, 1856-1862). «Periódico literario, económico, agrícola e industrial», se lee en el ejemplar más antiguo consultado (número 5), correspondiente al 23 de febrero de 1856. Salía tres veces a la semana. Manuel Dionisio González señala, en la página 299 de su *Memoria histórica de la villa de Santa Clara y su jurisdicción* (Villa Clara, Imprenta del Siglo, 1858), que el primer número apareció el 14 de febrero del año citado y que fue fundado por él en unión de José de Jesús Velis y Eligio Capiró. Según se desprende del trabajo de Manuel García Garófalo «Periodismo villaclareño preuniversitario, es decir, anterior al año en que se efectuó la independencia» –publicado en *Anales de la Academia de la Historia de Cuba* (La Habana, 8: 125-151, enero-diciembre, 1926)–, su publicación fue suspendida en varias ocasiones, que no han podido determinarse con exactitud debido a la confusión en los datos aportados por dicho autor. Carlos Manuel Trelles señala, en la primera parte de su trabajo «Bibliografía de la prensa cubana (de 1764 a 1900) y de los periódicos publicados por cubanos en el extranjero» –en *Revista Bibliográfica Cubana* (La Habana, 2, 7, 14, enero-febrero, 1938)–, que en 1861 lo dirigía el Licenciado Nicolás Sánchez Pérez. Solamente se han encontrado ejemplares correspondientes a su primer año, en los que, además de publicar las noticias concernientes a problemas de la ciudad y del resto del país, se incluía bastante material de carácter literario: poesías, cuentos, folletines, novelas. Colaboraron en sus páginas, entre otros, *El Cucalambé* (seudónimo de Juan Cristóbal Nápoles Fajardo), Joaquín Lorenzo Luaces, José Fornaris, Adelaida del Mármol, Leopoldo Turla, Néstor Ponce de León, José Agustín Millán, Javier de Angulo y Guridi, Esteban Pichardo, Emilio Blanchet, José Socorro de León, Miguel Jerónimo Gutiérrez, Felipe López de Briñas, Manuel Costales, Francisco Javier Balmaseda y otros.

Trelles expresa, en su ya citado trabajo, que su publicación cesó en 1862, sin precisar la fecha exacta; pero puede señalarse que fue con posterioridad al 5 de marzo de dicho año, pues en la sección «Correo de la Isla» del *Diario de la Marina* del 11 de marzo del año mencionado se reproducen noticias tomadas de *La Alborada* de esa fecha.

Bibliografía

González, Manuel Dionisio, *Memoria histórica de la villa de Santa Clara y su jurisdicción*, Villa Clara, Imprenta del Tiempo, 1858, págs. 299.

Álbum, El (La Habana, 1838-1839). Revista mensual que tuvo como antecedente la *Miscelánea de útil y agradable recreo*. Comenzó, en abril, editada por Luis Caso Sola, quien fue además su fundador. Cada entrega constituía un tomo. Desde el número 6 fue su editor Ramón de Palma. Se publicaron en total 12 tomos de 128 páginas, en las que aparecieron novelas, cuentos, poesías, artículos críticos y de costumbres y traducciones. Dio preferencia a la narrativa. Publicó novelas de Ramón de Palma (*Una pascua en San Marcos, El cólera en La Habana*) y de Cirilo Villaverde (*Excursión a Vuelta Abajo* y *El espetón de oro*). Fueron sus colaboradores los más destacados escritores cubanos de la época, entre ellos, además de los ya mencionados, Domingo del Monte, José Zacarías González del Valle, Antonio Bachiller y Morales, Anselmo Suárez y Romero, José Jacinto Milanés, José Antonio Echeverría, José Silverio Jorrín, Francisco Manzano, José de Frías, Rafael Matamoros y Téllez, la condesa de Merlin. En marzo de 1839, al entregar el tomo 12, cesó su publicación. Preparado por el departamento de Colección Cubana de la Biblioteca Nacional José Martí se publicó el índice general de *El Álbum*, aparecido en el tomo 1 de *Prosas cubanas* (La Habana, Consejo Nacional de Cultura, 1962, págs. 251-257), recopilación de artículos de *La Siempreviva* y *El Álbum*.

Bibliografía

Pardo Pimentel, Nicolás, «Publicaciones nuevas, *El Álbum*», en *Noticioso y Lucero*, La Habana, 6, 89, 31 marzo 30, 1839.

Pérez Cabrera, José Manuel, «*El Álbum*, Biografía de una revista», en *Noverim*, Marianao, La Habana, 2, 6, 53-72, mayo, 1957.

Álbum, **El** (Matanzas, 1887-1888). Semanario ilustrado. Dirigido por Nicolás Heredia, Comenzó a salir el 12 de junio. Desde el número 28 apareció como órgano oficial del Liceo y del Matanzas Base Ball Club. Se destacó como dibujante de la revista Ricardo de la Torriente, quien fue también —desde abril de 1888— su director artístico. *El Álbum* publicaba poesías, cuentos, críticas, crónicas teatrales y sociales, artículos y dibujos humorísticos y deportivos. A principios de junio de 1888 cambió su formato e introdujo mejoras en la calidad material de la publicación. Fueron sus colaboradores, además de su director, quien firmó muchos de sus artículos con el seudónimo *César de Hinolia*, José de Armas y Céspedes, Bonifacio Byrne, Manuel Serafín Pichardo, Felipe López de Briñas, Ildefonso Estrada y Zenea, Miguel Ramos Carrión, Aurelio Mitjans, Miguel Garmendía y otros. El último número encontrado (36) corresponde al 2 de septiembre de 1888; pero Carlos Manuel Trelles señala, en la primera parte de su trabajo «Bibliografía de la prensa cubana (de 1764 a 1900) y de los periódicos publicados por cubanos en el extranjero —en *Revista Bibliográfica Cubana* (La Habana, 2, 7, 17, enero-febrero, 1938)—, que el último número vio la luz el 8 de septiembre de dicho año.

Álbum, **El** (Santiago de Cuba, 1891-1892). Semanario de literatura. Comenzó el 10 de mayo. Era su director Manuel Yero Sagol. La redacción estaba integrada, entre otros, por Eduardo Yero Buduén, Erasmo Regüeiferos, Andrés Silva, Bernardo Callejas, José Fatjó y Rafael Pullés, «con los que alternarán en concepto de colaboradores los señores Carlos Noreña, Emilio Bacardí, Luis Hechavarría, Federico Pérez Carbó, Francisco Ibarra, Eudaldo Tamayo, Federico Rey, Joaquín Tamayo, Antonio Boudet y A. Dubois». Dedicado casi totalmente a cuestiones literarias, publicaba poesías, cuentos, pequeñas prosas poéticas, crítica, etc., de autores de la propia ciudad. También incluyó poemas de autores latinoamericanos de su época, como Rubén Darío, Juan de Dios Peza, Manuel María Flores, Juan Antonio Pérez Bonalde, Ignacio Manuel Altamirano y Manuel José Othón. El último número encontrado corresponde al 6 de septiembre de 1891; pero Carlos Manuel Trelles señala, en la primera parte de su trabajo «Bibliografía de la prensa cubana (de 1764 a 1900) y de los periódicos publicados por cubanos en el extranjero» —en *Revista Bibliográfica Cubana* (La Habana, 2, 7, 17, enero-febrero, 1938)—, que su duración se extendió hasta 1892.

Álbum Cubano (Matanzas, 1884-Id.). «Revista quincenal de literatura, ciencias, bellas artes, modas e intereses generales», se lee en el único ejemplar localizado (número 3), correspondiente al 15 de febrero de 1884. Había comenzado a publicarse en enero de este año, según señala Carlos Manuel Trelles en la primera parte de su trabajo «Bibliografía de la prensa cubana (de 1764 a 1900) y de los periódicos publicados por cubanos en el extranjero» —en *Revista Bibliográfica Cubana* (La Habana, 2, 7, 17, enero-febrero, 1938)—. Era su director José Alfonso Forn.

En el cuadro de colaboración se destacan los nombres de Juan Ignacio de Armas, Enrique José Varona, José Antonio Cortina, Nicolás Heredia, Bonifacio Byrne, José Fornaris, Fe-

derico Milanés. En el número de referencia se encuentran trabajos sobre cuestiones científicas, música, literatura —poesías, cuentos, críticas—, firmados por Bonifacio Byrne, Guillermo Schweyer, Sebastián Alfredo de Morales, Lorenzo N. López y José Alfonso Forn. Parece haber tenido una corta vida, pues en las publicaciones de la época solo dan noticia de sus primeras entregas.

Álbum Cubano, El (La Habana, 1848). Periódico de literatura, ciencias y artes, dedicado al excmo. sr. conde de Alcoy, por Leonardo J. Bravo y Soria. No se ha revisado su primera y única entrega, que salió el 20 de noviembre, sin pasar por la censura. Aparecieron en sus páginas —además de una extensa introducción que fue el motivo por el cual el censor Olañeta logró que el capitán general Federico Roncali, conde de Alcoy, prohibiese su salida— artículos de costumbres, de jurisprudencia, traducciones de Byron y otras poesías. Firmaron estos trabajos F. Hernández, F. Echemendía, Porfirio Valiente, *Tadeo* (seudónimo de José Antonio Pérez). Además reprodujeron textos de José María Heredia y de *Plácido* (seudónimo de Gabriel de la Concepción Valdés). En su relación de colaboradores se contaban conocidos escritores cubanos de la época, así como autores extranjeros.

Bibliografía

Llaverías, Joaquín, «*El Álbum Cubano*», en su

Contribución a la historia de la prensa periódica, tomo 2, prefacio de Elías Entralgo, La Habana, Talleres del Archivo Nacional de Cuba, 1959, págs. 136-154, Publicaciones del Archivo Nacional de Cuba, 48.

Álbum Cubano de lo Bueno y lo Bello (La Habana, 1860). Revista quincenal, de moral, literatura, bellas artes, modas, dedicada al bello sexo y dirigida por doña Gertrudis Gómez de Avellaneda. Comenzó su publicación el 15 de febrero. Como señalaba en el subtítulo, sus páginas se dedicaban a diversas cuestiones de interés para la mujer. Lo literario ocupaba lugar preferente: aparecían poesías, cuentos, crítica literaria. Fueron sus colaboradores más destacados Enrique Piñeyro (quien firmaba sus escritos de la sección «Revistas» con el seudónimo *Atta Troll*), Juan Clemente Zenea, Rafael María de Mendive, Luisa Pérez de Zambrana, Francisco Sellén, José Fornaris, Francisco de Paula Gelabert, Ramón Zambrana, Emilio Blanchet, Virginia Felicia Auber, Julia Pérez y Montes de Oca, Martina Pierra de Poo, Mercedes Valdés Mendoza, Dolores Cabrera y Heredia, Luisa Franchi. Dedicó bastante espacio a la publicación de poesías de autores españoles. En agosto del propio 1860, con el número 12, concluyó su existencia. Compilado por Araceli García Carranza se publicó su índice analítico, aparecido en *Índices de revistas cubanas. Siglo XIX*, La Habana, Biblioteca Nacional José Martí. Departamento Colección Cubana, 1969, págs. 175-209.

Bibliografía

García Carranza, Araceli, «*Álbum Cubano de lo Bueno y lo Bello, 1860*» en *Índices de revistas cubanas, Siglo XIX*, compilados, La Habana, Biblioteca Nacional José Martí, Departamento Colección Cubana, 1969, págs. 169-173.

Sosa de Quesada, Arístides, «*Álbum Cubano de lo Bueno y lo Bello*», en *Revista de la Biblioteca Nacional*, La Habana, 2.ª serie, 8, 1, 103-119, enero-marzo, 1957.

«Álbum de las Damas» (Véase **Civilización, La**)

Álbum de las Damas (Matanzas, 1894-1895). Periódico literario, de espectáculos y variedades dedicado al bello sexo matancero. Comenzó a publicarse, semanalmente, el 10 de junio. Su redactor, Pablo Peniche, se convirtió, desde el número 3, en director. Posteriormente fueron sus directores Miguel Garmendía y José Luis Prado. Inicialmente dedicado casi por completo a la literatura, publicaba poesías, pequeñas prosas, artículos de crítica literaria. Colaboraron en sus páginas Nicolás Heredia, Bonifacio Byrne, Enrique José Varona, Carlos y Federico Uhrbach, Luisa Pérez de Zambrana, Álvaro de la Iglesia, Diego Vicente Tejera, Aurelia Castillo de González, Francisco García Cisneros, Ildefonso Estrada y Zenea y otros. También aparecieron poesías de los modernistas hispanoamericanos Darío, Nájera, Chocano, Díaz Mirón, Icaza. El 5 de mayo de 1895 cesó su publicación.

Álbum Güinero (Güines, La Habana, 1862). Publicación quincenal de artículos científicos, literarios, de agricultura, comercio, economía y bellas artes. Dirigida por Francisco Calcagno. Comenzó a salir el 15 de septiembre, editada en La Habana, pues Güines carecía de imprenta. El 15 de marzo de 1863 cambió el formato y comenzó su tercera época, como «Periódico semanal, oficial del gobierno de esta jurisdicción», y desde el siguiente número pasó a ser un «Periódico semanal de ciencias, artes y literatura», editado ahora en Güines. A partir del 3 de mayo comienza su cuarta época y sale dos veces por semana. En el número correspondiente al 8 de noviembre anuncian que la edición y redacción pasan a manos de Francisco Pie y Faura. Desde el 15 de este mismo mes entra en su quinta época, como «Periódico trisemanal de la villa de Güines». El 16 de diciembre de 1863 se inicia la sexta época, ahora como «Diario de la villa de Güines». Desde sus comienzos *Álbum Güinero* dedicó bastante espacio a la publicación de trabajos de índole literaria: poesías, cuentos, pequeñas novelas, crítica e historia literaria. Además publicó artículos de carácter científico e histórico y muchas noticias de interés local. Fueron sus colaboradores, fundamentalmente, escritores de la propia ciudad, aunque también aparecieron varios artículos sobre educación firmados por Anselmo Suárez y Romero. Calcagno publicó algunos escritos en prosa sobre tradiciones de la zona. El último número encontrado corresponde al 15 de enero de 1864, pero hay noticias de que en 1867 aún se publicaba, dirigido por Alejo Álvarez Fraga y editado en La Habana.

Bibliografía

Hernández Larrondo, Candelario, *El primer Papel Periódico y la primera imprenta de Güines*, Homenaje de la villa de Güines a Francisco Calcagno y Monzón, Güines, La Habana, Municipio de Güines, 1951.

Álbum Habanero (La Habana, 1856). «Periódico quincenal de amena literatura, modas y teatros», expresa Carlos Manuel Trelles en la primera parte de su trabajo «Bibliografía de la prensa cubana (de 1764 a 1900) y de los periódicos publicados por cubanos en el extranjero» —en *Revista Bibliográfica Cubana* (La Habana, 2, 7, 19, enero-febrero, 1938)—. Solo llegó a publicarse la primera entrega, que se repartió en la segunda quincena de febrero de 1856. Era su director Fernando Pié y Faura. No se ha encontrado ningún ejemplar, pero en la sección «Gacetilla» del diario *Prensa de La Habana* correspondiente al 24 de febrero del año citado, presentan los títulos de los trabajos publicados en la misma, así como los nombres de sus autores. Aparecieron poesías y artículos en prosa de José Fornaris, Antonio Sellén, Francisco Javier Blanchié, José Agustín

Quintero, Francisca González Ruz, *Felicia* (seudónimo de Virginia Felicia Auber), José de Poo, J. F. de Luna, Eduardo García Lebredo, E. Molina y R., F. P. y Agüero, Anselmo Valdés y Juan José Somoza.

Alcides Pérez, **Rafael** (Bayamo, Oriente, 9 junio 1933-La Habana, 19 junio 2018). Cursó la primera enseñanza en su ciudad natal y el bachillerato en el Instituto de Segunda Enseñanza de Holguín y en las Escuelas Pías de La Habana (1946-1949). Realizó estudios de química industrial en la Escuela de Artes y Oficios de La Habana (1950). Ha viajado a México (1955), Estados Unidos (1956 y 1959), Argentina, Chile, Uruguay y Venezuela (1961). Fue productor, director y escritor de radio; durante varios años dio a conocer a los poetas cubanos a través del programa «En su lugar la poesía». Colaborador en *Unión*, *Casa de las Américas* y *La Gaceta de Cuba*. En 1965 obtuvo mención en el Concurso Casa de las Américas por su novela *Contracastro*, aún inédita.

Bibliografía activa

Himnos de montaña, La Habana, Talleres Capitolio Nacional, 1961.

Gitana, poesía, La Habana, Talleres de Tosco, 1962.

La pata de palo, poemas, La Habana, Ediciones Unión, 1967.

Bibliografía pasiva

Díaz Martínez, Manuel, «*La pata de palo*», en *El Mundo*, La Habana, 66, 22 072, 4, diciembre 13, 1967.

Piñera, Virgilio, «*La pata de palo*», en *Unión*, La Habana, 6, 1, 170-173, marzo, 1968.

Alcover y Beltrán, **Antonio Miguel** (Sagua la Grande, Las Villas, 25 mayo 1875-La Habana, 15 febrero 1915). Cursó estudios en el Instituto de Segunda Enseñanza de Santa Clara y solo hasta cuarto año de medicina en la Universidad de La Habana, pues al estallar la guerra del 95 tuvo que emigrar a México. Allí colaboró en *Las Selvas Cubanas* (1897) y en su sucesor *Grito de Baire*, ambos órganos de los emigrados cubanos en ese país, editados en Veracruz, así como también en las publicaciones de la capital mexicana *El Continente Americano*, *Diario del Hogar* y *La Libertad*. De regreso en Cuba, poco después de firmada la paz, ocupó cargos en la Secretaría de Instrucción Pública, en Sanidad Marítima y, luego, en el Cuerpo Consular acreditado en el extranjero. Viajó a Europa en 1902. Fue codirector de *Sagua Ilustrada* (1899) y colaboró en *Sagua*, *Cuba Ilustrada*, *Cuba y América*, *Boletín nacional de Historia, Geografía y ciencias naturales*, *El Triunfo*, *El Fígaro*, *El Mundo*, *Cuba*, *Boletín del Archivo Nacional* —que dirigió entre 1911 y 1912— y en el *Boletín de la Real Sociedad Geográfica de Madrid*. Su obra *Bayamo* (*Su toma, posesión e incendio*) *1868-1869*, fue premiada en el certamen del Liceo de Santa Clara en 1902. Era miembro de instituciones históricas y geográficas de

España, México y Venezuela. En 1911 fue nombrado jefe del Archivo Nacional. Dejó inédita la *Cronología de la guerra hispano-yankee*. Utilizó el seudónimo *Galeno*.

Bibliografía activa

El periodismo en Sagua, Sus manifestaciones, apuntes para la historia del periodismo cubano, La Habana, Tipografía La Australiana, 1901.

Bayamo, su toma, posesión e incendio, 1868-1869.

Reseña histórica y comentarios oportunos, La Habana, Imprenta La Australiana, 1902.

Historia de la villa de Sagua la Grande y su jurisdicción, Documentos, Apuntes, Reseñas, Monografías, Consideraciones, Sagua la Grande, Imprenta Unidas La Historia y El Correo Español, 1905.

Sagua-Barcelona, Planteamiento y defensa de un proyecto de relaciones comerciales con los puertos españoles del Mediterráneo y Sagua, Artículo contra el tráfico de cabotaje, Sagua la Grande, Imprenta La Historia y El Correo Español de A. M. Alcover, 1905.

La inundación de Sagua en los días 16 y 17 de junio de 1906.

Telegramas y correspondencias dirigidas a *El Mundo* de La Habana por A. M. Alcover, corresponsal, Sagua la Grande, Imprenta de Alcover, 1906.

La Villa de Sagua la Grande, República de Cuba, bosquejo crítico descriptivo publicado en la revista *Cuba y América*, La Habana, Imprenta de Cuba y América, 1906.

Homenaje a la memoria del Coronel del Ejército español don Joaquín Fernández Casariego, Teniente Gobernador que fue de las jurisdicciones de Sancti Spíritus, Sagua la Grande y Cárdenas, 1849 a 1867, La Habana, Imprenta y papelería de Rambla y Bouza, 1910.

Necesidad de una cárcel pública en Sagua la Grande y cómo su construcción pudiera servir de modelo para nuevas penitenciarías en Cuba, conferencia, La Habana, Imprenta La Moderna Poesía, 1910.

La República de Nicaragua, Descripción geográfica del país, Algo de historia, Origen y causa del actual conflicto, Guatemala, Tipografía Nacional, 1910.

Los libros de producción latino-americana, ensayo acerca del problema de su expansión comercial dentro del Continente, La Habana, Imprenta El Siglo XX, 1912.

Bibliografía pasiva

«Antonio Miguel Alcover», en *Cuba y América*, La Habana, edición semanal, 6, 40, 526, noviembre 23, 1902.

Carricarte, Arturo Ramón de, «Antonio Miguel Alcover», en *El Fígaro*, La Habana, 31, 31, 406-408, 1915.

Lagomasino Álvarez, Luis, «Nuestra redacción, Antonio M. Alcover», en *Boletín nacional de Historia, Geografía y ciencias naturales*, La Habana, 1, 2-3, 28-31, junio-diciembre, 1912.

Marina Cuevillas, Ángel, «Vía libre, La caída de un grande, Antonio Miguel Alcover y Beltrán», en *Cooperación*, Camagüey, 6, 109, 3538-3539, marzo 31, 1915.

Alfonso, **Domingo** (Jovellanos, Matanzas, 10 septiembre 1935). Cursó la enseñanza primaria en una escuela pública. Muy joven aún, estableció contacto con los escritores de su provincia natal. En 1958 publicó sus primeros poemas. Ha realizado estudios de arquitectura en la Universidad de La Habana. Colaborador en *Unión*, *Casa de las Américas*, *La Gaceta de Cuba*, *El Caimán Barbudo*, *El Corno Emplumado* (México), *Cuadernos Hispanoamericanos* (España.

Bibliografía activa

Sueño en el papel, La Habana, edición de la Organización Nacional de Bibliotecas Ambulantes y Populares, 1959, Cuadernos Isla, 14.

Poemas del hombre común, La Habana, Ediciones Unión, 1964.

Historia de una persona, «El hombre que es Domingo», por Roberto Fernández Retamar, La Habana, Ediciones La Tertulia, 1968, Cuadernos de poesías, 19.

Bibliografía pasiva

«Crítica y cristal», en *La Gaceta de Cuba*, La Habana, 4, 43, 32, marzo-abril, 1965.

Fulleda León, Geraldo, «Persecución de lo poético», en *Unión*, La Habana, 4, 1, 155-157, enero-marzo, 1965.

Rodríguez Rivera, Guillermo, «La poesía perseguida», en *Unión*, La Habana, 4, 2, 160-163, abril-junio, 1965.

Triana, José, «Poemas del hombre común, de Domingo Alfonso», en *Casa de las Américas*, La Habana, 5, 2829, 150-151, enero-abril, 1965.

Alfonso, **Paco** (La Habana, 29 noviembre 1906-La Habana, 14 enero 1989). Cursó estudios hasta la segunda enseñanza en su ciudad natal. A los dieciocho años debutó como cantante de zarzuela en una compañía profesional. Posteriormente formó parte de distintos conjuntos dramáticos, cubanos y extranjeros. A su actividad como actor añadió las de director y autor teatral. En 1930 fue cofundador del Teatro Cubano de Selección. Con su obra dramática *Reivindicación* ganó premio especial en el concurso «4 de septiembre» (1936). Hacía 1940 participó en los empeños del Teatro de la juventud y de las Brigadas Teatrales de la Calle. Escenificaciones suyas, basadas en la actualidad nacional, eran presentadas en mítines del Partido Socialista Popular, del cual era miembro. Fue director del Teatro Popular (1943-1945) —considerado el primer esfuerzo cubano por acercar el arte dramático a las masas trabajadoras— y de su órgano oficial, la revista *Artes* (1944). En 1947 obtuvo mención especial en el concurso «Joshua Logan» por su obra *Yari-yari, mamá Olúa*. Ganó el premio Nacional de Teatro (1950) por *Cañaveral* y el Prometeo (1951) por *Yerba hedionda*. En 1956 creó la sala teatral El Sótano. Ha desarrollado durante largo tiempo actividades en la radio nacional, además de haber intervenido en varios filmes. Fue fundador de la Asociación de Artistas Teatrales de Cuba y de la Federación Nacional de Espectáculos de Cuba, de la que además fue secretario general. Ha visitado Puerto Rico (1920), Venezuela (1921), Estados Unidos (1935) y, después de 1960, China, Alemania, Polonia, Checoslovaquia y la Unión Soviética. Tiene diversas obras estrenadas que no han sido impresas, como *Sabanimar* (1943) y *Ya no me dueles, Luna* (1946.

Bibliografía activa

Reivindicación, comedia lírica en un acto dividido en un prólogo, siete cuadros y una apoteosis, La Habana, 1936.

Inquietudes escénicas, La Habana, teatro Popular, 1944.

Yari-yari, mamá Olúa y Cañaveral, teatro, prólogo de Luis Alejandro Baralt, La Habana, Torres y Rodríguez, 1956.

Yerba hedionda, pieza en tres actos, La Habana, Editorial La Milagrosa, 1959, Escena cubana, 4.

Bibliografía pasiva

Altamirano, Jorge, «*Sabanimar*», en *Mañana*, La Habana, 2.ª época, 5, 117, 6, mayo 3, 1943.

Boudet, Rosa Ileana, «Paco Alfonso habla sobre *Cañaveral*», en *Revolución y Cultura*, La Habana, 2.ª época, 23, 47-48, julio, 1974.

«Entrevista con Paco Alfonso», en *Pueblo y Cultura*, La Habana, 7, 36, 1962.

Fleites, José María, «*Ya no me duele, Luna*», en *Revista* CTC, La Habana, 7, 76, 42-43, 54, julio, 1946.

González Freire, Natividad, *teatro cubano, 1927-1961*, La Habana, Ministerio de Relaciones Exteriores, 1961, págs. 33-40.

«De Paco Alfonso, por cañaveral», en *Bohemia*, La Habana, 66, 21, 25, mayo 24, 1974.

Leal, Rine, «*Ya no me dueles, Luna*», «*Cañaveral*», y «Realismo socialista», en su *En primera persona, 1954-1966*, La Habana, Instituto Cubano del Libro, 1967, págs. 57-59, 67-73 y 88-89.

Muñoz, Custodio, Álvaro, «*Sabanimar*, comedia dramática de Paco Alfonso estrenada en el Teatro Principal de la Comedia», en *Noticias de Hoy*, La Habana, 6, 102, 1, 8, abril 29, 1943.

Otero, José Manuel, «Entrevista con Paco Alfonso sobre su estancia en China», en *Hoy*, La Habana, 14, 136, 4, junio 12, 1962.

«Paco Alfonso y el teatro popular», en *Revolución y Cultura*, La Habana, 2.ª época, 6, 54-59, 1972.

Villaronda, Guillermo, «En torno a *Sabanimar*», en *Noticias de Hoy*, La Habana, 6, 112, 6, mayo 12, 1943.

Alfonso y García de Medina, José Luis

(La Habana, 22 junio 18104-La Habana, 28 diciembre 1881). En 1822 ingresó en el Colegio Seminario de San Carlos, donde estudió latinidad. Se trasladó a Nueva York en 1824. Allí, bajo el cuidado del Padre Varela, estudió idiomas, filosofía, historia, física, matemáticas y música. Recibió lecciones de violín del propio

Varela. De regreso en La Habana, en 1826, estudió dibujo y dos años de derecho. De 1828 a 1831 recorrió Estados Unidos y Europa con José de la Luz y Caballero. Tras una breve estancia en París (1831), visita Turquía y Grecia, para volver de nuevo a París en 1832. Allí fue nombrado al año siguiente socio corresponsal de la Academia Cubana de Literatura. Regresó a Cuba en 1833. En 1836 embarcó nuevamente hacia Europa y fijó su residencia en París. Después de su regreso a Cuba en 1840 ingresó en la Sociedad Patriótica, de la que más tarde llegaría a ser socio de mérito, y trabajó durante algunos años como curador de la Academia de Dibujo y Pintura de San Alejandro. Durante los meses de 1864 que vivió en Madrid organizó el Comité Cubano, compuesto por cubanos y españoles, del que fue elegido presidente. Rechazó el cargo de diputado por Matanzas a la Junta de Información sobre reformas de Ultramar (1866). Fue colaborador en *El Álbum* y *Faro Industrial de La Habana*. Era muy conocido por su título de Marqués de Montelo. Es autor de trabajos sobre viajes, política, agricultura, educación. Su correspondencia fue recogida en la *Colección de manuscritos* publicados por la Biblioteca Nacional en 1909. Utilizó los seudónimos *El montresorista*, *Beppo*, *Los corredores de la sortija* y *Tuyo*.

Bibliografía activa

Cantos de un peregrino. Poesías. París, Imprenta de Ad. Laine y J. Havard, 1863.

Bibliografía pasiva

Carbonell, José Manuel, «José Luis Alfonso y García de Medina, Marqués de Montelo, 1810-1881», en su *La poesía lírica en Cuba*, recopilación dirigida, prologada y anotada, tomo 2, La Habana, Imprenta El Siglo XX, 1928, págs. 213-214, Evolución de la cultura cubana, 1608-1927, 2.

González del Valle, Martín, «José Luis Alfonso, marqués de Montelo», en su *La poesía lírica en Cuba, Apuntes para un libro de biografía y de crítica*, Barcelona, Imprenta de Luis Tasso, 1900, págs. 181-188.

López Prieto, Antonio, «El Marqués de Montelo», en su *Parnaso cubano*, Colección de poesías selectas de autores cubanos desde Zequeira a nuestros días precedida de una introducción histórico-crítica sobre el desarrollo de la poesía en Cuba, con biografías y notas críticas y literarias de reputados literatos, tomo 1, La Habana, Editor Miguel de Villa, 1881, págs. 97-100.

Alma Cubana (La Habana, 1912-1914). Revista mensual literaria. Comenzó a salir el 1.º de enero, dirigida por Juan Capote. La jefatura de redacción la ocupaba E. Larrondo. En su primer número se afirmaba que era órgano de los alumnos del Instituto Provincial. En marzo de 1914 (último ejemplar encontrado) era dirigida por Luis García Galbraith. Publicaba cuentos, poesías y otros artículos con asuntos de interés para la juventud. Colaboraron en sus páginas Luis Alejandro Baralt, *Fray Candil* (seudónimo de Emilio Bobadilla), Fernando de Zayas, Isidoro Corzo, Rafael S. Jiménez y otros, bajo seudónimos.

Alma Cubana (La Habana, 1923-1926; 1929). Publicación mensual / Historia-Literatura-Arte-Crítica. Comenzó a salir en noviembre de 1923, dirigida por Salvador Salazar. «Reproducirá las obras literarias de los mejores escritores cubanos antiguos y modernos, y tratará de recoger en sus páginas las palpitaciones del alma nacional», se expresaba en todos los números. En enero de 1925 reapareció, «tras seis meses de ausencia» por estar de viaje por el extranjero su director. El último ejemplar visto corresponde a junio de 1926. Publicó cuentos, poesías, obras de teatro, artículos sobre historia y críticas literarias. Reprodujo conferencias y editó programas de literatura de la Escuela de Letras y Filosofía de la Universidad de La Habana, de la que era profesor el Doctor Salazar, autor, por lo general, de todos estos trabajos.

También reseñó las actividades que, relacionadas con la literatura, se desarrollaron en la Universidad en ese momento. No limitó su radio de acción a la literatura cubana, sino que dio cabida en sus páginas a escritos sobre las literaturas española, inglesa y francesa. Aparecieron trabajos de Juan Miguel Dihigo, Manuel Bisbé, Raimundo Lazo, Gustavo Sánchez Galarraga, *Justo de Lara* (seudónimo de José de Armas y Cárdenas), Juan J. Geada, Graziella Barinaga y Ponce de León, Piedad Maza, Hor-

tensia Pichardo, Sara Pascual y otros. En marzo de 1929 reaparece, en una segunda época. El último número encontrado corresponde a septiembre de 1929.

Alma Joven (Manzanillo, Oriente, 1908). «Revista semanal literaria», se lee en el ejemplar más antiguo revisado (número 24), correspondiente al 20 de diciembre de 1908. Era su director en ese momento José E. Soler. El 30 de enero de 1910 (año 3, número 4; no se ha visto otro número desde el fechado el 14 de febrero del año anterior) estaba en su segunda época, había ampliado su formato y era dirigida por Ángel Cañete. Publicaba, en general, poesías y cuentos, fundamentalmente de autores de la propia ciudad, aunque también aparecieron colaboraciones de otros escritores. Fueron sus colaboradores Agustín Acosta, Bonifacio Byrne, Pedro Alejandro López, Jesús Masdeu, *Roger de Lauria* (seudónimo de Ramón Rivera Gollury), Miguel Galliano Cancio, Marco Antonio Dolz, Juan de Jesús Vázquez, Ramón Ruilópez y otros. El último número consultado corresponde al 20 de febrero de 1910.

Alma Latina (Matanzas, 1909). «Revista decenal ilustrada. órgano de los alumnos del Instituto de Segunda Enseñanza de Matanzas», se lee en el único ejemplar encontrado (número 2), que corresponde al 17 de enero de 1909. Eran sus directores y propietarios los hermanos Fernando y Francisco Lles. En dicho número aparecen poesías, cuentos, prosas poéticas y artículos sobre literatura, firmados por los directores y por Joaquín Dicenta, Emilio Blanchet, D. Álvarez Núñez y Enrique García.

Alma Latina (La Habana, 1910). Revista quincenal universal. Comenzó a publicarse el 15 de enero. Eran sus directores Matías Franco Varona y Gaspar Carbonell. A partir del 15 de mayo cambió su formato y desde el 22 de este mismo mes se convirtió en «semanal ilustrada». En el primer número habían expresado los directores que *Alma Latina* sería «una revista puramente literaria», pero poco a poco fueron introduciendo temas ajenos a la literatura, como notas deportivas y de sociedad. Fueron sus colaboradores Emilio Roig de Leuchsenring, Max y Pedro Henríquez Ureña, Agustín Acosta, Antonio Iraizoz, Federico Uhrbach, Luis Rodríguez Embil, Néstor y José Manuel Carbonell, Joaquín Nicolás Aramburu, Enrique Hernández Miyares, Armando Leyva, Pedro Alejandro López, René López, Sergio Cuevas Zequeira, Arturo Ramón de Carricarte, Miguel Coyula, Marco Antonio Dolz, Fernando de Zayas, Félix Callejas, Mario Muñoz Bustamante, Esteban Foncueva, Francisco G. de Cisneros, Aurelio B. Miranda y otros. También reprodujo poesías de conocidos escritores hispanoamericanos. El último número encontrado corresponde al 9 de octubre de 1910.

Alma Latina (La Habana, 1936). Revista mensual ilustrada. Comenzó a salir en enero, dirigida por Ricardo Rodríguez Cáceres. Fue fundada por Sixto Dalmasso, quien también era su editor. Publicaba materiales de índole variada, en español e italiano. Era el vehículo de difusión de la Sociedad Italo Cubana de Cultura. Fueron sus colaboradores, entre otros, Aurelio Boza Masvidal, Orestes Ferrara, Emeterio Santovenia, Manuel Mesa Rodríguez, Ricardo M. Alemán y Diego Vicente Tejera. El último ejemplar encontrado corresponde a abril de 1936.

Alma Mater (La Habana, 1922-1934; 1952). «Revista mensual. Órgano oficial de los estudiantes cubanos. Fundada con el nombre de *Varsity* por Tomás R. Yanes», se leía en su primer número, aparecido en noviembre y codirigido por Adolfo Bock y M. Xiqués. Era su administrador Julio Antonio Mella, quien firmaba muchos de sus artículos con el seudónimo *Lord MacPartland*. Posteriormente, al crearse la Federación de Estudiantes de la Universidad de La Habana, se convirtió en su órgano oficial. En esta primera época es, fundamentalmente, una revista de carácter general y social, aunque ya se publican artículos políticos. Se destacan las colaboraciones de Nicolás Guillén, Manuel Bisbé, Elías José Entralgo (hijo), Carlos Robreño y otros. En agosto de 1928 sale el primer número de la segunda época, ahora bajo la dirección de Julio César Fernández, con Fermín Peraza como director artístico. En septiembre de 1929 ya estaba en su tercera época. A finales del año siguiente cambia su formato y presenta a Carlos Prío y a Mario Kuchilán como jefe de redacción y director artístico, respectivamente. En 1931 salía semanalmente, con Carlos Prío como jefe de información y Juan Marinello y Pablo de la Torriente Brau entre sus redactores. A mediados de 1933 se editaba cada quince días en Tampa, Florida. Al ser derrocado Machado comienza a publicarse nuevamente en La Habana, ahora como periódico, con el subtítulo «Un diario que es un ideario», siempre bajo la dirección de Julio César Fernández. Como subdirector fungía Enrique Delahoza. En el ejemplar correspondiente al 28 de mayo de 1934 (último número encontrado de este período) tiene como subtítulo «El periódico de la auténtica revolución. Diario de información y de doctrina». Durante toda esta turbulenta etapa de luchas revolucionarias y reivindicaciones sociales, contó con la colaboración de Juan Marinello, Rafael García Bárcena, Raúl Roa, Manuel Bisbé, Antonio Iraizoz, Juan Antiga y otros. Un mes después de producirse el golpe de estado batistiano del 10 de marzo de 1952, reaparece de nuevo como «órgano oficial de la FEU». El primer número tiene fecha 12 de abril. Durante este período (1952-1958) sale esporádicamente, casi siempre en forma clandestina. La dirigieron, entre otros, Antonio Saud y Manuel Carbonell. En los primeros días de 1959, al triunfar la Revolución, reaparece normalmente. Al año siguiente es de nuevo el órgano oficial de la FEU y la dirige Blas Arrechea Avellee. De 1960 a 1965 fueron sus directores, en orden cronológico, Julio Teja, Luis Rodríguez Chaveco, Marco Taché y Cándido Domínguez. Bajo la dirección de este último, a principios de 1963, comienza a publicarse quincenalmente como tabloide. Después (1965-1967) es dirigida, sucesivamente, por Antonio G. Chaumont, Ismael Clark, Eduardo R. Samper, Eduardo Castañeda, Antonio Pozas y Fernando Verdecia. Al comenzar 1968 aparece como órgano de la UJC-FEU y la dirige Daniel Zayas, con Eduardo Heras como jefe de redacción. Otros directores han sido, últimamente, Ana Mildred Vidal, Carlota Sacher, Felino Quesada Pérez y Max Luis Delgado. Desde julio de 1971 es de nuevo órgano solo de la FEU. En esta última etapa, o sea, a partir de 1959, *Alma Mater* ha sido un medio informativo-crítico sobre los problemas de la Universidad y sobre las actividades estudiantiles en todos los frentes. Además de contar con colaboradores como Carlos Rafael Rodríguez y Juan Marinello, en sus páginas se han dado a conocer jóvenes escritores universitarios, entre los que pueden mencionarse Eduardo López Morales, Lina de Feria, Eduardo Heras, Pedro Pérez Sarduy, Salvador Arias, Sergio Chaple, Guillermo Rodríguez Rivera, Raúl Rivero, Max Figueroa, Minerva Salado, Roberto Correa Wilson, Rosa Ileana Boudet, Rolando López del Amo, Víctor Casaus, Luis Marré, Excilia Saldaña, Francisco

Garzón Céspedes, Leonardo Cuesta, José Rodríguez León y otros.

Bibliografía

Agüero, Alfredo, «Celebran el sábado aniversario de la revista *Alma Mater*», en *Juventud Rebelde*, La Habana, 3, noviembre 20, 1975.

Aldereguía, Gustavo, «Esta *Alma Mater*..., que viene de tan lejos», en *Alma Mater*, La Habana, Curso 1953, 1, 3-4 noviembre 17, 1952.

Arrechea, Blas, «Editorial», en *Alma Mater*, La Habana, 2, abril 4, 1960.

Boudet, Rosa Ileana, «*Alma Mater*», entrevista a Sarah Pascual, en *Alma Mater*, La Habana, 117, 2-7, noviembre, 1970.

Comité Ejecutivo de la FEU, «Cincuenta años», en *Alma Mater*, La Habana, 136, 3, noviembre, 1972.

«Lectores opinan», Encuesta sobre la publicación, en *Alma Mater*, La Habana, 127, 12-15, febrero, 1972.

Montalvo, Bárbara Elena, «*Alma Mater* 1930», entrevista a Mario Kuchilán, en *Alma Mater*, La Habana, 119-120, 2-3, enero-febrero, 1971.

Oquendo, Leyda, «*Alma Mater* 44 aniversario», en *Alma Mater*, La Habana, 76, 21, noviembre 28, 1966.

«Para abrazar la verdad», entrevista a Sarah Pascual, en *Alma Mater*, La Habana, 136, 4-9, noviembre, 1972.

«Tabloid rebellion», en *Newsweek*, Nueva York, 40, 7, 50, agosto, 18, 1952.

Almanaque de La Habana Elegante (Véase **La Habana Elegante**)

Almendares, **El** (La Habana, 1852-1853). Periódico semanal, literario y de modas, redactado por Ildefonso de Estrada y Zenea y Juan Clemente Zenea, quienes lo dedican al bello sexo. Comenzó a salir el 18 de enero. El primer tomo se completó el 16 de mayo del propio año, con la entrega número 18, conjuntamente con la cual entregaron la carátula y el índice correspondiente al mismo. El 25 de mayo comienzan a distribuir las entregas semanales del segundo tomo, cuya publicación se extiende sin interrupción hasta el 4 de julio (aunque por error de imprenta dice junio); su salida se suspende, entonces, durante tres semanas. Reaparece el 1.º de agosto y anuncian que comienza una segunda época del segundo tomo. Sale ahora quincenalmente. Según señala Feliciana Menocal en la página 23 de *Índices analíticos* (La Habana, Biblioteca Nacional José Martí. Departamento Colección Cubana, 1964), en este momento Juan Clemente Zenea «se separa de la dirección aunque se queda como colaborador». De forma regular solo salieron dos entregas. Su publicación cesa por tres meses. El 15 de noviembre se reanuda, y con la cuarta entrega (1.º de diciembre) reparten la carátula y el índice de las dos épocas del segundo tomo. Los datos que aparecen en la carátula corresponden a la segunda época. En el último número de este tomo se menciona a Rafael Otero como «compañero de redacción». A mediados de enero de 1853 comienzan a repartir la primera entrega del tercer tomo, del cual no se ha visto ningún ejemplar. Carlos Manuel Trelles señala, en la página 241 del tomo tercero de su *Bibliografía cubana del siglo XIX (1841-1855)* (Matanzas, Imprenta de Quirós y Estrada, 1912), que «el tercer volumen tiene 228 ps.». José María Labraña expresa, en la página 652 de su trabajo «La prensa en Cuba» —aparecido en *Cuba en la mano. Enciclopedia popular ilustrada* (La Habana, Imprenta Úcar, García, 1940, págs. 649-786)—, que este tomo «amplió el tamaño y en él empezó a publicar sus dibujos el célebre Patricio de Landaluze». Los redactores eran ahora, según el propio Labraña, José Fornaris y Rafael Otero. Trelles menciona también, en su obra antes citada, a Ildefonso Estrada y Zenea, dato éste que él atribuye a Vidal Morales. La revista presentó en sus páginas trabajos inéditos de autores cubanos y eliminó las traducciones románticas que tanto abundaban en las publicaciones de la época. Tuvo una sección fija de pensamientos de cubanos ilustres. La sección «Espejo del corazón» —en la que aparecían artículos sobre moral y sobre la educación de la mujer— era redactada por Juan Clemente Zenea, de quien además se publicaron poesías y otros trabajos en prosa, algunos firmados con su seudónimo *Adolfo de la Azucena*. Fueron colaboradores José Fornaris, Ramón de Palma, Rafael María de Mendive, Ramón Zambrana, Felipe López de Briñas, Luisa Molina, Rafael Otero, Narciso Foxá, José Agustín Quintero, José Gonzalo Roldán, Francisca González Ruz. Preparado por Feliciana Menocal, con la colaboración de Araceli García Carranza, se ha publicado su índice analítico, aparecido en *Índices analíticos*, La Habana, Biblioteca Nacional José Martí, Departamento Colección Cubana, 1964, págs. 27-35.

Bibliografía

Chacón y Calvo, José María, «El Almendares», en *Revista de la Biblioteca Nacional*, La Habana, 2.ª serie, 7, 2, 91-112 abril-junio, 1956.

Menocal, Feliciana, «El Almendares», en *Índices analíticos*, La Habana, Biblioteca Nacional José Martí, Departamento Colección Cubana, 1964, págs. 23-26.

Almendares, El (La Habana, 1881-1883). «Diario dedicado principalmente a las señoras», se lee como subtítulo en el ejemplar más antiguo encontrado, correspondiente al 1.º de julio de 1882. Carlos Manuel Trelles señala, en la primera parte de su trabajo «Bibliografía de la prensa cubana (de 1764 a 1900) y de los periódicos publicados por cubanos en el extranjero» —en *Revista Bibliográfica Cubana* (La Habana, 2, 7, 20, enero-febrero, 1938)—, que comenzó a salir el 3 de mayo de 1881. Fue fundado por Diego Vicente Tejera, quien aparecía, además, como director honorario. Era su director Pablo Hernández. Como redactor figuraba Vivino Govantes y Govantes, quien desde abril era también su propietario. Dedicaba dos de sus cuatro páginas a anuncios comerciales. Las dos restantes las ocupaban con trabajos de carácter literario: críticas, cuentos, poesías, folletines. También incluían artículos sobre arte, modas e intereses generales. Fueron sus colaboradores, entre otros, *Enmanuel* (seudónimo de Manuel de la Cruz), *Henry* (seudónimo de Enrique Hernández Miyares), Mercedes Matamoros, Antonio Bachiller y Morales, Nicolás Heredia, Emilio Bobadilla, José Varela Zequeira, Aurelia Castillo de González, Domitila García de Coronado, Pedro Giralt, Isaac Carrillo y O'Farrill, *Julio Rosas* (seudónimo de Francisco Puig y de la Puente), *J. C.* (¿seudónimo de Rafael María Merchán?). Se afirma que José Martí colaboró en este periódico, pero en los ejemplares consultados (julio a noviembre de 1882) solo apareció su artículo sobre Darwin, reproducido de *La Opinión Nacional, de Caracas*. El último número encontrado corresponde al 30 de noviembre de 1882; pero Trelles indica, en su mencionado trabajo, que salió hasta febrero de 1883.

Almendros, Herminio (Almansa, Albacete, España, 10 octubre 1898-La Habana, 13 octubre 1974). Cursó la primera enseñanza en su ciudad natal. Se graduó de maestro de instrucción primaria en Alicante (1918). Realizó estudios superiores hasta graduarse, en 1928, en la Universidad de Madrid. En Barcelona ocupó el cargo de inspector jefe provincial de enseñanza de 1932 a 1938 y fue profesor de la Facultad de Pedagogía de la Universidad (1933-1937). Se vio obligado a emigrar al terminar la guerra civil. Vino a Cuba en 1939. Fue codirector de La Escuela Activa (1939-1940). Fundó y dirigió, con Ruth Robés, la revista mensual para niños *Ronda* (1941-1942). En 1950 obtuvo el primer premio del tricentenario de Descartes, concedido por la Sociedad Franco-Americana de Cuba, por su obra *La idea de la matemática universal en la obra de Descartes*. Se graduó de Doctor en Pedagogía en la Universidad de Oriente (1952) y llegó a ejercer como profesor en su Facultad de Educación. Fue director de enseñanza rural del Ministerio de Educación (1959). En 1962 ocupó la dirección de la Editora Juvenil de la Editorial Nacional de Cuba. Ha colaborado en diversas publicaciones periódicas, entre ellas *Información* y *Bohemia*. Viajó por Francia, República Democrática Alemana, Polonia, Checoslovaquia, Unión Soviética, China, Estados Unidos, Venezuela, y México. Dentro de su actividad pedagógica hay que destacar su trabajo, realizado en colaboración con otros autores, como editor de libros de texto para la enseñanza primaria y como traductor de textos de carácter pedagógico.

Bibliografía activa

Pueblos y leyendas, Barcelona, Editorial Seix-Barral, 1929.
La imprenta en la escuela, la técnica Freinet,

Madrid, publicaciones de la *Revista de Pedagogía*, 1932.

La escritura «Scrip», La Habana, Editorial Selecta, 1945; La Habana, Ministerio de Educación, 1962.

Oros viejos, Libro de lectura para los grados superiores de la escuela primaria, «A manera de prólogo», por Luciano R. Martínez, La Habana, Cultural, 1949.

La idea de la matemática universal en la obra de Descartes, La Habana, Editorial Neptuno, 1950.

La inspección escolar, Exposición crítica de su proceso en Cuba y sugestiones para una readaptación posible, Santiago de Cuba, Universidad de Oriente, Departamento de Extensión y Relaciones Culturales, 1952.

Lecturas ejemplares, Aventuras, realidades y fantasías, prólogo de Alejandro Casona, La Habana, Cultural, 1955; La Habana, publicaciones; Cultural, 1962.

A propósito de La Edad de Oro de José Martí, Notas sobre literatura infantil, Santiago de Cuba, Universidad de Oriente, Departamento de Extensión y Relaciones Culturales, 1956.

La Habana, Ministerio de Educación, 1959.

La Habana, Instituto Cubano del Libro, 1972.

30 escenas de animales, La Habana, publicaciones Cultural, 1959.

Carta a un maestro de una escuela rural, La Habana, Ministerio de Educación, 1960.

Cuentos de animales, La Habana, Editora Juvenil, 1963; La Habana, Instituto Cubano del Libro, 1969.

Cosas curiosas de la vida de algunos animales, La Habana, Editora Juvenil, 1964; Id., 1969.

Estupendas excursiones de los animales, La Habana, Editora Juvenil, 1964.

Nuestro Martí, La Habana, Editora Juvenil, 1965; Id, 1968; Id., 1969.

Oros viejos, Pueblos y leyendas, La Habana, Editora Juvenil, 1965.

Pasteur y Finlay, La Habana, Editora Juvenil, 1965.

Fiesta, Lecturas para niños, Barcelona, Editorial Teide, 1967; Id., 1968.

Lecturas ejemplares 2, La Habana, Instituto Cubano del Libro, 1968.

Lecturas ejemplares 3, La Habana, Instituto Cubano del Libro, 1968.

Resumen de gramática española, Primera parte, con prácticas y comprobaciones, La Habana, Ministerio de las Fuerzas Armadas, 1968.

A la cumbre más alta y al fondo del marzo La Habana, Instituto Cubano del Libro, 1969.

Cosas curiosas de animales, La Habana, Ministerio de las Fuerzas Armadas Revolucionarias, Dirección de Enseñanza y Escuelas Militares Camilo Cienfuegos, 1969.

Martí, México D. F., Ediciones Oasis, 1969.

El príncipe Mazapán, La Habana, Instituto Cubano del Libro, 1969.

Bibliografía pasiva

Bueno, Salvador, «*Nuestro Martí*, por Herminio Almendros, en *Universidad de La Habana*,

La Habana, 29, 175, 163-165, septiembre-octubre, 1965.

Chacón Nardi, Rafaela, «*La Edad de Oro* y Herminio Almendros», en *Boletín de la Comisión Cubana de la UNESCO*, La Habana, 6, 4, 7-8, abril, 1957.

Florit, Eugenio, «Herminio Almendros, A propósito de *La Edad de Oro de José Martí*», en *Revista Hispánica Moderna*, Nueva York, 24, 2-3, 231, abril-julio, 1958.

Fornaris, Fornarina, «Herminio Almendros, A propósito de *La Edad de Oro de José Martí*», en *Nuestro Tiempo*, La Habana, 4, 17, 18, mayo-junio, 1957.

Labrador Ruiz, Enrique, «A propósito de *La Edad de Oro de José Martí*» en *Revista Cubana*, La Habana, 2.ª época, 31, 158-163, abril-junio, 1957.

Martínez Bello, Antonio, «Almendros, Herminio, *Lecturas ejemplares*», en *Revista de la Biblioteca Nacional*, La Habana, 2.ª serie, 7, 4, 223-225, octubre-diciembre, 1956.

Méndez, M. Isidro, «Almendros, Herminio, *A propósito de La Edad de Oro de José Martí*, Notas sobre literatura infantil», en *Revista de la Biblioteca Nacional*, La Habana, 2.ª serie, 8, 1, 216-217, enero-marzo, 1957.

Moretti, Darcia, «*La Edad de Oro* vista por el Doctor Herminio Almendros», en *El Mundo*, La Habana, 56, 17 694, D9, abril 11, 1957.

Zamora, Bladimir y Arturo Arango Arias, «Un hombre de los que aman y fundan, Herminio Almendros», en *El Caimán Barbudo*, La Habana, 2.ª época, 85, 8-11, diciembre, 1974.

Alonso, **Dora** (Máximo Gómez, Matanzas, 22 diciembre 1910-La Habana, 21 marzo 2001). Cursó las primeras letras en su provincia natal. Allí se dio a conocer en el periódico *Prensa Libre*, de Cárdenas, hacia 1930. Integrada desde muy joven a las luchas revolucionarias, fue miembro del Ejecutivo Provincial de Matanzas de la Organización Joven Cuba. Más tarde participó en el Comité Gestor Nacional del Partido Unión Revolucionaria Comunista. Ha obtenido numerosos premios literarios: el de cuento de la revista *Bohemia* (1936), el Nacional de Novela de la Dirección de Cultura del Ministerio de Educación por *Tierra adentro* (1944), el periodístico «Enrique José Varona» (1946). En el concurso de cuento «Hernández Catá» obtuvo el primer premio en 1947, además de varias menciones en otros años. En teatro ha sido galardonada dos veces: con el «Luis de Soto» (1947) por *La hora de estar ciegos* y con el Nacional del Ministerio de Educación (1959) por la comedia *La casa de los sueños*. En el Concurso Casa de las Américas mereció el premio de novela en 1961 por *Tierra inerme* y mención de cuento por *Ponolani* (1962). Ha visitado México, España, Suiza, Francia y la Unión Soviética. Tiene colaboraciones como periodista y cuentista en *Cúspide* (Central Mercedita (La Habana), *Lux*, *Ellas*, *Vanidades*, *Leoplán* (Buenos Aires), *Bohemia*, *Claxón*, *Carteles*, *Pionero*, *Mujeres*, *Mar y Pesca*, *Casa de las Américas*, *Unión*. Desde 1946 ha escrito para la radio, tanto nacional como de otros trece países latinoamericanos; posteriormente escribió también para la televisión. Su amplia labor como escritora para niños incluye cuentos, obras de teatro y dos libros de lectura escolar, realizados en colaboración con Renée Potts y Adelaida Clemente. También cultiva la poesía. *Tierra inerme* ha sido traducida al ruso, rumano, lituano y ucraniano, y *En busca de la gaviota negra*, al rumano. Sus cuentos aparecen en numerosas antologías cubanas y extranjeras; entre estas últimas se incluyen traducciones el ruso, alemán, inglés y francés. Ha utilizado los seudónimos *Nora Lin* y *D. Polimita*. Obtuvo el Premio Nacional de Literatura en 1988.

Bibliografía activa

Tierra inerme, novela, La Habana, Casa de las Américas, 1961.

La Habana, Ediciones Unión, 1964.

En busca de la gaviota negra, La Habana, Editora Juvenil, 1966.

Aventuras de Guille, La Habana, Instituto Cubano del Libro, 1969.

La Habana, Editorial Gente Nueva, 1974.

Espantajo y los pájaros, teatro para niños, La Habana, Editora del Consejo Nacional de Cultura, 1966.

Ponolani, relatos, La Habana, Ediciones Granma, 1966.

Once caballos, relatos, La Habana, Ediciones Unión, 1970.

Bibliografía pasiva

Alzola, Concepción Teresa, «Cuentística de Dora Alonso», en *Unión*, La Habana, 1, 2, 89-106, julio-agosto, 1962.

Bueno, Salvador, «Dora Alonso, 1910», en su *Antología del cuento en Cuba, 1902-1952*, La Habana, Ministerio de Educación, Dirección de Cultura, 1953, págs. 283.

«*Tierra inerme*, por Dora Alonso», en *Universidad de La Habana*, La Habana, 29, 173, 179-181, mayo-junio, 1965.

González, Waldo, «*Aventuras de Guille*», en *Bohemia*, La Habana, 67, 43, 25, octubre 24, 1975.

Pereira, Manuel, «Un primer paso», entrevista, en *Cuba Internacional*, La Habana, 7, 65, 42-43, enero, 1975.

Portuondo, José Antonio, «Dora Alonso de Betancourt, 1910», en su *Cuentos cubanos contemporáneos*, selección, prólogo y notas, México, Editorial Leyenda, 1946, págs. 199.

Ramos, Sidroe, «Dora Alonso, *Tierra inerme*», en Casa de las Américas, La Habana, 2, 9, 167-168, noviembre-diciembre, 1961.

Repilado, Ricardo, «Cuentos de dos primaveras», en *Taller Literario*, Santiago de Cuba, 7, 20, 30-33, octubre, 1969.

Toural, Eduardo, «Análisis del cuento "Once caballos"», en *Santiago*, Santiago de Cuba, 12, 195-208, octubre, 1973.

Alonso, **Olga** (San Miguel del Padrón, La Habana, 18 febrero 1945-Fomento, Las Villas, 4 marzo 1964). Cursó los estudios secundarios en la Escuela de Comercio de La Habana y en la Escuela de Comercio del Vedado (La Habana). El 16 de abril de 1961 ingresa en la Escuela para Instructores de Arte, en la que realiza múltiples actividades. Se graduó en la especialidad de teatro, con el primer expediente, en septiembre de 1963. En noviembre de ese mismo año es enviada a trabajar a la granja «Mártires de Fomento», donde ejerce como orientadora de Teatro Regional y crea los grupos de aficionados «Vladimiro Maiakovski», «Folklore», «Chaplin», «Ismaelillos», Pantomimas», integrados por niños y adultos. Fue miembro de la UJC desde su constitución. Cuando se dirigía a dar clases a un grupo de campesinos, sufrió un accidente que le costó la vida.

Bibliografía activa

Testimonios, prólogo de Anilcie Arévalo Ocaña, La Habana, Comité Central del Partido Comunista de Cuba, Departamento de Orientación Revolucionaria, 1973; Id., 1974; Id., 1975.

Bibliografía pasiva

Boudet, Rosa Ileana, «Es mi palabra, Los testimonios de Olga Alonso, instructora de arte», en *Revolución y Cultura*, La Habana, 19, 20-23, marzo, 1974.

Alva y Monteagudo, **Marianao José de** (Santa Clara, 28 noviembre 1761-Santa Clara, 27 enero 1800). Descendía de los primeros pobladores de la ciudad. Asiduo asistente a las reuniones de carácter social que tenían lugar en Santa Clara, gracias a los parentescos o a la amistad que lo unían a sus familias más importantes, se hizo famoso en la villa por su sentido del humor, patente también en su poesía. Solo se han conservado de él dos poemas, transcritos por Manuel Dionisio González en su *Memoria histórica de la villa de Santa Clara y su jurisdicción* (Villa Clara, Imprenta del Siglo, 1858). Falleció víctima de una epidemia de viruelas.

Bibliografía pasiva

García Gerófalo Mesa, Manuel, «Mariano José de Alva y Monteagudo», en su *Los poetas villaclareños*, La Habana, Imprenta J. Arroyo, 1927, págs. 13-14.

Alvarado, **Juan Óscar** (Santa Clara, 24 noviembre 1938-La Habana, 10 abril 1958). A los seis años escribió su primer poema. Cursó sus estudios primarios en los Maristas de Santa Clara y el bachillerato en La Havana Military Academy, en la cual fundó la revista *Diana*. Ganó el premio «Pluma Invisible», convocado por uno de los periódicos habaneros en los que colaboró. Fundó, con otros jóvenes, el grupo literario «Renuevo», con el que rompe más tarde por razones políticas, expuestas en una carta publicada en *Prensa Libre* por Mario Kuchilán. Ingresó en la Escuela Profesional de Periodismo Manuel Márquez Sterling en 1957. En esos momentos ya era miembro del Movimiento 26 de julio. Participó en la organización de la huelga general del 9 de abril y en otras actividades clandestinas. Escribió poemas, cuentos, notas críticas y trabajos de carácter político. Cayó asesinado por los esbirros del dictador Batista.

Bibliografía activa

Juan Óscar Alvarado, texto y recopilación, de Luis R. Nogueras, La Habana, Instituto Cubano del Libro, 1971.

Bibliografía pasiva

Carreras Cuevas, Delio Juan, «Galería de mártires universitarios, Juan Óscar Alvarado», en *Vida Universitaria*, La Habana, 15, 164, 18, 41, abril, 1964.

Díaz Martínez, Manuel, «Otra víctima», en *Revolución*, La Habana, 2, 36, 7, enero 16, 1959.

«Dos mártires, José Adolfo Macau y Cossío y Juan Óscar Alvarado Miranda», en Núñez Machín, Ana, *Tiempo de sombra*, Poesía revolucionaria, 1953-1957.

La Habana, Imprenta del Instituto Nacional de Reforma Agraria, 1959, s, págs.

Pott, Ángel N., *Entre sangre y esperanzas*, acentos de queja y rebeldía bajo la dictadura, Homenaje a Juan Óscar Alvarado, La Habana, Imprenta Vique-Ram, 1960.

Juan Óscar Alvarado y la conciencia intelectual, La Habana, INRA, 1960.

Álvarez Baragaño, José (Véase **Álvarez Baragaño, José**

Álvarez Bravo, **Armando** (La Habana, 5 diciembre 1938-Miami, 22 abril 2019). Cursó la primera enseñanza en el colegio La Salle. En 1957 se graduó de bachiller en el Instituto de Segunda Enseñanza de La Habana. Ingresó más tarde en la Escuela Profesional de Publicidad y en la Universidad. Fue profesor de apreciación teatral en un círculo de superación cultural del CNC. Responsable de ediciones en el Centro de Investigaciones Literarias de dicho organismo, ocupó más tarde el cargo de investigador literario en el Instituto de literatura y Lingüística de la Academia de Ciencias. Ha viajado a Estados Unidos. Fue coeditor de la revista *Unión* (1965-1966) y jefe de redacción de L/L. Colaborador en *La Gaceta de Cuba*, *Unión*, *Casa de las Américas*, *Cuba en la UNESCO*, *Islas*. Ha publicado trabajos de crítica y traducciones de poetas ingleses y norteamericanos. Recopiló y prologó la *Órbita de Lezama Lima* (La Habana, Ediciones Unión, 1966).

Bibliografía activa

El azoro, poemas, La Habana, Ediciones Unión, 1964.

Relaciones, poemas, La Habana, UNEAC, 1973.

Bibliografía pasiva

Díaz Martínez, Manuel, «*El azoro*», en *La Gaceta de Cuba*, La Habana, 4, 43, 31, marzo-abril, 1965.

López, César, «*El azoro*», en *Unión*, La Habana,

4, 3, 153-158, julio-septiembre, 1965.

Rivero, Raúl, «Malas relaciones», en *Revolución y Cultura*, La Habana, 2.ª época, 17, 15-17, enero, 1974.

Álvarez Conesa, Sigifredo (Regla, La Habana, 27 mayo 1938-27 diciembre 2004). Cursó hasta el último año de bachillerato, pero no llegó a graduarse. En 1951 viajó a Estados Unidos. Después del triunfo de la Revolución ingresó en la sección de teatro de la Escuela Nacional de Instructores de Arte. Como instructor ha orientado grupos de teatro de aficionados en Pinar del Río y Mariel. Fue profesor de un grupo de actores profesionales del Conjunto Dramático de Pinar del Río (1964). Ese mismo año formó parte de la Comisión Provincial de Literatura y Publicaciones de la Coordinación de Cultura. Pasó a dirigir teatro profesional con el grupo El Candil y el Teatro Juvenil de La Habana. Adaptó y dirigió piezas teatrales infantiles. En 1968 obtuvo mención de poesía en el Concurso David de la UNEAC con su libro *Matar el tiempo*. Ha colaborado en *La Simiente*, *La Gaceta de Cuba*, *Mella*, *Unión*, *El Caimán Barbudo*, *Juventud Rebelde*, *Casa de las Américas*, *Revista de la Biblioteca Nacional*, *Cormorán y Delfín* (Argentina) y *La Pájara Pinta* (El Salvador). Trabajó en la Embajada Cubana en México.

Bibliografía activa

Matar el tiempo, La Habana, Ediciones Unión, 1969.

Como a una batalla, poesía, La Habana, UNEAC, 1974.

Bibliografía pasiva

Alomá, Orlando, «Las herramientas, las armas, el tiempo», en *Alma Mater*, La Habana, 100, 6, junio, 1969.

Ávila, Leopoldo, seud. de «*Matar el tiempo*», en *Verde Olivo*, La Habana, 10, 15, 13, abril 13, 1969.

Menéndez, Aldo «*Como a una batalla*», en *Bohemia*, La Habana, 66, 50, 34, diciembre 13, 1974.

Orovio, Helio, «El tiempo de Sigifredo», en *Revista de la Biblioteca Nacional José Martí*, La Habana, 3.ª época, 7, 1, 159-160, enero-abril, 1971.

«Sigifredo Álvarez Conesa, mención de poesía», en *La Gaceta de Cuba*, La Habana, 6, 66, 3, julio-agosto, 1968.

Álvarez García, Imeldo (Amarillas, Matanzas, 21 agosto 1928-19 junio 2011). Se graduó de Bachiller en Ciencias y Letras en el Instituto de Segunda Enseñanza de Marianao. Realizó estudios de periodismo (hasta 2.º año) y de biblioteconomía, entre otros. Trabajó como empleado de comercio, peón de albañil, operario cajista, apuntador teatral, bibliotecario, publicista, profesor de español, corrector de pruebas y administrador de fábricas. En 1951 viajó a Estados Unidos. Posteriormente, además de escribir para la radio, fue productor de programas en CMZ del Ministerio de Educación y en Radio Marianao. Administrador y redactor del periódico *El Sol*, de Marianao. Trabajó como redactor en *Noticias de Hoy*. Antes del triunfo de la Revolución colaboró en *Carteles*, *El Mundo*, *El Jubilado*, *Cinema* y otras publicaciones. Después de 1963 ha colaborado en *La Gaceta de Cuba*, *Unión*, *Casa de las Américas*, *El Caimán Barbudo*, *Santiago*, *Signos*, *Revolución y Cultura*. Ganó el premio nacional de cuento en el Concurso UNEAC 1970 con su libro *La sonrisa y la otra cabeza*. Ha viajado por Rumania, Hungría y la URSS. Ha editado, con estudios introductorios y notas, dos volúmenes de *Noveletas cubanas del siglo XIX* (La Habana, Editorial Arte y Literatura, 1974). Es autor de numerosos prólogos. Trabaja en la Editorial Arte y Literatura del Instituto Cubano del Libro como jefe de la Redacción de Literatura Cubana, Latinoamericana y Española.

Bibliografía activa

La sonrisa y la otra cabeza, La Habana, Unión de Escritores y Artistas de Cuba, 1971.

Álvarez González, **Aurelio** (Cienfuegos, Las Villas, 20 diciembre 1921). Es graduado de la Escuela Nacional de Publicidad. Ha trabajado como dependiente de bodega, vendedor de libros y ejecutivo de venta en Transportes. En 1945 ingresó en el Partido Socialista Popular. Ganó el primer premio de cuento en un concurso convocado por éste en 1946. Fue dirigente de la Asociación de la Prensa Obrera de Cuba y del sindicato de empleados del comercio de tejidos (1946-1953). De 1946 a 1949 dirigió la revista *Tejidos*. Ha colaborado en *Rieles*, *Voz*, *Saturno*, *El Dependiente* y *La Gaceta de Cuba*. Es director de la revista con la *Guardia en Alto*, órgano de los CDR. En su libro de cuentos utilizó el seudónimo *Gil Blas Sergio*.

Bibliografía activa

Dos hombres, relatos, La Habana, edición La Milagrosa, 1961.

Bibliografía pasiva

Bravet, Rogelio Luis, «Literatura social cubana», en *Bohemia*, La Habana, 54, 2, 25, 87, enero 14, 1962.

Álvarez Ríos, **María** (Tuinucú, Las Villas, 5 junio 1919-6 diciembre 2010). Realizó los estudios primarios en Sancti Spíritus, en su provincia natal, y los secundarios y universitarios en La Habana y en la Universidad de Michigan. Es Doctora en música. En 1948, con *No quiero llamarme Juana*, compartió el premio de teatro del grupo ADAD. En concursos del Patronato del Teatro obtuvo menciones por *El maridito de Beba Fraga* y *La víctima*, y el primer premio por *Dos horas de Sol*. Ha viajado a Inglaterra, Francia, España, Bélgica, Holanda y Portugal. Colaboradora en las publicaciones *Bohemia*, *Ellas*, *Vanidades*, *La Gaceta de Cuba*. Ha estrenado, entre otras obras, *Martí 9* (1952), *Según el color* (1955) y *Funeral* (1958). Es traductora de obras dramáticas, óperas, operetas y canciones. Su canción *Otro querer* ganó mención en el Festival de la Canción de 1965. Sus poemas han sido traducidos al portugués. Trabaja como profesora de música.

Bibliografía activa

Cosecha, poemas, La Habana, 1948.

Poemario, La Habana, Editorial Lex, 1948.

La víctima, teatro, La Habana, Editorial La Milagrosa, 1959, Escena cubana, 2.

Bibliografía pasiva

González Freire, Natividad, «María Álvarez Ríos, 1919», en su *Teatro cubano, 1927-1961*, La Habana, Ministerio de Relaciones Exteriores, 1961, págs. 101-104.

Leal, Rine, «La víctima», en su *En primera persona, 1954-1966*, La Habana, Instituto Cubano del Libro, 1967, págs. 59-62.

Amado-Blanco, Luis (Riberas de Pravia, Asturias, España, 4 abril 1903-Roma, 9 marzo 1975). Estudió medicina y odontología en Madrid. Desde muy joven ejerció el periodismo en los principales periódicos y revistas de España, entre ellos *Gaceta Literaria*, *Nueva España*, *Diario de Madrid*, *Revista de Occidente* y *El Heraldo*. Dio conferencias en el Ateneo de Madrid y en el Lyceum Club. Como corresponsal de *El Heraldo* vino a Cuba en 1933 para reportar la caída del dictador Gerardo Machado. Radicado definitivamente en Cuba desde 1936, se incorporó activamente a la vida cultural del país como conferencista en la Institución Hispanocubana de Cultura, el Lyceum, el Centro Asturiano, el Círculo Republicano Español, y como periodista y escritor. Colaboró en diversas publicaciones periódicas y sobre todo en *Información*, donde ejercía la crítica teatral. Dirigió obras en el Patronato del Teatro. En 1946 ganó el Premio Talía por la dirección de *La dama del alba*, de Alejandro Casona. Como periodista recibió el premio «Justo de Lara» (1950). Obtuvo varias primeras menciones en el concurso de cuentos «Hernández Catá», hasta que en 1951 ganó el Premio Nacional con el cuento «Sola». Viajó por Europa y América Latina. Autor de la fábula dramática *Suicidio*. Su novela *Ciudad rebelde* fue traducida al italiano. Fue el primer Embajador de la Revolución cubana en Portugal. Desde 1961 y hasta su muerte, ejerció igual cargo en la Santa Sede, en donde era Decano del cuerpo diplomático acreditado en el Estado Vaticano.

Bibliografía activa

Norte, poemas, Madrid, Imprenta Clásica Española, 1928.

Ocho días en Leningrado, Viajes, Madrid, Editorial Plutarco, 1932.

Poema desesperado, a la muerte de Federico García Lorca, La Habana, Talleres Tipográficos Úcar, García, 1937.

Claustro, poema, La Habana, Talleres Tipográficos Úcar, García, 1942.

Un pueblo y dos agonías, novela, México, Editorial Grijalbo, 1955.

Doña Velorio, nueve cuentos y una nivola, La Habana, Universidad Central de Las Villas, Dirección de Publicaciones, 1960; 2.ª edición, Barcelona, Editorial Nova-Terra, 1969.

Ciudad rebelde, novela grande, Barcelona, Editorial Nova-Terra, 1967.

Tardío Nápoles, poema, Madrid, Papeles de Son Armadans, 1970.

Bibliografía pasiva

Agüero, Luis, «Algo sobre *Doña Velorio*», en *Lunes de Revolución*, suplemento del periódico *Revolución*, La Habana, 99, 25, marzo 13, 1961.

Bruil, Mariano, «Un hombre, "un pueblo y dos agonías"», en *Diario de la Marina*, La Habana, 123, 179, 4-A, julio 30, 1955.

Bueno, Salvador, «Luis Amado Blanco, 1903», en su *Antología del cuento en Cuba, 1902-1925*, La Habana, Dirección de Cultura del Ministerio de Educación, 1953, págs. 187.

Díaz Llanillo, Esther, «Luis Amado Blanco, *Un pueblo y dos agonías*», en *Universidad de La Habana*, La Habana, 21, 130-132, 277-280, enero-junio, 1957.

«Elogioso comentario de diario de Madrid sobre el fallecido Luis Amado-Blanco», en *Granma*, La Habana, 11, 61, 6, marzo, 13, 1975.

Henríquez Ureña, Camilo, «*Doña Velorio*, el mundo de Luis Amado Blanco», en *Bohemia*, La Habana, 53, 5, 98, 105, enero 29, 1961.

Jiménez Almira, Marta, «Efectuado en la tarde de ayer el sepelio de Luis Amado Blanco», en *Granma*, La Habana, 11, 61, 2, marzo 13, 1975.

«Rindieron tributo la Santa Sede y el cuerpo diplomático acreditado en Italia al compañero Luis Amado Blanco», en *Granma*, La Habana, 11, 59, 7, marzo 11, 1975.

Roa, Raúl, «Palabras de Raúl Roa en la despedida del duelo de Luis Amado Blanco», en *Granma*, La Habana, 11, 61, 6, marzo 13, 1975.

Rojas, Ariel, «Efectuarán hoy, a las 3 de la tarde, el sepelio de Luis Amado Blanco», en *Granma*, La Habana, 11, 60, 5, marzo 12, 1975.

Ross, Samuel, «Literatura periodística, Un poeta español en Rusia», en *Diario de la Marina*, La Habana, 100, 170, 14, junio 19, 1932.

Rubia Barcia, J., «Sobre un poema de Luis Amado Blanco», en *Carteles*, La Habana, 24, 16, 54-55, abril 18, 1943.

Suárez Solís, Rafael, «Avilés, cuna de poetas», en *Diario de la Marina*, La Habana, 96, 240, 28, agosto 27, 1928.

«Luis Amado Blanco», sobre *Ocho días en Leningrado*, en *Ahora*, La Habana, 2, 306, 4, agosto 15, 1934.

«*Poema desesperado*», en *Revista Cubana*, La Habana, 7, 247-248, enero-marzo, 1937.

«*Un pueblo y dos agonías*», en *Diario de la Marina*, La Habana, 123, 177, 4-A, julio 28, 1955.

Valero de Cabal, Mercedes, «Un gran poeta avilesino», en *Diario de la Marina*, La Habana, 96, 262, 16, septiembre 19, 1928.

Amante de sí mismo, El (La Habana, 1822-Id.) Papel político, crítico y literario de

La Habana. Comenzó a publicarse el 9 de enero, como una continuación de *El Amigo del Pueblo*. En su primera página aparecían los siguientes versos: «Diráse la verdad así burlando. /Como a los niños dan de cuando en cuando / Los maestros un bollo, una rosquilla; / Porque mejor aprendan la cartilla. / Ir. trad. de Hor.» Lo redactaba Diego Tanco, «un escritorcillo que por primera vez se propone dar sus pensamientos al público». Se ha encontrado hasta el número 35, correspondiente al 16 de mayo de 1822. En sus páginas se publicaban trabajos políticos, críticas literarias, poesías. Fueron sus colaboradores José Fernández Madrid, José Fernández Quintana Warmes, Juan José Jiménez y otros que firmaban con seudónimos tales como *Un habanero*, *El claro*, *El espectador*, *El censor*, *El yucateco*, *Un americano*.

América (La Habana, 1907). Revista literaria. Comenzó a publicarse en enero, dirigida por Julio Laurent Pagés. Veía la luz los días 15 de cada mes. Los editores pensaron denominar esta publicación *Germinal*, pero según nota que se lee en su primer número «algo nimio y vulgar ha impedido registrar ese nombre y la Revista adopta el de *América*, continental y triunfante, como nuestro continente amado». Dedicada exclusivamente a la literatura, publicó poesías, cuentos, pequeñas prosas poéticas y crítica literaria. En su sección fija «Vida intelectual» incluía noticias de actualidad relacionadas con el arte y la literatura en todo el mundo. Fueron sus colaboradores *Conde Kostia* (seudónimo de Aniceto Valdivia), Max Henríquez Ureña, Regino Eladio Boti, Arturo Ramón de Carricarte, Osvaldo Bazil, René López, Luis Rodríguez Embil, Marco Antonio Dolz, Esteban Foncueva, Juan Guerra Núñez y otros. El último número encontrado corresponde a mayo-junio de 1907.

América (La Habana, 1929). Revista semanal ilustrada. Comenzó el 28 de abril, dirigida por Clara Moreda Luis. Aparecía, como directora de honor, la viuda del ex presidente Gómez, América Arias, cuyo nombre inspiró el de la revista. Fundada y editada por mujeres, a ellas iba dirigida. Salía los domingos. En sus páginas aparecían, además de trabajos de índole literaria —poesías, cuentos, críticas—, artículos de carácter general, noticias sobre cine, teatro, modas, deportes, música, sociedad, etc. Contó con la colaboración de Enrique José Varona, Salvador Salazar, Juan José Remos, Rafael Montoro, Félix Pita Rodríguez, Marcelo Salinas, Aurora Villar Buceta, Ernesto Fernández Arrondo, Gustavo Sánchez Galarraga, Isabel Margarita Ordetx, Justo G. Betancourt, Mary Morandeyra, Enrique Fontanills y otros. El último número encontrado corresponde al 6 de octubre de 1929.

América (La Habana, 1939-1958). Revista de la Asociación de Escritores y Artistas Americanos. Tenía como lema «A la unidad por la cultura». Comenzó a salir en febrero, con carácter mensual. Está agrupada en volúmenes tres números cada uno. Su director, Pastor del Río, se mantuvo como tal durante toda la trayectoria de la revista. Con la salida de los números correspondientes a enero-febrero de 1948 se interrumpió su publicación. Reapareció en noviembre de 1952; en 1954 cesó nuevamente su salida, que recomenzó en noviembre-diciembre del año siguiente, 1955. Aparecieron en sus páginas trabajos sobre temas americanos, generalmente reproducidos de otras publicaciones. En su sección fija «Bibliografía interamericana» aparecían críticas a libros publicados en el continente. Entre los escritores cubanos que colaboraron en sus páginas figuran Juan Marinello, Rafael Esténger, Raúl Roa, Medardo Vitier, José María Chacón y Calvo, Ramiro Guerra, Jorge Mañach, Francisco Ichaso, Antonio Iraizoz, Salvador Bueno, Juan José Remos, Emeterio Santovenia, Félix Lizaso, José Manuel Cortina, Fernando Lles, Enrique Serpa, Arturo Doreste, Arturo Alfonso Roselló, Miguel A. Macau, Agustín Acosta, Alfonso Hernández Catá, Fernando González Campoamor, Mariblanca Sabas Alomá, Andrés de Piedra-Bueno, Hilarión Cabrisas, Juan Jerez Villarreal, Manuel Martínez Moles, Guillermo Montagú, Rafael Soto Paz, Marcelino Arozarena, Antonio Martínez Bello, Ciana Valdés Roig, Gastón Baquero y otros. Con la salida del volumen 55-56 (correspondiente a enero-junio de 1958) cesó su publicación.

América, **La** (Nueva York, 1871). Periódico quincenal ilustrado. Comenzó a salir el 1.º de mayo. Se da como director a Juan Ignacio de Armas, aunque su nombre no aparece en ninguno de los catorce números de la colección que forma un volumen de 224 páginas. Su editor era Aaron Dacosta Gómez, pues, según aparecía en el periódico, toda comunicación relacionada con el mismo debía ser dirigida a su dirección particular. *La América* se fundó con el objetivo de «contribuir al progreso de las repúblicas americanas de origen español, facilitando sus columnas a todos los escritores del continente como medio de comunicación entre apartados países de igual historia y porvenir, que hoy se conocen imperfectamente». En sus páginas, además de artículos sobre historia, biografías y otras cuestiones generales de interés para los lectores de la América hispánica a quienes iba dirigida la publicación, aparecieron frecuentes colaboraciones de conocidos escritores del continente y de Cuba. Se destacan entre estos últimos Miguel Teurbe Tolón, Ramón de Palma, Rafael María de Mendive, José de Armas y Céspedes, Ignacio Piñeyro, Narciso Foxá, José Agustín Quintero, Alfredo Torroella. Publicó también las novelas *Sab*, de Gertrudis Gómez de Avellaneda, y *El guajiro*, de Cirilo Villaverde. *La América* editó su último número el 15 de diciembre de 1871. El 15 de enero de 1872 reapareció con un nuevo título: *La América Ilustrada*.

América, **La** (Nueva York, 1881-1889). «Revista de agricultura, industria y comercio», se lee en la portada; pero en el interior aparece como «Publicación mensual dedicada al fomento de la agricultura, la industria y el comercio en los países hispanoamericanos». Comenzó a salir en abril. E. Valiente era uno de sus editores propietarios. La dirigía Rafael de Castro Palomino (hijo). Como redactor figuraba José J. Luis. No se ha encontrado la colección completa. Ya en el número correspondiente a marzo de 1883 aparece José Martí como colaborador, aunque no pudo definirse el momento exacto en que como tal se incorporó a la publicación; más tarde, en el ejemplar correspondiente a junio del mismo año (no se han visto números intermedios), aparece como redactor en la portada y como director en el interior. En este número hay una nota firmada por Martí en la que expresa que «desde hoy tomo parte más directa y empeñosa en las faenas de este periódico». Además, añade la revista, «queda [Martí] encargado de la parte que pudiera llamarse de letras en *La América*». En enero de 1884 cambió de editores propietarios, pero José Martí continuó como director. Sale ahora como «Revista mensual de industria, comercio, agricultura e intereses generales hispanoamericanos». Publicaba artículos sobre cuestiones agrícolas, científicas, comerciales e industriales. También aparecieron algunos trabajos de índole literaria que, por lo general, salían sin firma. En el ejemplar correspondiente a junio de 1884, no aparece Martí como director, pero en el número siguiente (julio de 1884), que es el último que se ha encontrado, se hace responsable de todo lo no firmado. Carlos Manuel Trelles señala, en la primera parte de su trabajo «Bibliografía de la prensa cubana (de 1764 a 1900) y de los periódicos publicados por cubanos en el extranjero» —en *Revista Bibliográfica Cubana* (La Habana, 2, 7, 21, enero-febrero, 1938)—, que su publicación se extendió hasta 1889 y que en 1887 Diego Vicente Tejera redactaba la parte literaria.

América en París (París, 1891-1892). «Revista quincenal», se lee en el único ejemplar encontrado (año 1, número 12), correspondiente al 30 de junio de 1891. En este momento eran su director y redactor principal, respectivamente, Rodolfo Sedano y Diego Vicente Tejera. Como secretario de redacción fungía Ezequiel García Enseñat. En la relación de redactores que presentaba se destacan los nombres de Augusto de Armas, Luis Alejandro Baralt, Guillermo Collazo, José Martí, Rafael Montoro, Enrique Piñeyro, Francisco Sellén y Enrique José Varona, entre los cubanos. También aparecen varios escritores hispanoamericanos y algunos franceses. Carlos Manuel Trelles señala, en la primera parte de su trabajo «Bibliografía de la prensa cubana (de 1764 a 1900) y de los periódicos publicados por cubanos en el extranjero» —en *Revista Bibliográfica Cubana* (La Habana, 2, 7, 21, enero-febrero, 1938)—, que comenzó a publicarse el 15 de enero de 1891 y que el 30 de abril de 1892 era dirigida por Tejera. En el único número visto aparecieron poesías y otros trabajos de interés literario, así como comentarios sobre cuestiones de actualidad. En este número colaboraron Enrique José Varona, Ignacio Manuel Altamirano, Augusto de Armas, Antonio Sellén, Ezequiel García, Diego Vicente Tejera, Ramón Emeterio Betances, Jacinto Gutiérrez Coll, Gabriel Zéndegui. Aparecen, además, algunos trabajos no firmados y una partitura musical. Desde la sección «En casa» del periódico *Patria*, de Nueva York (edición correspondiente al 2 de julio de 1892), Martí se refería a esta publicación, elogiaba a Tejera y reproducía el siguiente párrafo, tomado del último número de «su revista generosa»: «*América en París*, que ardía en deseos de poder volver a darles acogida en sus columnas a Cuba y los cubanos, tiene el gusto de ofrecer hoy a sus lectores un escrito trascendental del profundo Varona y una brillante página del patriota Manuel de la Cruz. *América en París* vuelve a ser órgano no solo de los países independientes de América, sino —lo que es más justo todavía— de los que aún no son independientes. Creemos que para todo corazón noble será interesante oír de vez en cuando la voz de esas dos islas desgraciadas, Cuba y Puerto Rico.» (Esta cita puede leerse en su *Obras completas*. T. 5. La Habana, Editorial Nacional de Cuba, 1963, pág. 383.) Trelles afirma, en su trabajo antes citado, que su publicación cesó el 31 de mayo de 1892.

Bibliografía

«*América en París*», en *El País*, La Habana, 14, 36, 3, febrero 11, 1891.

América Ilustrada, La (Nueva York, 1872-1874). Revista. Sucedió a *La América* (Nueva York, 1871). Comenzó a salir el 15 de enero, editada por J. C. Rodrígues [*sic*] & Co. Aparecía quincenalmente, redactada por Juan Ignacio de Armas, quien desde el 10 de enero de 1873 asumió la dirección. A partir de este momento se convirtió en trimensual. El 20 de noviembre de 1873 José Ignacio Reyes sustituyó a Juan Ignacio de Armas en la dirección. Publicaba artículos de información general sobre cuestiones de interés para los lectores de Hispanoamérica: historia, geografía, arte, biografía, ciencias, etc. También publicó numerosos trabajos de índole literaria: poesías, cuentos, críticas, novelas, así como traducciones, fundamentalmente de poetas norteamericanos y alemanes. Contó con la colaboración de conocidos escritores cubanos de la época, entre ellos Antonio Bachiller y Morales, Rafael María de Mendive, José Ignacio Rodríguez, José de Armas y Céspedes, José Joaquín Palma, Pedro Santacilla, José Joaquín Govantes, José Agustín Quintero, José Manuel Mestre y otros. A partir del 1.º de junio de 1874 se fusionó con *El Mundo Nuevo* y apareció, desde ese momento, como *El Mundo Nuevo-América Ilustrada*, con la numeración de esta última. Bajo la responsabilidad de Araceli García Carranza se ha confeccionado su índice, que se encuentra a disposición del público en las gavetas de la hemeroteca del departamento de Colección Cubana de la Biblioteca Nacional José Martí.

América Libre. Revista revolucionaria americana (La Habana, 1927). Publicación mensual que comenzó en abril, dirigida por Rubén Martínez Villena, como una continuación de *Venezuela Libre*. Era jefe de redacción Raoul Maestri. El cargo de secretario de redacción lo ocupaba el poeta peruano Esteban Pavletich, quien fue sustituido en el último número por Sarah Pascual. Su propósito era «luchar en la América por la liberación de su pueblo y en contra del imperialismo capitalista de Wall Street». En la portada aparecían los siguientes lemas: «Por la unión interpopular americana; contra el imperialismo capitalista; a favor de los pueblos oprimidos; por la revolución de los espíritus.» Raúl Roa ha señalado, en su trabajo «Una semilla en un surco de fuego», prólogo al libro de poemas de Rubén Martínez Villena *La pupila insomne* (La Habana, Imprenta Úcar, García, 1936, pág. 53), que *América Libre* salió «en coyuntura propicia: en plena protesta estudiantil contra la Reforma Constitucional y Prórroga de Poderes. El «Gonfalón» y la mayoría de los comentarios editoriales y «entrefilets» fueron redactados por Rubén». La salida del último número (4), correspondiente a julio del mismo 1927, «coincidió con la clausura de la Universidad Popular «José Martí» y el célebre «proceso comunista»

de 1927», añade Roa en la página 54 de la obra antes citada. Sus páginas se dedicaban casi por completo a artículos sobre cuestiones políticas, económicas y sociales. Entre sus redactores se destacaban José Antonio Fernández de Castro, Raúl Roa, Aureliano Sánchez Arango, Gustavo Aldereguía, Luis F. Bustamante, Sarah Pascual. Además aparecieron trabajos de Julio Antonio Mella, José Carlos Mariátegui, Diego Rivera, así como poemas de Félix Pita Rodríguez y Gerardo del Valle.

Bibliografía

Roig de Leuchsenring, Emilio, «Notas del director literario, Revistas de avance», en *Social*, La Habana, 12, 5, 14-15, mayo, 1927.

Sánchez Arango, Aureliano y M. A. Pérez Medina, «Tópicos universitarios, Un interesante mensaje», en *Unión Nacionalista*, La Habana, 1, 5, 10, mayo 18, 1927.

Americano Libre, **El** (La Habana, 1822-1823). Periódico que comenzó a publicarse el 15 de noviembre, con el propósito de «esparcir las luces y conocimientos que estén a nuestro alcance, contribuyendo por este medio a la ilustración de los pacíficos habitantes de este delicioso país, que es el blanco de todas las potencias ambiciosas». Salía tres veces a la semana. Su lema era «*Nihil difficile volenti*». Fue un periódico político que solo ocasionalmente dio cabida en sus páginas a producciones literarias, poesías sobre todo.

Se afirma que lo fundó Evaristo Zenea y Luz (quien firmó algunos de sus artículos), así como que lo redactaban Domingo del Monte y José Antonio Cintra. Fueron colaboradores el argentino José Antonio Miralla, M. Antonio Valero, Diego Antonio de Urra, Juan Gualberto de Ortega y otros. Dada la índole de la publicación y la época en que se editaba, se ocultaban sus colaboradores tras seudónimos tales como *Desval* (Ignacio Valdés Machuca), *El habanero sentido*, *Aristarco*, etc. Con la salida del número 46 (28 de febrero de 1823) cesó su publicación. Lo sustituyó *El Revisor Político y Literario*. Bajo la responsabilidad de Araceli García Carranza se ha confeccionado su índice, que puede ser consultado en las gavetas de la hemeroteca del departamento de Colección Cubana de la Biblioteca Nacional José Martí.

Bibliografía

Llaverías, Joaquín, «El Americano Libre», en su *Contribución a la historia de la prensa periódica*, tomo 1, prefacio de Emeterio Santiago Santovenia, La Habana, Talleres del Archivo Nacional de Cuba, 1957, págs. 351, 353-357, 359 y 361, Publicaciones del Archivo Nacional de Cuba, 47.

Amigo de la Constitución (La Habana, 1821-1823). Comenzó a publicarse —según consigna Antonio López Prieto en la página LVII del tomo I de su *Parnaso cubano* (La Habana, Imprenta de la Viuda de Soler, 1881)— en agosto de 1821 y llegó hasta 1823. De esta publicación no se ha encontrado ningún ejemplar, pero Joaquín Llaverías reproduce, en el tomo 1 de su *Contribución a la historia de la prensa periódica* (La Habana, Talleres del Archivo Nacional de Cuba, 1957, pág. 177), un facsímil de la página 1 del número 538, correspondiente al viernes 28 de febrero de 1823, que fue impreso por Sebastián M. de Morales. En el facsímil del número 596 (martes 29 de abril de 1823), reproducido en la página 179 de la obra de Llaverías antes citada, aparece con el artículo *El* añadido al principio del título. Se afirma que era su director Francisco Ruiz. En cuanto a su contenido, López Prieto señala que «no deja tampoco de tener interés la colección», en la que aparecían «poesías satíricas, algunas originales de escritores del país y otras copiadas de periódicos de la Península [...]», pero «la política liberal, o como entonces se decía, constitucional, es la que inspiraba a los poetas, que bajo el punto de vista de sus méritos literarios nada dejaron allí digno de la posteridad».

Amigo de las Mujeres, El (La Habana 1864-1867). Revista semanal, cuyo primer número salió el 23 de octubre. En su prospecto expresaron la intención de «hacer un periódico elegante y moral a la vez, instructivo y de recreo, que pueda entrar lo mismo en el gabinete de la opulenta habanera que en la modesta casa de la obrera...». Salía los domingos. En marzo de 1865 estaba en su segunda época, que se extendió hasta el último domingo de junio del propio año. Posteriormente volvió a aparecer —a principios de 1866—, en su tercera época, con un mayor tamaño. Se dedicaba casi por completo a la publicación de trabajos de índole literaria, aunque también aparecían artículos sobre bellas artes, modas, teatros y anuncios. Colaboraron en sus páginas Luisa Pérez de Zambrana, Rafael María de Mendive, Antonio Sellén, José Fornaris, Juan Clemente Zenea, Tristán de Jesús Medina, Úrsula Céspedes de Escanaverino, Merced Valdés Mendoza, Ignacio María de Acosta, Antonio López Prieto, Antonio Enrique de Zafra y otros autores menos conocidos. Se ignora la fecha exacta en que cesó su publicación, aunque Carlos Manuel Trelles señala, en la primera parte de su trabajo «Bibliografía de la prensa cubana (de 1764 a 1900) y de los periódicos publicados por cubanos en el extranjero» —en *Revista Bibliográfica Cubana* (La Habana, 2, 7, 24, enero-febrero, 1938)—, que salió hasta 1867.

Amigo de los Niños, El (Nueva York, 1874-Id.). «Publicación mensual de instrucción y recreo», se lee en el segundo número publicado, correspondiente a abril de 1875. Era su director Antonio Sellén. Publicaba cuentos, poesías, biografías, notas sobre filatelia y otras cuestiones de interés para los niños. Reprodujo poesías de Gertrudis Gómez de Avellaneda, José María Heredia, Joaquín Lorenzo Luaces,

Antonio Bachiller. El último ejemplar localizado corresponde a junio de 1875.

Amigo del Pueblo, El (La Habana, 1821-1822). Papel político, crítico y literario de La Habana. Comenzó a publicarse el 2 de abril. Aparecía con los siguientes versos de Marchena como epígrafe: «¿Qué haces, do te despeñas, imprudente / Pueblo? ¿La libertad sin moral quieres? / ¿Qué Dios te sopla ese furor demente?» Fue su fundador y redactor Diego Tanco. Tuvo una salida irregular. José María Heredia colaboró en sus páginas. Este periódico sostuvo varias polémicas con los partidarios del liberalismo. Dejó de publicarse el 6 de enero de 1822. Le sucedió *El amante de sí mismo*.

Anales de la Academia de la Historia (La Habana, 1919-1956). Publicación bimestral. El primer número correspondió a julio-agosto. Fue dirigida hasta 1924 por Domingo Figarola Caneda. Ese año varió su periodicidad a anual. Desde 1925 hasta 1933 fue su director José Antonio Rodríguez García. A partir de 1926 añadió al final de su título las palabras *de Cuba*. Desde 1934 no aparece registrado el nombre del director, pero sí el de una comisión de publicaciones de la Academia de la Historia de Cuba integrada por Joaquín Llaverías (1934-1947), Francisco de Paula Coronado (1934-1939 y 1943-1945), Carlos Manuel Trelles (1940-1942) y Enrique Gay Calbó (1946-1947). En 1948 formaban la comisión de publicaciones José María Chacón y Calvo y José Manuel Pérez Cabrera. El tomo correspondiente a 1949 (que salió con varios años de retraso) tuvo como director a José Manuel Pérez Cabrera. El último tomo (32), correspondiente a los años 1950-1956, se editó bajo la dirección de Manuel Isaías Mesa Rodríguez. Como órgano de una institución oficial publicaba las noticias referentes a sus actividades: actas de las sesiones, discursos de ingreso y sus contestaciones, así como los trabajos que «redacte, los que a ella se presenten, y los documentos que posea o adquiera», según expresaban en el título IV, capítulo IV, del Reglamento de la Academia. Aparecieron en sus páginas trabajos de Juan Miguel Dihigo, Domingo Figarola Caneda, Carlos Manuel Trelles, Fernando Ortiz, Francisco de Paula Coronado, Joaquín Llaverías, Emilio Roig de Leuchsenring, Gerardo Castellanos García, Salvador Salazar, Néstor Carbonell, José María Chacón y Calvo, Antonio Iraizoz, Manuel García-Garófalo Mesa, José Manuel Pérez Cabrera, Emeterio Santovenia, Carlos Manuel de Céspedes y Quesada, Tomás de Jústiz y del Valle, Evelio Rodríguez Lendián, Gonzalo de Quesada Miranda, René Lufríu y Alfonso y otros.

Anales de la Academia Nacional de Artes y Letras (La Habana, 1916-1960). Publicación trimestral. El primer número, correspondiente a enero-marzo, salió bajo la dirección de Rafael Montoro, quien fue su director hasta 1918. A partir de la fecha en que José Manuel Carbonell se hace cargo de la dirección (enero-junio de 1919) sale irregularmente. De 1922 a 1928 fue dirigida por Mario Guiral Moreno. El tomo correspondiente a 1923 no salió «por la circunstancia de no haber celebrado la Academia ninguna sesión pública durante el año 1923, ni haberse dado lectura en sus sesiones privadas a estudios sobre asuntos literarios o artísticos. En este mismo período (1924 a 1926) integran el cuerpo de redacción Félix Callejas, Guillermo M. Tomás, Dulce María Borrero de Luján y Julio Villoldo. Durante 1929 la dirige Emilio Gaspar Rodríguez, a quien suceden Eduardo Sánchez de Fuentes (1930), Miguel Ángel Carbonell y Dulce María Borrero (1931 a junio de 1935, un solo tomo donde se resumen todos los trabajos del período) y Mario Guiral Moreno (julio de 1935 a junio de 1936). Bajo la dirección de este último el cuerpo de redacción estaba formado por Ramón Agapito Catalá, Eduardo Sánchez de Fuentes, Sebastián Gelabert y Julio Villoldo. Posteriormente (julio de 1936 a junio de 1937) es su director Eugenio Sánchez de Fuentes, y Miguel Ángel Carbonell y Mario Guiral Moreno sustituyen a Catalá y a Villoldo en el cuerpo de redacción. De julio de 1937 a septiembre de 1941 es dirigida por Antonio Iraizoz, a quien releva en el cargo Miguel Ángel Carbonell (octubre de 1941 a diciembre de 1946). El tomo correspondiente al período comprendido entre enero de 1947 y diciembre de 1948 sale bajo la dirección de Iraizoz, Finalmente (1949-1960) la dirige de nuevo Miguel Ángel Carbonell. Se editaron en total 39 tomos. Esta publicación, como órgano oficial de la institución que la patrocinaba, solo insertaba en sus páginas «los trabajos leídos en sesiones de la Corporación, públicas o privadas, los presentados por sus miembros que hayan sido previamente aprobados por la Academia, o por la Sección respectiva, y los documentos atañederos a la vida de la Corporación o el desenvolvimiento de sus actividades», según afirmaba en una nota aparecida en 1924. No obstante este propósito, durante el período en que fue dirigida por José Manuel Carbonell (1919-1921), sus páginas fueron dedicadas casi por completo a la publicación de sus poesías. Aparecieron trabajos de Enrique José Varona, Dulce María Borrero de Luján, José Manuel Carbonell, Aniceto Valdivia, Max Henríquez Ureña, José María Chacón y Calvo, José Antonio Fernández de Castro, Medardo Vitier, Fernando Ortiz, José Antonio Ramos, Carlos Loveira, Ramón Agapito Catalá, Antonio Sánchez de Bustamante, Néstor Carbonell, Antonio Iraizoz, Juan José Remos, Rafael Esténger, José Juan Arrom, Félix Lizaso, Salvador Salazar, Agustín Acosta, Rafael Montoro, Emilio Gaspar Rodríguez, Jorge Mañach, Luis Rodríguez Embil, Rafael García Bárcena, Andrés de Piedra-Bueno y otros.

Anales de las Reales Junta de Fomento y Sociedad Económica de La Habana (Véase **Memorias de la Sociedad Patriótica de La Habana**)

Anales del Grupo Índice (Véase **Grupo Índice**)

Anales y Memorias de la Real Junta de Fomento y de la Real Sociedad Económica (Véase **Memorias de la Sociedad Patriótica de La Habana**)

Anales y Memorias de la Real Junta de Fomento y de la Real Sociedad Económica de La Habana (Véase **Memorias de la Sociedad Patriótica de La Habana**)

Andueza, **José María de** (Vitoria, España, 1809-La Coruña). Llegó a La Habana por primera vez en 1825. Visitó distintos lugares de las provincias occidentales. Regresó a España en 1830 y allí redactó el *Panorama Matritense* (1836). Ese mismo año vuelve a Cuba. Aquí estrenó los dramas *Guillermo* (1838) —considerado como el primero de tendencias románticas escrito en Cuba—, *María de Padilla* (1839) y *Blanca de Navarra* (1839). Fue redactor y colaborador de *Noticioso y Lucero*, *Diario de La Habana* y *El Faro Industrial de La Habana*. Colaboró además en *El Plantel*, del que fue nombrado codirector (noviembre 1838-agosto 1839) en sustitución de Palma y de Echeverría y donde publicó artículos biográficos y costumbristas, el poema «La serenata» y las novelas «Abul Hacem», «Espatolino» y «Margarita». De regreso en su país, llegó a ser gobernador de Toledo. En España colaboró en *Revista de Teatro* (1843), *El Noticiero* (1854-1859), y *Semanario Pintoresco Español*. Al morir desempeñaba el cargo de secretario del Banco de La Coruña. Utilizó el seudónimo *Aben-Zaide*.

Bibliografía activa

La heredera de Almazán; o, Los Caballeros de la Banda, novela histórica del siglo XIV, La Habana, Imprenta de Pedro Nolasco Palmer, 1837, 4 T.

Guillermo, drama en tres jornadas y cinco cuadros en prosa y verso, La Habana, Imprenta de don J. M. Palmer, 1838.

Isla de Cuba pintoresca, histórica, política, literaria, mercantil e industrial, Recuerdos, apuntes, impresiones de dos épocas, Madrid, Boix, 1842.

Aben-Zaide, trabajos y miserias de la vida, Cuadros jocoso-serios, Madrid, Boix, 1842.

Historia de las revoluciones de las colonias españolas de la América del Sur, Madrid, 1843.

Pedro y Catalina; o, El Gran Maestro, Zarzuela, Madrid, Rodríguez, 1855.

Los Caballeros de la Banda; o, Las revueltas de Castilla, novela histórica caballeresca del siglo XV, Madrid-Barcelona, Imprenta Hispana de Vicente Costaños, 1856. Barcelona, 1865.

Rey, emperador y monje, novela, Barcelona, 1856.

Don Felipe el Prudente, novela, Barcelona, *ca*, 1856.

Carlos III; o, Los mendigos de la Corte, Barcelona, 1859.

Bibliografía pasiva

A. F., «Doña María de Padilla, drama nuevo en tres actos», en *Diario de La Habana*, La Habana, 356, 2, diciembre 23, 1838.

Almaviva, seudónimo, «Guillermo», en *Noticioso y Lucero*, La Habana, 6, 163, 2-3, junio 13, 1838.

Arrom, José Juan, *Historia de la literatura dramática cubana*, New Haven, Yale University Press, 1944, págs. 47-48.

F. G., «*Blanca de Navarra*», en *Noticioso y Lucero*, La Habana, 6, 345, 3, diciembre 12, 1839.

Hartzenbusch, Juan Eugenio, «*El conde Alarcos*, José Jacinto Milanés», en *Revista de Cuba*, La Habana, 8, 337-339, 1880.

Un Imparcial, seudónimo de Miguel Gerónimo Orihuela? «*Guillermo*», en *Diario de La Habana*, La Habana, 205, 2-3, julio 26, 1838.

Los imparciales, seudónimo, «Comunicados», en *Noticioso y Lucero*, La Habana, 6, 214, 3, agosto 3, 1838.

Pérez Cabrera, José Manuel, «*Isla de Cuba pintoresca*, de José María Andueza», en su *Historiografía de Cuba*, México D. F., Instituto Panamericano de Geografía e Historia, 1962, págs. 170-173, 180, Comisión de historia, 106, Historiografías, 7.

Puente, A. M. Eligio de la, «Introducción», en *Cuentos cubanos*, de Ramón de Palma, La

Habana, Cultural, 1928, págs. 15, 18.

Teurbe Tolón, Edwin y Jorge Antonio González, *Historia del teatro en La Habana*, La Habana, Universidad Central de Las Villas, 1961, págs. 139, 150.

«Nueva producción dramática», en *Diario de La Habana*, La Habana, 350, 2, diciembre 16, 1838.

Angulo y Guridi, Alejandro (Santo Domingo, República Dominicana, 3 mayo 1822-Id., 17 enero 1906). Muy niño aún fue trasladado a Cuba, donde cursó estudios y adquirió una sólida formación jurídica y literaria. Fue colaborador asiduo de *El Eco de Villa Clara*, en el que publicó su novela corta «La venganza de un hijo» (1842), escrita en colaboración con Francisco Javier Blanchié. Es autor de una *Pucha cubana*, colección de poemas en honor del «bello sexo de Villa Clara». Hacia 1846 se trasladó a La Habana, donde continuó su labor periodística y literaria. Ese año fundó el periódico *El Prisma*. Pocos años después se trasladó a Estados Unidos y de allí, hacia 1852, a Santo Domingo. En su patria desplegó activa labor política y continuó sus trabajos literarios. Su novela *La joven Carmela* fue autorizada para la publicación en 1841, pero no hay constancia de que ésta tuviera lugar.

Bibliografía activa

Los amores de los indios, novela, Villa Clara, Imprenta El Eco, 1843.

Temas políticos, Arica, Chile, 1891.

¿Quién es Modesto Molina? Azotaina biográfica, Arica, Chile, 1896.

Bibliografía pasiva

Balaguer, Joaquín, «Alejandro Angulo Guridi, Su labor literaria» y «Alejandro Angulo Guridi», en su *Literatura dominicana*, Buenos Aires, Editorial Americalee, 1950, págs. 55-67 y 356-357.

Angulo y Guridi, Francisco Javier (Santo Domingo, República Dominicana, 3 diciembre 1816-Id., 7 diciembre 1885). Los datos que se conocen de él consignan que a los seis años de edad vino a residir a Cuba. En el Colegio Real de San Fernando, de La Habana, cursó estudios hasta los catorce años. Abandonados éstos por falta de recursos económicos, se trasladó poco después a la ciudad de Matanzas, donde se sabe residía hacia 1840. Fundó el periódico *La Prensa* y colaboró en *Faro Industrial de La Habana*, *Brisas de Cuba*, *Alborada de Villa Clara*. En 1853 regresó a su patria, donde cultivó con acierto el teatro.

Bibliografía activa

Ensayos poéticas, Puerto Príncipe, Imprenta del Gobierno y Real Hacienda, 1843.

Bibliografía pasiva

Balaguer, Joaquín, «Javier Angulo Guridi», en su *Los próceres escritores*, Buenos Aires, Imprenta Ferrari, 1947, págs. 205-225.

Villaverde, Cirilo, «Literatura crítica, *ensayos poéticos* de Francisco J. Angulo y Guridi», en *Faro Industrial de La Habana*, La Habana, 3, 266, 2, septiembre 25, 1843.

Angulo y Heredia, Antonio (Matanzas, 4 agosto 1837-Valladolid, España, 1875). Sobrino de José María Heredia. Se educó en los colegios La Empresa, El Plantel y El Salvador. En este último estudió filosofía y llegó a desempeñar cátedra. En 1855 dio sus primeras colaboraciones a *Brisas de Cuba* y a *Revista de La Habana*. Cursó los primeros años de jurisprudencia en la Universidad de La Habana. En Madrid, a donde se trasladó en 1862, se graduó de abogado (1863) y fundó la *Revista Hispano Americana* (1864), de la que fue además coeditor y corredactor y en la que publicó sus «Estudios sobre los Estados Unidos de América» (1865) y dio a conocer su posición respecto a la situación política cubana. Desde Madrid envió a *Aurora del Yumurí*, bajo el seudónimo *Un joven cubano*, sus «Cartas» sobre el movimiento científico y literario de España y otras naciones europeas, dirigidas a Jesús B. Gálvez. Es autor de una defensa de Luz y Caballero frente al periódico madrileño *El Pensamiento Español*. Se destacó como conferencista. En el Ateneo de Madrid ofreció lecciones sobre literatura alemana, de la que era considerado gran conocedor. Tradujo «La campana», de Schiller, y *París en América*, de Leboulaye. Pasó un período de locura al final de su vida.

Bibliografía activa

Goethe y Schiller, Su vida, sus obras y su influencia en Alemania, Madrid, Imprenta de M. Galiano, 1863.

El Pensamiento Español, periódico neocatólico de Madrid, y la instrucción pública en la Isla de Cuba, Madrid, Imprenta de M. Galiano, 1863.

Estudios sobre los Estados Unidos de América, La democracia y el self-governement, Madrid, A. Durán, 1865.

Bibliografía pasiva

Carbonell, José Manuel, «Antonio Angulo y Heredia, 1837-1875», en su *La oratoria en Cuba*, recopilación dirigida, prologada y anotada, tomo 1, La Habana, Imprenta Montalvo y Cárdenas, 1928, págs. 177-178, Evolución de la cultura cubana, 1608-1927, 7.

Antenas. Revista del tiempo nuevo (Camagüey, 1928-1929). Comenzó a publicarse el 1.º de noviembre, dirigida por Felipe Pichardo Moya, Manuel H. Hernández, Manuel P. Hidalgo y (desde el 1.º de diciembre) por Félix Rafols Rafols. Salía quincenalmente. Fueron sus redactores Emilio Ballagas, César Luis de León, Enrique Hálvares [*sic*], Manuel F. de Zayas y Antonio Martínez Martínez. La propia revista mencionaba, como colaboradores, a Manuel Navarro Luna, María Villar Buceta, Mariblanca Sabás Alomá, Héctor

Poveda, Enrique Delahoza, Félix Duarte, Óscar
Max Telra. Publicó en sus páginas poesías,
cuentos, críticas y otros trabajos sobre cuestiones artísticas. Además de los ya mencionados, fueron colaboradores de *Antenas* Luis
Felipe Rodríguez, Aurora Villar Buceta, Flora
Díaz Parrado, Gerardo del Valle, Félix Pita
Rodríguez, José Antonio Foncueva y otros.
Después de dejar de publicarse desde el
1.º de marzo de 1929, reapareció el 15 de
abril de dicho año (último número que se ha
encontrado).

Bibliografía

«*Antenas*», en *Revista de Avance*, La Habana, 2,
3, 29, 362-363, diciembre 15, 1928.

«Dos nuevas revistas, *Antenas*, revista del
tiempo nuevo», en *Revista de Oriente*, Santiago de Cuba, 1, 5, 26 y 38, noviembre, 1928.

Antiga y Escobar, Juan (Mayajigua, Las
Villas, 23 mayo 1871-La Habana, 9 febrero
1939). Cursó sus estudios en La Habana
hasta graduarse de médico (1892) y de abogado (1903) en la Universidad. Perseguido por
las autoridades españolas viajó a Venezuela
y Centroamérica, donde fundó clubes para
ayudar a la causa cubana. Viajó por Estados
Unidos y México. En este último país ejerció
la medicina y fundó un periódico y una revista.
Fue Secretario de Trabajo durante el gobierno
de Carlos Mendieta. Perteneció a diferentes
instituciones como la Asociación de la Prensa
de Cuba y el Comité de Intercambio Cultural

Hispanoamericano. Fue miembro del Grupo
Minorista. Colaboró en *Bohemia*, *Diario de
la Marina*, *El Nacional* (México) y *La Patria*
(Caracas). Al morir era ministro plenipotenciario de Cuba en Suiza.

Bibliografía activa

*Escritos políticos y sociales, Escritos sociales y
reflexiones médicas, tesis optimistas y vulga-
rizaciones médicas*, «Nada más que un hombre, alrededor de Juan Antiga», por José Antonio Fernández de Castro, Madrid, Talleres
Espasa Calpe, 1927-1930, 2 T.

Bibliografía pasiva

Marcos, Miguel de, «La figura de la hora, Juan
Antiga», en *Ahora*, La Habana, 2, 129, 4, febrero 9, 1934.

Suárez Solís, Rafael, «Entre paréntesis, Juan
Antiga, I y II», en *Ahora*, La Habana, 2, 356 y
357, 1, 4 y 1, 4, octubre 13 y 14, 134.

Antillas, Las (La Habana, 1920-1922). Revista
mensual que comenzó a salir el 30 de abril. Fue
su director Sergio Cuevas Zequeira. Publicaba
trabajos relativos a historia y literatura antillanas: estudios críticos, poemas, cuentos,
reseñas de actos, etc. En sus páginas aparecieron las firmas de Elías José Entralgo,
Enrique José Varona, Juan Miguel Dihigo,
Alfredo Miguel Aguayo, Salvador Salazar,
Regino Eladio Boti, Agustín Acosta, Gustavo
Sánchez Galarraga, Carlos Manuel Trelles,
Aurelia Castillo de González, Manuel García

Garófalo Mesa, Aida Peláez de VillaUrrutia, Juan Marinello, Andrés Núñez Olano, Rubén Martínez Villena, Isabel Margarita Ordetx y otros. Además, contó con la colaboración de escritores puertorriqueños y dominicanos. El último número de que se tiene referencia corresponde a los meses de abril, mayo y junio de 1922.

Antologías El espíritu selectivo, propio de las antologías, comienza a manifestarse en Cuba durante el primer tercio del siglo XIX. Casi medio centenar de términos diferentes, algunos de ellos con características propias, sirvieron para denominar diversas selecciones de poemas o de fragmentos en prosa, a pesar de que no todas esas denominaciones respondieron a una factura antológica propiamente dicha. Así, encontramos en dicho siglo Abanicos autobiográficos, Adelfas, Cantares, Céfiros, Flores, Coplas, Coronas, Flores poéticas, Guirnaldas, joyas del Parnaso, Laúdes, Liras criollas, Lirios, Misceláneas, Murmurios, Ofrendas, Perlas, Ramilletes, Taraceas, Tesoros, y hasta una *Pucha yumurina dedicada al bello sexo*. También Aguinaldos, Bibliotecas, Canciones, Ramos de acacia y Colecciones. Principalmente los poetas aparecían reunidos en tomos o cuadernos de títulos poéticos ingenuos o cursis, de acuerdo con el gusto de la época. No obstante, se publicaron algunas antologías que, literariamente, son una buena muestra de esta manifestación artística. A través de una revisión de catálogos y Bibliografías, encontramos que en el año 1822 se publicó en La Habana, por la Oficina de José Boloña, la *Segunda parte de las poesías curiosas de Fr. José Rodríguez Ucares (a) el Capacho, con el vejamen de la Universidad y otras varias de diversos autores*. La parte final de este largo título es significativa, pues aunque no mediara en la obra un fin propiamente antológico (el libro no está localizado), sí, al menos, aparecieron reunidos algunos autores con muestras de su producción poética.

En 1823 apareció, publicada por la propia imprenta de Boloña, la *Tercera parte de las poesías curiosas de Fray José Rodríguez Ucares (a) El Capacho con las décimas del borrador y otras de diferentes autores*; unos años más tarde surgen nuevas producciones antológicas, entre las que se destaca la *Corona fúnebre en honor de María de la Piedad Roca de Togores, duquesa de Frías y de Uceda, marquesa de Villena* (1832), una de las primeras coronas fúnebres de que tengamos noticias. Una muestra más acabada de antología resulta la compilación realizada por José Severino Boloña bajo el título de *Colección de poesías. Arregladas por un aficionado a las musas* (1833), a la que también puede unírsele, por reunir parecidas características, *Rimas americanas* (1833), compilación debida a Ignacio Herrera Dávila y que recoge poesías de Ventura de la Vega, José Policarpo Valdés, Félix Tanco y *don Toribio Sánchez de Almodóvar* (seudónimo de Domingo del Monte). En 1834, con motivo del «Festín campestre celebrado en honor de Francisco Martínez de la Rosa por las Musas del Almendares», Ignacio Valdés Machuca y Francisco Iturrondo publicaron una *Aureola poética del señor don Francisco Martínez de la Rosa por las Musas del Almendares*, que recoge los versos dichos en esa ocasión por varios poetas del momento, entre ellos *Plácido* (seudónimo de Gabriel de la Concepción Valdés).

«Un libro pequeño, de poco volumen que contenga imágenes y pensamientos tan variados como los colores del arco iris, y que como el iris, presente un conjunto bello, apacible, que deleite el corazón conmoviéndolo... donde el poeta encuentre una página; y otra página el novelista...», eso fueron los aguinaldos. Uno de los primeros de que se tiene noticias es el *Aguinaldo habanero* (1837), editado por Ramón de Palma y José A. Echeverría. Después aparecieron *Aguinaldo para las niñas de Santiago de Cuba* (1839), editado por Juan Bautista Sagarra, *Aguinaldo matancero* (1847), por José Victoriano Betancourt y Miguel Teurbe Tolón, y *Aguinaldo camagüeyano* (1848), publicado por Francisco de Agüero y Emilio Peyrellade, con poemas de *El Lugareño* (seudónimo de Salvador Cisneros Betancourt) y Esteban de Jesús Borrero. En esos volúmenes aparecían, tanto en prosa como en verso, «vivos rasgos de costumbres, severos pensamientos, tendencias filosóficas y sociales». Muchas de esas manifestaciones antológicas fueron dedicadas a las damas.

En 1852 apareció la primera antología costumbrista de nuestro país, *Los cubanos pintados por sí mismos*, con una introducción de Blas San Milán e ilustraciones y grabados de Landaluze y José Robles. A ésta siguió, un año más tarde, una importante selección de composiciones poéticas de cuatro autores que se reunieron en *Cuatro laúdes, por Ramón Zambrana, José Gonzalo Roldán, Rafael María Mendive y Felipe López de Briñas*. El año de 1855 señala la aparición de una de nuestras principales antologías, *Cuba poética. Colección escogida de las composiciones en verso de los poetas cubanos, desde Zequeira hasta nuestros días*, editada por José Fornaris y J. de Socorro León, de la cual se hizo una reimpresión en 1858, y en la que fungían como directores José Fornaris y Joaquín Lorenzo Luaces, con José Socorro de León como editor. En un tomo formado por dos volúmenes con fecha 1854 y 1856 respectivamente, apareció *América poética, colección de las mejores composiciones escritas por los poetas hispanoamericanos del siglo actual, escogidas y publicadas por Rafael María de Mendive y J. de J. Q. García*. Entre otros poetas cubanos, aparecen José María Heredia, *Plácido* y Milanés. De gran significación política para nuestra poesía resultó la edición publicada en Nueva York, en 1858, de *El laúd del desterrado*, una compilación de poesías patrióticas, primera muestra entre nosotros de antología poética de intención separatista, que por iniciativa de Pedro Santacilia publicaron varios emigrados cubanos (Miguel

Teurbe Tolón, Leopoldo Turla, Juan Clemente Zenea, el propio Santacilia). De positivo interés para conocer el ambiente intelectual en los años que precedieron al estallido de la guerra del 68, resultan los dos volúmenes que integran las *Noches literarias* (1866), formados por una selección de los mejores trabajos leídos en la tertulia animada por Nicolás Azcárate en su casa de Guanabacoa. Un *Álbum poético fotográfico de las escritoras cubanas por la Srta. Domitila García de C.*, dedicado a la señora G. G. de A. (Gertrudis Gómez de Avellaneda), que por su atractivo conoció distintas reediciones (1872, 1903, 1920 y 1926), fue publicado en La Habana en 1868. Diez años más tarde, Francisco Calcagno publicó *Poetas de color* (1878), primera antología de este tipo entre nosotros, en la que fueron incluidos *Plácido* y Manzano entre otros. Al año siguiente, con intención renovadora, no lograda del todo, apareció otra antología de importancia para la historia de nuestra poesía, *Arpas amigas, colección de poesías originales de los señores Francisco Sellén, Enrique José Varona, Esteban Borrero Echeverría, Diego Vicente Tejera, Luis Victoriano Betancourt y José Varela Zequeira.*

En el año de 1881 aparecieron dos obras de gran significación para la cultura cubana: la *Colección de artículos. Tipos y costumbres de la Isla de Cuba*, ilustrada por Landaluze y prologada por Antonio Bachiller y Morales, obra capital para el estudio del costumbrismo en Cuba, así como el *Parnaso cubano. Colección de poesías selectas de autores cubanos desde Zequeira a nuestros días precedida de una introducción histórico-crítica sobre el desarrollo de la poesía en Cuba, con biografías y notas críticas y literarias de reputados literatos*, una de las más importantes antologías poéticas de toda la centuria, compilada por Antonio López Prieto, en la que el autor ofrece un panorama valiosísimo para el estudio de un período muy importante de las letras cubanas. En 1893 Manuela Herrera de Herrera, condesa de la Mortera, auspició la publicación de una colección de *Escritoras cubanas; composiciones escogidas de las más notables escritoras de la Isla de Cuba*, editada para su presentación en la Exposición Universal de Chicago, conmemorativa del V Centenario del Descubrimiento de América. También en ese mismo año, y hermanada espiritualmente a *El laúd del desterrado*, se publica la importante antología *Los poetas de la guerra* (1893), prologada por José Martí, en la que aparecen reunidas composiciones poéticas de contenido patriótico, escritas durante la Guerra de los Diez Años.

Las antologías publicadas en lo transcurrido del presente siglo han correspondido a diferentes ópticas: el empeño individual de un crítico; el deseo de fijar una trayectoria o un rumbo dentro del proceso evolutivo de un género literario; la preocupación para «salvar del olvido a muchas producciones notables»; el interés por contribuir a la enseñanza de la literatura, ofreciendo modelos que permitan al estudiante tener acceso a las fuentes imprescindibles para el estudio de las letras; la aspiración de grupos y escuelas, afanadas en «dar fe de vida» a un estilo común; o simplemente, la inquietud del hombre de letras o del crítico, cuyo interés lo inclina a educar el buen gusto de sus contemporáneos. En la primera década del presente siglo aparecieron antologías dignas de mención: la de Nicolás Heredia, publicada tras la revisión de Enrique José Varona, con el título de *Trozos selectos en prosa y verso de autores cubanos* (1903), que sirvió como obra de texto y en la que aparecen poemas de Manuel de Zequeira y Arango, José María Heredia, *Plácido* y Joaquín Lorenzo Luaces, así como trabajos en prosa de Francisco de Arango y Parreño, José Antonio Saco, José de la Luz y Caballero, Antonio Bachiller y Morales; la del *Conde Kostia* (seudónimo de Aniceto Valdivia), autor de *Arpas cubanas* (1904), que recoge composiciones poéticas de autores contemporáneos, como Dulce María Borrero, Esteban Borrero Echeverría, Bonifacio Byrne y Federico Uhrbach, y la de Adrián del Valle, *Parnaso cubano* (1906), antología de poemas desde José María Heredia hasta Agustín Acosta. En tres volúmenes publicó Antonio González Curquejo un *Florilegio de escritoras cubanas* (1910), que vio la luz nuevamente en 1913 y 1919, y que sigue las huellas de los que en el siglo XIX publicaron Manuela Herrera y Domitila García de Coronado. Ya en la siguiente década, Carlos Valdés Codina publicó dos antologías: *Las letras cubanas* (1917), selección de poesía y prosa, y *Los mejores sonetos cubanos* (1918). Pero es en la tercera década que aparecen dos de las más importantes antologías para el estudio de la poesía cubana, todavía de ineludible consulta para el investigador: *Las cien mejores poesías cubanas* (1922), de José María Chacón y Calvo, y *La poesía moderna en Cuba (1882-1925)* (1926), compilada por Félix Lizaso y José Antonio Fernández de Castro. Una recopilación con carácter antológico fue la realizada por José Manuel Carbonell en su *Evolución de la cultura cubana (1608-1927)* (1928), en la que ofrece, a través de sus 18 volúmenes, un variado panorama de composiciones en prosa y verso. En 1936 la Institución Hispanocubana de Cultura, aprovechando la visita a Cuba de Juan Ramón Jiménez, invitó a los poetas cubanos a recoger su producción de aquel año, de lo que resultó la publicación de un volumen antológico titulado *La poesía cubana en 1936* (1937), en el que trabajaron conjuntamente Juan Ramón Jiménez —al que se debe además el ensayo inicial, titulado «Estado poético cubano», y el Apéndice—, Camila Henríquez Ureña y José María Chacón y Calvo. Al año siguiente, Ramón Guirao seleccionó y preparó una cuidada *Órbita de la poesía afrocubana (1928-1937)* (1938), con poemas de Juan Francisco Manzano, José Zacarías Tallet, Nicolás Guillén, Emilio Ballagas y otros. En 1943 se publicó *Cien de las mejores poesías cubanas*, preparada por Rafael Esténger. Dos antologías realizadas por Cintio Vitier aparecieron en 1948 y 1952 respectivamente: *Diez poetas cubanos 1937-1947* y *Cincuenta años de poesía cubana (1902-1952)*, esta última una de las mejores realizadas en la etapa republicana. La narrativa, sobre todo el cuento, alcanzó gran auge a partir de la primera generación republicana. Prueba de ello son más de una veintena de antologías publicadas en Cuba, dedicadas exclusivamente a ese género. La primera fue *Cuentos contemporáneos* (1937), de Federico de Ibarzábal. Poco después apareció *Cuentos y leyendas negros de Cuba* (1942), seleccionados por Ramón Guirao. Con el título de *Cuentos cubanos contemporáneos* se publicó en la Editorial Leyenda, de México, en 1947, una excelente antología preparada por José Antonio Portuondo, a la que siguió la *Antología del cuento en Cuba (1902-1952)* (1953), realizada por Salvador Bueno. Otros géneros antologados fueron los que aparecieron bajo el título de *Ensayistas contemporáneos. 1900-1920* (1937), de Félix Lizaso, y *Antología de periodistas cubanos* (1943), de Rafael Soto Paz.

Tras el derrocamiento de la tiranía batistiana se abren nuevas perspectivas para el desarrollo cultural. Ya desde 1959 comienzan a parecer diversas antologías de diferentes géneros. Roberto Fernández Retamar y Fayad Jamís publicaron *Poesía joven de Cuba* (1959), Cintio Vitier preparó *Las mejores poesías cubanas* (1959) y Salvador Bueno *Los mejores ensayistas cubanos* (1959) y *Los mejores cuentos cubanos* (1959). A partir de 1960 se publican *Los trovadores del pueblo* (1960), *Cuentos populares cubanos* (1960-1962), *La décima popular en Cuba* (1961), *La décima culta en Cuba* (1963), todas al cuidado de Samuel Fei-

jóo. Se publicaron además, por esos años, *Los grandes románticos cubanos* (1960), de Cintio Vitier; *Antología de la novela cubana* (1960), de Lorenzo García Vega; *Nuevos cuentistas cubanos* (1961), a cargo de Antón Arrufat y Fausto Masó; *Teatro cubano en un acto* (1963), de Rine Leal; *Nuevos cuentos cubanos* (1964), bajo la supervisión de la UNEAC, y *Antología de la poesía cubana* (1965), de José Lezama Lima, en tres volúmenes, desde los orígenes hasta José Martí. En 1967 Heberto Padilla y Luis Suardíaz en poesía y Félix Pita Rodríguez en cuento, publicaron respectivamente *Poesía cubana. 1959-1966* (1967) en inglés-español y francés-español, y *Cuentos cubanos. 1959-1966* (1967), en inglés y francés. También en 1967 apareció en Uruguay *Aquí 11 cubanos cuentan*, selección que estuvo a cargo de José Rodríguez Feo, y en México la *Antología del cuento cubano contemporáneo*, preparada por Ambrosio Fornet. Cintio Vitier publicó en 1968 el primer tomo de su antología *La crítica literaria y estética en el siglo XIX cubano*. Ese mismo año Rogelio Llopis seleccionó y prologó *Cuentos cubanos de lo fantástico y lo extraordinario*. Dos años más tarde, Germán Piniella y Raúl Rivero prepararon *Punto de partida* (1970), que «recoge poemas y cuentos de cuarenta y cuatro jóvenes autores que no habían publicado, salvo contadas excepciones, fuera del marco de su provincia». En ese mismo año apareció el tomo 2 de *La crítica literaria y estética en el siglo XIX cubano*, también recopilado y prologado por Cintio Vitier, quien en 1974 nos dio el tomo 3 de esta serie.

Numerosas antologías han sido publicadas en los últimos años. Artículos de costumbristas cubanos del siglo pasado fueron recogidos por Iraida Rodríguez (*Artículos de costumbres cubanas del siglo XIX*, 1974). En narrativa, Imeldo Álvarez hizo la selección y el prólogo de una antología de noveletas del siglo XIX (*Noveletas cubanas*, 1974) y al año siguiente prologó una selección de relatos de jóvenes narradores (*Nuevos narradores cubanos*). También en 1975 fueron publicadas dos importantes antologías, *Cuentos cubanos del siglo XIX*, cuya selección y prólogo estuvo al cuidado de Salvador Bueno y *El cuento en la Revolución*, prologada por Félix Pita Rodríguez. En poesía, con el título *Trabajadores poetas* fueron publicados en 1974 los premios en el género del concurso «Rubén Martínez Villena», de la CTC. Ese mismo año, prologada por Roberto Díaz apareció una muestra de nuestra joven poesía (*Nuevos poetas*) y un año más tarde, con prólogo de Excilia Saldaña, la Dirección de Extensión Universitaria editó *10 poetas de la Revolución*, selección de la obra poética de algunos de nuestros más importantes líricos contemporáneos. Una antología de *Teatro cubano del siglo XIX* fue seleccionada y prologada por Natividad González Freire en 1975.

Bibliografía

Almaviva, seudónimo, «*Aguinaldo habanero*» en *El Noticioso y Lucero*, La Habana, 5, 308, 2, noviembre 5, 1837.

Ángel, Pedro, «*Una antología*», *El cuento en la Revolución*, en *Juventud Rebelde*, La Habana, 2, septiembre 23, 1975.

Boti, Regino Eladio, «Un libro para la posteridad, *La poesía moderna en Cuba, 1882-1925*», en Social, La Habana, 12, 6, 43, 64, junio, 1927.

Lezama Lima, José, «Alrededores de una antología, Señales», en *Orígenes*, La Habana, 9, 31, 63-68, 1952.

«*Parnaso cubano*», en *Revista de Cuba*, La Habana, 9, 286, 1881.

Mir, Pedro, «*Los poetas de la guerra*», en *INRA*, La Habana, 2, 5, 68-71, mayo, 1961.

Roa, Raúl, «*Órbita de la poesía afrocubana*», en *Grafos*, La Habana, junio, 1938.

Antorcha, La (La Habana, 1856-Id.). Periódico de literatura, costumbres, teatros, ciencias y artes, dedicado a las distinguidas señoras que componen la Asociación de Beneficencia Domiciliaria de esta ciudad. Comenzó a salir en julio. Fue su fundador, editor y redactor Rafael Pitaluga y Delgado, quien al morir (2 de agosto de 1856) fue sustituido por José Agustín Millán. Se publicaban en sus páginas poesías, artículos, epigramas y otros trabajos de interés general, especialmente dedicados a las damas. Carlos Manuel Trelles señala, en la primera parte de su trabajo «Bibliografía de la prensa cubana (de 1764 a 1900) y de los periódicos publicados por cubanos en el extranjero» —en *Revista Bibliográfica Cubana*

(La Habana, 2, 7, 27, enero-febrero, 1938)—,
que fueron sus redactores Felipe López de
Briñas y Ramón Francisco Valdés. Entre sus
colaboradores se contaron Francisco de Paula
Gelabert, Antonio Enrique de Zafra, Javier
Angulo y Guridi, Víctor Patricio de Landaluze.
Aparecieron también algunos cuadros de costumbres de José Agustín Millán y traducciones
de Antonio Sellén. La octava entrega, última de
que se tiene noticias, se repartió a mediados
de octubre del mismo año de 1856.

Antuña, **Rosario** (Güines, La Habana, 3 septiembre 1933). Cursó el bachillerato en La
Habana. En 1954 le fue otorgado el premio
literario «Rubén Martínez Villena», de la FEU.
Obtuvo el título de Doctora en Filosofía y
Letras en la Universidad de La Habana en
1955. De 1956 a 1957 viajó por Inglaterra,
Francia, España, Grecia e Italia. En 1960 terminó sus estudios universitarios de bibliotecaria. Trabajó de 1959 a 1963 en la Dirección
General de Cultura del Ministerio de Educación
y en el Consejo Nacional de Cultura. Ha colaborado en *Caballo de Fuego*, *Nuestro Tiempo*,
Artes Plásticas y *Unión*. Realizó la selección y
anotación de la *Órbita de Emilio Ballagas* (La
Habana, Ediciones Unión, 1966). En los últimos
años ha trabajado como catalogadora y clasi-
ficadora en la Biblioteca Nacional José Martí
y en el Departamento de Sistema y Control
del Centro de Documentación del Consejo
Nacional de Cultura.

Bibliografía activa

Son de otros, prólogo de José Antonio Portuondo, Santiago de Cuba, Manigua, 1956.

Bibliografía pasiva

Arroyo, Anita, «Son de Rosario Antuña», en
Diario de la Marina, La Habana, 126, 248, 4-A,
octubre 20, 1957.

Chacón Nardi, Rafaela, «Rosario Antuña, *Son
de otros*» en *Nuestro Tiempo*, La Habana, 4,
17, 18, mayo-junio, 1957.

Rodríguez Luis, Julio, «Aparición de una poetisa», en *El Mundo Ilustrado*, suplemento del
periódico *El Mundo*, La Habana, 56, 17 754,
7, junio 23, 1957.

Antuña, **Vicentina** (Güines, La Habana,
22 enero 1909-8 enero 1993). Graduada de
Doctora en Filosofía y Letras y en Pedagogía.
Siguió cursos de latín en la Columbia University
(Nueva York, 1936), de literatura latina en la
Universidad de Roma (1956) y de arte greco-
romano en el Instituto Dante Alighieri de Roma
(1956). Ha viajado por países de América,
Europa y el campo socialista. Tomó parte en
el Congreso Nacional Femenino (La Habana,
1939), en los congresos por el latín vivo
celebrados en Avignon (1956) y Roma (1966)
y en la Conferencia General de la UNESCO
(París, 1960 y 1962). Ha sido directora de cultura del Ministerio de Educación (1959-1961),
presidenta del Consejo Nacional de Cultura
(1961-1963), directora de la Escuela de Letras
y Arte de la Universidad de La Habana (1962-

1971) y de su departamento de letras clásicas, hoy Departamento Filológico, también desde 1962. De su labor didáctica continuada desde 1933 hasta la fecha, cabe destacar, a partir de 1934, la de profesora de Lengua y Literatura Latinas en la Universidad de La Habana. Fue miembro del consejo de redacción de la *Revista Lyceum* y ha publicado conferencias y artículos en *Cuadernos de la Universidad del Aire, Universidad de La Habana y Prometeo.* Entre sus trabajos se destaca el discurso pronunciado en el I Congreso Nacional de Cultura (1962). Autora de la selección y el prólogo de la antología *Comedia latina* (La Habana, Instituto Cubano del Libro, 1972). Es presidenta de la Comisión Cubana de la UNESCO.

Bibliografía activa

Latín primer curso, de acuerdo con el programa oficial, tomadas por J. I. Lasaga y Travieso, La Habana, 1938.

Lecciones de latín segundo curso, autorizadas y redactadas por Eloísa Lezama de Álvarez, La Habana, Universidad de La Habana, 195...

Elementos de gramática latina, La Habana, Universidad de La Habana, Dirección de Publicaciones, 1970, 2 partes, edición mimeografiada.

Roma y las letras latinas, La Habana, Instituto Cubano del Libro, 1971, Cuadernos H, Serie Literatura, 2.

Literatura latina, presentación de Máximo Gómez Mirás, La Habana, Cooperativa Estudiantil Enrique José Varona, *s. a.*

Bibliografía pasiva

Tolón, Marta, «El maestro también debe ser un educador político, Conceptos de la Doctora Vicentina Antuña, educadora destacada, sobre las facultades necesarias al profesor», entrevista, en *Juventud Rebelde*, La Habana, 2, septiembre 3, 1974.

Anuario Bibliográfico Cubano (La Habana, 1938-1959). Publicación redactada, editada y distribuida por su director Fermín Peraza Sarauza. En el primer volumen, correspondiente a 1937, se explica que «circulará en el mes de enero de cada año». En dicho volumen también se expresa que «esta compilación ha querido traer a estos trabajos un espíritu de amplitud que los haga abarcar no solamente la relación escueta de las listas de libros, sino también otras relaciones de actos e instituciones creadas en el año, que anejos a lo impreso, completan, por decirlo así, el panorama cultural de la nación», además, que «aspira a ser un vehículo de conocimiento del libro cubano, dentro y fuera del país». Tenía varias secciones fijas: libros y folletos (por autores y por materias), conferencias, revistas y periódicos, bibliotecas y un índice general de nombres al final. Desde su segundo volumen, correspondiente a 1938, apareció una nueva sección que complementaba las ediciones anteriores al añadir los libros y folletos que no habían sido incluidos en aquéllas. Desde el volumen correspondiente a 1940 presentó, también, una Bibliografía martiana. Todas estas secciones desaparecieron a partir del volumen correspondiente a 1943; solo quedó la relación de libros y folletos publicados en el año, ordenada por autores y por materias. Desde el decimocuarto volumen, dedicado al año 1950, se subtitula «Bibliografía cubana», denominación que se convierte a partir del correspondiente a 1953, en título (seguido del año que reseña); queda entonces el título anterior como denominador de la serie. El volumen 22, que recoge la producción de 1958, fue publicado bajo los auspicios de la *Inter-American Bibliographical and Library Association*. En las páginas finales de cada volumen se reproducían, desde 1938, algunos comentarios aparecidos en la prensa nacional y extranjera sobre la publicación.

Bibliografía

Artiles, Jenaro, «*Anuario Bibliográfico Cubano*», en *Luz*, La Habana, época 4, 40, 6, abril 20, 1940.

Augier, Ángel, «Necesita el pueblo habanero que se atiendan por el ayuntamiento sus establecimientos de cultura», en *Noticias de Hoy*, La Habana, 9, 234, 8, octubre 1, 1946.

López, Pedro Alejandro, «*El Anuario* de Peraza», en *El Mundo*, La Habana, 39, 12 661, 4, marzo 14, 1941.

Portuondo, José Antonio, «Sobre Bibliografía», en *Índice*, La Habana, 5, 1-3, 31-32, enero-marzo, 1940.

Remos y Rubio, Juan José, «La benemérita Bibliografía», en *Diario de la Marina*, La Habana, 123, 161, 4-A, julio 9, 1955.

Roig de Leuchsenring, Emilio, «Bibliografía y bibliógrafos cubanos de antaño y de hogaño», en *Carteles*, La Habana, 26, 16, 38-39, abril 22, 1945.

Anuario L/L (La Habana, 1970). Publicación del Instituto de Literatura y Lingüística de la Academia de Ciencias de Cuba. Es continuación de *L/L. Boletín del Instituto de Literatura y Lingüística*. Como director funge José Antonio Portuondo. La subdirección está a cargo de Ángel Augier. Integran el consejo de redacción Mary Cruz, Nuria Gregori, Francisco M. Mota y (desde el número 3-4) Sergio Chaple. Dedicado a la publicación de los trabajos de investigación literaria, lingüística y bibliográfica de la institución que lo patrocina, también reseña las actividades de la misma durante el año y publica notas sobre libros y traducciones de textos sobre problemas relacionados con la literatura. En los números aparecidos hasta el momento se han publicado trabajos de José Antonio Portuondo, Ángel Augier, Mary Cruz, Nuria Gregori, Francisco M. Mota, Sergio Chaple, Alberto Rocasolano, Salvador Arias, Sergio Valdés Bernal, María Teresa Noroña, Graciela Pérez, Gisela Cárdenas, Ricardo Hernández Otero, Esther Díaz Llanillo, Enrique Saínz de la Torriente, Cita Romero, investigadores todos del Instituto. Además, han aparecido colaboraciones de Manuel Pedro González, Cintio Vitier, Camila Henríquez Ureña, Salvador Bueno y Rine Leal.

Anuario Martiano (La Habana, 1969). Publicado por la Sala Martí de la Biblioteca Nacional José Martí. En el primer tomo de este anuario se expresa que la revista, a juicio de sus iniciadores, deberá «incluir entre otras cosas, la Bibliografía martiana activa y pasiva aparecida durante el año; la reproducción en traducción castellana de los artículos de mayor relieve que en lenguas extranjeras se hayan publicado en el período y una sección bibliográfica selecta de carácter crítico en la que en brevísimas notas se informe al lector extranjero de la valía de ciertos estudios cualquiera que sea su carácter —tesis académicas, libros, folletos y artículos de alta calidad. Este boletín servirá como punto de enlace y fuente de información entre todos los martianos del mundo y principales bibliotecas universitarias y públicas». Además de los trabajos reproducidos de publicaciones extranjeras y cubanas, han aparecido en sus páginas colaboraciones de Cintio Vitier, Fina García Marruz, José Antonio Portuondo, Julio Le Riverend, Ángel Augier, Juan Marinello, Herminio Almendros, Iván Schulmann, Manuel Pedro González, Loló de la Torriente, Salvador Bueno, Hortensia Pichardo, Roberto Fernández Retamar, Rosa Hilda Zell, Octavio Smith, Jesús Sabourin, Enrique H. Moreno Plá, A. Bernal del Riesgo, Hilario González, Luis García Pascual y otros.

Bibliografía

«*Anuario Martiano*, tomo 2», en *Granma*, La Habana, 6, 158, 5, junio 30, 1970.

Bueno, Salvador, «*Anuario Martiano*», en *Revista de la Biblioteca Nacional José Martí*, La Habana, 61, 3.ª época, 12, 3, 146-148, septiembre-diciembre, 1970.

Cruz, Mary, «El *Anuario Martiano* de la Sala Martí», en *Granma*, La Habana, 5, 50, 5, febrero 28, 1969.

«*Anuario Martiano* 2», en *Anuario L/L*, La Habana, 1, 267-269, 1970.

Nora, María Luz de, seudónimo de Loló de la Torriente, «*Anuario Martiano*», en *Bohemia*, La Habana, 61, 14, 105, 113, abril 4, 1969.

Torriente Loló de la, «*Anuario Martiano*», en *Bohemia*, La Habana, 62, 30, 104, julio 24, 1970.

Aparicio, Raúl (Cruces, Las Villas, 1913-La Habana, 3 enero 1970). Cursó la primaria en Cienfuegos y el bachillerato en el Instituto de Segunda Enseñanza de Santa Clara. Muy joven aún fundó en Cienfuegos, junto a Juan David, Carlos Rafael Rodríguez y otros, el grupo «Ariel», vinculado a los problemas literarios y políticos del momento. Por esa misma época comenzó a escribir sus primeros cuentos. En 1940 se graduó de Licenciado en Derecho Diplomático y Consular y de Doctor en Ciencias Políticas, Sociales y Económicas en la Universidad de La Habana. Hizo estudios especiales de psicología y literatura. Ejerció como profesor en colegios privados de La

Habana y en la Escuela Privada de Derecho y trabajó en agencias publicitarias. En diversas ocasiones obtuvo mención en el concurso de cuento «Hernández Catá». Viajó por Estados Unidos, Perú, Brasil, Uruguay, Argentina y Canadá. Como diplomático ejerció el cargo de agregado comercial en Brasil (1960) y el de consejero cultural de Cuba en Checoslovaquia (1962-1963) y México (1964). En 1966 ganó el premio de biografía «Enrique Piñeyro», de la UNEAC, por su *Hombradía de Antonio Maceo*. Fue jefe de redacción de la revista *Guía* y colaborador en *Bohemia*, *Carteles*, *El Mundo*, *Nuestro Tiempo*, *La Gaceta de Cuba*, *Unión*, *Juventud Rebelde* y *¡Siempre!* (México). Fue miembro del consejo de redacción de La Gaceta de Cuba. Es coautor, con Felipe Orlando, del libro *Diez pintores del mundo* (La Habana, Editorial Selecta, 1945).

Bibliografía activa

Frutos del azote, relatos, Buenos Aires, Editorial Palestra, 1961.

Hijos del tiempo, relatos, La Habana, Ediciones Unión, 1964.

Hombradía de Antonio Maceo, La Habana, Ediciones Unión, 1967; 2.ª edición, *Id*, 1974.

Espejos de Alinde, relatos, La Habana, UNEAC, 1968.

Bibliografía pasiva

Abreu Gómez, Emilio, «Cuentos de Cuba», en *Unión*, La Habana, 3, 4, 157-158, octubre-diciembre, 1964.

Bernal del Riesgo, Alfonso, «Biografía y tanatografía», en *Unión*, La Habana, 6, 3, 120-124, julio-septiembre, 1967.

Bueno, Salvador, «Raúl Aparicio, 1913», en su *Antología del cuento en Cuba, 1902-1952*, La Habana, Ministerio de Educación, Dirección de Cultura, 1953, págs. 317.

«Hijos de nuestro tiempo», en *Bohemia*, La Habana, 56, 21, 30, mayo 22, 1964.

«En la muerte de Raúl Aparicio», en *Revista de la Biblioteca Nacional José Martí*, La Habana, 3.ª época, 12, 61, 1, 147-150, enero-abril, 1970.

Cabrera Álvarez, Guillermo, «Con Aparicio en el tiempo», en *La Gaceta de Cuba*, La Habana, 81, 5, febrero-marzo, 1970.

Díaz Martínez, Manuel, «*Espejos de alinde*» en *La Gaceta de Cuba*, La Habana, 7, 69, 29-30, enero, 1969.

Franco, José Luciano, «Aparicio», en *La Gaceta de Cuba*, La Habana, 81, 3, febrero-marzo, 1970.

Guillén, Nicolás, «Hombradía de Raúl Aparicio», en *La Gaceta de Cuba*, La Habana, 81, 2, febrero-marzo, 1970.

Luis, Raúl, «Lo más puro de su labor creadora», en *La Gaceta de Cuba*, La Habana, 81, 3, febrero-marzo, 1970.

Llanos, Marcos, «*Hombradía de Antonio Maceo*» en *Casa de las Américas*, La Habana, 8, 47, 140-141, marzo-abril, 1968.

Rodríguez Herrera, Mariano, «Trabajar con Raúl Aparicio», en *La Gaceta de Cuba*, La Habana, 81, 4, febrero-marzo, 1970.

Selva, Mauricio de la, «*Hijos del tiempo*, de Raúl Aparicio», en *Casa de las Américas*, La Habana, 5, 28-29, 148-150, enero-abril, 1965.

Torriente, Loló de la, «Interpretación de Antonio Maceo», en *La Gaceta de Cuba*, La Habana, 6, 58, 4, 13, mayo, 1967.

Apolo. Revista poética hispanoamericana (La Habana, 1915-Id.) Publicación mensual que comenzó en junio, dirigida por Alfonso Camín. Era su redactor en jefe Federico de Ibarzábal. Solamente se han encontrado los números 2 y 3 (julio y agosto). *Apolo* dedicaba la casi totalidad de sus páginas a la publicación de poesías. Fueron colaboradores, además de escritores extranjeros, Arturo Alfonso Roselló, José Manuel Carbonell, Felipe Pichardo Moya, Fernando Lles, Arturo Doreste, Carlos Prats, Hilarión Cabrisas, Luis Vázquez de Cuberos, León Ichaso, Juan J. Geada. También aparecieron colaboraciones de *Conde Kostia* (seudónimo de Aniceto Valdivia).

Aragón, **Adolfo de** (La Habana, 24 marzo 1864-Id., 5 noviembre 1954). Cursó la primaria en su ciudad natal. Se graduó de Bachiller en Artes en el Instituto de Segunda Enseñanza de La Habana (1878). En la Universidad obtuvo los títulos de Licenciado en Filosofía y Letras (1882) y Licenciado en Derecho Civil y Canónigo (1883). Ese año ganó la plaza de catedrático interino de latín y castellano del Instituto de Segunda Enseñanza de Pinar del Río. En 1894 se graduó de Doctor en Filosofía y Letras y obtuvo por concurso la cátedra auxiliar de Literatura Griega y Latina y de Metafísica en la Universidad de La Habana. En 1896 se vio obligado a abandonar el país por razones políticas y se trasladó a Estados Unidos. En los clubes «Primelles», «Patria» (Nueva York) y «Tunas de Calixto» (Jacksonville) desarrolló actividades políticas. En 1898 fue restituido en su cátedra de profesor auxiliar. Ocupó la cátedra de Historia de la Literatura Clásica y, pocos meses después, por oposición, la de Lengua y Literatura Latinas (1900). Fue miembro (1900-1916) y presidente (1914-1916) de la Junta de Educación de La Habana, decano de la Facultad de Letras y Ciencias (1917-1919), rector y finalmente Profesor *Emeritus* de la Universidad. Colaboró en diversas publicaciones de la época, entre ellas la *Revista de la Facultad de Letras y Ciencias*. Es autor de las conferencias «Aristófanes y la antigua comedia griega» (1914) y «Los dramas de Esquilo» (1916.

Bibliografía activa

Guerras Púnicas, su influencia en la civilización y destino de los pueblos, tesis leída y sostenida ante el ilustre Tribunal en el Aula Magna de la Real Universidad Literaria de La Habana el día 7 de julio de 1884, La Habana, Imprenta La Universal, 1884.

Programa de literatura griega y latina, Curso de 1885 a 1896, La Habana, Tipografía del Ejército, 1886.

Historia de la literatura latina, La Habana, Alfa, 1939.

Bibliografía pasiva

Antuña, Vicentina, «La personalidad de un maestro inolvidable», en *Universidad de La Habana*, La Habana, 21, 133-135, 203-215, julio-diciembre, 1957.

La Dirección, «El nuevo decano Doctor Aragón y Muñoz», en *Revista de la Facultad de Letras y Ciencias*, La Habana, 24, 3, 299-301, mayo-junio, 1917.

Entralgo, Elías José, «Palabras en el Homenaje al Doctor Adolfo Aragón», en *Universidad de La Habana*, La Habana, 52-54, 385-387, enero-junio, 1944.

Aramburo, Mariano (Camagüey, 30 noviembre 1870-La Habana, 28 junio 1942). Se graduó de abogado y de Licenciado en Filosofía y Letras en Madrid. Obtuvo medalla de oro en el certamen del Círculo de Abogados de La Habana, en 1893, por su *Estudio de las causas que determinan, modifican y extinguen la capacidad civil según la filosofía del derecho, la historia de la legislación y el derecho vigente en España*. Se dedicó durante muchos años al ejercicio del derecho, por lo que adquirió, tanto en Cuba como en el extranjero, alta nombradía. Fue presidente de la Academia Cubana de la Lengua y miembro de la Academia Nacional de Artes y Letras y del Ateneo de La Habana, así como correspondiente de instituciones académicas españolas. Fue presidente del Instituto Cubano-Chileno de Cultura. En 1912 fue enviado extraordinario y ministro plenipotenciario de Cuba en Chile. Como periodista colaboró en *Diario de la Marina, El Nuevo País, El Fígaro, Universal, La Discusión, Heraldo de Cuba, Revista Contemporánea, La Crónica; El Resumen* y *La Ilustración Católica de España* (Madrid). Pronunció conferencias sobre literatura cubana en el Ateneo madrileño.

Bibliografía activa

La constitución política de Aragón, discurso pronunciado en la inauguración de la Academia Jurídico-Literaria-Aragonesa, Zaragoza, 1891.

Origen, desarrollo y decadencia de la tragedia griega, discurso, Zaragoza, 1891.

Elogio de Colón, pronunciado en el Paraninfo de la Universidad de Zaragoza el 12 de noviembre de 1892, Zaragoza, 1893.

Estudio de las causas que determinan, modifican y extinguen la capacidad civil, según la filosofía del derecho, la historia de la legislación y el derecho vigente en España, Madrid, Imprenta de Manuel Tello, 1894.

Principios y tendencias de la democracia, discurso pronunciado en el Ateneo Madrid, 1896.

Personalidad literaria de doña Gertrudis Gómez de Avellaneda, conferencias pronunciadas en el Ateneo Científico, Literario y Artístico de Madrid, el año de 1897, Madrid, Imprenta

Teresiana, 1898.

La reforma constitucional en las Antillas, discurso, Madrid, 1898.

Impresiones y juicios, prólogo de Rafael Montoro, La Habana, La Propaganda Literaria, 1901.

Monógrafos oratorios, Madrid, Imprenta y Estereotipia de Ricardo Fe, 1906.

Literatura crítica, París, Paul Ollendorff, 1909.

La amnistía a la luz de la ciencia jurídica y la legislación cubana, La Habana, Imprenta El Score, 1915.

Arte de bien vivir, Consejos y máximas de educación, La Habana, Imprenta Cuba Intelectual, 1915; La Habana, 1926.

Doctrinas jurídicas, La Habana, Librería *Studium*, 1915.

Bases para el código civil cubano, La Habana, Imprenta de Solana, 1916.

Doctrinas jurídicas, La Habana, Imprenta Cuba Intelectual, 1916.

La divina palabra, discurso de ingreso como miembro de número de la Sección de Literatura, *La palabra libre*, discurso de contestación por Néstor Carbonell Rivero, leídos en la sesión solemne celebrada el miércoles 23 de noviembre de 1921, La Habana, Imprenta El Fígaro, 1921, *discurso leído en la solemne sesión de apertura del curso de 1922 a 1923 el día 15 de octubre de 1922*, La Habana, Imprenta El Siglo XX, 1922, *discurso leído en la solemne sesión de apertura del curso de 1923 a 1924 el día 10 de octubre de 1923*, La Haba-

na, Imprenta El Siglo XX, 1923.

Filosofía del derecho, Nueva York, Instituto de las Españas en los Estados Unidos, 1924-1928, 3 T. *Discursos cívicos*, La Habana, Librería Cervantes, 1925.

Teorías pragmáticas, Madrid, 1928.

Proyecto de código civil cubano, Libro primero, La Habana, Imprenta y Papelería de Rambla y Bouza, 1929.

Ocaso, La Habana, Imprenta Ocariz, 1938.

Divulgaciones, con una semblanza preliminar del maestro por Juan J. E. Casasús y una carta-prólogo de Luis Octavio Diviñó, La Habana, Editorial Trópico, 1943.

Bibliografía pasiva

Costa, Octavio R., «Artículos, Mariano Aramburo, *Divulgaciones*,» en *Feria del Libro*, La Habana, 1, 1, 6, 6, julio, 1943.

Curros Enríquez, Manuel, «La Avellaneda, conferencias pronunciadas por don Mariano Aramburo en el Ateneo de Madrid», en *Diario de la Marina*, La Habana, 59, 281, 2, noviembre 26, 1898.

«Mariano Aramburo y Machado, *Impresiones y juicios*», en *Diario de la Marina*, La Habana, 61, 301, 2-3, diciembre 20, 1900.

«*Monógrafos oratorios*, por Mariano Aramburo y Machado», en *Diario de la Marina*, La Habana, 67, 210, 5, septiembre 4, 1906.

Chacón y Calvo, José María, «Don Mariano Aramburo y Machado», en *Revista Cubana*, La Habana, 15, 129-132, enero-marzo, 1943.

Expósito y Casasús, Juan José, *Mariano Aram-*

buro, *figura señera de la cubanidad*, La Habana, Imprenta El Siglo XX, 1944.

El pensamiento político de Mariano Aramburo, conferencia pronunciada el día 30 de noviembre de 1955, en la Asociación de Funcionarios del Poder Judicial, La Habana, Editorial Librería Martí, 1956.

Gálvez, Napoleón, «Otro libro de Aramburo, *Literatura crítica*, por Mariano Aramburo y Machado», en *El Triunfo*, La Habana, 3, 119, 2, mayo 2, 1909.

Heredia, Nicolás, «*Impresiones y juicios*» en *El Fígaro*, La Habana, 16, 48, 578, diciembre 30, 1900.

Iraizoz, Antonio, «Mariano Aramburo, el maestro que no dejaron enseñar», en su *Libros y autores cubanos*, Santa María del Rosario, La Habana-Madrid, Editorial Rosareña, 1956, págs. 99-103.

Márquez Sterling, Manuel, «Aramburo y su libro», en *El Fígaro*, La Habana, 16, 40, 483, octubre 28, 1900.

«*Monógrafos oratorios*», en *El Fígaro*, La Habana, 22, 36, 458, septiembre 9, 1906.

«Su majestad viaja de incógnito..., con motivo de un buen libro», en *El Fígaro*, La Habana, 25, 19, 238, mayo 9, 1909.

Portuondo, José Antonio, *La ciencia literaria en Cuba, 1868-1968*, La Habana, Academia de Ciencias de Cuba, 1968, págs. 27, Serie Cien años de lucha, Cien años de ciencia, 5.

Aramburu, Joaquín Nicolás (Guanajay, Pinar del Río, 10 septiembre 1855-Id., 14 septiembre 1923). Cursó la primera enseñanza en la Escuela Municipal de Guanajay. Se hizo maestro de azúcar. Trabajó como mayordomo, enfermero, empleado de comercio, panadero y lector de las escogidas de tabaco. Llegó a ocupar el cargo de escribiente y delegado del Banco Español de Guanajay. Comenzó a colaborar en *La Crónica* y *El Entusiasta*. Más tarde aparecieron trabajos suyos en *La Lealtad*, *El Criollo* y *La Luz*. En 1888 ingresó en la masonería. Autonomista primero y luego separatista, se vio procesado por sus ideas políticas y, aunque no sufrió prisión fue obligado a trasladarse a La Habana. Al producirse la intervención norteamericana ocupó el cargo de secretario de la Junta de Educación de Guanajay. Fundó *El Occidente* y colaboró en *El Eco*, *La Escoba* y *La Alborada*. Durante los primeros años de la República dio conferencias en las escuelas de verano para maestros. Tuvo a su cargo hasta 1923, durante casi veinte años, la sección «Baturrillos» del *Diario de la Marina*. En La Habana colaboró también en *El Triunfo* y *El Comercio*. Fue miembro de honor de numerosas instituciones, entre ellas la Real Academia de Galicia. Algunas de sus obras sobre la masonería vieron varias ediciones.

Bibliografía activa

Grandezas asturianas, Colección de leyendas recogidas en la historia y tradición de Asturias, La Habana, Imprenta La América, 1890.

Un detallista feliz, novela festiva de costumbres cubanas, Guanajay, Imprenta La América,

1892; Guanajay Imprenta La Fe, 1912.

Ráfagas y brisas, Colección de poesías, prólogo de Ildefonso Estrada, Guanajay, Tipografía La América, 1892.

Páginas íntimas, Colección de poesías, Guanajay, Tipografía La América, 1895.

Prosa y verso, Colección de trabajos literarios y morales, Guanajay, Imprenta de Ladreda, 1895.

La masonería y sus símbolos, La Habana, Imprenta Avisador Comercial, 1900; 2.ª edición aumentada La Habana, Imprenta El Siglo XX, 1915.

Joaquín Nicolás Aramburu, recopilación de algunas de sus obras, compiladas por A. Moral, Guanajay, Imprenta El Vigilante, 1906.

Páginas, Colección de trabajos en prosa y verso, prólogo de Rafael Montoro, La Habana, Imprenta Avisador Comercial, 1907.

Conferencia, pronunciada en la Escuela Nocturna de Guanajay el 23 de diciembre de 1910, Guanajay, Imprenta El Vigilante, 1911.

Bibliografía pasiva

Carbonell, José Manuel, «Joaquín Nicolás Aramburu y Torres, 1855-1923», en su *La prosa en Cuba*, recopilación dirigida, prologada y anotada, tomo 5, La Habana, Imprenta Montalvo y Cárdenas, 1928, págs. 151-155, Evolución de la cultura cubana, 1608-1927, 16.

Díaz Ortega, Enrique, *Joaquín Nicolás Aramburu, estudio crítico-biográfico*, La Habana, Talleres Tipográficos de Impresora Mundial, 1955.

Guerra, Armando «Un diarista notable, Joaquín Nicolás Aramburu», en *Revista Bimestre Cubana*, La Habana, 28, 2, 274-277, septiembre-octubre, 1931.

Díaz Ortega, Enrique, «Joaquín Nicolás Aramburu, el poeta», en *Diario de la Marina*, La Habana, 123, 204, 1-C, 12-C, agosto 28, 1955.

Remos y Rubio, Juan José, «El "Baturrillo", de Aramburu», en *Diario de la Marina*, La Habana, 123, 200, 4-A, agosto 24, 1955.

Arango, **Ángel** (La Habana, 25 marzo 1926-Miami, 31 octubre 2000). Cursó estudios en su ciudad natal, incluyendo el bachillerato en el Instituto de Segunda Enseñanza de La Habana. En la Universidad de esta ciudad se graduó de Doctor en Derecho Civil (1949). Fue tallador de diamantes. Como representante de los intereses de Cubana de Aviación vivió dos años, después del triunfo de la Revolución, en los Estados Unidos. Además ha visitado Canadá, México, Haití, Puerto Rico, Perú, Brasil, Bahamas, Bermudas, España, Francia, Inglaterra, la RDA, Checoslovaquia, Portugal, Luxemburgo, Bélgica, Suiza, Holanda, la Unión Soviética. Como parte de su trabajo ha participado con delegaciones cubanas en distintas conferencias internacionales. Los primeros trabajos que publicó fueron críticas de cine. Cultiva el género de ficción científica y escribe poemas. Ha colaborado en *Carteles, La Quincena, Gente, Revolución, La Gaceta de Cuba, Unión, Literatura Extranjera*

(Moscú), *Cahiers Renaud Barrault* (París), *Nueva Dimensión* (Barcelona). Ha sido antologado numerosas veces, en Cuba y en el extranjero. Actualmente es director de política internacional del Instituto de Aeronáutica Civil de Cuba.

Bibliografía activa

¿A dónde van los cefalomos?, relatos, La Habana, Ediciones R, 1964.

El planeta negro, La Habana, Ediciones Granma, 1966.

Robotomaquia, relatos, La Habana, Instituto Cubano del Libro, 1967.

El fin del caos llega quietamente, relatos, La Habana, Ediciones Unión, 1971.

Bibliografía pasiva

Herrero, Juan Luis «Einstein y los cefalomos», en *La Gaceta de Cuba*, La Habana, 4, 42, 26, enero-febrero, 1965.

Hurtado, Óscar, «Los cefalomos y la ciencia ficción», en *Bohemia*, La Habana, 56, 41, octubre 9, 1964.

Martínez Matos, José, «*Robotomaquia*», en *La Gaceta de Cuba*, La Habana, 6, 65, 27, junio-julio, 1968.

Arango, **Rodolfo** (La Habana, 2 noviembre 1896). Graduado de ingeniero agrónomo en la Universidad de La Habana, desempeñó distintos cargos oficiales en los gobiernos prerrevolucionarios. Su labor periodística incluye colaboraciones en *La Prensa*, *Diario de la Marina*, *La Discusión*, *Karikato*, *El Loco*, *Excélsior*, *Avance*, *Bohemia*, *Carteles*, *La Política Cómica*. Ha viajado ampliamente por el extranjero. Es autor de numerosos libros de tema específicamente agrícola. Además ha cultivado el teatro. Abandonó el país después del triunfo de la Revolución. Utilizó el seudónimo *El Tamalero*.

Bibliografía activa

Rayos de Sol, poemas, prólogo de Alfonso Camín, La Habana, Imprenta Militar de Pérez, 1917.

Sin descubrir a Norte América, Nueva York, Editorial Argos, 1936.

Las relaciones económicas entre los Estados Unidos y la América Latina, La Habana, Editorial Neptuno, 1947.

Tecnicolores del Caribe, La Habana, Editorial Neptuno, 1948.

Álvaro Reynoso, ayer, hoy y mañana, en la producción azucarera mundial, La Habana, Editorial Neptuno, 1949.

Pasos por el Oriente, México D. F., Editorial Grijalbo, 1955.

Cuentos despampanantes, del ambiente criollo, Primera serie, «Zaguán», por Gustavo Robreño, La Habana, Talleres de Montiel, *s. a.*

Cuentos despampanantes, del ambiente criollo, Segunda serie, prólogo de Sergio Acebal, La Habana, Casa Editorial Librería Cervantes, *s. a.*

Bibliografía pasiva

Suvillaga, *Lázaro*, seudónimo de Gilberto González y Contreras. «Rodolfo Arango», en *Mañana*, La Habana, 5, 339, 2, septiembre 10, 1943.

Arango y Parreño, Francisco de (La Habana, 22 mayo 1765-Id., 21 marzo 1837). Cursó estudios de humanidades en el Real Colegio Seminario de San Carlos y San Ambrosio. En 1781 ingresó en la Facultad de Leyes de la Real y Pontificia Universidad de San Jerónimo, de La Habana, en la que obtuvo el título de Bachiller en Derecho Civil en 1786. Desde los años de estudiante comenzó a destacarse por su oratoria y por sus conocimientos de jurisprudencia, por lo que desempeñó en dos ocasiones, acabado de recibirse de Bachiller, la cátedra de Derecho Real de Prima en la misma Universidad. Se destacó también en la Audiencia de Santo Domingo por sus cualidades de orador y jurista. Tras su regreso a La Habana, embarcó hacia España en 1787 e ingresó en la Real Academia de Derecho Patrio y Común, de Madrid. Fue alumno aventajado de Derecho Natural de Gentes en la Real Casa de Estudios de San Isidro. En 1788 fue nombrado principal apoderado del Ayuntamiento de La Habana ante el gobierno de Madrid. Obtuvo el título de abogado en 1789. Se le nombró oidor de la Audiencia de Santo Domingo (1793). En 1794 se le nombró síndico perpetuo del real Consulado de Agricultura y Comercio, instalado en 1795 y creado a instancia suya, y asesor del Tribunal de Alzadas.

Ese mismo año de 1794 emprendió un viaje desde España con el conde de Casa Montalvo por Portugal, Inglaterra, Barbados y Jamaica, con el propósito de estudiar la economía y desarrollo de estos países y colonias. Regresó a Cuba en 1795 e ingresó en la Real Sociedad Patriótica de La Habana, de la que fue director (1797-1798) y más tarde socio de honor (1813). Formó parte de la comisión encargada de redactar y administrar el *Papel Periódico de La Habana* cuando comenzó a publicarse bajo el cuidado de la Real Sociedad Patriótica. Ocupó ese mismo año el cargo de alférez real del Ayuntamiento de La Habana, que poseía por herencia. Fue nombrado superintendente director general de la Renta de Tabacos. Se le nombró oidor honorario de la Audiencia de México (1810). En 1811 ocupó el cargo de vocal de la Junta de Censura y se le concedieron los honores de ministro del Supremo Consejo de Indias. Se le designó, junto a otras destacadas personalidades, diputado a las Cortes ordinarias en 1813. Fue nombrado juez árbitro de la Comisión Mixta (1819) que se ocuparía de la cuestión de la trata de esclavos. Designado consejero de Estado en 1820, no pudo tomar posesión del cargo a causa del cambio del régimen constitucional en España. Fue encargado de la Intendencia de Ejército y la Superintendencia Subdelegada de Real Hacienda (1824). En 1825 se le dio la comisión de redactar el plan de estudios que debía regir en la isla. Recibió el título de Prócer del Reino en 1834. Ocupó la Vicepresidencia, en 1836, de la junta que se ocuparía del arreglo de los asuntos y problemas relativos a la educación primaria. Escribió un *Extracto del* Espíritu de las leyes *de Montesquieu.*

Durante sus años de trabajo y desde los diversos cargos que ocupó, principalmente en el Real Consulado de Agricultura y Comercio y en la Real Sociedad Patriótica, desplegó Arango una amplísima actividad, tanto en el terreno económico como en el social.

Bibliografía activa

Primer Papel sobre el comercio de negros, Madrid, 1789.

Informe sobre negros fugitivos por el oidor hon, síndico del Consulado don Francisco Arango y Parreño, con fecha 9 de junio de 1792, La Habana, 1792.

Discurso sobre la agricultura de La Habana y medios de fomentarla, Madrid, 1792.

Proyecto de un viaje de investigación por Francia, Inglaterra y sus colonias, Madrid, 1793.

Relación del viaje que hizo Arango con el Conde de Casa Montalvo, La Habana, 1795.

Informe que se presentó en 9 de junio de 1796.

A la Junta de Gobierno del Real Consulado de Agricultura y Comercio de esta ciudad e isla, por los Sres. Joseph Manuel Torrontegui, Síndico procurador general del común y don Francisco Arango y Parreño, Oidor Honorario de la Audiencia del Distrito, y Síndico de dicho Real Consulado, Quando examinó la mencionada Real Junta el Reglamento y Arancel de capturas de esclavos cimarrones, y propuso al Rey su reforma, La Habana, Imprenta de la Capitanía General, 1796.

Resultan grandes perjuicios de que en Europa se haga la fabricación del refino, La Habana, Imprenta de la Capitanía General, 1796.

Nuevo reglamento y arancel que debe gobernar en la captura de esclavos cimarrones, La Habana, Imprenta de la Capitanía General, 1797.

Expediente instruido por el Consulado de La Habana, sobre los medios que convenga proponer para sacar la agricultura y comercio de esta Isla del apuro en que se hallan, La Habana, Oficina del Gobierno y Capitanía General, 1808.

Acuerdos hechos por el Ayuntamiento de La Habana, en cumplimiento del Real Decreto de 14 de febrero de 1810, convocando las Américas a las próximas Cortes Nacionales, La Habana, Imprenta de don Pedro Nolasco Palmer, 1810.

Representación de la ciudad de La Habana a las Cortes, el 20 de julio de 1811, con motivo de las proposiciones hechas por don José Miguel Guridi Alcozer y don Agustín de Argüelles sobre el tráfico y esclavitud de los negros, extendida por el alférez mayor de la ciudad don F. de Arango por encargo del Ayuntamiento, Consulado y Sociedad Patriótica de La Habana, Cádiz, 1811.

Don Francisco Arango principia a dar a este público la satisfacción que le debe, La Habana, Oficina de Arazoza y Soler, 1812.

Don Francisco de Arango cumple el ofrecimiento que hizo en su anterior Manifiesto de 21 de junio, La Habana, Oficina de Arazoza y Soler, 1812.

Informe de don Francisco Arango al señor Rafael Gómez Roubaud, superintendente, director general de Tabacos en la Isla de Cuba, sobre los males y remedios que en ella tiene este ramo, La Habana, Oficina Nueva de Arazoza y Soler, 1812.

Documentos de que hasta ahora se compone el expediente que principiaron las Cortes extraordinarias sobre el tráfico y esclavitud de los negros, Madrid, Imprenta de Repullés, 1814.

Axiomas político-económicos relativos al comercio colonial, ideas sobre los medios de establecer el libre comercio de Cuba y de realizar un empréstito de 20 millones de pesos, La Habana, 1816.

Al público imparcial de esta Isla, La Habana, Oficina de Arazoza y Soler, 1821.

Manifiesto del Ayuntamiento de La Habana a la Junta Central, La Habana, Imprenta del Gobierno, 1821.

Reflexiones de un habanero sobre la independencia de esta Isla, La Habana, Oficina de Arazoza y Soler, 1823; 2.ª edición corregida y aumentada, por su autor.

Reglamento de cimarrones, 2.ª edición, La Habana, Imprenta Fraternal de los Díaz de Castro, impresores del Real Consulado, 1829, atribuido.

Informes al Rey sobre la condición de los esclavos en la Isla de Cuba, y urgente necesidad de la supresión de la trata, 1828 y 1832, La Habana, 1832.

Noticias sobre la comisión diplomática al Guarico en 1803, La Habana, 1832.

Reglamento de cimarrones, reformado por la Real Junta de Fomento y mandado publicar para su observancia por el Exmo. señor gobernador Superior Civil y capitán general, La Habana, Imprenta del Gobierno, 1846.

Obras del Excmo. señor don Francisco de Arango y Parreño, «Elogio histórico del excelentísimo señor don Francisco de Arango y Parreño», por don Anastasio Carrillo y Arango, con un prefacio de Andrés de Arango, La Habana, Imprenta de Howson y Heinen, 1888, 2 T.

De la factoría a la colonia, prólogo de Raúl Maestri, La Habana, Publicaciones de la Secretaría de Educación, Dirección de Cultura, 1936.

Obras de don Francisco de Arango y Parreño, «Francisco de Arango y Parreño, habanero y patriota, su posición en la historia de Cuba», por Ramiro Guerra, «Elogio histórico del excelentísimo señor don Francisco de Arango y Parreño» por don Anastasio Carrillo y Arango, con un prefacio de Andrés de Arango, La Habana, Ministerio de Educación, Dirección de Cultura, 1952, 2 T.

Bibliografía pasiva

Bachiller y Morales, Antonio, «Don Francisco de Arango y Parreño y sus censores», en *Revista de Cuba*, La Habana, 14, 385-391, noviembre, 1883.

«Biografía de don Francisco Arango y Parreño»

en su *Apuntes para la historia de las letras y de la instrucción pública en la isla de Cuba*, introducción de Francisco González del Valle y biografía del autor por Vidal Morales, tomo 3, La Habana, Cultural, 1937, págs. 19-51, Colección de libros cubanos, 36.

Benítez, Manuel, *Breve rasgo de los méritos y servicios del Señor don Francisco Arango y Parreño, ministro togado del Real y Supremo Consejo de Indias y regidor alférez del Excmo. Ayuntamiento de la ciudad de La Habana, en obsequio de su Patria y el Estado*, se imprime por acuerdo del Excelentísimo Ayuntamiento y a expensas de don José Soler con superior permiso, La Habana, Imprenta del Gobierno y de la Real Sociedad Patriótica, 1814.

Carrillo y Arango, Anastasio, *Elogio histórico del excelentísimo señor don Francisco de Arango y Parreño*, prefacio de Andrés de Arango, Madrid, Imprenta de Manuel Galiano, 1862.

«Documentos históricos, Datos para la vida de don Francisco de Arango y Parreño», en *Revista Cubana*, La Habana, 1, 142-154, 1885.

García Pérez, Nicolás, *Francisco Arango y Parreño y la enseñanza en Güines*, La Habana, Imprenta El Siglo XX, 1918.

Gay Galbó, Enrique, *Arango y Parreño, ensayo de interpretación de la realidad económica de Cuba*, La Habana, Imprenta Molina, 1938.

Jofré, José, *Oración fúnebre del Excmo. señor don Francisco de Arango y Parreño*, pronunciada el 18 de noviembre de 1862, en la iglesia de San Julián de los Güines, La Habana, Imprenta del Tiempo, 1862.

Lazo, Raimundo, *Arango y Parreño*, separata de *Universidad de La Habana*, La Habana, 1945.

Maestri, Raúl, *Arango y Parreño, el estadista sin estado*, La Habana, Secretaría de Educación, Dirección de Cultura, 1937.

Pierson Junior, William Whatley, «Francisco de Arango, y Parreño», en *The Hispanic American Historical Review*, Durhas, *North* Carolina, 16, 4, 451-478, noviembre, 1936.

Ponte Domínguez, Francisco José, *Arango y Parreño, estadista colonial cubano*, 3.ª edición, La Habana, Imprenta Molina, 1937.

«Don Francisco de Arango y Parreño, artífice del progreso colonial de Cuba», en *Revista Cubana*, La Habana, 24, 284-328, enero-junio, 1949.

Travieso, Julio, «El pensamiento económico de Arango y Parreño en *Economía y Desarrollo*, La Habana, 4, 130-150, octubre-diciembre, 1970.

Arce, Luis A. de (Manzanillo, Oriente, 10 septiembre 1904). Colaboró en el Directorio Estudiantil de 1927 y en la Universidad Popular. En la huelga revolucionaria de 1934 era delegado del presidente de la República y secretario del Trabajo. Perteneció a diversas instituciones sociales y culturales, como la Asociación de Escritores y Artistas Americanos, la Asociación de Escritores y Periodistas Obreros de Cuba, el Ateneo de La Habana, etc. Dirigió las revistas *Indoamérica y Alerta* y el periódico *La Verdad*. Fue director propietario de *El Eco*. Colaboró en *Diario de la Marina*, *Vida Universitaria*, *Universidad de La Habana*. Fue delegado al IV Congreso Panamericano del Trabajo (México) y al Primer Congreso Obrero Latinoamericano (Santiago de Chile). Trabajó en el Instituto de Historia de la Academia de Ciencias de Cuba.

Bibliografía activa

El Presidente, La Habana, 1931.

Miserias de una huelga general, La Habana, Martín, Progreso y Villegas, 1937.

Parsons, ensayo biográfico, prólogo de Primitivo Cordero Leiva, La Habana, Imprenta Martín, 1937.

Una batalla que debe ganar el pueblo, Informe rendido ante la Asamblea Nacional del PURC, el día 7 de abril de 1940, La Habana, Ediciones Sociales, 1940.

Bonaparte y Bolívar, ensayo, La Habana, Imprenta El Siglo XX, 1940.

Nicolás Stankevitch, Hilarión Cabrisas, Nevada sobre el Trópico, Bocetos, La Habana, Imprenta P. Fernández, 1941.

Don Félix Varela en la pedagogía del periodismo, conferencia, La Habana, Imprenta Niños, 1942.

Emilio Núñez, 1875-1922, historiografía, La Habana, Editorial Niños, 1943.

Capitolio adentro, 1902-1940, Apuntes, La Habana, Imprenta Editorial Lex, 1945.

Curva histórica, apuntes, La Habana, 1949.

La vagancia, el juego, Comentarios, La Habana, Editorial Librería Selecta, 1952.

José Antonio Cortina; época y carácter, 1853-1884, La Habana, Editorial Selecta, 1953.

Varona, Destino sin frustración, Boceto, La Habana, Editorial Selecta Librería, 1954.

Emilio Núñez Rodríguez, Perspectiva de un centenario, conferencia pronunciada en el Ateneo de La Habana el 5 de mayo de 1954, La Habana, Librería Económica, 1954.

Montoro, presencia histórica, discurso pronunciado en la Sociedad Económica de Amigos del País en su centenario, 1955, La Habana, Editorial Selecta, 1955.

Goethe-Wagner, El águila bicéfala, ensayo, La Habana, Sociedad Colombista Panamericana, Departamento de Imprenta, 1958.

En un pozo sin luz, ni fondo, Lessing, La Habana, Publicaciones de la Gran Logia, 1966.

El Real Hospital Nuestra Señora del Pilar en el siglo XVIII, un hospital para los esclavos del Rey, 1764-1793, La Habana, 1969, Cuadernos de historia de la salud pública, 41.

Bibliografía pasiva

Ferrer, Orlando, «Luis A. de Arce, *Emilio Núñez*», en *América*, La Habana, 17, 3, 89, marzo, 1943.

Jerez Villarreal, J., «*De re literaria, El Presidente*, novela; Luis de Arce», en Z, Guanabacoa, La Habana, 4, 71, 12, agosto, 15, 1931.

«Luis A. de Arce, José Antonio Cortina», en *América*, La Habana, 42, 2, 94, febrero, 1954.

Martínez Bello, Antonio, Arce, Luis de, *Montoro, presencia histórica*», en *Revista de la Bi-*

blioteca Nacional, La Habana, 2.ª serie, 6, 1, 180-188, enero-marzo, 1955.

Rodríguez Expósito, César, «Biografía del general Emilio Núñez», en su *Apuntes bibliográficos; entre libros*, La Habana, Editorial Selecta, 1947, págs. 35-36.

Archipiélago (Santiago de Cuba, 1928-1930). Boletín de la Institución Hispano Cubana de Cultura de Oriente. Comenzó el 15 de mayo. Dirigido por Max Henríquez Ureña, era su jefe de redacción Ricardo Rodríguez Cáceres. Salía el día último de cada mes. El primer tomo concluyó con la salida del número 16, de diciembre de 1929, con el cual entregaron el índice y la portada correspondiente. El primer número del siguiente año apareció en abril, con un menor tamaño; en el mismo se anunciaba que la revista salía tres veces al año. Como órgano oficial de una institución, *Archipiélago* dedicaba parte de su espacio a reseñar las actividades de la misma (sección «Vida de la Institución»), así como a reproducir las conferencias que bajo sus auspicios se celebraban. En la sección «Páginas antológicas» aparecieron pequeñas colecciones de poesías de autores hispanoamericanos de la época, como Alfonso Reyes, Francisco Donoso, Ismael Enrique Arciniegas, Max Grillo y otros. En otra sección fija, «Hojeando revistas», se publicaban noticias sobre arte, ciencia y literatura, generalmente extraídas de publicaciones extranjeras. Además de las numerosas conferencias y estudios sobre literatura, música,

historia, arte, aparecieron composiciones poéticas de autores cubanos. Max Henríquez Ureña publicó en sus páginas su «Bosquejo de la literatura cubana», así como sus «Tablas cronológicas de la literatura cubana». La revista patrocinaba también, bajo su propio nombre, la edición de libros. Entre sus colaboradores se destacan José María Chacón y Calvo, Elías Entralgo, Enrique José Varona, José Antonio Ramos, Luis Felipe Rodríguez, Agustín Acosta, Enrique Hernández Miyares, Francisco González del Valle, Camila Henríquez Ureña, Ciana Valdés Roig, Andrés de Piedra-Bueno, Herminia del Portal y otros. Contó, asimismo, con la colaboración de escritores latinoamericanos y españoles. En diciembre de 1930, con la entrega del número 18 (segundo del tomo 2) cesó su publicación. Bajo la responsabilidad de Aleida Domínguez y Luz Bertha Marín se publicó su índice, aparecido en *Índices de revistas cubanas. T. 2. Avance y Archipiélago* (La Habana. Biblioteca Nacional José Martí. Departamento de Hemeroteca e Información de Humanidades, 1969, págs. 327-453).

Bibliografía

Henríquez Ureña, Camila, «Prólogo, a *Archipiélago*», en *Índice de revistas cubanas*, tomo 2. *Avance* y *Archipiélago* La Habana, Biblioteca Nacional José Martí, Departamento de Hemeroteca e Información de Humanidades, 1969, págs. 321-325.

«*Archipiélago*», en *Orto*, Manzanillo, 17, 9, 16,

mayo 55, 1928.

Archipiélago. Una voz de tierra adentro para el continente (Caibarién, Las Villas, 1943). Publicación mensual que comenzó a salir en marzo. Era su director Quirino H. Hernández. El consejo de redacción estaba formado por Ramiro de Armas (quien firmaba la sección «Libros y autores»), Jaime Pérez Adrover, Marco Díaz Rojas y Armando Reyes de la Vega, a los que se añadieron posteriormente Antonio Hernández Pérez y Armando Rosado. Dedicada por completo a cuestiones culturales y literarias, dio preferencia a la publicación de poesías, no solo de autores de la ciudad, sino también de otras ciudades del país y del continente. Colaboraron en sus páginas Onelio Jorge Cardoso, Dora Alonso de Betancourt, Francisco de Oráa, Adolfo Menéndez Alberdi, Marcelo Salinas, Fernando González Campoamor, Jesús Orta, Marta Vignier, Mario Rodríguez Alemán, Raúl Ferrer y otros. El último número encontrado corresponde a enero-febrero de 1947.

Archivo de La Habana (La Habana, 1856-1857). Obra por entregas de literatura, ciencias y artes, consagrada a los intereses de todas clases de esta ciudad y su vecindario. La primera entrega se repartió a principios de septiembre. Era dirigida por don Manuel Zapatero. Como redactores figuraban Felipe López de Briñas y José Agustín Quiñones. Tuvo una salida irregular. Al finalizar las ocho entregas correspondientes al primer tomo (único que se ha encontrado) entregaron el índice y la portada correspondientes; además, expresaban que en el siguiente tomo Fernando Valdés Aguirre auxiliaría a los redactores. Publicaba poesías, novelas, cuentos, artículos originales y reproducidos, así como comunicados, tarifas de carruajes y otros anuncios comerciales. Fueron sus más destacados colaboradores Joaquín Lorenzo Luaces, José Fornaris, Antonio Bachiller y Morales, Antonio Sellén, Ramón Vélez Herrera, M. de Cárdenas y Chávez, José Socorro de León, Luisa Molina y M. Costales. Editó, en pliego adjunto a cada entrega, la novela de Eugenio Sué *Kernok el pirata*. Carlos Manuel Trelles señala, en la primera parte de su trabajo «Bibliografía de la prensa cubana (de 1764 a 1900) y de los periódicos publicados por cubanos en el extranjero» —en *Revista Bibliográfica Cubana* (La Habana, 2, 7, 29, enero-febrero, 1938)—, la existencia de un segundo volumen que alcanzó 96 páginas.

Archivo José Martí (La Habana, 1940-1952). Revista que comenzó en julio-agosto, publicada por el Consejo Corporativo de Educación, Sanidad y Beneficencia. En ese primer número se expresaba que sería una «publicación consagrada exclusivamente a la divulgación de la vida y de la obra de José Martí, que sea además como un repertorio martiano de todo cuanto sobre nuestro apóstol se publique en Cuba y en el extranjero». El consejo de redacción lo formaban Félix Lizaso, Federico de Ibarzábal, Rafael Suárez Solís, Arturo Alfonso Roselló, Andrés de Piedra-Bueno y Luis Ángel Gorordo, aunque «el trabajo de confección, adquisición y preparación del material, corrección de pruebas y todos los demás detalles de la edición, estará a cargo de Lizaso». El segundo número salió en diciembre del propio año, editado por la Dirección de Cultura del Ministerio de Educación —que editaría todos los números en lo sucesivo— y al cuidado de Félix Lizaso. Tuvo una salida irregular. Entre sus numerosos colaboradores se destacan Fernando Ortiz, José María Chacón y Calvo, Juan José Remos, Emilio Roig de Leuchsenring, Raúl Roa, Juan Marinello, José Antonio Fernández de Castro, Elías Entralgo, Medardo Vitier, Antonio Iraizoz, Eugenio Florit, Emilio Ballagas, Jorge Mañach, Lino Novás Calvo, Enrique Serpa, Fermín Peraza, Alfonso Hernández Catá, Enrique Gay Calbó, Gastón Baquero, Mariano Brull, Guy Pérez de Cisneros, Fina García Marruz, Manuel Isaías Mesa Rodríguez, Rafael G. Argilagos, Luis Rodríguez Embil, Emeterio Santovenia. También aparecieron trabajos de reconocidas figuras de la literatura y la crítica hispánica y americana, entre ellas Alfonso Reyes, Julio Caillet Bois, Pedro Henríquez Ureña, Manuel Pedro González, Miguel de Unamuno, Fernando de los Ríos, Juan Ramón Jiménez, Baldomero Sanín Cano, Agustín Yáñez, Enrique Anderson Imbert, Mauricio Magdaleno, Guillermo Díaz Plaja, Rufino Blanco Fombona. Con la publi-

cación del número 19-22 (que forma el tomo 6 de la colección), correspondiente a enero-diciembre de 1952, cesó su salida.

Bibliografía

Ripoll Carlos, Archivo José Martí, *repertorio crítico, Medio siglo de estudios martianos*, Nueva York, Eliseo Torres, 1971.

Archivo Nacional Por Orden de la Reina de España, fechada el 28 de enero de 1840, fue creado en La Habana el Archivo General de la Isla de Cuba. Por disposición de Claudio Martínez de Pinillos, conde de Villanueva, fue instalado en varias salas del edificio de la extinguida Real Factoría del Tabaco. Allí fueron colocándose ordenadamente los fondos que se iban recibiendo, procedentes del desaparecido ejército de Costa Firme, de Contaduría General, de ambas Floridas, de la Audiencia de Santo Domingo, de las cajas de Caracas, así como los papeles que databan de épocas muy próximas al descubrimiento de Cuba. El primer jefe del Archivo fue José del Rosario Nattes. En 1856 se trasladó al antiguo convento de San Francisco. A partir de 1888 el capitán general de la Isla, cumpliendo órdenes del gobierno de Madrid que habían sido dispuestas desde 1883, ordenó el embarco, en once remesas, de 2.300 legajos con documentos de valor histórico que enriquecieron museos y bibliotecas de Ultramar. En 1899 el primer gobierno interventor norteamericano trasladó el Archivo General para el antiguo

Castillo de la Fuerza y fue nombrado jefe de los Archivos de la Isla de Cuba el historiador Vidal Morales y Morales. En 1902 el archivo pasó a ser dependencia del Ministerio de Gobernación y comenzó a editarse el *Boletín de los Archivos de la Isla de Cuba*. Por decreto número 386 del 20 de diciembre de 1904, la institución fue conocida oficialmente como Archivo Nacional. A mediados de 1906 se dispuso el desalojo del Archivo del Cuartel de la Fuerza y se instaló en el Cuartel de Artillería, en cuyos terrenos se alza el actual edificio, inaugurado el 23 de septiembre de 1944. En 1909 el Archivo pasó a ser una dependencia de la Secretaría de Instrucción Pública y Bellas Artes. Entre 1921 y 1956 ocupó el cargo de director Joaquín Llaverías y Martínez, quien se caracterizó por una constante preocupación encaminada a la búsqueda y conservación de valiosos documentos que hoy forman parte de sus fondos. A partir de 1943, y hasta 1963, se editaron las Publicaciones del Archivo Nacional: cada número presentaba un trabajo de contenido histórico, teniendo como fuentes fundamentalmente los fondos documentales del Archivo Nacional. Desde 1945 hasta 1958 se publicaron las *Memorias*. Otras ediciones fueron la *Correspondencia diplomática de la delegación cubana en Nueva York de 1895 a 1898* (en cuatro tomos, 1943-1946) *Antonio Maceo, Documentos para su vida* (1945), etc. Por decreto número 62 del año 1952 fue declarado organismo autónomo. En 1959 se incorporó a la Secretaría de Educación. En 1963 pasó a la Academia de Ciencias de Cuba. Para llevar a cabo sus funciones, el Archivo Nacional siempre ha estado organizado de acuerdo con las propias exigencias del trabajo a realizar —ordenamiento y custodia de las documentaciones y servicio al público— como funciones básicas. Además, las necesarias y complementarias de las anteriores: ingreso de documentos, depuración, fumigación, restauración, clasificación y catalogación, etc. Por la índole de los documentos han existido en distintas etapas departamentos y secciones con diversas denominaciones, como Hacienda y Política, Sección Administrativa, Sección Judicial, Fotografías y Grabados, Documentación Histórica, Documentación Legal, Biblioteca y Hemeroteca, etc. En la actualidad, y persiguiendo solo una mayor brevedad en el servicio al público de documentaciones sin organizar o parcialmente organizadas, han sido formados cuatro equipos de trabajo orientados en el ordenamiento cronológico solo por meses y años de las aludidas documentaciones. En 1967 y 1968 se publicaron los números 1 y 2, respectivamente, de la serie *Archivos*; a partir de 1969, y hasta la actualidad, se convierte en la serie *Archivo Nacional*, que ha reproducido, entre otros, trabajos de Pedro Luis Padrón y José Luciano Franco. La institución se apoya asimismo en una red de archivos provinciales —Matanzas, Santiago de Cuba, Camagüey, Santa Clara— y regionales —Trinidad, Remedios, Sancti Spíritus, Isla de Pinos—, que en estos momentos se encuentra en un proceso de consolidación. Tras el triunfo de la Revolución han sido sus directores Julio Le Riverend, Erasmo Dumpierre, José A. Tabares, Mario Averhoff, Rodolfo Payarés y actualmente Vicente de la O. Al Archivo Nacional están incorporados el Archivo de Protocolos y el Registro de la Propiedad.

Bibliografía

Alpízar Leal, Luis, «Breves noticias del Archivo Nacional de Cuba», en *Archivum*, París, 4, 210-211, 1954.

«Centenario del Archivo Nacional, 1840-1940», en *Boletín del Archivo Nacional*, La Habana, 39, 321-529, enero-diciembre, 1940.

Chacón y Calvo, José María, «Instituciones oficiales de Cultura, El Archivo Nacional», en *Libro de Cuba*, La Habana, publicaciones Unidas, 1954, págs. 659-660.

Franco, José Luciano, *Los fondos del Archivo Nacional como fuente para la investigación histórica de nuestra etapa colonial*, La Habana, Academia de Ciencias de Cuba, 1972.

Guía del Archivo Nacional, La Habana, Academia de Ciencias de Cuba, 1967, Serie Archivos. I.

Llaverías, Joaquín, *Historia de los Archivos de Cuba*, prólogo de Francisco de Paula Coronado, 2.ª edición, La Habana, Archivo Nacional, 1949.

Biografía del Archivo Nacional de Cuba, conferencia leída en la Universidad de La Habana, el día 26 de noviembre de 1954, La Habana, Publicaciones del Archivo Nacional de Cuba, 1954.

Menéndez, Aldo, «El Archivo Nacional, Un Taller de la Revolución», en *Bohemia*, La Habana, 61, 44, 4-11, 113, octubre 31, 1969.

Roig de Leuchsenring, Emilio, *Joaquín Llaverías, libertador, historiógrafo y taumaturgo del Archivo Nacional*, La Habana, Oficina del Historiador de la Ciudad de La Habana, 1957.

Suárez Moreno, Marilys, «El Archivo Nacional, cuatro siglos de historia», en *Mujeres*, La Habana, 10, 1, 58-62, enero 1970.

Valle, Gerardo del, «Importancia de nuestro Archivo Nacional», en *El Mundo*, La Habana, 64, 21 522, 4, marzo 8, 1966.

Archivos del Folklore Cubano (La Habana, 1924-1930). Revista publicada por la Sociedad del Folklore Cubano. Comenzó en enero. Publicaba materiales dedicados al estudio del folklore en sus variados aspectos. Otros trabajos eran traducidos de publicaciones extranjeras especializadas en la materia, o escritos de autores cubanos del pasado. Se publicaron en total 5 volúmenes. El primero correspondió a los años 1924-1925. En el volumen 2 (1926-1927) aparece como director Fernando Ortiz y como redactores Emilio Roig de Leuchsenring, Joaquín Llaverías, Manuel Pérez Beato, Francisco G. del Valle, Carolina Poncet. En dicho volumen se anuncia que *Archivos del Folklore Cubano* «verá la luz en números sucesivos con la periodicidad que permitan sus fondos y los materiales acumulados para la publicación». Desde el volumen 3 (1928) era publicada «bajo los auspicios de la Sociedad del Folklore Cubano». Eran entonces sus redactores José María Chacón y Calvo, Alfredo Miguel Aguayo, Gaspar Agüero, Joaquín Llaverías, Juan Marinello, Carolina Poncet, Emilio Roig de Leuchsenring, Carlos Manuel Trelles, Monseñor Manuel Arteaga, Elías Entralgo, Emeterio Santovenia, Eduardo Sánchez de Fuentes, Salvador Massip, Herminio Portell Vilá, Juan Beltrán, Antonio María Eligio de la Puente, José Antonio Rodríguez García, Israel Castellanos, Manuel Martínez Moles, Manuel Pérez Beato, Juan Miguel Dihigo, Carlos de la Torre, Francisco de Paula Coronado, Adrián del Valle, Francisco González del Valle, Conrado Walter Massaguer, Ramiro Guerra, José A. Cosculluela, Antonio Iraizoz, miembros todos de la Sociedad. Los volúmenes 4 (1929) y 5 (1930) no sufrieron cambio alguno. Además de los autores anteriormente citados, colaboraron en esta revista algunos investigadores extranjeros y escritores cubanos, entre ellos Pablo de la Torriente Brau. Compilado por Tomás F. Robaina se ha publicado su índice, aparecido en *Índice. Revistas folklóricas cubanas*, La Habana, Biblioteca Nacional José Martí. Departamento de Hemeroteca e Información de Humanidades, 1971.

Aréchaga y Casas, Juan de (La Habana mayo 1637-México, 31 agosto 1695). Hijo de español y cubana. Cursó las primeras letras en su ciudad natal. En 1650 pasó a España para estudiar en la Universidad de Salamanca. Allí se recibió de bachiller en artes (1659) y se doctoró en leyes (1662). Después de desempeñar los cargos de lector y sustituto en algunas cátedras, obtuvo, por oposición, la de «Instituta más antigua» (1671) en dicha Universidad. Hacia 1671 fue enviado a México, en donde desempeñó, entre otros cargos, el de gobernador de Yucatán (1679), oidor de la Audiencia de México (1682), consultor del Tribunal de la Inquisición de Nueva España y juez conservador del estado de Hernán Cortés. En 1688 hizo un donativo para la creación del convento de Santa Catalina de La Habana. Se dice que fue editor de varias obras en latín. Entre éstas puede estar *Comentaria juris civilis* (Salamanca, 1662), en ocasiones dada por original suya.

Bibliografía activa

Extemporaneae commentationes ad Textus sorte oblatos pro petitionibus Cathedrarum Academiae Salmanticensis, Salamanca, *apud* Josephum Gómez de los Cubos, 1666.

Bibliografía pasiva

Arrate, José Martín Félix de, *Llave del Nuevo Mundo antemural de las Indias Occidentales, La Habana descripta, Noticia de su fundación, aumentos y estados*, 4.ª edición, sobre la copia manuscrita existente, «Mínima nota bibliográfica» por M. Moreno Fraginals, La Habana, Comisión Nacional Cubana de la

UNESCO, 1964, págs. 246.

Calcagno, Francisco, «Jurisconsultos cubanos, Aréchaga», en *Revista de Cuba*, La Habana, 2, 152-155, 1877.

Arenal, Humberto (La Habana, 15 enero 1926-26 enero 2012). Cursó los estudios primarios en La Habana. Colaboró con notas críticas sobre cine en la revista *Gente* (1947-1948). En 1948 se trasladó a Estados Unidos, donde estudió arte, letras y dos años de bachillerato. En la Universidad de Nueva York se graduó de director teatral y dramaturgo. Obtuvo los títulos de director cinematográfico y guionista en el Instituto de Cine de Nueva York. Durante su estancia en Estados Unidos colaboró en *La Prensa*, *Diario de New York*, *Filme Sense* —donde publicó crítica de cine— y *New México Quaterly*, y fue jefe de información de la revista *Visión*. Trabajó además como director de teatro y de cine documental. Tras su regreso a Cuba en 1959 integró el consejo de redacción de *Lunes de Revolución* y trabajó como director de documentales en el ICAIC. Colaborador en *Revolución*, *Casa de las Américas*, *Granma*, *La Tarde*, *Bohemia*, *Unión* y *La Gaceta de Cuba*. Ha vivido en Francia y Canadá y ha viajado por España, Inglaterra, Polonia, Checoslovaquia, Alemania, México, Puerto Rico y América Central. Ha trabajado como director teatral y ha ejercido la crítica literaria y de teatro. Está traducido al francés, inglés, italiano, ruso, húngaro, polaco, checo y ucraniano. Obtuvo el Premio Nacional de Literatura en 2007.

Bibliografía activa

El Sol a plomo, novela, Nueva York, Las Américas, 1959; 2.ª edición, México, Ediciones Nuevo Mundo, 1959.

La Vuelta en redondo, relatos, La Habana, Ediciones R, 1962.

El tiempo ha descendido, relatos, La Habana, Ediciones R, 1964.

Los animales sagrados, novela, La Habana, Instituto Cubano del Libro, 1967.

Bibliografía pasiva

Cabrera Infante, Guillermo, «Ésta es la media vuelta, ésta es la vuelta entera», sobre *La vuelta en redondo*, en *La Gaceta de Cuba*, La Habana, 1, 6-7, 16-17, julio, 1962.

Casey, Calvert, «El tiempo de Arenal», sobre *El Sol a plomo*, en *Bohemia*, La Habana, 56, 19, 24 mayo 8, 1964.

Desnoes, Edmundo «*La vuelta en redondo*, de Humberto Arenal», en *Casa de las Américas*, La Habana, 2, 15-16, 47-51, noviembre, 1962-febrero, 1963.

Lihn, Enrique, «*Los animales sagrados*, intento de una nueva novela», en *Casa de las Américas*, La Habana, 7, 45, 169, noviembre-diciembre, 1967.

Llopis, Rogelio, «Humberto Arenal, cuentista de la alienación», en *La Gaceta de Cuba*, La Habana, 3, 36, 20-21, mayo 5, 1964.

Piñera, Virgilio, «Un cocuyo, *Los animales sa-*

grados», en *Bohemia*, La Habana, 59, 43, 28, octubre 27, 1967.

Rodríguez, A., «*Los animales sagrados*» en *El Mundo*, La Habana, 66, 22 015, 4, octubre 7, 1967.

Arenas, **Reinaldo** (Holguín, Oriente, 16 julio 1943-Nueva York, 7 diciembre 1990). Pasó su infancia en el campo. A los doce años se trasladó a Holguín, donde cursó la primera enseñanza. En 1962 se graduó de contador agrícola y se trasladó a La Habana. Comenzó sus estudios universitarios en 1964, primeramente de economía y más tarde en la Escuela de Letras y Artes, pero no los concluyó. Ha trabajado en la Biblioteca Nacional José Martí, en el Instituto Cubano del Libro y en la Casa de las Américas. Colaborador en *Unión*, *Casa de las Américas*, *El Caimán Barbudo* y *La Gaceta de Cuba*, donde además ha desempeñado el cargo de redactor. Obtuvo mención en los concursos UNEAC de 1965, 1966 y 1968 por sus novelas *Celestino antes del alba* y *El mundo alucinante*, y por su libro de cuentos, aún inédito, *con los ojos cerrados*, respectivamente. Ha sido traducido al inglés, francés, italiano, alemán, portugués y holandés.

Bibliografía activa

Celestino antes del alba, novela, La Habana, Ediciones Unión, 1967; Buenos Aires, Editorial Brújula, 1969.

El mundo alucinante, Una novela de aventuras, México D. F., Editorial Diógenes, 1969; Bue-

nos Aires, Editorial Brújula, 1969.

Bibliografía pasiva

Alomá, Orlando, «Arenas antes del alba», entrevista, en *Cuba*, La Habana, 6, 65, 37, septiembre, 1967.

Barnet, Miguel, «Celestino antes y después del alba», en *La Gaceta de Cuba*, La Habana, 6, 60, 21, julio-agosto, 1967.

Diego, Eliseo, «Sobre *Celestino antes del alba*», en *Casa de las Américas*, La Habana, 7, 45, 162, noviembre-diciembre 1967.

Ortega, Julio, «El mundo alucinante de Reynaldo Arenas», en *Imagen*, Caracas, 1, 18, 3, 16-23, 2.º cuerpo, octubre, 1971.

Argilagos, **Francisco R.** (Camagüey, 4 septiembre 1838-Caney, Oriente, 9 noviembre 1908). Cursó sus estudios en Francia, donde se graduó de bachiller (1855) y de médico cirujano y oculista (1860). Después de ejercer durante algunos años, se incorporó al Ejército Libertador de Cuba en 1868. En 1869 fue hecho prisionero. Se trasladó a República Dominicana en 1874. Al reanudarse la guerra en 1895 fue nuevamente detenido por los españoles y deportado a España. Pasó a Colombia, donde ejerció hasta 1898. Vino a Cuba en 1900 y fue nombrado director del Hospital Civil de Santiago de Cuba. Perteneció a instituciones médicas extranjeras.

Bibliografía activa

Patria, Páginas para la historia de Cuba, 1868-

1895.

«Doctor Francisco R. Argilagos», por Salvador Presas, Santiago de Cuba, Casa Editorial de José Arroyo Ramos, 1912.

Prédicas insurrectas, La Habana, Imprenta La Prueba, 1916.

Próceres de la independencia de Cuba, La Habana, Imprenta El Siglo XX, 1916.

Una página sangrienta de la historia nacional de Cuba, La Habana, Imprenta de Aurelio Miranda, 1918.

Prosas selectas, estudios americanistas, prólogo de José Manuel Poveda, La Habana, Imprenta El Siglo XX, 1918.

Bibliografía pasiva

Argilagos Loret de Mola, Rafael G., *Doctor Francisco R. Argilagos Guimferrer, Su vida y su obra*, La Habana, Ministerio de Salud Pública, 1965, Cuadernos de historia de Salud Pública, 31.

Esténger, Rafael, *Sonata patética, vida del Doctor Argilagos*, La Habana, Secretaría de Educación, Dirección de Cultura, 1938.

Poveda, José Manuel, «En torno de una obra y una vida excelsas, el Doctor Francisco R. Argilagos», en *El Fígaro*, La Habana, 35, 16, 444-446, abril 21, 1918.

Argilagos, Rafael Graciano (Minas,

Camagüey, 1 junio 1885-1967). Hijo de Francisco Rafael Argilagos. Se inició como poeta, pero pronto se dedicó al periodismo. Fue redactor de *El Cubano Libre, La Independencia, El Liberal, El Sol, Diario de Cuba, Oriente, Libertad, Artes y Letras* y *El Fígaro*. Colaboró en *Oriente Literario, Orto* y *Cuba Contemporánea*. Viajó por Colombia y Venezuela. Fue director de la Biblioteca Municipal «Elvira Cape de Bacardí», de Santiago de Cuba. Su selección de pensamientos de Martí, titulada *Granos de oro*, vio numerosas ediciones. Recopiló el *Sonetario martiano, 101 sonetos dedicados a Martí, por los poetas cubanos, latinoamericanos y españoles* (La Habana, Editorial Servi-libros, 1960). Tiene inéditos varios libros de biografías y de ensayos.

Bibliografía activa

Doctor Francisco R. Argilagos, su vida y su obra, Santiago de Cuba, Imprenta El Cubano Libre, 1915; La Habana, Ministerio de Salud Pública, 1965, Cuadernos de historia de Salud Pública, 31.

Patricios, Céspedes, Agramonte, Martí, Maceo, Manzanillo, Editorial El Arte, 1927.

Episodios de la vida de José Martí, Homenaje a la memoria del inmortal Maestro cubano, en el 81.º aniversario de su nacimiento, Manzanillo, Casa Editorial El Arte, 1934.

Estampa martiana, ¿Qué entiende usted por patria? Homenaje al Apóstol Martí en el 98.ᵛᵒ aniversario de su nacimiento, Santiago de Cuba, Talleres Poligráfica, 1951.

Episodios martianos, Santiago de Cuba, Editorial «Crombet», 1953.

Martí, infancia, juventud y muerte, Santiago de Cuba, publicaciones del Departamento de

Cultura del Municipio de Santiago de Cuba, 1956.

Bibliografía pasiva

Carbonell, José Manuel, «Rafael G. Argilagos y Loret de Mola, 1885», en su *La prosa en Cuba*, recopilación dirigida, prologada y anotada, tomo 5, La Habana, Imprenta Montalvo y Cárdenas, 1928, págs. 301, Evolución de la cultura cubana, 1608-1927, 16.

Argos, El (La Habana, 1820-1821). Periódico político, científico y literario. El primer número salió el 5 de junio. Fue fundado —«para escribir en el sentido de la democracia y de la independencia americana» e «influir en la política del continente y en especial en la de los habitantes de México»— por el colombiano José Fernández Madrid, a quien se asoció el argentino José Antonio Miralla. Se publicaron en total 34 números. No tuvo una cantidad exacta de planas ni día fijo de salida. Al cambiar de imprenta varió el tipo de letra de su título. En sus páginas aparecieron artículos políticos, económicos y literarios, tomados muchos de ellos de periódicos de la Península. Publicó poesías de sus editores y otros trabajos en que se atacaba a los religiosos. Carlos Manuel Trelles señala, en la primera parte de su trabajo «Bibliografía de la prensa cubana (de 1764 a 1900) y de los periódicos publicados por cubanos en el extranjero» —en *Revista Bibliográfica Cubana* (La Habana, 2, 7, 31, enero-febrero, 1938), que fue el primer periódico de carácter científico impreso en Cuba—. El último número salió el 5 de marzo de 1821. Joaquín Llaverías presentó un sumario de todos los trabajos publicados en *El Argos*, aparecido en el tomo 2 de su *Contribución a la historia de la prensa periódica* (La Habana, Talleres del Archivo Nacional de Cuba, 1959, págs. 230-237).

Bibliografía

Llaverías, Joaquín, «*El Argos*», en su *Contribución a la historia de la prensa periódica*, tomo 2.

Prefacio de Elías Entralgo, La Habana, Talleres del Archivo Nacional de Cuba, 1959, págs. 220-222, 224-230, Publicaciones del Archivo Nacional de Cuba, 48.

Argumento, El (La Habana, 1883-Id.). Periódico teatral. Comenzó a salir el 19 de octubre, dirigido por Domingo Figarola Caneda. Publicaba los argumentos de las óperas que se escenificaban en los teatros Tacón y Albisu, así como los elencos que actuaban en las mismas. Además, aparecían otras noticias sobre música y teatro, tanto nacionales como extranjeras. El 14 de noviembre de 1883 todas sus páginas fueron dedicadas a rendir homenaje a José Jacinto Milanés en el vigésimo aniversario de su muerte. Aparecieron también algunas poesías de Diego Vicente Tejera, José Socorro de León, Isaac Carrillo y O'Farrill, Teodoro Guerrero y Luis Victoriano Betancourt. En el último ejemplar encontrado, correspondiente al 15 de noviembre de 1883, se expresa que este periódico «se publica los días de función en Tacón o Albisu». Carlos Manuel Trelles afirma, en la primera parte de su trabajo «Bibliografía de la prensa cubana (de 1764 a 1900) y de los periódicos publicados por cubanos en el extranjero» —en *Revista Bibliográfica Cubana* (La Habana, 2, 7, 31, enero-febrero, 1938)—, que el 18 de noviembre de este año salió el último número.

Arias, Salvador (Caibarién, Las Villas, 19 marzo 1935-21 enero 2010). Realizó los primeros estudios en su ciudad natal y el bachillerato en el Instituto de Remedios. Fue empleado bancario de 1957 a 1962, año en que obtuvo una beca para realizar estudios en la Universidad de La Habana. Licenciado en Lengua Española y Literaturas Hispanoamericana y Cubana, trabajó en el ICRT como asesor literario, guionista y profesor. Participó en el Congreso Cultural de La Habana (1969). Fue jurado en los concursos literarios Granma (1966), UNEAC (1972), David (1973 y 1975), La Edad de Oro (1974). Ha colaborado en *El Bancario*, *Alma Mater*, *Casa de las Américas*, *Bohemia*, *Juventud Rebelde*, *Universidad de La Habana*, *Revista de la Biblioteca Nacional José Martí*, *El Caimán Barbudo*, *Granma*, *Unión*, *Islas*. Es investigador literario en el Instituto de Literatura y Lingüística de la Academia de Ciencias de Cuba. Compiló y prologó la *Antología lírica* (1975) de José Jacinto Milanés.

Bibliografía activa

Algunas notas sobre la poesía lírica de la Avellaneda, La Habana, Consejo Nacional de Cultura, Centro de Documentación, 1973.

Búsqueda y análisis, ensayos críticos sobre literatura cubana, prólogo de José Antonio Portuondo, La Habana, UNEAC, 1974.

Bibliografía pasiva

Hernández Otero, Ricardo L., «Arias, Salvador, *Búsqueda y análisis*», en *Anuario L/L*, La Habana, 5, 202-205, 1974.

Ariel (La Habana, 1928). «Revista mensual artístico-literaria», se lee en el ejemplar más antiguo encontrado (agosto-septiembre de 1928). Eran sus directores Gumersindo Martínez Amengual y Felipe Munilla Aguirre. En el ejemplar correspondiente a diciembre de 1928 (último que se ha encontrado), una nota de dirección informa que desde febrero —fecha en que aparecerá el siguiente número— figurarán en la misma Manuel Francisco Gran y Antonio Sánchez de Bustamante y Montoro. Publicaba poesías, cuentos, artículos de crítica literaria y artística y otros trabajos reproducidos de publicaciones extranjeras. Colaboraron en sus páginas Regino Eladio Boti, Rafael Esténger, Arturo Doreste, Joaquín Aristigueta, Santiago Argüello, Rubén Ortiz Lamadrid y otros.

Ariel (Guanabacoa, La Habana, 1936-Id.). Revista quincenal ilustrada. Comenzó el 15 de febrero. El consejo de dirección lo formaban Pastor González, Luis de Castro, Eloy Norman, Rustén Castellanos, María T. de la Cruz Muñoz. «Ariel en el mástil de una revista literaria quiere ser: espíritu y cultivo. Espíritu para llevar con ánimo seguro una empresa difícil. Cultivo para atender la urgencia de cultura en nuestro medio y en nuestro ser», expresaban en el primer número. En sus páginas aparecían poesías, cuentos, artículos de divulgación artística e histórica, así como cuestiones obreras y notas de sociedad. Entre sus colaboradores se destacaban Elías José Entralgo, Agustín Acosta, Arturo Doreste, Néstor Carbonell, Andrés de Piedra-Bueno, Rafael García Bárcena, Óscar de la Vega, José Ángel Buesa. Con la publicación del número 9 (junio de 1936) cesó su salida, según expresa Gerardo Castellanos en su *Relicario histórico. Frutos coloniales y de la vieja Guanabacoa* (La Habana, Editorial Librería Selecta, 1948, pág. 636). El propio Castellanos afirma que Pastor González, «por su experiencia periodística y su iniciada carrera oratoria, y su lastre de maestro público, era consejero y editor».

Bibliografía

Castellanos García, Gerardo, «Ariel», en su *Relicario histórico, Frutos coloniales y de la vieja Guanabacoa*, La Habana, Editorial Librería Selecta, 1948, págs. 635-636.

Ariguanabo, **El** (San Antonio de los Baños, La Habana, 1882-1883; 1886-1887). Periódico. Carlos Manuel Trelles señala, en la primera parte de su trabajo «Bibliografía de la prensa cubana (de 1764 a 1900) y de los periódicos publicados por cubanos en el extranjero» —en *Revista Bibliográfica Cubana* (La Habana, 2, 7, 31, enero-febrero, 1938)—, que comenzó en diciembre de 1882 y que durante los años 1861 y 1862 se había publicado con este mismo título el primer periódico de San Antonio de los Baños, dirigido por el cajista Evaristo Valdés, natural de la localidad. El 13 de mayo de 1883 (año 2, número 19; ejemplar más antiguo localizado), aparecía como «Semanario de conocimientos e intereses generales», editado en Guanajay, provincia de Pinar del Río. Eran su director y redactores en ese momento *Julio Rosas* (seudónimo de Francisco Puig y de la Puente) y Juan Cantalapiedra y José Ramos Bello, respectivamente. En la relación de colaboradores figuraban, entre otros casi desconocidos, Joaquín Aramburu, Francisco Calcagno, José Antonio Cortina, José Fornaris, Saturnino Martínez, José de Jesús Márquez y Vicente Silveira. En julio de 1883 comienza su segunda época, como «Periódico semanal», dirigido por Francisco J. Daniel y editado ahora en la localidad. Desde el 4 de noviembre del propio 1883 sale como «Periódico semanal. Consagrado a la defensa de los intereses morales y materiales de San Antonio de los Baños», editado en La Habana, pues Castor Labreda retiró de la localidad su imprenta, en la que se editaba hasta ese momento. Aparecieron en sus páginas, además de noticias y artículos de interés estrictamente local, poesías y cuentos, muchos de ellos de autores del propio pueblo. Además de los antes mencionados, colaboraron Luis Victoriano Betancourt, Carlos Saladrigas, Victoriano Hernández, Agapito López, Manuel V. Dorado. Se ha revisado hasta el ejemplar correspondiente al 9 de diciembre de 1883, último que se publicó, según afirma Trelles en su ya citado trabajo, en el que también expresa, sin más datos, que volvió a publicarse durante los años 1886 y 1887.

Armas, **Augusto de** (La Habana, 19 enero 1869-Curbevoie, Francia, agosto 1893). Nacido en una familia de escritores y periodistas, recibió una cuidadosa educación, aunque abandonó el bachillerato en tercer año y no cursó estudios universitarios. Desde muy joven se destacó por sus conferencias sobre temas históricos y literarios en diversas instituciones. Colaboró en *El País*, *El Fígaro* y *La Habana Elegante*. De esta época datan los pocos poemas que escribió en español. En octubre de 1888 se trasladó a París para permanecer allí durante el resto de su vida. Entró como redactor en un diario parisiense, pero su primer trabajo fue un cuento tan escandaloso que la edición fue recogida, el editor tuvo que pagar una multa y él, por supuesto, fue despedido. Colaboró en *América en París* y en *L'Echo de France* (París, 1892), en este último bajo el seudónimo *Jules Rock*. En la *Revista Cubana* (La Habana, marzo, 1893) apareció publicado un trabajo suyo sobre *Memorias de ultratumba*, que según la propia revista formaba parte de un libro inédito, escrito por el autor en 1886, sobre los románticos franceses. En *La Ilustración de Cuba*, en 1893, después de su muerte, se publicó un artículo suyo sobre Donoso Cortés. Estuvo relacionado con autores como Sully Prudhomme, José María de Heredia y otros. Dejó inédito su libro *Le poéme d'un cerveau*.

Bibliografía activa

Rimes byzantines, París, Goupy et Jourdan, 1891.

Bibliografía pasiva

Carbonell, José Manuel, «Augusto de Armas y Colón, 1869-1893», en su *La Poesía lírica en Cuba*, recopilación dirigida, prologada y anotada, tomo 4, La Habana, Imprenta El Siglo XX, 1928, págs. 427-428, Evolución de la cultura cubana, 1608-1927, 4.

Conde Kostia, seudónimo de Aniceto Valdivia, «Augusto de Armas», en *La Habana Elegante*, La Habana, 9, 34, 6, agosto 27, 1893.

Darío, Rubén, «Augusto de Armas», en su *Los raros*, Barcelona, Casa Editorial Maucci, *s. a.*, págs. 129-132.

Esténger, Rafael «Augusto de Armas», en su *Cien de las mejores poesías cubanas*, 2.ª edición aumentada con un ensayo preliminar y la inclusión de poetas actuales, La Habana,

Ediciones Mirador, 1948, págs. 287.

Henríquez Ureña, Max, «Augusto de Armas», en su *Poetas cubanos de expresión francesa*, s. l., *Revista Iberoamericana*, 1941, págs. 27-38.

Martí, José, «Augusto de Armas» y «Un soneto de Augusto de Armas,» en su *Obras completas*, tomo 5, La Habana, Editorial Nacional de Cuba, 1963, págs. 217 y 451.

Poveda, José Manuel, «Augusto de Armas», en *El Fígaro*, La Habana, 35, 35, 1059, septiembre 8, 1918.

«Tercer proemio de cenáculo, Para la lectura de las *Rimes bizantines* de Augusto de Armas», en *El Fígaro*, La Habana, 29, 24, 292, junio 15, 1913.

Reyes, Alfonso, «Sobre las *Rimas bizantinas* de Augusto de Armas», en *su Cuestiones estéticas*, París, Librería P. Ollendorff, s. a., págs. 165-186.

Tejera, Diego Vicente, «*Rimes Byzantines*» y «Augusto de Armas», en su *Prosa literaria*, tomo 2, La Habana, Imprenta y Papelería de Rambla y Bouza, 1936, págs. 135-140 y 191-196.

Armas, **Emilio de** (Camagüey, 11 noviembre 1946). Se graduó de Bachiller en Ciencias y Letras en el Instituto de Camagüey (1965). Se trasladó a La Habana en 1967. Entre 1967 y 1972 estudió la licenciatura en Lengua y Literaturas Hispánicas en la Universidad de La Habana. Ha colaborado con trabajos de crítica y con poemas en *Signos*, *El Caimán Barbudo*, *Casa de las Américas*, *Universidad de La Habana*, *Unión*, *Revolución y Cultura*. Ganó mención en poesía en el Concurso La Edad de Oro 1973. Algunos de los poemas del libro mencionado aparecieron, con los de Antonio Hernández Pérez y Fidel Galbán, en *Poesías* (La Habana, Instituto Cubano del Libro. Editorial Gente Nueva, 1974). Es autor de la selección y el prólogo de *Emilio Ballagas*, Antología (La Habana, MINED. Dirección Nacional de Educación General, 1973).

Bibliografía activa

Sobre las ediciones de los Versos libres, La Habana, Consejo Nacional de Cultura, Centro de Documentación, 1974.

Los versos cubanos de Martí, La Habana, Consejo Nacional de Cultura, 1975, Monotemática, 5.

Armas y Cárdenas, **José de** (Guanabacoa, La Habana, 26 marzo 1866-La Habana, 28 diciembre 1919). Hijo de José de Armas y Céspedes. Pasó parte de su infancia en Estados Unidos (1868-1869 y 1869-1874). Su primera educación la recibió fundamentalmente de su madre, Fermina. A los nueve años ingresó en la segunda enseñanza, que cursó en diversos colegios habaneros. Se hizo Licenciado en Derecho Civil y Canónico en la Universidad de La Habana (1884). Desde los dieciocho años inició su actividad pública como conferencista y crítico literario. Cuatro años más tarde comenzó en el periodismo profesional. Dirigió los *Lunes de la Unión Constitucional* (1888-1893). Fue fundador, director y redactor de *Las Avispas*, que primero publicó en La Habana (1892-1895) y luego en Nueva York (1896). Realizó numerosos viajes a Estados Unidos (1885, 1896, 1896-1898, 1899, 1901 y 1909) y a Europa (1889, 1892, 1896, 1901-1904 y 1908). Escribió en los periódicos estadounidenses *The New York Herald* y *The Sun*. Como corresponsal de este último vino a Cuba con las tropas norteamericanas que desembarcaron en Oriente (1898) y como corresponsal del primero visitó Haití (1908).

Su amplia labor periodística en publicaciones cubanas incluye colaboraciones en *La Nación*, *La Lucha*, *Revista Cubana*, *El Fígaro*, *El Trunco*, *El País*, *El Día*, *Diario de la Familia*, *Diario de la Marina*, *La Prensa*, *La Discusión*, *El Comercio*, *Cuba y América*, *Cuba Contemporánea*, *Social*, *El Mundo* y *Heraldo de Cuba*. De estos dos últimos periódicos fue corresponsal en Madrid al estallar la guerra del 14. Durante esta estancia en Madrid (1909-1919) editó la revista *El Peregrino* (1912). Además colaboró en *La Época* (1911), *El Liberal* (1913), *El País*, *Blanco y Negro* (1915), de Madrid, y en *The Quarterly Review* (Londres, 1917). Era miembro de la Academia de la Historia de Cuba, de la Real Academia Española y de *The Hispanic Society of America*, de Nueva York, que le premió su libro *Historia y literatura*. Dejó inéditas las novelas *Andrés Chenier y Teresa Ventura* y una comedia basada en la segunda de dichas novelas. Entre las distintas traducciones del o al inglés que

hizo debe mencionarse la de varios sonetos de Shakespeare (en *Cuba Contemporánea*. La Habana, 3, 9, 1, 72-77, septiembre, 1915). Aunque no acostumbraba ejercer su carrera universitaria, escribió un folleto dentro de ese campo: *Observaciones médico-legales sobre el caso de don Esteban Verdú*. (La Habana, Establecimiento Tipográfico Calle de O'Reilly n.º 9, 1890.) Solía firmar con el seudónimo *Justo de Lara*, por el cual es mayormente conocido. En su folleto *Las armas y el duelo* firmó como *Uno de sus discípulos*.

Bibliografía activa

Corona fúnebre y literaria en honor del ilustre cubano don José Antonio Cortina, La Habana, Imprenta La Primera de Papel, 1884.

La Dorotea *de Lope de Vega*, estudio crítico, La Habana, Miguel de Villa, editor, 1884.

El Quijote *de Avellaneda y sus críticos*, La Habana, Editor Miguel de Villa, 1884.

Las armas y el duelo, carta dirigida al señor don Manuel Cardenal y Gómez, maestro de esgrima, por *Uno de sus discípulos*, La Habana, Imprenta La Tipografía, 1886.

Rojos y azules, *Yo soy cubano*, La Habana, Imprenta de La Correspondencia, 1887, sin firma.

Los adivinos y la ciencia, *Mr, Bishop no adivina*, La Habana, Imprenta de La Unión Constitucional, 1888.

Los triunfadores, drama en dos actos y un epílogo, representado por primera vez con el título de *La lucha de la vida*, en el Teatro de

Tacón, la noche del 27 de marzo de 1895 a beneficio del primer actor don Ricardo Valero, La Habana, Imprenta El Comercio Tipográfico, 1895.

La perfidia española ante la revolución de Cuba, entrevistas de un cubano con el señor don Antonio Cánovas del Castillo, presidente del Consejo de Ministros de España, Nueva York, Imprenta América, 1896.

Cuento viejo, a su maestro de esgrima señor Licenciado Manuel Cardenal, por su amigo y discípulo *Justo de Lara*, La Habana, Imprenta La Nacional, 1903.

Cervantes y el Quijote, *El hombre, el libro y la Época*, La Habana, Imprenta y Librería La Moderna Poesía, 1905.

«Evocación de *Justo de Lara*», por José María Chacón y Calvo, La Habana, Publicaciones del Ministerio de Educación, Dirección de Cultura, 1945, Cuadernos de Cultura, 7, a.

Los dos protectorados, observaciones al pueblo de Cuba, con una carta-introducción de D. T. Lainé, La Habana, Imprenta y Papelería de Rambla y Bouza, 1906.

El protectorado, The protectorate, edición bilingüe, La Habana, Imprenta y Papelería de Rambla y Bouza, 1907.

Cervantes y el Duque de Sessa, nuevas observaciones sobre el Quijote de Avellaneda y su autor, La Habana, Imprenta de P. Fernández, 1909.

Ensayos críticos de literatura inglesa y española, Madrid, Librería General de Victoriano Suárez, 1910.

Estudios y retratos, Madrid, Librería General de Victoriano Suárez, 1911.

Historia y literatura, La Habana, Jesús Montero, 1915.

El Quijote *y su época*, Madrid, Renacimiento, 1915.

Cervantes en la literatura inglesa, conferencia leída en el Ateneo de Madrid el día 8 de mayo de 1916, Madrid, Imprenta Renacimiento, 1916.

Treinta y cinco trabajos periodísticos, La Habana, Publicaciones de la Secretaría de Educación, 1935.

Tres ensayos, La Habana, Editorial Guáimaro, 1941.

Bibliografía pasiva

Ateneo de La Habana, *Ofrenda floral a* Justo de Lara, La Habana, 1942.

Bueno, Salvador, «Algunos apuntes sobre *Justo de Lara* con motivo de su centenario», en *Universidad de La Habana* La Habana, 30, 182, 57-67, noviembre-diciembre, 1966.

Coronado, Francisco de Paula, «*Justo de Lara*», en *Revista de la Facultad de Letras y Ciencias*, La Habana, 30, 1 y 2, 192-205, enero-junio, 1920.

Corzo, Isidoro, «Don Pepe de Armas, El desplome de una montaña», en *Heraldo de Cuba*, La Habana, 8, 344, 1, 10, diciembre 29, 1919.

Chacón y Calvo, José María, *Evocación de* Justo de Lara, conferencia leída en el Ateneo de La Habana en la sesión del 3 de marzo de

1943, La Habana, Editorial La Verónica 1943.

Díaz Martínez, Manuel, «José de Armas y Cárdenas, *Justo de Lara*», en *L/L*, La Habana, 1, 1, 6-15, enero-marzo, 1967.

Figarola Caneda, Domingo, *Cervantes, y el Duque de Sessa, nuevas observaciones sobre el Quijote de Avellaneda y su autor*», en *Revista de la Biblioteca Nacional*, La Habana, 1, 2, 1 y 2, 47-50, julio 31 y agosto 31, 1909.

Marcos, Miguel de, «José de Armas y Cárdenas», en *Heraldo de Cuba*, La Habana, 9, 197, 2, julio, 18, 1920.

Pérez de Acevedo, Javier, «Más sobre un libro cubano», *ensayos de literatura inglesa y española*, en *El Fígaro*, La Habana, 26, 22, 254, 1910.

Ramos, José Antonio, «La personalidad de *Justo de Lara*», en *L/L*, La Habana, 1, 1, 16-32, enero-marzo, 1967.

Salazar, Salvador, «*Justo de Lara*», en *Cuba Cotemporánea*, La Habana, 23, 349-358, 1920.

Sanguily, Manuel, «Un folleto sobre *El Quijote* de Avellaneda, noticia bibliográfica» y «*La Dorotea* de Lope de Vega y un crítico cubano, noticia bibliográfica», en su *Juicios literarios*, tomo 1, La Habana, Imprenta Molina, 1930, págs. 19-27 y 29-33, Obras de Manuel Sanguily, 7.

«José de Armas y Cárdenas, *Justo de Lara*», en su *Brega de libertad*, selección y prólogo de Ernesto Ardura, La Habana, Publicaciones del Ministerio de Educación, Dirección de Cultura, 1950, págs. 99-108.

Soler Mirabent, Antonia, «Bibliografía de José de Armas y Cárdenas, 1909-1915», en *L/L*, La Habana, 1, 1, 63-76, enero-marzo, 1967.

Valverde, y Maruri Antonio L., *Elogio del Licenciado, José de Armas y Cárdenas*, Justo de Lara, *individuo de número*, leído en la sesión solemne celebrada en la noche del 28 de diciembre de 1923, La Habana, Imprenta El Siglo XX, 1923, Academia de la Historia.

Armas y Céspedes, José de (Puerto Príncipe, 19 julio 1834-La Habana, 11 abril 1900). Padre de José de Armas y Cárdenas. Después de realizar estudios primarios en su ciudad natal, los continuó en el Liceo Luis le Grand de París. Regresó a Cuba en 1854. Desde muy joven se dedicó al periodismo. Colaboró en *Revista de La Habana* (1855-1857) y en *El Duende* (Matanzas, 1856) y dirigió el *Diario de Sancti Spíritus* (1858-1862), en Las Villas. Regresó a la capital como redactor de *El Siglo*, del que fue subdirector entre 1863 y 1867. Fundó el diario *El Occidente* (1867), de corta duración, y dirigió *Aurora del Yumurí* (Matanzas, 1868). En enero de 1869 formó parte de una comisión conciliadora que envió el capitán general español Dulce a los insurrectos. Emigrado a los Estados Unidos, se integra al club separatista de Nueva York. En esta ciudad colabora en *La Voz del Pueblo* (1870) y dirige *El Correo de Nueva York* (1874). También fue director de *La Patria* (Nueva Orleans, 1871). Viajó por Canadá, Suramérica y Francia, en donde se estableció por algún tiempo. En 1875 visitó Madrid, amparado por un salvoconducto, para entrevistarse con dos ministros del gobierno español. Tras el Pacto del Zanjón (1878) regresó a Cuba. Colaboró además en *El Yara* (Tampa), *La Proclama* (Key West), *La Unión Constitucional*, *El Fígaro*, *La Lucha*, *La Opinión*, *Las Avispas*, *Diario de la Marina*, *El Sport*, etc. Cultivó también el verso. Su novela *Un desafío* (La Habana, 1865) no se terminó de publicar al ser prohibida por las autoridades españolas. Tradujo al español *Las orientales* de Víctor Hugo y al inglés obras de teatro de Calderón de la Barca y otros. Utilizó los seudónimos *Cándido* y *Colás*.

Bibliografía activa

The Cuban Revolution, Notes from the diary of a Cuban, Translated, Nueva York, 1869.

A los cubanos residentes en Nueva Orleans, Proclama en hoja suelta, Nueva Orleans, 1870.

Discurso pronunciado en Nueva Orleans el 4 de abril de 1870, Nueva Orleans, 1870.

¿Qué debe hacerse con Ferrer de Couto? Nueva York, 1871, atribuido.

Position of the United States on the Cuban Question, To the Congress and Press of the United States, Nueva York, 1872.

Manifiesto de un cubano al gobierno de España, carta dirigida al Excmo. señor don Antonio Cánovas del Castillo, presidente del Consejo de Ministros de La Corona de España, etc., etc., etc., París, Librería Española de E. Denné Schmitz, 1876.

El trabajo libre, Informe dado al presidente del Consejo de Ministros, don Antonio Cánovas del Castillo, La Habana, La Propaganda Literaria, 1880.

Al Partido Unión Constitucional, Hoja suelta, La Habana, Imprenta La Unión Constitucional, 1889.

Frasquito, novela original, La Habana, Imprenta y Papelería la Universal, 1894; novela histórica y de costumbres, cuya acción recoge las modalidades cubanas del siglo pasado, La Habana, Pueblo, 1940.

Bibliografía pasiva

Armas y Cárdenas, Susini, «Elogio de José de Armas y Céspedes», en su *Selección de trabajos*, introducción de Emilio Roig de Leuchsenring, «Un madrigalista, Susini de Armas», por José María Chacón y Calvo, La Habana, Oficina del Historiador de la Ciudad de La Habana, 1959, págs. 11-13, Colección histórica cubana y americana, 19.

Carbonell, José Manuel, «José de Armas y Céspedes, 1834-1900», en su *La oratoria en Cuba*, recopilación dirigida, prologada y anotada, tomo 1, La Habana, Imprenta Montalvo y Cárdenas, 1928, págs. 315-316, Evolución de la cultura cubana, 1608-1927, 7.

Cisneros Correa, Francisco Javier, *La verdad histórica sobre sucesos de Cuba*, Nueva York, Imprenta de M. M. Zarzamendi, 1871.

«¡¡Cuánta infamia!!», en *La Voz de Cuba*, La Habana, 2, 57, 2, marzo 5, 1869.

Gil Blas, seudónimo de José Socorro León, «Apéndice al camafeo anterior», en *Cama-*

feos, La Habana, 1, 8, 56-57, junio 25, 1865.

Mestre y Tolón, Ángel, «José de Armas», en *Camafeos*, La Habana, 1, 8, 53, junio 25, 1865.

Valverde y Maruri, Antonio L., *Elogio del Licenciado José de Armas y Cárdenas*, Justo de Lara, *individuo de número*, leído en la sesión solemne celebrada en la noche del 29 de diciembre de 1923, La Habana, Imprenta El Siglo XX, 1923, págs. 12-13, Academia de la Historia.

Armas y Céspedes, Juan Ignacio de

(Camagüey, 1842-Madrid, 30 diciembre 1889). Desde joven se inició en el periodismo. A fines de 1868 dirigió por breve tiempo *La Aurora*, de Matanzas. En 1869 se trasladó a Nueva York. Allí fue director de *La América* (1871) y luego de *La América Ilustrada* (1872-1873), y fundó y dirigió el periódico literario *El Ateneo* (1874-1875). Más tarde, ya en La Habana, fue fundador y director de *El Museo* (1882-1884). Colaboró en *El Trunco*, donde publicó dieciocho artículos bajo el título «Bahía de Matanzas» (1884-1885), en *El Fígaro* y en *Revista Cubana*. Tomó parte en la expedición de Goicuría. Era individuo correspondiente de la Real Academia de la Historia de Madrid, y de la Sociedad Antropológica de Italia. Es autor de un trabajo de antropología titulado *Los cráneos llamados deformados* (1885). En ocasiones ejerció la crítica literaria. Tradujo *Derecho federal* (Caracas, 1879), de John C. Calhoun. Utilizó los seudónimos *Horacio* y *Un soldado*, con el que firmó su trabajo *Expedición Goicuría* (1869).

Bibliografía activa

Alegoría cubana, teatro, Cayo Hueso, Imprenta de *El Republicano*, 1869.

Expedición Goicuría, diario de un soldado, septiembre 26-octubre 27, Nassau, Imprenta del Nassau Times, 1869.

Almanaque cubano para 1870, Nueva York, Imprenta de Hallet y Breen, 1870; 2.ª edición; Id., 1870.

Geometría para los niños, Nueva York, Imprenta de Néstor Ponce de León, 1875.

Almanaque cubano para 1871, Nueva York, Imprenta de Hallen y Breen, 1870.

Las cenizas de Cristóbal Colón suplantadas en la Catedral de Santo Domingo, estudio histórico-crítico, Caracas, Imprenta de *La Gaceta Oficial*, 1881.

Orígenes del lenguaje criollo, 2.ª edición, corre, y aum, La Habana, Imprenta de la Viuda de Soler, 1882.

Estudios americanistas I, La Fábula de los caribes, La Habana, Imprenta el Fénix, 1884.

Las gorritas de madera, La Habana, 1884.

Las etimologías de la Academia, estudio filológico, La Habana, Imprenta de Soler, Álvarez, 1886.

La zoología de Colón y de los primeros exploradores de América, La Habana, Establecimiento Tipográfico O'Reilly 9, 1888.

Bibliografía pasiva

Fornaris, José, «Juan Ignacio de Armas», en *El País*, La Habana, 13, 5, 2, enero 5, 1890.

Cruz, Manuel de la, «Reseña histórica, IV, Crítica», en su *Literatura cubana*, Madrid, Editorial Saturnino Calleja, 1924, págs. 90-91, Obras de Manuel de la Cruz, 3.

Sanguily, Manuel, *Los caribes de las islas*, estudio crítico, La Habana, Miguel de Villa, editor, 1884.

«Notas colombinas, II, *La zoología de Colón y de los primeros exploradores de América*, por Juan Ignacio de Armas», en *Revista Cubana*, La Habana, 8, 198-202, 1888.

Armas y Martínez, Francisco de (La Habana, julio 1833-Id., 2 marzo 1869).

Cursó ingeniería civil en París. Fue administrador general de la Compañía del Ferrocarril del Oeste, para cuyos empleados publicó un *Reglamento y manual de operaciones* (1865). Colaboró en *El Occidente* (1867-1868), *La Opinión* (1868), *El Siglo* —en donde publicó su narración «La Bohemia habanera» y el proverbio teatral «No hay atajo sin trabajo»—, y *La Revue Scientifique* (París). Fue director de *El Ateneo* (1868-1869) y *El negro bueno con intenciones políticas* (1869). Es autor de una biografía de los bufos habaneros. Utilizó el seudónimo *Humbug*.

Bibliografía activa

La hija de mi tío, juguete cómico en un acto en prosa, La Habana, Viuda de Soler, 1868.

Arozarena, Marcelino (La Habana, 13 marzo 1912).

Cursó la enseñanza primaria en una escuela pública de La Habana. En 1934 se graduó en la Escuela Normal. Trabajó como maestro y como locutor de Radio-Voz. Fue empleado del Comité Parlamentario del Partido Socialista Popular, miembro del Ala Izquierda Estudiantil y delegado fraternal al IV Congreso de Unidad Sindical. Perteneció, como vocal, a la Sociedad de Estudios Afrocubanos. Su primer poema publicado apareció en *El Mundo* (1933). Como periodista ha trabajado en *Noticias de Hoy* (1951-1953) y en el cuerpo de redacción de *La Gaceta de Cuba*. También tiene colaboraciones en *La Palabra*, *Miramar Yacht Club*, *Grafos*, *Polémica*, *América*, *Adelante*, *Actas del Folklore*, *Unión*, *Black Orpheus* (Nigeria). Ha sido antologado varias veces y poemas suyos han sido traducidos al italiano y al alemán.

Bibliografía activa

Canción negra sin color, La Habana, Ediciones Unión, 1966.

Bibliografía pasiva

Guirao, Ramón, «Marcelino Arozarena», en *Órbita de la poesía afrocubana, 1928-37*, antología, selección, notas biográficas y vocabulario, La Habana, Imprenta Úcar, García, 1938, págs. 144.

Legonier, José, «Un libro nuevo, *Canción negra sin color*», en *El Mundo del Domingo*, suplemento del periódico *El Mundo*, La Habana, 13, octubre 9, 1966.

Suárez, Adolfo, «Acusado de poeta, entrevista a Marcelino Arozarena», en *La Gaceta de Cuba*, La Habana, 96, 10-14, septiembre, 1971.

Arpa Cubana (Guantánamo, Oriente, 1904-Id.). «Revista semanal ilustrada», se lee en el único ejemplar encontrado (año 1, número 10), que no tiene fecha. Se supone que la misma apareciera en la portada, pero este número no traía porque «la perturbación ciclónica anunciada impidió rendir sus itinerarios a los dos vapores que hacen los viajes a Santiago» —expresaban en una página interior—, por lo que los clichés no pudieron traerse. Era su director Prudencio Corona y Medrano. En este número aparecieron poesías y cuentos firmados por Regino Eladio Boti, José Borge Medrano, José F. Bremón, *Renán, D'Lirio*. Regino Eladio Boti señala, en la página 15 de su trabajo *Notas acerca de José Manuel Poveda, su tiempo, su vida y su obra* (Manzanillo, Imprenta y Casa Editorial El Arte, 1928), que éste colaboró en la publicación y que su primer artículo, titulado «La guerra», apareció en el número 6, correspondiente al 18 de septiembre de 1904. Se ignora la fecha en que finalizó su publicación.

Arrate, José Martín Félix de (La Habana, 14 enero 1701-Id., 23 abril 1765). Recibió su educación en La Habana. Por heredad jurada fue regidor perpetuo del ayuntamiento desde 1734. En 1752 fue nombrado alcalde ordinario. Durante el sitio de La Habana por los ingleses se destacó por sus eficientes servicios a España. Después que La Habana pasó de nuevo a la metrópolis española, formó parte del cabildo extraordinario del 2 de julio de 1763 para recaudar las deudas a S. M. Su *Llave del Nuevo Mundo*, publicada por primera vez por la Real Sociedad Patriótica de La Habana en 1830, fue enriquecida por una segunda parte, aparecida en 1831, con las «Notas de la Comisión Especial de Redacción a la Historia de Arrate». Apareció editada nuevamente, por el Doctor Rafael Cowley y don Andrés Pego, con la misma introducción de la edición de 1830, en el primer tomo de *Los tres primeros historiadores de la Isla de Cuba*. Reproducción de las Historias de don José Martín Félix de Arrate y don Antonio José Valdés, y publicación de la inédita del Doctor don Ignacio Urrutia y Montoya, adicionadas con multitud de notas y aumentadas con descripciones históricas de la mayor parte de las ciudades, villas y pueblos de esta Isla que en ellas se mencionan (La Habana, Imprenta y Librería de Andrés Pego, 1876, págs. I-516). Además de su *Llave del Nuevo Mundo*, que lo sitúa como nuestro primer historiador en el tiempo, escribió Arrate poemas, una tragedia titulada *El segundo robo de Elena, la Novena* *al ínclito mártir San Ciriaco* (Havana, Imprenta de B. Blas de los Olivos, 1757), publicada por Manuel Pérez Beato, con una breve introducción, en *Revista Bibliográfica Cubana* (*La Habana*, 2, 7, 41-51, enero-febrero, 1938), y un *Informe al Rey y Cámara de Castilla sobre la entrega de La Habana por don Juan de Prado a los ingleses* (1763), que probablemente esté conservado en el Archivo General de Indias.

Bibliografía activa

Llave del Nuevo Mundo antemural de las Indias Occidentales, La Habana descripta, Noticia de su fundación, aumentos y estados, Primera edición publicada por la «Comisión especial de Materiales relativos a la Historia de la Isla de Cuba», introducción sin firma, La Habana, Sociedad de Amigos del País, 1830; 3.ª edición, prólogo y notas de Julio Le Riverend Brusone, México D. F., Fondo de Cultura Económica, 1949; 4.ª edición, sobre la copia manuscrita existente.

«Mínima nota bibliográfica», por M. Moreno Fraginals, La Habana, Comisión Nacional Cubana de la UNESCO, 1964.

Bibliografía pasiva

Le Riverend Brusone, Julio J., «Comentario en torno a las ideas Sociales de Arrate», en *Revista Cubana*, La Habana, 17, 288-325, abril-diciembre, 1943.

«Carácter y significación de los tres primeros historiadores de Cuba», en *Revista Bimestre Cubana*, La Habana, 65, 1-3, 152-180, enero-junio, 1950.

Martín, Juan Luis, «José M. Félix de Arrate..., El primero que se sintió cubano», en *Revista de la Biblioteca Nacional*, La Habana, 2.ª serie, 1, 3-4, 32-60, 1950.

Pérez Cabrera, José Manuel, «Arrate», en su *Historiografía de Cuba*, México D. F., Instituto Panamericano de Geografía e Historia, 1962, págs. 170-173, Comisión de historia, Historiografías, 7.

Poey, Felipe, «Don José Martín Félix de Arrate, historiador cubano», en *El Ateneo*, La Habana, 1, 15, 235-236, febrero 1, 1869.

Arrom, **José Juan** (Holguín, Oriente, 28 febrero 1910-Connecticut, 25 abril 2007). Desde hace muchos años radica en Estados Unidos. En Yale University se graduó de *Bachelor of Arts* (1937), *Master of Arts* (1940) y *Doctor in Philosophy* (1941). Durante años ha ejercido en dicha universidad como profesor de español y director de Estudios Graduados en Español. Ha impartido clases en los cursos de verano de la Universidad de La Habana (1946), en el Instituto Caro y Cuervo (1960), de Colombia, y en la Universidad de Arizona (1961). Ha tomado parte en numerosos congresos y encuentros. Miembro de la *Connecticut Academy of Arts and Sciences*, de la Academia Cubana de la Lengua, de la Academia Nacional de Artes y Letras de Cuba, del Ateneo Americano de Washington, de la Real Academia de Córdoba etc. Ha viajado por Argentina, Brasil, Canadá, Chile,

Colombia, España, etc. Colaborador en numerosas publicaciones, entre ellas *Anales de la Academia Nacional de Artes y Letras*, *Boletín de la Academia Cubana de la Lengua*, *Revista Bimestre Cubana*, *Revista Cubana*, *Universidad de La Habana*, *Islas*, *Vida Hispánica* (Inglaterra), *Revista Iberoamericana* (México), *Thesaurus* (Colombia), *Revista Nacional de Cultura* (Venezuela), *The Romanic Review* (Estados Unidos), etc. Ha obtenido diversos honores de universidades e instituciones norteamericanas. Es autor de las ediciones críticas de *El príncipe jardinero y fingido Cloridano* (La Habana, Sociedad Económica de Amigos del País, 1951; 2.ª edición, La Habana, Editora del Consejo Nacional de Cultura, 1963), comedia de Santiago Pita, y de la *Historia de la invención de las Indias* (Bogotá, 1965), de Hernán Pérez de Silva.

Bibliografía activa

La poesía afrocubana, separata de *Revista Iberoamericana*, México, 1942.

Voltaire y la literatura dramática cubana, separata de *The Romanic Review*, Nueva York, 1943.

Historia de la literatura dramática cubana, New Haven, Yale University Press, 1944.

Documentos relativos al teatro colonial en Venezuela, separata de *Universidad de La Habana*, La Habana, 1946.

Teatro de José Antonio Ramos, separata de *Revista Iberoamericana*, México, 1947.

Estudios de literatura hispanoamericana, La Habana, Imprenta Úcar, García, 1950.

Criollo, definición y matices de un concepto, separata de *Hispania*, Estados Unidos, 1951.

Una desconocida comedia mexicana del siglo XVII, separata de *Revista Iberoamericana*, México, 1953.

El negro en la poesía folklórica americana, La Habana, 1955.

El teatro de Hispanoamérica en la época colonial, La Habana, Anuario Bibliográfico Cubano, 1956.

Certidumbre de América, estudios de letras, folklore y cultura, La Habana, Anuario Bibliográfico Cubano, 1959; 2.ª edición, ampl, Madrid, Editorial Gredos, 1971.

Esquema generacional de las letras hispanoamericanas, ensayo de un método, Bogotá, Instituto Caro y Cuervo, 1963.

Historia y sentido del nombre de Cuba, discurso de ingreso como miembro correspondiente, leído en la sesión conmemorativa del día del Idioma, 23 de abril de 1964, por el Doctor Juan Fonseca, secretario de la corporación, La Habana, Talleres del Archivo Nacional, 1964.

Historia del teatro hispanoamericano; época colonial, México, D. F., Ediciones de Andrea, 1967.

Primeras manifestaciones dramáticas de Cuba, 1512-1776, Lima, teatro Universitario de San Marcos, 1968.

Hispanoamérica, panorama contemporáneo de su cultura, Nueva York, Harper and Row,

1969.

Bibliografía pasiva

Arias, Salvador, «Generaciones y letras en Hispanoamérica», en *Casa de las Américas*, La Habana, 5, 31, 102-105, julio-agosto, 1965.

Chacón y Calvo, José María, «*Historia de la literatura dramática cubana*», en *Revista Cubana*, La Habana, 18, 191-192, enero-diciembre, 1944.

Feijóo, Samuel, «Teatro hispanoamericano en la época colonial», en *Islas*, La Habana, 2, 1, 306-307, septiembre-diciembre, 1959.

Fernández Retamar, Roberto, «*Certidumbre de América*» en *Nueva Revista Cubana*, La Habana, 1, 3, 197-199, octubre-diciembre, 1959.

Lazo, Raimundo, «José Juan Arrom, *Estudios de literatura hispanoamericana*», en *Revista Cubana*, La Habana, 26, 293-296, ene-junio, 1950.

Lizaso, Félix, «Juan Arrom, *Estudios de literatura hispanoamericana*», en *Revista Bimestre Cubana*, La Habana, 66, 1, 2 y 3, 285-286, julio-diciembre, 1950.

Portuondo, José Antonio, «José Juan Arrom, *Esquema generacional de las letras hispanoamericanas, ensayo de un método*», en *L/L*, La Habana, 1, 1, 106-110, enero-marzo, 1967.

Roig de Leuchsenring, Emilio, «Una excelente *Historia de la literatura dramática cubana*» en *Carteles*, La Habana, 26, 2, 38-39, enero 14, 1945.

Speratti Piñero, Emma Susana, «José Juan Arrom, *El teatro de Hispanoamérica en la época colonial*», en *Nueva revista de filología hispánica*, México D. F., 11, 1, 84-85, enero-marzo, 1957.

Arrufat, **Antón** (Santiago de Cuba, 14 agosto 1935). Cursó la primera enseñanza en su ciudad natal y en La Habana. En el Instituto de esta última estudió el bachillerato de 1950 a 1955. Vivió en Estados Unidos (1957-1959) y además, ha viajado a Checoslovaquia, Francia, Italia e Inglaterra. Fue jefe de redacción de la revista *Casa de las Américas* (1960-1965). Colaborador en *Ciclón*, *Lunes de Revolución*, *Cuba en la UNESCO*, *Unión*, *Casa de las Américas*, *La Gaceta de Cuba*, etc. En los concursos Casa de las Américas obtuvo mención de teatro (1961) por *El vivo al pollo* y mención de poesía (1963) por *Repaso final*. Ganó el premio de teatro de la UNEAC (1968) por *Los siete contra Tebas*. Trabajó como asesor literario de Teatro Estudio. Es autor, junto con Fausto Masó, del prólogo y la selección de *Nuevos cuentistas cubanos* (La Habana, Casa de las Américas, 1961), así como de la selección y el prólogo de los *Cuentos* (La Habana, Casa de las Américas, 1964), de Julio Cortázar, y del *Teatro* (La Habana, Editorial Nacional de Cuba, 1964), de Augusto Strindberg. Obtuvo el Premio Nacional de Literatura en 2000.

Bibliografía activa

En claro, poemas, La Habana, Ediciones La Tertulia, 1962.

Mi antagonista y otras observaciones, relatos,

La Habana, Ediciones R, 1963.

Teatro, La Habana, Ediciones Unión, 1963.

Repaso final, poemas, La Habana, Ediciones R, 1964.

Todos los domingos, teatro, La Habana, Ediciones R, 1965.

Escrito en las puertas, poemas, La Habana, Instituto Cubano del Libro, 1968.

Los siete contra Tebas, Declaración, por la UNEAC, La Habana, Ediciones Unión, 1968.

Bibliografía pasiva

Arreola, Juan José, «Antón Arrufat, *El vivo al pollo*», en *Casa de las Américas*, La Habana, 2, 9, 157, noviembre-diciembre, 1961.

Ávila, Leopoldo, seudónimo, «Antón se va a la guerra», en *Verde Olivo*, La Habana, 9, 47, 16-18, noviembre 24, 1968.

Daltón, Roque, «*En claro*, de Antón Arrufat», en *Casa de las Américas*, La Habana, 3, 17-18, 63-64, marzo-junio, 1963.

Desnoes, Edmundo, «Para estos libros que esperan», en *Unión*, La Habana, 3, 2, 195-198, abril-junio, 1964.

Díaz Martínez, Manuel, «*Repaso final*», en *Bohemia*, La Habana, 57, 38, 23, septiembre 17, 1965.

Galich, Manuel, «Arrufat en el Teatro Experimental», en *La Gaceta de Cuba*, La Habana, 2, 29, 15, noviembre 5, 1963.

Leal, Rine, *En primera persona, 1954-1966*, La Habana, Instituto Cubano del Libro, 1967, págs. 48, 133-134, 177-180 y 340-341.

Llopis, Rogelio, «Antón Arrufat, escritor versá-til», en *La Gaceta de Cuba*, La Habana, 3, 35, 20-21, abril 20, 1964.

Muguercia, Magaly, «Porque jamás ocurra en días laborables», sobre *Todos los domingos*, en *El Caimán Barbudo*, La Habana, 5, 22, julio, 1966.

Piñera, Virgilio, «Tres en uno a una», en *La Gaceta de Cuba*, La Habana, 2, 15, 11-12, abril 1, 1963.

«Final del repaso», en *Unión*, La Habana, 4, 3, 145-149, julio-septiembre, 1965.

Triana, José, «Apuntes sobre un libro de Arrufat», en *La Gaceta de Cuba*, La Habana, 2, 18, 12-13, mayo 18, 1963.

Arte (La Habana 1895-Id.). Periódico literario y artístico. Comenzó el 1.º de enero. Surgió al dejar de publicarse *Luz y Sombra*, que había estado dirigido en sus últimos tiempos por Álvaro Catá, quien con iguales funciones pasó a la nueva revista. Salía semanalmente. Publicaba poesías, cuentos, prosa poética, artículos informativos de carácter general y sobre las actividades teatrales en la capital. Fueron sus colaboradores, entre otros, Nicolás Heredia, *Conde Kostia* (seudónimo de Aniceto Valdivia), Bonifacio Byrne, Álvaro de la Iglesia, G. Lamar Schweyer, *Kananga* (seudónimo de Arturo Riquelme). El último ejemplar encontrado: (número 4) corresponde al 26 de enero del propio 1895.

Arte. Revista Universal (La Habana, 1914-1921). Comenzó el 2 de marzo, dirigida por

Luis A. Mustelier. Salía cada diez días. El 10 de noviembre de 1914 Juan José Remos asumió la jefatura de redacción. Algunos de sus artículos aparecían firmados con el seudónimo *El Duque de Saint Simon*. El cuerpo de redactores lo integraban, entre otros, Hubert de Blanck, Sergio Cuevas Zequeira, Mateo Ignacio Fiol, Luis Gómez Pestana, Isabel Margarita Ordetx, Evelio Rodríguez Lendián y Aurelio Silvera; posteriormente se incorporaron al mismo Gaspar Agüero, Aída Peláez de Villa Urrutia (seudónimo *Eugenio*), José Antonio Rodríguez García, Salvador Salazar, Arturo Ramón de Carricarte y otros. Su periodicidad varió a bimensual en febrero de 1919. A partir del 25 de noviembre de ese año, Remos se hizo cargo de la dirección y Mustelier quedó solo como administrador. *Arte* fue, en sus primeros tiempos, una revista dedicada fundamentalmente a cuestiones artísticas: pintura, música, etc., aunque siempre dio cabida en sus páginas a trabajos de índole literaria. Después se convirtió casi por completo en una revista literaria en la que aparecieron poesías, cuentos, críticas y otros trabajos de los nuevos escritores de la época. Tenía sus secciones fijas de modas, deportes y notas sociales. Colaboraron en sus páginas, además de los ya mencionados, Max Henríquez Ureña, Manuel Márquez Sterling, Emilio Bacardí, *Fray Candil* (seudónimo de Emilio Bobadilla), Enrique Serpa, Luis Bonafoux, Emilia Bernal, Bonifacio Byrne, Blanche Zacharie de Baralt, Luis Alejandro Baralt, Ciana Valdés Roig, Mariano

Aramburo, Manuel María Mustelier, Marco Antonio Dolz, Arturo Alfonso Roselló, Ramón Rubiera, Gustavo Sánchez Galarraga y otros. El último ejemplar encontrado corresponde al 1.º de marzo de 1921, pero León Primelles señala, en la página 362 de su *Crónica cubana. 1919-1922* (La Habana, Editorial Lex, 1957), que salieron ocho números de enero a junio de dicho año.

Arte y Bohemia (Santiago de Cuba, 1911-Id.). «Revista semanal ilustrada», se lee en el único ejemplar consultado (número 2), correspondiente al 12 de noviembre de 1911. Era su director, administrador y propietario José G. Montalvo. Publicaba trabajos de índole literaria, fundamentalmente poesías y cuentos, además de otras cuestiones de interés para los lectores de la ciudad. En el número de referencia aparecieron colaboraciones de Regino Eladio Boti, Mariano Corona, Manuel Serafín Pichardo, Alberto Giraudy, Enrique Valencia, F. Martínez Corbalán y otro. Se ignora la fecha exacta en que apareció el último número, pero se sabe que en enero de 1912 se refundió con *Oriente Literario*, para dar lugar a *Oriente y Bohemia*, que continuó la numeración de esta última.

Arteaga, **Ricardo** (Puerto Príncipe, 30 octubre 1843-Id., 6 noviembre 1915). Cursó la primera enseñanza en su ciudad natal, en Santiago de Cuba y en Venezuela, donde vivió a causa de las actividades revolucionarias de su padre. Volvió a su patria en 1859, tras la amnistía dictada ese año. Comenzó (1862) estudios eclesiásticos en el Seminario San Basilio el Magno de Santiago de Cuba y los continuó en Cartagena hasta ordenarse de sacerdote en 1868. Al estallar la guerra ese año era cura en San Miguel de Nuevitas, de donde fue expulsado por las autoridades españolas y enviado a Santiago de Cuba, sujeto a vigilancia por sus simpatías hacia los insurrectos. Por fin, acusado de infidencia, sufrió prisión durante diez meses hasta que, al celebrársele consejo de guerra, resultó absuelto (1870). Trasladado a La Habana, fundó y fue codirector del colegio Educación en Familia. En 1875 comenzó a estudiar derecho en la Universidad de La Habana. Fue deportado a España en 1876 y de ahí viajó a Francia e Italia. En 1877 pasó a Venezuela, en donde desempeñó las cátedras de Historia Eclesiástica y de Teología Dogmática en la Universidad de Caracas y obtuvo por oposición la canonjía doctoral de la Iglesia Metropolitana de esa ciudad (1891). En 1892 realizó un breve viaje a La Habana. De regreso a Venezuela obtuvo nuevos honores y distinciones, entre ellos el ser elegido individuo de número de la Academia Nacional de la Historia (1902) y deán de la Catedral de Caracas (1904). Cultivó también el periodismo. Al morir era simple cura de la iglesia de la Soledad, en su ciudad natal.

Bibliografía activa

Oración fúnebre, pronunciada en la Iglesia Catedral de La Habana el 3 de julio de 1874, en las solemnes exequias que el Excmo. Ayuntamiento y el Illmo, Cabildo celebraron en obsequio del Excmo. señor don Manuel Gutiérrez de la Concha, Marqués del Duero, capitán general de los Ejércitos Nacionales, La Habana, Imprenta del Gobierno y Capitanía General, 1874.

Discurso, pronunciado en la solemne apertura del año académico de 1875 a 1876 en el colegio de primera y segunda enseñanza, Educación en Familia, La Habana, Imprenta El Tiempo, 1875.

Discurso académico, leído en la sabatina del 23 de octubre de 1875, en la Real Universidad de La Habana, La Habana, Imprenta El Tiempo, 1875.

Sermón predicado por Ricardo Arteaga, canónigo doctoral de S. I. M. de Venezuela, el 24 de mayo de 1900, en la primera fiesta que la fábrica Industrial Nacional de Pastas Italianas consagró a su patrona María Auxiliadora, Caracas, Tip. Americana, 1900.

Bibliografía pasiva

Carbonell, José Manuel, «Ricardo Arteaga y Montejo, 1843-1915», en su *La oratoria en Cuba*, recopilación dirigida, prologada y anotada, tomo 5, La Habana, Imprenta Montalvo y Cárdenas, 1928, págs. 359-361, Evolución de la cultura cubana, 1608-1927, 9.

González del Valle, Francisco, «El clero separatista de Cuba», Segunda serie, I. El padre Ricardo Arteaga, en *Cuba Contemporánea*,

La Habana, 23, 8, 89, 53-65, mayo, 1920.

Iraizoz, Antonio, *Lecturas cubanas*, La Habana, Editorial Hermes, 1939, págs. 156-158.

Méndez Capote de Solís, Renée, «Ricardo de Arteaga y Montejo», en su *Oratoria cubana*, ensayos, La Habana, Imprenta Editorial Hermes, *s. a.*, págs. 271-275.

Méritos y servicios del Pbro. Doctor Ricardo Arteaga y Montejo, Canónigo doctoral de la S. I. M. de Caracas, La Habana, Imprenta de Xiqués, 1899.

«El Padre Arteaga en la iglesia de Santa Catalina», en *El País*, La Habana, 15(58, 2, marzo 8, 1892.

Arteaga, **Rolando** (Camagüey, 15 febrero 1933) Realizó los estudios primarios en su ciudad natal. En el Instituto de Segunda Enseñanza de Camagüey, estudió hasta tercer año de bachillerato. Comenzó a publicar muy joven. En 1952 obtuvo una mención en el concurso de cuentos «Hernández Catá». Cultiva el cuento y la poesía. Ha colaborado en *Bohemia*, *Carteles*, *Lunes de Revolución*. Ha trabajado en el ICR.

Bibliografía activa

Manifiesto del hombre reciente, La Habana, Imprenta Úcar, García, 1958.

El acróbata, relatos, La Habana, 1962.

Artes (La Habana, 1944-Id.). Revista mensual. Órgano oficial de Teatro Popular. Comenzó en mayo, dirigida por Paco Alfonso, con Juan Más como subdirector. La redacción y la dirección artística estaban a cargo de Benicio Rodríguez Vélez y Roberto Diago, respectivamente. Dedicada fundamentalmente a la difusión del arte teatral y a reseñar las actividades del grupo de que era órgano, dio cabida en sus páginas a las restantes artes: música, cine, literatura, artes plásticas. Tuvo como colaboradores a Juan Marinello, José Antonio Ramos, Félix Pita Rodríguez, Luis Felipe Rodríguez, Rafael Marquina, Luis Amado Blanco, Luis Alejandro Baralt, Rafael Suárez Solís, César Rodríguez Expósito, José Luciano Franco, Renée Potts, Josefina de Cepeda, así como al músico Félix Guerrero y al crítico de arte Guy Pérez de Cisneros. El tercer número (último que se ha encontrado) salió en agosto de 1944.

Artes Plásticas (La Habana, 1960-1962). Revista publicada por la Dirección General de Cultura del Ministerio de Educación. Era dirigida por Vicentina Antuña, con Marta Arjona como responsable del Departamento de Artes Plásticas y Rosario Novoa y Graziella Pogolotti como asesoras. En 1960 publicó dos números; en el segundo de ellos aparece, como subdirector, Alejo Carpentier. Después editó un número en 1961 y otro en 1962. El número correspondiente a este último año fue publicado por la Comisión Nacional de Artes Plásticas del Consejo Nacional de Cultura. Dedicada por completo a las artes plásticas, publicó artículos informativos y críticos sobre pintura, escultura, grabado, siempre acompañados de ilustraciones y fotos. Además tenía una sección fija sobre noticias de arte en el mundo y otra con comentarios y críticas a libros sobre su materia específica. Colaboraron en sus páginas José Lezama Lima, Alejo Carpentier, Graziella Pogolotti, Ángel Gaztelu, Mirta Aguirre, Rafaela Chacón Nardi, Fayad Jamís, Severo Sarduy, Samuel Feijóo, José Álvarez Baragaño, Rosario Antuña, Argeliers León, Adelaida de Juan y otros. El cuarto y último número apareció en 1962.

Artiles, **Freddy** (Santa Clara, enero 1946). Cursó en La Habana la enseñanza primaria y el bachillerato. Comenzó a estudiar ciencias biológicas en la Universidad de La Habana (1964-1967). Ha trabajado como profesor de biología en la enseñanza media y como técnico de laboratorio en el Instituto Nacional de la Pesca. Sus dos primeras obras las estrenó en el Teatro Universitario: *Estudio de sentimientos* y *El círculo de cuatro puntas* (1967). Llamado al Servicio Militar Obligatorio (1968), allí obtiene premios y menciones en concursos de cuento y poesía, y como actor y director en los Festivales de Aficionados de las FAR. También recibe mención de cuento en el certamen de los Comités de Defensa de la Revolución. En 1971 comparte el premio de cuento en el Concurso 13 de marzo de la Universidad de La Habana, recibe mención de teatro en el certamen de obras infantiles «La Edad de Oro» y gana el Premio de Teatro

UNEAC por *Adriana en dos tiempos*. En 1973 ganó el premio «La Edad de Oro» por su pieza teatral *El conejito descarriado*. Ha publicado en *Verde Olivo*. Trabaja como asesor literario en el equipo técnico de teatro del Consejo Nacional de Cultura.

Bibliografía activa

Adriana en dos tiempos, La Habana, Unión de Escritores y Artistas de Cuba, 1972.

El conejito descontento, La Habana, Instituto Cubano del Libro, Editorial Gente Nueva, 1973.

Bibliografía pasiva

«*Adriana en dos tiempos*, entrevista a Freddy Artiles», en *La Gaceta de Cuba*, La Habana, 99, 4, enero, 1972.

Cruz-Luis, Adolfo, «Adriana, una excepción excepcional», en *Juventud Rebelde*, La Habana, 2, diciembre 5, 1972.

Hoz, Pedro de la, «*Adriana en dos tiempos*», en *El Caimán Barbudo*, La Habana, 2.ª época, 2, 65, 30-31, febrero-marzo, 1973.

Otero, José Manuel, «Adriana y sus dos tiempos», en *Granma*, La Habana, 10, 195, 4, agosto 21, 1974.

Artista, **El** (La Habana, 1848-1849; 1852). Publicación amena, oficial del Liceo Artístico y Literario. Comenzó a salir el 13 de agosto. Araceli García Carranza afirma, en la página 13 de la obra *Índices de revistas cubanas. Siglo XIX*, La Habana, Biblioteca Nacional

José Martí. Departamento Colección Cubana, 1970), que la fundó y redactó en sus inicios Gonzalo Aguiar y Loysel. Después fue su redactor José Quintín Suzarte. Aparecía semanalmente. El tomo 1 (números 1 al 29, 13 de agosto de 1848-25 de febrero de 1849) consta de 446 páginas. En la portada (entregada al finalizar el mismo) aparece una relación de colaboradores, entre los cuales se destacan Anselmo Suárez y Romero, Ramón de Palma, José Zacarías González del Valle, José Victoriano Betancourt, *José María de Cárdenas* (seudónimo Jeremías de Docaransa), Ramón Vélez Herrera, Antonio Bachiller y Morales, Leopoldo Turla, Ramón Zambrana, Felipe Poey, Felipe López de Briñas, Javier de Foxá, José Gonzalo Roldán, Miguel de Cárdenas y Chávez, Francisco de Frías, Emilio Auber y otros cuyas firmas no aparecieron en las páginas de la revista. El 15 de marzo de 1849 comenzó a salir el tomo 2, en el cual Suzarte, por tomar a su cargo la redacción del *Faro Industrial de La Habana*, se asoció a Andrés Poey, «en quien descansa la redacción de *El Artista*». Publicaba poesías, cuentos, artículos de costumbres y de crítica literaria y traducciones, así como otros trabajos sobre educación, ciencia, agricultura, etc. Además de los antes mencionados, colaboraron en sus páginas Joaquín Lorenzo Luaces, Rafael María de Mendive, Cirilo Villaverde, José Antonio Echeverría, Pedro Santacilia, José María de la Torre, Ignacio María de Acosta, Pedro Ángel Castellón, Narciso Foxá, Tranquilino Sandalio

de Noda (seudónimos *Aristo* y *Sardalio*), Ramón Pintó, Andrés Avelino de Orihuela. El último ejemplar encontrado corresponde al 1.º de noviembre de 1849. Carlos Manuel Trelles señala, en la primera parte de su trabajo «Bibliografía de la prensa cubana (de 1764 a 1900) y de los periódicos publicados por cubanos en el extranjero» —en *Revista Bibliográfica Cubana* (La Habana, 2, 7, 34, enero-febrero, 1938)—, que salió hasta este mes, aunque sin precisar la fecha exacta. Por otra parte, José María Labraña expresa, en la página 654 de su trabajo «La prensa en Cuba» —publicado en *Cuba en la mano. Enciclopedia popular ilustrada* (La Habana, Imprenta Úcar, García, 1940, págs. 649-786)—, lo siguiente: «En 1852, Rafael María de Mendive se junta con Suzarte y lo sacan por segunda vez». Compilado por Araceli García Carranza se ha publicado su índice analítico, aparecido en las páginas 1581 del ya citado *Índices de revistas cubanas. Siglo XIX*.

Bibliografía

García Carranza, Araceli, «*El Artista*, 1848-1849», en *Índices de revistas cubanas, Siglo XIX*, compilados, La Habana, Biblioteca Nacional José Martí, Departamento Colección Cubana, 1970, págs. 13-14.

Roig de Leuchsenring, Emilio, «*La Cartera Cubana y El Artista*», en su *La literatura costumbrista cubana de los siglos XVIII y XIX*, tomo 3, La Habana, Oficina del Historiador de la Ciudad de La Habana, 1962, págs. 149-150,

Colección histórica cubana y americana, 25.

Asociación Amigos de la Cultura Cubana de Matanzas Fue constituida en 1935, con los objetivos de promover y calorizar diferentes actividades culturales y artísticas en la ciudad de Matanzas. Dirigida por Luis Rodríguez Rivero, contó con un consejo de gobierno formado por «distinguidas personalidades públicas locales», fundó y sostuvo las bibliotecas públicas «Carlos del Sol» y «Enrique Lluriá», fundadas en 1936 y 1940 respectivamente; instituyó el premio «Arturo Echemendía», por el que pudieron optar los bachilleres del Instituto de Segunda Enseñanza de Matanzas. Ofreció conferencias, conciertos, ballets, veladas martianas, funciones de teatro. Por su tribuna pasaron distinguidos intelectuales como Emilio Roig de Leuchsenring, Fernando Ortiz, Juan Marinello y Raúl Roa.

Bibliografía

Memoria esquemática de los trabajos realizados por la Asociación Amigos de la Cultura Cubana de Matanzas durante su primera década de existencia, 1935-1945, Leída en el acto público y solemne del día 24 de noviembre de 1945.

Álbum de autógrafos de la institución, Matanzas, Talleres de los herederos de Andrés Estrada, 1945.

Asociación Cubana de Bibliotecarios Quedó constituida en La Habana el 10 de julio de 1948, a iniciativa de la Doctora María Teresa Freyre de Andrade. Así se daba cumplimiento a lo acordado en la Asamblea de Bibliotecarios de América, celebrada en Washington en 1947, uno de cuyos puntos señalaba la organización en cada país americano de una Asociación de Bibliotecarios. Fundada con carácter nacional (la ley-decreto 534 de diciembre de 1952 la consideró como representante oficial de todos los bibliotecarios cubanos), sus principales objetivos fueron propiciar y mantener un verdadero servicio bibliotecario, mejorar las bibliotecas existentes y lograr el establecimiento de otras, fomentar el interés por la lectura y luchar por la mayor difusión del libro mediante la instalación de bibliotecas circulantes en todo el país, así como laborar por la superación de la clase bibliotecaria, por la creación de un personal capacitado para desempeñar los distintos cargos en las bibliotecas, por mantener una sólida unión entre los bibliotecarios y las bibliotecas de la República y por estrechar las relaciones y el intercambio con los centros afines en otros países, procurando ajustar estas relaciones a un código de conducta profesional. Estructurada sobre la base de una Mesa Directiva integrada por el presidente, el secretario letrado y el de correspondencia, el tesorero y cada uno de los vices correspondientes, contó además con cuatro vocales: de Biblioteca y Consulta, de Propaganda, de Relaciones Exteriores y de Publicaciones, y con cinco representantes provinciales. La primera directiva, elegida el 30 de abril de 1949, estuvo presidida por Raquel Robés Massés. En marzo de 1949 apareció el *Boletín de la Asociación Cubana de Bibliotecarios*. La Asociación radicó en el edificio de la Sociedad Económica de Amigos del País. Estableció un premio anual para la mejor publicación sobre temas profesionales. En septiembre de 1950 quedó inaugurada la Escuela de Bibliotecarios, auspiciada por la propia institución. En 1953 organizó con la colaboración técnica de especialistas de bibliotecas del Centro Regional de la UNESCO, el primer seminario sobre Canje Nacional e Internacional de Publicaciones. En los primeros meses del año 1959 las funciones de la Asociación y de la Escuela de Bibliotecarios pasaron a ser atendidas por otras organizaciones.

Bibliografía

«Declaración de principios», en *Boletín de la Asociación Cubana de Bibliotecarios*, La Habana, 1, 1, 24-26, marzo, 1949.

«Entrega del Premio "Asociación Cubana de Bibliotecarios"», en *Boletín de la Asociación Cubana de Bibliotecarios*, La Habana, 3, 2, 41-46, junio, 1951.

«Inauguración de la Escuela Cubana de Bibliotecarios», en *Boletín de la Asociación Cubana de Bibliotecarios*, La Habana, 2, 3, 77-79, septiembre, 1950.

Lara Mínguez, Dionisio de, «La Escuela Cubana de Bibliotecarios, proyecto asociado a la UNESCO», en *Boletín de la Asociación Cubana de Bibliotecarios*, La Habana, 6, 2, 17-19, junio, 1954.

«Primera graduación de bibliotecarios», en *Boletín de la Asociación Cubana de Bibliotecarios*, La Habana, 3, 2, 48-50, junio, 1951.

«Reforma del Reglamento en la Asociación Cubana de Bibliotecarios» en *Boletín de la Asociación Cubana de Bibliotecarios*, La Habana, 6, 1, 8.ª-13.ª, marzo, 1954.

Reglamento de la Asociación Cubana de Bibliotecarios, La Habana, Imprenta La Revoltosa, 1955.

Romeu, Raquel, «La primera promoción de bibliotecarios graduados», en *Boletín de la Asociación Cubana de Bibliotecarios*, La Habana, 3, 2, 55-56, junio, 1951.

Simo, Blanca, «Proposición de la Asociación de bibliotecarios cubanos», en *Boletín de la Asociación Cubana de Bibliotecarios*, La Habana, 5, 3, 75-76, septiembre, 1953.

Asociación de Escritores y Artistas Americanos Fue constituida en La Habana en 1934, adscrita a un denominado Instituto de Previsión y Reformas Sociales. En 1936 el gobierno la declaró organismo autónomo internacional, pero con subvención oficial. Estuvo regida aparentemente por un amplísimo consejo de dirección formado por los representantes diplomáticos de las naciones de América en La Habana, los ministros de Estado y Educación, el rector de la Universidad de La Habana, los presidentes de las academias nacionales de Artes y Letras, de Historia y de Ciencias, el presidente de la Asociación Nacional de la Prensa, el presidente de la Asociación de Reporters y además treinta miembros fundadores. En realidad no representaba lo que su nombre hacía suponer, pues sus vinculaciones no eran sino con los gobiernos y sus órganos oficiales de propaganda sin excepción de regímenes tiránicos, como el de Batista en Cuba. Colaboró en ciclos anuales de conferencias, asambleas y congresos, imprimió libros y folletos e intentó constituir filiales en Centro y, Sudamérica. En enero de 1939 comenzó a publicar la revista *América*, órgano de la institución, dirigida por Pastor del Río, fundador y animador de la Asociación, quien la mantuvo dentro del limitado ámbito de la cultura oficial latinoamericana. Al triunfo de la Revolución cesó en sus funciones. El edificio que ocupaba sirve hoy de sede a la Casa de las Américas.

Bibliografía

Chacón y Calvo, José María «Instituciones oficiales de cultura», en *Libro de Cuba*, La Habana, publicaciones Unidas, 1954, págs. 667.

Remos y Rubio, Juan José, *discurso en el acto de constitución del consejo de dirección de la asociación, efectuado el día 18 de agosto de 1937*, La Habana, Imprenta El Score, *s. a.*

Asociación Nacional de Profesionales de Biblioteca

Fue creada el 3 de junio de 1952. Tuvo como objetivos enaltecer el ejercicio de la profesión bibliotecaria, velar por la protección y defensa de sus asociados, gestionar la promulgación de leyes tendentes al mayor auge y desarrollo de la biblioteca y del bibliotecario y estrechar relaciones con instituciones similares, tanto cubanas como extranjeras. Estuvo estructurada por un presidente, un secretario y un tesorero, con sus vices correspondientes, y tres vocales: de publicaciones, de propaganda y de actividades profesionales. Publicó trimestralmente, a partir de enero de 1953, el boletín *Cuba Bibliotecológica*, dirigido en sus inicios por Carmen Rovira Beltrán. En abril de 1953 organizó, con la cooperación técnica de especialistas de bibliotecas del Centro Regional de la UNESCO, las primeras Jornadas Bibliotecológicas Cubanas. En noviembre del propio año instituyó el Premio Bibliotecológico «Asociación Nacional de Profesionales de Biblioteca», otorgado anualmente al mejor trabajo presentado sobre cualquier aspecto bibliotecológico. A petición de la mayoría de sus miembros la Asociación Nacional de Profesionales de Biblioteca fue disuelta el 27 de junio de 1955, al constituirse el Colegio Nacional de Bibliotecarios Universitarios, entidad que cubrió los mismos fines que la Asociación.

Bibliografía

Aguayo, Jorge, «Informe bienal, del 9 de noviembre de 1952 al 9 de noviembre de 1954, que presenta a los asociados el secretario de la Asociación Nacional de Profesionales de Biblioteca, en la Asamblea Ordinaria de 26 de noviembre de 1954» en *Cuba Bibliotecológica*, La Habana, 2, 4, 23-27, octubre-diciembre, 1954.

«Código de ética profesional», en *Cuba Bibliotecológica*, La Habana, 1, 1, 19-20, enero-marzo, 1953.

Astral (Santiago de Cuba, 1922). Revista mensual ilustrada. Comenzó a publicarse en junio, dirigida por Mariblanca Sabas Alomá. En el número correspondiente a julio de 1922 (único que se ha encontrado y último que se publicó) aparecieron poesías, cuentos, prosas poéticas, así como noticias de interés sobre asuntos culturales. Colaboraron en dicho número Max Henríquez: Ureña, Federico Henríquez y Carvajal, Ciana Valdés Roig, Armando Leyva, Luis Casero Guillén, Enrique Cazade. También incluyó trabajos de escritores hispano-americanos. La «Página de la Directora» tenía un marcado carácter antimperialista.

Atalaya (Remedios, Las Villas, 1933-Id.). Revista quincenal. Comenzó a publicarse el 15 de julio. Eran sus directores Alejandro y Othón García Caturla. Publicaba poesías, crítica literaria, artículos sobre música y sobre otras cuestiones de carácter general. En su sección fija «Figuras remedianas» se destacaba a personajes importantes de la ciudad. Fueron sus colaboradores Nicolás Guillén, José Antonio Portuondo, Juan Marinello, Manuel Navarro Luna, Eugenio Florit, José Ardévol, Pedro Baeza, Carlos M. Raggi, Jorge Luis Martí y otros. El último ejemplar encontrado corresponde al 15-30 de septiembre de 1933.

Atenas (La Habana, 1910-Id.). Revista quincenal ilustrada. Comenzó a publicarse el 25 de agosto, dirigida por Emilio y René Lufríu. En este primer número expresan que habían pensado titularla *Germinal*, pero que determinaron cambiarlo por *Atenas* siguiendo «consejos cariñosos de amigos expertos y temores de espíritu pusilánimes, que declaraban que *Germinal* más que expresión de Arte, lo era de política, que no parecía por lo tanto adecuado a una publicación creada únicamente con fines artísticos, nacida con el solo objeto de rendir místico culto a la belleza...». La jefatura de redacción estaba a cargo de Antonio Iraizoz. Desde el 30 de septiembre de 1910, Emilio Teuma sustituye a Iraizoz en la jefatura de redacción. Publicaba poesías, cuentos, artículos de crítica e historia literaria, así como crónicas teatrales, deportivas y Sociales. Colaboraron en sus páginas Sergio Cuevas Zequeira, José Antonio Rodríguez García, Felipe Pichardo Moya, Esteban Foncueva, Manuel Rodríguez Rendueles y otros escritores menos conocidos, como Luis Lagos y Lagos, Francisco Sabas y Castillo, M. I. Merlano y Víctor Manuel de Santa Ana. El último ejemplar encontrado corresponde al 15 de octubre de 1910.

Atenea (Cienfuegos, Las Villas, 1952-1957). Revista mensual literaria, artística, científica y de información cultural. El primer número salió con fecha 1.º de abril. Era dirigida por Pedro Sánchez Borroto y tuvo una salida irregular. Entre los redactores se contaban Pedro López Dorticós, Florentino Morales Hernández, Bienvenido Rumbaut Yanes, Heriberto Palenque Díaz de Villegas, Nicolás Machado Rodríguez, Obdulio A. García González, Roberto Torres García y Juan J. Fuxá Sanz, a los que se unió posteriormente Alberto García Menéndez. Órgano oficial del Ateneo de Cienfuegos, se dedicaba a reseñar las actividades de dicha institución. Publicaba trabajos de índole variada; los de carácter literario generalmente eran de escritores de la propia ciudad y del resto de la provincia. Entre sus más conocidos colaboradores se cuentan Aldo Menéndez, Alcides Iznaga, Manuel Isidro Méndez, Francisco Riverón, Félix Cabrera Martí. El número correspondiente a diciembre de 1953 fue dedicado íntegramente a trabajos sobre Martí por su centenario. El último ejemplar encontrado corresponde a abril de 1956-marzo de 1957.

Ateneo, El (La Habana, 1868-1869). «Revista quincenal ilustrada de Agricultura. Industria. Comercio. Física. Química. Metalurgia. Arquitectura. Mecánica. Telegrafía. Jurisprudencia. Medicina. Historia natural. Meteorología. Literatura. Pintura. Escultura. Fotografía. Bancos. Empresas. Navegación. Ferrocarriles. Cambios. Crédito. Contabilidad. Tipografía. Bibliografía, etc.». En el interior aparecía otro subtítulo: «Revista quincenal enciclopédica, ilustrada con grabados». Comenzó a salir en julio. En el número correspondiente al 15 de septiembre de 1868 anuncian que «por convenir así a los intereses de *La Propaganda Literaria*, del señor don Francisco de Armas y Martínez, pasa la propiedad de *El Ateneo* a este último que lo ha adquirido por compra». Desde el número siguiente (1.º de octubre) apareció solo como «Revista quincenal ilustrada de ciencias, industria y comercio», bajo la dirección del propio Francisco de Armas y Martínez. Como señalaba su subtítulo, se dedicaba preferentemente a cuestiones de carácter científico, agrícola e industrial, pero no por ello dejó de prestar atención a lo literario. Aparecieron poesías y artículos costumbristas y de crítica literaria. Fueron sus colaboradores Francisco de Frías, conde de Pozos Dulces, José Fornaris, Enrique Piñeyro, Antonio Bachiller y Morales, Ramón Zambrana, Felipe Poey, José Ramón de Betancourt, Isaac Carrillo y O'Farrill, Francisco de Armas y Carmona, Francisco Lozano Muñoz, José Joaquín de Mora y otros. El 1.º de febrero de 1869 salió el último número. Bajo la responsabilidad de Araceli García Carranza se ha confeccionado su índice analítico, que se encuentra a disposición del público en las gavetas de la hemeroteca del departamento de Colección Cubana de la Biblioteca Nacional José Martí.

Ateneo, El (Nueva York, 1874-1875). Repertorio ilustrado de arte, ciencia y literatura. Comenzó en julio, publicado por Juan Ignacio de Armas. En su primer número expresaron que «la más completa abstención de controversias políticas y religiosas, el respeto más severo a la moral, formarán el carácter distintivo de la redacción de *El Ateneo*...». Se editaba mensualmente. Publicaba poesías, cuentos, novelas y traducciones de poetas norteamericanos y franceses. Reprodujo grabados de Gustavo Doré y cuadros de pintores famosos, así como algunos artículos de costumbres de *Jeremías de Docaranza* (seudónimo de José María de Cárdenas y Rodríguez). Sus colaboradores fueron escritores hispanoamericanos. El último número de que se tiene referencia corresponde a junio de 1875.

Ateneo, El (Matanzas, 1879-1883). Según señala Carlos Manuel Trelles en la primera parte de su «Bibliografía de la prensa cubana (de 1764 a 1900) y de los periódicos publicados por cubanos en el extranjero» —aparecida en *Revista Bibliográfica Cubana* (La Habana, 2, 7, 35, enero-febrero, 1938)—, comenzó a salir el 3 de agosto de 1879 como órgano oficial de la sociedad de su nombre. Era —añade Trelles— «quincenal y literario». Lo dirigía Fernando Romero Fajardo y contó con la colaboración de Nicolás Heredia, Bonifacio Byrne, Rafael Otero, Francisco Jimeno, Miguel Garmendía, Dionisio Font y otros. El propio Trelles, de cuyo trabajo antes citado se han tomado todos los datos, pues no se ha encontrado ningún ejemplar, expresa que su publicación finalizó en junio de 1883.

Ateneo de Cienfuegos Esta institución cultural surgió del Centro de Profesionales en el año 1922. Contó con un presidente, tres vicepresidentes, un secretario de actas, un secretario de correspondencia, un tesorero, con sus vices correspondientes, y los vocales. Su primer presidente fue Sotero Arteaga Bolaños. Las secciones de trabajo fueron Literatura, Ciencias Sociales, Ciencias Naturales, Físicas y Matemáticas, Periodismo, Música, Artes Plásticas, Ciencias Históricas, Ciencias Médicas, Cultura Física y Deportes, Arte Escénico y Arte Fotográfico. Propició concursos literarios, otorgó medallas y diplomas de honor a personalidades eminentes, conmemoró anualmente la fundación de la ciudad, instaló campamentos de verano para los niños de las escuelas públicas y ofreció conferencias, conciertos, etc. Su verdadero animador fue Pedro Modesto Hernández. En 1953 apareció *Atenea*, órgano de la institución, dirigida por Pedro Sánchez Borroto. Además vieron la luz varios cuadernos con la obra poética de autores locales, como Luis F. Gallardo y Saturnino Tejera, y algunos folletos con el título de *Cuadernos de Cultura Popular*, referentes a periódicos y revistas cienfuegueras, mártires de las guerras de independencia, etc. Las actividades de esta institución cesaron alrededor de 1959.

Bibliografía

«Síntesis histórica del Ateneo», en *Atenea*, Cienfuegos 3, 4, 3-12, abril, 1956-marzo, 1957.

Ateneo de La Habana Fue inaugurado el 4 de noviembre de 1902. También se le denominó Círculo de La Habana, por estar fusionado a éste. Contó con un presidente, un secretario, un tesorero y un bibliotecario, con sus vices correspondientes, y seis vocales. El primer presidente fue Antonio González Lanuza. Mantuvo las secciones de Ciencias Puras y Tecnología, Literatura, Artes Plásticas, Música, Historia, Ciencias Sociales, Declamación y Teatro. Su objeto fundamental fue propiciar la difusión de la cultura a través de conferencias, conciertos, veladas, concursos históricos, literarios y pedagógicos, exposiciones y cualquier otra manifestación similar. Hasta febrero de 1972, fecha en que dejó de funcionar la institución, ejerció la presidencia Miguel A. Branly. Tuvo además como presidentes a Ricarclo Dolz y Arango, Rafael Fernández de Castro, Juan Santos Fernández, Evelio Rodríguez Lendián, José María Chacón y Calvo. Entre sus colaboradores figuraron Antonio Sánchez de Bustamante, Enrique José Varona y Luis Montané. Publicó ciclos de conferencias tales como *Los maestros de la cul-*

tura cubana, *Figuras cubanas de investigación científica*, *Los poetas de* Arpas amigas, y otros.

Bibliografía

Los antiguos presidentes del Ateneo de La Habana, Acto de conferencias celebrado en el Ateneo de La Habana del 15 de octubre al 12 de noviembre de 1951, La Habana, Imprenta P. Fernández, 1953, Publicaciones del Ateneo de La Habana, 7.

«Ateneo de La Habana», en *Anuario Cultural de Cuba, 1943*, La Habana, Imprenta Úcar, García, 1944, págs. 362-365.

Martínez Bello, Antonio, «Instituciones de cultura privadas», en *Libro de Cuba*, La Habana, publicaciones Unidas, 1954, págs. 669-670.

Ateneo de Santiago de Cuba Quedó organizado el 6 de septiembre de 1914. Funcionó con un presidente, tres vicepresidentes, un director, un secretario, un tesorero, con sus vices correspondientes, y los vocales. El primer presidente y el primer director fueron Eduardo González Manet y Max Henríquez Ureña, respectivamente. Contó con las secciones de Literatura, Música, Ciencias Jurídicas, Ciencias Naturales, Ciencias Históricas, Declamación, Artes Plásticas, Pedagogía, Filosofía, Ciencias Físico-Químicas, Ciencias Físico-Matemáticas y Ciencias Sociales. Su misión fue contribuir a la difusión de la cultura cubana. Propició la celebración de conferencias, festivales de música cubana, veladas patrióticas y artísticas y otras actividades.

Bibliografía

El Ateneo de Santiago de Cuba, Su fundación, Su primer año de existencia, Su porvenir, Memoria presentada, al terminar el año social de 1914-1915, por el director Max Henríquez Ureña, trabajos presentados durante el año por los ateneístas señores Pascual Guerrero, Ángel A. Navarro Villar, Luis Vázquez de Cuberos, Enrique Cazade, Ángel Clarens y Max Henríquez Ureña, La Habana, Imprenta de Aurelio Miranda, 1916.

Atuei (La Habana, 1927-1928). Revista mensual que comenzó a publicarse en noviembre. Eran sus directores Enrique Delahoza y *Nicolás Gamolín* (seudónimo de Francisco Masiques). Tuvo que ser editada en varias imprentas debido a la persecución de que fue objeto por parte del dictador Machado. El editor Delahoza fue procesado a raíz de la publicación de un artículo titulado «¡Dictador, sí; dictador!» Era una revista de carácter político-literario en la que aparecieron artículos sobre la situación nacional y latinoamericana, así como poesías de vanguardia y cuentos. Colaboraron en sus páginas Félix Pita Rodríguez, Regino Pedroso, José Zacarías Tallet, Carlos Montenegro, Gerardo del Valle, Mariblanca Sabas Alomá, José Manuel Valdés Rodríguez, Benito Novás, Ramón Vasconcelos, José Antonio Foncueva, Antonio Penichet. También aparecieron colaboraciones de escritores latinoamericanos y textos de Diego Rivera, Henri Barbusse y Víctor Raúl Haya de la Torre. El último número (6) salió en agosto de 1928.

Bibliografía

Arredondo, Alberto, «Comentarios apristas, *Atuei* y *Futuro,* Dos periódicos, una misma idea y un mismo atropello», en *Ahora,* La Habana, 2, 424, 4, ene, 4, 1935.

Auber de Noya, **Virginia Felicia** (La Coruña, 1825-Madrid, 20 marzo 1897). Hija del naturalista francés Pedro Alejandro Auber. En 1833 se traslada a Cuba donde se forma como escritora y se da a conocer con su novela *Un aria de Bellini* (1843). Contribuyó a la colección de trabajos costumbristas titulada *Los cubanos pintados por sí mismos* (1852). Su mayor popularidad la obtuvo con sus folletines dominicales, que primero aparecieron en *La Gaceta de La Habana* y después en el *Diario de la Marina* (1854-1873) bajo el título de «Ramillete habanero». Colaboró además en las revistas habaneras *La Floresta Cubana* (1855), *Álbum Cubano de lo Bueno y lo Bello* (donde tuvo a su cargo la «Revista de Modas», 1860), *Ofrenda al Bazar* (1864). En la *Revista Quincenal,* de la Coruña, aparecieron sus trabajos a partir de 1860. Se marchó de Cuba en 1873, hacia Milán. Después se trasladó, sucesivamente, a París y Madrid (1893). Por esta época continuó su colaboración en el *Diario de la Marina* a través de la sección «Cartas íntimas». Entre los títulos de sus novelas se mencionan *Los dos castillos. Leyenda alemana, Teresa, Una historia* *bajo los árboles, Un amor misterioso. Episodio de la revolución francesa de 1793.*

Acostumbraba firmar solo con su segundo nombre.

Bibliografía activa

Entretenimientos literarios, novelas, tomo 1.

Wilhelmina y *Un aria de Bellini*, tomo 2.

Leoncio y *Un casamiento original*, La Habana, Imprenta del Gobierno por S. M., 1843-1844, 2 T.

El castillo de la loca, Tradición siciliana, La Habana, Imprenta del Gobierno por S. M., 1844.

Mauricio, La Habana, Imprenta del Gobierno por S. M., 1845.

Una deuda de gratitud, comedia en un acto, La Habana, Imprenta del Gobierno, 1846.

Una falta, novela original, La Habana, Imprenta del Gobierno por S. M., 1846.

Úrsula, novela, La Habana, 1846.

Una venganza, novela, La Habana, 1850, 3 T.

Una habanera; caprichos del corazón, novela, La Habana, Imprenta del Gobierno y Capitanía General por S. M., 1851.

Perseverancia, algunas páginas de la vida de un gran poeta, novela original, La Habana, Imprenta del Gobierno y Capitanía por S. M., 1853.

Otros tiempos, novela histórica, La Habana, Imprenta del *Diario de la Marina*, 1856.

Ambarina, Historia doméstica cubana, La Habana, Imprenta del *Diario de la Marina* 1858; 2.ª edición, La Habana, Imprenta de *La Dis-*

cusión, 1915.

Ramillete habanero, Verdades, México D. F., Tipografía Mexicana, 1875.

Bibliografía pasiva

Pie y Faura Fernando, «Felicia, en *La Guirnalda Cubana*, La Habana, *1*, 71-73 1854.

Poey, Felipe, «*Una deuda de gratitud,*» en *Diario de La Habana*, La Habana, 91 y 92, 2 y 3, abril 1 y 2, 1846.

Sonámbulo, seudónimo, «Virginia Auber, Felicia», en *Camafeos*, La Habana, 1, 23, 171-174, octubre 8, 1865.

Zenea, Juan Clemente, «Felicia», en *El Almendares*, La Habana, 1, 7, 109111, febrero 29, 1852.

Augier, **Ángel** (Central Santa Lucía, Gibara, Oriente, 1 diciembre 1910). De joven estuvo empleado en las oficinas del Central Santa Lucía.

Entre 1936 y 1945 fue jefe de redacción de la revista habanera *Ellas*. A la vez, realizaba trabajos de investigación en la Oficina del Historiador de la Ciudad de La Habana (1937-1945). En 1941 obtuvo el premio nacional de ensayo de la Dirección de Cultura del Ministerio de Educación por su trabajo «Martí, poesía, y su influencia innovadora en la poesía de América» (en *Vida y pensamiento de Martí*, V. 2. La Habana, Oficina del Historiador de la Ciudad de La Habana, 1942, págs. 265-333). Fue profesor de Artes Gráficas en la Escuela Técnica Industrial «José B. Alemán» (1946-1962). En 1949 asistió como delegado al Congreso Continental de la Paz celebrado en México. Realizó estudios de administración pública en la Universidad de La Habana (1952-1954). Becado por la UNESCO (1954-1955), tomó clases de tecnología de las artes gráficas en la Escuela Estienne de París. En la Biblioteca Nacional de dicha ciudad realizó investigaciones literarias. Su extensa labor periodística incluye labores ejecutivas en las publicaciones *Mediodía*, *Gaceta del Caribe*, *Universidad de La Habana*, *El Mundo*, magazine dominical de *Hoy*, *Unión*, *L/L*. También ha colaborado en *La Palabra*, *La Discusión*, *Diario de Cuba*, *Ahora*, *El Nacional* (Venezuela), *Orto*, *Grafos*, *Social*, *La Última Hora*, *Carteles*, *Bohemia*, *La Gaceta de Cuba*. Entre los premios periodísticos que ha ganado se encuentran el «Enrique José Varona» y el «J. G. Gómez». Fue secretario de redacción de la agencia noticiosa Prensa Latina (1959-1961). En el Concurso Casa de las Américas de 1963 ganó mención de poesía por su libro *Isla en el tacto*. Jurado, en varias ocasiones, de los concursos Casa de las Américas y UNEAC. Ha viajado por Latinoamérica, Estados Unidos, Europa y el Medio Oriente. Subdirector del Instituto de Literatura y Lingüística de la Academia de Ciencias de Cuba. Candidato a Doctor en Ciencias Filológicas del Instituto de Literatura Mundial «Máximo Gorki» de la Academia de Ciencias de la URSS. Miembro del Partido Comunista de Cuba. Poemas suyos han sido traducidos a distintas lenguas. Ha prologado varios libros. Tiene a su cargo la edición de las obras completas —verso y prosa— de Nicolás Guillén. Obtuvo el Premio Nacional de Literatura en 1991.

Bibliografía activa

Uno, versos, prólogo de Agustín Acosta, Manzanillo, Editorial El Arte, 1932.

Juana Borrero, la adolescente atormentada, La Habana, Imprenta Molina, 1938.

Reencuentro y afirmación del poeta José María Heredia, La Habana, Imprenta Molina, 1940.

Canciones para tu historia, 1936-1939, La Habana, Editorial Libros Cubanos, 1941.

Esmeril, apuntes biográficos, La Habana, Ayón Impresor, 1950.

Nicolás Guillén, Notas para un estudio biográfico-crítico, tomo 1, Prólogo de Samuel Feijóo, La Habana, Universidad Central de Las Villas, Dirección de Publicaciones, 1962; 2.ª edición revisada La Habana, Editora del Consejo Nacional de Universidades, Universidad Central de Las Villas, 1965.

Breve antología, prólogo de Samuel Feijóo, La Habana, Universidad Central de Las Villas, Dirección de Publicaciones, 1963.

Nicolás Guillén, Notas para un estudio biográfico crítico, 1938-1947, tomo 2, La Habana, Editora del Consejo Nacional de Universidades, Universidad Central de Las Villas, 1964.

Isla en el tacto, La Habana, Ediciones Unión, 1965.

Cuba y Rubén Darío, con el ensayo de una Bibliografía cubana de y sobre Rubén Darío por Francisco Mota, La Habana, Academia de Ciencias, Instituto de Literatura y Lingüística,

1968.

Do Svidanya, poemas, La Habana, UNEAC, 1971.

Nicolás Guillén, La Habana, UNEAC, 1971.

Bibliografía pasiva

«*Ángel Augier, Canciones para tu historia*», en *América*, La Habana, 13, 1, 92, enero, 1942.

Arozarena, Marcelino, «Los trabajos y los días», sobre una disertación autobiográfica en la Biblioteca Nacional, en *La Gaceta de Cuba*, La Habana, 80, 30-31, enero, 1970.

Bueno, Salvador, «Nuestros poetas, Ángel Augier», en *El Mundo del Domingo*, suplemento del periódico *El Mundo*, La Habana, 12, agosto 29, 1965.

Cruz, Mary, «*Cuba y Rubén Darío*, Un ensayo de Ángel Augier», en *Granma*, La Habana, 4, 280, 5, noviembre 20, 1968.

Chacón y Calvo, José María, «Acerca de Ángel Augier», en *Social*, La Habana, 21, 13, 23, enero-marzo, 1938.

González, Manuel Pedro, «*Cuba y Rubén Darío*», en *Unión*, La Habana, 9, 1, 152-157, mar, 1970.

Horruitiner, Lino, «Heredia y el romanticismo», en *Magazine de Hoy*, suplemento del periódico *Noticias de Hoy*, La Habana, 5, julio 1, 1945.

Lorenzo, José «*Isla en el tacto*», en *Bohemia*, La Habana, 57, 40, 26-27 octubre 1, 1965.

Marinello, Juan, «Isla en el ser», en *Unión*, La Habana, 4, 4, 164-167, octubre-diciembre, 1965.

Selva, Mauricio de la, «Ángel Augier, *Isla en el tacto*,» en *Cuadernos Americanos*, México D. F., 25, 144, 1, 269-270, enero-febrero, 1966.

Suárez Solís, Rafael, «Un largo y consecuente poema», en *El Mundo*, La Habana, 64, 21372, 4, septiembre 11, 1965.

Torriente, Loló de la, «Augier, poeta», en *El Mundo*, La Habana, 64, 21361, 4, agosto 31, 1965.

«I. versos, por Ángel Augier», en *Orbe*, La Habana, 2, 75, 31, agosto 14, 1932.

Vitier, Cintio, «Ángel Augier», en *su Cincuenta años de poesía cubana, 1902-1952*, ordenación, antología y notas, La Habana, Ministerio de Educación, Dirección de Cultura, 1952, págs. 271.

Aurora (Cárdenas, Matanzas, 1911-1912). Revista semanal. Comenzó el 30 de abril, fundada y administrada por Antonio B. Castro. Era su director Francisco de la Huerta. Desde el número 2 apareció como «Revista semanal ilustrada». A partir del 24 de diciembre de 1911 la dirigió J. G. Viña. Dedicaba sus páginas, en general, a producciones de carácter literario, especialmente poesías y cuentos; además publicaba crónicas sociales, anuncios comerciales y otras cuestiones de interés para los habitantes de la ciudad. Fueron sus colaboradores escritores locales, aunque también aparecieron ocasionalmente trabajos de Medardo Vitier, Agustín Acosta, José Antonio Rodríguez García, Gustavo Sánchez Galarraga, Diwaldo

Salom y otros. El último ejemplar encontrado corresponde al 31 de marzo de 1912.

Aurora (La Habana, 1921). Revista que comenzó a salir en julio, bajo la dirección de Manuel Blanco Cuétara. Era órgano oficial de la Unión de Dependientes de Cafés y se editaba mensualmente. Fueron después sus directores, sucesivamente, Cándido López Guitián, José Noche Torrado, Felipe Zapata, Manuel Blanco Cuétara, Joaquín Riancho, Raúl Mesones, Vicente Suárez, Francisco Arias y Manuel Martínez Vázquez. A partir de mayo de 1929 aparece como «Órgano oficial de la Unión de Empleados de Cafés, Restaurantes, Hoteles, Fondas y Similares», bajo la dirección de Guillermo Pérez, a quien suceden, en orden cronológico, José Sanclaudio, Manuel Coucerio García, Leonardo Barreiro, Emilio Argüelles, Martín P. García, y J. Fernández. De abril a noviembre de 1930 sale como «Órgano defensor de los empleados de cafés». En diciembre de este mismo año retoma su anterior subtítulo. Desde abril de 1931 es responsable de la redacción un Comité Ejecutivo Central y en enero de 1932 ocupa de nuevo la dirección J. Fernández. En septiembre de 1932 comienza su segunda época, ahora bajo la dirección de Celestino Noriega. Con posterioridad ocupan la dirección, en orden sucesivo, Carlos García, Urbano Armesto, Pedro Clua y Antonio Ares. No se han encontrado ejemplares de 1936 y 1937. En marzo de 1938 está aún en su segunda época, ahora con un formato más pequeño. Aparece como «Órgano oficial de la Unión de Empleados de Cafés de La Habana», bajo la dirección de Osvaldo Vela Gómez, quien en mayo de 1938 (último ejemplar encontrado) aún se mantenía a su frente. Revista dedicada a los problemas del movimiento obrero, fundamentalmente del ramo de que era órgano, aparecían en sus páginas, además, trabajos de carácter político y críticas a los gobernantes de la época, así como poesías, cuentos y otros artículos de interés literario. Publicó trabajos de Raúl Roa, Juan Marinello, Regino Pedroso, Carlos Loveira, Marcelo Salinas, Nicolás Guillén, Ramón Guirao, Emilio Ballagas, José Antonio Foncueva, Gerardo del Valle, Eduardo Avilés Ramírez, Ramón Rubiera, Ángel Augier, Enrique Delahoza, Luis A. de Arce, Adrián del Valle, Benicio Rodríguez Vélez, Juan Luis Martín, Joaquín Dicenta, Antonio Penichet, Julio Ayllón, Emma Pérez, A. Bernal del Riesgo y otros.

Bibliografía

Pinoche, Tomás, «Nuestra *Aurora*», en *Aurora*, La Habana, 7, 88, 8, noviembre 10, 1928.

Aurora, La (La Habana, 1865-1868). Periódico semanal dedicado a los artesanos. Comenzó el 22 de octubre. En su primer número apareció una «Profesión de fe» en la que expresaron: «Por eso nosotros venimos a colocar nuestro grano de arena en el gran edificio que la humanidad erige. Cosmopolitas por convicción venimos a manifestar nuestras ideas con la libertad que nos sea permitida y entre los límites a que está circunscrita una publicación del carácter de la nuestra. Venimos a hermanarnos a ese grupo de obreros de la inteligencia que tanto afán manifiesta por el adelanto de las ciencias y de la literatura y por la difusión de las luces en las masas de la sociedad.» Era dirigida por Saturnino Martínez y Manuel Sellén. El tomo 1 finalizó el 22 de julio de 1866 (entrega 40). El domingo siguiente (29 de julio) comenzó su año 2 con el tamaño ampliado. A partir del 27 de enero de 1867 cambió nuevamente su formato. «Desde hoy —expresan en el número antes citado— entra a figurar en el personal de esta redacción como co-director y administrador general del periódico, Juan María Reyes; cuyas ideas están completamente identificadas con la índole y tendencia de nuestro programa.» En 1868 su salida fue suspendida por algún tiempo. Reapareció, con un nuevo formato, el 3 de mayo del propio año. Estaba entonces en su tercera época y salía como «Semanario de ciencias, literatura y crítica». Fue el primer periódico obrero editado en Cuba. Además de tratar las cuestiones obreras, fundamentalmente de los tabaqueros, incluyó innumerables colaboraciones de índole literaria: poesías, artículos de crítica y novelas por entregas. Tenía secciones fijas en las que se planteaban problemas sociales de actualidad. Al entrar en la redacción Juan María Reyes, dio espacio también a sus artículos sobre el estado de la educación. Fueron sus más destacados colaboradores Joaquín Lorenzo Luaces, José Fornaris, Antonio y Francisco Sellén, Luis Victoriano Betancourt, Alfredo Torroella, Antonio Bachiller y Morales, Antonio López Prieto, Fernando Urzáis, José Joaquín Govantes, José de Jesús Márquez, Merced Valdés Mendoza, Ramona Pizarro y otros. El último ejemplar encontrado corresponde al 3 de mayo de 1868, pero a fines de junio de 1868 aún continuaba publicándose. Todas las fuentes consultadas coinciden en la afirmación de que su salida finalizó en este año.

Bibliografía

Portuondo, José Antonio, La Aurora y *los comienzos de la prensa y de la organización obrera en Cuba*, La Habana, Imprenta Nacional de Cuba, 1961.

Tellería Toca, Evelio, «1865-1965.
El centenario de *La Aurora*, primera publicación obrera de Cuba», en *Granma*, La Habana, 1, 19, 2, octubre 22, 1965.

Aurora de Matanzas, La (Matanzas, 1828-1857). Periódico que, según señala Carlos Manuel Trelles en la primera parte de su trabajo «Bibliografía de la prensa cubana (de 1764 a 1900) y de los periódicos publicados por cubanos en el extranjero» —en *Revista Bibliográfica Cubana* (La Habana, 2, 7, 37, enero-febrero, 1938)—, comenzó a salir el 2 de septiembre de 1828. Trelles también expresa que era propiedad de la Diputación Patriótica, la que aceptó la oferta del impresor Antonio Pereira de editarlo en sus talleres. Lo redactaba, según el propio Trelles, José Pereira, hermano del editor, a quien auxiliaban Félix Tanco y Bosmeniel, José Ibarra, José B. Ponce, Jaime Badía y José M. Casal. Salía tres veces a la semana. En el número correspondiente al 3 de enero de 1829 (ejemplar más antiguo encontrado) se expresa que «se insertarán en él todas las noticias y asuntos de oficio». Se han podido revisar todos los números del primer semestre de 1829. En los mismos aparecen, además de las disposiciones gubernativas, noticias reproducidas de periódicos de España y del resto de la isla, así como numerosos trabajos de índole literaria. Antonio María Maicas señala, en su trabajo «El periodismo en Matanzas» —incluido en el *Álbum del cincuentenario de la Asociación de Reporters de La Habana* (La Habana, Editorial Lex, 1952, pág. 68)—, que *La Aurora de Matanzas* «fue el primero de los periódicos cubanos que publicó crónicas de guerras extranjeras. La amistad de su director con los dirigentes del *Corier des Etas Unis* [*sic*], le permite publicar valiosas y originales crónicas sobre la guerra entre Turquía y Rusia, que hoy son páginas curiosísimas del periodismo de antaño».

Antonio Bachiller y Morales indica, en la página 228 del tomo 2 de su obra *Apuntes para la historia de las letras y de la instrucción pública en la isla de Cuba* (La Habana, Academia de Ciencias de Cuba. Instituto de Literatura y Lingüística, 1971), lo siguiente: «Fue el mejor periódico político y literario de esta Isla hasta esa fecha. Contribuyó visiblemente al adelanto en el periodismo en la esencia y hasta en la belleza de las formas». En enero de 1831, según refiere Trelles en su citado trabajo, José Pereira se separó del periódico para fundar *El Lucero de Matanzas* y se hizo cargo entonces de su impresión Tiburcio Campe, quien lo dirigió en esta segunda época (desde el 1.º de marzo de 1831 hasta septiembre de 1833). Añade Trelles que con Campe colaboraron los ya mencionados Tanco, Casal y Badía, así como Domingo del Monte, Francisco Guerra y los redactores del *Diario de Matanzas* y del *Diario Español* de Nueva Orleans, a los cuales José María Labraña añade, en la página 655 de su trabajo «La prensa en Cuba» —publicado en *Cuba en la mano. Enciclopedia popular ilustrada* (La Habana, Imprenta Úcar, García, 1940, págs. 649-786)—, los nombres de Francisco Iturrondo, *Plácido* (seudónimo de Gabriel de la Concepción Valdés), José Jacinto Milanés, Sebastián Alfredo de Morales. De su tercera época —iniciada el 1.º de octubre de 1833, nuevamente bajo la dirección de José Pereira, quien además se ocupaba de la redacción—, se ha revisado hasta diciembre de 1834. Aparecen en ese período colaboraciones de *Delio* (seudónimo de Francisco Iturrondo), *Desval* (seudónimo de Ignacio Valdés Machuca), *Un aficionado a las musas* (seudónimo de José Severino Boloña), Bachiller Toribio Sánchez de Almodóvar (seudónimo de Domingo del Monte), Ramón de Palma, Manuel González del Valle, Blas Osés y otros. Trelles afirma, en su varias veces citado trabajo, que la dirección de José Pereira se extendió hasta junio de 1838. Añade, además, que su cuarta época se inició el 5 de julio de 1843; la quinta el 1.º de marzo de 1847; la sexta el 3 de agosto de ese mismo año y la séptima en enero de 1849. Según se desprende del trabajo de Trelles, su título, así como su subtítulo y formato, sufrieron diversas alteraciones durante su larga trayectoria. También refiere Trelles que, a partir del 1.º de agosto de 1857, después de refundirse con otro periódico de la ciudad titulado *El Yumurí*, adoptó el título de *Aurora del Yumurí*, con el cual salió hasta 1900. Pedro José Guiteras expresa, en la página 161 del tomo 2 de su *Historia de la isla de Cuba. Con notas e ilustraciones* (Nueva York, Jorge Roe Lockwood, F. W. Christern, 1886), que la reforma en el periodismo cubano comenzó en 1828 con *La Aurora de Matanzas*, «diario político y literario digno de elogios por la elegancia de su impresión y su extensión, la variedad de materias que abraza y el orden y buen gusto de su redacción, y puede estimarse sin disputa el príncipe de nuestros periódicos».

Aurora del Yumurí (Véase **Aurora de Matanzas, La**)

Avellaneda, Gertrudis Gómez de (Véase **Gómez de Avellaneda, Gertrudis**)

Aventura en Mal Tiempo. Papel proteico (Santiago de Cuba, 1932). Tabloide Literario dirigido por Primitivo Cordero Leiva. Solo se han encontrado dos números, 1 y 2, correspondientes al mes de octubre de los años 1932 y 1933. En el primero señalan que «En plena época de crisis económica, social y política, surgen a la vida del espíritu estas hojas, presas de las más nobles inquietudes estéticas, sociales y científicas. Ofreceremos colaboraciones vernáculas y foráneas de firmas destacadas; y dentro de nuestro ideario, que es amplio y comprensivo, aspiramos a ser heraldos de cultura y solidaridad humana». El segundo ejemplar anota que «Se ha demorado lamentablemente la salida de este número debido a la revolución y a las huelgas». Aparecieron colaboraciones, tanto en prosa como en verso, de conocidos intelectuales cubanos, tales como Alejo Carpentier, Regino Eladio Boti, Félix Pita Rodríguez, Emilio Ballagas, José de la Luz León, Enrique Delahoza. En ambos números aparece la sección «Notículas bibliográficas», a cargo de Elías Entralgo, que comentaba las últimas publicaciones editadas.

Avisador Cubano, El (Nueva York, 1885-1886; 1888-1889). «Semanario político, literario, de noticias y anuncios», se lee en el número 2, correspondiente al 10 de junio de 1885. Comenzó a salir, según refiere Carlos Manuel Trelles en la primera parte de su trabajo «Bibliografía de la prensa cubana (de 1764 a 1900) y de los periódicos publicados por cubanos en el extranjero» —en *Revista*

Bibliográfica Cubana (La Habana, 2, 7, 40, enero-febrero, 1938)—, el 3 de junio del año citado. Era dirigido por Enrique Trujillo. Solo se han encontrado cuatro ejemplares de 1885, el último (número 10) con fecha 5 de agosto; pero Trelles señala en su ya citado trabajo, que su publicación se extendió hasta el 3 de junio de 1886. Su segunda época comenzó, según el propio Trelles, el 18 de abril de 1888. Lo dirigió nuevamente Enrique Trujillo, quien ahora se encargaba también de la redacción. En este período ofrecía una relación nominal de colaboradores, de la cual formaban parte José Martí, Francisco Sellén, Félix Fuentes, Gabriel Zéndegui, Rafael de Castro Palomino (hijo), Luis Alejandro Baralt, Diego Vicente Tejera, Emilio Fuentes Betancourt; posteriormente fueron incorporados a la misma Fidel G. Pierra, Juan Bellido de Luna, José Godoy. En ambas épocas publicó materiales de índole variada: noticias de y sobre Cuba, Estados Unidos y España; notas sobre espectáculos, variedades, etc. Su actividad fundamental estaba encaminada a reseñar las actividades de los emigrados cubanos. Tenía también una sección poética. Otros colaboradores fueron Antonio Sellén, José Agustín Quintero, Gonzalo de Quesada, Manuel Sanguily. El último ejemplar encontrado corresponde al 26 de diciembre de 1888. En el mencionado trabajo de Trelles, éste señala que salió hasta enero de 1889 y que a partir del 3 de febrero de dicho año tomó el título de *El Avisador Hispano-americano;* sin embargo, todo parece indicar que su

publicación cesó antes de la fecha citada por Trelles, pues ya el 24 de enero de 1889 José Martí había publicado, en las páginas de *El Avisador Hispano-americano,* según consta en sus *Obras completas,* un artículo sobre Antonio Bachiller y Morales.

Avisador Hispano-americano, El (Nueva York, 1889-1890). «Periódico político, literario, de noticias y anuncios», se lee en el único ejemplar consultado (año 3, número 166), correspondiente al 9 de noviembre de 1889. Era continuación de *El Avisador Cubano,* periódico también de Nueva York que, según señala Carlos Manuel Trelles en la primera parte de su trabajo «Bibliografía de la prensa cubana (de 1764 a 1900) y de los periódicos publicados por cubanos en el extranjero» —en *Revista Bibliográfica Cubana* (La Habana, 2, 7, 40, enero-febrero, 1938)—, salió hasta enero de 1889 y, a partir del 3 de febrero de dicho año, tomó este nuevo título. Todo parece indicar, sin embargo, que ya salía desde antes de la fecha citada por Trelles, pues el 24 de enero de ese año José Martí publicó, en las páginas de *El Avisador Hispano-americano* —según consta en sus *Obras completas*—, un artículo sobre Antonio Bachiller y Morales. En el número de referencia figuran como director y redactor principal, respectivamente, Enrique Trujillo y Rafael de Castro Palomino. Salía tres veces a la semana. Dedicaba sus páginas a la publicación de trabajos sobre Cuba y sobre las diversas actividades de los emigrados cubanos en Estados Unidos. También aparecían noticias sobre España y Estados Unidos, así como algunas poesías, crónicas, biografías y artículos de crítica literaria. José Martí fue un constante colaborador de esta publicación, en la que también aparecieron trabajos de José Ignacio Rodríguez. En febrero de 1890 Enrique Trujillo se separa de la dirección «por renuncia voluntaria» y funda *El Porvenir*. Se encarga entonces de la dirección Rafael de Castro Palomino. Trelles expresa, en la segunda parte de su trabajo antes citado —en *Revista Bibliográfica Cubana* (La Habana, 2, 8, 81, marzo-abril, 1938)—, que su publicación cesó en 1890, pero no precisa la fecha exacta. Puede señalarse, sin embargo, que fue con posterioridad al 5 de julio de dicho año, pues en *El Porvenir* del 9 de julio del mismo se señala que, desde el 5 de julio del año citado, «esta interesante publicación semanal, ha cambiado otra vez de forma, aumentando en ésta su ropaje». Continuaba bajo la dirección de Castro Palomino, cuyo nombre aparecía en la «parte editorial».

Aviso, El. Papel Periódico de La Habana (Véase **Papel Periódico de La Habana**)

Aviso de La Habana, El. Papel Periódico literario económico (Véase **Papel Periódico de La Habana**)

Avispas, Las (La Habana, 1892-1895; Nueva York, 1896). Semanario que comenzó a salir el 24 de diciembre. Fue su fundador, director y redactor *Justo de Lara* (seudónimo de José de Armas y Cárdenas). El 4 de abril de 1893 comienza a publicarse con un formato mayor y sale tres veces a la semana con el siguiente lema: «Solo podrán mantener ardiente la fidelidad, la excelencia del gobierno, las acertadas elecciones de ministros y el castigo severo de sus desórdenes, principalmente los que se cometieren contra la justicia, las honras y las haciendas», firmado por Saavedra Fajardo.

Desde el 3 de mayo de 1893 sale diariamente y a partir del 7 de junio del mismo año amplía nuevamente su tamaño. Hacia septiembre de 1893 se tira con un tamaño mayor. Era una publicación de tónica político-crítica y de tendencia autonomista. Desde el punto de vista literario es destacable por algunos artículos de crítica debidos a su director. Fueron sus colaboradores, entre otros, Pablo Hernández, *César de Guanabacoa* (seudónimo de Ciriaco Sos y Gautreau), *Rico de Fe* (seudónimo de Federico Castellanos y Cepero), Constantino Rodríguez Villaverde, Manuel Villanova, *Vespa*. En 1895, según parece en enero, su publicación fue prohibida por el gobierno. El 28 de marzo de 1896 *Justo de Lara*, comenzó nuevamente a editarla en Nueva York. Su formato era similar al de los primeros números de 1892, pero las ideas expresadas por *Justo de Lara* eran ahora de carácter independentista. De esta segunda época solo se han encontrado tres números, el último correspondiente al 11 de abril de 1896, ejemplar que, según refiere Carlos Manuel Trelles en la segunda parte de su trabajo «Bibliografía de la prensa cubana (de 1764 a 1900) y de los periódicos publicados por cubanos en el extranjero» —en *Revista Bibliográfica Cubana* (La Habana, 2, 8, 82, marzo-abril, 1938)—, fue el último que se publicó.

Azcárate, Nicolás (La Habana, 21 julio 1828-Id., 1 julio 1894). Cursó la segunda enseñanza en Güines y se graduó de abogado en Madrid (1854). Después de regresar de España fundó, con José Manuel Mestre y Francisco Fesser, la *Revista de jurisprudencia* (1856). En 1861 fundó el Liceo de Guanabacoa, de cuya sección de literatura llegó a ser presidente. Suprimidas por las autoridades las reuniones culturales del Liceo, dio inicio en su casa a tertulias de carácter privado que dieron lugar a la antología *Noches literarias en casa de Nicolás Azcárate* (La Habana, Imprenta La Antilla, 1866, 2 V.). Colaboró, junto a otros autores, en *Ofrenda al Bazar de la Casa de Beneficencia* (La Habana, Imprenta del Tiempo, 1864). Por esta época colaboró en *La Voz del Pueblo*. Viajó a Madrid en 1866 con la junta de comisionados en representación de Güines. En la capital española fundó el periódico *El Siglo XIX* (1869) y colaboró en *La Constitución*. Regresó a La Habana en 1875, pero se vio precisado a trasladarse a México por un decreto del gobernador Valmaseda. En la capital mexicana redactó, con Antenor Lescano, *El Eco de Ambos Mundos* (1876). Fue colaborador en *La Colonia Española*. Regresó a La Habana en 1878. Revivió sus reuniones literarias, esta vez en casa de J. M. Céspedes, durante los años de 1882 a 1886. Tomó parte en la fundación del Liceo de La Habana y ocupó su presidencia. En unión de otros intelectuales y artistas creó la Asociación de Escritores y Artistas Cubanos. Fue fundador del Partido Democrático.

Bibliografía activa

Votos de un cubano, Madrid, Imprenta de C. Moliner, 1869.

Bibliografía pasiva

Azcárate Rosell, Rafael, *Nicolás Azcárate, el reformista*, La Habana, Editorial Trópico, 1939.

Iraizoz, Antonio «Don Nicolás de Azcárate», en su *Libros y autores cubanos*, Santa María del Rosario, La Habana-Madrid, Editorial Rosareña, 1956, págs. 43-46.

Martí, José, «Azcárate», en su *Obras completas*, tomo 4, La Habana, Editorial Nacional de Cuba, 1963, págs. 472-476.

Menéndez y Menéndez, Emilio, «Nicolás Azcárate Escobedo, el jurista liberal», en *Revista Bimestre Cubana*, La Habana, 45, 360-370, 1940.

«Nicolás Azcárate», en *El Hogar*, La Habana, 11, 22, 3, julio 8, 1894.

Azul (Matanzas, 1921-Id.). Revista quincenal ilustrada. Comenzó a salir el 1.º de mayo. Eran sus editores C. Lamerens, Manolo Jarquín y Alberto Lovio. No era una revista literaria, pero contó con la colaboración de destacados poetas y escritores de la ciudad y de otras regiones. Desde el número correspondiente a noviembre de 1921 (último que se ha encontrado) se convirtió en mensual. Prestaron su colaboración a esta revista Medardo Vitier, Agustín Acosta, Fernando Llés, Fernando de Zayas, Mateo Ignacio Fiol, Graciella Garbalosa, Justo G. Betancourt, Reinaldo R. Machado, Pepe Quirós, Miguel Caballero, R. A. Byrne y otros. Según parece su publicación finalizó en este mismo año, único en que la menciona León Primelles en su *Crónica cubana. 1919-1922* (La Habana, Editorial Lex, 1957).

Azul. Revista social y artística (La Habana, 1923-Id.). Publicación mensual de la que solo se han encontrado dos números. Dirigida por José Ramón Monteverde, comenzó a publicarse en enero. Era jefe de redacción Rubén Martínez Villena. En *Azul*, según expresaban en el primer número, «solo colaborarán escritores sólidos y conocidos y sus artículos serán cuidadosamente seleccionados, aunque dejaremos paso de acuerdo con nuestro programa a todo escritor joven que desee aparecer y colaborar en nuestras columnas, siempre que la calidad de su trabajo lo amerite». Además señalaban, como futuros colaboradores, a un grupo de destacados escritores cubanos del momento. En sus páginas aparecieron cuentos, poesías y artículos, firmados por Rubén Martínez Villena, Joaquín Llaverías, Guillermo Martínez Márquez, Enrique Serpa,

Andrés Núñez Olano, Eduardo Avilés Ramírez, Juan B. Lamarche y otros. El segundo número (último que se ha encontrado) apareció en febrero del propio año.

Azul y Rojo (La Habana, 1902-1905). Revista ilustrada. Ciencias, Arte, Literatura, Información gráfica de todos los sucesos de actualidad. Comenzó a publicarse el 3 de agosto. Alfredo Montes fue su fundador y director. Veía la luz los domingos. A partir del 1.º de febrero de 1903 cambió su formato. Desde el 3 de enero de 1904 salió como «Revista universal ilustrada», dirigida entonces por Miguel de Carrión, con Jesús Castellanos como jefe de redacción. Eran sus editores Julio y Alfredo Montes. Tomás Gutiérrez, que ocupaba en este momento el cargo de gerente, asumió la dirección el 27 de marzo de 1904, al separarse voluntariamente, por «sus múltiples ocupaciones», Carrión y Castellanos, El 30 de julio de 1904 se convirtió en «Periódico semanal ilustrado», aunque en el interior continuó apareciendo su antiguo subtítulo. Hacia noviembre de 1904 tiraba una edición de lujo y otra popular. A partir del 7 de enero de 1905 vuelve a aparecer como «Revista universal ilustrada». Desde el 1.º de junio de 1905 varió su periodicidad a quincenal. Publicaba bastantes trabajos de índole literaria: cuentos, poesías, crítica. También aparecían artículos sobre arte y otras cuestiones importantes de la actualidad política, social y educativa del país. Fueron sus colaboradores, entre otros, *Conde Kostia* (seudónimo de Aniceto Valdivia), Esteban Borrero Echeverría, Fernando Ortiz, Federico Uhrbach, Enrique Hernández Miyares, Manuel Márquez Sterling, Emilio Bobadilla (seudónimo *Fray Candil*), Arturo Ramón de Carricarte, Diego Vicente Tejera, Bonifacio Byrne, Emilio Blanchet, Ramiro Hernández Portela, René López, Francisco Javier Pichardo, José Manuel Carbonell, Esteban Foncueva, Luis Rodríguez Embil, Fernando de Zayas, Mario Muñoz Bustamante, *Palmiro de Lidia* (seudónimo de Adrián del Valle), Manuel María Mustelier, Miguel Coyula, Félix Callejas, Blanche Zacharie de Baralt, José G. Villa. El último ejemplar encontrado corresponde al 15 de junio de 1905.

Bibliografía

Carricarte, Arturo Ramón de, «Recuerdos literarios, *Azul y Rojo*, 1902-1905», en *El Fígaro*, La Habana, 30, 36, 425-426, sept, 6, 1914.

Gutiérrez, Tomás Servando, «Más recuerdos literarios», en *El Fígaro*, La Habana, 30, 45, 536, noviembre 8, 1914.

Bacardí Moreau, **Emilio** (Santiago de Cuba, 5 junio 1844-Id., 28 agosto 1922). Desde niño mostró afición por la poesía y la pintura. A fines de 1867 el Liceo de Puerto Príncipe le premió su memoria «Conveniencia de reservar a la mujer ciertos trabajos». A fines del año siguiente intenta, con José D. Pullés y otros, deponer al gobernador de Oriente y formar una Junta de Gobierno, pero todo fue descubierto en pocas horas, En 1876 sufrió prisión en Chafarinas por su contacto con los insurrectos. Fue deportado en 1879. Durante la guerra del 95 sufrió prisión de nuevo, esta vez en Ceuta (1896), por la ayuda en armas prestada a los patriotas. Tras el cese de la dominación española en 1898, fue alcalde de Santiago de Cuba. Desde este puesto propuso la creación de un museo, que hoy lleva su nombre, para conservar las reliquias históricas de las guerras libertadoras, que fue inaugurado en 1899. En 1901 ocupó la alcaldía por elección. Creó además la biblioteca anexa al museo, la Academia Municipal de Bellas Artes y realizó otras obras de carácter público. En 1905 fue senador de la República y se opuso a la intervención norteamericana, pero su propuesta al Congreso fracasó. Colaboró en distintas publicaciones santiagueras y en la *Revista Bimestre Cubana* y *El Fígaro*, de la capital, entre otras. Fue miembro de la Academia de la Historia y de la Academia Nacional de Artes y Letras. Su drama en tres actos «Al abismo» apareció en la revista *Cuba Contemporánea* (La Habana, 39: 27-88, 1925). Dejó inéditas las novelas *La hija de Hatuey*, *Filigrana* y *El Doctor Boileau*, así como las piezas de teatro *Casada, virgen y mártir* y *La vida*.

Bibliografía activa

Crónicas de Santiago de Cuba, recopiladas, Barcelona, Tipografía de Carbonell y Esteva, 1908-1913, 3 V., reimpresión, de los tomos 1-3 y revisión, corrección, anotación y ampliación de los tomos 4-10, por Manuel A. Barrera, Santiago de Cuba, Tipografía Arroyo, 1923-1925, 10 V.

Vía Crucis, Primera parte, *Páginas de ayer*, Santiago de Cuba, Imprenta El Cubano Libre, 1910; 2.ª edición, Santiago de Cuba, 1914.

Hacia tierras viejas, notas e impresiones de viaje, Valencia, Imprenta F. Sempere, 1914.

Vía Crucis, Segunda parte, *Magdalena*, Barcelona, Imprenta de la viuda de Luis Tasso, 1914.

Doña Guiomar, Tiempos de la conquista, 1536-1548, novela histórica, La Habana, Imprenta El Siglo XX, 1916-1917, 2 V.

Florencia Villanova y Pío Rosado, 1854-1880. Notas históricas rápidas, La Habana, Imprenta El Siglo XX, 1920.

La Condesa de Merlín, Santiago de Cuba, Tipografía Arroyo, 1924.

Cuentos de todas las noches, La Habana, Imprenta Úcar, García, 1950.

Bibliografía pasiva

Carbonell, José Manuel, «Emilio Bacardí Moreau, 1844-1922», en su *La prosa en Cuba*, recopilación dirigida, prologada y anotada, tomo 2, La Habana, Imprenta Montalvo y Cárdenas, 1928, págs. 53-54, Evolución de la cultura cubana, 1608-1927, 13.

Castellanos, José Guadalupe, «Emilio Bacardí Moreau», en su *Figuras nacionales*, Manzanillo, Editorial El Arte, 1950, págs. 29-32.

Ducazcal, seudónimo de Joaquín Navarro Riera, «Patriota, altruista y escritor», en *El Fígaro*, La Habana, 42, 23 y 24, 477, agosto 23 y 30, 1924.

Guerra, Ramiro, «*Crónica de Santiago de Cuba*, por Emilio Bacardí y Moreau», en *Cuba Pedagógica*, La Habana, 7, 170, 15-16, febrero 19, 1909.

«*Hacia tierras viejas*, por Emilio Bacardí», en *Cuba y América*, La Habana, 2.ª época, 18, 2, 2, 91, mayo, 1914.

Martínez Arango, Felipe, «Emilio Bacardí y Moreau», en su *Próceres de Santiago de Cuba*, Santiago de Cuba, Universidad de La Habana, 1946, págs. 49-50.

Rodríguez Rendueles, Manuel, «*Hacia tierras viejas*, por Emilio Bacardí Moreau», en *Universal*, La Habana, 3, 61, 6-7, marzo 1, 1914.

«El libro de Emilio Bacardí», en *Cuba Nueva*, La Habana, 1, 4, 4-5, noviembre 14, 1915.

Romeu, Manuel E., «*Doña Guiomar*», en *Letras*, La Habana, 3.ª época, 11, 1, 12, mayo 5, 1918.

Bachiller y Morales, Antonio (La Habana, 7 junio 1812-Id., 10 enero 1889). Cursó sus primeros estudios en el Seminario de San Carlos. En la Real y Pontificia Universidad fue alumno de Lógica, Metafísica y Moral y se graduó de Bachiller en Leyes (1832). Con la *Memoria sobre la exportación del tabaco en rama* mereció el primer premio de un concurso que había convocado la Sociedad Económica de Amigos del País, la que lo distinguió con la condición de Socio de Mérito (1835). Obtuvo la licenciatura en Derecho Canónico (1837) y en Derecho Civil (1838). En la misma Universidad fue nombrado sustituto en la cátedra de Derecho Canónico. En 1842, se le designó catedrático de Derecho Natural y de Fundamentos de Religión. Llegó a ocupar el decanato de la Facultad de Filosofía hasta 1862. Fue secretario y letrado consultor de la Caja de Ahorros, Descuentos y Depósitos de La Habana, cuyas memorias redactó y publicó entre 1846 y 1867. Perteneció al Liceo de La Habana y fue varias veces presidente electo de su sección de literatura. En 1850 se le denominó síndico primero del Ayuntamiento habanero. Desempeñó la secretaría de la Sociedad Económica de Amigos del País. Fue miembro asimismo de otras instituciones y corporaciones nacionales y extranjeras. En 1863 pasó a ser director del recién creado Instituto de Segunda Enseñanza de La Habana, en donde además enseñó Economía Política y Derecho Mercantil hasta 1869. Por un documento en que solicitaba la autonomía para Cuba sufrió represalias y vejaciones por parte del gobierno español, por lo que se vio obligado a emigrar a los Estados Unidos con toda su familia a principios de 1869. Regresó a Cuba en 1878.

Durante muchos años desarrolló una intensa labor periodística como redactor de *El Puntero Literario*, *La Siempreviva*, *Faro Industrial de La Habana*, *La Serenata* y *Revista crítica de ciencias, artes y literatura*, y como colaborador de *El Nuevo Regañón de La Habana*, *Diario de La Habana*, *Gaceta de Puerto Príncipe*, *El Álbum*, *Anales de la Isla de Cuba*, *Revista de Jurisprudencia*, *Eco del Comercio*, *Prensa de La Habana*, *Revista de La Habana*, *Brisas de Cuba*, *Revista de Cuba*, así como de casi todas las publicaciones periódicas de su época. Fundó con Ildefonso Vivanco el *Repertorio de Conocimientos útiles*. Colaboró además en *El Siglo XIX* y *La Patria* (México), *Diario del Comercio* (Río de Janeiro), *Revista de España, de Indias y del extranjero* (Madrid), *The Magazine of the American History*, *The Scientific American*, *El Mundo Nuevo* y *La América Ilustrada* (Estados Unidos). Es autor de las novelas «Matilde o los bandidos de Cuba» y «La Habana en dos cuadros; o, La Ceiba y el Templete», aparecidas en *El Aguinaldo Habanero* (1837) y *Faro Industrial de La Habana* (1845), respectivamente. Participó en la confección de *Paseo pintoresco por la Isla de Cuba*, La Habana, Imprenta de Soler, 1841) y en *Tipos y costumbres de la Isla de Cuba*, La Habana, Editor Miguel de Villa, 1881). Tradujo el drama *El campamento de los cruzados*, de Adolphe Dumas; la comedia *Los celos*

deseados, de Luis Stella; *Fisiología e higiene de los hombres dedicados a trabajos literarios. Investigaciones sobre lo físico y lo moral*, de Reveillé-Parisse; *Rudimentos de la lengua latina*, de T. Rudiman y *Libro de lectura para los niños americanos*, de William O. Swan. Como erudito e investigador se ocupó de los más diversos temas a través de una extensa obra, en la que se destacan sus tres tomos de *Apuntes para la historia de las letras y de la instrucción pública en la Isla de Cuba* (1859-1861). Según Trelles, dejó al morir algunos papeles inéditos. Figarola Caneda, por su parte, consigna que utilizó con frecuencia como firma el juego de sus iniciales (A., A. B., A. B. M., A. B. Morales, etc.) y numerosos seudónimos, entre los cuales están *Bibliómano*, *El crítico parlero*, *Un ojeador de libros*, *El Br. Cándido Tijereta*, etc.

Bibliografía activa

Fábulas literarias y morales, escritas *por un individuo de la Sección de Educación de la Real Sociedad Patriótica de La Habana*, La Habana, Imprenta de Oliva, 1839.

Elenco de proposiciones de Economía Política para los exámenes de la clase de dicha ciencia que dirige don Antonio Bachiller en el Colegio de San Carlos de La Habana, La Habana, Imprenta de Barcina, 1841.

En la confianza está el peligro, comedia original en dos actos y en verso, La Habana, Imprenta de Ramón Oliva, 1841.

Proposiciones que defenderán públicamente los alumnos que se expresan de la clase de Eco-

nomía Política, establecida en el colegio seminario de San Carlos, el día de julio..., Dirigidos por *el profesor don Antonio Bachiller y Morales*, La Habana, Imprenta de Barcina, 1841, *discurso inaugural que para la enseñanza de su asignatura publica el señor D. A. B..., y M..., catedrático de Derecho Natural y Religión en la Universidad de La Habana al abrirse en 22 de diciembre que cursa las clases de este Instituto*, La Habana, Oficina del Faro, 1842.

Caja de Ahorros, Descuentos y Depósitos, Año de 1841 a 1842.

Informe del secretario sobre los trabajos del segundo año económico de la Caja, La Habana, Oficina del *Faro Industrial*, 1842.

Antigüedades americanas, Noticias que tuvieron los europeos de la América antes del descubrimiento de Cristóbal Colón, recogidas por A. B..., y M..., individuo corresponsal de mérito de la Real Sociedad Económica de La Habana, y corresponsal de la de Puerto Rico &, La Habana, Oficina del Faro, 1845.

Apología del mono, poema, Escrita en 1834 y aumentada y corregida ahora por el Bachiller Tirso de Porra y Saeta, seudónimo, Cenocefalia, 1846, La Habana, Tipografía de D. V. de Torres, 1846.

Memoria sobre el establecimiento de un Banco Agrícola e Hipotecario, La Habana, Imprenta del *Faro Industrial*, 1847.

Elogio del señor don José de Arango y Castillo, uno de los fundadores de la Real Sociedad Económica de La Habana, Escrito, La Habana, Imprenta del Tiempo, 1852.

Prontuario de agricultura general para el uso de los labradores y hacendados de la Isla de Cuba, La Habana, Imprenta de Barcina, 1856.

Prontuario de agricultura general para el uso de los labradores, hacendados y estudiantes de la Isla de Cuba, La Habana, Editor Miguel de Villa, 1882.

Elementos de la Filosofía del Derecho o Curso de Derecho Natural, La Habana, Imprenta del Tiempo, 1857.

Apuntes para la historia de las letras y de la instrucción pública en la Isla de Cuba, La Habana Imprenta de P. Massana e Imprenta del Tiempo, 1859-1861, 3 T.; 2.ª edición, con introducción de Francisco González del Valle y biografía del autor por Vidal Morales, La Habana, Cultural, 1936-1937, 3 T., Colección de libros cubanos, 34-36; 3.ª edición, tomo 1 y 2.

«Biografía de Antonio Bachiller y Morales», por Vidal Morales, y «Antonio Bachiller y Morales», por José Martí, La Habana, Instituto de Literatura y Lingüística, Academia de Ciencias, 1965 y 1971.

Historia de las medidas adoptadas por la Administración Municipal para el entretenimiento y conservación de las calles de La Habana, La Habana, Imprenta La Antilla, 1860.

Biografía del señor don José de la Luz y Caballero, Madrid, 1862.

Memoria leída en la apertura del curso académico de 1864 a 1865, en el Instituto de Segunda Enseñanza de La Habana, La Habana, Imprenta del Gobierno y Capitanía General por S. M., 1864.

Memoria leída en la apertura del curso académico de 1865 a 1866, en el Instituto de Segunda Enseñanza de La Habana, La Habana, Imprenta del Gobierno y Capitanía General por S. M., 1865.

Memoria leída en la apertura del curso académico de 1866 a 1867, en el Instituto de 2.ª Enseñanza de La Habana, La Habana, Imprenta del Gobierno y Capitanía General por S. M., 1866.

Memoria leída en la apertura del curso académico de 1868 a 1869, en el Instituto de Segunda Enseñanza de La Habana, La Habana, Imprenta del Gobierno, 1868.

Guía de la ciudad de Nueva York, Nueva York, Imprenta de Néstor Ponce de León, 1872.

Guía de la ciudad de Nueva York y sus alrededores, 2.ª edición corregida y aumentada, Nueva York, Imprenta y Librería de Néstor Ponce de León, 1876.

Cuba Primitiva, Origen, lenguas, tradiciones e historia de los indios de las Antillas Mayores y las Lucayas, La Habana, Imprenta Militar de la viuda de Soler, 1880; 2.ª edición corregida y aumentada, La Habana, Librería de Miguel de Villa, 1883.

Disquisición crítico-histórica sobre el aje y las batatas de Cuba, publicado en la *Revista de Cuba*, La Habana, Establecimiento Tipográfico de la Viuda de Soler, 1882.

Cuba, monografía histórica que comprende desde la pérdida de La Habana hasta la restauración española, La Habana, Editor Miguel de Villa, 1883; 2.ª edición, Nota preliminar de Emilio Roig de Leuchsenring, La Habana, Oficina del Historiador de la Ciudad de La Habana, 1962, Colección del Bicentenario de 1762, 2.

Los negros, Barcelona, Gorgas y Compañía, editores, 1887.

Galería de hombres útiles, «Vida y obra de Antonio Bachiller y Morales», por Fermín Peraza, La Habana, Instituto Nacional de Cultura, Ministerio de Educación, 1955, Grandes periodistas cubanos, 12.

Bibliografía pasiva

Arcadio, seudónimo, «*En la confianza está el peligro*», en *Noticioso y Lucero de La Habana*, La Habana, 9, 291, 3, octubre 19, 1841.

Castro y Bachiller, Raimundo de, *Don Antonio Bachiller y Morales, aspecto de su vida familiar*, La Habana, Editorial Guerrero, 1939.

Costa, Octavio R., «Tarea y fecundidad de Antonio Bachiller», en su *Rumor de historia*, La Habana, Imprenta Úcar, García, 1950, págs. 21-36.

Martí, José, «Antonio Bachiller y Morales», en su *Obras Completas*, tomo 5, La Habana, Editorial Nacional de Cuba, 1963, págs. 141-153.

Morales y Morales, Vidal, «Antonio Bachiller y Morales», en su *3 biografías*, recopilación y prólogo de Félix Lizaso, La Habana, Publicaciones del Ministerio de Educación, Dirección de Cultura, 1949, págs. 197-225, Cuadernos de cultura, 8.ª serie, 5.

Núñez González, Ana Rosa, *Bachiller y Mora-*

les, Aspectos de una vida entre libros, La Habana, 1955.

La vida bibliográfica de don Antonio Bachiller y Morales, La Habana, Editorial Librería Martí, 1955.

Peraza Sarausa, Fermín, *Antonio Bachiller y Morales, el padre de la Bibliografía cubana*, conferencia leída el 13 de enero de 1937, en el Palacio Municipal, correspondiente a la serie sobre Habaneros Ilustres, y publicada en el número 11 de los *Cuadernos de historia habanera*, La Habana, Imprenta Molina, 1937.

Antonio Bachiller y Morales, La Habana, Municipio de La Habana, Departamento de Cultura, 1942, publicaciones de la Biblioteca Municipal de La Habana, Serie C. Guías Bibliográficas, 5.

«Bachiller, el primer biógrafo cubano», en *Orto*, Manzanillo, 39, 4-6, 47-48, abril-junio, 1951.

Roig de Leuchsenring, Emilio, «Antonio Bachiller y Morales, el patriarca de las letras cubanas», en *Carteles*, La Habana, 29, 1, 26, 51 y 55, enero 3, 1937.

«Antonio Bachiller y Morales», en su *La literatura costumbrista cubana de los siglos XVIII y XIX, IV, Los escritores*, La Habana, Oficina del Historiador de la Ciudad de La Habana, 1962, págs. 121-130, Colección histórica cubana y americana, 26.

Badía, **Nora** (Cárdenas, Matanzas, 22 febrero 1921). Cursó estudios en la Escuela de Comercio de Matanzas. Se inició como locutora radial en la CMBF de Cárdenas hacia 1939. En 1944 se trasladó a La Habana, donde terminó sus estudios de secretariado. En 1947 obtuvo mención en el Curso ADAD con su pieza *La alondra* y el tercer premio con *Mañana es una palabra*. En 1948 colaboró en la fundación de la revista *Prometeo* y se graduó en la Academia de Arte Dramático de La Habana, donde ejerció como profesora de 1949 a 1960. Durante doce años trabajó como libretista de radio y televisión. En 1961 participó, en Viena, en el Congreso del Instituto Internacional de Teatro, de cuya revista fue directora más tarde (1964). También ocupó la dirección de la *Revista Nacional de Teatro*. Ha colaborado, como cuentista, en publicaciones como *Lyceum*, *crítica*, *Nuestro Tiempo*, *Mujeres*. Ha viajado por Checoslovaquia y la RDA. Fue secretaria de la Sección de Teatro de la Sociedad Cultural Nuestro Tiempo. Estuvo al frente de la Dirección General de Orientación de la Juventud y de la Sección de Teatro Infantil y de la Juventud del Consejo Nacional de Cultura, así como del Centro Cubano de Teatro.

Bibliografía pasiva

González Freire, Natividad, «Nora Badía», en su *Teatro cubano, 1927-1961*, La Habana, Ministerio de Relaciones Exteriores, 1961, págs. 122-123.

Leal, Rine, «Norah Badía», en su *Teatro cubano en un acto*, antología, La Habana, Ediciones R, 1963, págs. 87-90.

Balboa, **Silvestre de** (Gran Canaria, junio 1563-Puerto Príncipe, 1649). Se supone que llegó a América entre 1590 y 1600. En 1604 se encontraba en Bayamo, pero residió habitualmente en Puerto Príncipe. En 1621 fue confirmado en esa ciudad como escribano del cabildo. Su única obra, *Espejo de paciencia*, el primer poema cubano, fue dada a conocer por José Antonio Echeverría en *El Plantel* (1838) como parte de la *Historia de la isla y catedral de Cuba*, del obispo Pedro Agustín Morell de Santa Cruz. Apareció publicada íntegramente por primera vez en la segunda edición de la *Bibliografía cubana de los siglos XVII y XVIII* (La Habana, Imprenta del Ejército, 1927, págs. 375-404), de Carlos Manuel Trelles. Más tarde apareció en el tomo primero de *Evolución de la cultura cubana. 1608-1927*, de José Manuel Carbonell (*La poesía lírica en Cuba*. T. 1. La Habana, Imprenta El Siglo XX, 1928, págs. 22-56). En 1929, al aparecer publicada la *Historia de la isla y catedral de Cuba* (La Habana, Academia de la Historia de Cuba, 1929), fue impresa de nuevo. De los seis sonetos que aparecen antes del poema, cuatro son de autores cubanos.

Bibliografía activa

Espejo de paciencia, «Estudio crítico», por Felipe Pichardo Moya, La Habana, Dirección de Cultura del Ministerio de Educación, 1942, Cuadernos de Cultura, 5.ª serie, 4; 2.ª edición, prólogo y notas de Cintio Vitier, La Habana, Universidad Central de Las Villas, Departamento de Estudios Hispánicos, 1960; 3.ª edición, edición facsímil y crítica a cargo de Cintio Vitier, La Habana, Publicaciones de la Comisión Nacional Cubana de la UNESCO, 1962.

Bibliografía pasiva

Chacón y Calvo, José María, *El primer escrito en Cuba, Documentos inéditos referentes al obispo Fray Juan de las Cabezas*, La Habana, Imprenta Maza, Arroyo y Caso, 1922.

Fernández, Clara, «Las alusiones cultas en el poema *Espejo de paciencia* de Silvestre de Balboa», en *Taller literario*, Santiago de Cuba, 14, 22-23, junio, 1967.

García del Pino, César, «El Obispo Cabezas, Silvestre de Balboa y los contrabandistas de Manzanilla», en *Revista de la Biblioteca Nacional José Martí*, La Habana, 3.ª época, 17, 66, 2, 13-54, mayo-agosto, 1975.

Lezama Lima, José, «Silvestre de Balboa y Troya de Quesada», en su *Antología de la poesía cubana*, tomo 1, La Habana, Consejo Nacional de Cultura, 1965, págs. 64-68.

Ponce de León, Néstor, «Los primeros poetas de Cuba», en *Revista Cubana*, La Habana, 15, 385-399, 1892.

Vitier, Cintio, «Primera lección, Propósito del curso, Desarrollos y estratos de lo cubano, Primeros acercamientos a la naturaleza insular», en su *Lo cubano en la poesía*, La Habana, Instituto Cubano del Libro, 1970, págs. 15-42.

Baliño, **Carlos** (La Habana, 13 febrero 1848-Id., 18 junio 1926). Cursó estudios de teneduría y de arquitectura, pero no los concluyó. Muy joven aún colaboró con artículos y poemas en *El Fénix*, *El Alacrán* y *La Crítica*, de Guanajay (Pinar del Río). En 1868 ingresó en la academia de pintura «San Alejandro», pero debido a la grave situación familiar que significó el encarcelamiento de su padre en Fernando Poo, se vio obligado a abandonar sus estudios. Después de fracasar en sus intentos por encontrar trabajo en La Habana, en pequeños chinchales de fabricar tabacos, se trasladó a Estados Unidos a fines de 1868 o en 1869. Vivió en Cayo Hueso, Tampa, Nueva York y Nueva Orleans. Durante estos años desarrolló una amplísima y muy importante actividad revolucionaria, al mismo tiempo que ganaba su sustento como obrero tabaquero. En Cayo Hueso fue vocal del Gremio de Escogedores, participó activamente en el movimiento obrero y colaboró en *El Yara*. En Tampa contribuyó a fundar Ibor City, fue cofundador, con Ramón Rivero, del primer gremio obrero, «Caballeros del Trabajo», y fundó dos logias. Retornó a Cayo Hueso, donde fue redactor del periódico *La Tribuna del Pueblo*, desde el que ejercía una labor de propaganda por la libertad de Cuba y de la clase obrera. Volvió de nuevo a Tampa, a fundar la logia «Unión y Fraternidad». Por esta época conoció a José Martí. En 1892, en Cayo Hueso, suscribe las bases y el acta de constitución del Partido Revolucionario Cubano, fundado por Martí. Fue presidente del Club «Francisco Vicente Aguilera». Por estos meses, como parte del constante trabajo en favor de la independencia, acompaña a Martí en una gira por la península de la Florida. Tomó parte activa en los clubs «Enrique Roig» y «10 de abril», de Tampa, fundados en enero de 1893. La inseguridad económica lo obliga a emigrar a Georgia, donde se establece una colonia de cubanos. Presidió el Club «Leopoldo Turla» y más tarde el «Fermín Salvoechea», organizado en el Municipio «Martí City», en el que Baliño es elegido primer vocal. Poco después fue vicepresidente del Club «Ramón Pintó». En Tampa colaboró con Pablo Rousseau en la fundación de *La Nueva República* (1897). Trabajó como colector o recaudador de fondos en fábricas de tabaco de Jacksonville. Después de todos estos años en Estados Unidos, donde desarrolló una intensa labor de propaganda política junto a Martí y a otras figuras de la emigración —tanto en las organizaciones e instituciones que fundó o en las que colaboró, como en la prensa y en la tribuna, algunas de cuyas participaciones fueron recogidas en *Patria*, el periódico fundado por Martí— y donde se enriqueció con la experiencia del trabajo como obrero tabaquero, retornó a Cuba después de terminada la guerra contra España en 1898. En 1902 publicó artículos en la prensa contra los abusos económicos. Se vio obligado a librar su sustento en pequeños chinchales de fabricar tabacos, pues no fue admitido en los grandes centros de producción. Por esta época continúa su actividad política, sobre todo en la organización del Partido Obrero (1904) —transformado a instancias suyas en Partido Obrero Socialista— y con sus trabajos en *La Voz Obrera*, órgano del Partido, donde publica un artículo en apoyo de la revolución rusa de 1905. En 1906 firma el acta de constitución del Partido Socialista de Cuba, surgido de la refundición del Partido Obrero Socialista y de la Agrupación Socialista Internacional, creada también con su contribución. Fue miembro de la Agrupación Socialista de La Habana, cuya presidencia llegó a ocupar en 1910, en sustitución de Ramón Belmonte, después que fueron expulsados del país los obreros más destacados en la Huelga del Alcantarillado de La Habana. Colabora por esta época en *El Socialista*, órgano de la referida Agrupación. Colaboró, además de en las publicaciones ya mencionadas, en *El Productor*, *El Obrero Cigarrero*, *Justicia* y *Lucha de Clases*, del que fue también director. A partir de 1919 contribuye a reorganizar los pequeños grupos socialistas en agrupaciones comunistas. En 1922 ocupó la dirección de *Espartaco*, el cargo de corrector de pruebas del *Boletín del Torcedor* y de la revista *Juventud*, dirigida por Julio Antonio Mella, a quien había conocido ese mismo año en la imprenta en que se editaban ambas publicaciones. En unión de Mella y de otros militantes fundó el Partido Comunista de Cuba en 1925. Además de sus discursos y de sus trabajos de propaganda en la prensa, cultivó el cuento. Tradujo del inglés y prologó *La nueva esclavitud* (Tampa, Centro de Propaganda Obrera, 1896) —reeditado posteriormente, en 1903 y en 1921, con el título *La esclavitud del bono*— de H. Davis, y *El imperio americano* (La Habana, Imprenta El Ideal, 1921), de Scott Nearing, reeditado en 1961. Prologó *Tácticas en uso y tácticas a seguir* (1922), de Antonio Penichet.

Bibliografía activa

Verdades socialistas, La Habana, 1905.

Verdades del socialismo, prólogo de Blas Roca, La Habana, Ediciones Sociales, 1941.

Documentos de Carlos Batiño, compilación e introducción de Aleida Plasencia Moro, La Habana, Biblioteca Nacional José Martí, Departamento Colección Cubana, 1964.

Bibliografía pasiva

«Carlos Baliño, 1848-1926», en *Noticias de Hoy*, La Habana, 4, 39, 1, 6, febrero 14, 1941.

«Carlos Baliño, 1842-1942», en *Noticias de Hoy*, La Habana, 5, 38, 1, febrero 13, 1942.

«Cómo conoció Baliño a Martí, Carta de Flor Crombet a Martí presentándole a Baliño», en *Bohemia*, La Habana, 59, 40, 103, octubre 6, 1967.

«16 de agosto de 1925, 49 aniversario del Partido de Mella y Baliño», en *Granma*, La Habana, 3.ª edición, 10, 191, 2, agosto 16, 1974.

Dumpierre, Erasmo, «Carlos Baliño», en *Bohemia*, La Habana, 59, 6, 4-9, febrero 10, 1967.

Mérida Torres, Ismael, «18 de junio de 1926. Carlos Baliño, síntesis del heroísmo de nuestro pueblo», en *Juventud Rebelde*, La Habana, 2, junio 17, 1975.

Plasencia, Aleida y otros, *Baliño*, Apuntes históricos sobre sus actividades revolucionarias, La Habana, Imprenta CTC, *s. a.*

Quintela, Carlos, «Una vida completa para la patria obrera», en *Cuba Tabaco*, La Habana, 2, 12, 6-17, octubre-diciembre, 1974.

Rivero Muñiz, José, *Carlos B. Baliño*, La Habana, Comisión Nacional Cubana de la UNESCO, 1962, Cuaderno de Ciencias Sociales y Económicas, 3.

Roca, Blas, «El recuerdo de Carlos Baliño», en *Magazine de Hoy*, suplemento del periódico *Hoy*, La Habana, I, 8, febrero 18, 1945.

Rosas, Julio, seudónimo de Francisco Puig de la Puente, «Carlos Baliño»; en *El Congreso Cubano*, La Habana, 2, 14, 1-3, octubre 30, 1905.

Sánchez, Juan, «Martí y Baliño, un hecho inédito de sus vidas», en *Bohemia*, La Habana, 61, 28, 54-55, julio 11, 1969.

Toro, Carlos del, «Presencia de Baliño en la prensa obrera revolucionaria», en *Granma*, La Habana, 10, 143, 2, junio 19, 1974.

«Carlos Baliño, firme militante de la vanguardia revolucionaria», en *Granma*, La Habana, 11, 143, 2, junio 18, 1975.

«Carlos Baliño y el proletariado cubano», en *Verde Olivo*, La Habana, 17, 28, 28-29, julio 13, 1975.

«Carlos Baliño, perseverante publicista de las ideas revolucionarias», en *Santiago*, Santiago de Cuba, 20, 261-268, diciembre, 1975.

Torres Hernández, Lázaro, «Evocación de Carlos Baliño», en *Bohemia*, La Habana, 67, 10, 88-92, marzo 7, 1975.

Balmaseda, **Francisco Javier** (Remedios, Las Villas, 31 marzo 1823-La Habana, 17 febrero 1907). Tempranamente escribió sus primeros versos y una obra titulada *Eduardo el jugador* (1835), representada en el teatro de su pueblo natal. Por esos años comenzó a colaborar en el *Faro Industrial de La Habana*. En 1857 tuvo que abandonar Remedios y se trasladó a la capital. Aquí trabajó, con Francisco de Frías y Jacott, en la Sociedad Económica de Amigos del País, en la dirección del Liceo de La Habana y como colaborador en *La Idea*, *Cuba Literaria* y *El Liceo de La Habana*. Volvió a Remedios y fundó una biblioteca pública (1863), desempeñó la alcaldía y dirigió *El Heraldo*, *El Pensamiento* y *La Alborada*. Colaboró en el *Boletín de Remedios*. Se dedicó a la construcción de muelles y almacenes en Cayo Francés. Complicado en la revolución de 1868, fue detenido y enviado directamente a La Cabaña y más tarde a Fernando Poo (1869). Logró escapar de la cárcel y se trasladó a Nueva York. Pasó luego a Colombia y adquirió su ciudadanía. Continuó sus estudios agrícolas y ocupó el cargo de Ministro Plenipotenciario de Colombia en Madrid. Regresó a Cuba al finalizar la guerra en 1878. En 1894 volvió a Colombia. Vino de nuevo a Cuba, ya definitivamente, en 1898. Caballero de la Orden del Mérito Agrícola de Francia por su trabajo titulado *Higiene pública en la isla de Cuba*.

Durante sus últimos años fue colaborador de *El Mundo*. Es autor de varias comedias (*La noche buena*, *Los celos con desdén se curan*, *Ya no me caso*, *El enamorado sin dinero*, etc.), de novelas, de un *Tratado de Derecho de Gentes* y de varias obras agronómicas y de economía política.

Bibliografía activa

Rimas cubanas, prólogo de José Gonzalo Roldán, La Habana, Imprenta de la Viuda de Torres, 1846.

Fábulas morales, La Habana, Imprenta de P. Massana, 1858; 2.ª edición, La Habana, Imprenta Militar, 1860; 3.ª edición, Corr, y aum, con notas del autor, La Habana, Imprenta La Antillana, 1863; 10.ª edición, Cartagena, 1874; 14.ª edición, La Habana, La Propaganda Literaria, 1888; 15.ª edición; Id., 1892; 16.ª edición; Id., 1893; 18.ª edición, Nueva edición ilustrada, Nueva York, Appleton, 1901; 19.ª edición; Id., 1919.

Los misterios de una cabaña, novela, Remedios, Imprenta de Frank, 1866, 2 V.

Los montes de oro, comedia en cuatro actos y en verso, La Habana, Imprenta La Antilla, 1866; 2.ª edición, Cartagena de Colombia, 1874.

Poesías, La Habana, 1868.

Los confinados a Fernando Poo e impresiones de un viaje a Guinea, Nueva York, Imprenta de *La Revolución*, 1869; 2.ª edición, Contiene además el folleto del mismo autor intitulado *Bases para los estatutos de la Sociedad «Los amantes de la Libertad»*, con indicaciones sobre la fundación de la República cubana, La Habana, A. M. Lamy editor, 1899.

Amelia; o, La vuelta del estudiante, comedia en un acto y en prosa, 2.ª edición, Cartagena de Colombia, 1874; 3.ª edición, La Habana, Imprenta La Antilla, 1888.

Colección de discursos pronunciados por Francisco Javier Balmaseda, Informes evacuados por el mismo; apuntes biográficos de varios personajes cubanos y artículos sobre Derecho Internacional, Economía Política, Historia, Cartagena de Colombia, 1874.

El dinero no es todo; o, Un baile de máscaras, comedia en un acto y en prosa; 2.ª edición, Cartagena de Colombia, 1874.

Historia de una iguana, novela, Barranquilla, Colombia, Imprenta de Domingo González Rubio, 1874; 2.ª edición.

Los ebrios; o, La familia de Juan Candaya, novela, La Habana, Imprenta de J. A. Casanova, 1903.

Obras, Primer volumen, Cartagena de Colombia, Ruiz e hijos, editores, 1874.

Sin prudencia todo falta; o, El gallero, comedia en un acto y en prosa, Cartagena de Colombia, 1874; 2.ª edición, Id., 1888.

Amor y riqueza, Zarzuela en dos actos, La Habana, Imprenta La Antilla, 1888.

Poesías, con la biografía del autor por el señor Pando y Valle, La Habana, La Propaganda Literaria, 1888.

Monólogos, La Habana, Librería de Casona,

1888.

Monólogos, Amor y honor, Edmundo Dantés,
La Habana, Imprenta de E. F. Casona, 1889.

El libro de los labradores, Lectura para las escuelas y para las familias, Contiene pensamientos, máximas, aforismos, Consejo sobre
el régimen de vida del campo, La Habana,
Imprenta Nacional y Extranjera, 1891.

El misceláncio, Colección de producciones
científicas y literarias, unas inéditas y otras
publicadas, La Habana, Tipografía Los Niños
Huérfanos, 1894.

Clementina, novela política, Primera parte,
Quince años después, Continuación de esta
novela por el mismo autor, Segunda parte,
Cartagena de Indias, Colombia, Tipografía de
García, 1896-1897, 2 T. en uno.

Carlos Manuel de Céspedes, drama histórico,
2.ª edición, La Habana, Imprenta Compostela
89, 1900.

Confinamiento y agronomía, prólogo de Othón
García de Caturla, La Habana, Secretaría de
Educación, Dirección de Cultura, 1937, Cua-
dernos de Cultura, 2.ª serie, 3.

Aventuras de Juan Polizón, Remedios, Imprenta
de Frank, *s. a.*

Tratado de las pasiones, La Habana, Imprenta
La Antilla, *s. a.*

Bibliografía pasiva

«Francisco Javier Balmaseda, *Tesoro del agri-
cultor cubano*, tomo 1», en *Revista Cubana*, La
Habana, 2, 183-184, 1885.

Ramos, José Antonio, «Francisco Javier Balmaseda, 1823-1907», en *La poesía lírica en
Cuba*, recopilación dirigida, prologada y anotada por José Manuel Carbonell, tomo 3, La
Habana, Imprenta El Siglo XX, 1928, págs.
128-129, Evolución de la cultura cubana,
1608-1927, 3.

Ballagas, **Emilio** (Camagüey, 7 noviembre
1908-La Habana, 11 septiembre 1954). Obtuvo
el título de Bachiller en Ciencias y Letras en el
Instituto de Segunda Enseñanza de su ciudad
natal. En 1933 se graduó en la Escuela de
Pedagogía de la Universidad de La Habana.
Ese mismo año ingresó como profesor de
literatura y gramática en la Escuela Normal
para Maestros de Santa Clara, cuya dirección
desempeñó en 1934. Ejerció como profesor en
dicho centro hasta 1946. En ese año se graduó
de Doctor en Filosofía y Letras. Fue también
profesor en el Instituto de Segunda Enseñanza
de Marianao. Con su libro *Cielo en rehenes*
obtuvo en 1951 el Premio Nacional de Poesía.
En 1953 ganó el Premio del Centenario con
sus *Décimas por el júbilo martiano en el centenario del apóstol José Martí*. Viajó por Francia,
Portugal y Estados Unidos. Fue colaborador
en *Antenas, Social, Revista de Avance, Grafos,
Clavileño, Orígenes, Revista Cubana, Diario
de la Marina, Sur* (Argentina) y *Cuadernos
Americanos* (México). Editó la revista *Fray
Junípero: cuadernos de la vida espiritual*, de la
que solo se publicaron dos números. Es autor
de la *Antología de la poesía negra hispanoamericana* (Madrid, 1935) y de *Mapa de la poesía*

negra americana (Buenos Aires, 1946). Se destacó Ballagas además por sus conferencias y por sus traducciones de Ronsard, Keats, Yeats, Hopkins y otros.

Bibliografía activa

Júbilo y fuga, poemas, «Inicial angélica», por Juan Marinello, La Habana, Ediciones La Cooperativa, 1931; 2.ª edición, La Habana, Ediciones Héroe, 1939.

Cuaderno de poesía negra, Santa Clara, Imprenta La Nueva, 1924.

Pasión y muerte del futurismo, La Habana, Imprenta Molina, 1935.

Elegía sin nombre, poema, La Habana, Imprenta Úcar, García, 1936.

Nocturno y elegía; un poema, La Habana, Imprenta Úcar, García, 1938.

Sergio Lifar, el hombre del espacio, La Habana, 1938.

Sabor eterno, poemas, La Habana, Ediciones Héroe, 1939; La Habana, Imprenta Úcar, García, 1939.

La herencia viva de Tagore, La Habana, Ediciones Clavileño, 1941.

Nuestra señora del marzo Poema, Entrega de *Fray Junípero*, La Habana, 1943.

Décimas por el júbilo martiano en el centenario del Apóstol José Martí, La Habana, Comisión Organizadora de los Actos y Ediciones del Centenario y del Monumento de Martí, 1953.

Obra poética de Emilio Ballagas, edición póstuma, con un ensayo preliminar de Cintio Vitier, La Habana, Imprenta Úcar, García, 1955.

Órbita de Emilio Ballagas, prólogo de Ángel Augier, selección y notas de Rosario Antuña, La Habana, Ediciones Unión, 1965; 2.ª edición, La Habana, Instituto Cubano del Libro, 1972.

Emilio Ballagas, introducción y selección de textos por Emilio de Armas, La Habana, MINED, Dirección Nacional de Educación General, 1973, El autor y su obra.

Bibliografía pasiva

Baquero, Gastón, «En la muerte de Emilio Ballagas», en *Boletín de la Comisión Nacional Cubana de la UNESCO*, La Habana, 3, 9, 25-26 y 32, septiembre, 1954.

Entralgo, Elías José, «Emilio Ballagas, *Júbilo y fuga*, poemas», en *Aventura en Mal Tiempo, Papel proteico*, Santiago de Cuba, 1, 5, octubre, 1932.

Feijóo, Samuel, «Impresiones de Emilio Ballagas», en *Lunes de Revolución*, suplemento del periódico *Revolución*, La Habana, 2, 26, 9, septiembre 14, 1959.

«Una añeja entrevista inédita a Emilio Ballagas, en 1938», en *Azar de lecturas, crítica*, La Habana, Universidad Central de Las Villas, Departamento de Estudios Hispánicos, 1961.

Fernández, Pablo Armando, «Ballagas, amigo y poeta», en *Lunes de Revolución*, suplemento del periódico *Revolución*, La Habana, 2, 26, 13-16, septiembre 14, 1959.

Fernández Retamar, Roberto, «Emilio Ballagas, 1908», en su *La poesía contemporánea en Cuba, 1927-1953*, La Habana, Orígenes,

1954, págs. 39-43.

«Recuerdo a Emilio Ballagas», en su *Papelería*, La Habana, Universidad Central de Las Villas, Dirección de Publicaciones, 1962, págs. 195-204.

Figueroa, Esperanza, «*Júbilo y fuga* de Emilio Ballagas», en *Revista Iberoamericana*, Pittsburgh, 32, 62, 1966.

González, Plácido J., «Plagio sobre plagio y nada más», en *Ahora*, La Habana, 2, 417, 4 y, 11, diciembre 25, 1934.

González y Contreras, G., «El ángel blanco y negro, Ballagas», en *El Mundo*, La Habana, 34, 11 040, 4, agosto 19, 1934.

Lezama Lima, José, «Gritémosle, ¡Emilio!», en *Lunes de Revolución*, suplemento del periódico *Revolución*, La Habana, 2, 26, 2-3, septiembre 14, 1959.

Piñera, Virgilio, «Dos poetas, dos poemas, dos modos de poesía», en *Espuela de Plata*, La Habana, H, 16-19, agosto, 1941.

«Ballagas en persona», en *Ciclón*, La Habana, 1, 5, 41-50, septiembre, 1955.

Rodríguez Rivera, Guillermo, «Visión de la isla, Emilio Ballagas», en *Bohemia*, La Habana, 57, 7, 30-32, febrero 12, 1965.

Sánchez, Luis Alberto, «Emilio Ballagas», en *Sphinx*, Lima, 2, 15, 1-8, 1962.

Torriente, Loló de la, «Emilio Ballagas muerto vive detenido en el espacio», en *Lunes de Revolución*, suplemento del periódico *Revolución*, La Habana, 2, 26, 10-12, septiembre 14, 1959.

Vitier, Cintio, «Emilio Ballagas, en su *Cincuenta años de poesía cubana, 1902-1952*», ordenación, antología y notas, La Habana, Ministerio de Educación, Dirección de Cultura, 1952, págs. 206-207.

Lo cubano en la poesía, La Habana, Universidad de Las Villas, Departamento de Relaciones Culturales, 1958, págs. 318-338.

Álvarez Baragaño, José (Pinar del Río, 28 octubre 1932-La Habana, 31 agosto 1962). Aprendió las primeras letras en su ciudad natal. Cursó estudios secundarios en la Escuela de Comercio y en el Instituto de Segunda Enseñanza de Pinar del Río. En 1950 vino a La Habana e ingresó en la Universidad como alumno de Ciencias Sociales. Al año siguiente abandonó los estudios y partió hacia Europa. Durante su estancia en el extranjero (1951-1954) vivió en París y viajó por España e Italia. En Europa colaboró en *Le Premier Bilan del'Art Actuel* (*Cahiers Le Soleil Noir*) y en las revistas *Le Soleil Noir*, *Positions*, *Espacio* y *Panderma*. Tras su regreso definitivo a Cuba, trabajó como columnista en el periódico *Revolución* y, más tarde, en el magazine literario *Lunes de Revolución*. Colaboró en *Casa de las Américas*, *Unión*, *La Gaceta de Cuba* y *Bohemia*. Dio clases de francés y de historia del arte y de la literatura en la Escuela Profesional de Periodismo de La Habana. Tomó parte activa en la movilización de Playa Girón (1961) y en la campaña del Escambray (1961). Participó en el Primer Congreso Nacional de Escritores y Artistas de Cuba (agosto, 1961), y, en esa misma fecha, fue elegido secretario de relaciones públicas de la naciente Unión de Escritores y Artistas de Cuba. Pronunció conferencias, no recogidas en libro, sobre pintura y filosofía.

Bibliografía activa

Cambiar la vida, poemas, París, Editora Le Soleil Noir, 1952.

El amor original, poemas, La Habana, Ediciones Castor, 1955.

Wilfredo, Lam, ensayo, La Habana, Sociedad Colombista Panamericana, 1958.

Poesía, revolución del ser, La Habana, Ediciones R, 1960.

Himno a las milicias y sus poemas, La Habana, Editorial Guerrero, 1961.

Poemas escogidos, Selección y prólogo de Manuel Díaz Martínez, La Habana, Ediciones Unión, 1963.

Id., 1964.

Bibliografía pasiva

Alcides Pérez, Rafael, «Ante una tumba sin razón», en *Unión*, La Habana, 1, 3-4, 59-60, septiembre-diciembre, 1962.

Branly, Roberto «Baragaño, *Himno a las milicias*», en *La Gaceta de Cuba*, La Habana, 1, 6-7, 21-22, julio, 1962.

«Baragaño contra su muerte», en *Hoy Domingo*, suplemento del periódico *Noticias de Hoy*, La Habana, 3.ª época, 24, 222, 2, septiembre 9, 1962.

Díaz Martínez, Manuel, «Baragaño, un poeta de la revolución», en *Hoy Domingo*, suplemento del periódico *Noticias de Hoy*, La Habana, 2.ª época, 24, 222, 2, septiembre 9, 1962.

«Baragaño», en *Bohemia*, La Habana, 57, 7, 24-25, febrero 12, 1965.

El escriba, seudónimo de Virgilio Piñera, «El caso Baragaño», en *La Gaceta de Cuba*, La Habana, 1, 6 julio, 21, julio, 1962.

Jamís, Fayad, «El poeta a los veinte años», en *Unión*, La Habana, 1, 3-4, 47-50, septiembre-diciembre, 1962.

López, César, «José Álvarez Baragaño, *Poesía, revolución del ser*», en *Casa de las Américas*, La Habana, 1, 4, 76-78, enero-febrero, 1961.

Oraá, Pedro de, «Dualidad de la poesía», en *Nueva Revista Cubana*, La Habana, 255-258, 1961-1962.

Piñera, Virgilio, «*El amor original*, de José Álvarez Baragaño», en *Ciclón*, La Habana, 1, 6, 75-76, noviembre, 1955.

Baraguá (La Habana, 1937-1938). Publicación quincenal que comenzó a salir el 10 de agosto. Tenía como lema «Por la liberación nacional». Era dirigida por José Antonio Portuondo. Como administrador fungía Manuel Guillot. En su primer número expresaban que «*Baraguá* surge como órgano de opinión enteramente libre, sin más limitaciones que las de estar al servicio exclusivo de los intereses de las mayorías nacionales, en un momento de máxima confusión de ideas y valores que no es vivido por primera vez —ni acaso será la última— por el pueblo de Cuba». Se publicó sin interrupción hasta el 16 de octubre de 1937. Reapareció el 25 de febrero de 1938. Publicación de izquierda, sus páginas eran dedicadas a tratar los problemas políticos de la época. Publicaba poesías y artículos de crítica literaria. Fueron sus colaboradores Raúl Roa, José Antonio Fernández de Castro, Regino Pedroso, José Zacarías Tallet, Mario Kuchilán, Raimundo Lazo, Virgilio Piñera, Gastón Baquero, Jorge Luis Martí, Eugenio Florit, Enrique Delahoza, Manuel Bisbé, Emilio Fernández Camus, Juan Antonio Rubio Padilla y otros. Además, contó con la colaboración de destacados escritores de habla hispana, tales como Juan Ramón Jiménez, Marcelino Domingo, Ramón José Sender y otros. El último ejemplar que se ha visto corresponde al 25 de febrero de 1938.

Baralt y Peoli, **Luis Alejandro** (Santiago de Cuba, 1 octubre 1849-París, 22 enero 1933). Hasta los trece años estudió en el colegio La Empresa, de Matanzas. Cursó la carrera de medicina en la Universidad de La Habana. Durante la guerra del 68 residió en los Estados Unidos. Allí realizó estudios de postgraduado. Fue profesor de español en la Universidad de Columbia. Regresó a Cuba en 1878. Trabajó como profesor de inglés en el Instituto de Segunda Enseñanza de La Habana. En 1882 fue premiada su *Memoria sobre el arte de la disertación* en los juegos Florales del Liceo de Matanzas. Colaboró en *Heraldo de Cuba* y fue crítico teatral de *The World*, de Nueva York. Fue fundador del Ateneo de La Habana (1902) y primer presidente de la Sociedad de Fomento del Teatro (1910). En 1912 representó a Cuba en el Congreso Pedagógico de Bruselas. Desempeñó cargos diplomáticos en varios países. Fue conferencista y traductor de Shakespeare. Firmaba con las iniciales L. A. B.

Bibliografía activa

Conferencia sobre la tragedia Hamlet de W. Shakespeare, La Habana, Establecimiento Tipográfico de la Viuda de Soler, 1882.
The Harmonic Method for Learning Spanish Designed for Elementary Used, Nueva York, 1896.

Baralt Zacharie, **Luis Alejandro** (Nueva York, 12 abril 1892-Estados Unidos, septiembre 1969). Es hijo del anterior. Se graduó de bachiller (1909) y de Doctor en Filosofía y Letras (1914) y en Derecho (1917) en la Universidad de La Habana, y de *Artium Magister* en la Universidad de Harvard en 1916. Ejerció como profesor de inglés en el Instituto de Segunda Enseñanza de La Habana (1918-1924) y de Cultura Latinoamericana en la Universidad de Miami (1932-1933). En 1934 se hizo cargo de la cátedra de Filosofía y Estética de la Universidad de La Habana. Fue subsecretario y secretario de Instrucción Pública. En 1936 su obra *La Luna en el pantano* ganó el primer premio en el concurso teatral convocado por la Secretaría de Educación. Fundó y dirigió el grupo de teatro «La Cueva». Fue miembro del ejecutivo del Comité Cubano de

Cooperación Intelectual y presidió la Sociedad Filarmónica de La Habana. Es autor de los trabajos «Relaciones entre la moral y la religión» (1915), «Arte incaico» (1926), «El teatro de hoy» (1932), así como de las piezas *Junto al río* (1938), *La mariposa blanca* (1948), *Meditación en tres por cuatro* (1950) y *Tragedia indiana* (1952). Compiló y anotó las *Cartas de amor de Luis Alejandro Baralt y Celis a Nieves Peoli y Mancebo* (La Habana, Editora Biblioteca Nacional, 1959). Abandonó el país después del triunfo de la Revolución.

Bibliografía activa

Significación internacional de la revolución rusa, trabajo leído en la Sociedad Cubana de Derecho Internacional, La Habana, Imprenta de Espinosa, 1919.

La Luna en el pantano, «Nuestra escena», por Francisco Ichaso, La Habana, Imprenta Úcar, García, 1935.

Croce y sus ideas estéticas, La Habana, Editorial Lex, 1953.

Bibliografía pasiva

González Freire, Natividad, «Teatro ético-social, Luis Alejandro Baralt, 1892» en su *Teatro cubano contemporáneo, 1928-1957*, La Habana, Sociedad Colombista Panamericana, 1958, págs. 63-67.

Leal, Rine, «*La Luna en el pantano*», en su *En primera persona, 1954-1966*, La Habana, Instituto Cubano del Libro, 1967, págs. 44-46.

Suvillaga, Lázaro, seudónimo de Gilberto González y Contreras, «Luis Alejandro Baralt», en *Mañana*, La Habana, 2.ª época, 5, 164, 2, mayo 31, 1943.

Barbán, **José H.** (La Habana, 25 marzo 1946). A los veintiún años ingresó en el Partido Comunista de Cuba. Oficial de las Fuerzas Armadas Revolucionarias. Ha cursado varias escuelas militares, Realizó estudios en la Unión Soviética. Sus cuentos han aparecido en *Verde Olivo*, *Revolución y Cultura* y *El Caimán Barbudo*. En 1973 obtuvo el premio de cuento en el Concurso 17 de abril, convocado por la DAAFAR. En 1974 ganó el Premio David, de la UNEAC, con su libro de cuentos *Las huellas de un camino*. Es miembro de la Brigada Hnos. Saíz, de la UNEAC. Es alumno de Ciencias Jurídicas en la Universidad de La Habana.

Bibliografía activa

Las huellas de un camino, «Sobre *Las huellas de un camino*», por Imeldo Álvarez García, La Habana, UNEAC, 1975.

Bibliografía pasiva

Pita Rodríguez, Félix, «Contar las cosas que pasaron», en *El Caimán Barbudo*, La Habana, 2.ª época, 95, 19, octubre, 1975.

Barea, **Juan Bautista** (La Habana, 13 enero 1744-Id., 2 febrero 1789). El más antiguo clérigo por Su Majestad de las iglesias auxiliares y parroquiales de La Habana, fue cura rector de su Parroquial Mayor. Propulsor de la cultura pública. Reconocido como el mejor orador sagrado de su tiempo, compuso más de seis mil sermones, pero casi todos se perdieron. Entre ellos fue muy celebrado el *Elogio fúnebre de don Miguel Basilio Betancourt*. Escribió décimas. Tradujo a varios Padres de la Iglesia (San Agustín, San Ambrosio, San Bernardo), a Tertuliano, discursos de Cicerón, odas de Horacio y las historias griega y romana del abate Millet.

Bibliografía activa

Oración panegírica al proto-mártir del siglo de la Penitencia señor S. Juan Nepomuceno, que en los anuales cultos que se le consagran en la Iglesia de San Francisco de Paula, dijo el 25 de mayo de 1778 el Br. don Juan Baptista Barea, cura coadjuntor de las parroquiales y auxiliares de esta ciudad, La Habana, Imprenta de la Real Marina, 1780.

Oración fúnebre en las exequias que se hicieron en La Habana en sufragio del alma del Excmo. señor don Matías de Gálvez, virrey de México, y en obsequio de su hijo el señor Conde de Gálvez, La Habana, 1785.

Oración fúnebre del Excmo. señor don Bernardo de Gálvez, Conde de Gálvez, Teniente General &, que en las exequias dispuestas por el Illmo. y Rmo. señor don Santiago I. Echevarría del Consejo de S. M., Dignísimo Obispo de esta Isla de Cuba, y verificadas en la Parroquial Mayor de S. Cristóbal de esta ciudad de La Habana el 17 de enero, dijo don Juan Bautista Barea, cura beneficiado por S. M. de sus parroquiales y auxiliares, La Habana, Imprenta de la Curia Episcopal, 1787.

Sermón que el Br, don Juan Baptista Barea cura más antiguo de las parroquiales y auxiliares de esta ciudad predicó en acción de gracias a Dios por nuestra perseverancia bajo el abrigo del Illm. señor Obispo don Santiago Echeverría, La Habana, Imprenta de la Curia Eclesiástica, 1787.

Sermón que en Flesa [sic] de acción de gracias a nuestro Dios y Señor, dispuesta por el Monasterio de Sta. Catalina de Sena, y celebrada en su iglesia el día 14 de noviembre de 1786, con motivo de haberse dignado la piedad de nuestro Católico Soberano conceder que continuase en el gobierno de esta Diócesis de Cuba su meritísimo y dignísimo Obispo el señor don Santiago José de Echevarría y Elguezua, del Consejo de S. M. &c propuesto para la de Puebla de los Ángeles, dijo, La Habana, Imprenta de la Curia Eclesiástica, 1787.

Oración fúnebre del Excmo. señor don Matías de Gálvez, Teniente General de los Reales Ejércitos, Virrey, Gobernador y capitán general del Reino de Nueva España, Presidente de sus Reales Audiencias de Guatemala y México, Superintendente General de Real Hacienda y Ramo del Tabaco, Juez conservador de éste, Presidente de su Junta y Subdelegado de la Renta de Correos en el mismo Reino, que en las exequias dispuestas en sufragio por su Alma, y obsequio de Excelentísimo Hijo el señor don Bernardo de Gálvez, conde de Gálvez &c, por el Ilustrísimo y Reverendísimo señor

don Santiago Joseph Echevarría y Elquezua,
Dignísimo Obispo de esta Isla de Cuba, &,
Dixo, el 16 de febrero de 1785, La Habana,
Imprenta de la Curia Episcopal y Real Semi-
nario de San Carlos, 1785.

Sermón de San Agustín predicado en su fiesta
y en su Convento de Nuestra Señora de Can-
delaria de esta ciudad de La Habana el día 28
de agosto de 1785, La Habana, Imprenta de
la Curia Episcopal y Real Seminario de San
Carlos, 1785.

Sermón de San Agustín predicado, el día 28
de agosto de 1786, La Habana, Imprenta de
la Curia Episcopal y Real Seminario de San
Carlos, 1786.

Bibliografía pasiva

González, Miguel, *Expresión fúnebre a la in-*
mortal memoria de don Juan Bautista Barea,
cura más antiguo por S. M. de las parroquiales
y auxiliares de esta ciudad de La Habana, en
que incluyen los jeroglíficos que se pusieron
en el convento de los M.R.R.P.P. Agustinos,
en las honras funerales, que como a hermano, y en sufragio de su alma se hicieron el día
20 de febrero de 1789, La Habana, Imprenta
de la Capitanía General, 1789.

Barnet, **Miguel** (La Habana, 28 enero 1940).
Estudió la enseñanza primaria en un colegio
norteamericano de su ciudad natal. Cursó
estudios de publicidad y de ciencias sociales
en la Universidad de La Habana, pero no
llegó a concluirlos. En 1960 tomó clases en
el Seminario de Etnología y Folklore. Entre
1961 y 1966 fue profesor de folklore en la
Escuela para Instructores de Arte. Trabajó
como investigador en el Instituto de Etnología
de la Academia de Ciencias y en la Biblioteca
Nacional. Ha viajado por los Estados Unidos,
Europa y África. Colaborador en *Hoy,*
Revolución, Casa de las Américas, Unión,
La Gaceta de Cuba, Revista de la Biblioteca
Nacional José Martí, Islas y Actas del Folklore,
así como en las publicaciones extranjeras
Caravelle, L'Expresso, Le Monde, Presence
Africaine y otras. Es redactor de la revista
Unión. Obtuvo mención en el Concurso Casa
de las Américas 1967 con su libro de poemas
La sagrada familia. Su obra *Biografía de un*
cimarrón ha sido traducida a varios idiomas
en múltiples ediciones de diferentes países
europeos. Inspirado en este libro, el compositor alemán Hans Werner Henze compuso la
ópera *Cimarrón.* En Francia, Jean Villard grabó
un disco con fragmentos de la obra. Su libro
Canción de Rachel también ha sido vertido a
otras lenguas. Ha traducido diversos textos del
inglés. Obtuvo el Premio Nacional de Literatura
en 1994.

Bibliografía activa

La piedrafina y el pavorreal, poemas, La Haba-
na, Ediciones Unión, 1963.
Isla de güijes, poemas, La Habana, Ediciones El
Puente, 1964.
Biografía de un cimarrón, La Habana, Institu-
to de Etnología y Folklore, 1966; La Habana,

Ediciones Unión, 1967; La Habana, Instituto Cubano del Libro, 1968; México, Siglo XXI, 1968; Buenos Aires, Editorial Galerna, 1968; Madrid, Editorial Ariel, 1970.

Cimarrón, La Habana, Instituto Cubano del Libro, 1967, Colección Gente Nueva.

La sagrada familia, La Habana, Casa de las Américas, 1967.

Canción de Rachel, La Habana, Instituto Cubano del Libro, 1969; Barcelona, Editorial Stela, 1970; Buenos Aires, Editorial Galerna, 1970.

Bibliografía pasiva

Bueno, Salvador, «*Biografía de un cimarrón*», en *El Mundo del Domingo*, suplemento del periódico *El Mundo*, La Habana, 6, octubre 16, 1966.

Campuzano, Luisa, «Al cabo de un siglo de silencio, biografía de un cimarrón», en *El Caimán Barbudo*, La Habana, 8, 20-21, noviembre 1966.

Casaus, Víctor, «Inventario de cólera y amor», en *Casa de las Américas*, La Habana, 8, 48, 143-144, mayo-junio, 1968.

Colina, José de la, «*La piedrafina y el pavorreal*», en *Bohemia*, La Habana, 56, 14, 23, abril 3, 1964.

Fernández, David, «Piedrafina más pavorreal, igual, poesía», en *Rotograbado de Revolución*, suplemento del periódico *Revolución*, La Habana, 8, 2 459, 14, enero 6, 1964.

Fernández, J. M., «*La piedrafina y el pavorreal*», en *Pueblo y Cultura*, La Habana, 22, 63-64, abril, 1964.

Fernández Guerra, Ángel Luis, «Cimarrón y Rachel, *un continuum*», en *Unión*, La Habana, 9, 4, 161-167, diciembre, 1970.

González, Reynaldo, «*Biografía de un cimarrón*, el testimonio de un solitario», en *Unión*, La Habana, 5, 4, 161-164, oct-diciembre, 1966.

Guérin, Miguel A., «Miguel Barnet, *Biografía de un cimarrón*», en *Sur*, Buenos Aires, 318, 88-90, mayo-junio, 1969.

Justo, Luis, «Miguel Barnet, *Canción de Rachel*», en *Sur*, Buenos Aires, 321, 94-95, noviembre-diciembre, 1969.

León, Waldemar, «*Biografía de un cimarrón*», en *El Mundo*, La Habana, 65, 21 839, 4, marzo 16, 1967.

Ludmer, Iris Josefina, «Miguel Barnet, el montaje de las palabras», en *Los Libros*, Buenos Aires, 1, 3, 7-18, septiembre, 1969.

Martínez Furé, Rogelio, «Dioses y pordioseros», en *La Gaceta de Cuba*, La Habana, 3, 33, 21-22, mar, 20, 1964.

Moreno Fraginals, Manuel, «*Biografía de un cimarrón*, de Miguel Barnet», en *Casa de las Américas*, La Habana, 7, 40, 131-132, enero-febrero, 1967.

Rigali, Rolando, «Otra vez la poesía», en *La Gaceta de Cuba*, La Habana, 3, 41, 23, noviembre, 1964.

Rodríguez Rivera, Guillermo, «El origen de la familia», en *Unión*, La Habana, 6, 2, 152-155, junio, 1968.

Selva, Mauricio de la, «Miguel Barnet, *La sagrada familia*», en *Cuadernos Americanos*, México D. F., 27, 156, 1, 277-279, enero-febrero, 1968.

Suardíaz, Luis, «*Un cimarrón cuenta su historia*», en *Juventud Rebelde*, La Habana, 5, octubre 5, 1966.

Triana, José, «*Biografía de un cimarrón, ¿un relato etnográfico como confiesa su autor o una novela?*», en *La Gaceta de Cuba*, La Habana, 5, 52, 12, agosto-septiembre, 1966.

Barrera, **Diego de la** (Alhucemas, Marruecos, 13 noviembre 1746-La Habana, 7 enero 1802). Residió en La Habana desde niño. Cursó estudios en la escuela de los Padres Dominicos. Ingresó en el ejército. Editó en 1781 la primera *Guía de forasteros de la Isla de Cuba*. En 1782 dirigía *La Gaceta de La Habana*. Fundó en 1790, con don Luis de las Casas, el *Papel Periódico de La Habana*, del que fue el primer director y redactor. Tuvo a su cargo, desde 1793, la publicación del *Calendario manual* y *Guía de forasteros de la Isla de Cuba*.

Barreras, **Antonio** (La Habana, 23 noviembre 1904-Id., 27 enero 1973). Cursó sus primeros estudios en la Academia Casado. Se graduó de Bachiller en 1922. En la Universidad de La Habana obtuvo el título de Doctor en Derecho Civil (1926). Ejerció su profesión en la capital y ocupó el cargo de juez y magistrado en varias ciudades del interior. En junio de 1934 fundó la revista *Mundo Contemporáneo*, de la que fue director y único redactor. Creó el Premio «Hernández Catá», otorgado anualmente a partir de 1942. Publicó la revista *Memoria de Alfonso Hernández Catá* (1953). Colaboró en *Heraldo Pinareño, Tiempo Nuevo, Civilización, Social, Orto, Cervantes, Diario de la Marina*. Se dedicó con preferencia al estudio del derecho constitucional en Cuba. Es autor de la recopilación y el prólogo de *Textos constitucionales de Cuba* (*1812-1940*) (La Habana, Editorial Minerva, 1940). Su libro de cuentos *La culpable* fue traducido al francés (París, Imprimerie R. Guillemot & L. de Lamothe, 1926.

Bibliografía activa

La culpable, relatos, La Habana, Editorial Hermes, 1924.

Diccionario biográfico del Poder Judicial, La Habana, Cultural, 1936.

Las constituciones en Cuba, La Habana, Ediciones del periódico *El Mundo*, 1937-1942, 6 T.

Proyecto de Constitución de la República de Cuba, poder judicial, Pinar del Río, Imprenta La Comercial, 1940.

Providencias mixtas, monografía de derecho procesal civil, La Habana, Talleres de Pérez Sierra, 1942.

Prontuario de derecho constitucional cubano, prólogo de Fernando González Campoamor, La Habana, Imprenta Pérez Sierra, 1943.

Bibliografía pasiva

González Campoamor, Fernando, «Barreras, hombre en vigilancia», en su *Archipiélago* La Habana, Imprenta Editorial Alfa, 1941, págs.

23-26.

Maestri, Raoul, «Algo sobre *La culpable* de Antonio Barreras», en *Diario de la Marina*, La Habana, 93, 4, 3, enero 4, 1925.

«Un nuevo libro cubano, *La culpable*, de Antonio Barreras», en *Alma Cubana*, La Habana, 3, 1, 32-33, enero, 1925.

Barros, **Bernardo G.** (Guanabacoa, La Habana, 5 enero 1890-La Habana, 20 mayo 1922). Cursó el bachillerato en La Habana. Comenzó la carrera de Derecho, pero la abandonó para dedicarse al periodismo. Alrededor de 1908 colaboraba en *El Fígaro* —del que llegó a ser secretario de redacción— y *Heraldo de Cuba.* Perteneció más tarde (1914-1917) a la redacción de este último diario y colaboró en su sección fija «La vida literaria». Sus trabajos aparecieron además en *La Discusión, El Mundo, Diario de la Marina, Letras, El Mundo Ilustrado, Revista de Bellas Artes, Social, Cuba Contemporánea, Revista de América* (París). Algunos fueron reproducidos en *El Universal* y *El Tiempo Ilustrado*, de México, así como en *El Universal*, de Caracas, y *Variedades*, de Lima. Fue redactor de *Cuba Contemporánea.* Dirigió el *Diario de Sesiones* del Senado. Fue fundador de la Sociedad de Conferencias y de la Sociedad Teatro Cubano. Elegido miembro de la Academia Nacional de Artes y Letras, falleció antes de tomar posesión. Dejó escrito su trabajo de ingreso, titulado «Origen y desarrollo de la pintura en Cuba», publicado en el folleto *Discursos pronunciados en la sesión solemne celebrada por esta corporación a la memoria del académico electo fallecido señor Bernardo G. Barros y Gómez, el día 12 de mayo de 1924* La Habana, Imprenta El Siglo XX, 1924, págs. 3-30). Se destacó como crítico de arte y como conferenciante. Escribió, además, novelas (*La senda nueva*, 1913, y *La red*, que quedó inconclusa) y cuentos. Tradujo *Silhouettes allemandes*, de Paul Louis Hervier, y la novela *L'Adjudant Bancit*, de Marcel Prévost, publicadas ambas en *Heraldo de Cuba.* Utilizaba el seudónimo *Ariel.*

Bibliografía activa

La caricatura contemporánea, Madrid, Editorial América, 1918, 2 V.

Bibliografía pasiva

Carbonell, José Manuel, «Discurso pronunciado por el presidente de la Academia, en la sesión solemne celebrada el día 12 de mayo de 1924 a la memoria del académico electo señor Bernardo G. Barros y Gómez, en *Discursos pronunciados en la sesión solemne celebrada por esta corporación a la memoria del académico electo fallecido señor Bernardo C. Barros y Gómez, el día 12 de mayo de 1924*, La Habana, Imprenta El Siglo XX, 1924, págs. 31-36, Academia Nacional de Artes y Letras.

«Bernardo G. Barros y Gómez, 1890-1922», en *su Las bellas artes en Cuba*, recopilación dirigida, prologada y anotada, tomo único, La Habana, Imprenta El Siglo XX, 1928, págs. 260-270, Evolución de la cultura cubana,

1608-1927, 18.

Guiral Moreno, Mario, «Bernardo G. Barros», en *Cuba Contemporánea*, La Habana, 10, 29, 114, 101-105, junio, 1922.

Batista, **René** (Camajuaní, Las Villas, 22 marzo 1940-mayo 2010). Cursó los estudios primarios y secundarios en su pueblo natal. Desde muy joven se dedicó a diferentes oficios manuales. Tomó parte en la lucha contra bandidos en la sierra del Escambray (1961). Dirigió el taller literario «José García del Barco» (1967-1969) y la revista *Hogaño*, ambos de Camajuaní. Fue responsable de la sección histórica del periódico *Vanguardia* (1969). Ha obtenido premios en concursos convocados por la Universidad Central de Las Villas y el Consejo Nacional de Cultura. En 1971 ganó el premio de poesía en el concurso anual que convoca la Unión de Escritores y Artistas de Cuba. Apareció antologado en *Punto de partida* (La Habana, Instituto Cubano del Libro, 1970). Ha colaborado en *Signos*, *El Caimán Barbudo*, *Juventud Rebelde*, *Bohemia*. Actualmente trabaja como activista de historia en la Comisión de Orientación Revolucionaria de Camajuaní.

Bibliografía activa

Principio y desarrollo del periodismo en Camajuaní, Caibarién, 1967.

Componiendo un Paisaje, La Habana, Unión de Escritores y Artistas de Cuba, 1972.

Bibliografía pasiva

Bianchi Ross, Ciro, «Entrevista con René Batista Moreno», en *La Gaceta de Cuba*, La Habana, 99, 2-3, enero, 1972.

Branly, Roberto, «Poesía en zafra», en *Juventud Rebelde*, La Habana, 2, enero 20, 1972.

Batista Reyes, **Alberto** (Central Tacajó, Oriente, 4 marzo 1945-Nueva York, 24 julio 2013). Estudió la segunda enseñanza en Holguín. Cursó un año (1965) de la carrera de economía en la Universidad de Oriente. Entre 1966 y 1967 fue alumno de un curso de filosofía. En 1968 trabajó como profesor de filosofía en la Universidad de La Habana. Desempeñó labores de divulgación y propaganda en la Columna Juvenil del Centenario. Desde 1972 trabaja como capacitador en la Empresa de la Química. Ha colaborado en *El Bayardo* —de la Columna Juvenil—, *Adelante* (Camagüey), *Teoría y Práctica y Juventud Rebelde*. En 1975 ganó premio en el Concurso 13 de marzo por el libro de cuentos *Uno de los mil días* y el premio de testimonio en el Concurso 26 de julio, de las FAR, con el libro *Los nuevos conquistadores*. Ese mismo año viajó a la Unión Soviética. Cursa la licenciatura en Lengua y Literatura Hispánicas en la Universidad de La Habana.

Bibliografía pasiva

F. R. S., «*Los nuevos conquistadores*», en *Bohemia*, La Habana, 67, 50, 28-29, diciembre

12, 1975.

Bayo, **Alberto** (Camagüey, 27 marzo 1892-La Habana, 4 agosto 1967). A los seis años pasó a vivir con su familia a Islas Canarias. En España cursó estudios militares. Combatió en la guerra de guerrillas de Marruecos (1920-1926). Al estallar el golpe militar fascista en 1936 ocupó importantes frentes de combates antifranquistas. Se trasladó a Cuba en abril de 1939. Ese mismo año organizó en La Habana la Academia Matemática, que funcionó bajo su dirección hasta 1941. Desde esa fecha y hasta 1959 vivió en México y viajó por diversos países latinoamericanos y por Estados Unidos desarrollando actividades políticas, entre las que se destacan la organización de guerrillas en Centroamérica (1948). Entrenó a los expedicionarios del «Granma» en México (1956). Publicó la mayor parte de su obra durante los años que vivió fuera de Cuba. Regresó a Cuba a principios de 1959 y organizó la primera escuela de guerrilleros. Dio numerosas conferencias por todo el país. Es autor de los libros de poesías *Mis cantos de aspirante* (Guadalajara, España, 1911), *Canciones del Alcázar* (Toledo, 1914), *El Tenorio laico* (Madrid, 1938), *Cámara* (México D. F., 1951), *Mis versos de rebeldía* (México D. F., 1958), *Sangre en Cuba* (México D. F., 1958) —estos dos últimos sobre la rebelión cubana—, etc., así como de las novelas *Juan de Juanes* (Barcelona, 1926) y *Uncida al yugo* (Barcelona, 1926). La primera edición de sus poemas *Fidel te espera en la sierra*, apareció en México en 1958. Escribió también, sobre su experiencia como combatiente, varias biografías, una *Terminología militar* (La Habana, 1963), y un *Diccionario militar* (La Habana, 1965). Sus *Memorias* permanecen inéditas.

Bibliografía activa

Fidel te espera en la sierra, 2.ª edición, La Habana, Editorial Lex, 1959; 3.ª edición, La Habana, 1960; 4.ª La Habana, Editorial Revolucionaria Bayo Libros, 1961; 5.ª edición, La Habana, Editorial Bayo Libros, 1965.

Mi aporte a la Revolución cubana, prólogo del Comandante Ernesto Guevara, La Habana, Imprenta Ejército Rebelde, 1960.

Versos revolucionarios, La Habana, 1960.

150 preguntas a un guerrillero, 30.ª edición, La Habana, 1961.

El Tenorio cubano, versos, La Habana, 1961.

Mis versos, La Habana, Imprenta Marón, 1965.

Bibliografía pasiva

García, Manolo, «¡Ahora Fidel puede enseñarme a mí», entrevista, en *Bohemia*, La Habana, 51, 3, 170-172, enero, 1959.

Ordóñez Argüello, Alberto, «La figura combativa y pintoresca del general Alberto Bayo», en *Carteles*, La Habana, 40, 7, 84-85, 98, febrero, 1959.

Beiro, **Luis** (Santiago de las Vegas, La Habana, 6 mayo 1950). En 1966 ingresó en la Escuela Formadora de Maestros Militares «Pepito Tey», donde permaneció poco menos de un año. Más tarde pasó a trabajar en la Prisión Militar del Ejército de Oriente, donde fue maestro de primaria, de secundaria y de instrucción política. En 1968 fue trasladado a la Fiscalía Militar del Ejército de Oriente, donde permaneció hasta que fue desmovilizado de las FAR poco después. Ganó el segundo premio de poesía en el Concurso XIII Aniversario de los CDR. En 1974 ganó el premio de literatura infantil en el concurso La Mujer en la Revolución, convocado por la FMC, por su poema «La semillita». Es miembro de la Brigada Hnos. Saíz, de la UNEAC. Ha publicado poemas en diversas revistas cubanas, Licenciado en Ciencias Jurídicas en la Universidad de La Habana.

Bibliografía activa

En las líneas del triunfo, poesía, La Habana, UNEAC, 1975.

Bibliografía pasiva

Zamora, Vladimir, y Arturo Arango, «*Las líneas del triunfo*, un primer cuaderno de búsqueda», en *El Caimán Barbudo*, La Habana, 2.ª época, 95, 25, octubre, 1975.

Benet, **Eduardo** (Cienfuegos, 1 julio 1879-Id., 3 septiembre 1955). Cursó las primeras letras en su ciudad natal. Emigró a los Estados Unidos y realizó estudios en Boston (1894). Regresó a Cuba en 1896 y se incorporó de inmediato al ejército mambí, donde obtuvo el grado de Alférez de Caballería. Al cese de la dominación española ocupó, en Cienfuegos, diversos cargos administrativos. Dirigió la revista literaria *Juventud* (1913). Fue miembro correspondiente del Centro Cultural Euclides da Cunha, de Brasil. En 1953 le fue otorgada por el Ateneo de Cienfuegos la medalla anual, como reconocimiento a su producción literaria.

Bibliografía activa

De mi musa, Cienfuegos, Imprenta Excélsior, 1923.

Del remanso y del ensueño, Cienfuegos, Imprenta Excélsior, 1938.

El sembrador de esperanzas, poemas, Cienfuegos, Imprenta Excélsior, 1939.

Plumas al viento, versos de retaguardia, Cienfuegos, 1935.

Bandera cubana, poemas, Cienfuegos, Prensa Excélsior, 1941.

El jardín de la inocencia; versos para lectores de 7 a 12 años..., Cienfuegos, Prensa Excélsior, 1943.

Voces de la cima, Cienfuegos, Prensa Excélsior, 1943.

Un respiro, Una canción..., Cienfuegos, Imprenta Excélsior, 1944.

Del hogar y del aula, Escenas escolares, Cienfuegos, Minerva Excélsior, 1945.

Con la sordina puesta, Cienfuegos, Imprenta Excélsior, 1946.

La primavera vuelve, Varias pinceladas líricas para jóvenes y viejos, Cienfuegos, Imprenta Excélsior, 1948.

Cuando se va la vida, poemas, Cienfuegos,

Prensa Excélsior, 1949.

Persiguiendo luceros, poemas, Cienfuegos, 1945.

Yo, pecador, Cienfuegos, Minerva Excélsior, 1954.

La vida y yo, compendio lírico, Cienfuegos, Minerva Excélsior, 1956.

Ensayo de haikai antillano; el haikai se escribe en una hoja de cerezo, Cienfuegos, Prensa Excélsior, 1957.

Punto final; unos retazos del 58 y un manojito de haikais, La Habana, Imprenta P. Fernández, 1959.

Antología, versos infantiles, Cienfuegos, 1957.

Birín, Bocetos de una edad famosa, Cienfuegos, La Habana, Imprenta P. Fernández, 1957.

Birín, novela, La Habana, Universidad Central de Las Villas, Dirección de Publicaciones, 1962.

Un jabuquito de haikais, Cienfuegos, Imprenta Fernández, 1962.

Mi pasado de ensueño, Cienfuegos, Empresa de Artes Gráficas, 1965.

Bibliografía pasiva

«Eduardo Benet y Castellón, *El sembrador de esperanzas*», en *América*, La Habana, 5, 1, 93-94, ene, 1940.

Feijóo, Samuel, «*Punto Final*» en *Islas*, La Habana-Santa Clara, 5-6, 809-810, enero-agosto, 1960.

Iznaga, Alcides, «*Birín*, otra vez», en *Nueva Revista Cubana*, La Habana, 1, 2, 164-166, julio-septiembre, 1959.

Sancliment A., Julio, «Poetas villareños, Eduardo Benet y Castellón», en *Heraldo de Las Villas*, Santa Clara, 30, 507, 3, julio 4, 1945.

Valle, Adrián del, «Eduardo Benet, *De mi musa*», en *Revista Bimestre Cubana*, La Habana, 19, 2, 158-159, marzo-abril, 1924.

Benítez, Adigio (Santiago de Cuba, 26 enero 1924-mayo 2013). Muy joven aún ingresó en el Partido Socialista Popular (1942). En 1949 se graduó en la escuela de artes plásticas de San Alejandro y comenzó a trabajar en el periódico *Noticias de Hoy*, donde permaneció hasta 1953. Asistió al Congreso por la Paz celebrado en Viena en 1952. De 1953 a 1958 realizó labores clandestinas en la *Carta Semanal*, del PSP, y trabajó como dibujante comercial en diversas empresas publicitarias. Como artista plástico ha participado en varias exposiciones, tanto en Cuba como en el extranjero. Ha viajado por la Unión Soviética, República Popular China y algunos países de Europa occidental. En 1965 fue estrenada, en la Escuela de Maestros de Topes de Collantes, la cantata «A Manuel Ascunce», con música de Nilo Rodríguez, inspirada en textos suyos. Dibujante en *Granma* y profesor de dibujo en la Escuela Nacional de Arte. Ha cultivado también la pintura y el grabado.

Bibliografía activa

Días como llamas, poemas, La Habana, 1962.

Manuel Ascunce, elegía y otros poemas y dibu-

jos, La Habana, Ediciones Especiales Belic, 1964.

Bibliografía pasiva

Augier, Ángel, «Línea y poesía de Adigio», en *Hoy Domingo*, suplemento del periódico *Hoy*, La Habana, 10, noviembre 15, 1964.

Benítez, **Antonio** (La Habana, 14 marzo 1931). Estudió la enseñanza primaria y parte de la secundaria en el Colegio de Belén. En el Instituto de Segunda Enseñanza y en la Universidad de La Habana obtuvo, respectivamente, los títulos de Bachiller en Letras y de Contador Público. Cursó estadística en la American University de Washington. Dirigió el departamento de Estadística del Ministerio del Trabajo y la Casa del Teatro del Consejo Nacional de Cultura. Fue jefe de redacción de la revista *Cuba*. Ha viajado por Centroamérica y Europa. Colaborador en *Unión*, *Casa de las Américas*, *El Caimán Barbudo*, *La Gaceta de Cuba*, *Bohemia*, *Universidad de La Habana*, *Santiago*. Han aparecido colaboraciones suyas también en *Les Lettres Nouvelles*, *Cuadernos del Ruedo Ibérico* (París) e *Ínsula* (Madrid). Con su libro de cuentos *Tute de Reyes* ganó el Premio Casa de las Américas 1967. Al año siguiente obtuvo el premio de cuento «Luis Felipe Rodríguez», de la UNEAC, con *El escudo de hojas secas*. Es autor de la *Recopilación de textos sobre Juan Rulfo* (La Habana, Casa de las Américas, 1969) y de las antologías *Quince relatos de la América Latina* (La Habana,

Casa de las Américas, 1970, en colaboración con Mario Benedetti) y *10 noveletas breves y famosas* (La Habana, Instituto Cubano del Libro, 1971). Algunos cuentos suyos han sido traducidos al francés, al ruso, al alemán y al húngaro. Trabaja como investigador en el Centro de Investigaciones Literarias de la Casa de las Américas.

Bibliografía activa

Tute de reyes, relatos, La Habana, Casa de las Américas, 1967.

El escudo de hojas secas, relatos, La Habana, Ediciones Unión, 1969; Buenos Aires, Aditor, 1969; Buenos Aires, Centro Editor de la América Latina, 1972.

Bibliografía pasiva

Acosta, Leonardo, «Benítez gana la partida», en *Casa de las Américas*, La Habana, 8, 45, 166-169, noviembre-diciembre, 1967.

Arenas, Reinaldo, «Benítez entra en el juego», en *Unión*, La Habana, 6, 2, 146-152, junio, 1968.

Ayala, Delia, «En torno a *Tute de reyes*», en *Cultura Universitaria*, Caracas, 98-99, 30-35, enero-junio, 1968.

Claro, Elsa, «Un escudo y sus hojas», en *Juventud Rebelde*, La Habana, 2, agosto 18, 1969.

Fuentes, Jorge, «Sepultando estatuas», en *Granma*, La Habana, 3, 238, 5, septiembre 26, 1967.

Llopis, Rogelio, «*El escudo de hojas secas*», en *Casa de las Américas*, La Habana, 11, 62, 199-

201 agosto 18, 1969.

Proda, Renato, «Cuba, literatura y revolución, Diálogo con Antonio Benítez», en *Difusión*, La Paz, Bolivia, 1, 2, 6-7, abril 30, 1971.

Saldaña, Excilia, «Benítez Rojo, el destructor de mitos», en *El Caimán Barbudo*, La Habana, 2.ª época, 42, 26-28, noviembre, 1970.

Benítez, **José Antonio** (La Habana, 14 mayo 1921). Realizó estudios primarios y secundarios en su ciudad natal. Desempeñó distintos oficios hasta que en 1944 se trasladó a Nueva York, donde cursó algunos años de periodismo en la Universidad de Columbia. Representó en las Naciones Unidas a diversas publicaciones latinoamericanas y fue redactor de la edición norteamericana del periódico *El Imparcial*. Ha viajado por varios países del continente americano. Entre 1954 y 1959 trabajó en el Departamento Internacional de la United Press International. A mediados de 1959 regresó a Cuba y casi de inmediato volvió a los Estados Unidos como corresponsal de *Revolución* ante las Naciones Unidas. Desde su regreso definitivo en 1960, ha desempeñado labores en la prensa cubana y ha colaborado en *Bohemia*, *Casa de las Américas*, *Granma*. En 1967, su libro *David Goliat siglo XX* obtuvo premio en el concurso convocado por las *Ediciones Granma*. Ejerció como profesor de la Escuela de Periodismo de la Universidad de La Habana en el curso 1967-1968. Trabaja en la plana ideológica de *Granma*.

Bibliografía activa

África, Biografía del colonialismo, La Habana, Ediciones R, 1964.

David Goliat siglo XX, La Habana, Ediciones Granma, 1967.

Técnica periodística, La Habana, Unión de Periodistas de Cuba, 1971.

Bibliografía pasiva

«Los jurados opinan, Carlos Rafael Rodríguez», en *Revista del Granma*, suplemento del periódico *Granma*, La Habana, 3, 6, 6-7, febrero 5, 1967.

Matamoros, Marta, «Premio ensayo, entrevista con José A. Benítez», en *Revista del Granma*, suplemento del periódico *Granma*, La Habana, 3, 6, 4-5, febrero 5, 1967.

Berenguer y Sed, **Antonio** (Santa Clara, 30 abril 1864). Cursó estudios en su ciudad natal. En la Universidad Central de Madrid obtuvo el título de abogado. Al regresar a Cuba ejerció la carrera. Fue apresado en 1895, al estallar la guerra, pero logró escapar a México. Al cese de la dominación española ocupó los cargos de consejero provincial, senador por el Partido Liberal y embajador de Cuba en Portugal. Colaboró en *El Fígaro* y otras publicaciones de La Habana y Santa Clara. Recopiló, en varios tomos, los discursos del dictador Gerardo Machado.

Bibliografía activa

Villa Clara, Revista cómico-lírico-dramáticocrítica en un acto y cuatro cuadros, Villa Clara, El Iris, 1895.

El marqués de García, comedia en tres actos y en prosa, Villa Clara, Imprenta de Miranda, 1899.

La reconcentrada, Episodio dramático histórico, en un acto y en prosa, Villa Clara, Imprenta El Iris, 1900, *discurso y rectificación del senador por la provincia de Santa Clara don Antonio Berenguer y Sed, Sesiones del 4 y 6 de mayo de 1910*, La Habana, Imprenta y papelería de Rambla y Bouza, 1910.

Ponencia del Doctor Antonio Berenguer y Sed opuesta a la proposición de ley de regadío y aprovechamiento de las aguas, presentada por el senador señor José B. Alemán», La Habana, Imprenta y Papelería de Rambla y Bouza, 1911, *discurso del Doctor Antonio Berenguer y Sed sobre cinco proposiciones de ley que presentó al Senado*, La Habana, Imprenta La Moderna Poesía, 1912.

Potpurrí literario, Prosa, La Habana, Imprenta Molina, 1925.

Tradiciones villaclareñas, tomo 1, con cartas del general presidente y de los doctores Clemente Vázquez Bello y Juan Gutiérrez Quirós, Epílogo de Manuel Serafín Pichardo, ministro consejero de la Embajada de Cuba en Madrid, La Habana Imprenta y Papelería de Rambla y Bouza, 1929.

Bibliografía pasiva

García Garófalo Mesa, Manuel, «Antonio Berenguer y Sed», en su *Los poetas villaclareños*, La Habana, Imprenta J. Arroyo, 1927, págs. 172-173.

Bergaño, Simón (Guatemala, 1721-España, 1820). Trelles asegura que nació en España y que vivió nueve años en Guatemala, pero el resto de las referencias da éste como su país de origen. Expulsado de Guatemala por problemas políticos, se trasladó a La Habana, donde desplegó una intensa labor como periodista. En 1809 colaboró en *El Aviso*. Fundó y dirigió en 1811 el *Correo de las Damas*. Ese mismo año fue acusado por el Obispo Espada, junto con su socio Joaquín José García, de atentar contra la moral pública en artículos aparecidos en dicha publicación. Fue fundador y redactor del *Diario Cívico* (1812) y director-redactor del *Patriota Americano* (1811-1812) y del *Esquife* (1813-1814). En 1814 fue desterrado a España. Utilizó los seudónimos *Bañoger*, *Philatelhes* y *Veritasphilo* y las iniciales B., B. y V.

Bibliografía activa

Cuatro piezas poéticas, Guatemala, Imprenta de M. Arévalo, 1803.

La vacuna, Canto dirigido a los jóvenes, con una silva de Economía Política, Nueva Guatemala, don Ignacio Beteta, 1808.

Proclama, Guatemala, Beteta, 1808-1809.

Reflexiones sobre la importancia de las funciones patrióticas, y los justos motivos con que los dependientes del Hospital Militar de San Ambrosio de La Habana, solemnizaron en él la colocación del augusto retrato del Rey Nuestro Señor Don Fernando VII, La Habana, Boloña, 1809.

Manifiesto que publica uno de los Editores del Correo de las Damas, D. J. B..., y V..., para sincerar su opinión vulnerada en la «Pastoral» impresa el dos de septiembre contra el «Rasgo filosófico de Dorila», y la persona del autor, La Habana, Imprenta de Pedro Nolasco Palmer, 1811.

El desengañado; o sea, Despedida de la Corte y elogio de la vida del campo, discurso, La Habana, Imprenta Liberal, 1814.

Bibliografía pasiva

Cabrera y Palma, Juan de, *Dedicatoria que ofrece D. J. de C..., y P..., en obsequio del Illmo, señor Diocesano, en la cual procura y desea satisfacer la dignidad del pastor y ministros del culto, licenciosamente vulnerada por don Juan Bergaño y Villegas, en su manifiesto impreso con notorio escándalo público, y de las personas de sano juicio*, La Habana, 1812.

López Prieto, Antonio, *Parnaso cubano*, Colección de poesías selectas de autores cubanos desde Zequeira a nuestros días, precedida de una introducción histórico-cultural sobre el desarrollo de la poesía en Cuba, con biografías y notas críticas y literarias de reputados literatos, La Habana, Editor Miguel de Villa, 1891, pág. LIV.

Pronta vindicación del libelo infamatorio impreso contra Don Simón Bergaño y Villegas en la Tertulia de La Habana número 31, del martes 11 del corriente, La Habana, Imprenta de Juan Pablo, 1812.

Un Víctor al señor Cabrera, contestación de un escribiente de Bergaño a don Juan Cabrera, La Habana, 1812.

Bermúdez, **Anacleto** (La Habana, 13 julio 1806-Id., 1 septiembre 1852). Cursó la Segunda enseñanza y comenzó la carrera de derecho en el Seminario de San Carlos. Fue alumno de Varela y Escovedo. Firmó la exposición que dirigieron a Cortes los alumnos de la clase de Constitución del Seminario, en 1823, contra el absolutismo. Tiempo después pasó a Madrid, donde prosiguió sus estudios de derecho hasta graduarse de Licenciado. Trabajó con los abogados de más reputación en la Corte. Volvió a Cuba y se estableció definitivamente. Asistió a las tertulias de Del Monte. Al parecer, colaboró con artículos anónimos en *El Revisor Político y Literario*. Publicó poemas en *El Puntero Literario* (1830), *La Moda* (1831). *La Cartera Cubana* (1838-1840). Abandonó la poesía y se entregó completamente al ejercicio de su profesión. Los diversos litigios en que intervino le trajeron prestigio y la malquerencia del gobierno español, lo que le costó ser suspendido varias veces del ejercicio de su carrera. Entre 1847 y 1849 escribió sus *Lecciones de Derecho Mercantil*. Participó en la conspiración anexionista llamada «de Vuelta Abajo». Se destacó como orador forense, pero sus discursos no han sido recogidos. No publicó sus poemas en libro. Le sorprendió la muerte mientras se preparaba el proceso contra los conspiradores, descubiertos en 1852. Utilizó los seudónimos *Delicio, Fileno* y las iniciales A. B. y B.

Bibliografía pasiva

Santovenia, Emeterio Santiago, «Anacleto Bermúdez, abogado de los pobres», en su *Estudios, biografías y ensayos*, La Habana, Impresores Úcar, García, 1957, págs. 339-351.

Valverde, Antonio L., «Anacleto Bermúdez y Pérez», en *Social*, La Habana, 9, 8, 46, agosto, 1924.

Bernal, **Emilia** (Nuevitas, Camagüey, 8 mayo 1884-Washington, 1964). Pasó su infancia y adolescencia en los campos cercanos a su pueblo natal, sin realizar estudios programados, a pesar de que su madre era maestra rural. Durante la guerra del 95 su casa fue quemada, y ella, junto con sus padres, marchó a Santo Domingo, país del que regresaron al poco tiempo al no hallar medios de vida. Se trasladó a La Habana y en 1910 publicó sus primeras composiciones. Colaboró en *La Nación*, *Bohemia*, *Social*, *El Fígaro*. Viajó por distintos países de América y Europa. Permaneció fuera de Cuba gran parte de su vida.

Bibliografía activa

Alma errante, poemas, «Emilia Bernal, Para su primer libro», por Manuel Márquez Sterling, La Habana, Imprenta y Papelería de Rambla y Bouza, 1916.

¡Como los pájaros! San José de Costa Rica, J. García Monge, editor, 1922.

Poesías inéditas, Nueva York, 1922.

Layka Froyka; el romance de cuando yo era niña, Madrid, Talleres Calpe, 1925; 2.ª edición, Madrid, Imprenta de Galo Sáez, 1931.

Los nuevos motivos, poemas, Madrid, Talleres Calpe, 1925.

Vida, poemas, Madrid, Talleres Calpe, 1925.

Cuestiones cubanas, Madrid, Imprenta Viuda Hernández y Galo Sáez, 1928.

Poemes, Barcelona, Editorial Altés, 1922, texto en catalán.

Martí por sí mismo, La Habana, Imprenta Molina, 1934.

Negro, poemas, La Habana, Imprenta Molina, 1934.

América, Santiago de Chile, Editorial Nascimiento 1937.

Ensayo sobre el problema de la raza negra en Cuba, Santiago de Chile, Anales de la Universidad, 1937.

Sentido, Prosas, Santiago de Chile, Imprenta Universitaria, 1937.

Sonetos, Chile, Prensas de la Universidad de Chile, 1937.

Mallorca, Prosa y verso, Santiago de Chile, 1938.

Bibliografía pasiva

Carbonell, José Manuel, «Emilia Bernal, 1884», en su *La poesía lírica en Cuba*, recopilación dirigida, prologada y anotada, tomo 5, La

Habana, Imprenta El Siglo XX, 1928, págs. 211-212, Evolución de la cultura cubana, 1608-1927, 5.

Díez-Canedo, Enrique, «Versos y prosas de Emilia Bernal», en su *Conversaciones literarias, Tercera serie, 1924-1930*.

México, Joaquín Mortiz, 1964, págs. 143-146.

Florit, Eugenio, «Emilia Bernal», en *Acción*, La Habana, 1, 7, 16, agosto 18, 1934.

Junoy, José María, «Emilia Bernal poetisa y conferenciante», en *Ahora*, La Habana, 3, 459, 4, febrero 14, 1935.

Martínez Amengual G., «Un mensaje de amor y de aliento», en *Ariel*, La Habana, 1, 3, 7-8, agosto-septiembre, 1928.

Suárez Solís, Rafael, «Versos de Emilia Bernal», en *Ahora*, La Habana, 2, 384, 4, noviembre 15, 1934.

Vitier, Cintio, «Emilia Bernal», en su *Cincuenta años de poesía cubana, 1902-1952*, ordenación, antología y notas, La Habana, Ministerio de Educación, Dirección de Cultura, 1952, pág. 143.

Bernal, **José Calixto** (Puerto Príncipe, 14 octubre 1804-Madrid, 20 diciembre 1886). Cursó estudios en el Seminario de San Carlos y en el de San Ambrosio. Ingresó en la Universidad de La Habana, donde estudió leyes. En 1820 se graduó de Bachiller en Leyes y en 1822 de Licenciado en Derecho. Se trasladó a su ciudad natal y allí ejerció la abogacía. Fue uno de los fundadores y vocal de la Academia de Jurisprudencia de Puerto Príncipe. Contribuyó a la creación del Colegio de Abogados. Permaneció en Camagüey hasta 1834. Pasó más tarde a Madrid, donde residió durante tres años. Tras su regreso a Cuba, ejerció nuevamente la carrera de abogado. Fue nombrado fiscal de la Audiencia de La Habana. En 1841 visitó Francia, Inglaterra, Italia, Alemania, Suiza, Portugal, y España. Pasó los últimos cuarenta años de su vida en Madrid. Allí colaboró en *La Discusión, La Reforma, Las Antillas, El Jurado, El Demócrata, Las Novedades, El Sufragio Universal, Revista Hispano-Americana, La América*. Desde la prensa aboga por las reformas políticas para Cuba. Fue uno de los fundadores del Ateneo de Madrid. En 1865 fue nombrado comisionado por Puerto Príncipe, entre otros informantes para las posibles reformas en las Antillas, como miembro de la Junta de Información. Escribió poemas y una pieza teatral. Su libro *Teoría de la autoridad aplicada a las naciones modernas* fue traducido al francés.

Bibliografía activa

Miscelánea, Impresiones y recuerdos, Madrid, Imprenta de D. Francisco Díaz, 1845.

La Démocratie au XIXem siècle ou la Monarchie Democratique, Pensées sur des réformes sociales, París, Dauvin et Fontaine, Libraires, 1847.

Teoría de la autoridad aplicada a las naciones modernas, Madrid, Imprenta M. Minuesa, 1856-1857, 2 V.

La democracia o el individualismo, Madrid,

1859.

Vindicación, Cuestión de Cuba por un español cubano, Madrid, Imprenta de N. Pérez Zuloaga, 1871.

Cuba y la Hacienda española, París, M. Denné Schmith, 1873.

Tratado político, El derecho, Teoría y aplicación del derecho, y la autoridad, Madrid, Imprenta M. Minuesa, 1877.

La reforma política en Cuba y su ley constitutiva, Madrid, Imprenta de Fortanet, 1881.

Bibliografía pasiva

A. B. L., «Biografía del señor don José Calixto Bernal», en *La Ilustración Cubana*, La Habana-Barcelona, 3, 33, 370-371, noviembre 30, 1887.

Marino Pérez, Luis A., «El proyecto de la Liga de las Naciones, de Calixto Bernal, 1857», en *Cuba Contemporánea*, La Habana, 20, 411-415, 1919.

Morales y Morales, Vidal, «Calixto Bernal y Soto, Apuntes biográficos, Su vida, I, Sus ideas políticas, II», en *Revista Cubana*, La Habana, 5, 70-74, enero, 1887.

Valverde, Antonio L., «Jurisconsultos cubanos, José Calixto Bernal y Soto», en *Cuba Contemporánea*, La Habana, 32, 226-239, 1923.

José Calixto Bernal y Soto, Preclaro defensor en España de los derechos de Cuba, Autoridad y democracia, el derecho, la opinión pública, la autonomía, la, Liga de las Naciones, La Habana, Editor Jesús Montero, editor, 1942, Biblioteca de historia, filosofía y sociología, 10.

Zamora, Juan Clemente, «Calixto Bernal, vigencia actual de su pensamiento político», en *Universidad de La Habana*, 5, 30-33, 233-250, mayo-diciembre, 1940.

Betancourt, José Ramón (Camagüey, 17 octubre 1823-La Habana, 23 junio 1890). Pasó su infancia en Camagüey. Allí cursó la primera enseñanza en el colegio de los Padres Escolapios y fue alumno de filosofía y latín. Se trasladó a La Habana y estudió Leyes en el Seminario de San Carlos. En 1847 obtuvo el título de Licenciado en Derecho Civil y Canónico y el de abogado, otorgado por la Audiencia de Puerto Príncipe. En dicha ciudad fue nombrado síndico procurador general del Ayuntamiento. En 1851 fue desterrado a España por su vinculación con los grupos anexionistas que operaban en Camagüey. Regresó a La Habana en 1856. Ocupó la dirección del Liceo Artístico y Literario. Fue designado síndico del Ayuntamiento de La Habana con el cargo de teniente alcalde (1866). Se trasladó a Europa en 1868 a causa de la ola represiva desatada contra el alzamiento de Céspedes. Viajó por Italia, Francia y España. En este último país fue nombrado diputado a Cortes por Puerto Rico. A través de dicho cargo denunció la trata de esclavos y expuso la grave situación política y social de Cuba y Puerto Rico. En 1879 fue designado diputado a Cortes por Camagüey. Gracias a sus gestiones fue creado el Banco Agrícola y el Instituto de

Segunda Enseñanza de su ciudad natal. Fue electo Senador del Reino por la Sociedad Económica de Amigos del País de Cuba y Puerto Rico (1882). Colaboró en *La Gaceta* y *El Fanal* (Camagüey) y en la *Revista de Cuba* y la *Revista Geográfica Comercial* (Madrid). Utilizó los seudónimos *El estudiante* y *Las dos banderas*.

Bibliografía activa

Una feria de la caridad en 183...; cuento camagüeyano, Puerto Príncipe, 1841; 2.ª edición, Puerto Príncipe, Imprenta del Fanal, 1856; 3.ª edición, La Habana, Imprenta Militar de Soler, 1858; 4.ª edición.

Id., 1859; 5.ª edición, Ilustrada y notablemente aumentada, Precedida de un juicio crítico de Cirilo Villaverde, Barcelona, Imprenta de L., Tasso Serra, 1885, 2 V.

Cartera de viaje, Puerto Príncipe, 1856.

Las dos banderas, Apuntes históricos sobre la insurrección en Cuba, Cartas al Exmo, señor Ministro de Ultramar, Soluciones para Cuba, Sevilla, Establecimiento Tipográfico del Círculo Liberal, 1870, *discurso y rectificaciones del Excmo. señor José R. de Betancourt, senador por las Sociedades Económicas de Cuba y Puerto Rico, en los días 21 y 22 de julio de 1884 con motivo de la discusión de las autorizaciones relativas a las reformas económicas de Ultramar*, Madrid, 1884.

Prosa de mis versos, Barcelona, Delclós y Bosch, impresores, y Tipografía de Giró, 1886-1887, 2 T. *Discursos y manifiestos políticos*, prólogo de Calixto Bernal, Madrid, Establecimiento Tipográfico de F. Pinto, 1887.

Bibliografía pasiva

Carbonell, José Manuel, «José Ramón Betancourt, 1823-1890», en su *La oratoria en Cuba*, recopilación dirigida, prologada y anotada, tomo 1, La Habana, Imprenta Montalvo y Cárdenas, 1928, págs. 277-278, Evolución de la cultura cubana, 1608-1927, 7.

Casal, Julián del, «José Ramón Betancourt», en su *Prosas*, tomo 2, La Habana, Consejo Nacional de Cultura, 1963, págs. 167-169.

Franch, Javier, «Crítica literaria, *Una feria de la Caridad en 183..*», en *Liceo de La Habana*, La Habana 2.ª serie, 1, 10 y 11, 75-76 y 82-84, septiembre 2 y 9, 1859.

Lorenzo Luaces, Joaquín, «*Una feria de la Caridad en 183...*», en *Liceo de La Habana*, La Habana, 15 y 16, 115-116 y 124-128, octubre 7 y 14, 1859.

Betancourt, **José Victoriano** (Guanajay, Pinar del Río, 9 febrero 1813-Córdoba, México, 16 marzo 1875). Cursó la primera enseñanza en La Habana. Se graduó de Bachiller en Derecho en el Seminario San Carlos (1832). Fue el primero en recibir el título de abogado (1839) al establecerse la Audiencia Pretorial de La Habana. Comenzó a trabajar en el bufete del Licenciado Anacleto Bermúdez. Fue miembro de la Sociedad Económica de Amigos del País. Frecuentó las tertulias literarias de Domingo del Monte. Con Bachiller y Morales,

Manuel Costales y José Quintín Suzarte fundó la revista *La Siempreviva*. En 1840 se trasladó a Matanzas. Durante los años que permaneció en la provincia editó, con Miguel Teurbe Tolón, la antología de poemas *Aguinaldo matancero*. Regresó a La Habana en 1860 y trabajó en el bufete de José Valdés Fauly. En 1870 su situación en Cuba se tornó difícil a causa de su postura antiespañola, por lo que se trasladó a México con su familia. Allí fue catedrático del Instituto de Veracruz y juez de primera instancia de Tuxpán y Casamaluapa. Se destacó por sus artículos costumbristas, aparecidos la mayoría de ellos en *El Almendares*, *Diario de La Habana*, *Cuba Literaria*, entre otros. Cultivó además la poesía, la fábula y el teatro. Colaboró en la *Aureola poética* en honor de Francisco Martínez de la Rosa y en la *Corona fúnebre* en homenaje al obispo Espada. Uno de sus artículos, «La niña mendiga», fue traducido al inglés por *The North American Review* (Boston, 1849). En algunas ocasiones utilizó el seudónimo *Escolástico Gallardo*.

Bibliografía activa

Las apariencias engañan, comedia en un acto, en verso, Matanzas, Tipografía de Gobierno por S. M. y de Marina, 1847.

Descripción de la cueva maravillosa de Bellamar en Matanzas, La Habana, Imprenta El Progreso, 1863.

Artículos de costumbres, prólogo de Mario Sánchez Roig y Mario Cabrera Saquí, La Habana, Ministerio de Educación, Dirección de Cultura, 1941, Cuadernos de cultura, 5.ª serie, 2.

Bibliografía pasiva

García de Arboleya, José, «Crítica literaria, *Las apariencias engañan*», en *Faro Industrial de La Habana*, La Habana, 7, 156, julio 10, 1847.

Lezama Lima, José, «José Victoriano Betancourt», en su *Antología de la poesía cubana*, tomo 2, La Habana, Consejo Nacional de Cultura, 1965, págs. 335-336.

Magaly, seudónimo, «Conferencia de César Leante por el centenario de José Victoriano Betancourt», en *Juventud Rebelde*, La Habana, 4 abril 1, 1975.

Roig de Leuchsenring, Emilio, «José Victoriano Betancourt», en su *La literatura costumbrista cubana de los siglos XVIII y XIX, IV, Los escritores*, La Habana, Oficina del Historiador de la ciudad de La Habana, 1962, págs. 143-148, Colección histórica cubana y americana, 26.

Santovenia, Emeterio Santiago, *José Victoriano Betancourt*, estudio biográfico, La Habana, Imprenta La Universal, 1912.

Betancourt, Luis Victoriano (La Habana, 23 marzo 1843-Id., 8 junio 1885). Hijo de José Victoriano Betancourt. Radicado en Matanzas desde muy niño, estudió en el colegio La Empresa. Regresó a La Habana en 1860. A partir de 1863 comenzó a colaborar en diversas publicaciones periódicas. Se graduó de Licenciado en Derecho Civil y Canónico en la Universidad de La Habana (1866). Fundó, con Isaac Carrillo y Aurelio Almeida, la revista satírica *Rigoletto*. A fines de 1868 se trasladó a Nassau, donde formó parte de la expedición del «Galvanic». Se internó en los campos de Cuba como combatiente hasta terminar la guerra en 1878. Durante los años de lucha ocupó la presidencia de la primera Corte Marcial y los cargos de diputado, secretario y presidente de la Cámara de Representantes de la República en Armas, colaboró en los periódicos mambises *El Cubano Libre*, *La Estrella Solitaria* y *Boletín de la Revolución*, se destacó como orador. Fue colaborador además de *El Siglo*, *El Occidente*, *La Aurora*, *Aguinaldo Habanero*, *La Colmena*, *El Gavilán*, *El Álbum*, *El Triunfo*, *El País*, *La Familia*, *El Almendares*, *Revista de Cuba*. Fue redactor de *La Discusión*. Después de terminada la Guerra de los Diez Años se dedicó a la abogacía y la enseñanza y continuó sus labores de periodista.

Bibliografía activa

Artículos de costumbres y poesías, Guanabacoa, La Habana, Imprenta La Revista de Almacenes, 1867.

Artículos de costumbres, introducción de Emeterio Santiago Santovenia, La Habana, Cultural, 1929, Colección de libros cubanos, 10.

Bibliografía pasiva

Córdoba, Federico de, *Luis Victoriano Betancourt, 1843-1885*, discurso leído por el académico de número, en la sesión solemne celebrada el 7 de mayo de 1943, en conmemoración del primer centenario del nacimiento de Luis Victoriano Betancourt, La Habana, Imprenta El Siglo XX, 1943, Academia de la Historia de Cuba.

González Curquejo, Antonio, «Luis Victoriano Betancourt», en *Cuba y América*, La Habana, 6, 116, 353-358, septiembre, 1902.

Rodríguez Cuétara, Eva, *Luis Victoriano Betancourt, vida y obra*, La Habana, Centro de Estudios Políticos y Sociales de Cuba, 1949.

Roig de Leuchsenring, Emilio, «Luis Victoriano Betancourt», en su *La literatura costumbrista cubana de los siglos XVIII y XIX, IV, Los escritores*, La Habana, Oficina del Historiador de la Ciudad de La Habana, 1962, págs. 229-236, Colección histórica cubana y americana, 26.

Santovenia, Emeterio Santiago, «Luis Victoriano Betancourt y los derechos de la mujer», en *Carteles*, La Habana, 13, 2, 47, enero 13, 1929.

Betancourt y Cisneros, Gaspar (Camagüey, 29 abril 1803-La Habana, 7 diciembre 1866). Realizó estudios en Camagüey hasta 1822. Ese año fue enviado a Estados Unidos para completar su educación. Se estableció en Filadelfia y allí trabajó en una casa de comercio. Hizo relaciones con figuras suramericanas y cubanas, sobre todo con José Antonio Saco. En 1823, como parte de una comisión cubana, partió desde Nueva York rumbo a La Guaira, Venezuela, para entrevistarse con Simón Bolívar, a fin de promover un movimiento insurreccional en Cuba. Durante los años que permaneció en Estados Unidos asistió a reuniones de carácter político, que fueron influyendo decisivamente en su formación. Recibió clases particulares de derecho y filosofía. Colaboró en *Mensajero Semanal* de Nueva York. En 1834 regresó a Cuba. Realizó, en el interior del país, una amplia labor de mejoramiento económico y social, como la creación de escuelas y de la línea del ferrocarril de Nuevitas a Puerto Príncipe. En 1837 comenzó a colaborar en la *Gaceta de Puerto Príncipe* con las «Escenas cotidianas», serie de artículos de costumbres. Más tarde colaboró en *El Fanal*, de Camagüey, y en *El Siglo* de La Habana. En 1846 fue obligado a abandonar el país por orden del capitán general O'Donell. Se estableció nuevamente en Estados Unidos y desplegó una amplia labor política como presidente de la Junta Cubana en Nueva York. En esa ciudad fundó, en 1848, el periódico *La Verdad*, de orientación anexionista, posición que abandonó años después para defender las ideas de independencia. En 1856 partió hacia Europa y se estableció en Florencia. Poco después se trasladó a París. Volvió a Cuba en 1861. Además de haberse destacado por sus artículos de costumbres, se destacó como epistológrafo. Particularmente en sus cartas a Saco, expresó sus puntos de vista políticos. En colaboración con J. S. Thrasher escribió *Addresses delivered at the celebration of the third anniversary of the martyrs for Cuban freedom* (Nueva Orleans, Printed by Sherman, Wharton, 1854). Utilizó los seudónimos *El Lugareño* y *Homobono*. En sus cartas firmaba con el de *Narizotas*.

Bibliografía activa

Cuestión de utilidad del ferrocarril de Nuevitas a Puerto Príncipe, Puerto Príncipe, Imprenta del Gobierno, 1845.

Ideas sobre la incorporación de Cuba en los Estados Unidos, en contraposición a las que ha publicado don José Antonio Saco, Nueva York, Imprenta de *La Verdad*, 1849.

Cartas a Saco, prólogo por Hilda Parets, La Habana, Editorial Cuba, 1937.

Escenas cotidianas, «Gaspar Betancourt Cisneros y las escenas cotidianas», por Federico de Córdoba, La Habana, Publicaciones del Ministerio de Educación, Dirección de Cultura, 1950, Clásicos cubanos, 1.

Bibliografía pasiva

Betancourt, José Ramón, «Gaspar de Betancourt y Cisneros, *El Lugareño*», en *Revista de Cuba*, La Habana, 4, 561-566, 1878.

Córdoba, Federico de, *Gaspar Betancourt Cisneros*, El Lugareño, La Habana, Editorial Trópico, 1938, Biografías cubanas, 6.

Cruz, Manuel de la, «Gaspar Betancourt Cisneros, *El Lugareño*, Apuntes biográficos», en *Revista Cubana*, La Habana, 19, 258-276, 1894.

Entralgo, Elías José, *Doctrina del progreso + revolución mecánica* = El Lugareño, Disertación dicha en el salón de actos de la Sociedad Económica de Amigos del País en la noche del viernes 8 de agosto de 1952, al recibirse el donativo de un retrato al óleo del prócer, La Habana, Imprenta de la Universidad, 1956.

Esténger, Rafael, «*El Lugareño*», en *Revista Cubana*, La Habana, 24, 260-283, enero-junio, 1949.

Lazo, Raimundo, «*El Lugareño* y la literatura cubana», en *Revista Cubana*, La Habana, 26, 45-51, enero-junio, 1950.

Martínez, Luis, «*El Lugareño*, Gaspar Betancourt Cisneros», en su El Lugareño *y otros próceres*, Camagüey, Ayuntamiento de Camagüey, 1944.

Mesa Rodríguez, Manuel Isaías, «Gaspar Betancourt Cisneros, *El Lugareño*», en *Revista Bimestre Cubana*, La Habana, 39, 2, 424-453, marzo-abril, 1937.

Pichardo Moya, Felipe, «Semblanza de Gaspar Betancourt Cisneros», Seguido de una discusión sobre el tema, en *Cuadernos de la Universidad del Aire del Circuito CMQ*, La Habana, 3, 45, 193-210, noviembre 17, 1952.

Bibliografía La Bibliografía como ciencia y técnica tiene ya una historia centenaria en Cuba. Hay una inicial preocupación por ofrecer cierto estilo de compilación bibliográfica de la producción escrita por los cubanos, hacia el segundo tercio del siglo XVIII, cuando no hay sino ligeros intentos de expresión literaria en la isla y era más que incipiente cualquier otro tipo de expresión libresca. Por estos años un erudito habanero, fray José Fonseca, entretenía sus ocios en la búsqueda de libros publicados o escritos por los ingenios cubanos. Este fraile, profesor de teología y rector de la Universidad de La Habana, pudo revisar las escasas bibliotecas entonces existentes en la ciudad y hacer recuento de los libros de cubanos que había en ellas. Su «Noticia de los escritores de la isla de Cuba» ha permanecido siempre inédita.

Al iniciarse la cuarta década del siglo XIX es cuando en realidad surge una verdadera preocupación bibliográfica entre los cubanos. Tradicionalmente se viene concediendo la primacía en estos estudios a Antonio Bachiller y Morales. Sin embargo, cinco cubanos, dos de ellos de renombre en otros aspectos de la cultura —Felipe Poey y Domingo del Monte— se le habían adelantado en el recuento de la obra bibliográfica cubana. De Felipe Poey se dice que, estando todavía en Francia, había investigado y redactado un serio trabajo «Sobre algunos historiadores de Cuba», cuyo texto se perdió antes de salir de la categoría de manuscrito. Domingo del Monte, la persona sobre quien recaían las mejores condiciones culturales, sociales y económicas para llevar a cabo este tipo de trabajo, lo emprendió sobre bases más seguras. Rico por su matrimonio con la hija del millonario Aldama, pudo reunir la más completa biblioteca que de libros cubanos o sobre Cuba se conoció en esa época. Su «Biblioteca cubana. Lista cronológica de los libros inéditos e impresos que se han escrito sobre la isla de Cuba y de los que hablan de la misma desde su descubrimiento y conquista hasta nuestros días», cerrada eventualmente en 1846, no vería la luz sino en 1882. Del rastreo que en este sentido llevaban a cabo los corresponsales que Del Monte tenía en diversos lugares del mundo, han quedado interesantes huellas en el *Centón epistolario*. La muerte sorprendió a Del Monte antes de haber podido dar cima a esta labor. También inédita quedó la compilación que bajo el título de *Memoria bibliográfica de todas las producciones literarias publicadas en esta Isla* llevó a cabo, en 1848, el mediocre poeta Lucas Arcadio de Ugarte. Este trabajo, perdido sin llegar nunca a la imprenta, tiene a su favor el hecho de haber sido el primero de esta índole que en Cuba emplea la palabra «Bibliografía». Inédito, también perdido y de esta misma época, fue el trabajo que Pedro Guiteras había ido reuniendo bajo el título de *Diccionario bibliográfico americano*. El hijo de Felipe Poey, Andrés, de formación más francesa que cubana, pensó dar regularidad y sistema a los múltiples esfuerzos de sus paisanos, nunca cristalizados en nada tangible. Para alcanzar objetivos concretos, en mayo de 1853 lanzó el prospecto de un *Boletín Bibliográfico Cubano*, que quedó también en proyecto frustrado.

Hay pues que esperar hasta 1861 para que en el tercer volumen de los *Apuntes para la historia de las letras y de la instrucción pública en la isla de Cuba* apareciese el «Catálogo de libros y folletos publicados en Cuba desde la introducción de la imprenta hasta 1840», con un total de 1020 publicaciones. Más tarde, una serie de adiciones complementarias duplicarían el número de asientos bibliográficos originalmente publicados por Bachiller. Así, fueron apareciendo los añadidos de Eusebio Valdés Domínguez en 1879, los del propio Bachiller en 1880 y las rectificaciones, ratificaciones y adiciones del erudito Francisco Jimeno, también de 1880, todos en la *Revista de Cuba*. En ésta fue publicado el trabajo de Domingo del Monte a que nos referimos anteriormente. En *El Curioso Americano*, su director, Manuel Pérez Beato, publicó una «Tipografía cubana» (1892-1893), con la que sumaba unos cientos más de fichas a la Bibliografía tan premiosa y multipersonalmente compilada, nuevamente enriquecida por Bachiller mismo con su apéndice de 1893.

José María Abraido publicó en 1872 el primer *Catálogo* de su librería, que sería el primero de este tipo de publicaciones en Cuba. Otro librero, Andrés Pego, publicaría en 1876 el segundo. El propio Abraido daría a la imprenta un grueso *Apéndice* a su *Catálogo* el año 1877. El primer *Catálogo* de biblioteca privada que verá la luz en Cuba será el que en 1878 compiló el Casino Español de La Habana. Resulta interesante este *Catálogo* porque en él aparecen bastantes obras cubanas, muchas de las cuales pasaron a poder del círculo españolista a consecuencia de las expropiaciones llevadas a cabo en las bibliotecas privadas de los patriotas levantados en armas o emigrados a raíz del grito de Yara.

Cipriano Muñoz y Manzano, conde de la Viñaza, cubano de nacimiento, pero de proyección española, publicó dos recopilaciones, fruto de su labor especializada en la búsqueda de fuentes filológicas españolas y sobre lenguas indígenas americanas. *Bibliografía española de lenguas indígenas de América* (1892) y *Biblioteca histórica de la filología castellana* (1893). En 1899 aparecieron los *Apuntes para una biblioteca de la gramática española*, de José Antonio Rodríguez García. Más tarde aparecerían dos volúmenes de su *Bibliografía de la gramática y lexicografía castellana y sus estudios afines* (1903-1907), obra que quedó incompleta al no ver la luz el resto de los volúmenes. Las Bibliografías de tipo local se inician con la recopilación que Leandro González Alcorta publicó bajo el título de *Datos para la historia de Vuelta Abajo: exploración bibliográfica* (1902). Con este trabajo, tan lleno de sugerencias como plagado de desorden, puede darse por cerrado el período decimonónico de la Bibliografía cubana.

Esta primera etapa, intuitiva y nada técnica, se caracteriza sobre todo por un emocional y patriótico deseo de acumular hechos bibliográficos. Para llegar a estas acumulaciones, el investigador bibliográfico se conforma en ocasiones con la sola referencia verbal o epistolar. No necesita tener el libro en sus manos y mucho menos se toma el trabajo de describirlo. Cuando hay algún tipo de descripción en estos trabajos bibliográficos, se hacen patentes también, en la mayoría de los casos, las contradicciones técnicas. Falto el país de bibliotecas centralizadoras, estos pioneros de la Bibliografía se ven supeditados a llevar a cabo búsquedas en las escasas y no siempre provistas bibliotecas particulares existentes en la isla o echar mano de referencias no siempre seguras y dignas de respeto. Casos como el de Del Monte, Bachiller y Morales o Néstor Ponce de León que, debido a su fortuna personal, se podían permitir el lujo de disponer de notables bibliotecas, son escasos. En general el bibliógrafo debe llevar a cabo su trabajo en las escasas bibliotecas conventuales —poco literarias, aunque sí humanísticas—, en la de la Universidad y en la mejor provista de la Real Sociedad Económica de Amigos del País. La falta de una técnica bibliográfica en la mayor parte de estos bibliógrafos ha dado lugar a que una gran cantidad de libros descritos por ellos, perdidos o desaparecidos en la actualidad, solo puedan ser reseñados con la mala transcripción del título y contenido que de ellos se hizo y sin una gran parte de los datos técnicos que los describían.

La que pudiéramos considerar segunda época de la Bibliografía en Cuba se inicia con el advenimiento de la República. Precisamente, debido a su origen mediatizado y a la larga permanencia en los Estados Unidos de muchos de los que abordarán este tipo de trabajo, la influencia de los métodos y sistemas norteamericanos se harán manifiestos. La aparición de la Biblioteca Nacional, el desarrollo de la Sociedad Económica, el incremento natural de la biblioteca universitaria y la organización y puesta en servicio del Archivo Nacional, harán posible un mejoramiento incontestable de los trabajos bibliográficos y de sus resultados. Con el Archivo sobre todo, el investigador cubano se hallará en condiciones de tomar contacto con una serie de elementos bibliográficos —folletos y panfletos especialmente— que fueron generalmente ignorados hasta la fecha. Este tipo de impresos, como puede comprobarse en todo momento, habrá de constituir un alto porcentaje de la producción bibliográfica cubana.

Carlos Manuel Trelles da inicio a este período con la publicación de su *Bibliografía de la segunda Guerra de Independencia y de la Hispano-Yankee* (1902). Su enorme labor como bibliógrafo cuenta con sus obras fundamentales *Ensayo de una Bibliografía cubana de los siglos XVII y XVIII* (1907), *Bibliografía cubana del siglo XIX* (1911-1915), en ocho grandes volúmenes, y *Bibliografía cubana del siglo XX* (1916-1917), en dos volúmenes. La primera de estas dos últimas recopilaciones presenta las fichas en orden cronológico de fecha de publicación; la segunda las recoge en orden alfabético de autores y títulos. En los años subsiguientes publicó la *Bibliografía científica cubana* (1918-1919), en dos volúmenes, la *Biblioteca geográfica cubana* (1920) y la *Biblioteca histórica cubana* (1922-1926), en tres volúmenes, así como el *Estudio bibliográfico cubano sobre la doctrina de Monroe* (1922). Más tarde aparecieron la *Bibliografía social cubana* (1924), reeditada por Israel Echevarría en 1969, la «Bibliografía de autores de la raza de color de Cuba», publicada en 1927 en la revista *Cuba contemporánea*, la «Bibliografía de Varona», recogida en el *Homenaje a Enrique José Varona* en 1935,

la *Bibliografía de la Universidad de La Habana* (1938) y la «Bibliografía de la prensa cubana (de 1764 a 1900) y de los periódicos publicados por cubanos en el extranjero», insertada en la *Revista Bibliográfica Cubana*, cuyo cese en 1939 la dejó incompleta. No llegó a publicarse la Bibliografía de la literatura cubana, tan anunciada por el autor.

Durante los primeros años de la República hay que destacar la labor del gran bibliógrafo Domingo Figarola Caneda. Ya en 1902 apareció en *El Fígaro* su Bibliografía de Rafael María Merchán, publicada independientemente en 1905. Ese mismo año, como director de la Biblioteca Nacional, publicó un *Índice de títulos contenidos en las diversas colecciones facticias de la Biblioteca Nacional adquiridas por compra hecha al Doctor Vidal Morales y Morales*, el primero de los publicados en Cuba. Publicó además en la *Revista de la Biblioteca Nacional*, entre 1909 y 1912, breves Bibliografías de Luis Estévez, Ramón Meza, Ricardo del Monte, Pedro Santacilia, Félix Varela, e Ildefonso Estrada y Zenea, así como el primer intento de compilación bibliográfica, tanto de Bibliografía activa como pasiva de José Martí, debidos casi todos a su propio esfuerzo. Su labor culminó con la *Bibliografía de Luz y Caballero* (1915), considerada durante mucho tiempo como modelo ideal de este tipo de trabajo.

Merece destacarse también la labor de Luis Marino Pérez, formado fuera de los archivos y bibliotecas cubanos, autor de *Apuntes de libros y folletos impresos en España y en el extranjero que tratan expresamente de Cuba, desde principios del siglo XVII hasta 1812*, de *Guide to the materials for American History in Cuban Archives*, ambas de 1907, y de la *Bibliografía de la Revolución de Yara* (1908.

La importante labor bibliográfica de Fermín Peraza consta de numerosos títulos. Se inicia con la *Bibliografía de Enrique José Varona* (1932), ampliada en 1937, y culmina, vista en su conjunto, con el *Anuario Bibliográfico Cubano* (1938-1960), donde recogió la Bibliografía aparecida en Cuba entre 1937 y 1959. Trabajó además en otras Bibliografías de personalidades destacadas, como Martí (*Guía bibliográfica sobre José Martí*, 1938; *Bibliografía martiana* (1940-1957), 1941-1958; *Bibliografía martiana* (1853-1953), 1954; *Bibliografía martiana* (1853-1955), 1956), Francisco González del Valle (*Bibliografía de Francisco González del Valle*, 1943), Diego Vicente Tejera (*Bibliografía de Diego Vicente Tejera y García*, 1945), José Antonio Ramos (*Bibliografía de José Antonio Ramos*, 1947 y 1956) y Antonio Maceo (*Bibliografía de Antonio Maceo y Grajales*, 1945 y 1946). Es autor de varios índices de publicaciones periódicas (*Índice de la* Revista de Cuba, 1938; *Índice de la* Revista Cubana, 1939; *Índice de* Cuba Contemporánea, 1940; «Índice del *Papel Periódico de La Habana*», recogido en la *Revista Bimestre Cubana*, 1943; *Índice de* El Aviso, 1944; *Índice del* Aviso de La Habana, 1944; *Índice de* El Fígaro, 1945-1948; *Índice del* Boletín del Archivo Nacional, 1946), de la *Bibliografías cubanas* (Washington, 1945), de la *Bibliografía cubana de la II Guerra Mundial* (1945), de una *Bibliografía cubano-uruguaya* (1956) y de la *Bibliografía cubana de los libros de textos de historia de Cuba* (1959). Publicó el *Boletín del* Anuario Bibliográfico Cubano (1938-1949), donde se ofrecía información sobre las actividades bibliográficas del país y se recopilaban algunas Bibliografías menores sobre patriotas o escritores cubanos.

A la labor de estos bibliógrafos hay que añadir la de diversos investigadores y bibliógrafos menos destacados, que recopilaron Bibliografías sobre diversas personalidades. Así, el erudito José Augusto Escoto con el «Ensayo de una biblioteca herediana», publicado en 1904 en *Cuba y América*, que constituye la primera recopilación bibliográfica sobre un escritor cubano; Evelio Rodríguez Lendián con la Bibliografía de Ramón Meza recogida en su *Elogio del Doctor Ramón Meza y Suárez Inclán* (1915); Jorge Le Roy Cassá con la de Carlos Manuel Trelles en el *Homenaje al señor Carlos Manuel Trelles, socio de honor* (1919); Enrique Piñeyro con la que recopiló sobre sí mismo, publicada por Domingo Figarola Caneda con notas y complementos suyos en 1921; Antonio L. Valverde con la de José de Armas y Céspedes en el *Elogio del Licenciado José de Armas y Céspedes* (Justo de Lara) (1923); José Antonio Rodríguez García con la que añade a su *Manuel Sanguily* (1926); Julio Le Riverend con su «Bibliografía y pensamiento de la obra de Arrate», recogida en *Libros Cubanos* (noviembre-diciembre, 1940— enero-febrero, 1941); Esperanza Figueroa con la que añade a su tesis sobre *Julián del Casal* (1942); Israel M. Moliner con su *Índice bibliográfico de Bonifacio Byrne* (1943); María Villar Buceta —autora de «Guías de las Bibliografías cubanas», publicadas en la revista *Libros Cubanos* (1940)— con su *Contribución a la Bibliografía de Rafael María de Labra* (1944); Berta Becerra con su *Bibliografía del Padre Bartolomé de las Casas* (1949) y con la que compiló sobre Fernando Ortiz, recogida en el tomo tercero de *Miscelánea de estudios dedicados a Fernando Ortiz* (1957); Jorge Aguayo con su *Bibliografía de Alfredo Miguel Aguayo* (1950); Manuel Pedro González con su *Fuentes para el estudio de José Martí* (1950); Manuel Moreno Fraginals con sus fuentes bibliográficas sobre Anselmo Suárez y Romero, publicadas en la *Revista de la Biblioteca Nacional* (1950); José Barrial Domínguez con su *Bibliografía de Rafael Montoro y Valdés* (1952); Juan Miguel Dihigo con su «Bibliografía de Domingo Figarola Caneda», publicada en *Revista de la Biblioteca Nacional* (1952); José Manuel de Ximeno con las «Papeletas bibliográficas de Cirilo Villaverde», recogidas en la *Revista de la Biblioteca Nacional* (1953); Andrés Angulo y Pérez con «El Padre Varela. Sus obras, la producción vareliana. Bibliografía», publicada en el *Anuario de la Facultad de Ciencias Sociales* (1954); Olga Collado con la de Nicolás Heredia en su *Nicolás Heredia, vida y obra* (1954), y María Luisa de la Tejera y Horta, con su *Bibliografía de Luisa Pérez de Zambrana*, tesis presentada en 1958, contribuyeron a enriquecer la labor iniciada por Trelles.

La Bibliografía teatral cuenta con la recopilación que José Juan Arrom incorporó a su *Historia de la literatura dramática cubana* (1944), con el «Repertorio teatral cubano», de Jorge Antonio González, publicado en la *Revista de la Biblioteca Nacional* (1951) y con la «Bibliografía del teatro cubano», de José Rivero Muñiz, publicada en la misma revista en 1957.

A Arturo Ramón de Carricarte se debe «La novela en Cuba. Bibliografía», publicada en *Heraldo de Cuba* (1915). Así como «Nuestro año intelectual, 1914» y «Balance literario de Cuba en 1915». Publicados en ese mismo diario en 1915 y 1916 respectivamente.

Las compilaciones bibliográficas sobre periodismo se inician con el trabajo de Joaquín Llaverías sobre *Los periódicos de Martí* (1929). En 1930 Manuel Martínez Moles publicó su *Periodismo y periódicos espirituanos*. Elena Verez de Peraza contribuyó a este tipo de Bibliografías con su *Publicaciones de las instituciones culturales cubanas* (1950). La Bibliografía sobre historia se enriqueció después de los aportes de Trelles y de Marino Pérez, con los trabajos de Manuel Pedro González (*A selective bibliography of the Cuban Revolution against Machado (1898-1933)* (1942), de Carlos M. Raggi Ageo (*Bibliografía político-social cubana*, 1940), de Emilio Roig de Leuchsenring («Bibliografía histórica cubana», 1940), de Manuel Isaías Mesa Rodríguez («Algunas fuentes bibliográficas para la historia de Cuba», 1958), de José

Manuel Pérez Cabrera (*Fundamentos de una historia de la historiografía cubana*, 1959, Bibliografía ampliada y perfeccionada más tarde en su *Historiografía de Cuba*, editada en México en 1962) y la «Bibliografía de la Revolución Cubana», publicada en la *Revista de la Biblioteca Nacional* (1959). La reseña bibliográfica de libros de viajes comienza con el trabajo elemental y poco técnico de Luciano de Acevedo, *La Habana en el siglo XIX descrita por viajeros extranjeros* (*Ensayo de Bibliografía crítica*) (1919), trabajo enriquecido notablemente, ya dentro de las reglas técnicas, por *Cuba. Viajes y descripciones, 1943-1950* (1950), de Rodolfo Tro.

La labor de Peraza como indizador fue enriquecida con la publicación de los dos volúmenes de *Índices de las* Memorias de la Sociedad Económica de Amigos del País (1938), de Adrián del Valle, y con los trabajos de Celso Henríquez (*Índice general de* Universidad de La Habana, 1942), de Berta Becerra (*Índice de la* Revista de la Facultad de Letras y Ciencias de la Universidad de La Habana, 1955) y de Rubén Alfonso Quintero (*Índice de la* Revista Cubana (*1935-1957*), 1958), a quien se debe la continuación y culminación, en 1959, del trabajo publicado por Celso Henríquez sobre la revista *Universidad de La Habana*.

Debemos citar además, entre otras, la *Bibliografía comentada sobre los escritos publicados en Cuba relativos al* Quijote (1905), del erudito y bibliófilo Manuel Pérez Beato; la *Contribución al estudio de la arquitectura cubana* (*1713-1942*) (1943), de José Román Zu-

laica; la *Ex-libris cubanos* (1950), trabajo más bibliológico que bibliográfico de José Mayol; el *Índice de documentos existentes en el archivo de Antonio Bachiller y Morales, que se conservan en la Biblioteca Nacional* (1950) y *Los 120 primeros años de la imprenta en Cuba* (*1723-1843*) (1951), de Rodolfo Tro; la compilada por Esteban Rodríguez Herrera para acompañar su edición comentada de *Cecilia Valdés; o, La loma del ángel* (1953), y *El libro de Cienfuegos* (1954), de Lilia Castro de Morales. Se recopilaron además Bibliografías sobre el tabaco, el café, etc.

En lo referente a las publicaciones periódicas que recogían información bibliográfica, merece citarse, además de la ya mencionada *Revista de la Biblioteca Nacional*, cuya labor de los primeros años continuó en su segunda época (1950), la revista *Cervantes* (1925-1946), donde se daba más acogida al libro extranjero que al cubano dado el carácter de órgano de publicidad de la revista, al servicio de la librería Cultural, S. A. No obstante esa característica, apareció en sus páginas el intento, entre 1932 y 1933, de presentar un resumen de la actividad literaria del país, a cargo de Ricardo Sánchez Veloso, quien firmaba con el seudónimo *Malico*. Como publicaciones especializadas aparecieron la *Revista Bibliográfica Cubana* (1936-1939), donde se publicaron diversos y valiosos trabajos de Bibliografía, la revista *Libros cubanos. Boletín de Bibliografía* (1940-1942) —dirigida por Ángel Augier— y el *Boletín de la Asociación Cubana de Bibliotecarios* (1949-1959), donde, a pesar de que su carácter no era eminentemente bibliográfico, aparecieron distintas compilaciones, como «La novela española, 1700-1850».

Algunas librerías y editoriales ofrecieron Bibliografías sobre producción cubana, tales como la librería Minerva con su *Catálogo de libros cubanos* (*Algunos raros y curiosos*) (1933), la Librería Martí con sus catálogos anuales de libros antiguos y modernos impresos en o que tratan sobre Cuba, recopilados entre 1947 y 1952 por Manuel Álvarez, y más tarde recogidos en dos volúmenes bajo el título *Catálogos de libros cubanos, antiguos y modernos* (1959-1960), y Cultural, S. A. con su *Boletín bibliográfico general* (1950.

No debemos terminar estos apuntes sobre la Bibliografía cubana durante la República sin mencionar el trabajo de los bibliógrafos extranjeros. El primero de ellos fue el chileno José Toribio Medina con *La imprenta en La Habana* (*1707-1810*) (1904) y con otro trabajo del mismo año sobre la imprenta en Santiago de Cuba. José Luis Perrier compiló por primera vez la producción teatral cubana en su *Bibliografía dramática cubana* (1926). En 1933 apareció publicada en Cambridge, Mass., la compilación *A bibliography of Cuban Belles lettres*, de Jeremiah D. M. Ford y Maxwell I. Raphael, complementada por Edith Kelly en la revista *Hispania, de la* Stanford University, ese mismo año. A esta investigadora debemos la notable Bibliografía sobre Gertrudis Gómez de Avellaneda, publicada en la *Revista Bimestre Cubana* (1935). Otro norteamericano, Raymond Gris-

mer, inició, en colaboración con M. R. Saavedra, una *Vida y obra de autores cubanos* (1940), cuya publicación no pasó del primer volumen. Jenaro Artiles, bibliógrafo español que permaneció algunos años en Cuba, compiló una «Bibliografía práctica de historia antigua de Cuba», publicada en *Libros cubanos. Boletín de Bibliografía* (1942). El venezolano Julio Febles Cordero, de larga permanencia en Cuba, es autor de varios trabajos: *Balance del indigenismo en Cuba* (1950), «Enrique Labrador Ruiz. Contribución a una Bibliografía», de 1952, y «Las cosas de Noda», de 1953, ambos publicados en la *Revista de la Biblioteca Nacional* en 1953. En ese mismo año y publicación apareció la «Bibliografía colombo-cubana» del colombiano Gabriel Giraldo Jaramillo.

Después del triunfo de la Revolución el trabajo unipersonal y aislado comenzó a ser sustituido, en gran parte, por el trabajo colectivo y de interés social de los actuales bibliógrafos. Fruto de este trabajo colectivo son dos tomos antológicos. *Prosas cubanas* (1962-1964), editados por el CNC, con los índices de *La Siempreviva, El Álbum, El Prisma y Flores del Siglo* compilados por Feliciana Menocal. A un grupo de especialistas de la Biblioteca Nacional se deben varias recopilaciones bibliográficas de enorme interés. Gracias a esa labor se ha ido completando por el Departamento Colección Cubana la Bibliografía por años a partir del triunfo de la Revolución. Así, un equipo formado por Amalia Rodríguez Rodríguez, Marta Dulzaides Serrate, Julieta Domínguez Santiago, Norma

Fernández Ugalde, Marina Atía Barquer, Marta Bidot Pérez y Elena Graupera Arango recopilaron la Bibliografía cubana desde 1959. A esta labor, que irá sucediéndose anualmente, se incorpora la de cubrir los años entre 1916, último año que recoge Trelles, y 1937, en que comienza la recopilación de Peraza, por lo que se editó en 1970 el tomo *Bibliografía cubana 1917-1920*.

Además de estas recopilaciones, la Biblioteca Nacional ha venido confeccionando los índices de numerosas publicaciones periódicas. En 1964 apareció el tomo *Índices analíticos de* El Almendares, El Cesto de Flores, Flores del Siglo, Floresta Cubana, Guirnalda Cubana, Miscelánea de útil y agradable recreo, La Piragua, Revista de La Habana, El Rocío y Semanario Cubano, a cargo de Feliciana Menocal, con la colaboración de Araceli García Carranza. Dos años más tarde Aleida Domínguez, con un grupo de colaboradores, publicó *Index. Cuba Socialista. 1961-1965*, editado en colaboración con el CNC. *El Índice analítico de la* Revista Bimestre Cubana (1968), fue confeccionado por Araceli García Carranza. Las revistas *Verbum, Espuela de Plata, Nadie Parecía, Clavileño, Poeta, Orígenes, Ciclón, Avance, Archipiélago, Gaceta del Caribe* y *Fray Junípero* fueron indizadas en tres tomos, bajo el título general de *Índice de las revistas cubanas*, por Aleida Domínguez Alfonso, Manuel Pastrana, Luz Bertha Marín y María Amelia Valdés. *Índice de la revista* Casa de las Américas. *1960-1967*, de Aleida Domínguez y Luz Bertha Marín, y Unión-*UNEAC. 1962-1967*, de Elena Giraldez, aparecieron en

1969. A Araceli García Carranza se deben los *Índices de revistas cubanas. Siglo XIX*. El Artista, Brisas de Cuba, El Kaleidoscopio, Álbum Cubano de lo Bueno y lo Bello, Cuba Literaria, Revista Habanera, El Correo Habanero, Camafeos, Revista del Pueblo, Revista crítica de ciencias, artes y literatura (1970) y los *Índices analíticos de los* Anales *de don Ramón de la Sagra* (1970). En 1971 se editó el *Índice de revistas folklóricas cubanas*, de Tomás F. Robaina.

Sobre los diversos géneros literarios se han recopilado la *Bibliografía de la poesía cubana del siglo XIX* (1965), a cargo de Roberto Friol, Celestino Blanch, Feliciana Menocal, Fina García Marruz y Cintio Vitier la *Bibliografía de la Guerra de los Diez Años* (1968), a cargo de Aleida Plasencia, y una muy completa Bibliografía sobre nuestro teatro en la *Revista de la Biblioteca Nacional José Martí* (septiembre-diciembre, 1971), a cargo de María Luisa Antuña y Josefa Carranza. En dicha revista aparecieron además una decena de Bibliografías e índices de publicaciones de distintas investigadoras.

De diversas personalidades relevantes, tanto cubanas como extranjeras, se han recopilado la *Bibliografía martiana 1954-1963* (1965), de Celestino Blanch; *Alejo Carpentier. Cuarenta y cinco años de trabajo intelectual* (1966), de Marina Atía; *Bibliografía de Rubén Darío* (1967); *Homenaje a Cintio Vitier. Treinta años con la poesía* (1968); *Don Ezequiel Martínez Estrada en Cuba: contribución a su Bibliografía* (1968), de Israel Echevarría; *Bibliografía de Máximo Gorki* (1968); *Bibliografía de Eliseo Diego*

(1970) y *Bio-Bibliografía de don Fernando Ortiz* (1970), ambas de Araceli García Carranza; la *Bibliografía sobre José María Heredia* (1970) y *Breve Bibliografía de Ramón Menéndez Pidal* (1970), de Tomás F. Robaina, y *Bibliografía. Lenin in Memoriam. 1870-1970* y *Bibliografía mínima cubana del siglo XX*, también sobre Lenin, ambas de 1970.

Deben citarse además el *Catálogo de publicaciones periódicas cubanas de los siglos XVIII y XIX* (1965), de Teresita Batista Villarreal, Josefina García Carranza y Miguelina Ponte; la Bibliografía titulada *Prensa clandestina revolucionaria (1952-1958)* (1965), de Jesús Soto Acosta; la *Bibliografía sobre estudios afroamericanos* (1968), de Tomás F. Robaina; la *Bibliografía de literatura infantil. Siglo XIX* (1969), de Mercedes Muriedas. Mención aparte merece la muy útil *Bibliografía de Bibliografías cubanas* (1973), también de Tomás F. Robaina.

Francisco Martínez Mota, responsable del Grupo de Bibliografía del Instituto de Literatura y Lingüística de la Academia de Ciencias, es a su vez autor de varios trabajos bibliográficos: «Ensayo de una cronología de la novela en Cuba durante el siglo XIX», publicado en *Islas* (1966), el «Ensayo de una Bibliografía cubana de y sobre Rubén Darío», publicada en *L/L* (1967), una *Bibliografía sobre Isla de Pinos* (1970), en colaboración con Antonio Núñez Jiménez, y «Algunas fuentes bibliográficas sobre la narrativa cubana», esta última recogida en *Anuario L/L* (1974). Tanto en *L/L* como en el Anuario han aparecido otras Bibliografías, como la «Bibliografía de José de Armas y Cárdenas (1909-1915», de Antonia Soler Mirabent, y las Bibliografías de la Avellaneda, de Camila Henríquez Ureña, y otras confeccionadas por el grupo de Literatura Cubana del mencionado Instituto.

Otros trabajos aparecidos en Cuba después del triunfo de la Revolución son la «Bibliografía de la novela cubana», de Julio C. Sánchez, publicado en *Islas* (1960), *El negro en el periodismo cubano en el siglo XIX. Ensayo bibliográfico* (1963), de Pedro Deschamps Chapeaux, la *Bibliografía de Juan Miguel Dihigo y Mestre* (1964), de Ernesto Dihigo, el «Repertorio teatral cubano (1800-1850», publicado en *Cuba en la UNESCO* (1965), la tesis «Ensayo de una Bibliografía para un estudio del teatro cubano hasta el siglo XIX», de Zaida Inerarity, recogida en *Islas* (1970), y la recopilación *Historia de Cuba: Bibliografía* (1970), editada por el MINFAR. Los últimos (1974-1975) índices de revistas cubanas publicados por la Biblioteca Nacional han sido los correspondientes a *La Gaceta de Cuba, Islas* y *Revista de la Biblioteca Nacional José Martí*. También han aparecido la *Bibliografía de Nicolás Guillén* (1975) y la de Juan Marinello, esta última en el número de septiembre-diciembre de 1974 de la propia revista de la institución, ambos compilados por María Luisa Antuña y Josefina García Carranza.

Bibliografía

Acosta Espinosa, María de los Ángeles, «Carlos Manuel Trelles y Govín, Breves datos biográficos», en *Cuba Bibliotecológica*, La Habana, 4, 3, 73-84, julio-septiembre, 1959.

Blanco Millán, Evidia, «Manuel Pérez Beato y Blanco, Su obra bibliográfica», en *Cuba Bibliotecológica*, La Habana, 3, 3, 44-54, julio-septiembre, 1958.

Carricarte, Arturo Ramón de, «La obra de Carlos Manuel Trelles», en *Bohemia*, La Habana, 4, 22, 254, junio 1, 1913.

Dihigo, Juan Miguel, «Bibliografía de Domingo Figarola Caneda», en *Revista Bimestre Cubana*, La Habana, 3, 1, 89-107, enero-marzo, 1952.

Echevarría, José Antonio, «Historiadores de Cuba», en *Revista de la Biblioteca Nacional*, La Habana, 2, 3, 3-6, 135-151, marzo 31 y junio 30, 1910.

Fernández Robaina, Tomás, «Prólogo», en su *Bibliografía de Bibliografías cubanas, 1859-1972*, compilación, prólogo y notas, La Habana, Biblioteca Nacional José Martí, 1973, págs. 11-39.

González del Valle, Francisco, *Domingo Figarola Caneda*, La Habana, Imprenta Molina, 1936.

Fernández Travieso, Antonio, «Un manuscrito inédito de Bachiller y Morales sobre rectificaciones bibliográficas», en *Revista Bimestre Cubana*, La Habana, 56, 3, 193-226, noviembre-diciembre, 1945.

Morales y Morales, Vidal, *Biografía del señor don Antonio Bachiller y Morales*, La Habana, La Propaganda Literaria, 1887.

Núñez, Ana Rosa, «Domingo del Monte en la Bibliografía cubana», en *Cuba Bibliotecológica*, La Habana, 2, 4, 4-10, octubre-diciembre, 1954.

La vida bibliográfica de don Antonio Bachiller y Morales, La Habana, Editorial Librería Martí, 1955.

Peraza Sarauza, Fermín, *Antonio Bachiller y Morales, el padre de la Bibliografía cubana*, La Habana, Municipio de La Habana, 1937.

Bibliografías cubanas, Washington D. C., Government Print Office, 1945.

José Toribio Medina en la Bibliografía cubana, Washington D. C., Pan American Union, 1952.

Carlos Manuel Trelles, La Habana, Municipio de La Habana, Departamento de Educación, 1954.

Ponce de León, Néstor, «En mi biblioteca, Notas al vuelo», en *Revista de la Biblioteca Nacional*, La Habana, 1, 2, 3-6, 70-113, septiembre-diciembre, 1900.

Rodríguez Rivero, Luis, «Vida laboriosa y heroica del bibliógrafo Carlos Manuel Trelles», en *Universidad de La Habana*, La Habana, 30, 78, 149-178, marzo-abril, 1966.

Roig de Leuchsenring, Emilio, «Bibliografía y bibliógrafos cubanos de antaño y de hogaño», en *Carteles*, La Habana, 26, 16, 38-39, abril 22, 1945.

Bibliografía, La (La Habana, 1885-1887). Semanario de literatura, noticias, intereses generales y anuncios. Órgano oficial del establecimiento de su nombre. Comenzó a salir el 21 de septiembre. Fue su propietario administrador Clemente Sala. En 1886 salía con otro subtítulo: «Semanario de literatura, variedades, noticias y anuncios». Publicaba cuentos, artículos de carácter variado y noticias sobre teatro y modas. Tenía además una sección poética. En sus páginas aparecieron trabajos y creaciones de Antonio y Francisco Sellén, Ramón Vélez, José Joaquín Palma, Rafael María Merchán, Pedro Santacilia, Enrique José Varona, Rafael María de Mendive, Diego Vicente Tejera, Aurelia Castillo de González, Luis Victoriano Betancourt, Úrsula Céspedes de Escanaverino, Francisco Javier Balmaseda, Lola Rodríguez de Tió y otros. También dio cabida a producciones de conocidos escritores hispanoamericanos de la época, entre los que cabe destacar a Manuel Gutiérrez Nájera, Salvador Díaz Mirón, Juan de Dios Peza, Manuel Zeno Gandia, Ricardo Carrasquilla, Manuel Acuña y otros. El último ejemplar encontrado corresponde al 21 de febrero de 1887. Carlos Manuel Trelles consigna, en la segunda parte de su trabajo «Bibliografía de la prensa cubana (de 1764 a 1900) y de los periódicos publicados por cubanos en el extranjero» —en *Revista Bibliográfica Cubana* (La Habana, 2, 8, 86, marzo-abril, 1938)—, que su publicación cesó en el mes citado.

Bibliografía Cubana (Véase **Anuario Bibliográfico Cubano**)

Biblioteca «Chiqui Gómez Lubián» La biblioteca «Chiqui Gómez Lubián», de la Universidad Central «Marta Abreu», de Las Villas, comenzó a funcionar en 1950 en un aula de la facultad de Filosofía. En sus inicios contó con un total aproximado de 3000 volúmenes y tuvo como directora a la Doctora Olinta Ariosa. En abril de 1959 fue inaugurado el edificio que actualmente ocupa, al que se le dio el nombre del mártir villaclareño Chiqui Gómez Lubián. Sus fondos alcanzan la cifra de 151000 volúmenes y 90000 revistas. Cuenta con dos bibliotecas subsidiarias: la de Ciencia y Técnica y la de Agronomía y Veterinaria. Publica monografías, Bibliografías de revistas y libros, folletos y boletines informativos. Auspicia actividades tales como charlas, conferencias, exposiciones y cursos de bibliotecología. Uno de sus pisos lo ocupa la biblioteca especializada «Francisco de Paula Coronado».

Biblioteca de Damas (La Habana, 1821). Según expresa Antonio Bachiller y Morales en la página 216 del tomo 2 de su obra *Apuntes para la historia de las letras y de la instrucción pública en la isla de Cuba* (La Habana, Academia de Ciencias de Cuba, Instituto de Literatura y Lingüística, 1971), era un periódico semanal que se publicaba en la Imprenta Fraternal de los Díaz de Castro. Lo redactaba José María Heredia. «A pesar de que el proyectado *Correo de las Damas* se le unió —añade Bachiller—, no pasó del número 5, componiéndose el cuaderno de 64 páginas.»

Salió durante los meses de mayo y junio, según señala Francisco González del Valle en la página 104 de su *Cronología herediana* (*1803-1839*) (La Habana, Publicaciones de la Secretaría de Educación. Dirección de Cultura, 1938). Además de Heredia, colaboró en sus páginas Blas Osés. Bachiller y Morales también destaca, en la página 216 de su obra antes citada, cómo, no obstante «su corta extensión, lo compacto de la impresión permitió que además de otras composiciones y artículos en prosa, saliera entero el poema "El mérito de las mujeres", más imitado que traducido, de Legouvé». No se ha revisado ningún ejemplar.

Biblioteca de la Sociedad Económica de Amigos del País El 11 de julio de 1793 se fundó la Biblioteca de la Sociedad Económica de Amigos del País. Se considera la primera institución de este tipo establecida en Cuba, pues aunque la Biblioteca de la Universidad de La Habana se organizó y puso en funcionamiento el mismo año de fundada la Universidad (1728), históricamente siempre se ha considerado a la Biblioteca de la Sociedad Económica de Amigos del País como la primera fundada en Cuba, dada su autonomía como entidad pública y social, característica que no poseía la Biblioteca de la Universidad. Contó en sus inicios con setenta y siete volúmenes comprados con los fondos del *Papel Periódico*. Funcionó al principio con carácter privado, pero el 12 de julio de 1794, a iniciativa del presidente de la Sociedad Económica y a la vez Gobernador y capitán general de la Isla, Don Luis de las Casas, se hizo pública. Su primer bibliotecario fue, aunque por brevísimo tiempo, José Arango. Lo sustituyó Antonio Robreño, quien había cedido la sala de su propia casa para alojar la naciente biblioteca. En 1800 fue trasladada al convento de San Francisco. Ese mismo año pasó a estar bajo la tutela directa de la iglesia hasta noviembre de 1844, año en que fue ubicada en el edificio que ocupó el extinguido convento de San Felipe. En 1856 se situó en Dragones n.º 308. En 1947 fue inaugurado el edificio donde actualmente funciona, en Carlos III n.º 710. En la sede de la Biblioteca radicó la Asociación Cubana de Bibliotecarios desde 1948 hasta 1959 y la Escuela de Bibliotecarios a partir de 1950. En enero de 1951 se abrió la sección de Biblioteca Juvenil. Al triunfo de la Revolución pasó a ser dirigida por la Biblioteca Nacional. En 1960 se convirtió en Biblioteca Municipal, al cerrarse la que funcionaba como tal. En 1961, al pasar al Consejo Nacional de Cultura, éste creó en el propio edificio el Centro Cubano de Investigaciones Literarias. La Biblioteca continuó prestando servicio público. En ese propio año fue cerrada la sección juvenil. En 1965 desapareció el Centro Cubano de Investigaciones Literarias y se constituyó el Instituto de Literatura y Lingüística de la Academia de Ciencias, del cual forma parte actualmente la Biblioteca, que sigue dando servicio público, aunque sirve fundamentalmente, como biblioteca especializada, a las necesidades de los investigadores literarios y lingüísticos del mencionado Instituto. La riqueza principal de esta biblioteca consiste en obras literarias y de ciencias sociales cubanas, así como en colecciones de publicaciones periódicas.

Bibliografía

«Biblioteca pública de la Real Sociedad Económica de Amigos del País, libros donados y principales donantes, desde el 1.º de enero hasta el 15 de abril», en *Memorias de la Real Sociedad Económica de Amigos del País de La Habana*, Serie décima, tomo 3, La Habana, Imprenta El Pilar, 1896, págs. 52-54.

«Estado de la Biblioteca Pública de la Real Sociedad Económica de Amigos del País, desde el 21 de agosto al 29 de octubre», en *Memorias de la Real Sociedad Económica de Amigos del País de La Habana*, Serie novena, tomo 4, La Habana, Imprenta La Antilla, 1883, págs. 213-214.

«Inauguración de la Biblioteca Juvenil de la Sociedad Económica de Amigos del País», en *Boletín de la Asociación Cubana de Bibliotecarios*, La Habana, 3, 1, 26, marzo, 1951.

«Los nuevos servicios de la Biblioteca Pública de la Sociedad Económica», en *Boletín de la Asociación Cubana de Bibliotecarios*, La Habana, 2, 1, 18-21, marzo, 1950.

Márquez, José de J., «Biblioteca Pública, Su historia», en *Memorias de la Real Sociedad Económica de Amigos del País*, Serie décima, tomo 1 y 2, La Habana, Imprenta El Pilar, 1894-1895, págs. 58-60, 71-76, 88-104, 117-119, 134-138, 154-156 y 53-54, 81-86.

«Estado general del movimiento de la Biblioteca Pública desde el 8 de diciembre de 1892 hasta igual fecha de 1893», en *Memorias de la Real Sociedad Económica de Amigos del País de La Habana*, Serie décima, tomo 1, La Habana, Imprenta El Pilar, 1894, págs. 21-24.

«Estado del movimiento de la Biblioteca Pública de la Real Sociedad Económica de Amigos del País desde el 8 de diciembre de 1893 hasta igual fecha de 1894», en *Memorias de la Real Sociedad Económica de Amigos del País de La Habana*, Serie décima, tomo 2, La Habana, Imprenta El Pilar, 1895, págs. 1-11.

«Estado general del movimiento de la Biblioteca Pública desde el 8 de diciembre de 1894 al 8 de diciembre de 1895» en *Memorias de la Real Sociedad Económica de Amigos del País de La Habana*, Serie décima, tomo 2, La Habana, Imprenta El Pilar, 1895, págs. 135-136.

«Estado general del movimiento de la Biblioteca Pública desde el 8 de diciembre de 1895 hasta el 8 de diciembre de 1896», en *Memorias de la Real Sociedad Económica de Amigos del País de La Habana*, Serie décima, tomo 3, La Habana, Imprenta El Pilar, 1896, págs. 141-150.

Miranda Vargas, Hilda, «Biblioteca Juvenil de la Sociedad Económica de Amigos del País», en *Boletín de la Asociación Cubana de Bibliotecarios*, La Habana, 6, 2, 20-21, junio, 1954.

Peraza y Sarausa, Fermín, *Historia de la Biblio-*

teca de la Sociedad Económica de Amigos del País, La Habana, Imprenta Alfa, 1939.

Reglamento que debe observarse en la Biblioteca de la Real Sociedad Económica de La Habana, La Habana, Imprenta del Gobierno y Capitanía General, 1858.

«Reglamento que debe observarse en la Biblioteca establecida por la Real Sociedad Patriótica de La Habana en el convento de los Rdos. P.P. de la misma», en *Memorias de la Sociedad Patriótica de La Habana*, Serie tercera, tomo 12, La Habana, Imprenta del Gobierno y Capitanía General por S. M., 1841, págs. 9-17.

Robredo, Antonio de, «Informe de la Biblioteca», en *Memorias de la Sociedad Patriótica de La Habana*, Serie primera, tomo 1, La Habana, Imprenta de la Capitanía General, 1794, págs. 153-155.

Biblioteca «Elvira Cape» Durante el período de la primera intervención norteamericana, Emilio Bacardí, en ese momento alcalde municipal de Santiago de Cuba, concibió el proyecto de crear un museo y una biblioteca anexa al mismo. Con la asistencia del gobernador militar Wood y demás autoridades de la ciudad se inauguró el Museo-Biblioteca, en la casa situada en la calle baja de Santo Tomás (hoy Félix Pena) número 25, el 12 de febrero de 1899. Su primer director fue José Bofill y Callol. En 1902, la biblioteca del museo organizó y dirigió cuatro bibliotecas populares en diferentes puntos de la ciudad. Hacia 1906

sus fondos ascendían a unos 3000 volúmenes y era visitada mensualmente por unos 1700 lectores. El proyecto de un edificio propio para el Museo y Biblioteca, idea de Bacardí, pudo finalmente llevarse a vías de hecho, después de su muerte, mediante colecta pública, entre cuyos donativos se contó una serie de artículos del periodista oriental Armando Leyva publicados en el *Diario de Cuba*, de la propia ciudad. Dichos artículos fueron recogidos en un libro que editó el Consejo Provincial de Oriente bajo el título *Museo* (Santiago de Cuba, Imprenta Arroyo Hermanos, 1922). El producto de la venta del libro pasó a integrar los fondos para la construcción del edificio destinado al Museo-Biblioteca, cuya inauguración tuvo lugar el 28 de agosto de 1927. Desde este momento la biblioteca quedó instalada en el entresuelo del nuevo edificio situado en Aguilera y Pío Rosado. En atención a las múltiples actividades llevadas a cabo por Elvira Cape, viuda de Bacardí, para la consecución de los fines de su esposo, la biblioteca tomó desde este momento el nombre de la Biblioteca Municipal «Elvira Cape». En la década del cincuenta, a pesar de ser la única biblioteca pública de la ciudad —que contaba con cerca de medio centenar de centros destinados a estos fines—, tenía asignado un misérrimo presupuesto anual. Subsistía fundamentalmente por donaciones. Entre sus fondos contaba con 22000 volúmenes sin catalogar. Entre sus numerosos directores se contó el escritor Rafael G. Argilagos. En 1962 es incorporada a la Red Nacional de Bibliotecas Públicas de Cuba, a cargo de la Dirección Nacional de Bibliotecas del Consejo Nacional de Cultura. A fines de este mismo año es trasladada al edificio que ocupaba la antigua Colonia Española, en Heredia 259. La inauguración del nuevo local tuvo lugar el 19 de diciembre de 1963. El discurso de apertura fue pronunciado por el Doctor José Antonio Portuondo, entonces rector de la Universidad de Oriente. Con un fondo de cerca de 85000 volúmenes, su estructura actual comprende departamentos de Colección Cubana, Extensión Bibliotecaria, Arte y Música, Procesos Técnicos y Fondo Bibliográfico, Encuadernación y Reparación, Juvenil, así como salas de Lectura General, Ciencia y Técnica y Literatura. Desde 1971 publica el boletín *Catálogo*, en el que se divulgan las diversas actividades del centro, entre las que se incluyen conversatorios, conferencias, exposiciones —de filatelia, pintura, libros, escultura, etc.—, cine, debates, proyecciones, talleres literarios, etc. Actualmente tiene categoría provincial.

Bibliografía

Ibarra, Zoila, «Las bibliotecas públicas de Santiago de Cuba», en *Cultura'64*, Santiago de Cuba, 1, 1, 6-7, enero, 1964.

Nacimiento, Rafael de, «Apuntes para la historia de la biblioteca "Elvira Cape" de Santiago de Cuba», en *Catálogo*, Santiago de Cuba, 4, 1, 2-10, enero-febrero, 1974.

Biblioteca «Francisco de Paula Coronado»
Fue adquirida por la Universidad Central «Marta Abreu», de Las Villas, el 20 de febrero de 1960. Perteneció antes a Raúl González Mendoza que la había adquirido de su antiguo dueño Francisco de Paula Coronado, acucioso investigador de nuestra cultura. Constituye uno de los más valiosos tesoros bibliográficos cubanos, formado por cerca de 43000 volúmenes entre libros, revistas, documentos y mapas. Cuenta esta biblioteca, que está situada en uno de los pisos de la biblioteca universitaria «Chiqui Gómez Lubián», con verdaderas rarezas bibliográficas sobre historia en general y principalmente sobre historia de Cuba del siglo XIX. También se conservan obras de siglos anteriores y de la época de la conquista. Es la más importante biblioteca de temas históricos existente en Cuba. Su director es el mismo que el de la biblioteca universitaria.

Bibliografía

«Biblioteca "Francisco de Paula Coronado" de la Universidad Central», en *Islas*, *Revista de la Universidad de Las Villas*, La Habana, 42, 59-83, mayo-agosto, 1972.

Biblioteca «Francisco Martínez Anaya» La biblioteca «Francisco Martínez Anaya», de la Universidad de Oriente, comenzó a funcionar conjuntamente con ésta en 1947, en el mismo local que ocupaba la Escuela Profesional de Comercio. Trasladada la Universidad al lugar donde hoy funciona, equipó un amplio salón para su biblioteca. En 1951 se construyó un edificio dedicado exclusivamente a las tareas bibliotecarias. Coopera en las distintas actividades universitarias tales como conferencias, seminarios, etc., Publica resúmenes bibliográficos y folletos y boletines informativos.

Bibliografía

Benítez, Rebeca, «Notas sobre la biblioteca de la Universidad de Oriente», en *Cuba Bibliotecológica*, La Habana, 2, 3, 15-18, julio-septiembre, 1954.

Biblioteca Gener y del Monte Los intentos por crear una biblioteca pública en la ciudad de Matanzas datan de 1828, a iniciativa de la Diputación Patriótica, filial de la Sociedad de Amigos del País, pero no fue hasta 1834 cuando pudieron hacerse efectivos, gracias a las gestiones de los vecinos Tomás Gener y Domingo del Monte, director y secretario respectivamente de la Diputación Patriótica, los cuales consiguen el apoyo del Gobernador interino, Lorenzo José de la Noriega, para que el ayuntamiento ceda un local en la casa consistorial. Así la primera Biblioteca Pública de Matanzas se inaugura el 8 de febrero de 1835, con un fondo inicial de 695 volúmenes, que gracias a las donaciones de los vecinos ya al año siguiente alcanza la cifra de 1.000 volúmenes. Una comisión permanente de biblioteca, designada por la Diputación Patriótica, vigilaba a un conserje, único empleado del local. Al comenzar en 1851 la construcción de un nuevo edificio para el ayuntamiento, la biblioteca es almacenada en la casa particular del regidor Blas de la Cruz, en donde permanece hasta el 27 de marzo de 1864, cuando es instalada en el recién construido Palacio Municipal y reabierta al público en solemne acto. Su director es Idelfonso Estrada y Zenea y su fondo asciende a unos 3.000 volúmenes. En 1869 el director tiene que exiliarse por motivos políticos. Es sustituido en el cargo por Ambrosio Sauto. Mas el incremento de las luchas independentistas y el temor de las autoridades españolas a que el local de la biblioteca fuese tomado como centro conspirativo, hacen que en 1874 sea clausurada, y libros y estantes pasen a ser almacenados en el entresuelo del Palacio Municipal. Terminada la guerra, abre sus puertas de nuevo al público el 10 de noviembre de 1899, anexada al Instituto Provincial de Segunda Enseñanza de Matanzas. Cuenta con 3.035 volúmenes y el bibliotecario es Carlos Manuel Trelles, que publica el folleto *Memorias del primer semestre* (Matanzas, Imprenta Cuba, 1899). Al año siguiente, por una disparidad de criterios, la Biblioteca pasa al control del Gobierno Provincial, que nombra entonces a José Augusto Escoto como director, cargo que ocupará durante veinticinco años, asistido por su esposa Dolores María Ximeno y Cruz como estacionaria. En la etapa republicana, a la par que va incrementando sus fondos (12.400 volúmenes en 1900, 25.000

hacia 1913, según Trelles), sufre numerosos traslados: en 1903 pasa de nuevo a los bajos del Palacio Municipal, hasta 1928, cuando es trasladada a un local situado en la esquina de las calles de Milanés y Contreras, y posteriormente, en 1935, a otro situado en Contreras y Santa Teresa, hasta que en 1942 se instala en Independencia n.º 17. En acto celebrado el 27 de octubre de 1940, se le había puesto el nombre de Biblioteca Gener y del Monte, según iniciativa de la Asociación Amigos de la Cultura Cubana. Ya en 1962, pasa a ser parte de la Red Nacional de Bibliotecas del Consejo Nacional de Cultura, formada por el Gobierno Revolucionario. Se crearon dieciocho nuevas plazas, se renovó el material y se incrementó la adquisición y catalogación de libros; sus fondos se estimaban en unos 25.000 volúmenes. Un año después, en junio de 1963, se traslada a su ubicación actual, antiguo edificio del Casino Español de Matanzas, en Contreras y Santa Teresa; sus fondos ya ascienden a 34000 volúmenes. Por esta época le es anexada la Biblioteca Ramón Guiteras, que había sido creada en 1955 y ocupa un edificio vecino, en donde se instaló un departamento especializado en niños y jóvenes. Además, la Biblioteca Gener y del Monte cuenta con departamentos y salas especializados en arte, música, ciencia y técnica y hemeroteca. También posee departamentos de procesos técnicos, de encuadernación y de extensión bibliotecaria. Su Departamento de Colección Cubana posee una valiosísima colección de publicaciones matanceras del siglo pasado. Junto con sus servicios al público lector, la Biblioteca organiza diversas actividades, como exposiciones, charlas, proyecciones y ciclos de conciertos en su salón de actos, actividades recreativas y didácticas para niños y jóvenes, etc. A partir de 1974 está adscripta a la Dirección de Cultura de los Órganos de Poder Popular de Matanzas. Sus fondos actualmente se calculan en unos 100.000 volúmenes. Cuenta además con discos, diapositivas, partituras y cuadros.

Bibliografía

Jiménez de la Cal, Reynaldo, «El 140 aniversario de la Biblioteca Gener y del Monte», en *Girón*, Matanzas, 14, 32, 2, febrero 7, 1975.

Moliner, Israel M., «Informe sobre la Biblioteca Pública», en *Anales del Grupo Índice, marzo de 1935 a marzo de 1936*, Matanzas, 1, 94-100, 1936.

Rodríguez Rivero, Luis M., *El centenario de la Biblioteca Pública de Matanzas*, «Apuntes sobre el estado actual del establecimiento», por Pedro Avalos y Torrens, Matanzas, Imprenta Estrada, 1936, Publicaciones de Amigos de la Cultura Cubana, 2.

Tejera, María Luisa de la, «Biblioteca Pública de Matanzas Gener y del Monte», en *Boletín de la Asociación Cubana de Bibliotecarios*, La Habana, 2, 1, 24-26, marzo, 1950.

Trelles, Carlos Manuel, «Las bibliotecas públicas de Matanzas», en su *Bibliografía cubana del siglo XIX*, tomo 4., 1856-1868, Matanzas, Imprenta de Quirós y Estrada, 1913, págs.

372.

Biblioteca Municipal de La Habana El 24 de febrero de 1920 fue abierta la Biblioteca Municipal de La Habana, creada por el Departamento de Cultura de la Secretaría de Educación. Estuvo situada en Neptuno n.º 817. Su primer director fue Arturo Carricarte. Desde el 9 de octubre de 1933 hasta noviembre de 1959 fue dirigida por Fermín Peraza. En agosto de 1937 se inauguró una sucursal de la Biblioteca Municipal en la barriada de Santos Suárez, que puede considerarse como la primera edificación construida en Cuba dedicada especialmente a biblioteca pública. En octubre de 1937 se abrió sucursal en el Cerro. Ambas funcionan actualmente como bibliotecas escolares del Ministerio de Educación. Muchas fueron las publicaciones de la Biblioteca Municipal, distribuidas en serie de la siguiente manera: Serie A, *Memorias de la Biblioteca Municipal*, aparecidas anualmente entre 1934 y 1957; Serie B, *Cultura popular*, publicada entre 1936 y 1950; Serie C. *Guías bibliográficas*, entre 1936 y 1957; Serie D, *Índice de revistas cubanas*, entre 1942 y 1952; Serie E, *Iconografías cubanas*, entre 1942 y 1952. En los salones de la Biblioteca Municipal se ofrecían conferencias, exposiciones de libros y otras muchas actividades culturales. En el año 1960 se cerró y sus fondos pasaron a la Biblioteca de la Sociedad Económica de Amigos del País.

Bibliografía

Chacón y Calvo, José María, «Instituciones oficiales de cultura, Las bibliotecas», en *Libro de Cuba*, La Habana, publicaciones Unidas, 1954, págs. 659.

Peraza, Fermín, *La Biblioteca Municipal de La Habana, su organización y servicios*, La Habana, Municipio de La Habana, Departamento de Cultura, *s. a.*

Memoria de los trabajos realizados por la Biblioteca Municipal de La Habana, 1934/1935-1956/1957, La Habana, Municipio de La Habana, 1936-1958, 18 T., Publicaciones de la Biblioteca Municipal de La Habana, Serie A, Memorias de la Biblioteca, 1-18.

Biblioteca Nacional José Martí El 18 de octubre de 1901 fue creada la Biblioteca Nacional por decreto del gobierno militar interventor norteamericano. Funcionó en sus inicios de manera autónoma, bajo las órdenes directas del gobernador militar. Estaba situada en el Castillo de la Fuerza y su primer director fue Domingo Figarola Caneda, quien aportó el primer fondo bibliográfico con que contó la institución, compuesto por unos 3000 volúmenes de las más variadas materias. En 1902 fue trasladada a la Antigua Maestranza de Artillería. A partir de 1909 comenzó a aparecer mensualmente la *Revista de la Biblioteca Nacional*, dirigida por Domingo Figarola Caneda. Tuvo salidas muy irregulares, hasta que en 1912 dejó de editarse. Entre 1918 y 1920 ocupó la dirección de la biblioteca Luis Marino Pérez, quien fue sustituido por Francisco de Paula Coronado. La dirigió éste hasta 1945 con el asesoramiento técnico, entre 1938 y 1945, de José Antonio Ramos. Entre 1945 y 1948 la responsabilidad de la dirección fue ocupada, aunque extraoficialmente, por Carlos Villanueva. A fines de este último año fue designada Lilia Castro de Morales. En 1949 volvió a publicarse, esta vez trimestralmente, la *Revista de la Biblioteca Nacional*, con Lilia Castro de Morales como responsable. En febrero de 1958 fue inaugurado el edificio que hoy ocupa, en la Plaza de la Revolución. La Biblioteca Nacional, que a partir de 1941 había sido dirigida desde el punto de vista administrativo por una Junta de Patronos, pasó al Ministerio de Educación en 1959. En ese año fue nombrada directora de la institución y de la revista María Teresa Freyre de Andrade. Fue sustituida por Aurelio Alonso en la dirección de la Biblioteca y por Renée Méndez Capote en la revista. En 1961, constituido el Consejo Nacional de Cultura, la Biblioteca Nacional pasó a formar parte de su aparato. Desde 1967 hasta 1973 su director fue Sidroc Ramos. Desde 1964 el responsable de la revista, que sale tres veces al año, es Juan Pérez de la Riva. Cuenta actualmente con los siguientes departamentos: Arte, Catalogación, Circulante y Extensión Bibliotecaria, Colección Cubana y Sala «Martí» —organizada y dirigida esta última en sus comienzos por Cintio Vitier y Fina García Marruz y actualmente a cargo de Salvador Morales—, Hemeroteca e Información de Humanidades, Información de Ciencias y Técnica, Referencia, Juvenil, Música, Publicaciones, Sala de lectura general y técnica, selección, Canje y Distribución y Taller de Encuadernación. Brinda, además, por medio de sus distintos departamentos, charlas sobre autores y libros, narraciones de cuentos, películas, exposiciones, conferencias, cursillos sobre historia de la música y, en general, cualquier actividad de índole cultural y educativa. La Sala «Martí» edita el *Anuario Martiano*, donde se publican trabajos de investigación y la Bibliografía martiana aparecida en el transcurso del año. Muchas han sido las publicaciones de la Biblioteca Nacional, principalmente a partir de 1959, tanto de cuestiones técnicas, científicas, agrarias y humanísticas. Entre estas últimas podemos señalar la serie *Bibliografía cubana* y los índices de publicaciones periódicas cubanas. De los propios investigadores de la biblioteca se han publicado valiosos trabajos, entre ellos, *Estudios Críticos* (1964) y *Temas Martianos* (1969), ambos por Cintio Vitier y Fina García Marruz, *La crítica literaria y estética en el siglo XIX cubano* (1968-1972, 3 V.), antología prologada y seleccionada por Cintio Vitier. El Consejo Nacional de Cultura controla y supervisa, a través de la Red Nacional de Bibliotecas, todas las bibliotecas públicas del país, que están divididas por categorías. *Bibliotecas clase A*: Pertenecen a esta clasificación las bibliotecas situadas en las capitales de provincia. Están catalogadas así por poseer el departamento de Colección Cubana. Ellas son la Biblioteca «Gener y del Monte», de Matanzas, creada en 1835; la Biblioteca «Elvira Cape», de Santiago de Cuba, creada en 1898; la Biblioteca «Martí», de Santa Clara, creada en 1927; la Biblioteca «Ramón González Coro», de Pinar del Río, creada en 1963, y la Biblioteca «Julio Antonio Mella», de Camagüey, creada en 1963. *Bibliotecas clase B*: Se diferencian de las anteriores por no tener departamento de Colección Cubana. Funcionan veintiuna en toda la isla. *Bibliotecas clase C*: Son salas de lectura general. Funcionan 25 actualmente. Además, en centros de trabajo y recreativos, en granjas agrícolas y centrales azucareros, se han creado minibibliotecas. Algunas bibliotecas provinciales cuentan con servicio de bibliobuses que periódicamente visitan los lugares más apartados, en especial las zonas montañosas, y facilitan el préstamo de libros por determinado tiempo.

Bibliografía

Campa y Caraveda, M. A., «Biblioteca Nacional», en *Información*, La Habana, 13, 174, 2, julio 22, 1949.

Castro, Lilia, *Biografía de la Biblioteca Nacional*, separata de la *Revista de la Biblioteca Nacional José Martí*, La Habana, 1957.

Coronado, Francisco de Paula, «La Biblioteca Nacional de Cuba», en *Revista de Instrucción Pública*, La Habana, 1, 1, 394-428, marzo, 1925.

Dardet, Eusebio, «Nuestra Biblioteca Nacional», en *Carteles*, La Habana, 28, 41, 5, octubre 11, 1936.

Fina, J. A., *Los tesoros de nuestra Biblioteca Nacional*, La Habana, Imprenta F. Verdugo 1931.

Góngora Echanique, Manuel, «La Biblioteca Nacional», en *Bohemia*, La Habana, 19, 36, 20-21, 47, septiembre 4, 1927.

Grau Agüero, José, «La Biblioteca Nacional», en *El Legislador*, La Habana, 1, 2, 5, agosto 3, 1949.

Lizaso, Félix, «En torno a la Biblioteca Nacional», en *El Mundo*, La Habana, 48, 15 284, 18, agosto 7, 1949.

«Panorama de las bibliotecas cubanas, la Biblioteca Nacional», en *Anuario Bibliográfico Cubano*, La Habana, 1, 3, 21-27, agosto-octubre, 1938.

Pedroso, Regino, «Pasado, presente y futuro de la Biblioteca Nacional», en *El Periodista*, La Habana, 1, 2, 13, 16, junio, 1947.

Roig de Leuchsenring, Emilio, «Realidades y perspectivas de nuestra Biblioteca Nacional», en *Carteles*, La Habana, 26, 36, 38, septiembre 9, 1945.

Santovenia y Echaide, Emeterio, «Biblioteca Nacional José Martí», en *Boletín de la Asociación Cubana de Bibliotecarios*, La Habana, 10, 1, 21-23, marzo, 1958.

Soto, Jesús, «Ya no es un frío depósito de libros la Biblioteca Nacional», en *Juventud Rebelde*, La Habana, 4, abril 24, 1969.

«Más de 3000 volúmenes tiene ya la Sala "Martí"», en *Juventud Rebelde*, La Habana, 2, enero 27, 1970.

«Hay 350000 volúmenes en la Biblioteca Nacional», en *Juventud Rebelde*, La Habana, 2, abril 1.º o 10, 1970.

Torriente, Loló de la, «La Biblioteca Nacional José Martí entre las primeras de América», en *Bohemia*, La Habana, 52, 43, 34-35, 90, octubre 23, 1960.

Vitier, Medardo, «Sobre la Biblioteca Nacional», en *Diario de la Marina*, La Habana, 120, 210, 4, septiembre 2, 1952.

Biblioteca selecta de amena instrucción

(La Habana, 1836-1837). Publicación concebida, según palabras de su editor y redactor, Mariano Torrente, con el propósito de «metodizar una porción de apuntes y estractos que desde muchos años he ido formando en el acto de leer las mejores obras sobre varias materias escritas en español, latín, francés, inglés e italiano, y de ofrecerlos al público en un cuerpo de obra, titulada *Biblioteca selecta de amena instrucción*». El primer tomo se publicó en junio y el último (12) en mayo de 1837. En la página 236 del tomo 2 de su obra *Apuntes para la historia de las letras y de la instrucción pública en la isla de Cuba* (La Habana, Academia de Ciencias de Cuba. Instituto de Literatura y Lingüística, 1971), Bachiller señala lo siguiente: «Prohibida la licencia para que se publicaran periódicos sin la voluntad soberana, se conseguían para imprimir obras por entregas en que se eludía la prohibición. El señor Torrente fue el que ideó el medio de verificarlo y con gran provecho, pues fue muy numerosa la suscripción que consiguió». En cuanto al contenido, su propio autor expresaba en el primer tomo que en las páginas de su obra «se hallarán alternativamente capítulos cortos y variados sobre los siguientes puntos: Principios jenerales sobre los varios ramos del saber humano; útiles invenciones y progresos en las ciencias naturales; reglas y trozos de elocuencia y poesía; rasgos históricos de los más brillantes; sucesos raros; dichos agudos; máximas y ejemplos de virtud; sentencias de los antiguos filósofos; descubrimientos geográficos y astronómicos; cuestiones económicas; discursos filosóficos; apuntes estadísticos; curiosidades y fenómenos; parte biográfica y bibliográfica; disertaciones sobre varias materias; estracto de algunos viajes modernos; y por último algunas novelas jugosas y deleitables, algún drama y cuantas flores y encantos ha podido prestarme la literatura para amenizar y embellecer esta miscelánea de útil y agradable instrucción».

No trató asuntos cubanos en ninguno de sus números. Su salida provocó una violenta polémica que se mantuvo durante casi todo el segundo semestre de 1836, fundamentalmente desde las páginas del *Diario de La Habana*. En el último tomo, Torrente presentó un índice general de las materias contenidas en los doce volúmenes. Además, Araceli García Carranza ha confeccionado su índice, que se encuentra a disposición del público en las gavetas de la hemeroteca del departamento Colección Cubana de la Biblioteca Nacional José Martí.

Bibliotecas de la Universidad de La Habana En 1728, al fundarse la Universidad de La Habana se creó conjuntamente una biblioteca para uso interno, reducida a libros de teología, leyes y derecho canónico, escritos la mayoría en latín. En 1842, al secularizarse la Universidad, se ampliaron los fondos de la biblioteca con materias tales como física, química, botánica, geografía e historia. A partir de 1902, situada ya la Universidad donde está hoy, comenzaron a construirse nuevos edificios, y algunas facultades, como las de Medicina y Farmacia y Derecho, contaron con bibliotecas propias. En noviembre de 1937 se inauguró la Biblioteca Central, que agrupó a las pocas bibliotecas que existían en las facultades. En 1961 la Biblioteca Central adoptó el nombre de «Rubén Martínez Villena». Tiene especialidad en libros de ciencias, humanidades y bibliotecología. Posee un departamento de hemeroteca y el Centro de Documentación de Literatura Inglesa «William Shakespeare». Publica reseñas de libros, listas bibliográficas, etc. Se han creado en las diversas facultades y escuelas trece bibliotecas especializadas que facilitan a los estudiantes un mejor acceso a las fuentes de información.

Bibliografía

Marcer, Manuel, «La Biblioteca Central de la Universidad de La Habana», en *Vida Univer-sitaria*, La Habana, 16, 180, 24-25, agosto, 1965.

Reglamento que debe observarse en la Biblioteca de la Real Universidad Literaria de La Habana, La Habana, Imprenta del Gobierno y Capitanía General, 1859.

Reglamento interior de la Biblioteca de la Universidad de La Habana, La Habana, Imprenta del Gobierno, Capitanía General y Real Hacienda, 1865.

Biblos. Una publicación al servicio del libro (La Habana, 1942). Comenzó a salir en noviembre, bajo la dirección de Francisco C. Bedriñana. Eran sus redactores Virgilio Ferrer Gutiérrez, Gerardo Gallegos, Adela Jaume, Guy Pérez de Cisneros y Rafael Soto Paz. En el artículo «Palique» del primer número (único visto) se señalaba que «*Biblos* aspira a tratar, sin ahuecar la voz y sin adoptar actitudes sapientes, de libros y de autores. De libros y de autores de todas partes. Pero —sépase— muy especialmente del libro cubano. Del pobre libro cubano, condenado al olvido, menospreciado, sumido en indigna vida lánguida». En dicho número aparecieron informaciones sobre libros recién publicados, críticas, notas sobre conferencias y exposiciones, firmadas por los redactores antes mencionados.

Biciclista, El (La Habana, 1899). Revista quincenal de sports y literatura (con corresponsales en todo el mundo). Fue su fundador, propietario y director Andrés Segura y

Cabrera. Comenzó a salir el 15 de septiembre, aunque el 10 de agosto habían editado un número de propaganda, que se repartió gratis. Tenía como fin —según expresaban en el número de propaganda— «fomentar el sport en todas sus manifestaciones, pero especialmente el ciclismo como lo indica su título». Para ello publicó crónicas y noticias sobre competencias deportivas dentro y fuera de Cuba. Además, aparecieron en sus páginas poesías y cuentos, muchos de ellos referidos al propio ciclismo. Fueron sus colaboradores, entre otros, José A. Cortina, Ángel E. Blanco, Mariano Ramiro, Wen-Gálvez, Eulogio Horta, Carlos Arístides Vasseur y Casimiro del Monte. En el ejemplar correspondiente al 15 de diciembre de 1899, último que salió, según expresa Carlos Manuel Trelles en la segunda parte de su trabajo «Bibliografía de la prensa cubana (de 1764 a 1900) y de los periódicos publicados por cubanos en el extranjero» —en *Revista Bibliográfica Cubana* (La Habana, 2, 8, 86, marzo-abril, 1938)—, se anuncia que «desde el próximo año 1900, el nombre limitado de *El Biciclista* será suplantado por el más extenso y comprensivo de *Los Sports*».

Billikencito. Lectura para jóvenes, niños y ancianos desocupados (La Habana, 1928). Según aparece en el catálogo de la hemeroteca de la Biblioteca Nacional, su salida se efectuó en 1928. Los ejemplares que se han revisado expresan el año y número de la publicación, pero no la fecha. Era su redactor Juan José Remos. «La anécdota educativa, la fábula ingeniosa, la comedia interesante, el verso inspirado, el cuento provechoso, el consejo moral, el chiste fino y medido, proporcionarán a la niñez cubana, amable lectura que eduque el gusto, temple el corazón, discipline la mente y regocije el espíritu», expresaban en el «Saludo cordial» del primer número. En sus páginas aparecían cuentos, pasatiempos y otros entretenimientos infantiles, así como reproducciones de poesías de autores cubanos y extranjeros, tales como José Martí, Bonifacio Byrne, Gabriel de la Concepción Valdés, entre los primeros, y Rubén Darío, José Santos Chocano y Rabindranath Tagore, entre los segundos. Además publicó «Ama de casa» y «La lección de geografía», comedias infantiles de Félix Callejas. Se ha visto hasta el número 16.

Biografía Tal como acontece con el cuento y la novela, el género biográfico, como tal, no viene a cristalizar entre nosotros hasta bien entrado el siglo XIX. Prácticamente antes de los trabajos de Enrique Piñeyro y José Ignacio Rodríguez, que son quienes —en realidad— realizan los primeros empeños orgánicos en el género, la producción de tipo biográfico se identifica en la mayoría de las ocasiones con los elogios académicos, la semblanza de un prohombre o el artículo periodístico de cierta envergadura. Testimonio de esbozos biográficos encontramos ya en la obra de José Martín Félix de Arrate *Llave del Mundo*.

Antemural de las Indias Occidentales —concluida en 1761, pero no publicada hasta 1830—, así como en los panegíricos y elogios de los oradores sagrados del siglo XVIII y principios del XIX, entre quienes descuella el presbítero José Agustín Caballero con sus apologías de Cristóbal Colón y de Don Luis de las Casas. Mas no será hasta el advenimiento del romanticismo que el género biográfico, dejando atrás la mera exaltación de virtudes, comienza a perfilarse en nuestra literatura. Cabe a José María Heredia, iniciador del romanticismo en la lírica de habla hispana, escribir los primeros artículos biográficos de importancia. En *El Iris* (México), semanario fundado por él, publicó en 1826 sus breves biografías de Roberto Fulton y de Francisco Miranda, así como una serie de artículos sobre distintos poetas —Lord Byron, Thomas Campbell, Joaquín del Castillo y Lanza, *et al*—, en los cuales, si bien predomina la intención crítica, se insertan datos biográficos de indudable valor que evidencian las dotes poco comunes que para el género poseyó incuestionablemente Heredia. Más tarde, en *Miscelánea* (Tlalpam, 1829), publicó Heredia su esbozo biográfico sobre Tácito y un muy interesante trabajo para nosotros, dado la modernidad de su concepción, sobre Juan Jacobo Rousseau (Ensayo sobre el carácter de Juan Jacobo Rousseau, su *Julia* y sus *Confesiones*»). A ellos se unen, también publicadas en estas revistas, su biografía del poeta prerromántico español Meléndez Valdés y la del novelista norteamericano Fenimore Cooper, que junto con la del poeta italiano Juan Bautista Casti —aparecida en 1838 en la revista mexicana *El recreo de las familias*— constituyen los empeños heredianos de mayor importancia en el género.

Por la misma época, en la revista *El Plantel*, fundada en La Habana en 1830 por Ramón de Palma y José Antonio Echeverría, apareció el artículo biográfico de este último sobre Diego Velázquez, interesante por los datos que nos ofrece sobre la vida en Cuba durante la etapa de la conquista, así como el de Ramón de Palma sobre Francisco Arango y Parreño, aunque ambos, literariamente, no revisten la importancia de los escritos por José María de Andueza sobre Quevedo, Larra y Bretón de los Herreros.

Años más tarde, ya en pleno auge de nuestra segunda etapa romántica, desde el *Álbum Cubano de lo Bueno y lo Bello*, editado en La Habana en 1860 por Gertrudis Gómez de Avellaneda, la propia poetisa, quien ya había publicado en el segundo tomo de la *Revista de Madrid sus* «Apuntes biográficos de la señora Condesa de Merlín» (1844), en unión de Luisa Pérez de Zambrana redactó algunas de las miniaturas que aparecieron en la sección titulada «Galería de mujeres célebres», la mayor parte de ellas salidas de la pluma de Luisa Pérez de Zambrana.

Pero el mayor paso de avance en el desarrollo evolutivo del género lo constituyen las trece biografías que agrupadas bajo el título común de«Galería de hombres ilustres» incluyó Antonio Bachiller y Morales en el tercer tomo de sus

Apuntes para la historia de las letras y de la instrucción pública en la isla de Cuba (1861). Publicadas anteriormente en revistas nacionales y extranjeras —por lo que participan del carácter limitado que tenían los trabajos precedentes—, estas pequeñas biografías constituyen el primer empeño orgánico en el género encaminado al estudio y a la valoración de aquellas figuras que comenzaron a formar nuestra nacionalidad. Con su obra, Bachiller y Morales abrió el camino para los primeros trabajos de índole biográfica verdaderamente extensos.

El más importante entre los biógrafos cubanos del siglo XIX, tanto por el rigor metodológico cuanto por la galanura del estilo es —sin duda— Enrique Piñeyro, quien en obras como *Hombres y glorias de América* (1903), *Biografías americanas* (1906), *Bosquejos, retratos, recuerdos* (1912), *Morales Lemus y la Revolución de Cuba* (1871), llevó el género al grado de desarrollo más alto entre nosotros en el siglo pasado. Pero donde brilla el crítico en toda su estatura es en aquellas obras en las cuales el aspecto biográfico y el literario se conjugan con rara penetración, como sucede en su monografía *Manuel José Quintana*, una de las mejores realizadas sobre el poeta español, *Poetas famosos del siglo XIX* (1883), *El romanticismo en España* (1904) y en su estudio sobre José María Heredia insertado en su libro *Cómo acabó la dominación de España en América* (1908). Más discutible resulta su más afamada obra, *Vida y escritos de Juan Clemente Zenea* (1901), en la cual la amistad fraterna que profesó al poeta bayamés le resta objetividad a sus juicios, especialmente en todo cuanto atañe al célebre proceso en el cual tan en entredicho queda la fidelidad de Zenea a la causa independentista, proceso que conocía Piñeyro íntegramente y cuyas penosas páginas silenció.

Continúan la labor de Piñeyro, aunque sin que puedan parangonársele estilísticamente, José Ignacio Rodríguez (*Vida de Don José de la Luz y Caballero*, 1874; *Vida del presbítero Don Félix Varela*, 1878) y muy especialmente esa gran figura de nuestras letras y nuestra vida pública que fue Manuel Sanguily, quien sin abordar el género con el rigor de Piñeyro o José Ignacio Rodríguez, realizó dos bellamente escritas contribuciones a él: la semblanza de Enrique Piñeyro, publicada en *La Habana Elegante* (1888) y su *José de la Luz y Caballero* (1890). A ellos se une también Vidal Morales y Morales, autor de una obra importante sobre la Guerra de los Diez años: *Hombres del 68. Rafael Morales y González* (1907.

Sin llegar a resultar propiamente biografías, los *Cromitos cubanos* de Manuel de la Cruz constituyen uno de los libros más bellamente escritos de nuestro siglo XIX. En ellos el elemento biográfico queda subordinado al poético; mas, con todo, no deja de encontrarse presente. No acontece así en la obra de José de Armas y Cárdenas (*Justo de Lara*), quien al igual que Piñeyro hermana elementos críticos y biográficos en obras de tanta importancia para su época como su estudio sobre el poeta Marlowe —considerado por Menéndez y Pelayo como el mejor escrito hasta esa fecha sobre el dramaturgo inglés–, y su excelente *Cervantes y el* Quijote (1905), que, junto a los trabajos de la Doctora Mirta Aguirre, constituyen los más serios aportes a la exégesis cervantina realizados en nuestra patria.

No podrá omitirse en esta panorámica revisión del desarrollo del género biográfico entre nosotros, la figura de José Martí. Aunque, en rigor, Martí no nos legó ninguna obra biográfica extensa, en las semblanzas que sobre numerosas figuras de distinto tipo realizó, aportó al género –con su genio– lo que ningún otro escritor cubano ha realizado hasta la fecha. Sus semblanzas de Heredia, Whitman, Wilde, Bolívar, San Martín, y otros, no tienen paralelo en nuestra lengua, tanto por el estilo cuanto por la penetración sicológica y la clarividencia política presentes en ellas, y toman inevitable el contraste con el ingente número de lamentables biografías que sobre su figura habrían de escribirse con posterioridad.

Dentro del siglo XIX debemos hacer mención a dos aspectos que aún no hemos tocado: las manifestaciones autobiográficas y el *Diccionario biográfico* de Francisco Calcagno.

Memorias, diarios, apuntes, testimonios de viajeros son numerosísimos en nuestro siglo XIX. De entre ellos sobresalen dos obras: la autobiografía de Gertrudis Gómez de Avellaneda –dirigida a su amante Ignacio Cepeda, y publicada tan solo en 1907 por la viuda de éste–, que constituye una de las primeras y más valiosas autobiografías surgidas de pluma

cubana, a la vez que resulta fuente de obligatoria consulta para los estudiosos de su personalidad, tanto literaria como humana.

Escritos originalmente en francés –en 1831 y 1836 respectivamente– y traducidas al español por Agustín de Palma, *Mis doce primeros años* (1838) y *Memorias y recuerdos de la señora Condesa de Merlín* (1853), de María de las Mercedes Santa Cruz y Montalvo, Condesa de Merlín, constituyeron unas de las primeras obras autobiográficas salidas de mano cubana que despertaron interés fuera de nuestro ámbito nacional.

Pero la expresión autobiográfica más trascendental de nuestro siglo XIX no estaría destinada a ser escrita por literatos de oficio. Tocó escribirla a Juan Francisco Manzano, negro y ex esclavo, quien en 1839 –a instancias de Domingo del Monte– publicó el relato de parte de su tristísima vida de esclavo. El libro fue inmediatamente traducido por Richard M. Madden, a quien Del Monte se lo hizo llegar, y fue publicado en Londres en 1840. El que no hubiera sido publicado entre nosotros hasta 1939 (¡un siglo más tarde!) imposibilitó que obra de tan singular valor fuera debidamente justipreciada. La lectura de los *Apuntes biográficos* de Manzano pone de relieve cuán limitados literariamente resultaron los románticos esfuerzos de nuestra «novela antiesclavista» decimonónica en la captación de la esencia de la verdadera situación social del esclavo.

Francisco Calcagno, autor de una serie de biografías críticas reunidas bajo el título de

Poetas de color (1878) —la primera de este tipo entre nosotros—, editó ese mismo año su *Diccionario biográfico* en Nueva York, el cual terminó de publicarse en La Habana en 1886. El diccionario resulta un vasto empeño por reunir en una obra orgánica a todos los que, nativos o no, habían contribuido de algún modo al desarrollo de la cultura cubana. Aunque plagada de errores y con las limitaciones inherentes a una obra que requiere, por esencia, una labor de equipo, la obra de Calcagno resulta todavía de obligada consulta para todo investigador de nuestra cultura.

El primer cuarto del siglo XX continúa, en lo esencial, las pautas trazadas por los biógrafos decimonónicos. Todavía la influencia de la obra de Lytton Strachey no se deja sentir en nuestro medio. De este período resulta importante la producción de tres autores que si bien no se ciñen estrictamente al aspecto puramente biográfico, aportan datos valiosos para el estudio de la vida de las figuras que tratan. Son ellos José Antonio Rodríguez García (*Vida de Cervantes y juicio del* Quijote, 1905; *De la Avellaneda*, 1914; *Enrique Collazo. Su vida y sus obras*, 1923; *Manuel Sanguily*, 1927), Medardo Vitier (*Martí*, 1911; *Varona, maestro de juventudes*, 1937; *Estudios, notas, efigies cubanas*, 1944) y José María Chacón y Calvo (*José María Heredia*, 1915, y *Vida universitaria de Heredia*, 1915) el más connotado estudioso de la obra de nuestro primer romántico (*Estudios heredianos,* 1939).

El advenimiento de la vanguardia, tal como en el resto de los géneros, sacó la biografía de sus moldes tradicionales. La nueva concepción del género a partir de la obra de Strachey, popularizada entre nosotros por autores como André Maurois, Stephan Zweig, Emil Ludwig y otros, comenzó a imponerse. Una de las primeras muestras de esta renovación, a la vez que abrió el camino a una serie de trabajos en los cuales la figura de José Martí —y especialmente su pensamiento político— fue gradualmente deformada hasta extremos casi irreconocibles, fue la *Mitología de Martí* (1929), de Alfonso Hernández Catá, biografía novelada en la cual, tal como ya lo indica el propio título, el autor prescinde deliberadamente del apoyo biográfico documental para convertir el libro en obra de pura ficción, algunos de cuyos capítulos aislados funcionan perfectamente como cuentos (*Don Cayetano el informal.*

Con óptica distinta a la de Catá, y ensayando por primera vez entre nosotros la biografía documentada de nuevo tipo, abordó Jorge Mañach la figura de Martí en su *Martí, el apóstol* (1933), libro estilísticamente irreprochable, pero más atento a destacar aquellos aspectos de la vida íntima de Martí que resultaban de mayor atractivo para el lector superficial, que a destacar las raíces del pensamiento esencialmente antimperialista de Martí (el autor despacha apresuradamente en unas pocas páginas, al final del libro, los años de preparación de la gesta independentista, así como la participación efectiva de Martí en ella.

Sin la calidad literaria de Mañach, otros autores continuarían estudiando la figura de Martí (Isidro Méndez, Gonzalo de Quesada y Miranda —*Martí, hombre*, 1940), figura que otros autores irían desnaturalizando cada vez más, acentuando la connotación mítica que le proporcionó Catá. Así surgieron *Místico del deber* (1940), de Félix Lizaso; *Presencia de Martí* (1941), de Emeterio Santovenia; *El santo de América* (1941), de Luis Rodríguez Embil; *Martí, maestro y apóstol* (1942), de Carlos Márquez Sterling, etc.

Sin llegar a alcanzar el número de obras dedicadas a Martí, el estudio biográfico de otras figuras históricas nuestras continuó desarrollándose paralelamente. En 1936, Leonardo Griñán Peralta publicó su *Maceo, análisis caracterológico*, al que se une, entre otros, *Maceo, héroe epónimo* (1934), de Rafael Marquina. Ese mismo año, Leopoldo Horrego Estuch publicó *Maceo, héroe y carácter*. Ya en la década del cincuenta, José Luciano Franco publicaría en tres volúmenes (1951-1954-1957) el más completo estudio realizado entre nosotros sobre esta figura cardinal de nuestra historia (*Antonio Maceo. Apuntes para una historia de su vida*), recientemente reeditado por el Instituto Cubano del Libro (1973). Sobre Máximo Gómez es de destacar la biografía realizada por el Doctor Benigno Souza, recientemente reeditada. Manuel Isaías Mesa Rodríguez lo hizo sobre Luz: *Don José de la Luz y Caballero (Biografía documental)* (1947). Federico de Córdoba es autor de dos meritorios trabajos

sobre *El Lugareño* y Manuel Sanguily. Sobre Ignacio Agramonte lo hizo acertadamente Eugenio Betancourt. Mención destacada merecen los *Cuadernos de historia habanera*, dirigidos por Emilio Roig de Leuchsenring, en cuyas *Conferencias de historia habanera. 1.ª serie: Habaneros ilustres* (1937-1938) se recogieron numerosos trabajos de índole biográfica sobre distinguidas personalidades de nuestra historia, como Mendive, Escovedo, Suárez y Romero, Juana Borrero, Julián del Casal y otros, por algunos de nuestros más importantes críticos e historiadores, entre los que cabe citar a José Antonio Portuondo, Carlos Rafael Rodríguez, Ángel Augier, Elías Entralgo, Salvador García Agüero.

Por otra parte, y como consecuencia de la corriente sicologista traída a la literatura por las concepciones de Freud, aparece la biografía patológica entre nosotros, cuyo mayor exponente es el *Amiel* de José de la Luz León, publicada en Madrid, en 1939.

Las manifestaciones autobiográficas continuaron produciéndose. Apuntes biográficos, memorias, recuerdos valiosos para la comprensión de muchos aspectos sociales, políticos, económicos y culturales de nuestro desarrollo histórico, nos legaron Enrique José Varona, Manuel Sanguily, Esteban Borrero Echeverría y otros. Ya en el terreno estrictamente literario, la malograda poetisa María Luisa Milanés desde las páginas de *Orto* en *1920* nos legó su inconclusa *Autobiografía* y Ramón Guirao publicó su «Vida de un niño» en *Espuela de plata* en 1941. Sin resultar propiamente autobiográfico, «Yoísmo», el trabajo que sirve de prólogo a *Arabescos mentales* de Regino Eladio Boti —quien se había ensayado anteriormente en el género con un brevísimo pero muy interesante estudio sobre el general Guillermo Moncada (*Guillermón, 1911*)— ofrece una serie de datos de incalculable valor para la comprensión de la estética poética del autor guantanamero, al igual que sucede con el prólogo que escribió José Manuel Poveda a sus *Versos precursores*.

La biografía sobre figuras literarias —con excepciones— no fue cultivada asiduamente entre nosotros. Aparte de los valores biográficos que encontramos en los ya citados *Estudios heredianos*, de José María Chacón y Calvo, Rafael Esténger y Manuel García Garófalo Mesa publicaron sendos trabajos biográficos sobre Heredia. Rafael Marquina es autor de una extensa biografía sobre Gertrudis Gómez de Avellaneda. Leopoldo Horrego Estuch lo hizo, a su vez, sobre Plácido. Sobre Miguel de Cervantes, continuando la noble tradición cervantina que en nuestro siglo XIX tuvo a *Justo de Lara* como más alto exponente, Mirta Aguirre, en páginas escritas con gran sensibilidad, realizó una muy interesante interpretación del autor del *Quijote* a la luz del marxismo en *Un hombre a través de su época: Miguel de Cervantes Saavedra* (1948.

Agobiante sí resultaría relacionar los estudios y artículos literarios donde hallamos numerosos datos biográficos de valor, como ejemplifican los distintos trabajos sobre Rubén Martínez Villena escritos por Raúl Roa.

El triunfo de la Revolución no podía dejar de influir sobre el género. En primer término, se impuso como tarea primordial la divulgación masiva, a través de reediciones, de los estudios biográficos ya realizados sobre los forjadores de nuestra nacionalidad (lo cual no siempre fue un acierto desde el punto de vista ideológico dado el carácter reaccionario de muchos de los biógrafos burgueses); por otra parte, nueva valoración comenzaron a tener nuestras figuras del siglo XIX, como patentiza el trabajo de Manuel Moreno Fraginals sobre José Antonio Saco aparecido en 1960.

El carácter socialista de la Revolución ha determinado un vuelco en la concepción ideológica de los trabajos biográficos emprendidos, aunque no todos presentan una orientación marxista. Puede afirmarse que el género que mayor impulso y remozamiento ha tenido en el Período postrevolucionario es, precisamente, el género biográfico, no tanto por el número de obras escritas como por la ingente labor divulgativa que se ha venido realizando con las vidas de nuestros mártires y forjadores de nuestra conciencia nacional, sin contar con que —rebasando los límites puramente nacionales— esta tarea se ha hecho extensiva a las biografías de todos aquellos que han luchado por la consecución de un régimen social más justo.

A lo largo del período postrevolucionario se han producido algunas obras que resultan importantes tanto desde el punto de vista histórico cuanto del literario. En 1962 publicó Ángel

Augier su *Nicolás Guillén. Notas para un estudio biográfico crítico*, la obra de conjunto más importante escrita sobre el poeta camagüeyano. Con carácter divulgativo, Salvador Bueno publicó una serie de pequeñas biografías de distintos autores del siglo XIX (*Figuras cubanas*, 1964). Un año más tarde, Erasmo Dumpierre nos dio sus apuntes biográficos sobre Mella (*Mella*, 1965). Por otra parte, la UNEAC dio en 1966 el paso más importante para garantizar el desarrollo del género entre nosotros al crear el Premio Nacional de Biografía «Enrique Piñeyro», que ya cuenta con premios y menciones de calidad como *Hombradía de Antonio Maceo* (Premio, 1966), de Raúl Aparicio, *Rubén Martínez Villena* (Premio, 1970), de Ana Núñez Machín, o *El Mayor* (Mención, 1970), de Mary Cruz.

Por último, no queremos dejar pasar por alto la mención de *Aventuras, venturas y desventuras de un mambí* (1970), originalísima biografía de Ramón Roa, escrita por su nieto Raúl Roa, quizás la más polémica y, sin duda, la más brillante escrita de todas las producidas en el período revolucionario.

Aunque las manifestaciones autobiográficas no han dejado de cultivarse (*Memorias de una cubanita que nació con el siglo* (1963) de Renée Méndez Capote; *Del barro y las voces* (1968), de Marcelo Pogolotti), se ha ido haciendo con ciertas transformaciones que han determinado el surgimiento de un nuevo género —Testimonio— en el que, conjugados a los elementos biográficos y autobiográficos, aparecen otros más ligados a la narrativa y al ensayo. Dentro de la corriente testimonial que se acerca más a lo biográfico se inserta la *Biografía de un cimarrón* (1966), de Miguel Barnet, que inicia esta modalidad en el período postrevolucionario, a la que siguen *Manuela la mexicana* (1968), de Aida García Alonso; *Julián Sánchez cuenta su historia* (1970), de Erasmo Dumpierre, y *Amparo, millo y azucenas* (1970), de Jorge Calderón.

El imperativo de ahondar cada vez más en la búsqueda de la cristalización de nuestra nacionalidad y su ulterior desarrollo histórico a la luz del marxismo-leninismo, garantiza que al género biográfico le será dispensado en el futuro un cultivo cada vez mayor y más científico. La producción del período postrevolucionario ya evidencia este salto cualitativo, por lo que podemos presumir cuán óptimos resultarán los frutos a recoger en un futuro cercano.

Bisbé, **Manuel** (Santiago de Cuba, 28 diciembre 1906-Nueva York, 20 marzo 1961). Cursó los primeros estudios en su ciudad natal. En la Universidad de La Habana se graduó de Doctor en Derecho Público, en Derecho Civil y en Filosofía y Letras. Fue fundador y primer presidente de la Sociedad de Conferencias del Instituto de Segunda Enseñanza de La Habana y miembro de la Academia Universitaria de Literatura. Organizó el Partido del Pueblo Cubano (Ortodoxo) y fue elegido representante a la Cámara en dos ocasiones (1940 y 1946). En 1948 ocupó el cargo de senador por la ortodoxia. Fue profesor de griego en la Universidad de La Habana. Colaboró en *Revista Bimestre Cubana, Lyceum, El Mundo, Universidad de La Habana*. Desde enero de 1959 hasta su muerte desempeñó las funciones de representante permanente de Cuba ante la Organización de las Naciones Unidas.

Bibliografía activa

En los jardines del silencio, poemas, La Habana, Editorial Hermes, 1935.

Dos discursos históricos, 30 de septiembre de 1944.

27 de noviembre de 1946, La Habana, Imprenta Concepción, 1946.

Sin fórmulas políticas, discurso leído el sábado 5 de enero de 1952 por los micrófonos de la COCO, La Habana, 1952.

Literatura griega, La Habana, Cooperativa Estudiantil «Enrique José Varona», s. a.

Bibliografía pasiva

«Bisbé, ejemplo y símbolo», en *Vida Universitaria*, La Habana, 12, 128-129, 21-25, abril-mayo, 1961.

«Bisbé, una vida al servicio del pueblo», en *Granma*, La Habana, 11, 67, 13, marzo 20, 1975.

Bueno, Salvador, «Bisbé, intelectual revolucionario», en *El Mundo*, La Habana, 65, 21 842, 4, marzo 19, 1967.

Carbonell, José Manuel, «Manuel Bisbé y Alberni, 1906», en su *La poesía lírica en Cuba*, recopilación dirigida, prologada y anotada, tomo 5, La Habana, Imprenta El Siglo XX, 1928, págs. 591, Evolución de la cultura cubana, 1608-1927, 5.

Fernández, Tony, «Bisbé una vida al servicio del pueblo», en *Granma*, La Habana, 7, 68, 2, marzo 20, 1971.

«Bisbé, una vida al servicio de la causa del pueblo», en *Granma*, La Habana, 9, 67, 2, marzo 20, 1973.

«Luto oficial por la muerte del Doctor Manuel Bisbé», en *Revolución*, La Habana, 5, 704, 1, 3, marzo 21, 1961.

Massip, Salvador, «Manuel Bisbé», en *El Mundo*, La Habana, 65, 21 843, 4, marzo 21, 1967.

Medina, Waldo, «Recordando a Manuel Bisbé», en *El Mundo*, La Habana, 64, 21 533, 4, marzo 20, 1966.

«Recordemos a Manuel Bisbé», en *El Mundo*, La Habana, 65, 21 846, 4, marzo 24, 1967.

Nuiry, Juan, «Vida de grandes revolucionarios, Manuel Bisbé Alberni», en *El Mundo*, La Habana, 64, 21 533, 9, marzo 20, 1966.

Ortiz, María Dolores, «Un recuerdo para Manuel Bisbé, el maestro», en *Granma*, La Habana, 7, 68, 2, marzo 20, 1971.

Pogolotti, Graziella, «Mis recuerdos de Manuel Bisbé», en *Granma*, La Habana, 3, 74, 2, marzo 20, 1967.

Rodríguez Rivero, Luis, «Vida ejemplar de un gran cubano, Manuel Bisbé» en *Universidad de La Habana*, La Habana, 26, 157, 67-83, julio-agosto, 1962.

Bisulfuro (Villa Clara, Santa Clara, 1928-1929). «Revista estudiantil semanal», se lee como subtítulo en el ejemplar más antiguo revisado, correspondiente al 21 de julio de 1928. Era su director y jefe de redacción M. Oswaldo González. La propia publicación ofrecía su relación de redactores literarios, de la que formaban parte, entre otros, Jesús López Silvero y Leví Marrero Artiles. Este último ocupó posteriormente la jefatura de redacción. Como revista estudiantil, dedicaba parte de sus páginas a informar sobre las actividades y los problemas de los alumnos del Instituto de Segunda Enseñanza. Además, publicaba poesías, cuentos, crónicas sociales y teatrales. Fueron sus colaboradores Mariano Rodríguez Solveira, Roberto P. Calderín (*Duque de Balta*), S. Acosta Águila, Rafael Rivero Vidal, Crescencio Rodríguez Rivero, Antonio J. Vidaurreta Casanova y otros. El último ejemplar revisado corresponde al 3 de febrero de 1929.

Blanchet, **Emilio** (Matanzas, 7 noviembre 1829-Id. 22 noviembre 1915). Desde muy joven se dedicó a la literatura y a la enseñanza. Fue profesor de diversas materias en el colegio La Empresa y en el Instituto de Segunda Enseñanza, ambos de su ciudad natal. Fundó el Liceo de Matanzas. Colaboró en *La Aurora*, *El Artista*, *Brisas de Cuba*, *Revista de La Habana*, *La Piragua*, *Cuba Contemporánea*, entre otras. Después de estallar la guerra del '68 fue denunciado y emigró a Nueva York (1869).

Se trasladó a España. En la Universidad de Barcelona, en 1872, se graduó de Licenciado y de Doctor en Filosofía y Letras y ganó por oposición la cátedra de literatura griega. En 1877 fue nombrado miembro correspondiente de la Academia Sevillana de Buenas Letras. Presidió la Sección de Literatura, Historia y Antigüedades del Ateneo de Barcelona (1885-1886). Por esa época colaboró en varias publicaciones españolas. Regresó a Cuba en 1899 y ocupó una cátedra en el Instituto de Segunda Enseñanza de Matanzas. Fue miembro de la Academia Nacional de Artes y Letras y de la Academia de la Historia de Cuba. Obtuvo diversos premios a lo largo de su carrera intelectual. Dejó inéditos *Átomos de novelas*, colección de novelas cortas; *Poesías varias*, *Libro de epigramas* e *Idiotismos franceses*.

Bibliografía activa

Versos y prosas, Matanzas, Imprenta El Escritorio, 1858.

Compendio de Historia Sagrada, Matanzas, Imprenta Aurora del Yumurí, 1863.

Manual de historia de España desde los tiempos más remotos hasta 1814.

Matanzas, Imprenta Aurora del Yumurí, 1865.

El anillo de Isabel Tudor, drama en cuatro actos en verso, Matanzas, Aurora del Yumurí, 1866.

Compendio de historia de Cuba, Matanzas, Imprenta Aurora del Yumurí, 1866.

Esposas de coche y estrado, Sátira, Premiado con medalla de plata por el Liceo de Matanzas, Matanzas, Imprenta Aurora del Yumurí,

1866.

Compendio de historia antigua, Matanzas, Imprenta El Ferrocarril 1867.

La fruta del cercado ajeno, Bosquejo dramático en dos cuadros, Matanzas, Imprenta Aurora del Yumurí, 1868.

Cuadros y narraciones, Barcelona, Gorgas, 1870; Barcelona, Imprenta de Gorgas, 1885.

Trozos de literatura francesa, con resúmenes de historia literaria, notas, vocabulario de las palabras contenidas en el texto y únicamente en las acepciones que allá tienen, y un apéndice mercantil, Barcelona, Imprenta de S. Marrero, 1875.

La libertad, Oda, Madrid, Imprenta F. Pinto, 1883.

Ilusiones y realidades, versos, Barcelona, Imprenta de Luis Tasso Serra, 1885.

El libro de las expiaciones, Barcelona, Imprenta de Luis Tasso Serra, 1885.

América, su bosquejo, sus maravillas, civilizaciones primitivas, conferencia, Barcelona, Ateneo de Barcelona, 1892.

Estudio acerca de la población de América en general, expresando las inmigraciones y cambios operados en la misma desde los tiempos pre-históricos hasta la llegada de Colón a dicho continente, Barcelona, Memorias de la Sociedad Colombina Onubense, 1892.

Poesías religiosas, La Habana, La Propaganda Literaria, 1892.

Corsarios, contrabandistas y filibusteros, Monografía histórica, Matanzas, R. L. Betancourt, 1900.

La inquisición en México, Bosquejo, La Habana, Imprenta Cuba Intelectual, 1900.

Odas y sátiras, La Libertad, Antropofagia culta, Periodismo lucrativo, Matanzas, Imprenta El Escritorio, 1900.

Abreviada historia de Cuba, 2.ª edición, Matanzas, A. Carreño, 1902.

La conjura de Pisón, drama histórico en tres actos, Matanzas, R. L. Betancourt, 1906.

La verdadera culpable, drama en tres actos, Matanzas, R. L. Betancourt, 1906.

Episodios, narraciones, entera o parcialmente históricas, Matanzas, Imprenta Quirós y Estrada, 1910.

Apuntes históricos, Estados Unidos, Matanzas, Imprenta de Tomás González, 1911.

Apuntes históricos, La antigüedad, Roma, Matanzas, Imprenta de Ramón González, 1912.

Vislumbres de poesía, Matanzas, Imprenta de Tomás González, 1912.

La Revolución francesa, conferencia, Matanzas, Imprenta de Tomás González, 1915.

Bibliografía pasiva

Caraballo Sotolongo, F., «El triunfo de un poeta anciano, El Doctor Emilio Blanchet ha sido laureado», en *Cuba y América*, La Habana, 2.ª época, 18, 1, 5, 245-247, febrero, 1914.

Carbonell y Rivero, José Manuel, «Emilio Blanchet, 1829-1915», en su *La poesía lírica en Cuba*, recopilación dirigida, prologada y anotada, tomo 3, La Habana, Imprenta El Siglo XX, 1928, págs. 277-279, Evolución de la cultura cubana, 1608-1927, 3.

Escoto, José Augusto, «Emilio Blanchet», en *Revista histórica, crítica y bibliográfica de la literatura cubana*, La Habana, 1, 1, 101-112, 1916.

Marbán y Escobar, Edilberto, Don *Emilio Blanchet, educador, historiógrafo y moralista*, trabajo leído por el académico correspondiente en Matanzas, en sesión pública el día 14 de marzo de 1950, La Habana, Imprenta El Siglo XX, 1950.

Trelles, Carlos Manuel, «El Doctor Emilio Blanchet», en *El Fígaro*, La Habana, 31, 48, 761-762, noviembre 28, 1915.

Blanchié, **Francisco Javier** (La Habana, 25 noviembre 1822-Id., 27 enero 1847). Cursó la primera enseñanza en una escuela gratuita de los R. R. de Santo Domingo de Guzmán. Pasó más tarde al Seminario de San Carlos, donde estudió latinidad, filosofía y derecho. Se graduó de Bachiller en Leyes en 1842. Comenzó a desempeñar la carrera, pero paulatinamente fue abandonando sus labores urgido por necesidades perentorias que lo llevaron a alquilar su pluma. Colaboró en *Flores del Siglo*, *Revista de La Habana* y *El Siglo XIX*. En el *Eco de Villa Clara* (noviembre, 1842) publicó la novela «La venganza de un hijo», en colaboración con Alejandro Angulo, con quien editó *La pucha cubana*, colección de producciones literarias dedicadas a la mujer. Es autor de *La seca y el huracán*, comedia en un acto, representada en 1845. Utilizó el seudónimo *Un gastronómico sin dinero*.

Bibliografía activa

No hagáis caso, juguete cómico en verso, La Habana-Imprenta de Barcina, 1841.

Margaritas, poemas, tomo 1, prólogo de Alejandro Angulo y Guridi, La Habana, Tipografía de Torres, 1846.

Un tío, comedia en un acto y en verso, La Habana, 1842.

Bibliografía pasiva

A..., «Comunicado, sobre *No hagáis caso*», en *Noticioso y Lucero*, La Habana, 8, 62, 3, marzo 2, 1840.

Bachiller y Morales, Antonio, «*Margaritas*, por Francisco Javier Blanchié» en *Faro Industrial de La Habana*, La Habana, 6, 103, 2, abril 13, 1846.

Carbonell, José Manuel, «Francisco Javier Blanchié, 1822-1847» en su *La poesía lírica en Cuba*, recopilación dirigida, prologada y anotada, T. 3, La Habana, Imprenta El Siglo XX, 1928, págs. 97-98, Evolución de la cultura cubana, 1608-1927, 3.

Fornaris, J., «Francisco Javier Blanchié, en *Cuba Literaria*, La Habana, 1, 162-166, 1861.

Quiñones, José Agustín de, «*Margaritas*, por Francisco Javier Blanchié», en *El Prisma*, La Habana, 1, 2, 28-34, junio, 1846.

Villaverde, Cirilo, «Crítica literaria, *Margaritas*, por Francisco Javier Blanchié», en *Faro Industrial de La Habana*, La Habana, 6, 204, 205 y 206, 2, 1 y 1, julio 23, 24 y 25, 1846.

«Apuntes biográficos del poeta Francisco Javier Blanchié», en *Cuba Literaria*, La Habana, 1, 111-114, 1861.

Zenea, Juan Clemente, «Francisco Javier Blanchié», en Revista Habanera, La Habana, 2, 2, 105-108, 1861.

Bobadilla, **Emilio** (Cárdenas, Matanzas, 24 julio 1862-Biarritz, Francia, 1 enero 1921). Al estallar la guerra del 68 su familia emigró a Baltimore, Estados Unidos. Se trasladaron más tarde a Veracruz, México. En la Universidad de La Habana comenzó sus estudios de leyes. Comenzó a colaborar en *El Amigo del País*. Fue director de los semanarios satíricos *El Epigrama* (1883) y *El Carnaval* (1886). Colaboró además en *La Habana Cómica*, *Revista Habanera*, *El Museo*, *La Habana Elegante*, *Revista Cubana*, *El Radical*, *El Fígaro*, *La Lucha*. En 1887 se trasladó a Madrid. En su Universidad Central se graduó de Doctor en Derecho Civil y Canónico (1889). Al estallar la guerra del 95 estuvo unido, en París, a los emigrados cubanos. Viajó por Holanda, Italia, Bélgica, Dinamarca, Inglaterra, Colombia, Venezuela, Puerto Rico, Panamá, Nicaragua. En Madrid, sus trabajos aparecieron en *Madrid Cómico*, *El Liberal*, *El Imparcial*, *La Lectura*, *Nuestro Tiempo*, *La Esfera*. En París colaboró en *La Nouvelle Revue*, *La Revue Bleue*, *Le Fígaro*, *La Revue de Revues*, *La Renaissance Latine* y *Le Gil Blas*. Colaboró además en *Athenaium*, de Londres, *La Prensa Libre*, de Viena, y en *La Estrella de Panamá*. En 1909 volvió a Cuba por dos años. Fue nombrado cónsul de Cuba en Bayona y más tarde en Biarritz. Era miembro de la Academia de la Historia de Cuba y de la Academia Nacional de Artes y Letras. Dejó inéditos los libros *La ciudad sin vértebras* y *De canal en canal*, y su bosquejo cómico-serio en un acto y en prosa, *Don Severo el literato*. Su novela *A fuego lento* fue traducida al francés en 1913 por Glorget. Escribió varias obras teatrales que no fueron impresas, pero sí representadas. Utilizó los seudónimos *Pausanias*, *Perfecto* y otros. Es conocido tanto por su nombre como por su seudónimo *Fray Candil*.

Bibliografía activa

Sal y Pimienta, Colección de epigramas por *Dagoberto Mármara*, seudónimo, Nueva York, Imprenta El Génesis, 1881.

Relámpagos, poemas, con una carta prólogo de Rafael Montoro, La Habana, Clemente Salas, editor, 1884.

Mostaza Prólogo de Alfredo M. Morales, La Habana, Álvaro de la Iglesia, editor, 1885; 2.ª edición, Colección de epigramas con un prólogo de Alfredo M. Morales, La Habana, Álvaro de la Iglesia, editor, 1885.

Reflejos de Fray Candil, con una carta de Emilia Pardo Bazán y un juicio de Antonio Escobar, La Habana, La Propaganda literaria, 1886; 2.ª edición, Id.

Escaramuzas, sátiras y críticas, con un prólogo de *Clarín*, Madrid, Librería de F. Fe, 1888.

Fiebres, poemas, Madrid, Establecimiento Tipográfico de Manuel Minuesa, 1889.

Capirotazos, sátiras y críticas, Madrid, Imprenta de F. Fe, 1890.

Críticas instantáneas, I. El Padre Coloma y la aristocracia, Madrid, Establecimiento Tipográfico Sucesores de Rivadeneyra, 1891.

Triquitraques, Críticas, Madrid, Librería de F. Fe, 1892.

Solfeo, críticas y sátiras, prólogo de U. González Serrano, Madrid, Imprenta de M. Tello, 1893.

La vida intelectual, folletos críticos, I. Baturrillos, Madrid, Establecimiento Tipográfico Sucesores de Rivadeneyra, 1895; 2.ª edición.

Novelas en germen, Madrid, Librería de Victoriano Suárez, 1900.

Grafómanos de América, patología literaria, tomo 1, 2.ª edición, Madrid, Librería de Victoriano Suárez, 1902; 4.ª edición.

Vórtice, poesía, 3.ª ed, Carta-prólogo de José María de Heredia, de la Academia Francesa, Madrid, Librería General de Victoriano Suárez, 1902.

A fuego lento, novela, Barcelona, Imprenta de Henrich, 1903; 2.ª edición, Madrid, Renacimiento, 1913; 3.ª edición.

«*Fray Candil* en una novela», por Salvador Bueno, La Habana, Editorial de la Universidad de La Habana, 1965, Biblioteca de autores cubanos, 31 Obras de Emilio Bobadilla, *Fray Candil*, 3.

Al través de mis nervios, crítica y sátira, Barcelona, Imprenta de Henrich, 1903.

Sintiéndome vivir, salidas de tono, 2.ª edición, Madrid, Librería General de Victoriano Suárez, 1906.

Muecas, Crítica y sátira, París, Sociedad de Ediciones Literarias y Artísticas, 1908.

Con la capucha vuelta, crónicas, París, Sociedad de Ediciones Literarias y Artísticas, 1909.

Viajando por España, evocaciones y paisajes, tomo 1, 2.ª edición, prólogo de Benito Pérez Galdós, Madrid, Establecimiento Tipográfico de los Hijos de Tello, 1912.

En la noche dormida, novela erótica, Madrid, Renacimiento, 1913; 2.ª edición, Madrid, Editorial Pueyo, 1920.

En pos de la paz, pequeñeces de la vida diaria, novela, Madrid, Librería de la Viuda de Pueyo, 1917.

Bulevar arriba, bulevar abajo, psicología al vuelo, París, Sociedad de Ediciones Literarias y Artísticas, 1911.

Rojeces de Marte, poemas, Madrid, Editorial Pueyo, 1921.

Artículos periodísticos de Emilio Bobadilla, Fray Candil, prólogo, selección y notas de Domingo Mesa y Surama Ferrer, La Habana, Dirección General de Cultura del Ministerio de Educación, 1952, Grandes periodistas cubanos, 11.

Selección de poemas, «La cubanía de *Fray Candil*» y «Una vocación y un temperamento, desde Emilio Bobadilla hasta después de *Fray Candil*», por Elías Entralgo, La Habana, Editorial de la Universidad de La Habana, 1962, Biblioteca de autores cubanos, 27.

Obras de Emilio Bobadilla, *Fray Candil*, 1.

Crítica y sátira, La Habana, Editorial de la Universidad de La Habana, 1964, Biblioteca de autores cubanos, 29.

Obras de Emilio Bobadilla, *Fray Candil*, 2.

Bibliografía pasiva

Barinaga y Ponce de León, Graciela, *estudio crítico-biográfico de Emilio Bobadilla*, Fray Candil, tesis presentada a la Fundación «Piedad Zenea», para optar al Premio «Emilio Bobadilla» de 1925, La Habana, Caracas, impresores, 1926.

Bazil, Osvaldo, «*Fray Candil* o las antipatías», en su *Cabezas de América*, La Habana, Imprenta Molina, 1933, págs. 37-43.

Bueno, Salvador, «Rehabilitación de *Fray Candil*», en *Boletín informativo de la Comisión Nacional Cubana de la UNESCO*, La Habana, 1, 3, 26-27, diciembre, 1962.

«Figuras cubanas, *Fray Candil*, un crítico iconoclasta», en *Bohemia*, La Habana, 55, 19, 86-87, 95, mayo 10, 1963.

Carbonell, Miguel Ángel, «Un candil que poco alumbra...», en *El Heraldo*, La Habana, 2, 154, 2, junio 3, 1924.

Entralgo, Elías José, *La cubanía de* Fray Candil, discurso leído en la sesión solemne de su ingreso como Académico de Número, el 31 de octubre de 1957.

Contestación en nombre de la Corporación por el Doctor Federico de Córdoba y Quesada, Académico de Número, La Habana, Imprenta El Siglo XX, 1957, Academia de la Historia de Cuba.

Una vocación y un temperamento, desde Emilio Bobadilla hasta después de Fray Candil, discurso de ingreso como miembro correspondiente en la Academia Nacional de Artes y Letras, leído el 26 de junio de 1958, La Habana, Imprenta de la Universidad de La Habana, 1958.

G. Merchán, Rafael María, «*Capirotazos, sátiras y críticas* por *Fray Candil*, Emilio Bobadilla», en *El Porvenir*, Nueva York, 1, 18, 2, julio 9, 1890.

García Pons, César, «Un gran escritor olvidado, Emilio Bobadilla», en *Revista Bimestre Cubana*, La Habana, 68, 91-102, 1946.

Luz León, José de la, «Cartas a Clelia», en *Información*, La Habana, 21, 24, C2, enero 27, 1957.

Martí, José, «Piedad Zenea y Emilio Bobadilla», en su *Obras completas*, tomo 5, La Habana, Editorial Nacional de Cuba, 1963, págs. 456.

Pérez Galdós, Benito, «Un libro de *Fray Candil*, *Viajando por España*», en *El Triunfo*, La Habana, 6, 129, 7, mayo 6, 1912.

Pogolotti, Marcelo, «El bilioso Bobadilla», en *El Mundo*, La Habana, 50, 16042, 6, enero 15 1952.

«*A fuego lento*», en *El Mundo*, La Habana, 50, 16045, 6, enero 18, 1952.

Sanguily, Manuel, «Otro libro de Emilio Bobadilla, *Escaramuzas*», en *Revista Cubana*, La Habana, 8; 43-59 y 136-150, 1888.

Sanín Cano, Baldomero, «Don Emilio Bobadilla», en *El Mundo*, La Habana, 20, 7279, 3, 11, abril 10, 1921.

Varona, Enrique José, «*Reflejos de* Fray Candil, por Emilio Bobadilla», en *Revista Cubana*, La

Habana, 5; 365-375, 1887.

Bobia Berdayes, América (Limonar, Matanzas, 12 agosto 1896-Santa Clara) Su infancia transcurrió en España. Regresó a Matanzas ya joven y comenzó a publicar en revistas y periódicos. Pasó a residir a Santa Clara. Allí colaboró en *La Defensa*, *El Villareño*.

Bibliografía activa

Ofertorio, Devocionario lírico, prólogo de Medardo Vitier, Epílogo de Fernando Lles, Matanzas, Andrés Estrada, editor, 1928.

El trémolo se aleja, poemas, prólogo de Pedro López Dorticós, La Habana, Talleres Tipográficos de Carasa, 1935.

Arquero del Zodíaco, poemas, «Dos palabras», por Fernando Lles y Berdayes, La Habana, Talleres Tipográficos de Carasa, 1945.

Bobo, El (La Habana, 1895-1896). Semanario crítico literario. Comenzó a salir el 1.º de agosto, bajo la dirección de Benito Quevedo. Su cuerpo de redactores estaba integrado por Felipe López de Briñas (hijo), Jorge de Lacedonia y Francisco de Cárdenas. «La misión de *El Bobo* –consignan sus editores en un «artículo prospecto»– es una misión pacífica, civilizadora y profundamente trascendental». También señalan que publicará en sus páginas «artículos jocosos, chascarrillos de actualidad, revistas cómicas, crónicas de salones y teatros, noticias de sport y cuanto pueda dar la nota alegre en un semanario que aspira a remontarse con el favor del público a la misma altura del *Blanco y Negro*, del *Madrid Cómico* y de otros de esta índole por el esfuerzo en la elección de los trabajos de texto y del mérito artístico de sus caricaturas y grabados». Con posterioridad comenzaron a publicar también una «suscinta, reseña de los hechos más salientes de la actual insurrección». Fueron sus colaboradores, entre otros, *Conde Kostia* (seudónimo de Aniceto Valdivia), Ángel Godínez, Carlos Ciaño, *El hermano Juan* (seudónimo de Juan Fernández Coca). El último ejemplar revisado corresponde al 15 de febrero de 1896.

Bohemia (La Habana, 1910). Revista semanal ilustrada. Algunas referencias indican que comenzó en 1908 –como puede leerse en las palabras de Jorge Quintana: «Unos pocos números en 1908 y el experimento estaba realizado»–, fecha que ofrece la propia revista a partir de 1928, no obstante, presentar el facsímil del ejemplar correspondiente al 7 de mayo de 1910 como el de su primer número publicado. Puede afirmarse, sin embargo, que comenzó realmente a editarse en esta última fecha, o sea, el 7 de mayo de 1910, bajo la dirección y administración de su fundador y propietario, Miguel Ángel Quevedo. La dirección artística estaba a cargo del pintor Antonio Rodríguez Morey. A partir del 7 de octubre de 1915 cambia su subtítulo por el de «Ilustración mundial» y amplía sus páginas en tamaño y cantidad. «Será, sí, nuestra publicación –

expresan— una enciclopedia imprescindible en toda casa en la que sus habitantes se precien de cultos y amantes del saber». Durante los años 1912 a 1928 ocuparon la jefatura de redacción, sucesivamente, Enrique Coll, Rodrigo Cervantes, Ramón Rivera Gollury, Víctor Hugo Tamayo y José A. Giralt. Hasta el último número de 1926, dirigida por Miguel Ángel Quevedo, se mantuvo como una revista fundamentalmente artístico-literaria, que reproducía por primera vez en Cuba —según expresaba la propia publicación— grabados a colores de los pintores y dibujantes cubanos de la época, tales como Romañach, Valderrama, Rodríguez Morey, Menocal, Maribona, Massaguer, Blanco, etc. Publicaba cuentos, poesías, artículos de crítica literaria, además de otros trabajos sobre teatro, cine, música, artes plásticas, etc. Fueron sus redactores y colaboradores en esta etapa, entre otros, Luis Felipe Rodríguez, Federico de Ibarzábal, Armando Leyva, Alfonso Hernández Catá, Rafael Suárez Solís, Fernando Lles, Francisco Javier Pichardo, Agustín Acosta, Aurelia Castillo de González, Arturo Ramón de Carricarte, Antonio Iraizoz, Luis Rodríguez Embil, Gustavo Robreño, Salvador Salazar, Luis Amado Blanco, Emilia Bernal, Arturo Alfonso Roselló, Emilio Gaspar Rodríguez, Mario Muñoz Bustamante, Sergio Cuevas Zequeira, Félix Soloni, Esteban Foncueva. El 2 de enero de 1927 asume la dirección Miguel Ángel Quevedo y de la Lastra (hijo del anterior). Tiene ahora un tamaño menor, pero sale con mayor

número de páginas. Desde el 8 de este propio mes ocupa la jefatura de redacción Ramón Rubiera, quien posteriormente aparece como subdirector (desde el 10 de noviembre de 1929 hasta el 18 de mayo de 1930). Otros jefes de redacción fueron, entre 1929 y 1933, Andrés Núñez Olano, José A. Giralt, Luis Gómez Wangüemert, Gerardo del Valle y nuevamente Ramón Rubiera. Alrededor de 1930, *Bohemia* se introduce de lleno en la política. Comienzan a aparecer los editoriales, en los que se critica duramente al gobierno de Machado y sus métodos. A partir del primer número de 1933 amplía nuevamente su formato, que disminuye otra vez desde el 14 de mayo de ese mismo año. Desde el 12 de febrero de 1933 (y hasta el 16 de abril del propio año) Pedro A. Valer fue, a la vez, director técnico y artístico, cargo este último que ocupaba desde octubre de 1925. A partir de 1934 no aparecen señalados en el machón los cargos directivos dentro de la revista, pero según señalaba Jorge Quintana en 1953, «la jefatura de redacción hace muchos años que viene siendo desempeñada por Ramón Rubiera y la de información por Antonio Ortega». El 4 de julio de 1943 comenzó a aparecer, por iniciativa de Enrique de la Osa y Carlos Lechuga, y como una ampliación de la sección «La marcha del tiempo» —redactada por los editores de *Time*—, la sección «En Cuba». Durante toda esta segunda etapa, que se extendió hasta el año en que el Gobierno Revolucionario se hizo cargo de su publicación al abandonar el país Miguel Ángel Quevedo

(1960), fue una revista de actualidad, fundamentalmente informativo-gráfica, que trató todos los problemas nacionales y extranjeros. Continuó publicando, ahora en menor medida que en la etapa anterior, trabajos de interés literario, entre los que se incluyeron con mucha frecuencia cuentos de autores nacionales. Fueron sus redactores y colaboradores los más conocidos escritores y periodistas de la época, entre ellos Juan Marinello, Raúl Roa, Fernando Ortiz, José Antonio Fernández de Castro, Manuel Navarro Luna, Rafael Esténger, Mariblanca Sabas Alomá, Félix Pita Rodríguez, Leví Marrero, Guillermo Martínez Márquez, Enrique Labrador Ruiz, Francisco Ichaso, Emilio Roig de Leuchsenring, Dora Alonso, Félix Lizaso, Mirta Aguirre, Ángel Augier, Fernando González Campoamor, Jesús Masdeu, Samuel Feijóo, Jorge Mañach, Rafael García Bárcena, Herminio Portell Vilá, Miguel de Marcos, Sergio Carbó, Miguel Coyula, Rafael Soto Paz, Rosa Hilda Zell, Regino Pedroso, Ramón Guirao, Marcelo Salinas, Enrique Serpa, Antonio Penichet, Onelio Jorge Cardoso, Juan Luis Martín, Jorge Quintana, etc. A partir del 7 de agosto de 1960 ocupó la dirección Enrique de la Osa, a quien sucedió (desde el 7 de mayo de 1971) Ángel Guerra. En esta última etapa ha mantenido su tónica fundamental de revista informativo-gráfica sobre la actualidad nacional e internacional. En sus páginas han aparecido poemas, cuentos, críticas literarias, crónicas y otros trabajos de conocidos autores cubanos y extranjeros.

Durante los años 1960-1962 editó el suplemento *Lecciones para todos*, que presentaba «material audiovisual y bibliográfico para ayuda y orientación de profesores y alumnos en la segunda enseñanza». En 1961 comenzó a aparecer la sección «Lo que Cuba lee», a cargo de Rogelio Luis Bravet. En la misma se ofrecían notas informativas y críticas sobre libros recién publicados por las editoras nacionales, tanto de autores del país como de fuera. Su publicación cesó en 1963, al ser creada la sección «En Cuba: arte y literatura», que apareció por primera vez en la edición correspondiente al 26 de julio de ese año. Otra sección destacable, «Esta es la historia...», salía ocasionalmente a partir de agosto de 1961, redactada por Cristóbal A. Zamora. Posteriormente (desde el 8 de marzo de 1963) se convirtió en una sección fija a cargo de *María Luz de Nora* (seudónimo de Loló de la Torriente). Muchos de los antiguos redactores y colaboradores han continuado prestando su colaboración en las páginas de la revista, pero a la vez han aparecido nuevas firmas. Entre otros, han sido publicados trabajos de Marta Rojas, Lisandro Otero González, José Lorenzo Fuentes, Jesús Orta Ruiz (seudónimo *El indio naborí*), Santiago Cardosa Arias, Renée Méndez Capote, José Rodríguez Feo, Armando Bayo, Ana Núñez Machín, Salvador Bueno, Natividad González Freire, Alcides Iznaga, Leopoldo Horrego Estuch, Antonio Núñez Jiménez, Raúl González de Cascorro, José Álvarez Baragaño, José Neira Vilas, José Forné Farreres.

Bibliografía

«Aniversario, Cuarenta y cinco años de *Bohemia*», en *Bohemia*, La Habana, 45, 19, 131-132, mayo 10, 1953.

«*Bohemia*, con la bandera en alto», en *Bohemia*, La Habana, 55, 29, 59, julio 19, 1963.

«Cincuenta años de *Bohemia*», en *Bohemia*, La Habana, 50, 18, 3, mayo 4, 1958.

«El 45.º aniversario de *Bohemia*», en *Bohemia*, La Habana, 45, 19, 3, 249, mayo 10, 1953.

«Encuesta, Opinan sobre *Bohemia* en su 45.º aniversario», en *Bohemia*, La Habana, 45, 20 y 21, 74-81 y 74-78, 80-83, mayo 17 y 24, 1953.

«En el cincuentenario de *Bohemia*», en *Carteles*, La Habana, 39, 20, 20-21, 90, mayo 18, 1958.

«La fiesta de *Bohemia*», en *Bohemia*, La Habana, 3, 20, 233-236, mayo 19, 1912.

«El pueblo y *Bohemia*», en *Bohemia*, La Habana, 35, 9, marzo 1, 1963.

«Que el pueblo lo diga», en *Bohemia*, La Habana, 45, 22, 3, 131, mayo 31, 1953.

Quevedo, Miguel A., «Un año de vida», en *Bohemia*, La Habana, 2, 19, 4 mayo 7, 1911.

Quintana, Jorge, «Una revista al servicio de la nación, Los gloriosos cuarenta y cinco años de *Bohemia*», en *Bohemia*, La Habana, 45, 19, 139-142, 144, 146-148, 150, mayo 10, 1953.

«El tercer aniversario», en *Bohemia*, La Habana, 4, 20, 233-235, mayo 18, 1913.

«Un año más», en *Bohemia*, La Habana, 3, 19, 223-225, mayo 12, 1912.

«Veinte años de Periodismo revolucionario», en *Bohemia*, La Habana, 55, 27, 3, julio 5, 1963.

Boissier, **Carlos Alberto** (Matanzas, 10 septiembre 1877-Pinar del Río, 10 marzo 1897). Realizó sus primeros estudios en el colegio matancero El Amigo de la Infancia. Más tarde, en 1893, se graduó de bachiller en el Instituto de la propia ciudad. En 1894 fue nombrado escribiente y estacionario de la biblioteca del Liceo de Matanzas. Ese mismo año representó como actor su obra «¡Bolitoneida!», monólogo tragicómico en una sola escena y un solo personaje escenificado en el Liceo. En éste ocupó además la secretaría de la Sección de Declamación. Emigró a Tampa en febrero de 1896. En mayo de ese mismo año llegó a las costas de Cuba con la expedición del Bermuda, que fracasó totalmente. A comienzos de 1897, enrolado en la expedición del Three Friends, arribó a la costa norte de Pinar del Río. Poco tiempo después enfermó y fue descubierto por los españoles, que le dieron muerte a machetazos. Colaboró con poemas en *La Aurora del Yumurí*, que dirigía su padre, *Artes y Letras*, *El Álbum de las Damas*, *El Fígaro*, *La Habana Elegante*. Durante su breve exilio colaboró en *Patria* y *El Expedicionario*. José Manuel Carbonell da a conocer, en su trabajo de ingreso a la Academia de la Historia de Cuba, el ya mencionado monólogo, una lista de poemas inéditos y otra de sus colaboraciones en *El Expedicionario*. Utilizó el seudónimo *Óscar*. Era conocido por *Bolito*.

Bibliografía pasiva

Carbonell, José Manuel, «Carlos Alberto Boissier, 1877-1897», en su *La poesía revolucionaria en Cuba*, recopilación dirigida, prologada y anotada, tomo único, La Habana, Imprenta El Siglo XX, 1928, págs. 399, Evolución de la cultura cubana, 1608-1927, 6.

Carlos Alberto Boissier y Díaz, discurso leído en la recepción pública del, el día 24 de junio de 1958.

Contesta en nombre de la corporación el Doctor José María Chacón y Calvo, académico de número, La Habana, Imprenta El Siglo XX, 1958, Academia de la Historia de Cuba.

Boletín Cultural (La Habana, 1959-1961). Publicación quincenal. Comenzó a salir el 19 de diciembre, editada por la División de Publicaciones del Departamento de Asuntos Culturales del Ministerio de Estado, después llamado Ministerio de Relaciones Exteriores. Desde el segundo número (correspondiente a enero de 1960) su periodicidad varió a mensual. A partir del número correspondiente a enero-febrero de 1961 fue editada por la Dirección de Asuntos Culturales del propio ministerio. En sus páginas se publicaban artículos sobre diversas manifestaciones de la cultura cubana: educación, literatura, teatro, cine, arte, música, folklore, ballet, historia, etc.; además, se recogían los avances que en estos aspectos se producían en el país al calor de la Revolución. Presentaba una sección de notas bibliográficas y sobre actividades teatrales, conferencias, exposiciones, conciertos, etc., que se realizaban, fundamentalmente, en la capital. Entre sus redactores y colaboradores se contaron Graziella Pogolotti, Vicentina Antuña, Mario Rodríguez Alemán, Luis Amado Blanco, José Luciano Franco, Odilio Urfé, Roberto Branly, Argeliers León, Alfredo Guevara, Jorge Tallet, Francisco Baeza, Luis Lastra Almeida, Sara Pastora Fernández, entre otros. El último ejemplar revisado (número especial de noviembre de 1961) fue dedicado a reflejar las actividades desarrolladas en el Primer Congreso Nacional de Educación y Cultura. En este número se reprodujeron los temarios del Congreso, las intervenciones del primer ministro Fidel Castro, Vicentina Antuña, Nicolás Guillén, José Antonio Portuondo, Alejo Carpentier, así como otras noticias relacionadas con dicho evento cultural.

Boletín de la Academia Cubana de la Lengua (La Habana, 1952-1961; 1964). Se publicaba cuatro veces al año. En su primer número (correspondiente a enero-marzo) explicaban que sus propósitos eran recoger en las páginas de la revista «los discursos de nuestras periódicas sesiones públicas y, desde luego, los estudios atinentes a los fines del Instituto, así de los miembros de la corporación como de nuestros estudiosos de la filología. No será un órgano cerrado, de limitado espíritu: aspira, por el contrario, a mantener la tradición de amplitud, de universalidad que permitió a los maestros cubanos del siglo XIX servir con más eficacia en la magna tarea de la fundación de la nacionalidad». Se editó ininterrumpidamente hasta 1961, fecha en que cesó por dos años. En 1964 reapareció, en su segunda época, con un solo número que abarcaba todo el año (volumen 11). Además de publicar —como habían expresado en los «Propósitos» del primer número— los discursos de las sesiones de la institución de que era órgano, así como otros trabajos de «nuestros estudiosos de la filología», aparecieron en sus páginas noticias sobre las actividades de la Academia y notas críticas de libros. Fueron sus colaboradores, entre otros, José María Chacón y Calvo, Jorge Mañach, Raimundo Lazo, Esteban Rodríguez Herrera, Agustín Acosta, Félix Lizaso, Juan José Remos, Medardo Vitier, Manuel Pedro González, Dulce María Loynaz, Fernando Ortiz, Max Henríquez Ureña, Ramiro Guerra, Luis Alejandro Baralt, José Olivio Jiménez y Juan Fonseca y Martínez.

Boletín de la Asociación Cubana de Bibliotecarios (La Habana, 1949-1959). Publicación trimestral. Comenzó a salir en marzo, bajo la dirección de la Doctora Rosina Urquiza García. En el saludo aparecido en el primer número se señalaba que surgía para «dar fe de vida, para unir más estrechamente a sus componentes, para llevar a todas partes los ecos de su voz». Como editores auxiliares figuraban Acacia Álvarez, Carmen Bisbé, José Manuel Castellanos y José Rivero Muñiz. A partir de junio de 1952 ocupó la dirección Raquel Romeu, quien expresó al hacerse cargo de la misma que este *Boletín* «ha podido publicarse gracias a la generosidad de nuestro ilustre socio cooperador Antonio María Eligio de la Puente». En el mismo número la propia directora expresa que «el objetivo de esta publicación es mantener en contacto y bien unida a una clase profesional, al bibliotecario cubano». En junio de 1954 asume la dirección Ana Guerra Debén. El ejemplar correspondiente a marzo-junio de 1959 (último que se ha visto) fue editado por Raquel Romeu y María Adelaida León. Además de publicar las noticias referentes a las actividades de la Asociación de la cual era órgano y a sus similares internacionales, así como brindar información sobre cuestiones relativas a bibliotecología, dedicó espacio a asuntos de interés literario, tales como historia literaria y de publicaciones periódicas nacionales, crítica de libros y poesías. Estas últimas, por lo general, trataban el tema del libro y eran seleccionadas de autores de habla hispana. Contó con la colaboración de Ramiro Guerra, Salvador Bueno, César Rodríguez Expósito, Félix Lizaso, Manuel Moreno Fraginals, Emeterio Santovenia, Fermín Peraza, Argeliers León, Julio Le Riverend, Mercedes Meneses Rodríguez, María Josefa Beltrán, María Teresa Sánchez y otros.

Boletín de la Casa del Teatro (La Habana, 1966). Publicación mensual mimeografiada, editada por la Casa del Teatro. El número 8 (junio de 1967, ejemplar más antiguo revisado) presentaba, como redactores, a Ezequiel Vieta, Magaly Muguercia y José Ernesto Pérez. En otros números aparece, también como redactor, Jorge Antonio González. Se editaba con el fin de actualizar, en nuestros teatristas, la información de todo el proceso teatral contemporáneo. Tenía varias secciones: «Información», con noticias y Bibliografía sobre teatro; «Obras y autores», dedicada a la publicación de fichas sobre autores y obras; «Nuevos materiales», que incluía la relación de la Bibliografía recibida en la institución; «Documentación», que publicaba artículos y trabajos críticos sobre cuestiones de dramaturgia, teorías sobre el teatro, etc., traducidos de publicaciones extranjeras. Solamente en contadas ocasiones trató acerca de nuestro movimiento teatral. El último ejemplar consultado (número 11) corresponde a octubre-noviembre de 1967.

Boletín [de la] Comisión Nacional Cubana de la UNESCO (La Habana, 1952-1958). Comenzó a publicarse en enero, con el propósito de «recoger en sus páginas el eco de las múltiples actividades que en nuestro país tengan lugar, en los campos de la ciencia, la educación y la cultura. Servirá como índice de una labor nacional, que permita contemplar en su conjunto el movimiento de ideas que en Cuba se realiza. Libros, conferencias, exposiciones, teatro, música y cuantas manifestaciones sobresalientes de la cultura se produzcan, serán reseñadas o por lo menos anotadas, sirviendo de inventario que permita apreciar la obra que venimos realizando. Además, recogeremos aquellas notas de importancia para nosotros, que en relación con la obra de la UNESCO deban ser conocidas en Cuba». Salía mensualmente. Algunas secciones tenían sus redactores fijos: Salvador Bueno (Libros y publicaciones), Rafael Marquina (Cursos y conferencias), Humberto Piñera Llera (Sociedad Cubana de Filosofía), Ramón Loy (Exposiciones), Odilio Urfé (Musicales), Margot Cabrera Saqui (Calendario), Fanny Azcuy (Actividades de la UNESCO), Salvador Fernández Bertrán (Actividades de la juventud). Contó con la colaboración de José Manuel Valdés Rodríguez, Francisco Ichaso, César Rodríguez Expósito, Marcelo Pogolotti, Félix Lizaso, Rafaela Chacón Nardi, Mario Rodríguez Alemán, Eduardo González Manet, Alejo Carpentier, Ramiro Guerra, Fernando González Campoamor, Ricardo Riaño Jauma, Ernesto Ardura y otros. El último ejemplar visto corresponde a diciembre de 1958.

Boletín de las Escuelas de Letras y Periodismo (Véase **Boletín del Departamento de Lengua y Literaturas Hispánicas**)

Boletín de los Archivos de la Isla de Cuba (La Habana, 1902-1965, 1974). «Revista bimensual bajo la dirección del Doctor Vidal Morales y Morales», se leía en el primer número, correspondiente a marzo y abril. «Deseoso el que suscribe —señalaba el director en dicho número— que las oficinas del Estado y los particulares a quienes interese, tengan conocimiento de la clase de documentos que se hallan hoy bajo su custodia en estos Archivos, ha concebido el proyecto de publicar un Boletín bimensual, en donde habrán de insertarse no solamente los índices de los legajos definitivamente organizados en cada una de las Salas del Castillo de la Fuerza, sino también algunos papeles interesantes para la historia nacional». A partir del segundo número apareció como *Boletín de los Archivos de la República de Cuba. Revista bimestre*. Al fallecer Vidal Morales y Morales, la dirección es asumida por José Dolores Poyo (desde julio-agosto de 1904). Bajo su mandato la revista cambia su título por el de *Boletín de los Archivos Nacionales* desde septiembre-octubre de 1904 y, a partir del siguiente número, toma el definitivo de *Boletín del Archivo Nacional*. Desde enero-febrero de 1907 disminuyó su tamaño. En el número correspondiente a enero-febrero de 1909 anuncian reformas —recuperación del tamaño anterior, aumento del número de páginas y división de su contenido en tres secciones: «Historia», «Índices» y «Variedades»— y expresan que «no nos mueve idea alguna de lucro, pero sí el deseo de perpetuar en sus páginas, hasta donde fuese posible, copia de multitud de documentos cuyos originales pronto desaparecerán por el mal estado en que se encuentran, debido a la acción destructora del tiempo, y otros muchos que, sin hallarse en tal caso, pueden dar luz en la confección de nuestra Historia Nacional». A partir de este mismo número su subtítulo varió a «Publicación bimestral». Desde enero-febrero de 1911 aumentan la tirada y el número de páginas e introducen una nueva sección, «Revista de archivos», en la que se insertaría «cuanto relativo a esta materia veamos en las publicaciones extranjeras, cuyo conocimiento pueda ser de alguna utilidad». En septiembre-octubre de 1911 es dirigido interinamente por Julio César Ponce de León, al fallecer José Dolores Poyo. Desde el número siguiente (noviembre-diciembre) asume la dirección José Miguel Alcover, quien en un artículo titulado «Invitación», señalaba que se publicarían en adelante «trabajos originales documentados». En 1912 aparecieron dos nuevas secciones: «Bibliografía», en la que se ofrecería una «nota explicativa de todas las obras que se envíen dos ejemplares» [*sic*], y «Sección oficial», en la que se harían públicas «aquellas resoluciones que afectan al servicio y que el público debe conocer, por cuanto regulan sus relaciones con el Archivo». Desde noviembre-diciembre de 1912 hasta noviembre-diciembre del año siguiente, ocupa interinamente la dirección Joaquín Llaverías, a quien sustituye en enero-febrero de 1914 Julio César Ponce de León. En el ejemplar correspondiente a enero-febrero 1916 señalan que sus páginas van a ser ilustradas «con la copia exacta por medio del fotograbado de la primera plana de aquellos periódicos más antiguos de La Habana que, en ejemplares sueltos, conservamos en varios legajos». Esta labor es llevada a cabo por Joaquín Llaverías. En julio-agosto de 1916, por licencia de Ponce de León, Pablo Hernández y Acosta ocupa, con carácter interino, la dirección. En este mismo número se anuncia que Joaquín Llaverías «continúa teniendo a su cargo la plaza de Redactor en jefe que le está confiada desde la fundación de dicho órgano oficial». A partir del 7 de noviembre de 1921 (según se lee en el número correspondiente a julio-diciembre de dicho año) queda como jefe en comisión del archivo Joaquín Llaverías, quien en el número siguiente (enero-diciembre de 1922) expresa que el *Boletín* fue fundado por recomendación suya «hecha al jefe que fue del Archivo Nacional Doctor Vidal Morales y Morales, y a cuya publicación he dedicado toda mi atención y buenos propósitos desde el año 1902». Desde este momento (1922) se editaron los seis números correspondientes a cada año en un solo volumen, por haber sido rebajado el presupuesto asignado a su publicación. El volumen correspondiente al año 56 (enero-diciembre de 1957) apareció sin subtítulo, bajo la dirección de Félix Lizaso. El siguiente (enero-diciembre de 1958) presenta como director a Jorge Quintana. Desde

el tomo 58 (enero-diciembre de 1959) fue dirigido por Julio Le Riverend. Entre los tomos 59 y 63 Gerardo del Valle fungió como jefe de redacción. A partir de 1964 apareció, con un formato diferente, como *Boletín del Instituto de Historia y del Archivo Nacional*, título con el cual continuó saliendo hasta 1965 (tomo 66). Reapareció en 1974 (tomo 67), nuevamente como *Boletín del Archivo Nacional*, con el objetivo de «publicar todos los documentos de este Archivo y de los Archivos Provinciales y Regionales que ayuden a nuestro pueblo para el mejor conocimiento y comprensión de su historia». La institución es dirigida ahora por Vicente de la O. Integran el consejo asesor del boletín José Luciano Franco Ferrán, Horacio Fuentes Martínez, Luis Alpízar Leal, Segundo Pérez Álvarez, José A. Pulido Ledesma y Teresa Luengo Fernández. Durante su extensa trayectoria ha contado con la colaboración de Gonzalo de Quesada y Miranda, Emilio Roig de Leuchsenring, Emeterio Santovenia, Francisco José Ponte Domínguez, Francisco González del Valle, Manuel Isaías Mesa Rodríguez, Juan Pérez de la Riva, José M. Pérez Cabrera, Arturo Ramón de Carricarte, Federico Pérez Carbó, Fermín Peraza, Luis F. Le Roy y Gálvez, José Luciano Franco, José Rivero Muñiz, Hortensia Pichardo, Pedro Deschamps Chapeaux y otros. Confeccionado por Fermín Peraza Sarausa se publicó, con prefacio de Joaquín Llaverías y en el número 12 de la serie Publicaciones del Archivo Nacional de Cuba, el *Índice del* Boletín del Archivo Nacional (La Habana, Talleres del

Archivo Nacional de Cuba, 1946), que abarca los años 1902-1944.

Bibliografía

Guiral Moreno, Mario, «El *Boletín del Archivo Nacional*», en *El Mundo*, La Habana, 55, 17503, A-6, agosto 30, 1956.

Hill, Roscoe R., «El capitán Joaquín Llaverías y el *Boletín del Archivo Nacional*», en *Boletín del Archivo Nacional*, La Habana, 46, 1-6, 33-36, enero-diciembre, 1947.

Llaverías, Joaquín, «Nuestro primer cuarto de siglo», en *Boletín del Archivo Nacional*, La Habana, 25, 1-6, 5-36, enero-diciembre, 1926.

«El cincuentenario del *Boletín del Archivo Nacional, 1902-1952*», en *Boletín del Archivo Nacional*, La Habana, 50, 1-6, 14-38, enero-diciembre, 1951.

Boletín de los Archivos de la República de Cuba (Véase **Boletín de los Archivos de la Isla de Cuba**)

Boletín de los Archivos Nacionales (Véase **Boletín de los Archivos de la Isla de Cuba**)

Boletín del Archivo Nacional (Véase **Boletín de los Archivos de la Isla de Cuba**)

Boletín del Departamento de Lengua y Literatura Hispánicas (La Habana, 1968). Publicación bimestral editada por las Escuelas de Letras y Periodismo de la Facultad de Humanidades de la Universidad de La Habana.

El primer número correspondió a los meses de enero-febrero. A partir del segundo semestre de 1968 se convirtió en trimestral y desde 1969 en semestral. Entre 1970 y 1973 (último año que se ha revisado) se editaron números especiales anuales bajo la dirección de Nuria Nuiry; desde el correspondiente a 1971-1972 su título varió a *Boletín de las Escuelas de Letras y Periodismo*. En sus páginas han aparecido artículos de crítica e historia literarias, generalmente reproducidos de otras publicaciones nacionales o extranjeras, así como trabajos sobre cuestiones lingüísticas e ilustraciones que reproducen obras de arte. Se han publicado textos de José Martí, Manuel Sanguily, Carolina Poncet, Alfonso Hernández Catá, Pablo de la Torriente Brau, José María Chacón y Calvo, Raimundo Lazo, y de autores extranjeros como Gabriela Mistral, Dámaso Alonso, Guillermo de Torre, Pedro Henríquez Ureña, Rafael Alberti, José Enrique Rodó, Emmanuel Carballo, Enrique Anderson Imbert y otros. Además han aparecido colaboraciones de Camila Henríquez Ureña, Mirta Aguirre, Nuria Nuiry y Beatriz Maggi.

Boletín del Instituto de Historia y del Archivo Nacional (Véase **Boletín de los Archivos de la Isla de Cuba**)

Boletín del Poeta (Santiago de Cuba, 1971). Publicación mensual mimeografiada que comenzó a salir en enero de 1971, como órgano de la sección de literatura de la CJEAO

(Columna Juvenil de Escritores y Artistas de Oriente). Compartían su dirección los poetas Efraín Nadereau y Jesús Cos Causse. A partir de 1972 sale cada dos meses. En el ejemplar correspondiente al período enero-diciembre de 1975 (no se ha visto otro desde el de marzo-abril de 1972) aparece como «Órgano de la Dirección de Literatura del CNC en Santiago de Cuba», bajo la dirección de Efraín Nadereau. Sus páginas se dedican exclusivamente a la publicación de poesías de los escritores noveles de la provincia y, en menor medida, del resto del país. Además, incluye trabajos de crítica literaria sobre libros de poesía publicados recientemente y sobre poetas cubanos del pasado. Han sido sus colaboradores, entre otros, Lina de Feria, Félix Contreras, Yolanda Ulloa, Sigifredo Álvarez Conesa, Mercedes Santos Moray, Waldo Leyva, Raúl Rivero, Víctor Joaquín Ortega, Bárbara Milanés, Luis Díaz, Antonio Ascencio Romero, Gilberto Seik.

Boletín informativo de la Comisión Nacional Cubana de la UNESCO (La Habana, 1962). Comenzó a salir en marzo-abril, editado por la Secretaría Permanente y publicado (según expresan a partir de diciembre de 1962) con asistencia de la UNESCO. Como responsable de redacción aparecía Luis Rolando Cabrera. «La Comisión Nacional Cubana se ha preocupado —se señalaba en el primer número— por que las actividades que se realizan en el campo teatral, de la música y de las artes plásticas tengan una amplia difusión en el mundo, propiciando la creación de Centros Nacionales afiliados a organismos internacionales no gubernamentales... Para dar cuenta de esa profusa labor surge este *Boletín*. En el mismo se recogerá también, para su conocimiento en el extranjero, cuanto avance se produzca en Cuba en los campos de la organización; así como noticias de interés relacionados con esos propios campos que tengan lugar en otros países. Realizar esa labor informativa es aspiración y meta de la Redacción de este Boletín que ahora, por vez primera, ponemos en manos del lector». Desde el número correspondiente al bimestre junio-julio de 1963 asume la responsabilidad de la redacción Fernando González Campoamor, a quien sustituye Enrique González Manet (mayo-agosto de 1966; no se ha visto el número anterior). Tiene una salida irregular. Ha contado con la colaboración de Juan Marinello, Alejo Carpentier, Yolanda Aguirre, César Rodríguez Expósito, Salvador Bueno, Graziella Pogolotti, Virgilio Piñera, Julio Le Riverend, Edmundo Desnoes, Manuel Moreno Fraginals, Fernando González Campoamor.

Boletín Oficial de la Asociación de Antiguos Alumnos del Seminario Martiano (La Habana, 1945). Publicación mensual que comenzó a salir el 15 de agosto. Fue su director Eradio García Salazar. Se ocupaba de la administración Baldomero Álvarez Ríos. En el primer número se expresaba que «la labor a realizar será el mejor conocimiento de la ideología del gran cubano que se llamó José Martí, así como todo aquello que esté relacionado con la vida del Apóstol en todos sus aspectos». En sus páginas aparecían artículos sobre diversas facetas de la vida y la obra de José Martí, así como notas acerca de las actividades que, relacionadas con él, se llevaban a cabo en todo el país, ya fuesen organizadas por la asociación de la que era órgano o por cualquier otra institución cultural. Contó con la colaboración de Emilio Roig de Leuchsenring, Rafael Soto Paz, Ciana Valdés Roig, Andrés de Piedra Bueno y otros. Desde el 15 de febrero de 1947 la publicación, sin cambiar de formato y de contenido, comenzó a denominarse *Patria*. Lleva entonces como subtítulo «Órgano oficial de la Asociación de Antiguos Alumnos del Seminario Martiano». El director siguió siendo García Salazar, hasta que a su muerte ocupó tal cargo César Rey. Posteriormente lo ha desempeñado Gonzalo de Quesada y Miranda, quien a su vez asumió la administración. Otros colaboradores han sido Miguel de Marcos, Federico Villoch, Armando Leyva, Felipe Pichardo Moya, Dora Alonso, Octavio R. Costa, Luis Felipe Le Roy, Fermín Peraza, Antonio Martínez Bello, César Rodríguez Expósito y Emeterio Santiago Santovenia. Preparado por Celestino Blanch Blanco, ha sido publicado un *Índice selectivo de* Patria (*1945-1970*) (La Habana, Instituto Cubano del Libro, 1971), el cual fue ampliado con un «Suplemento al *Índice selectivo de* Patria»

—aparecido en el número de *Patria* correspondiente a septiembre de 1971—, que abarca de septiembre de 1970 a agosto de 1971.

Borges, Fermín (La Habana, 23 abril 1931). Cursó la primera enseñanza en La Habana. En 1949 comenzó sus estudios de dramaturgia en el Teatro Universitario. Estudió en La Sorbonne (1957) y en la Universidad de las Naciones (París, 1962). Ha viajado por diversos países europeos y latinoamericanos. Fue fundador y director del grupo teatral Los Comediantes Cubanos (1958). Al triunfo de la Revolución trabajó en la organización del Teatro Nacional y fue el primer director de su departamento de artes dramáticas. En 1960 creó y dirigió el Seminario de Dramaturgia del Consejo Nacional de Cultura y fundó la escuela de teatro del Teatro Nacional. Ese mismo año representó a Cuba en el Primer Festival de Teatro Latinoamericano celebrado en Uruguay. Ha estrenado diversas obras, entre ellas *Gente desconocida* (1955), *Pan viejo* (1955), *Doble juego* (1955), *Breve homenaje a los comediantes cubanos* (1958), *Punto de partida* (1959) y *La danza de la muerte* (1966). Trabaja como autor dramático en el Consejo Nacional de Cultura.

Bibliografía pasiva

Leal, Rine, «Teatro cubano en un acto», «Con la música a otra parte» y «Fermín Borges», en su *En primera persona, 1954-1966*, La Habana, Instituto Cubano del Libro, 1967, págs. 39-41,

73-82 y 336-338.

Borrero, **Dulce María** (Puentes Grandes, La Habana, 10 septiembre 1883-La Habana, 15 enero 1945). Hija de Esteban Borrero. Desde niña fue educada en las letras. En 1895 se trasladó a Key West con su familia. Allí publicó sus primeros versos en la *Revista de Cayo Hueso.* Pasó luego a Costa Rica con su padre. Regresó a Cuba en 1899, después de terminada la guerra de independencia. Obtuvo primer premio en los juegos Florales del Ateneo de La Habana (1908), primer premio y medalla de oro de la Academia Nacional de Artes y Letras (1912) por su libro de poemas *Horas de mi vida*, medalla de oro en el Concurso del Comité Avellaneda (1914) y premio de la Secretaría de Instrucción Pública y Bellas Artes (1919). Fue miembro de número de la Academia Nacional de Artes y Letras desde su fundación en 1910 y codirectora, con Miguel Ángel Carbonell, de sus *Anales.* En 1935 ocupó la Dirección de Cultura del Ministerio de Educación. Fundó la Asociación Bibliográfica de Cuba (1937). Aparecieron trabajos suyos en *Cuba Contemporánea, Revista Cubana, Revista Bimestre Cubana, El Fígaro.* Pronunció conferencias sobre temas artísticos y literarios, así como sobre problemas educacionales y cívicos. Tuvo participación activa en pro de los derechos femeninos. Se distinguió como dibujante.

Bibliografía activa

Horas de mi vida, poemas, Pórtico de Fabio Fiallo, Berlín, Casas Editoriales J. Katz Verlag y Sánchez y Rosal, 1912.

La poesía a través del color, conferencia pronunciada en la sesión celebrada por la Academia de Artes y Letras el 31 de enero de 1912, La Habana, Imprenta y Papelería de Rambla y Bouza, 1912.

El matrimonio en Cuba, La Habana, Imprenta El Siglo XX, 1914.

El arte característico y su libre desarrollo fuera de la tiranía escolar, conferencia pronunciada en el Ateneo de La Habana, La Habana, El Fígaro, 1917, *discurso leído en la sesión pública inaugural celebrada por el Club Femenino de Cuba en la Academia de Ciencias el 3 de julio de 1918*, La Habana, Imprenta y papelería de Rambla y Bouza, 1918.

Dos discursos, El magisterio y el porvenir de Cuba, La Fiesta Intelectual de la Mujer, su actual significado; su misión ulterior, La Habana, Cultural, 1935.

La mujer como factor de la paz, trabajo leído en la velada que la Sublime Logia de Perfección «Amor Fraternal» n.º 4 celebró en la Catedral Escocesa el día primero de septiembre de 1938, decimoquinto aniversario de su fundación, La Habana, Tipografía Modelo, 1938.

Bibliografía pasiva

Carbonell, José Manuel, «Dulce María Borrero, 1883», en su *La poesía lírica en Cuba*, recopilación dirigida, prologada y anotada, tomo 5,

La Habana, Imprenta El Siglo XX, 1928, págs. 183-184, *Evolución de la cultura cubana, 1608-1927*, 5.

«El libro de la señora Borrero», en *Letras*, La Habana, 2.ª época, 9, 2, 14-16, enero 12, 1913.

Chacón y Calvo, José María, «Dulce María Borrero de Luján; con motivo de su muerte», en *Revista Cubana*, La Habana, 19, 164-165, enero-junio, 1945.

Darío, Rubén, «Una poetisa cubana, Dulce María Borrero de Luján», en *El Triunfo*, La Habana, 7, 91, 3, julio 7, 1913.

Fernández Cabrera, M., «Horas de mi vida», en *Bohemia*, La Habana, 4, 8, 85-86, febrero 23, 1913.

Henríquez Ureña, Pedro, «Brillante artículo, Dulce María Borrero de Luján, *Horas de mi vida*», en *Arte*, La Habana, 1, 1, 3-4, marzo 2, 1914.

Loy, Ramón, «A propósito de los 350 años de la muerte de Cervantes, Dulce María Borrero y sus interpretaciones de Don Quijote», en *El Mundo del Domingo*, suplemento del periódico *El Mundo*, La Habana, 4-5, noviembre 27, 1966.

Roig de Leuchsenring, Emilio, «En la muerte de Dulce María Borrero», en *Carteles*, La Habana, 26, 4, 28, enero 28, 1945.

Vitier, Cintio, «Dulce María Borrero», en su *Cincuenta años de poesía cubana, 1902-1952*, ordenación, antología y notas, La Habana, Ministerio de Educación, Dirección de Cultura, 1952, págs. 42.

Borrero, **Esteban de Jesús** (Camagüey, 29 enero 1820-La Habana, 24 noviembre 1877). En su ciudad natal recibió una pobre educación. A los dieciséis años se trasladó a La Habana con el fin de ampliar sus conocimientos, pero por motivos de salud tuvo que marchar a Trinidad. En *El Correo*, de dicha ciudad, publicó su primera composición. Volvió a Camagüey y colaboró con poemas, artículos de costumbres y traducciones del inglés y del francés en *El Fanal*, *El Aguinaldo* y *La Crónica*. En 1868 emigró a los Estados Unidos y posteriormente pasó a México. Falleció poco después de su regreso a La Habana. Utilizó el seudónimo *T. Besané*.

Bibliografía pasiva

Carbonell, José Manuel, «Esteban de Jesús Borrero, 1820-1877», en su *La poesía lírica en Cuba*, recopilación dirigida, prologada y anotada, tomo 3, La Habana, Imprenta El Siglo XX, 1928, págs. 27, *Evolución de la cultura cubana, 1608-1927*, 3.

Borrero, **Juana** (La Habana, 18 mayo 1877-Key West, 9 marzo 1896). Hija de Esteban Borrero Echeverría. Fue educada en un ambiente de arte y literatura. Desde niña recibió clases particulares de dibujo de Dolores Desvernine. En 1886 ingresó en la Academia de Bellas Artes de San Alejandro; más tarde fue alumna del pintor Armando Menocal. En 1892 viajó con su padre a Nueva York y allí conoció a Martí, quien ofreció en Chickering Hall una velada literaria en su honor. En Washington tomó clases de pintura con Mac Donald. En 1893 regresó a Cuba. Algunos de sus poemas aparecieron en la antología *Grupo de familia, poesías de los Borrero* (1895). Colaboró en *La Habana Elegante*, *El Fígaro*, *Gris y Azul*. Además de su extenso epistolario y de sus poemas, dejó valiosos dibujos a pluma y varios lienzos. En 1895, su padre —comprometido en la insurrección— emigró con toda su familia a Key West, Cayo Hueso, Florida.

Bibliografía activa

Rimas, «Juana Borrero, Exergo», por *Conde Kostia*, seudónimo de Aniceto Valdivia, La Habana, Imprenta La Constancia, 1895.

Epistolario, «Las cartas de amor de Juana Borrero», por Cintio Vitier, La Habana, Academia de Ciencias de Cuba, Instituto de Literatura y Lingüística, 1966-1967, 2 V.

Poesías, «Juana Borrero», por Fina García Marruz, La Habana, Academia de Ciencias de Cuba, Instituto de Literatura y Lingüística, 1966.

Bibliografía pasiva

Augier, Ángel, *Juana Borrero, la adolescente atormentada*, conferencia leída el 17 de marzo de 1937, en el Palacio Municipal correspondiente a la serie sobre Habaneros Ilustres y publicada en el número 15 de los Cuadernos de Historia Habanera, La Habana, Imprenta Molina, 1938.

Borrero, Dulce María, «Evocación de Juana Borrero», en *Revista Cubana*, La Habana, 20, 5-63, julio-diciembre, 1945.

Carricarte, Arturo Ramón de, «Juana Borrero», en *Bohemia*, La Habana, 3, 47, 561-562, noviembre 24, 1912.

Casal, Julián del, «Juana Borrero», en su *Bustos y rimas*, La Habana, Imprenta La Moderna, 1893, págs. 75-91.

Darío, Rubén, «Juana Borrero», en *Julián del Casal y el modernismo hispanoamericano*, de José María Monner Sans, México, El Colegio de México, 1952, págs. 250-254.

González, Manuel Pedro, «Escolios al *Epistolario* de Juana Borrero», en *Anuario L/L*, La Habana, 1, 103-150, 1970.

Uhrbach, Carlos Pío, «Juana Borrero», en *El Fígaro*, La Habana, 12, 11, 121, marzo 15, 1896.

Varona, Enrique José, «Las poesías de los Borrero, en *El Fígaro*, La Habana, 11, 10, 156, marzo 31, 1895.

Borrero Echeverría, Esteban (Puerto Príncipe, Camagüey, 26 junio 1849-San Diego de los Baños, Pinar del Río, 29 marzo 1906). Hijo de Esteban de Jesús Borrero. Aprendió las primeras letras en una escuela que abrió su madre. En ella ejerció como maestro ya desde los once años de edad. En 1860 ingresó en la Primera Escuela Municipal de Varones de Camagüey, donde completó su educación y aprendió teneduría de libros. Se acreditó como profesor de instrucción primaria en Puerto Príncipe. En 1863 se colocó como ayudante delineador en la Comandancia de Ingenieros de su ciudad natal. Abrió una academia nocturna para adultos a la vez que recibía clases en el Instituto de Aplicación. Al estallar la guerra del 68 partió hacia la manigua con sus discípulos. Allí fundó dos escuelas y sirvió en las armas hasta llegar a ser jefe de servicio de avanzada, capitán y más tarde coronel. Cayó prisionero y sufrió grandes penalidades hasta la Paz del Zanjón. Logró liberarse de la pena de muerte y del destierro y regresó a Camagüey, donde se ganó la vida como zapatero y panadero. Sospechoso al gobierno español, fue condenado al presidio de Isla de Pinos, pero obtuvo un permiso para permanecer en La Habana. Admitido como maestro sin sueldo en colegios de la capital, trabajó también como librero encuadernador en sus horas libres. Estudió agrimensura y la carrera Pericial de Aduana. Fue vicedirector de la escuela El Pilar y director de la escuela nocturna del Recreo Español. Se graduó de Licenciado en Medicina y Cirugía, pero no pudo obtener el doctorado a causa de su falta de recursos económicos. Obtuvo por oposición la plaza de médico municipal de Puentes Grandes. Fue cofundador de la Sociedad de Estudios Clínicos y de la Sociedad Antropológica. En 1892 se trasladó a Nueva York para entrevistarse con algunos miembros de la Junta Revolucionaria. A causa de la guerra del 95 se vio obligado a emigrar a Cayo Hueso. En Estados Unidos y América Central ejerció como farmacéutico, médico y maestro. Dirigió la escuela del Club San Carlos, de los emigrados cubanos. Fue nombrado delegado del Partido Revolucionario Cubano y ministro del gobierno de la República en Armas en Costa Rica y El Salvador. Volvió a Cuba en 1902 y representó al Tercer Cuerpo del Ejército en la asamblea de libertadores. Fue catedrático de Anatomía, de Psicología Pedagógica, Historia de la Pedagogía e Higiene Escolar en la Universidad de La Habana, así como otros cargos relacionados con la enseñanza. Fundó y dirigió *El Colibrí* y fue redactor de *El Oriente* y *El Triunfo*. Colaboró en la *Revista Cubana, El Fígaro, La Habana Elegante, Revista de Cuba*. En diversas publicaciones periódicas científicas, como la *Crónica Médico-Quirúrgica de la Isla de Cuba*, el *Boletín de la Sociedad Antropológica de la Isla de Cuba* y la *Revista de Ciencias Médicas de La Habana*, fue redactor y además ocupó cargos de dirección. Su novela inconclusa «Aventuras de las hormigas» apareció en la *Revista Cubana* (La Habana, 3: 111-120, julio, 1935; 302-317, agosto-septiembre, 1935; 4: 158-184, octubre-diciembre, 1935; 5: 123-131, enero-febrero, 1936; 329-342, marzo, 1936; 6: 236-249, abril-junio, 1936). Su autobiografía fue publicada en la *Revista de la Facultad de Letras y Ciencias* (La Habana, 3: 59-71, 1906) de la Universidad de La Habana, de cuyo consejo de redacción formó parte al iniciarse su publicación. Dejó inédito, entre otros libros, un tomo de poemas. Tradujo *Las instituciones antropológicas*, de Broca, y el *Tratado de aritmética*, de Wentworth. Trabajos sobre pedagogía y medicina quedaron en preparación.

Bibliografía activa

Poesías, La Habana, Imprenta La Económica, 1878.

Notas biográficas y críticas sobre Joaquín C. Lebredo, publicadas por *La Enciclopedia* en el mes de noviembre de 1887, La Habana, Imprenta La Propaganda Literaria, 1887.

La vieja ortodoxia y la ciencia moderna, discurso leído en el Ateneo de La Habana, La Habana, Imprenta Militar, 1889.

Muerte y vida, La Habana, Imprenta La Constancia, 1895.

En la intimidad, A. Diego Vicente Tejera, Nueva York, Imprenta América, 1896.

Veinte y siete de noviembre, discurso del Doctor, en «San Carlos», En conmemoración del fusilamiento de los estudiantes de medicina, y en el vigésimo quinto aniversario de este suceso, Key West, Florida, Imprenta Au Bon marché, 1896.

El fusilamiento de los estudiantes y la agonía del poder colonial de España en Cuba, discurso leído, Key West, Imprenta de Dr, Frías, 1897.

7 de diciembre de 1897, En el primer aniversario de la muerte del Lugarteniente General del Ejército Libertador de Cuba José Antonio Maceo, discurso pronunciado, Key West, Imprenta El Vigía, 1897.

Lectura de Pascuas, Una novelita, Machito Pichón, Cuestión de Monedas, La Habana, Imprenta El Fígaro, 1899; 2.ª edición, La Habana, Secretaría de Educación, Dirección de Cultura, 1937, Cuadernos de Cultura, 4.ª serie, 2.

Una carta íntima, pro anima, pro lingua, pro patria, 1899, La Habana, Imprenta Avisador Comercial, 1899.

Las Bellas Artes y su influencia social, La Habana, Imprenta Avisador Comercial, 1900.

Alrededor del Quijote, trabajos escritos con motivo del 3er. centenario de la publicación de la obra inmortal de Cervantes, La Habana, Librería e Imprenta La Moderna Poesía, 1905.

El ciervo encantado, Cuento Prehistórico, La Habana, Imprenta Avisador Comercial, 1905.

Don Quijote, poeta, Narración cervantesca, Escrita con motivo de la celebración en La Habana del 3er. centenario de la publicación de la obra maestra de Cervantes, La Habana, Imprenta La Moderna Poesía, 1905.

El amigo del niño, Libro primero de lectura, Obra de texto aprobada por la Junta de Superintendentes de Escuelas el 16 de noviembre de 1903, La Habana, Imprenta La Moderna Poesía, 1906; 2.ª edición, Id.; 3.ª edición, Id.; 1913.

Alma Cubana, La Habana, Imprenta La Prueba, 1916, Biblioteca Cuba, 20.

Bibliografía pasiva

Baeza Flores, Alberto, «El centenario de un Ulises cubano, Esteban Borrero Echeverría», en *Carteles*, La Habana, 30, 27, 26-27, julio 3, 1949.

Bueno, Salvador, «Esteban Borrero Echeverría, médico, poeta y educador», en su *Figuras cubanas, Breves biografías de grandes cubanos del siglo XIX*, La Habana, Comisión Nacional Cubana de la UNESCO, 1964, págs. 327-336.

Casal, Julián del, «Esteban Borrero Echeverría», en su *Bustos y rimas*, La Habana, Imprenta La Moderna, 1893, págs. 61-73.

Castellanos, Jesús, «Un libro de fondo y forma, *Alrededor del* Quijote», en *La Discusión*, La Habana, 17, 328, 9, noviembre 24, 1905.

«Borrero», en *La Discusión*, La Habana, 18, 89, 10, marzo 30, 1906.

Collantes, José María, «El libro de Borrero», en *El Fígaro*, La Habana, 16, 4, 38, enero 28, 1900.

Cruz, Manuel de la, «Esteban Borrero, apuntes», en *El Fígaro*, La Habana, 10, 15, 199, mayo 6, 1894.

«Esteban Borrero Echeverría», en su *Cromitos cubanos*, Bocetos de autores hispano-americanos, La Habana, Establecimiento Tipográfico La Lucha, 1892, págs. 145-160.

González, Diego, «Esteban Borrero Echeverría y el magisterio nacionalista», seguido de una discusión sobre el tema, en *Cuadernos de la Universidad del Aire del Circuito CMQ*, La Habana, 4, 47, 331-344, febrero 25, 1953.

Lezama Lima, José, «Esteban Borrero Echeverría», en su *Antología de la poesía cubana*, tomo 3, La Habana, Consejo Nacional de Cultura, 1965, págs. 370-371.

Méndez Capote, Renée, «Esteban Borrero», en su *Oratoria cubana*, ensayos, La Habana, Imprenta Editorial Hermes, *s. a.*, págs. 227-233.

Remos y Rubio, Juan José, *El genio de Esteban Borrero Echeverría en la vida, en la ciencia y en el arte*, discurso de ingreso como miembro de número de la sección de literatura en la sesión solemne celebrada por la Academia Nacional de Artes y Letras la noche del 27 de marzo de 1930, La Habana, Imprenta Avisador Comercial, 1930.

Varona, Enrique José, *Elogio del Doctor Esteban Borrero Echeverría pronunciado en la sesión fúnebre, dedicada a su memoria que tuvo lugar el día 19 de enero de 1907*, La Habana, Imprenta Avisador Comercial, 1907.

Vitier, Medardo, «Elogio de Esteban Borrero Echeverría», en su *Estudios, notas, efigies cubanas*, La Habana, Editorial Minerva, 1944, págs. 26-34.

Boti, **Regino Eladio** (Guantánamo, Oriente, 18 febrero 18784-Id., 5 agosto 1958). Cursó la primera enseñanza en su pueblo natal. Entre 1895 y 1898 residió en Barcelona, enviado por su familia para que continuara sus estudios. En 1900 fue nombrado ayudante interino de una escuela de varones de Guantánamo, de la que más tarde ocupó la dirección. Trabajó como auxiliar de la mayordomía en un ingenio de República Dominicana (1902-1904). Ejerció el magisterio en las escuelas públicas hasta el año 1906, en que fue declarado cesante. En 1907 fue cofundador, en Guantánamo, del Partido Conservador Nacional, cuya presidencia llegó a ocupar años más tarde (1920-1922). De 1907 a 1908 trabajó como profesor en colegios privados y dirigió la Escuela Nocturna Municipal. Durante varios años desempeñó la secretaría de la Junta Municipal Electoral de Guantánamo (1908-1917). En 1911 se graduó de maestro público. Obtuvo el título de Bachiller en 1913. Ese mismo año fue presidente de la Sociedad de Conferencias de Guantánamo. Se graduó de Doctor en Derecho Civil en la Universidad de La Habana (1917) y más tarde obtuvo el título de Notario Público (1918). Ejerció la carrera notarial y fue profesor de gramática y literatura en el Instituto de Segunda Enseñanza de Guantánamo. Fue delegado a la Segunda Conferencia Americana de Cooperación Intelectual (1941). En 1942 se graduó de Doctor en Filosofía y Letras en la Universidad de La Habana. Dirigió *El Resumen*. Fue colaborador en *Oriente*, *El Pensil*, *Oriente Literario*, *Renacimiento*, *El Cubano Libre*, *Orto*, *Luz*, *El Estudiante*, *Cuba y América*, *El Tiempo*, *Cuba Contemporánea*, *Revista de Avance*, *Letras*, *El Fígaro*, *Bohemia*, *La Ilustración*, *Universal*, *Diario de la Marina*, *Revista Bimestre Cubana*, *El Mundo*. Fue miembro correspondiente de la Academia de la Historia de Cuba, de la Academia Cubana de la Lengua y de la Academia Hispanoamericana de Ciencias y Artes de Cádiz. Se dedicó al estudio de la métrica y publicó obras desconocidas de Rubén Darío. También escribió ensayos. Compiló cantos populares cubanos, recogidos en *La lira cubana* (4.ª edición, Guantánamo, Imprenta La Imperial, 1919). Con José Manuel Poveda y Agustín Acosta forma el trío de poetas que produjeron el primer renacimiento lírico en la República.

Bibliografía activa

Rumbo a Jauco, Santiago de Cuba, 1910, Biblioteca El Cubano Libre, 6.

Prosas emotivas, Santiago de Cuba, 1910, Biblioteca El Cubano Libre, 8.

Guillermón, Notas biográficas del General Guillermo Moncada, Guantánamo, La Imperial, 1911.

Guantánamo, Breves apuntes acerca de los orígenes y fundación de esta ciudad, Guantánamo, El Resumen, 1912.

Arabescos mentales, poemas, Barcelona, R. Tobella, impresor, 1913; 2.ª edición, La Habana, Ediciones de la Organización Nacional de Bibliotecas Ambulantes y Populares, 1959.

El mar y la montaña, versículos indemnes, La Habana, Imprenta El Siglo XX, 1921.

El 24 de febrero de 1895, trabajo de ingreso leído en la sesión extraordinaria celebrada en la tarde del jueves 4 de septiembre de 1919, La Habana, Imprenta El Siglo XX, 1923, Academia de la Historia de Cuba.

Sincronismos a manera de prólogo para el lector cubano de Crepúsculos fantásticos, La Habana, Imprenta El Siglo XX, 1926.

La torre del silencio, La Habana, 1926.

La nueva poesía en Cuba, La Habana, 1927.

Tres temas sobre la nueva poesía, La Habana, Revista de Avance, 1928.

Kodak-Ensueño, La Habana, Revista de Avance, 1929.

Kindergarten, La Habana, Editorial Hermes,

1930.

Bibliografía pasiva

Aparicio Laurencio, Ángel, «Guantánamo en la obra de Regino Eladio Boti», en *Boletín de la Academia Cubana de la Lengua*, La Habana, 7, 34, 247-272, julio-diciembre, 1958.

Fernández Retamar, Roberto, «En los ochenta años de Regino Eladio Boti», en su *Papelería*, La Habana, Universidad Central de Las Villas, Dirección de Publicaciones, 1962, págs. 39-69.

Henríquez Ureña, Max, «*Arabescos mentales*», en *El Fígaro*, La Habana, 29, 38, 465-466, septiembre 21, 1913.

Jiménez, José Olivio, «La poesía de Regino Eladio Boti en su momento», en *Boletín de la Academia Cubana de la Lengua*, La Habana, 7, 3-4, 227-245, julio-diciembre, 1958.

Lezcano, Miguel, «Regino Eladio Boti», en *Arte*, La Habana, 7, 215, 12, septiembre 15, 1920.

López Morales, Eduardo E. «La palabra y la poética de Regino Eladio Boti», en *Universidad de La Habana*, La Habana, 184-185, 107-126, marzo-junio, 1967.

Mañach, Jorge, «*La nueva poesía en Cuba*, de Regino Eladio Boti», en *Revista de Avance*, La Habana, 1, 14, 53, octubre 30, 1927.

Marinello Vidaurreta, Juan, «*Notas acerca de José Manuel Poveda*, por Regino Eladio Boti y Héctor Poveda», en *Revista de Avance*, La Habana, 2, 23, 160, junio 15, 1928.

Medrano, Higinio, «Prosas del Norte, Regino Eladio Boti» en *Bohemia*, La Habana, 3, 35, 418, septiembre 1, 1912.

Portuondo, José Antonio, «Regino Eladio Boti», en *Nuestro Tiempo*, La Habana, 5, 26, noviembre-diciembre, 1958.

Poveda, Héctor, «Los momentos estéticos de Regino Eladio Boti», en *Orto*, Manzanillo, 18, 6, 5-16, septiembre-octubre, 1929.

Torre, Miguel Ángel de la, «*Arabescos mentales*, de Regino Eladio Boti», en *Bohemia*, La Habana, 4, 41, 482, octubre 12, 1913.

Vasconcelos, Ramón, «Regino Eladio Boti», en *El Chofer de Cuba*, La Habana, 2, 7, 11, febrero, 1928.

«Regino Eladio Boti, poeta de su aldea», en *Bohemia*, La Habana, 38, 43, 35, 56, octubre 27, 1946.

Vitier, Cintio, «Regino Eladio Boti», en su *Cincuenta años de poesía cubana, 1902-1952*, ordenación, antología y notas, La Habana, Ministerio de Educación, Dirección de Cultura, 1952, págs. 61-62.

Bouquet, **El** (La Habana, 1894-1895). «Semanario artístico, literario y de sport's» [*sic*] se leía en su portada; en el interior añadían «y de intereses generales». Comenzó a publicarse el 9 de diciembre. Fueron sus fundadores, según aparecía en relación publicada en el primer número, César Allones y Gener, Ernesto Grenet y Gener, Eduardo Texidor y López, José Rafael Montalvo y R. de la P. y M. Los tres últimos fungían como administrador, director literario y director editor, respectivamente. «*El Bouquet* —expresaban en el "Saludo", aparecido en el primer número— por su índole, cierra sus columnas a las controversias de carácter político, y con verdadera complacencia las abre a todas las cuestiones artísticas, literarias y de sport». Solamente se han visto dos números, el segundo con fecha 17 de enero de 1895. En los mismos se publicaron poesías, cuentos, críticas y crónicas teatrales. Colaboraron en sus páginas Lola Rodríguez de Tió, Ricardo T. de Urrutia, Rafael María Baralt, María S. de Urzáis y Zequeira, Bonocio Tió Sagarra, *Arpa y lira* (seudónimo de Manuel G. Marrero) y otros. Carlos Manuel Trelles expresa en la segunda parte de su trabajo «Bibliografía de la prensa cubana (de 1764 a 1900) y de los periódicos publicados por cubanos en el extranjero» —en *Revista Bibliográfica Cubana.* (La Habana, 2, 8, 101, marzo-abril, 1938)—, que fue dirigido por Felipe González, así como que su publicación finalizó en 1895, aunque no precisa la fecha exacta.

Boza Masvidal, Aurelio (Camagüey, 28 noviembre 1900-La Habana, 28 junio 1959). Se doctoró en Farmacia y en Filosofía y Letras en la Universidad de La Habana. Cursó estudios en la Reale Universita Italiana per Stranieri, de Perugia. Como miembro de la delegación de esa Universidad asistió al Congreso de Universidades. Trabajó como asistente de Fonética y más tarde como profesor de Literatura Italiana y de Teoría de la Literatura en la Escuela de Filosofía y Letras de la Universidad de La Habana. En 1926

fundó y dirigió el Seminario de Historia de la Literatura Italiana. Colaboró en la *Revista de la Facultad de Letras y Ciencias, Revista Bimestre Cubana, Revista de Educación y Universidad de La Habana*. Era socio de número de la Sociedad Económica de Amigos del País y miembro del Ateneo de La Habana. Presidió la Sociedad Italo-Cubana de Cultura. Fue socio de mérito de la Societá Internazionali dei Studi Francescana, socio perpetuo de la Sociedad Nazional «Dante Alighieri» y miembro de la Unión Intelectualle Franco Italienne a la Sorbonne. Además de su labor en la cátedra desarrolló gran actividad como conferenciante. Tradujo del francés la *Historia de la literatura inglesa* (La Habana, La Propagandista, 1930), de J. J. Jusserand.

Bibliografía activa

El Renacimiento desde el punto de vista de las artes y las letras en Italia, conferencia pronunciada el 24 de enero de 1919 en la Sala de Conferencias de la Universidad Nacional en la serie efectuada por los alumnos de Historia Moderna, La Habana, Imprenta El Siglo XX, 1919.

Alborada de la libertad, conferencia pronunciada el 12 de febrero de 1920 en la sala de conferencias de la Universidad Nacional en la serie efectuada por los alumnos de Historia Contemporánea, La Habana, Imprenta El Siglo XX, 1920.

El Dante, su influencia en la literatura castellana, ensayo crítico-literario sobre el tema objeto del ejercicio oral de las oposiciones a los premios de Historia de la Literatura Española celebradas en la Universidad de La Habana el 12 de junio de 1918, La Habana, Imprenta El Siglo XX, 1920.

El Estoicismo, tesis presentada para optar al título de Doctor en Filosofía y Letras, La Habana, Imprenta y Papelería La Propagandista, 1922.

Tirso de Molina considerado como poeta trágico, Versión de la conferencia pronunciada en La Habana, el 17 de diciembre de 1920, en el ejercicio oral para optar al título de Doctor en Filosofía y Letras, La Habana, Imprenta El Siglo XX, 1922.

El problema de la originalidad de la literatura cubana, conferencia leída el día 22 de julio de 1923 en el Ateneo de La Habana, La Habana, Imprenta y Papelería La Propagandista, 1924.

La iglesia en la Edad Media, Las Cruzadas, ensayo, La Habana, Editorial Minerva, 1933.

La literatura medioeval, Las canciones de gesta, ensayo, La Habana, Editorial Minerva, 1933.

El sentido doloroso de la poesía de Leopardi, conferencia pronunciada en la Sociedad Italo-Cubana de Cultura la tarde del sábado 23 de febrero de 1935, La Habana, Cultural, 1935.

Leonardo de Vinci, conferencia leída en la Asociación de Estudiantes de Letras y Ciencias de la Universidad de La Habana en la tarde del 4 de julio de 1934, La Habana, Cultural, 1934.

La labor docente y académica del Doctor Salvador Salazar, discurso leído en la Universidad de La Habana el 31 de mayo de 1940 en la sesión solemne celebrada en honor del Doctor Salazar, La Habana, Editorial Alfa, 1940.

Estudios de literatura italiana, La Habana, Editorial Selecta, 1945.

Evocaciones y reflexiones universitarias, Versión del discurso pronunciado en el Aula Magna de la Universidad de La Habana, el 19 de abril de 1946, en la sesión solemne celebrada en su honor, que cumplía ese día veinticinco años de profesorado universitario, La Habana, Cultural, 1946.

Historia de la literatura italiana, La Habana, Editorial Selecta, 1946.

Dulce María Loynaz, Poesía, ensueño y silencio, La Habana, Imprenta de la Universidad de La Habana, 1949.

Evocación del maestro, Leída la noche del sábado 14 de febrero de 1953 en el anfiteatro de la Facultad de Filosofía y Letras de la Universidad de La Habana en la sesión solemne celebrada como homenaje a la memoria del Doctor Juan Miguel Dihigo y Mestre en el primer aniversario de su muerte, La Habana, Editorial Selecta, 1953.

Palabra y espíritu de Italia, La Habana, Editorial Selecta, 1956.

La dramática de Shaw y Pirandello, La Habana, Cultural, *s. a.*

Lo trascendente de Carducci, La Habana, Cultural, *s. a.*

Bibliografía pasiva

«Aurelio Boza Masvidal, *estudios de Literatura italiana*», en *América*, La Habana, 27, 1, 2 y 3, 94, octubre, noviembre, y diciembre, 1945.

Entralgo, Elías, «Aurelio Boza Masvidal, *Leonardo de Vinci*», en *Revista Bimestre Cubana*, La Habana, 35, 1, 147-148, enero-febrero, 1935.

«A. Boza Masvidal, Shaw y Pirandello», en *Revista Bimestre Cubana*, La Habana, 35, 2, 315, marzo-abril, 1935.

Rodríguez Alemán, Mario, «*Historia de la literatura italiana*» en *Revista Cubana*, La Habana, 21, 178-180, enero-diciembre, 1946.

Branly, **Roberto** (La Habana, 8 febrero 1930-Id., 22 abril 1980). Desde joven desempeñó diversos trabajos. Fundó, con otros intelectuales jóvenes, el Cine Club de la Sociedad Cultural Nuestro Tiempo (1950). Fue miembro del ejecutivo de la Cinemateca de Cuba en su primera etapa. En 1954 se graduó de Bachiller en Letras en el Instituto de Segunda Enseñanza del Vedado. Al triunfo de la Revolución dirigió la plana cultural «Nueva Generación» del periódico *Revolución*. En 1960 participó en el Primer Encuentro Nacional de Poetas, celebrado en Camagüey. Asistió al Primer Congreso Nacional de Escritores y Artistas de Cuba, que tuvo lugar en La Habana en 1961. Ese mismo año se graduó en la Escuela Profesional de Periodismo Manuel Márquez Sterling. Desempeñó la dirección de divulgación de la Coordinación Provincial de Cultura de La Habana (1963) y la subdirección general de la Dirección de Literatura y Publicaciones, ambas del Consejo Nacional de Cultura. En 1965 fue nombrado secretario de relaciones del Pen Club de Cuba. Ese mismo año viajó a la Unión Soviética con la delegación que participó en la Primera Semana de la Cultura Cubana. Ha colaborado, entre otras publicaciones, en *La Calle*, *Ciclón*, *Lunes de Revolución*, *Bohemia*, *Casa de las Américas*, *La Gaceta de Cuba*, *Unión*, *L/L* y *Juventud Rebelde*, en el que colaboró como crítico cinematográfico. Trabajó como investigador literario en el Instituto de Literatura y Lingüística de la Academia de Ciencias. Director de la revista *Cuba Tabaco*.

Bibliografía activa

El cisne, poema, La Habana, Castor, 1956.

Las claves del alba, poemas, La Habana, Castor, 1958.

Firme de sangre, poemas, La Habana, Castor, 1962.

Apuntes y poemas, La Habana, Ediciones Unión, 1966.

Ocho improvisadores decimistas en el territorio de la Granja del Pueblo «17 de mayo», La Habana, Academia de Ciencias de Cuba, 1967, Serie Granja «17 de mayo», Nueva Paz, La Habana, 3.

Prosa oral, anecdotario pinero, La Habana, Academia de Ciencias de Cuba, 1967, Serie Isla de Pinos, 12.

Repentistas de la espinela en la Isla de la juventud, La Habana, Academia de Ciencias de

Cuba, 1967, Serie Isla de Pinos, 13.

Poesía inmediata, La Habana, Ediciones Unión, 1968.

Versadores en la Sierra del Rosario, La Habana, Academia de Ciencias de Cuba, 1968, Serie Pinar del Río, 18.

Minaz-608, coloquios en el despegue, Testimonio, La Habana, UNEAC, 1973.

Escrituras, poesía, La Habana, UNEAC, 1975.

Bibliografía pasiva

Cuza Malé, Belkis, «Poesía inmediata, Branly», en *La Gaceta de Cuba*, La Habana, 7, 69, 29, enero, 1969.

Díaz Martínez, Manuel, «*Las claves del alba*», en *El Mundo Ilustrado*, suplemento del periódico *El Mundo*, La Habana, 11, octubre 12, 1958.

«Dos Robertos publican», en *El Mundo*, La Habana, 65, 21742, 4, noviembre 19, 1966.

Fernández, David, «Apuntes y poemas, A la búsqueda de la verdadera poesía», en *Juventud Rebelde*, La Habana, 2.ª edición, 5, octubre 12, 1966.

González, Omar, «Las escrituras de Roberto Branly», en *El Caimán Barbudo*, La Habana, 2.ª época, 95, 14-15, octubre, 1975.

Navarro Luna, Manuel, «Roberto Branly», en *Verde Olivo*, La Habana, 3, 25, 84-85, junio 24, 1962.

Santana, Joaquín G., «*Firme de sangre*», en *Hoy*, La Habana, 3.ª época, 24, 304, 4, diciembre 15, 1962.

Torriente, Loló de la, «Branly y Molné, poesía y pintura», en *El Mundo*, La Habana, 61, 20 616, 4, abril 3, 1963.

Brene, **José R.** (Cárdenas, Matanzas, 1 mayo 1927-28 septiembre 1990). Cursó la primaria en Colón, en su provincia natal, y hasta tercer año de bachillerato en el Instituto de Segunda Enseñanza de Matanzas. Se trasladó a Estados Unidos, donde estudió durante año y medio. Por razones económicas se vio obligado a enrolarse en un barco mercante en Nueva Orleans. Regresó a Cuba en 1949. En 1952 se incorporó de nuevo a la marina mercante. Ha visitado Francia, Bélgica, el Norte de África, Brasil, Argentina, Unión Soviética. En 1961, tras su regreso definitivo al país, ingresa en el seminario de dramaturgia del Teatro Nacional y comienza a escribir teatro. En 1962 estrena con éxito *Santa Camila de La Habana Vieja* y *Pasado a la criolla*. Ese mismo año obtiene mención de teatro en el Concurso Casa de las Américas con *La viuda triste*. En 1970 ganó el premio «José Antonio Ramos», de la UNEAC, con la obra *Fray Sabino*, y mención con *El camarada Don Quijote, el de Guanabacuta Arriba, y su fiel compañero Sancho Panza, el de Guanabacuta Abajo*. Colaboraciones suyas han aparecido en *Casa de las Américas* y *La Gaceta de Cuba*. Ha trabajado como asesor literario del Consejo Nacional de Cultura. Escribe para la televisión.

Bibliografía activa

Santa Camila de La Habana Vieja, y *Pasado a la*

criolla, La Habana, Ediciones El Puente, 1963.

El gallo de San Isidro, La Habana, Ediciones R, 1964.

Teatro, La Habana, Ediciones Unión, 1965.

Matías Pérez, el ingenioso criollo, La Habana, Editora Pedagógica, 1966.

Fray Sabino, La Habana, Ediciones Unión, 1971.

Bibliografía pasiva

Camps, David, «Teatro de José R. Brene», en *Unión*, La Habana, 4(4, 173-175, octubre-diciembre, 1965.

Casey, Calvert, «*Santa Camila de La Habana Vieja*», en *La Gaceta de Cuba*, La Habana, 1, 6-7, 17-18, julio, 1962.

Leal, Rine, «*Santa Camila de La Habana Vieja, I y II*» y «Un romántico en La Habana Vieja», en su *En primera persona, 1954-1966*, La Habana, Instituto Cubano del Libro, 1967, págs. 145-149 y 183-186.

Lised, seudónimo, «Humor criollo en Taller Dramático» en *Granma*, La Habana, 2, 118, 7, abril 29, 1966.

Torriente, Loló de la, «Brene suelta el gallo», en *Bohemia*, La Habana, 57, 30, 27, julio 23, 1965.

Brigada «Hermanos Saíz» (Véase **Unión de Escritores y Artistas de Cuba**)

Brisas (La Habana, 1907-Id.). Semanario de literatura, deportes e intereses del hogar. Salió por primera vez el 9 de junio. Fue su director Tomás M. Cañas. En su primer número, en un artículo titulado «Nuestros ideales», expresaban lo siguiente: «Aspiramos únicamente a mantener una publicación literaria que lleve al seno de los hogares páginas saturadas de conocimientos útiles y provechosos, donde, al lado del cuento que recrea o de la historieta que enseña, esté la poesía que deleita, la anécdota que instruye, el chascarrillo que divierte y el pasatiempo que entretiene, inspirados todos en la moralidad más exquisita». Fueron sus colaboradores Jesús J. López, Esteban Foncueva, Juan y José M. Guerra Núñez, Luis Rodríguez Santos, Martín Pizarro, José López Goldarás, Julio Laurent Pagés y otros. Además reprodujeron en sus páginas trabajos de figuras de la literatura hispanoamericana y europea. El último ejemplar revisado corresponde al 21 de julio de 1907.

Brisas de Cuba (La Habana, 1855-1856.) «Publicación quincenal de amena literatura», redactada por Néstor Ponce de León, Fernando Valdés Aguirre y Santiago de la Huerta. La primera entrega se repartió el 8 de junio. «Conociendo nosotros —expresan los redactores en el artículo «Brisas de Cuba», que sirve de introducción a dicha entrega— la necesidad que había de que existiese un periódico destinado especialmente a presentar ante un público indulgente e ilustrado los escritos de la juventud estudiosa, no hemos titubeado un momento en llevar a cabo la ardua empresa de redactar uno, que ofreciéndose solamente como de amena literatura, diese cabida en sus páginas a trabajos científicos y literarios». Se publicaron tres tomos de 500, 263 y 208 páginas respectivamente. La primera entrega del segundo tomo apareció con fecha 19 de febrero de 1856. En la «Conclusión del tomo segundo» (con fecha 14 de junio de 1856) señalan que dan fin al mismo «para introducir algunas mejoras en las Brisas, ora en la colaboración, ora en la parte material». En sus páginas aparecieron poesías, cuentos, leyendas, novelas, relatos, así como artículos de crítica literaria y sobre historia, filosofía y educación. No obstante ser «un periódico redactado por estudiantes, y dedicado casi exclusivamente a los estudiantes», contó con la colaboración de reconocidos intelectuales de la época, entre los que se destacan Antonio Bachiller y Morales, José de la Luz y Caballero, Manuel González del Valle, Enrique Piñeyro, Ramón Vélez Herrera, Miguel Teurbe Tolón, Francisco de Paula Gelabert, Luisa Pérez y Montes de Oca, *Adolfo de la Azucena* (seudónimo de Juan Clemente Zenea), Rafael María de Mendive, José Fornaris, Ramón Zambrana, Felipe Poey, Ignacio María de Acosta, José Ignacio Rodríguez, Emilio Blanchet, Domingo del Monte y Portillo, José Agustín Quintero, Balbina García Copley y otros. No se ha podido determinar la fecha exacta en que apareció la última entrega. Compilado por Araceli García Carranza se ha publicado su índice analítico, aparecido en *Índices de revistas cubanas. Siglo XIX* (La Habana, Biblioteca Nacional José Martí, Departamento Colección Cubana, 1970, págs. 85-143).

Bibliografía

García Carranza, Araceli, «*Brisas de Cuba, 1855-1856*», en *Índices de revistas cubanas, Siglo XIX*, compilados, La Habana, Biblioteca Nacional José Martí, Departamento Colección Cubana, 1970, págs. 83.

Brisas del Cauto (Santiago de Cuba, 1885). «Periódico científico, literario, comercial e industrial», se lee en el único ejemplar consultado (número 2), correspondiente al 13 de diciembre de 1885. «Verá la luz todos los domingos», se expresa en dicho número. Comenzó a publicarse en noviembre, según señala Carlos Manuel Trelles en la segunda parte de su trabajo «Bibliografía de la prensa cubana (de 1764 a 1900) y de los periódicos publicados por cubanos en el extranjero» —en *Revista Bibliográfica Cubana* (La Habana, 2, 8, 101, marzo-abril, 1938). Era su director Francisco Martínez Betancourt. Integraban su redacción Francisco Martínez Cordero, Francisco Ortiz, Emiliano Castillo, *Melibeo*, *Franz*, Roberto Plás. En la relación de colaboradores figuraban Vitaliano Martínez, *Fileno*, Francisco Chávez Castro, Antonio Poveda y Ferrer, Luis Lamarque y Delgado y Francisco Ibarra Ortiz. En el ejemplar de referencia aparecieron poesías, pequeños cuentos y otros artículos de interés local. Las poesías estaban firmadas por Antonio Poveda, Juan Tomás

Salvany y Roberto Plás. En la sección de folletines se publicaba «La aparición del Jigüe. Tradición cubana», de José María Izaguirre. Se desconoce cuándo finalizó su publicación.

Brisas del Yayabo (La Habana, 1911-1914). «Revista literaria e ilustrada / Consagrada a la ciudad de Sancti Spíritus», se lee en el número 2, correspondiente al 15 de diciembre de 1911. Eran sus propietarios F. de Armas y Rodolfo Ponce de León. Salía cada quince días. Desde el 15 de junio de 1911 fue dirigida por Ramón Rivera Gollury (seudónimo *Roger de Lauria*), quien al año siguiente aparece como director literario. En un artículo publicado en el número correspondiente al 1.º de julio de 1911, bajo el título «Laborando», expresaban lo siguiente: «Con fe en nuestro porvenir, con halagüeñas esperanzas que hiciéronnos concebir amigos que nos animaron y sostuvieron en nuestros propósitos, abordamos la obra de dotar a los espirituanos todos residentes en La Habana, de un exponente de su cultura, de una revista, en cuyas páginas palpitase el sentir del solar nativo, del que los azares de la vida nos alejaron, y cumplidamente creemos que vamos dando cometido a nuestros propósitos». Hacia marzo de 1913 está en su segunda época, ahora bajo la dirección de Rafael Félix Pérez, quien es también su propietario. En agosto de 1914 era dirigida por Rodolfo Ponce de León y se hallaba en su tercera época. Publicó poesías, cuentos, crítica literaria, crónica social y otros asuntos de interés general, así como pequeñas biografías de espirituanos destacados. Fueron sus colaboradores, entre otros, Max Henríquez Ureña, Néstor Leonelo Carbonell, Sergio Cuevas Zequeira, Luis Alejandro Baralt, José de la Luz León, Enrique Gay Calbó, Pedro Alejandro López, Miguel Galliano Cancio, Rafael S. Jiménez, Ángel G. Zamora, Evaristo Taboada. El último ejemplar revisado corresponde al 30 de septiembre de 1914. Según parece su publicación cesó en este año, pues León Primelles no la menciona en el siguiente en su obra *Crónica cubana. 1915-1918* (La Habana, Editorial Lex, 1955).

Brujo, **El** (Sagua la Grande, Las Villas, 1883-1884). Revista semanal de ciencias, literatura y artes. Comenzó a salir el 7 de octubre. Francisco Rosales era su director. Carlos Manuel Trelles indica, en la segunda parte de su trabajo «Bibliografía de la prensa cubana (de 1764 a 1900) y de los periódicos publicados por cubanos en el extranjero» —en *Revista Bibliográfica Cubana* (La Habana, 2, 8, 102, marzo-abril, 1938)—, que fue dirigida por Francisco Rosales, Federico Rodríguez y Lucas Castañeda. Trataba «única y exclusivamente asuntos literarios». Presentaba las siguientes secciones: Doctrinal, Científica, Artística, Literaria, Poética y de Brujerías. Fueron sus colaboradores Belisario Casanovas, Antonio Hurtado, J. S. Bosch, Ignacio del Monte y otros, presumiblemente escritores de la ciudad.

El último número revisado corresponde al 30 de marzo de 1884. Dice Trelles, en su ya citado trabajo, que salió hasta ese año.

Brull, **Mariano** (Camagüey, 24 febrero 1891-La Habana, 8 junio 1956). Muy niño aún fue trasladado a España. A su regreso, ya adolescente, estudió la segunda enseñanza y comenzó a publicar, en revistas de su ciudad natal, sus primeros poemas. En 1913 se graduó de Doctor en Derecho en la Universidad de La Habana. Ejerció su profesión durante algunos años (1913-1917). Formó parte, de 1914 a 1915, del pequeño grupo reunido en torno a Pedro Henríquez Ureña. En 1917 fue designado secretario de segunda clase en la Legación de Cuba en Washington. También prestó servicio diplomático en Lima, Bruselas, Madrid, París, Berna, Roma, Canadá y Uruguay. Colaboró en *El Fígaro*, *Gaceta del Caribe*, *Espuela de Plata*, *Clavileño*, *Orígenes*. Poemas suyos fueron traducidos al inglés. Tradujo el *Cementerio marino* (París, 1930) y *La joven parca* (La Habana, Ediciones Orígenes, 1949), de Paul Valéry.

Bibliografía activa

La casa del silencio, poemas, introducción de Pedro Henríquez Ureña, Madrid, M. García y Galo Sáez, 1916.

Quelques poèmes, Tr, par Francis de Miomandre et Paul Werrie, Introduction de Paul Werrie, Bruselas, L'Equerre, 1926.

Poemas en menguante, París, Le Moil et Pascaly, 1928.

Canto redondo, París, G. L. M., 1934.

Poèmes, Tr. originales de Mathilde Pomès et Edmond Vandercammen, Préface de Paul Valéry, Bruselas, Les Cahiers du Journal des Poètes, 1939, texto en francés y español.

Solo de rosa, poemas, La Habana, Editorial La Verónica, 1941.

Temps en peine, *Tiempo en pena*, Tr. de Mathilde Pomès, Bruselas, La Maison du Poète, 1950.

Rien que..., *Nada más que...*, trad. de E. Noulet, París, Pierre Seghers, 1954, Autour du Monde, 15.

Bibliografía pasiva

Amado Blanco, Luis, «Mariano Brull», en *Información*, La Habana, 19, 129, B2, junio 1, 1955.

Baquero, Gastón, «En la muerte de Mariano Brull», en *Boletín de la Comisión Nacional Cubana de la UNESCO*, La Habana, 5, 7, 4-7, julio, 1956.

Fernández Retamar, Roberto, «Mariano Brull, 1891» en su *La Poesía contemporánea en Cuba, 1927-1953*, La Habana, Ediciones Orígenes, 1954, págs. 33-34.

Jerez Villarreal, Juan, «Mariano Brull y Caballero, Rien que..», en *América*, La Habana, 44, 3, 96, septiembre, 1954.

Lizaso, Félix, «*La casa del silencio*», en *El Fígaro*, La Habana, 33, 9, 169, abril 1, 1917.

«Mariano Brull, *Solo de rosa*», en *América*, La Habana, 20, 1 y 2, 90, octubre-noviembre,

1943.

Matas, Julio, «Mariano Brull y la poesía pura en Cuba», en *Nueva Revista Cubana*, La Habana, 1, 3, 60-77, octubre-diciembre, 1959.

Reyes, Alfonso, «Alcance a las jitanjáforas», en *Revista de Avance*, La Habana 4, 46, 133-134, 136-140, mayo, 1930.

Rodríguez Luis, Julio, «Recuerdo de Mariano Brull», en *Ciclón*, La Habana, 2, 5, 3-6, septiembre, 1956.

Russell, Dora Isella, «Personalidad y obra poética de Mariano Brull», en *América*, La Habana, 50, 1, 2 y 3, 42-43, octubre-diciembre, 1956.

Vitier, Cintio, «Mariano Brull», en su *Cincuenta años de Poesía cubana, 1902-1952*, ordenación, antología y notas, La Habana, Dirección de Cultura del Ministerio de Educación, 1952, págs. 187-188.

Lo cubano en la poesía, La Habana, Universidad Central de Las Villas, 1958, págs. 319-328.

«Una traducción de *La jeune parque*», en su *Crítica sucesiva*, La Habana, Instituto Cubano del Libro, 1971, págs. 57-66.

Buch López, **Ernesto** (Santiago de Cuba, 4 febrero 1894). Realizó estudios primarios y secundarios en su ciudad natal. Graduado de Doctor en Derecho Civil en la Universidad de La Habana. Entre 1933 y 1935 fue secretario y director del Ateneo de Santiago de Cuba. Académico correspondiente de la Academia de la Historia de Cuba. Dirigió la revista *Atenea* y el *Boletín del Colegio Notarial de Santiago de Cuba*. Colaboró en *Orto*, *Bohemia*, *El Mundo*.

Bibliografía activa

Obsidianas, poemas y crónicas, Santiago de Cuba?, 19...

Del Santiago colonial, Apuntes históricos de Santiago de Cuba, desde la colonización hasta el cese de la soberanía española, 1514-1898, Santiago de Cuba, Editorial Ros, 1944.

Historia de Santiago de Cuba, La Habana, Editorial Lex, 1947.

Años y experiencias, Un poco de análisis, sensibilidad y buen humor, Santiago de Cuba, La Habana, Imprenta P. Fernández, 1956.

Bueno, **Salvador** (La Habana, 18 agosto 1917-22 octubre 2006). En 1942 se graduó de Doctor en Filosofía y Letras en la Universidad de La Habana. Desde esa fecha y hasta 1947 ejerció como profesor de español en una institución docente privada. Posteriormente desempeñó la cátedra de gramática y literatura en los institutos de segunda enseñanza de Pinar del Río y de La Habana. Fue adscrito, a través de un concurso oposición, a la cátedra de Historia de la Literatura Cubana e Hispanoamericana en la Escuela de Filosofía y Letras de la Universidad (1949). En 1959 obtuvo el premio de la Sección de Gramática y Literatura del Colegio Nacional de Ciencias y de Filosofía y Letras por su ensayo *Trayectoria de Labrador Ruiz* (*A los veinticinco años de* Laberinto). Colaborador en *Carteles*,

Bohemia, Unión, Casa de las Américas, La Gaceta de Cuba, Revista de la Biblioteca Nacional, Cuadernos Americanos (México) y otras muchas publicaciones cubanas y extranjeras. Ha viajado por Estados Unidos, Europa occidental, Hungría y la Unión Soviética. Autor de diversas antologías (*Antología del cuento en Cuba* (*1902-1952*). La Habana, Dirección de Cultura del Ministerio de Educación, 1953; *Los mejores ensayistas cubanos*. Lima, Imprenta Torres Aguirre, 1959; *Los mejores cuentos cubanos*. Lima, Imprenta Torres Aguirre, 1959-1960, 2 T.; *Órbita de José Antonio Fernández de Castro*. La Habana, Ediciones Unión, 1966). Desde 1962 es profesor de la Escuela de Letras y Arte de la Universidad de La Habana. Es asesor literario de la Biblioteca Nacional José Martí.

Bibliografía activa

Contorno del modernismo en Cuba, conferencia pronunciada en la Universidad del Aire el día 3 de septiembre de 1950, La Habana Talleres Tipográficos de Editorial Lex, 1950.

Medio siglo de literatura cubana, 1902-1952, La Habana, Comisión Nacional Cubana de la UNESCO, 1953.

Policromía y sabor de costumbristas cubanos, Santiago de Cuba, Universidad de Oriente, Departamento de Extensión y Relaciones Culturales, 1953.

Historia de la literatura cubana, Adaptada al programa oficial vigente en los institutos de segunda enseñanza de Cuba, La Habana, Minerva, 1954, 2.ª edición, Id., 1959; 3.ª edición, La Habana, Ministerio de Educación, 1963.

Las ideas literarias de Domingo del Monte, La Habana, Comisión Nacional Cubana de la UNESCO, 1954.

La letra como testigo, La Habana, Universidad Central de Las Villas, 1957.

Trayectoria de Labrador Ruiz, a los veinticinco años de Laberinto, La Habana, Editorial Librería Martí, 1958.

Imagen del poeta Milanés, separata de *Revista de la Biblioteca Nacional José Martí*, La Habana, 1963.

Figuras cubanas, Breves biografías de grandes cubanos del siglo XIX, La Habana, Comisión Nacional Cubana de la UNESCO, 1964.

Temas y personajes de la literatura cubana, La Habana, Ediciones Unión, 1964.

Aproximaciones a la literatura hispanoamericana, La Habana, Ediciones Unión, 1967.

Enrique Piñeyro y la crítica literaria, La Habana, Ministerio de Educación, Instituto Nacional de Cultura, s. a.

Bibliografía pasiva

Agostini, Víctor, «Bueno, Salvador, *antología del cuento en Cuba, 1902-1952*», en *Revista de la Biblioteca Nacional*, La Habana, 2.ª serie, 6, 1, 173-179, enero-marzo, 1955.

Avilés Ramírez, Eduardo, «Crónica de París, Apuntes sobre Salvador Bueno», en *Boletín de la Comisión Nacional Cubana de la*

UNESCO, La Habana, 7, 6, 31-32, junio, 1958.

Chacón y Calvo, José María, «*Medio siglo de literatura cubana, I y II*», en *Diario de la Marina*, La Habana, 121, 93, 110 y 116, 122, 56, 54 y 58, 56, abril 19, mayo 10, 17 y 26, 1953.

Latchman, Ricardo Antonio, «Desde Chile, Un panorama de las letras cubanas», en *Boletín de la Comisión Nacional Cubana de la UNESCO*, La Habana, 5, 1, 1-5, enero, 1959.

Lazo, Raimundo, «Dos libros de literatura cubana», en *Diario de la Marina*, La Habana, 121, 126, 4, mayo 30, 1953.

Marquina, Rafael, «*Historia de la literatura cubana* de Salvador Bueno», en *Boletín de la Comisión Nacional Cubana de la UNESCO*, La Habana, 3, 11, 20-23, noviembre, 1954.

Pogolotti, Marcelo, «Medio siglo de literatura», en *El Mundo*, La Habana, 51, 16373, 6, febrero 7, 1953.

Buesa, **José Ángel** (Cruces, Las Villas, 2 septiembre 1910-Santo Domingo, 14 agosto 1982). Cursó estudios en el Colegio Champagnat, de Cienfuegos. Desde joven cultivó la poesía. Escribió algunas piezas de teatro, pero se consagró con más dedicación a las novelas radiales. Colaboró en *Bohemia*, *Vanidades* y otras muchas publicaciones periódicas. Perteneció al consejo de redacción de la revista *Isla*. Poeta que trató fundamentalmente el tema erótico en forma mimética y externa, algunos de sus libros, como *Oasis* y *Nuevo oasis*, vieron múltiples ediciones. Otros libros que editó fueron *Misas paganas*, *Hyacinthus*, *La vejez de don Juan*, *Prometeo*, *Cantos de Proteo*, *Poeta enamorado* y *Maya*. Publicó varias antologías de sus poemas. Tradujo *Los Trofeos*, de José Ma. de Heredia, y *Poemas perversos*, de Adrien Roland. Sus poemas han sido traducidos al inglés, francés y ruso. Abandonó el país al triunfo de la Revolución.

Bibliografía activa

La fuga de las horas, La Habana, Editorial Aida, 1932; 2.ª edición, 1933.

Babel, La Habana, Editorial Alvarado Sicilia, 1936.

Canto final, La Habana, Imprenta Alfa, 1938.

Muerte diaria, La Habana, Imprenta Molina, 1943.

Oasis, La Habana, 1943.

Odas por la victoria, La Habana, Imprenta P. Fernández, 1943.

Canciones de Adán, La Habana, Tamayo, 1947.

Lamentaciones de Proteo, La Habana, 1947.

Alegría de Proteo, La Habana, Tamayo, 1948.

Nuevo oasis, La Habana, Impresora Modelo, 1949.

Poemas en la arena, La Habana, Impresora Modelo, 1949.

Doble antología..., *Double anthologie*, La Habana, International Printing, 1952.

Sus mejores poesías, «La poesía de José Ángel Buesa», por Alberto Baeza Flores, Barcelona, España, Editorial Bruguera, 1954.

Poeta enamorado, Barcelona, España, Ediciones Hispano-Cubanas, 1955.

Poeta enamorado, 2.ª edición, La Habana, Editorial de Distribuidora Antillana, 1960, Colección Palma, 2.

Poemas prohibidos, La Habana, Imprenta Cima, 1959; 2.ª edición, La Habana, Ediciones Distribuidora Antillana de Librería, 1959.

Versos de amor, La Habana, Editorial Guerrero, 1959.

Libro secreto, La Habana, Ediciones de Distribuidora Antillana de Librería, 1960.

Los mejores poemas, La Habana, Ediciones de Distribuidora Antillana de Librería, 1960.

Bibliografía pasiva

Baeza Flores, Alberto, «*Nuevo oasis* de José Ángel Buesa», en *Revista de la Biblioteca Nacional*, La Habana, 2.ª serie, 4, 3, 146-150, julio-septiembre, 1953.

González Contreras, Gilberto, «*Oasis y Hyacinthus*», en *Mañana*, La Habana, 2.ª época, 5, 186, 2, junio 12, 1943.

Labrador Ruiz, Enrique, «Baraja poética», en *La Gaceta del Caribe*, La Habana, 1, 1, 5-6, marzo, 1944.

Suvillaga, Lázaro, seudónimo de Gilberto González y Contreras, «José Ángel Buesa», en *Mañana*, La Habana, 5, 281, 2, agosto 7, 1943.

Vitier, Cintio, «José Ángel Buesa», en su *Cincuenta años de poesía cubana, 1902-1952*, ordenación, antología y notas, La Habana, Dirección de Cultura del Ministerio de Educación, 1952, págs. 274.

Buttari, **Juan José** (Cárdenas, Matanzas, 10 marzo 1866). Se graduó de Doctor en Filosofía y Letras y en Derecho en la Universidad de La Habana. Joven aún se trasladó a Estados Unidos, donde trabajó como inspector de aduana, intérprete oficial y traductor en el Tribunal Supremo, el Tribunal Federal y el Tribunal del Condado, todos del distrito de Hillborough, fue redactor de *El Vigía* y director-fundador de *El Debate*. Viajó por Europa. Incorporado a las filas revolucionarias en la guerra de 1895, llegó a obtener el grado de comandante. Colaboró en *La Tribuna*, *La Justicia*, *Diario de la Marina*, *Cuba Nueva*, *El Hogar* y *El Fígaro*. Fue redactor de *La Estrella Cubana* y director de la revista *Cuba nueva con ideas nuevas*. Utilizó el seudónimo *Ornolay*.

Bibliografía activa

Pro patria, poema histórico sintético, «Dos palabras», por Miguel de Carrión, La Habana, Imprenta Úcar, García, 1938.

Poesías completas, La Habana, 1947, 2 T.

La Orden Caballeros de la Luz en la República de Cuba, 1873-1948, su origen, su objeto, su misión actual, La Habana, 1948, *discursos y conferencias, Rebaño servil, y Algo de mi labor periodística*, La Habana, Editorial Lex, 1953.

Boceto crítico histórico, Obra escrita en cuatro etapas, La Habana, Editorial Lex, 1954.

Buzzi, **David** (La Habana, 14 noviembre 1933). Cursó la primaria y el bachillerato en su ciudad natal. Estuvo exiliado, por participar en las luchas contra la tiranía batistiana, en varios países de la América del Sur. En Ecuador trabajó como productor y director de la emisora Radio Tarquí. A su regreso ocupó el cargo de director del Departamento de Seguridad Social del Ministerio del Trabajo (1959-1962). En 1960 se graduó en Ciencias Sociales y en Derecho en la Universidad de La Habana. Ha viajado por Estados Unidos y la Unión Soviética. Colaborador en *El Mundo*, *Unión*, *La Gaceta de Cuba*, *Casa de las Américas* y en diversas publicaciones de la Unión Soviética. Con su novela *Los desnudos* ganó mención en el Concurso Casa de las Américas de 1966. En el Concurso UNEAC de 1967 ganó mención en cuento y novela. Con *La religión de los elefantes* ganó el premio de novela en el Concurso UNEAC de 1968. En 1973 obtuvo mención en el Concurso 26 de julio de las FAR. Actualmente desempeña funciones en la redacción de la revista *Revolución y Cultura*.

Bibliografía activa

Los desnudos, novela, La Habana, Ediciones Unión, 1967.

La religión de los elefantes, novela, La Habana, UNEAC, 1968.

Mariana, novela, La Habana, Ediciones Unión, 1970.

Caudillo de difuntos, novela, La Habana, UNEAC, 1975.

Bibliografía pasiva

Aparicio Raúl, «Acotación a *Los desnudos*», en *Unión*, La Habana, 6, 3, 124-131, julio-septiembre, 1967.

Cuza Malé, Belkis, «Una novela al desnudo», en *La Gaceta de Cuba*, La Habana, 6, 60, 19, julio-agosto, 1967.

Donoso Pareja, Miguel, «*Los desnudos*», en *El Día*, México D. F., 9, diciembre 5, 1967.

Fernández, Pablo Armando, «Buzzi y el sueño compartido», en *Unión*, La Habana, 9, 4, 153-156, diciembre, 1970.

Heras León, Eduardo, «Los elefantes al desnudo», en *Unión*, La Habana, 6, 2, 144-149, junio, 1969.

Herrero, Juan Luis, «Buzzi y *Los desnudos*», en *El Mundo*, La Habana, 66, 21997, 4, septiembre 16, 1967.

Oraá, Pedro de, «Todos los desheredados», en *La Gaceta de Cuba*, La Habana, 75, 28-29 agosto, 1969.

Sáez, Luis M., «Cinco preguntas a cinco menciones», en *Bohemia*, La Habana, 58, 11, 24-25, marzo 18, 1966.

Byrne, **Bonifacio** (Matanzas, 3 marzo 1861-Id., 5 julio 1936). Realizó sus estudios en Matanzas. Desde la adolescencia tuvo inclinación por la literatura. En su ciudad natal frecuentó el Círculo Literario. En 1890 fundó los periódicos *La Mañana* y *La Juventud Liberal*. Pocos años más tarde, en 1896, se vio precisado a emigrar a los Estados Unidos por razones políticas. En el exilio se dedicó a labores separatistas y fundó, en Tampa, el Club Revolucionario, del cual fue secretario. Durante su estancia en esa ciudad trabajó como lector de tabaquerías y colaboró en *Patria*, *El Porvenir* y *El Expedicionario*. Regresó a Cuba en 1899. Durante la república mediatizada fue secretario del Gobierno Provincial de Matanzas y de la Superintendencia Provincial de Escuelas. En 1909 fundó el periódico *El Yucayo*. Colaboró en *La Primavera*, *El Ateneo*, *Diario de Matanzas*, *El Fígaro* y *La Discusión*. Fue declarado Hijo Eminente de Matanzas en 1915. Ese mismo año se trasladó a Nueva York para reponer su quebrantada salud. Obtuvo galardones poéticos en los juegos Florales de Sancti Spíritus (1916) y Matanzas (1934). Fue miembro fundador del Grupo Índice (1935). Era socio correspondiente de la Academia Nacional de Artes y Letras. Cultivó también el teatro con sus piezas *El anónimo* (1905), *Varón en puerta* (1905), *El legado* (1908), *Matanzas en 1920; o, El espíritu de Martí* (1908) y *Rayo de Sol* (1911), algunas de ellas publicadas, según consigna su biógrafo Israel M. Moliner. Dejó en preparación la novela *Hijas y yernos*, el libro de cuentos *Letra menuda* y la colección de poemas *Voces del alma*.

Bibliografía activa

Excéntricas, versos, prólogo de Nicolás Heredia, Matanzas, Imprenta Galería Literaria, 1893.

Efigies, Sonetos patrióticos, «Pórtico», por Carlos Pío Uhrbach, Filadelfia, Levytype, 1897.

Lira y espada, prólogo de Nicolás Heredia, La Habana, Tipografía El Fígaro, 1901.

Poemas, La Habana, Imprenta y papelería de Rambla y Bouza, 1903.

En medio del camino, poemas, «Pórtico», por *Conde Kostia*, seudónimo de Aniceto Valdivia, Matanzas, Imprenta de T. González, 1914.

Selección poética, «Prisma en siete notas», por Andrés de Piedra-Bueno, La Habana, Ministerio de Educación, Dirección de Cultura, 1942, Cuadernos de cultura, 5.ª serie, 6.

Bibliografía pasiva

Alvarado, Américo, «Bonifacio Byrne», en *Átomo*, La Habana, 1, 3, 23, agosto, 1936.

Blanco Cabrera, Gladys, «Bonifacio Byrne, recuerdos autobiográficos del poeta de la bandera», en *Granma*, La Habana, 11, 51, 3, marzo 1, 1975.

«Bonifacio Byrne, El poeta cubano que escribió sobre los soviets rusos», en *Verde Olivo*, La Habana, 17, 15, 30-33, abril 13, 1975.

Carbonell, José Manuel, «*Lira y espada*», en *Cuba y América*, La Habana, 5, 103, 321-323, agosto, 1901.

Casal, Julián del, «Bonifacio Byrne», en su *Bastos y rimas*, La Habana, Imprenta La Moderna, 1893, págs. 93-103.

«Donan hijos de Bonifacio Byrne numerosos trabajos inéditos del destacado poeta», en *Granma*, La Habana, 10, 293, 4, diciembre 14, 1974.

Gálvez, Wenceslao, «Poesías de Byrne», en *Universidad*, La Habana, 3, 74, 15, mayo 31, 1914.

González, Julián, «Algo sobre Bonifacio Byrne», en *El Fígaro*, La Habana, 19, 19, 228, mayo

10, 1903.

«Homenaje a Bonifacio Byrne», en *Museo*, Matanzas, 1, 9 y 10, enero-febrero, 1961.

Lazo, Raimundo, «Bonifacio Byrne a los cien años», en *Universidad de La Habana*, La Habana, 25, 151-153, 105-112, julio-diciembre, 1961.

Lescano Abella, Mario, «Al margen de los libros», en *Universal*, La Habana, 3, 79, 17, julio 5, 1914.

Lezama Lima, José, «Bonifacio Byrne», en su *Antología de la poesía cubana*, tomo 3, La Habana, Consejo Nacional de Cultura, 1965, págs. 552-553.

Lles, Fernando, «Glorias nacionales, Bonifacio Byrne», en *El Estudiante*, Matanzas, 30, 40, 462, noviembre 26, 1911.

Márquez Sterling, Manuel, «Byrne y su último libro», en *El Fígaro*, La Habana, 17, 20, 222, mayo 26, 1901.

«Poemas de Byrne», en *El Fígaro*, La Habana, 19, 33, 406, agosto 16, 1903.

Medrano, Higinio, J., «Un libro de Byrne», en *Letras*, La Habana, 2.ª época, 10, 21, 245, junio 7, 1914.

Moliner, Israel M., *Índice bio-bibliográfico de Bonifacio Byrne*, Matanzas, Impresos Carreño, 1943.

Piedra-Bueno, Andrés de, *Evocación de Byrne y Martí americanista*, La Habana, Escuela Tipográfica de la Institución Inclán, 1942.

Salazar, Salvador, «Antologías de poetas cubanos contemporáneos, Bonifacio Byrne», en *Alma Cubana*, La Habana, 2, 5, 186-188, marzo, 1924.

Salom, Diwaldo, «Byrne y sus nuevos libros», en *Diario de la Marina*, La Habana, 62, 34, 3, febrero 8, 1901.

«Sobre un poema socialista, Divagaciones», en *Letras*, La Habana, 2.ª época, 2, 14, 15, 16 y 17, *s. p.*, mayo 15, 31, junio 15 y 30, 1906.

Santiago, Miguel y Guillermo Cabrera, «Bonifacio Byrne, nuevo documento del poeta matancero», en *Juventud Rebelde*, La Habana, 2, enero, 9, 1975.

Vitier, Cintio, «Bonifacio Byrne», en su *Cincuenta años de poesía cubana, 1902-1952*, ordenación, antología y notas, La Habana, Ministerio de Educación, Dirección de Cultura, 1952, págs. 16.

«Orientaciones de la poesía después de la guerra, La obra de Boti y Poveda en relación con el ambiente republicano en su *Lo cubano en la poesía*, La Habana, Instituto Cubano del Libro, 1970, págs. 315-345.

Zamora Céspedes, Bladimir y Arturo Arango Arias, «Un poeta de la guerra», en *El Caimán Barbudo*, La Habana, 2.ª época, 93, 7-8, agosto, 1975.

C

Caballero, **José Agustín** (La Habana, 28 agosto 1762-Id., 6 abril 1835). Realizó estudios como becado en el Real Colegio Seminario de San Carlos y San Ambrosio (1774-1781). Al terminar, con premios en todas las asignaturas, vistió los hábitos clericales. En la misma casa de estudios, en 1785, ganó por oposición la cátedra de Filosofía, que ocupó primero como interino y después en propiedad.

Tres años más tarde alcanzó los grados mayores de Licenciado y Doctor en Sagrada Teología en la Real y Pontificia Universidad de La Habana. Allí, posteriormente, fue juez en diversas oposiciones a cátedras y desempeñó el decanato de la Facultad de Teología. Fue uno de los asesores más eficaces del gobierno de don Luis de las Casas (1790-1796). En 1793 pasó a formar parte de la Sociedad Patriótica, y dentro de ella ese mismo año es nombrado, sucesivamente, miembro de la diputación de la Casa de Educandas, de la Clase de Ciencias y Artes, individuo de la Diputación encargado de la redacción del *Papel Periódico*, miembro de la comisión encargada de redactar la memoria u ordenanza sobre escuelas públicas en primeras letras y, por último, censor. Fue nombrado director (1794) y más tarde secretario sustituto (1796) del Seminario de San Carlos. Desde 1804 hasta su muerte desempeñó en dicho Seminario la cátedra de Escritura y Teología Moral. En 1811 redactó un Proyecto de Gobierno Autonómico para Cuba, dirigido a las Cortes Nacionales por intermedio del diputado Andrés Jáuregui.

En su larga carrera de profesor tuvo como discípulos a Varela, Saco y su sobrino Luz y Caballero. Abogó por la superación del escolasticismo rutinario e introdujo las doctrinas de Locke, Condillac, Bacon y Newton, así como el espíritu del examen crítico y la Física Experimental. Colaboró asiduamente en el *Papel Periódico de La Habana*, cuya historia hasta 1794 dejó escrita y fue dada a conocer por Antonio Bachiller y Morales en el segundo tomo de sus *Apuntes*. También colaboró en el *Diario de La Habana* (1808-1812), *El Lince* (1811), *El Observador Habanero* (1820-1824). Tradujo del latín la *Historia del Nuevo Mundo y en especial de México*, de Sepúlveda; del inglés la novela *Cartas de Milady Julieta Castelvi a su amiga Milady Henriqueta Campley;* del francés la correspondencia de Sepúlveda con Melchor Cano y las *Lecciones preliminares del curso de estudios*, del abate Condillac, etc. Se distinguió como crítico literario y de costumbres, notable latinista y orador. Utilizó los seudónimos *El amigo de los esclavos, El amigo de los encarcelados, El amante del periódico, El redactor.*

Bibliografía activa

Discurso pronunciado en la junta general de la Sociedad Patriótica de La Habana, el 11 de diciembre de 1796, en honor de don Luis de las Casas, La Habana, Imprenta del Gobierno, 1796.

Sermón fúnebre en elogio del excelentísimo

señor don Cristóbal Colón, primer almirante, virrey y gobernador general de las Indias Occidentales, su descubridor y conquistador, pronunciado con motivo de haberse trasladado sus cenizas de la Iglesia Metropolitana de Santo Domingo a esta Catedral de Nuestra Señora de la Concepción de La Habana, La Habana, Don Esteban Joseph Boloña, 1796.

Panegírico en honor del gran Doctor de la Iglesia San Ambrosio, Arzobispo de Milán, pronunciado el 7 de diciembre de 1797, La Habana, Imprenta de la Capitanía General, 1798.

Elogio fúnebre del Excmo. señor don Joseph Manuel González de Candamo, Obispo de Mylasa, pronunciado el 13 de octubre de 1801, La Habana, Imprenta de Esteban Boloña, 1801.

Philosophia electiva, texto en español y latín, transcripción del original del siglo XVIII, versión castellana, introducción y notas por Jenaro Artiles, estudios preliminares de Francisco González del Valle y Roberto Agramonte, La Habana, Universidad de La Habana, 1944, Biblioteca de autores cubanos, 1, Obras de José Agustín Caballero, 1.

Escritos varios, prefacio por Roberto Agramonte, La Habana, edición de la Universidad de La Habana, 1956, 2 V., Biblioteca de autores cubanos, 21-22, Obras de José Agustín Caballero, 2.

Bibliografía pasiva

Agramonte, Roberto, *José Agustín Caballero y los orígenes de la conciencia cubana*, La Habana, Úcar y García, 1952.

Castro, Raimundo de, *A la memoria de un maestro en el centenario de su muerte, Presbítero José Agustín Caballero*, La Habana, Imprenta Molina, 1937.

Escoto, José Augusto, «José Agustín Caballero reformador de los estudios históricos en Cuba», en *Revista histórica, crítica y bibliográfica de la literatura cubana*, Matanzas 1, 2, 150-156, 1916.

González del Valle, Francisco, «Páginas para la historia de Cuba, documentos para la biografía del Padre José Agustín Caballero», en *Cuba Contemporánea*, La Habana, 29, 73-85, 1922.

Dos orientadores de la enseñanza, El Padre José Agustín Caballero y José de la Luz y Caballero, La Habana, Imprenta Molina, 1935.

González del Valle, Francisco y Emilio Roig de Leuchsenring, «Bibliografía de José Agustín Caballero», en *Homenaje al ilustre habanero Pbro. doctor José Agustín Caballero y Rodríguez en el centenario de su muerte, 1835-1935*, La Habana, Municipio de La Habana, 1935, págs. 23-27, Cuadernos de historia habanera, 1.

Luz y Caballero, José de la, «A la memoria del Doctor Don José Agustín Caballero», en su *Escritos literarios*, La Habana, edición de la Universidad de La Habana, 1946, págs. 178-197, Obras de José de la Luz y Caballero, 6.

Méndez, Manuel Isidro, *Notas para el estudio de las ideas éticas en Cuba, siglo XIX, José Antonio Caballero, Félix Varela y José de la*

Luz y Caballero, La Habana, Editorial Lex, 1947.

Menocal, Raimundo, «El Presbítero José Agustín Caballero y el Padre Félix Varela», en su *Origen y desarrollo del pensamiento cubano*, tomo 1, La Habana, Editorial Lex, 1945, págs. 159-204.

Monal, Isabel, «Tres filósofos del centenario, El Padre José Agustín Caballero, 1762-1835», en *Universidad de La Habana*, La Habana, 32, 192, 111-116, octubre-diciembre, 1968.

Part Pung, Francisco, «El Pbro. José Agustín Caballero y el obispo Tres palacios», en *Revista Bimestre Cubana*, La Habana, 46, 245-255, 1940.

Resaca, Rosario, «El Padre José Agustín Caballero y la formación de la conciencia cubana», en *Cuadernos de la Universidad del Aire*, La Habana, 3, 43, 23-40, septiembre 15, 1952.

Roig de Leuchsenring, Emilio, «El centenario de la muerte de José Agustín Caballero y Rodríguez», en *Homenaje al ilustre habanero Pbro. doctor José Agustín Caballero y Rodríguez en el centenario de su muerte, 1835-1935*, La Habana, Municipio de La Habana, 1935, págs. 7-22, Cuadernos de historia habanera, 1.

Vallejos, Miguel A. Raúl, «José Agustín Caballero o el eclecticismo sistemático», en *Revista de la Biblioteca Nacional*, La Habana, 2.ª serie, 4, 2, 95-101, 1955.

Vitier, Medardo, «La enseñanza del Padre José Agustín Caballero», en su *La filosofía en Cuba*, México D. F., Fondo de Cultura Económica, 1948, págs. 49-59.

Zayas, Alfredo, «El Presbítero Don José Agustín Caballero», en *Revista cubana*, La Habana, 14, 5-28, 1891.

Cabrera, **Lydia** (Nueva York, 20 mayo 1899-Miami, 19 septiembre 1991). Hija de Raimundo Cabrera y hermana de Ramiro, se educó en La Habana. Desde niña se sintió atraída por las leyendas y creencias mágicas de los negros. Fue iniciada en el folklore afrocubano por Fernando Ortiz. En 1913 comenzó a escribir la crónica social de la revista *Cuba y América* bajo el seudónimo de *Nena*. Pasó a residir en París, en donde publicó, traducidos al francés por Francis de Miomandre, sus *Contes nègres de Cuba* (París, Gallimard, 1936), basados en relatos oídos de viva voz, que constituyen tanto un aporte al conocimiento del folclore negro como una recreación poética. De regreso a Cuba continuó en esta labor que cada vez se fue alejando más de la ficción literaria para derivar hacia un estudio de la cultura afrocubana, en sus aspectos lingüísticos y antropológicos. Fue asesora de la Junta del Instituto Nacional de Cultura bajo la dictadura de Batista. Trabajos suyos fueron publicados en las revistas francesas *Cahiers du Sud*, *Revue de Paris* y *Les Nouvelles Litteraires*, y en las cubanas *Orígenes* (1945-1954), *Revista Bimestre Cubana* (1947), *Lyceum* (1949), *Lunes de Revolución*, *Bohemia*. Su libro *Porqué... cuentos negros de Cuba* fue también traducido al francés por Francis de

Miomandre (París, Gallimard, 1954). En 1955 publicó su recopilación de *Refranes de negros viejos* (La Habana, Ediciones CR, 1955). Al triunfo de la Revolución se marchó del país.

Bibliografía activa

Cuentos negros de Cuba, prólogo de Fernando Ortiz, La Habana, Editorial La Verónica, 1940; La Habana, Ediciones Nuevo Mundo, 1961.

Porqué..., *cuentos negros de Cuba*, La Habana, Ediciones CR, 1948.

El monte, igbo finda, ewe erisba, vititinfinda, notas sobre las religiones, la magia, las supersticiones y el folclore de los negros criollos y del pueblo de Cuba, La Habana, Ediciones CR, 1954.

Anagó, Vocabulario lucumí, el yoruba que se habla en Cuba, prólogo de Roger Bastide, La Habana, Ediciones CR, 1957.

La sociedad secreta Abakuá narrada por viejos adeptos, La Habana, Ediciones CR, 1959.

Bibliografía pasiva

Carpentier, Alejo, «Los cuentos negros de Lydia Cabrera, en *Carteles*, La Habana, 28, 41, 40, octubre 11, 1936.

González, Manuel Pedro, «Cuentos y recuentos de Lydia Cabrera», en *Nueva Revista Cubana*, La Habana, 1, 2, 153-161, julio-septiembre, 1959.

Lezama Lima, José, «El nombre de Lydia Cabrera», en su *Tratados de La Habana*, La Habana, Universidad Central de Las Villas, Departamento de Relaciones Culturales, 1958, págs. 144-148.

León, Argeliers, «*El monte*, de Lydia Cabrera», en *Nuestro Tiempo*, La Habana, 2, 7, 15-16, septiembre, 1955.

Miomandre, Francis de, «Sobre *El monte*, de Lydia Cabrera», en *Orígenes*, La Habana, 12, 39, 75-78, 1955.

Ortiz Fernández, Fernando, «Dos nuevos libros del folclore afrocubano», sobre *Contes nègres de Cuba*, en *Revista Bimestre Cubana*, La Habana, 42, 307-319, 2.º semestre, 1938.

«Lydia Cabrera, una cubana afroamericanista», en *Crónica*, La Habana, 1, 3, 7-8, marzo 1, 1949.

Portuondo, José Antonio, «Lydia Cabrera, 1900», en su *Cuentos cubanos contemporáneos*, selección, prólogo y notas, México, Editorial Leyenda, 1946, págs. 91-92.

R. B., «Los negros en Cuba, sobre *La sociedad secreta Abakuá, Anagó y Refranes de negros viejos*», en *Índice de Artes y Letras*, Madrid, 13, 127, 24, agosto, 1959.

Zambrano, María, «Lydia Cabrera, poeta de la metamorfosis», sobre *Porqué...*, en *Orígenes*, La Habana, 7, 25, 11-15, 1950.

Cabrera y Bosch, Raimundo (La Habana, 9 marzo 1852-Id., 21 mayo 1923). Realizó sus primeros estudios en Güines (La Habana), de donde pasó, becado, al Colegio de San Francisco de Asís de La Habana, en el que se hace bachiller. Cuando intenta unirse a las fuerzas revolucionarias de Céspedes es apresado (1869) y confinado durante diez meses en Isla de Pinos. De allí vuelve enfermo. Poco más tarde logra pasar a España, en cuya Universidad de Sevilla se gradúa en 1873 de Licenciado en Derecho. El mismo año regresa a Cuba y comienza la práctica de su profesión. Al terminar la Guerra de los Diez Años es uno de los fundadores del Partido Liberal Autonomista, en el que despliega amplias actividades hasta que lo abandona en 1893. Un año antes había realizado un corto viaje a los Estados Unidos. Al estallar la guerra de independencia en 1895 viaja por España y Francia, y se instala después en la nación norteamericana hasta la caída del régimen colonial. Ya en la República se dedica a ejercer su profesión de abogado. Colabora en la Casa de Beneficencia y en la Sociedad Económica de Amigos del País, de la cual llegó a ser presidente. En 1917 vuelve a emigrar por un corto tiempo, debido a la situación política. Fue miembro fundador de la Academia de la Historia de Cuba. Como periodista, sus primeras actividades datan de su época escolar.

Fue director de *La Unión* (1878-1885), de Güines. En Nueva York funda en 1897 la revista *Cuba y América*, que continúa editando en La Habana a partir de enero de 1898 y de la cual fue director hasta su desaparición, en 1917. También fue director de *El Tiempo* (La Habana, 1909-1912) y colaboró en *El País* (*La Habana Literaria*, *El Fígaro* (1888-1895 y 1901-1922), *La República de Cuba* (París, 1896), *Revista Bimestre de La Habana* (1911-1923), El *Triunfo* (1921). Tradujo y comentó la obra *Triumphant Democracy*, de A. Carnegie, publicándola bajo el título de Los *Estados Unidos* (La Habana, Imprenta Soler, Álvarez, 1889). Su obra *Cuba y sus jueces* fue traducida al inglés por Laura Guiteras (*Cuba and the Cubans*, Philadelphia, The Levytype Co., 1896). *Mis buenos tiempos* fue llevada al italiano por Angelina Fantoli (París, Delgado & Gabrieli, 1921). Poco antes de morir, en 1923, se le tributó un homenaje, efectuado en el Teatro Nacional. Usó los seudónimos *Jorge, Henry King, J. C. Trevejos, El andaluz Paco Mantilla, Un poeta del 68* y *Coronel Ricardo Buenamar.*

Bibliografía activa

Discurso que debió pronunciar en el acto de la inhumación de don Esteban de Sotolongo y Urrutia, La Habana, Imprenta La Antilla, 1871.

Defensa de don Alonso Fernández en la causa que se le sigue por querella de don Pedro Soto y Canto, La Habana, 1878.

Viaje a la Luna, Acto bufo con dos cuadros, Música de M. I. Mauri, Güines, La Habana, Imprenta El Demócrata, 1885.

Cuba y sus jueces, rectificaciones oportunas, La Habana, Imprenta El Retiro, 1887; 2.ª edición, prólogo de Rafael Montoro Id.; 3.ª edición, Id.; 4.ª edición, Id.; 5.ª edición, La Habana, Librería de C. Sala, 1889; 6.ª edición, Id.; 7.ª edición aumentada con notas y un apéndice, Filadelfia, La Compañía Levytype, 1891; 8.ª edición, Id., 1895; 9.ª edición, Id., 1896; 10.ª edición, La Habana, Ricardo Veloso editor,

1922.

Del parque a la Luna, Zarzuela, Revista cómico-lírica sobre asuntos cubanos en un acto y en verso, Música de M. I. Mauri, La Habana, Imprenta El Retiro, 1888.

¡Vapor Correo! Revista cómico-lírica en un acto y cuatro cuadros, Música de Rafael Palau, La Habana, Imprenta El Retiro, 1888.

Intrigas de un secretario, leyenda cubana, zarzuela en dos actos, música de Manuel J. Mauri, La Habana, Imprenta de Soler, Álvarez, 1889.

Mis buenos tiempos, memorias de estudiante, La Habana, Imprenta de A. Álvarez, 1891; 2.ª edición, prólogo de Rafael Montoro, Filadelfia, La Compañía Levytype, 1892; París, Librería Paul Ollendorff, 1913; 4.ª edición, La Habana, Ricardo Veloso editor, 1-922.

Cartas a Govín, Impresiones de un viaje, La Habana, La Moderna, 1892; 2.ª edición, La Habana, Librería Cervantes, 1923.

Cartas a Govín sobre la Exposición de Chicagosto Impresiones de viaje, segunda serie, La Habana, Tipografía Los Niños Huérfanos, 1893.

Episodios de la guerra, mi vida en la manigua, relato del Coronel Ricardo Buenamar, prólogo de Nicolás Heredia, Filadelfia, La Compañía Levytype, editores 1898; 2.ª edición, Id.; 3.ª edición.

Cuentos míos, confidencias profesionales, La Habana, Biblioteca de la revista ilustrada *Cuba y América*, 1904; 2.ª edición, Id., 1905.

Cartas a Estévez, impresiones de viaje, La Habana, Imprenta de *Cuba y América*, 1906.

Juveniles, ensayos de rimas, por *Coronel Ricardo Buenamar*, seudónimo, La Habana, Imprenta Cuba y América, 1907.

Borrador de viaje, Correspondencia diaria publicada en el periódico *El Tiempo*, julio-octubre, 1910, La Habana, Imprenta La Prueba, 1911.

Desde mi sitio, La Habana, Imprenta El Siglo XX, 1911.

Medio siglo, Colección literaria, tomo 1.

Ensayos de novela, 1864-1868, La Habana, Imprenta Militar de Pérez, 1913.

La Casa de Beneficencia y la Sociedad Económica, sus relaciones con los gobiernos de Cuba, La Habana, Imprenta La Universal, 1914.

Los partidos coloniales, La Habana, Imprenta El Siglo XX, 1914.

Sombras que pasan, novela, La Habana, Imprenta El Siglo XX, 1916.

Ideales, novela, La Habana, Imprenta El Siglo XX, 1918.

Sombras eternas, novela, prólogo de Enrique José Varona, La Habana, Imprenta El Siglo XX, 1919.

Mis malos tiempos, La Habana, Imprenta El Siglo XX, 1920.

Sacando hilas, La Habana, Ricardo Veloso, 1922.

La campaña autonomista, artículos, discursos y documentos publicados en el periódico *La Unión*, de Güines, 1878-1895, La Habana, Ricardo Veloso, 1923.

Bibliografía pasiva

Armas, José de, «Cuentos de Cabrera», en *El Fígaro*, La Habana, 21, 35, 426, 1905.

«*Sombras que pasan*» en *Cuba y América*, La Habana, 2.ª época, 20, 7, 2, 36-37, noviembre 1916.

Bernal, Emilia, «*Sombras eternas*, por Raimundo Cabrera», en *La Nación*, La Habana, 4, 870, 1, marzo 9, 1919.

Borrero y Echeverría, Esteban, «Un libro, sobre *Borrador de viajes*» en *El Fígaro*, La Habana, 22, 27, 411, 1911.

Calcagno, Francisco, «*Mis buenos tiempos*», en *El Fígaro*, La Habana, 7, 29, 3, 1891.

Camps, Gabriel, «*Mis buenos tiempos*, al correr de la pluma» en *La Habana Literaria*, La Habana, 2, 7, 150-152, abril 15, 1892.

Cruz, Manuel de la, «Galería de *Cuba y sus jueces*», en *El Fígaro*, La Habana, 7, 21, 3, 1891.

Chacón y Calvo, José María, *Don Raimundo Cabrera o la evocación creadora*, discurso leído en la sesión pública celebrada en conmemoración del centenario del nacimiento del ilustre cubano el día 18 de diciembre de 1852, La Habana, Imprenta El Siglo XX, 1952.

Entralgo, Elías José, «Tres forjadores finiseculares de la conciencia nacional, Rafael María Merchán, Raimundo Cabrera y Diego Vicente Tejera y Calzado», en *Cuadernos de la Universidad del Aire*, La Habana, 4, 48, 376-389, marzo 2, 1953.

Fernández Valdés, Manuel, «Raimundo Cabrera», en *Revista Bimestre Cubana*, La Habana, 18, 162-170, 1923.

Gálvez, Wenceslao, «Cabrera y sus obras», en *El Fígaro*, La Habana, 7, 17 y 18, 6 y 2-3, 1891.

García Curbelo, Nicolás, «El inicio literario de Raimundo Cabrera», en *Revista Bimestre Cubana*, La Habana, 42, 120-123, 1939.

González Curquejo, Antonio, *Raimundo Cabrera, Su labor en la Sociedad Económica*, La Habana, 1923.

González Gutiérrez, Diego, «Vida y acción de Raimundo Cabrera», en *Revista Bimestre Cubana*, La Habana, 71, 255-265, segundo semestre, 1956.

Márquez Sterling, Manuel, «Los personajes de Raimundo Cabrera, con motivo de su última novela», en *El Fígaro*, La Habana, 35, 22, 639, 1918.

«Raimundo Cabrera y su obra», en *La Nación*, La Habana, 3, 498, 3 y 12, febrero 20, 1918.

Martínez Echemendía, Luciano R., «Elogio fúnebre del señor Doctor Raimundo Cabrera», en *Revista Bimestre Cubana*, La Habana, 19, 241-283, 1924.

Montoro, Octavio, «Recuerdos biográficos de Raimundo Cabrera», en *Revista Bimestre Cubana*, La Habana, 59, 265-272, 1927.

Montoro, Rafael, «Raimundo Cabrera "Amigo del País"», en *Revista Bimestre Cubana*, La Habana, 18, 171-177, 1923.

Núñez Jiménez, Antonio, «El deportado Raimundo Cabrera», en *Bohemia*, La Habana, 62, 19, 96-97, mayo 8, 1970.

Pogolotti, Marcelo, «Raimundo Cabrera y las

lacras coloniales», en su *La República de Cuba al través de sus escritores*, La Habana, Editorial Lex, 1958, págs. 11-15.

Ponce de León, Néstor, «*Mis buenos tiempos, memorias de estudiante*, leído por su autor en la velada de la Sociedad Literaria Hispano-Americana, la noche del 17 del corriente», en *El Porvenir*, Nueva York, 2, 86, 2-3, octubre 28, 1891.

Reyna, Emilio Jorge, *Raimundo Cabrera, Estampa de centenario*, La Habana, Impresos Alejandro López, 1951.

Salazar, Salvador, *Elogio del Doctor Raimundo Cabrera y Bosch*, La Habana, Imprenta El Siglo XX, 1925.

Valdés Rodríguez, Manuel, «Una vida de labor, Raimundo Cabrera», en *El Fígaro*, La Habana, 29, 10, 111, 1913.

Zayas, Alfredo, «La segunda edición de *Mis buenos tiempos*», en *La Habana Literaria*, La Habana, 2, 23, 255-256, diciembre 15, 1892.

Cabrisas, **Hilarión** (La Habana, 9 mayo 1883-Id., 9 abril 1939). Cursó sus primeros estudios en Barcelona. Se graduó de bachiller en el Instituto de Matanzas. Durante algún tiempo trabajó con la compañía dramática de Enrique Borrás. De vuelta a Matanzas, participa en las tertulias que con el nombre de «Areópago bohemio» se celebraban en los bajos del Palacio Provincial. Se inicia en el periodismo en *La Nueva Aurora*, de Matanzas, y pasa después a *La Correspondencia*, de Cienfuegos. En 1917 se traslada a La Habana. Trabaja en *El Día* como jefe de redacción y también colabora en *Diario de la Marina*, *Heraldo de Cuba*, *El Fígaro*. Fue miembro de la Academia Nacional de Artes y Letras, del Círculo de Bellas Artes (de cuya Sección de Literatura era presidente al morir), de la Asociación de Escritores Americanos y de la Asociación de la Prensa, de la que fue secretario. En el Concurso Bracale (1918) fue premiado su libreto para ópera *Doreya*, el cual, con música de Eduardo Sánchez de Fuentes, fue estrenado en el Teatro Nacional de La Habana el 7 de febrero del mismo año.

Bibliografía activa

Esperanza, poema, prólogo de Agustín Acosta, Matanzas, Tomás González, 1911.

Doreya, Leyenda ideológica en un acto y dos cuadros, Libro de Hilarión Cabrisas, música de Eduardo Sánchez de Fuentes, prólogo de Fernando Ortiz, La Habana, Imprenta La Prueba, 1919.

Breviario de mi vida inútil, versos, 1932.

«A manera de prólogo», por Jesús Masdeu, La Habana, Carasa, 1932.

El sentido del dolor en el arte, discurso de ingreso del, leído por su autor en la sesión solemne celebrada el día 25 de noviembre de 1937.

Contestación al discurso, por el presidente de la Academia Doctor Eduardo Sánchez de Fuentes, La Habana, Imprenta Molina, 1937, Academia Nacional de Artes y Letras.

La caja de Pandora, poesía, La Habana, Editorial Hermes, 1939.

Sed de infinito, poesía, «Palabras de gratitud», por Antonio Iraizoz, La Habana, Editorial Hermes, 1939.

La sombra de Eros, poesía, La Habana, Editorial Hermes, 1939.

Bibliografía pasiva

Alfonso Roselló, Arturo, «El homenaje a Hilarión Cabrisas», en *Carteles*, La Habana, 18, 10, 20, marzo 6, 1932.

Arce, Luis A. de, «Cabrisas, Trópico», en su *Nicolás Stankévitch, Hilarión Cabrisas, Nevada sobre el trópico*, Bocetos, La Habana, Imprenta P. Fernández, 1941, págs. 15-24.

Iraizoz, Antonio, «Despedida a Hilarión Cabrisas», en su *Libros y autores cubanos*, Santa María del Rosario, Madrid, Editorial Rosareña, 1956, págs. 104-106.

Jaume, Adelita, «*La caja de Pandora*, de Hilarión Cabrisas», en *Alfanje*, La Habana, 2, 10, 16, 29, diciembre, 1939.

Lázaro, Ángel, «Recuerdo de unas décimas, En la muerte de Hilarión Cabrisas», en *Carteles*, La Habana, 33, 19, 27, mayo 7, 1939.

«Apuntes, Obra póstuma y ejemplo trascendente, A propósito de la edición de las obras de Hilarión Cabrisas», en *Carteles*, La Habana, 34, 48, 27, noviembre 26, 1939.

Lezcano, Miguel, «Hilarión Cabrisas», en *Arte*, La Habana, 7, 218, 10, noviembre 15, 1920.

Remos y Rubio, Juan José, «Sobre la tumba de Hilarión Cabrisas», en *Diario de la Marina*, La Habana, 90, 87, 4, abril 11, 1942.

Roa, Raúl, «Hilarión Cabrisas», en su *Quince años después*, La Habana, Editorial Librería Selecta, 1950, págs. 551.

Villazón Deus, Santiago, «Hilarión Cabrisas, repórter de policía», en *Anuario* El País, La Habana, 53-54, 1940.

Vitier, Cintio, «Hilarión Cabrisas», en su *Cincuenta años de Poesía cubana, 1902-1952*, La Habana, Ministerio de Educación, Dirección de Cultura, 1952, págs. 47.

Caimán Barbudo, **El** (La Habana, 1966). «Suplemento mensual de cultura publicado por [el diario] *Juventud Rebelde*», se leía en sus primeros números. Comenzó a salir en marzo, dirigido por Jesús Díaz y con un consejo de redacción integrado por Juan Ayús (a la vez responsable del diseño gráfico), Elsa Claro, José Luis Posada (también encargado de las ilustraciones), Mariano Rodríguez Herrera y Guillermo Rodríguez Rivera. Desde el número 5 aparece Guillermo Rodríguez Rivera como jefe de redacción; Elsa Claro y Mariano Rodríguez Herrera, como redactores, y Silvia Freyre como secretaria de la redacción. A los redactores anteriormente relacionados se unen, desde el número 8, Luis Rogelio Nogueras, Orlando Alomá y Ricardo J. Machado, y desde el número 10, Víctor Casaus. A partir de este último número comparte la responsabilidad de la redacción, con Rodríguez Rivera, Luis Rogelio Nogueras, quien queda posteriormente como único responsable (número 15). Desde ese mismo momento sale como «Publicación quincenal de cultura del periódico *Juventud Rebelde*». Los antiguos redactores integran entonces un consejo de redacción, al que se suma Mariano Rodríguez Herrera. Con la salida del número 17 termina su primera época, en la cual se publicaron números dedicados a Puerto Rico (4), a Santiago de Cuba (5), a los nuevos poetas (número especial del 20 de enero de 1967 en saludo al «Encuentro con Rubén Darío»). En enero de 1968 (número 18), coincidiendo con el Congreso Cultural de La Habana —al cual está dedicado el número—, comienza su segunda época, en la que la publicación pondrá «énfasis fundamental hacia el objetivo de despertar el interés de los jóvenes en la Literatura y en el Arte». Ve la luz ahora como «Suplemento cultural del periódico *Juventud Rebelde*». Lo dirige Félix Sautié. A partir del número 23 asume la dirección Alberto Arufe, con Lina de Feria como jefe de redacción. Desde el número 27, Roberto Díaz y María Grant se encargan de la redacción. Como una forma de lograr el objetivo fundamental que se había propuesto la publicación al comenzar su segunda época, se crean las secciones «Grupos Caimán» (desde el número 27), dedicada a publicar trabajos de los jóvenes escritores integrantes de dichos grupos, y «Un periscopio en ascensión» (desde el número 31), para dar a conocer a los jóvenes creadores latinoamericanos. A partir del número 41 queda como una publicación independiente y

comienza a ser dirigida por Armando Quesada. Nilda Miranda, que desde el número anterior se había incorporado a la redacción, queda en la misma junto a Roberto Díaz. En este mismo número anuncian el nuevo consejo de redacción, que comenzará a funcionar desde el próximo: Adolfo Cruz, Alejandro G. Alonso, Daniel Díaz Torres, Excilia Saldaña, Eduardo López, Eduardo Heras, Enrique Cirules, Lina de Feria, Guillermo Cabrera, Mario Mencía, Nilda Miranda, Roberto Díaz, Salvador Morales, Sergio Chaple y Waldo Leyva. Este consejo de redacción se convirtió posteriormente (número 47) en un comité de colaboración, al cual se fueron uniendo nuevas figuras, como Max Figueroa, Mirtha Yáñez, Frank Fernández, a la vez que otras dejaron de pertenecer al mismo. Un nuevo cambio en la dirección se produjo a partir del número 50: ahora Roberto Díaz ocupa el cargo de director, con Excilia Saldaña, Nilda Miranda y Enrique Cirules en la redacción, a la que se incorporarán posteriormente Francisco Garzón Céspedes y Armando Oleaga (número 51). Desde el número 61 se ocupan de la redacción Cirules y Garzón Céspedes, a los que se unen después Zayda Inerárity (número 65), Omar González Jiménez (número 67). A partir del número 68 dejó de funcionar el comité de colaboración y quedaron como integrantes de la redacción los dos últimos mencionados, más Osvaldo Navarro. Desde el número 71 es su director Francisco Noa, y Víctor Martín se ha sumado a la redacción. A partir del número 83 integra también la redacción Adolfo Suárez. Desde el número 86 Osvaldo Navarro pasa a ocupar la jefatura de redacción; desde el 93, Zayda Inerárity cesa en la redacción. En esta segunda época ha presentado interesantes números dedicados a la poesía nueva en Latinoamérica (26), a la literatura de ciencia ficción (28), al cine cubano (30), a la historia del libro en Cuba (33), a Matanzas (34), al «boom» de la novela hispanoamericana (suplemento al número 38), a la poesía joven (44) y otros. *El Caimán Barbudo* no ha centrado su atención solamente en lo literario, sino que —como señalaba su subtítulo— ha abarcado todos los campos del quehacer cultural en nuestro país y en Latinoamérica: política, sociología, música, artes plásticas, arquitectura, teatro, cine. Sus páginas han difundido las nuevas ideas que en esos diversos campos de la cultura han surgido al calor de la época convulsa que vive el continente. Han sido sus colaboradores los nuevos escritores y críticos cubanos surgidos al calor de la Revolución, entre los que se destacan, además de los antes citados como redactores y como pertenecientes al comité de colaboración, Félix Contreras, Salvador Arias, Belkis Cuza Malé, Helio Orovio, Froilán Escobar, Efraín Nadereau, Jesús Cos Cause, David Fernández, Sigifredo Álvarez Conesa, Pedro Pérez Sarduy, Rigoberto Cruz Díaz, Rolando López del Amo, Manuel López Oliva, Raúl Rivero, Julio Travieso, Antonio Conte, Mercedes Santos Moray, Hugo Chinea, Leonardo Acosta, Virgilio Perera, Bladimir Zamora, Arturo Arango, Pedro de la Hoz, Nilda Miranda, José Rivero García, Luis Beiro Álvarez, Alex Fleites, Freddy Artiles, Carlos Suárez, Enrique de la Uz, Alexei Dumpierre, Ariel Hidalgo, Carlos Álvarez Sanabria, Alberto Palenque, Eduardo López Morales y otros. También han prestado su colaboración, ocasionalmente, reconocidas figuras de la literatura cubana y latinoamericana, como Fina García Marruz, Raúl Roa, José Antonio Portuondo, Raúl Aparicio, Nicolás Guillén, Eliseo Diego, Julio Le Riverend, Félix Pita Rodríguez, Fayad Jamís, entre los primeros, y Mario Benedetti, René Depestre y Roque Dalton, entre los segundos.

Bibliografía

Díaz Martínez, Manuel, «*Caimán Barbudo*», en *El Mundo*, La Habana, 64, 21 548, 4, abril 7, 1966.

Lazo, Raimundo, «Una "profesión" que no existe», en *El Mundo*, La Habana, 66, 22 144, 2, marzo 7, 1968.

«Mundo católico, Algunas observaciones a *El Caimán Barbudo*, El Padre Teilhard de Chardin, S. J. y el mundo de la fe», en *El Mundo*, La Habana, 65, 21 725, 21 731, 21 737 y 21 743, 10, 9, 5 y 9, octubre 30, noviembre 6, 13 y 20, 1966.

Rivero, Raúl, «El Nuevo Regañón, Unos poetas y otros...», en *Juventud Rebelde*, La Habana, 5, marzo 3, 1967.

Yanes, José, «¿Qué estamos haciendo?», en *El Mundo*, La Habana, 65, 21 825, 4, febrero 28,

1967.

Calcagno, Francisco (Güines, La Habana,
3-1827 Barcelona, España, 22 marzo 1903).
Hijo del médico italiano Juan Francisco
Calcagno y Monti. Realiza los primeros estudios en su pueblo natal. Pasa al Colegio
Carraguao de La Habana, y después cursa
Filosofía y Letras en nuestra Universidad. Viaja
por los Estados Unidos, Francia e Inglaterra
y amplía sus conocimientos de idiomas. De
regreso a Güines por la muerte de su padre
(1860), crea allí la primera biblioteca, la primera
imprenta, la primera academia de idiomas y el
primer periódico (*Álbum Güinero*, 1862), todos
con sede en su propia casa. En La Habana, de
1864 a 1869, desempeña la subdirección del
Colegio San Francisco de Asís y Real Cubano.
Debido a nuestras guerras de independencia,
emigra a España y establece residencia en
Barcelona. Colaboró en *La Unión*, *El Progreso*,
La Habana, *El Faro Industrial*, *La Prensa*, *La
Razón*, *El País*, *La Libertad*, *La Habana Literaria*,
La Ilustración de Cuba, *El Hogar*. Publicó una
colección titulada *Poetas de color*, con versos
de Plácido, Manzano, etc., y entre los que
incluía los suyos, firmados bajo el seudónimo
de *Moreno esclavo Narciso Blanco*. Esta colección apareció primero en publicaciones periódicas y luego como libro (La Habana, Imprenta
Mercantil, 1878; Id., 1887) Tradujo del francés
las obras de teatro *Adriana Lecouvreur* (Nueva
York, Imprenta Baker y Godwin, 1855), de E.
Scribe, *Ángelo, tirano de Padua* (Nueva York,

Imprenta Baker y Godwin, 1855) y *Torquemada*
(México D. F.-Barcelona, 1891; 2.ª edición,
Barcelona, Tip. Moderna, 1900), de Víctor
Hugo. Tradujo al francés un proverbio dramá-
tico de C. Navarrete (1887). Usó los seudó-
nimos *Narciso Blanco*, *Un desocupado*, *Ignoto*,
Claude La Marche, *Schochiklofkfwerhpruchisk*.

Bibliografía activa

*Mesa revuelta, Colección de artículos de amena
literatura, opúsculos, juicios críticos, historie-
tas, novelas, folletines, revistas viejas y otras
muchas cosas*, tomo 1, La Habana, Establecimiento Tipográfico La Antilla, 1860.

*Notas cronológicas de Güines y su jurisdicción,
Seguida de la historia de los Principales edificios públicos y de los datos estadísticos de
más importancia*, La Habana, Imprenta Nacional, 1862.

Escenas cubanas, Güines, 1863.

*Mesa revuelta; o sea, recopilación de composi-
ciones antiguas y modernas; entre las cuales
figuran picantes agudezas, relatos, chistes,
epigramas, chascarrillos, anécdotas & muy
útiles para los enfermos, enamorados, perseguidos de los ingleses, amigos de velorios &
e indispensable para los que han llevado ca-
labazas o que padecen arranquitis*, Cuaderno
tercero, La Habana, Imprenta Militar, 1863.

*Calcañotipos o sea retratos a la pluma, por un
nuevo sistema de mi invención*, Güines, Imprenta La Antillana, 1864.

Poesías del negro esclavo Narciso Blanco, La

Habana, 1864.

Historia de un muerto y noticias del otro mundo, novela, La Habana, Imprenta del Directorio, 1875; 2.ª edición, *Historia de un muerto, Meditaciones sobre las ruinas de un hombre*, Barcelona, Casa Editorial Maucci, 1898.

Diccionario biográfico cubano, Nueva York-La Habana, Néstor Ponce de León-Elías Fernández Casona, 1878-1886.

Uno de tantos, novela cubana, La Habana, Imprenta Avisador Comercial, 1881; 2.ª edición.

Romualdo, Uno de tantos, La Habana, Establecimiento Tipográfico El Pilar, 1891.

El vaso de agua con panales, Disertación de física, La Habana, Imprenta de Elías Fernández Casona, 1885.

Y yo entre ellas, Ociosidad escrita hace mucho tiempo por un desocupado, En verso, La Habana, Imprenta Elías Fernández Casona, 1885.

El catecismo autonómico o la autonomía al alcance de todos, La Habana, Imprenta Obispo 34, 1887.

Los crímenes de Concha, Escenas cubanas, La Habana, Imprenta de Elías Fernández Casona, 1887.

En busca del eslabón, Historia de monos, Barcelona, Imprenta de S. Manero, 1888.

El aprendiz de zapatero, Monólogo, La Habana, Imprenta El Pilar, 1891.

Apuntes biográficos del ilustre sabio cubano don Tranquilino Sandalio de Noda, Matanzas, Imprenta Galería Literaria, 1891.

Las Lazo, La Habana, Imprenta El Aerolito, 1893; 2.ª edición, Id., 1894; 3.ª edición.

Mina, La hija del presidiario, novela cubana histórica, Barcelona, Establecimiento Tipográfico de J. Famades, 1896.

Recuerdos de antes de ayer, La Habana, Imprenta El Pilar, 1893.

Zanella, conferencia, Barcelona, Imprenta de Salvador Manero, 1893.

Don Enriquito, novela histórica cubana, La Habana, Imprenta El Pilar, 1895; 2.ª edición.

Un casamiento misterioso, musiú Enriquito, novela cubana, Barcelona, Imprenta de T. Lozano, 1897; 3.ª edición, Barcelona, Casa Editorial Maucci, 1899.

El emisario, novela cubana, prólogo de Antonio Guiteras, Barcelona, Librería Edición Maucci, 1896.

S. I. Novela cubana histórica, Barcelona, Establecimiento Tipográfico de J. Famades, 1896; 2.ª edición, La Habana, Imprenta La Discusión, 1916.

La República, única salvación de la familia cubana, Barcelona, Casa Editorial Maucci, 1898.

Aponte, Barcelona, Tip. de Francisco Costa, 1901, 2 T.

Bibliografía pasiva

Cruz, Manuel de la, «Francisco Calcagno», en su *Cromitos cubanos, bocetos de autores hispanoamericanos*, La Habana, Establecimiento Tipográfico La Lucha, 1892, págs. 229-253.

Cuesta Jiménez, Valentín Bernardo, *Biografía de don Juan Francisco Calcagno*, prólogo de Raimundo Cabrera, Güines, La Habana, Establecimiento Tipográfico La Universal, 1916.

Ferrer, Horacio, «Crítica literaria, *En busca del eslabón*», en *El Fígaro*, La Habana, 5, 13, 3-6, 1889.

Figarola Caneda, Domingo, «Francisco Calcagno», en *El Fígaro*, La Habana, 19, 17, 199, 1903.

Varona, Enrique José, «Notas editoriales, el *Diccionario biográfico cubano*», en *Revista Cubana*, La Habana, 4, 568-571, 1886.

«Revista de libros, Nota sobre *Los crímenes de Concha*, por Francisco Calcagno», en *Revista Cubana*, La Habana, 7, 85, 1888.

Callejas, **Bernardo** (La Habana, 19 enero 1941). Cursó la primaria en su ciudad natal y hasta 5.º año de bachillerato en el Instituto de La Habana, en donde dirigió la revista *Raíces*. En 1957 se vio precisado a trasladarse a Estados Unidos por su participación en actividades políticas. Allí se vinculó con el Directorio Revolucionario y cursó estudios de High School. Tras el triunfo de la Revolución fue empleado municipal, dirigente de los Jóvenes Rebeldes y miembro de la Comisión Nacional de Alfabetización. Asistió al VIII Festival Mundial de la Juventud y los Estudiantes (Helsinki, 1962). Viajó a la Unión Soviética. Fue jefe de redacción de *Hoy Domingo* y director de la página internacional de *Mella*. Ha colaborado en *13 de marzo*, *Combate*, *Unión*, *La Gaceta de Cuba*, *Pueblo y Cultura*, *Cuba*, *Arte 7*, *Hoy*, *Granma*, *Bohemia*, *Vida Universitaria*, *Alma Mater*. Con sus libros de cuentos *El*

tratado de Westfalia (1969) y *Para aprender a manejar la pistola* (1970) obtuvo el premio de la Comisión de Extensión Universitaria. Ganó mención de cuento en los concursos UNEAC de 1970 y 1971. Licenciado en Lenguas y Literaturas Hispánicas en la Universidad de La Habana. Trabaja como asesor literario en la Comisión de Extensión Universitaria. Algunos de su poemas han sido traducidos al ruso.

Bibliografía activa

El tratado de Westfalia, La Habana, Impresora Universitaria «André Voisin», 1970.

Para aprender a manejar la pistola, La Habana, Comisión de Extensión Universitaria, 1971.

¿Qué vas a cantar ahora?, Cuento, La Habana, UNEAC, 1971.

Callejas, **Félix** (Bogotá, Colombia, 18 mayo 1878-La Habana, 22 marzo 1936). Hijo de padres cubanos, realizó sus primeros estudios en la ciudad de La Habana. Fue profesor de gramática en la Escuela Normal y ocupó importantes cargos en la Secretaría de Instrucción Pública y Bellas Artes. Junto con Miguel de Carrión creó las revistas *Cuba Pedagógica* (1903), especializada, y *La Edad de Oro* (1904), infantil. También, en 1912, fue redactor-propietario de otra revista para niños: *Primavera*. Colaboró además en *El Fígaro* (1903-1929), en cuyo concurso de poesía de 1904 obtuvo el primer premio, y en *Cuba y América*. Fue jefe de redacción de *Letras* (1910) y *Revista de agricultura, comercio y trabajo* (1918-1921).

Como periodista se destacó sobre todo por su sección humorística titulada «Arreglando el mundo», firmada con el seudónimo *Billiken*, la cual mantuvo durante unos veinte años, primero en *La Prensa* y a partir de 1917 en *El Mundo*. En 1929 creó el semanario satírico *Billiken*, que alcanzó gran popularidad. Fue miembro fundador de la Academia Nacional de Artes y Letras. Escribió el argumento para la película de propaganda del ejército *El soldado Juan* (1920) y una comedia titulada *Ama de casa*.

Bibliografía activa

Vibraciones, poesía, La Habana, Imprenta Ruiz, 1903.

Vox Patriae, poesía, La Habana, Imprenta y Papelería de Rambla y Bouza, 1908.

Arreglando el mundo, La Habana, Imprenta Artística Comedia, 1914.

Bibliografía pasiva

Cabrera, Raimundo, «Félix Callejas y su libro», *Arreglando el mundo*, en *Cuba y América*, La Habana, 2.ª época, 19, 3, 5, 178, febrero 1915.

Carbó, Sergio, «Los libros nuevos, *Arreglando el mundo*», en *El Fígaro*, La Habana, 30, 34, 402, 1914.

Carbonell y Rivero, José Manuel, «Félix Callejas, 1878», en su *La poesía lírica en Cuba*, recopilación dirigida, prologada y anotada, tomo 5, La Habana, Imprenta El Siglo XX, 1928, págs. 65-66, Evolución de la cultura cubana, 1608-1927, 5.

Carbonell y Rivero, Miguel Ángel, *Félix Callejas, de Espronceda a Rabelais, de poeta desencantado a ironista agresivo*, La Habana, Imprenta El Siglo XX, 1927.

Carrión, Miguel de, «Félix Callejas y su libro *Vibraciones*», en *Azul y Rojo*, La Habana, 2, 33, 4, agosto 16, 1903.

Montero, Tomás, «Miguel de Carrión, Félix Callejas», en su *Caras y caretas, de nuestro ambiente criollo*, La Habana, Editorial Montiel, 1951, págs. 122-125.

Poveda, Héctor, «Cierto poeta...», en *Revista de Avance*, La Habana, 2, 3, 18, 7, enero 15, 1928.

Vignier, Rafael, «*Billiken* y su libro», en *Brisas del Yayabo*, La Habana, 3.ª época, 4, 11, 1, septiembre 30, 1914.

Callejas y Anaya, **José María** (San Luis del Caney, Oriente, 1 agosto 1772-La Habana, 31 marzo 1833). Sentó plaza de cadete a los quince años. En España continuó estudios militares. Fue ascendido a teniente en 1805. Posteriormente participó en la lucha contra los franceses. Ya con el grado de capitán de infantería regresó a nuestra isla en 1810. Cinco años después fue nombrado comandante interino de artillería de Santiago de Cuba. Trasladado a La Habana, abogó por la creación de un colegio militar (1823). Embarcó a México en 1824 y tomó parte en las últimas defensas españolas en ese país. Enfermo, regresó a Cuba. Aquí continuó su carrera militar, en la que obtuvo numerosas condecoraciones y distinciones. Fue miembro de la Sociedad Patriótica. Entre sus trabajos se encuentran un *Proyecto de acueducto de Santiago de Cuba* (1821), un plano de La Habana (1824), una *Relación de 47 maderas que se emplean frecuentemente en la Isla de Cuba* [...] (publicada en el *Mensajero Semanal.* Nueva York, octubre y noviembre de 1829). Al morir, víctima de la epidemia de cólera, colaboraba en un *Diccionario Enciclopédico Militar.* Su *Historia de Santiago de Cuba* la redactó en 1823.

Bibliografía activa

Historia de Santiago de Cuba, prólogo de Fernando Ortiz, La Habana, Imprenta La Universal, 1911.

Bibliografía pasiva

Saco, José Antonio, «Necrología, Al aniversario de la muerte del», en su *Colección de papeles científicos, históricos, políticos y de otros ramos sobre la Isla de Cuba ya publicados, ya inéditos*, tomo 2.
París, Imprenta de D'Aubusson y Kugelmann, 1858, págs. 380-385.

Camacho, **Pánfilo Daniel** (San Cristóbal, Pinar del Río, 21 julio 1903-La Habana, 3 junio 1962). Hijo de campesinos, trabajó en la agricultura mientras estudiaba. Se graduó de bachiller en el Instituto de Pinar del Río. Trasladado a La Habana, en su Universidad obtuvo el título de Doctor en Derecho Civil.

Ejerció como periodista profesional. Fue profesor de la Escuela Técnica Industrial «José B. Alemán». Llegó a desempeñar el cargo de Fiscal de Partido. Su trabajo *José Antonio Saco. Esbozo biográfico* fue premiado por la Sociedad Económica de Amigos del País en 1929. Colaboró en *El Triunfo, Excélsior, Revista Bimestre Cubana, Revista de La Habana.* Al morir era secretario de la Academia de la Historia de Cuba.

Bibliografía activa

José Antonio Saco, estudio biográfico, La Habana, Imprenta Molina, 1936.

Estrada Palma, el gobernante honrado, La Habana, Editorial Trópico, 1938.

Eduardo Machado, el legislador trashumante, La Habana, Editorial Trópico, 1943.

Biografía de la Cámara de la Guerra Grande, trabajo presentado y aprobado en la sesión ordinaria de 15 de abril de 1943, La Habana, Imprenta El Siglo XX, 1945.

Las generaciones creadoras, discursos leídos en la recepción pública del, la noche del 7 de marzo de 1946; contesta en nombre de la Corporación el Doctor Diego González Gutiérrez, La Habana, Imprenta El Siglo XX, 1946.

Márquez Sterling, un hombre positivo, conferencia leída en la Escuela de Periodismo Manuel Márquez Sterling, el día 9 de diciembre de 1946.

Presentación de Margot Salas Marrero, La Habana, Imprenta P. Fernández, 1947.

Marta Abreu, una mujer comprendida, La Habana, Editorial Trópico, 1947.

Enrique Collazo, libertador e historiógrafo, discurso leído en la sesión pública celebrada el 28 de mayo de 1948, conmemorativa del primer centenario del nacimiento del general Enrique Collazo, La Habana, Imprenta El Siglo XX, 1948.

Martí una vida en perenne angustia, discurso leído en la sesión pública celebrada el 27 de enero de 1948, conmemorativa del nacimiento de José Martí, La Habana, Imprenta El Siglo XX, 1948.

Varona, un escéptico creador, La Habana, Sociedad Lyceum, 1949.

Aguilera, El precursor sin gloria, La Habana, Publicaciones del Ministerio de Educación, Dirección de Cultura, 1951.

Montoro, líder del autonomismo, discurso leído en la sesión pública celebrada con motivo del centenario del ilustre tribuno el 24 de octubre de 1952, La Habana, Imprenta El Siglo XX, 1952.

Martí y el Partido Revolucionario Cubano, discurso leído en la sesión pública celebrada el día 10 de abril de 1953, La Habana, Imprenta El Siglo XX, 1953.

Martí, un genio creador, discurso leído en la sesión pública celebrada el día 27 de enero de 1956, La Habana, Imprenta El Siglo XX, 1956.

Bibliografía pasiva

Ardura, Ernesto, «*Varona, un escéptico creador*», en *Revista Cubana*, La Habana, 24, 445-447, enero-junio, 1949.

«Pánfilo Daniel Camacho», en *El Mundo*, La Habana, 61, 20 361, 4, junio 5, 1962.

Camafeos (La Habana, 1865). Revista. Comenzó el 30 de abril, en forma semanal. Fue fundada y dirigida por Ángel Mestre y Tolón, quien firmaba sus producciones con las iniciales A. M. y T. A partir del 2 de julio ocupa la dirección José Socorro de León, el cual encubrió su nombre con el seudónimo *Las tres calaveras* hasta la entrega del 10 de septiembre. Algunos trabajos suyos aparecieron con el seudónimo *Gil Blas*. Publicó la revista, fundamentalmente, sátira literaria y política sobre personajes de la época a través de sus poesías y artículos. Además salían agudas semblanzas que se complementaban con las caricaturas y retratos de Nássaro. Fueron sus colaboradores, entre otros, *Bertoldo Araña* (seudónimo de José Fornaris), Joaquín Pablo Posada, Fernando Urzáis, Gerónimo Sanz, *Un matancero* (seudónimo de Eliseo Giberga), *Naitano* y *El hijo del Yucayo*. Cesó su publicación el 15 de octubre de 1865 con la entrega 24. Compilado por Araceli García Carranza se publicó su índice en *Índices de revistas cubanas. Siglo XIX*, La Habana, Biblioteca Nacional José Martí. Departamento Colección Cubana, 1970, págs. 353-404.

Bibliografía

García Carranza, Araceli, «*Camafeos*, 1865» en

Índices de revistas cubanas, Siglo XIX Compilados, La Habana, Biblioteca Nacional José Martí, Departamento Colección Cubana, 1970, págs. 315-352.

Camagüey Ilustrado (Camagüey, 1910). «Revista dominical», se lee en el ejemplar más antiguo encontrado, correspondiente el 13 de febrero. Era dirigida por Ernesto de Ugarriza. Recogió parte de la historia de la ciudad. Publicó notas de libros y revistas de la época, cuentos y otros trabajos de carácter general. Colaboraron en sus páginas Ramón Roa, Modesto Corvisón, José Manuel Poveda, Onelio Freyre, Gaspar J. Betancourt, Isolina de Torres Barthelemy, Antonio P. Pichardo y otros. Además reprodujo poemas de conocidos escritores hispanoamericanos de la época. El último número encontrado corresponde al 12 de junio de 1910.

González Campoamor, Fernando (Artemisa. Pinar del Río, 4 junio 1914-9 diciembre 2001). Su nombre completo es Fernando González-Campoamor. Bachiller en el Instituto de La Habana, cursó High School en Louisiana. Posteriormente se graduó de Doctor en Filosofía y Letras en la Universidad de La Habana. En 1935 fundó en Artemisa, bajo el nombre de *Proa*, una revista y una editorial. Ha viajado por casi todos los países de nuestro continente, además de por España, Francia, Rumania, Hungría, Bulgaria y Yugoslavia. Fue corresponsal internacional de *O Cruzeiro* (Brasil), *París Match* (Francia) y *El Nacional* (Venezuela). Obtuvo los premios periodísticos «Juan Gualberto Gómez», «Álvaro Reynoso» y «Enrique José Varona». Desempeñó los cargos de responsable de la plana cultural de *Pueblo* (1937-1939), jefe de redacción del *Diario Nacional* (1946) y responsable de la plana política de *Alerta*. Ha colaborado también en *Bohemia*, *Revista Bimestre Cubana*, *Revista Cubana*, *Lyceum*, *Gaceta del Caribe*, *Universidad de La Habana*, *Tiempo*, *El Mundo*, *Casa de las Américas*, *La Gaceta de Cuba* y *Unión*. Además en *Hispania*, *Hispánica Moderna* y *Stanford University* (Estados Unidos), *Repertorio Americano* (Costa Rica), *Universidad de Antioquía* (Colombia), *Revista Nacional de Cultura* y *Universidad Central* (Caracas), *Claridad* (Buenos Aires), *Universidad* (Sta. Fe, Argentina), *Babel* (Santiago de Chile). Dirigió el Museo Hemingway, del Consejo Nacional de Cultura.

Bibliografía activa

La tragedia de Cuba, estudio social en Marcos Antilla, La Habana, Editorial Hermes, 1934.

Tres notas en un tono, Artemisa, Editorial Proa, 1936.

Martí, hombre total, conferencia, La Habana, Publicaciones de la Secretaría de Educación, Dirección de Cultura, 1937, *discurso al hombre*, La Habana, Alfa, 1939.

Archipiélago Con tarjeta de Gabriela Mistral, La Habana, Editorial Alfa, 1941.

Siembra de aniversario, La Habana, Editorial La

Verónica, 1941.

Vendimia en capricornio, Artemisa, Editorial Proa, 1941.

Órbita de España, Guión de Lino Novás Calvo, La Habana, Editorial Proa, 1943.

Azcárate, hombre aparte, La Habana, Imprenta Ayón, 1946.

Que su llama nos queme, La Habana, Impresora Vega, 1953.

Bibliografía pasiva

Barreras, Antonio, «Perfil de Fernando González Campoamor», en *Heraldo Pinareño*, Pinar del Río, noviembre 1, 1941.

Castro Lila, «*Que su llama nos queme*, de Fernando Campoamor», en *Revista de la Biblioteca Nacional*, La Habana, 2.ª serie, 4, 3, 169-171, 1953.

«Fernando González Campoamor», en *Premio Varona*, Año IV, La Habana, Imprenta P. Fernández, 1948, págs. 85.

«Fernando González Campoamor, *Archipiélago*», en *América*, La Habana, 14, 1 y 2, 91, abril mayo, 1942.

«Fernando González Campoamor, *Órbita de España*», en *América*, La Habana, 36, 1 y 2, 92-93, enero-febrero, 1948.

González Contreras, Gilberto, «*Archipiélago* La Habana, 1941», en *Universidad*, publicación de la Universidad Nacional del Litoral, Santa Fe, Argentina, 11, 235-237, 1942.

Landaluze, M. L., «Ensayo, Fernando González Campoamor, *Órbita de España*», *en Feria del Libro*, La Habana, 1, 1, 6, 7, mayo, 1943.

Marinello, Juan, «*La Tragedia de Cuba*, por Fernando G Campoamor», en *Masas*, La Habana, 1, 6, 22-23, octubre-noviembre, 1934.

Pando y Ruiz, Irenero «Fernando de Campoamor, *La tragedia de Cuba*», en *Revista Bimestre Cubana*, La Habana, 35, 1, 144-146, enero-febrero, 1935.

Campos, Diego de (Siglo XVIII). Presbítero. Incluido en la historia de la literatura cubana por su *Relación* de décimas en torno a la prisión del obispo Morell de Santa Cruz cuando la toma de La Habana por los ingleses. Aunque López Prieto señala que algunos lo suponen natural de Santa Clara, Trelles cree que era español. Este último autor menciona que el Pbro. Campos se opuso a la exacción del donativo eclesiástico mandado por el gobernador inglés de La Habana, conde de Albemarle (1762); también dice que «se embarcó para España». Versos de Diego de Campos se incluían en el folleto *Oración fúnebre, que en las exequias de don Juan Rosa Tellez, expensadas. Por el Doctor Juan Tellez su Hermano Sacriftan mayor de las Parroquiales, y auxiliares de la Ciudad de La Habana, dixo en el Monafterio de Carmelitas Defcalsas de ella el 26 de octubre de, 1764. El R. P. Pedro Rothea de la Compañía de Jefus.* (Con licencia en La Habana en la Imprenta del Cómputo Eclesiástico. Año 1765) [*sic*]. Según Pérez Beato un Diego de Campos «Teniente de Cura beneficiado de la parroquial mayor de La Habana, aparece firmando las partidas desde el día 15 de noviembre hasta el 28 de julio de 1768. Las últimas firmas están hechas por mano poco segura».

Bibliografía activa

Relación y diario de la prisión y destierro del Illímo. señor don Pedro Agustín Morell de Santa Cruz, dignísimo señor obispo de esta isla de Cuba, Jamaica y Provincias de la Florida del Consejo de S. M. que mandó ejecutar al Exmo. señor conde de Albemarle conquistador de esta ciudad de La Habana, La Habana, Imprenta de Cómputo Eclesiástico, 1762.

Bibliografía pasiva

Carbonell, José Manuel, «Diego de Campos», en su *La poesía lírica en Cuba*, recopilación dirigida, prologada y anotada, tomo 1, La Habana, Imprenta El Siglo XX, 1928, págs. 87, Evolución de la cultura cubana, 1608-1927, I.

Lezama Lima, José, «Diego Campos», en su *Antología de la poesía cubana*, tomo 1, La Habana, Consejo Nacional de Cultura, 1965, págs. 165-166.

López Prieto, Antonio, *Parnaso cubano*, Colección de poesías selectas de autores cubanos desde Zequeira a nuestros días, precedida de una introducción histórico-crítica sobre el desarrollo de la poesía en Cuba, con biografías y notas críticas y literarias de reputados literatos, tomo 1, La Habana, editor, Miguel de Villa, 1881, págs. XXV-XXIX.

Pérez Beato, Manuel, «Noticias curiosas referentes a escritores de los siglos XVII y XVIII», en *Bibliografía cubana del siglo XIX*, tomo 2. (1826-1840, de Carlos Manuel Trelles, Matanzas, Imprenta Quirós y Estrada, 1912, págs. 304.

Trelles, Carlos Manuel, «El sitio de La Habana y la dominación británica en Cuba», en *Anales de la Academia de la Historia*, La Habana, 5, 42, enero-diciembre, 1923.

Camps, **David** (Pinar del Río, 8 noviembre 1939). Se inició como actor teatral en 1956. De 1957 a 1960 trabajó con Teatro Estudio. El Consejo Nacional de Cultura lo contrató a partir de 1962 como director y asesor teatral. En sus labores de dirección ha dado preferencia a las producciones de autores cubanos. Ganó mención de teatro en el Concurso Casa de las Américas 1971 con *En el viejo sueño*. Ha colaborado en *Diario Libre*, *Unión*, *La Gaceta de Cuba*. Como autor tiene estrenadas las obras *La oficina*, *Las siete*, *La fiesta*, *La tía Paca*, *En la parada llueve*. Adaptó para teatro infantil la novela de Jean Ollivier *Colin Lantier* (La Habana, Imprenta del CNC, 1967).

Bibliografía activa

Balance, Cuento, La Habana, Ediciones R, 1964, Cuadernos Erre, 19.

Bibliografía pasiva

Boudet, Rosa Ileana, «La vuelta en redondo, sobre *En la parada llueve*», en *La Gaceta de Cuba*, La Habana, 80, 31-32, enero, 1970.

Pozo, Orlando del, «Tres cuentistas jóvenes»,

en *Unión*, La Habana, 4, 2, 169-173, abril-junio, 1965.

Cañizares, **Dulcila** (Santiago de las Vegas, La Habana, 1 mayo 1936). Graduada de maestra en la Escuela Normal de Kindergarten (1956), de música en el Conservatorio Falcón y de italiano en el Círculo Cultural Italo-cubano. Después del triunfo de la Revolución trabajó como periodista en la revista *Cuba*. Más tarde fue coordinadora de su edición en ruso. Ha colaborado en *Mujeres*, *Romances*, *Lunes de Revolución*, *Islas*, *Signos*, *La Gaceta de Cuba* y *Unión*. Ha hecho traducciones del portugués y del italiano. Desde 1971 se ocupa en investigaciones. Entre esa fecha y 1975 trabajó en la biografía-testimonio de Gonzalo Roig. Poemas suyos han aparecido en países de Europa y América, traducidos al inglés, portugués e italiano.

Bibliografía activa

Raíces y ternura, poesía, La Habana, 1960.

Eu sou a poesía, Lisboa, 1961.

Cicatrices de Sol, poesía, La Habana, Ediciones El Puente, 1962.

Déjame donde estoy, poesía, La Habana, UNEAC, 1966.

Capiró, **Eligio Eulogio** (Santa Clara, 1 diciembre 1825-Id., *5 enero 1859*). Realizó sus primeros estudios en la Academia de Santa Clara, de la que fue después profesor. Graduado de maestro, fundó una academia propia, que mantuvo durante cuatro años. Aunque no publicó libro, composiciones suyas en verso aparecieron en las colecciones *Lágrimas sobre la tumba del Pbro. don José Dionisio Veitia* (Villa Clara 1845) y *Cuba poética: colección escogida de las composiciones en verso de los poetas cubanos desde Zequeira hasta nuestros días* (La Habana, Imprenta de la Viuda de Barcina, 1858). En colaboración con Manuel D. González y Miguel J. Gutiérrez escribió la comedia de costumbres, en 3 actos y en verso, *Idealismo y realidad* (1848). Como periodista colaboró en *El Eco de Villa Clara* y en *La Prensa* (La Habana). Junto con Manuel D. González y José de Jesús Velis creó en 1856 *La Alborada*, el segundo periódico de Santa Clara, en donde utilizó el seudónimo de *Florentino Ligero*. Dedicado a su memoria se publicó el folleto *Ofrenda consagrada a la memoria de Eligio E. Capiró la noche del 1.º de noviembre de 1865, al ser colocado su retrato en el salón principal de la Sociedad Filarmónica* (Villa Clara, Imprenta El Siglo, 1865.

Bibliografía pasiva

Gutiérrez, Miguel Jerónimo, «Eligio Capiró como poeta», en *Biografía de Miguel Jerónimo Gutiérrez, revolucionario y poeta cubano*, de Luis Marino Pérez, La Habana, Imprenta El Siglo XX, 1912, págs. CXL-CLV.

Machado y Gómez, Eduardo, *Eligio Eulogio Capiró como hombre privado*, Villa Clara, Imprenta de El Alba, 1865.

Carballido Rey, **José Manuel** (Güines, La Habana, 15 marzo 1913). Cumplidos los doce años, pasa con su familia a Melena del Sur en la provincia de La Habana. Hacia 1930 comienza a trabajar en el central Merceditas. Trasladado a La Habana, labora como sastre y dependiente, a la vez que cursa estudios de maestro normalista. Por aquel entonces se integra a las luchas antimachadistas en el Ala Izquierda Estudiantil. Más adelante ingresa en Unión Revolucionaria Comunista y llega a militar en las filas del Partido Socialista Popular. Se gradúa de Doctor en Pedagogía y en Filosofía y Letras en la Universidad de La Habana. También comenzó estudios de derecho. Profesor de gramática en una escuela primaria superior de la capital (1939), luego pasa a la Escuela Normal de La Habana, donde fue jefe de despacho (1939-1952). En 1941 gana primera mención en el concurso latinoamericano de cuento «Hernández Catá», y dos años más tarde el primer premio. Ha colaborado en *Gaceta del Caribe*, *Orígenes*, *Bohemia*, *Carteles*, *El País Gráfico*, *Romances*, *Hoy Domingo*, *Palante*, *El Nacional* (México), *La Nación* (Buenos Aires), *El Nacional* (Caracas). Vinculado a la radio y la televisión nacionales como autor y publicista desde comienzos de la década del cincuenta, al crearse en 1960 el Instituto Cubano de Radiodifusión pasa a desempeñar distintas funciones dentro del organismo, a la vez que continúa en su labor de autor de programas dramáticos y humorísticos para televisión.

Bibliografía activa

El gallo pinto y otros cuentos, La Habana, Ediciones Unión, 1965.

Bibliografía pasiva

Bueno, Salvador, «José Manuel Carballido Rey, 1913», en su *Antología del cuento en Cuba*, 1902-1952, La Habana, Dirección de Cultura del Ministerio de Educación, 1953, págs. 307.

«*El gallo pinto y otros cuentos*», en *Unión*, La Habana, 4, 4, 171-172, octubre-diciembre, 1965.

Lorenzo Fuentes, José, «Ambiente y tipos de la Cuba de ayer», en *Bohemia*, La Habana, 57, 35, 28-29, agosto 27, 1965.

Portuondo, José Antonio, «José Manuel Carballido Rey, 1913», en su *Cuentos cubanos contemporáneos*, selección, prólogo y notas, México D. F., Editorial Leyenda, 1946, págs. 213.

Carballo, **Manuel de los Santos** (Bolondrón, Matanzas... 1855-La Habana, 1 abril 1898). De padres acaudalados, al estallar la guerra del 68 su familia se ve obligada a abandonar el país por causas económicas y persecuciones políticas. Se establecen en Jalapa, México. De regreso a Matanzas, Carballo trabaja como redactor en el periódico liberal autonomista *La Mañana* (1889) de Bonifacio Byrne, y dirige el semanario ilustrado *Artes y Letras* (1893). Colaboró además en *La Habana Elegante* (donde aparecieron poemas suyos y sus «Palabras en homenaje a Casal») y, ocasionalmente, en *Gris y Azul* y en *El Fígaro*. Al comenzar la guerra del 95 se traslada a La Habana, en donde vive enfermo y pobre hasta su muerte. Fue amigo de los Uhrbach y de Byrne. Juana Borrero confesaba que tenía a *Voces en la noche* entre sus libros de cabecera.

Bibliografía activa

Voces en la noche, versos, prólogo de Nicolás Heredia, Matanzas, Imprenta La Propaganda, 1893.

Leyenda de la carne, Colección de poemitas, I, Mundano, Matanzas, Imprenta El Escritorio, 1895.

Temblorosas, versos para mujeres, La Habana, Imprenta El Fígaro, 1895.

Bibliografía pasiva

Carbonell, José Manuel, «Manuel de los Santos Carballo, 1855-1898», en su *La poesía lírica en Cuba*, recopilación dirigida, prologada y anotada, tomo 4, La Habana, Imprenta El Siglo XX 1928, págs. 212-214, Evolución de la cultura cubana, 1608-1927, 4.

Hernani, seudónimo de José de Jesús Márquez, «Crítica literaria sobre Manuel Santos Carballo», en *El Hogar*, La Habana, 4, diciembre, 31, 1893.

Sanguily, Manuel, «Un poeta matancero, sobre *Voces en la noche*», en su *Juicios literarios*, tomo 1, La Habana, Imprenta Molina, 1930, págs. 205-213.

Obras de Manuel Sanguily, 7.

Carbonell y Figueroa, Néstor Leonelo

(Sancti Spíritus, Las Villas, 22 mayo 1846-La Habana, 8 noviembre 1923). Cursó estudios bajo la dirección de Honorato del Castillo. Muy joven aún se incorporó a la lucha independentista. Después de terminada la Guerra de los Diez Años se dedicó al magisterio. Dadas las condiciones políticas del país, emigró a Estados Unidos (1887) y trabajó activamente para lograr la unión de los emigrados revolucionarios. Fundó el Club «Ignacio Agramonte». Estuvo entre los iniciadores del Partido Revolucionario Cubano, una de cuyas presidencias en Tampa desempeñó. Editó el *Álbum de la Sociedad Política Cubana «Ignacio Agramonte»* (Nueva York, Imprenta de *El Porvenir*, 1891), dedicado a conmemorar el alzamiento del 68. A su regreso a Cuba se dedicó al periodismo. Colaboró en *Patria, El Porvenir, Yara, El Cubano, La Lucha, Revista de la Florida*. Fundó *Contienda*. Cultivó la poesía.

Bibliografía activa

Resonancias del pasado, 1.º de septiembre de 1916, La Habana, Imprenta La Prueba, 1916.

Bibliografía pasiva

Cortina, José Manuel, *Néstor Leonelo Carbonell*, discurso pronunciado la tarde del lunes 22 de mayo de 1950, en los Salones de la Asociación Nacional de Emigrados Revolucionarios Cubanos, con motivo de conmemorarse el natalicio de Carbonell, La Habana, 1950.

Jústiz y del Valle, Tomás de, *Elogio del señor Néstor Leonelo Carbonell*, leído en la sesión pública celebrada el 22 de mayo de 1946, La Habana, Imprenta El Siglo XX, 1946.

Martí, José, «Néstor Carbonell», en su *Obras completas*, tomo 5, La Habana, Editorial Nacional de Cuba, 1963, págs. 354.

Carbonell y Rivero, **José Manuel** (Alquízar, La Habana, 3 julio 1880-20 marzo 1968). Hijo de Néstor Leonelo Carbonell. Recién nacido fue llevado a Tampa. Allí fundó el periódico *El Expedicionario* (1896). Combatió en la manigua, donde alcanzó el grado de teniente. Durante los primeros años de la República perteneció al Partido Liberal. Figuró entre los alzados de 1906. En 1907 fue nombrado secretario de la Jurisprudencia General de Escuelas de Cuba. Se graduó de Doctor en Derecho Público en la Universidad de La Habana (1914). En 1919 fundó, con Manuel Márquez Sterling, el Partido Nacionalista. Miembro fundador y presidente de la Academia Nacional de Artes y Letras (1910) y director de sus *Anales*. También era miembro de la Academia Cubana de la Lengua, de la Academia de la Historia de Cuba, del Ateneo de La Habana y de otras instituciones latinoamericanas. Asistió como delegado a varias conferencias internacionales en representación oficial. Colaborador en *La Lucha*, *La Discusión*, *Heraldo de Cuba*, *La Nación*, *El Fígaro*, *Azul y Rojo* y *Letras*, en la que también desempeñó el cargo de director. Fue embajador de Cuba en México. Viajó por toda Europa. Bajo la dictadura de Batista fue consejero consultivo (1952-1955) y asesor técnico (1956) del Ministerio de Estado. Recopiló, en dieciocho tomos, una antología de prosa y poesía cubanas con el título *Evolución de la cultura cubana. 1608-1927* (La Habana, Imprenta El Siglo XX y Montalvo y Cárdenas, 1928). Utilizó los seudónimos *Tampa*, *Cacarajícara*, *Gerardo de Lavernier* y *René de Roban*.

Bibliografía activa

Enrique Villuendas, discurso pronunciado en la velada que en homenaje a su memoria se celebró en el teatro Payret la noche del 22 de noviembre de 1905, La Habana, Imprenta El Liberal, 1905.

La visión del águila, canto a la patria, La Habana, Imprenta y papelería de Rambla y Bouza, 1908.

Alrededor de un gran poeta, Leopoldo Lugones, conferencia pronunciada el 17 de marzo de 1912, en el Conservatorio Nacional de Música, La Habana, Imprenta Seoane y Álvarez, 1912.

Gonzalo de Quesada, discurso pronunciado en la sesión solemne que celebró la Academia Nacional de Artes y Letras al cumplirse el primer aniversario de la muerte de Gonzalo de Quesada el 9 de enero de 1916, La Habana, Imprenta El Siglo XX, 1916.

La más fermosa; historia de un soneto, La Habana, Imprenta El Siglo XX, 1917.

Frente a la América imperialista la América de Bolívar, discurso pronunciado en la Academia Nacional de Artes y Letras en la inauguración del curso 1922-1923, La Habana, Imprenta El Siglo XX, 1922.

Mi libro de amor, poemas, La Habana, Imprenta El Siglo XX, 1922.

Patria, poemas, La Habana, Imprenta El Siglo XX, 1922.

Penachos, poemas, La Habana, Imprenta El Siglo XX, 1923.

Miguel Teurbe Tolón; poeta y conspirador, discurso pronunciado en la inauguración del curso académico 1923-1924, La Habana, Imprenta El Siglo XX, 1924.

Pedro Santacilia, su vida y sus versos, discurso pronunciado en la inauguración del curso académico 1923-1924, La Habana, Imprenta El Siglo XX, 1924, *discursos pronunciados en las fiestas celebradas en Lima, Perú, en la conmemoración del centenario de la batalla de Ayacucho, y trabajo presentado como delegado de Cuba al III Congreso Científico celebrado en Lima del 20 de diciembre de 1924 al 6 de enero de 1925*, La Habana, Imprenta y Papelería de Rambla y Bouza, 1925.

Leopoldo Turla, su poesía y su actuación revolucionaria, discurso pronunciado en la inauguración del curso académico de 1926-1927, La Habana, Imprenta El Siglo XX, 1926.

Discurso pronunciado en el homenaje conmemorativo del centenario de la muerte de Beethoven celebrado el 26 de marzo de 1927, La Habana, 1927.

Pedro Ángel Castellón; poeta y rebelde, discurso pronunciado en la inauguración del curso académico de 1928-1929, por el presidente de la Academia Nacional de Artes y Letras, Memoria del curso académico de 1927-1928 por el secretario de la Academia Ramón Agapito Catalá, La Habana, Imprenta Avisador Comercial, 1928.

Juan Clemente Zenea; poeta y mártir, discurso pronunciado en la sesión inaugural del curso académico de 1929-1930, La Habana, Imprenta Avisador Comercial, 1929.

Los poetas cubanos y el ideal de independencia, discurso pronunciado en la fiesta literaria celebrada en el Teatro Nacional el 21 de mayo de 1927, para conmemorar el vigésimo quinto aniversario del establecimiento de la República, La Habana, Imprenta Avisador Comercial, 1929.

Los poetas de El laúd del desterrado, *Quintero, Teurbe Tolón, Santacilia, Turla, Castellón, Zenea*, prefacio de Enrique José Varona, La Habana, Imprenta Avisador Comercial, 1930.

El dolor de los ciegos y la piedad cubana, discurso pronunciado el día 25 de junio de 1932, La Habana, Montalvo y Cárdenas, 1932.

Manuel Sanguily, adalid, tribuno y pensador, discurso pronunciado en la sesión solemne, que para inaugurar los trabajos del curso académico 1925-1926 y honrar la memoria de Manuel Sanguily, se celebró en el Teatro Nacional, La Habana, la noche del 20 de noviembre del año 1925, La Habana, Editorial

Lex, 1948.

Discurso pronunciado el 24 de febrero de 1953, en la sesión solemne ordenada por el Consejo Consultivo para conmemorar el Centenario natal de José Martí y el aniversario de la revolución del 24 de febrero de 1895, La Habana, Editorial Carbonell, 1953.

Los orígenes del Ateneo de La Habana, prólogo de José María Chacón y Calvo, La Habana, Editorial Carbonell, 1953.

Carlos Alberto Boissier y Díaz, discurso leído el día 24 de junio de 1958, La Habana, Imprenta El Siglo XX, 1958.

Bibliografía pasiva

Cohucelo, Pedro José, «José Manuel Carbonell», en su *Apostolado de amor*, La Habana, Editorial Cuba, 1925, págs. 368-375.

Jerez Villarreal, J., «Lo que falta y lo que sobra en la *Evolución de la cultura cubana*», en *Diario de la Marina*, La Habana, 96, 140, 2, 3.ª sección, mayo 20, 1928.

Lázaro, Ángel, «En México, Carbonell y la casa de Cuba», en *Carteles*, La Habana, 25, 27, 30, julio 2, 1944.

Ruilópez, Ramón, «Nuestros poetas, José Manuel Carbonell», en *Cuba y América*, La Habana, 14, 31, 3, 31-32, marzo, 1910.

Carbonell y Rivero, Miguel (Tampa, Florida, 11 mayo 1894-La Habana, 10 julio 1967). Hijo de Néstor Leonelo Carbonell, vino a Cuba con su familia al terminarse la guerra. Se graduó de Derecho en la Universidad de La Habana. Trabajó como redactor de *Letras* y secretario de redacción de *Heraldo de Cuba*, *El Universal* y, más tarde, de *La Libertad*. Fue editorialista de *La Nación*, de Márquez Sterling, y fundador, con Enrique Mazas, de *La Palabra Libre*. Colaboró además en *El Comercio*. Fue fundador, junto con Manuel Sanguily, del Partido Nacionalista (1917). Como diplomático representó a Cuba en República Dominicana, Haití, Guatemala y México. Viajó además por Italia, Estados Unidos, Francia, Inglaterra, Bélgica, Holanda, Alemania, Pakistán, Persia, India, etc. Miembro de la Academia Nacional de Artes y Letras, de la Academia de la Historia de Cuba y de la Academia Cubana de la Lengua. Fue Doctor Honoris Causa de la Universidad de Haití y miembro de su Consejo de Dirección. Era también miembro correspondiente de varias instituciones culturales latinoamericanas. Asistió a numerosos congresos internacionales. Pronunció conferencias en las universidades de México, Buenos Aires, Quebec, Santo Domingo, La Habana.

Bibliografía activa

Hombres de nuestra América, prólogo de Ismael Clark, La Habana, Imprenta La Prueba, 1915.

Evocando al maestro, La Habana, Imprenta Seoane y Fernández, 1919.

Los parias, La Habana, Imprenta Seoane y Fernández, 1920.

La ruta del fundador, La Habana, Imprenta Seoane y Fernández, 1920; 2.ª edición, Id.,

1923.

El peligro del águila, La Habana, Imprenta Seoane y Fernández, 1922; 2.ª edición, La Habana, edición Guáimaro, 1926.

Antonio Maceo, La Habana, Imprenta La Prueba, 1924; La Habana, edición Guáimaro, 1926; 2.ª edición, La Habana, Imprenta Molina, 1934; 4.ª edición, La Habana, Tip. Caraso, 1935.

El elogio de los fundadores, La Habana, edición Guáimaro, 1926; 2.ª edición, Id., 1939, 2 T.

Sembradores y propulsores, La Habana, edición Guáimaro, 1926.

Félix Callejas, *De Espronceda a Rabelais*, *De poeta desencantado a ironista agresivo*, discurso de ingreso como miembro de número de la Sección de Literatura, discurso de contestación por Emilio Gaspar Rodríguez, leídos en la sesión solemne celebrada por dicha corporación la noche del 31 de mayo de 1927, La Habana, Imprenta El Siglo XX, 1927.

En el pórtico, La Habana, edición Guáimaro, 1928; 2.ª edición, Id., 1938.

La literatura como factor de acercamiento entre los pueblos latinoamericanos, La Habana, Imprenta El Siglo XX, 1928.

En la tribuna, La Habana, edición Guáimaro, 1930-1940, 3 T.

El americanismo de Bolívar, La Habana, edición Guáimaro, 1938.

Billiken, La Habana, edición Guáimaro, 1938.

Juan Gualberto Gómez, La Habana, edición Guáimaro, 1938.

Palabras de apoteosis, La Habana, edición Guáimaro, 1938.

El poeta de la guerra, La Habana, edición Guáimaro, 1938.

Sanguily, La Habana, edición Guáimaro, 1938.

Eusebio Hernández, La Habana, edición Guáimaro, 1939, 2 T.

La farsa proteccionista, La Habana, edición Guáimaro, 1939.

Las generaciones literarias, 3.ª edición, La Habana, edición Guáimaro, 1939.

Un héroe pintado por sí mismo, La Habana, edición Guáimaro, 1939.

Páginas libres, La Habana, edición Guáimaro, 1939.

El Sanguily que yo conocí, La Habana, Imprenta El Siglo XX, 1949.

El Varona que yo conocí, La Habana, Imprenta El Siglo XX, 1950.

Una imagen de Céspedes, discurso leído en la sesión solemne de su ingreso como académico de número el día 14 de noviembre de 1957. Contestación en nombre de la corporación por Juan José Remos y Rubio, La Habana, Imprenta El Siglo XX, 1957.

Presencia de Martí en la guerra, discurso leído en la sesión solemne celebrada el día 27 de enero de 1958, La Habana, Imprenta El Siglo XX, 1958.

Bibliografía pasiva

«Miguel Ángel Carbonell, *Sanguily*», en *América*, La Habana, 3, 2, 94, agosto, 1939.

Carbonell y Rivero, Néstor (Alquízar, La Habana, 4 mayo 1883-La Habana, 30 junio 1966). En 1887 emigró con su familia a Estados Unidos. Cursó la primera educación con su padre, Néstor Leonelo Carbonell. Regresó a Cuba y estudió bachillerato en el Instituto de Pinar del Río. Más tarde obtuvo el título de Doctor en Derecho Público en la Universidad de La Habana. Fue embajador de Cuba en Argentina y Perú y ministro en Argentina, Chile y Colombia. Tuvo los cargos de Inspector Especial en el Departamento de Instrucción Pública y director de la Oficina Pan Americana de la Secretaría de Estado. Miembro de la Academia de la Historia de Cuba, de la Academia Nacional de Artes y Letras, de la Academia Cubana de la Lengua y de varias instituciones latinoamericanas. Fundó las revistas *Letras* y *Don Pepe*, esta última infantil. Colaboró además en *El Mundo* y *La Unión Española*. Fundó las ediciones Biblioteca Cubana. Publicó algunas obras de carácter histórico en colaboración con Emeterio Santovenia. Cultivó la oratoria académica. Utilizó los seudónimos *Leonel*, *X*, *Tartaria*, *Carlos de Yolanda*.

Bibliografía activa

Martí, su vida y su obra, I. Oración pronunciada el día 23 de febrero de 1911, en el Ateneo de La Habana, La Habana, Imprenta y Papelería de Rambla y Bouza, 1911.

Martí; su vida y su obra, El poeta, II. Conferencia pronunciada el domingo 23 de febrero de 1913 en los salones del Ateneo de La Habana, La Habana, Seoane y Fernández, Impresores, 1913.

Próceres, ensayos biográficos, La Habana, Imprenta El Siglo XX, 1919; La Habana, Montalvo y Cárdenas, 1928.

Martí, su vida y su obra, La Habana, Imprenta El Siglo XX, 1923.

Prosas oratorias, La Habana, Editorial Guáimaro, 1926.

Las conferencias internacionales americanas, La Habana, Montalvo y Cárdenas, 1928.

José Martí, apóstol, héroe y mártir, Oración pronunciada en el Instituto Popular de Conferencias, sala de fiestas de «La Prensa», el día 16 de junio de 1933. Buenos Aires, Julio Suárez, editor, 1933.

Elogio del Coronel Fernando Figueredo Socarrás, leído en la sesión solemne celebrada en la noche del 11 de julio de 1935, La Habana, Imprenta El Siglo XX, 1935.

Resumen de una vida heroica, discurso leído en la sesión pública celebrada el 13 de junio de 1945, La Habana, Imprenta El Siglo XX, 1945.

Un capítulo de la autobiografía de Martí, discurso leído en la sesión pública celebrada el 26 de enero de 1946, conmemorativa del nacimiento de José Martí, La Habana, Imprenta El Siglo XX, 1946.

El General Ramón Leocadio Bonachea, discurso leído en la sesión pública celebrada el 11 de abril de 1947, La Habana, Imprenta El Siglo XX, 1947.

En torno a una gran vida, discurso leído en la

sesión solemne celebrada el día 10 de octubre de 1948, La Habana, Imprenta El Siglo XX, 1948.

Martí, sus últimos días, discurso leído en la sesión solemne celebrada el día 19 de mayo de 1950, La Habana, Imprenta El Siglo XX, 1950.

Martí, carne y espíritu, tomo 1, La Habana, Seoane y Fernández, Impresores, 1951.

Id., 1952, 2 T.

Elogio del señor Gerardo Castellanos García, leído en la sesión solemne celebrada el 22 de febrero de 1957, La Habana, Imprenta El Siglo XX, 1957.

Tampa, cuna del Partido Revolucionario Cubano, discurso leído en la sesión solemne de apertura del Año Académico 1957-1958 el día 9 de octubre de 1957, La Habana, Imprenta El Siglo XX, 1957.

El Marqués, Notas al margen de una gran vida, La Habana, Sociedad Colombista Panamericana, Departamento de Imprenta, 1958.

Bibliografía pasiva

Lázaro, Ángel, «Dentro del cincuentenario, Un libro sobre Martí», en *Carteles*, La Habana, 33, 4, 56, enero 27, 1952.

«Néstor Carbonell, *Martí, carne y espíritu*», en *América*, La Habana, 44, 1, 91-92, julio, 1954.

Proteo, seudónimo, «*Próceres*, por Néstor Carbonell», en *Arte*, La Habana, 7, 198-199, 22-23, diciembre 30, 1919-enero 15, 1920.

Cárdenas y Chávez, Miguel de

Cárdenas y Chávez, Miguel de (La Habana, 29 septiembre 1808-Id., 1 enero 1890). Estudió filosofía en el Real Instituto de San Isidro, de Madrid, y el primer año de la carrera de Derecho. Ingresó en el ejército y sirvió en la Guardia Real. Formó parte del Regimiento de La Habana con el grado de teniente. Más tarde, como capitán, ingresó en el Regimiento de Valencey. Tiempo después, formó parte de las Milicias de Caballería como Coronel Agregado. Fue socio de mérito de la Sociedad Económica de Amigos del País, vocal de la Junta de Maternidad y Beneficencia y miembro de la Junta Superior de Instrucción Pública. Fue además Consejero de Administración, Gentilhombre de Cámara y Senador del Reino. Colaboró en *La Prensa*, *Diario de La Habana*, *El Artista*, *Revista de La Habana*, *El Correo*, *La Civilización*, *La Floresta* y *Faro Industrial de La Habana*, en el que trabajó también como corredactor. En *La Gaceta de Puerto Príncipe* publicaba, en prosa o verso, un folletín semanal de costumbres.

Bibliografía activa

El castellano de Cuéllar, drama en cuatro actos y verso, La Habana, 1839.

Flores cubanas, Colección de poesías dedicadas a las habaneras, La Habana, Imprenta del Gobierno, 1842.

Al descubrimiento de América por Cristóbal Colón, La Habana, Imprenta del Gobierno, 1847.

Poesías, Madrid, Imprenta de N. Lorenci, 1854.

Bibliografía pasiva

Carbonell, José Manuel, «Miguel de Cárdenas

y Chávez, 1808-1890», en su *La poesía lírica en Cuba*, recopilación dirigida, prologada y anotada, tomo 2, La Habana, Imprenta El Siglo XX, 1928, págs. 166-167, Evolución de la cultura cubana, 1608-1927, 2.

«Crítica literaria», en *Prensa de La Habana*, La Habana, 4.ª época, 14, 165 y 166, 2, julio 6 y 7, 1855.

Cárdenas y Rodríguez, José María de (Limonar, Matanzas, 30 diciembre 1812-Guanabacoa, La Habana, 14 diciembre 1882). Comenzó sus estudios en Matanzas y los continuó en La Habana, en el Colegio San Fernando, donde fue discípulo de José Antonio Saco. En 1834 se dirigió a Estados Unidos para completar sus estudios. Allí trabajó en una casa comercial y trabó amistad con Félix Varela, a quien ayudaba en la corrección de sus obras. Visitó por esa época Canadá y recorrió numerosos estados de la Unión norteamericana. Regresó a Cuba en 1837. Dos años más tarde volvió de nuevo a Estados Unidos. En 1840 se estableció definitivamente en La Habana. Comenzó su carrera literaria en *La Prensa* y *Faro Industrial de La Habana*. Colaboró tambien en *El Prisma*, *El Artista*, *Revista Pintoresca*, *Flores del Siglo*, *Revista de La Habana*, *Revista crítica de ciencias, literatura y artes*. Aparecieron poemas suyos en *América poética* (La Habana, 1854) y otras antologías, pero ganó su renombre como prosista satírico. Utilizó el seudónimo *Jeremías de Docaransa*.

Bibliografía activa

No siempre el que escoge acierta, comedia en cuatro actos y en verso, La Habana, 1841.

Colección de artículos satíricos y de costumbres, prólogo de Cirilo Villaverde, La Habana, Imprenta del *Faro Industrial*, 1847; 2.ª edición, La Habana, Consejo Nacional de Cultura, 1963.

Un tío sordo, comedia original en tres actos y en verso, La Habana, Imprenta de Barcina, 1848.

Bibliografía pasiva

F. M., «José María de Cárdenas y Rodríguez, *Jeremías de Docaransa*», en *El Liceo de Matanzas*, Matanzas, 5, 1, 84-86, enero 15, 1883.

López Prieto, Antonio, «José María de Cárdenas y Rodríguez, *Jeremías de Docaransa*», en su *Parnaso cubano*, Colección de poesías selectas de autores cubanos desde Zequeira a nuestros días, precedida de una introducción histórico-crítica sobre el desarrollo de la poesía en Cuba, con biografías y notas críticas y literarias de reputados literatos, tomo 1, La Habana, Editor Miguel de Villa, 1881, págs. 339-340.

Roig de Leuchsenring, Emilio, *José María de Cárdenas y Rodríguez*, La Habana, 1916.

«José María de Cárdenas y Rodríguez», en su *La literatura costumbrista cubana de los siglos XVIII y XIX*, IV, *Los escritores*, La Habana, Oficina del Historiador de la Ciudad de La Habana, 1962, págs. 101-108.

Zambrana, Ramón, «Bibliografía», en *Revista de*

La Habana, La Habana, 1, 215-219, marzo-agosto, 1853.

Cárdenas y Rodríguez, Nicolás de (Limonar, Matanzas, 1814-La Habana, 4 julio 1868.) Hermano del costumbrista José María de Cárdenas, no tuvo la significación de éste. Muy joven se trasladó a Nueva York. En la dirección del periódico *La Prensa* (1841) desenvolvió su actividad más importante como periodista. Fue colaborador en *El Artista*, *Diario de La Habana* (1841), *Faro Industrial de La Habana* (1842). Es autor de «Apuntes para la historia de la ciudad de Nuevitas» (en *Memorias de la Sociedad Económica* (La Habana, 384-394, 1847, y: 45-55, 98-112, 205-219 y 279-291, 1848). Dejó inéditas varias obras: el drama *Diego Velázquez*, fragmentos de la novela *Don Juan*, la leyenda *Hatuey* y artículos. Utilizó los seudónimos *Un cubano ausente de su patria* y *Teodemófilo*. Firmaba también con sus iniciales N. C. R.

Bibliografía activa

Ensayo poético, Nueva York, Imprenta de Guillermo Newell, 1836.

Escenas de la vida en Cuba, La Habana, Imprenta de Ramón Oliva, 1841.

Las dos bodas, novela original, La Habana, Oficina del *Faro Industrial*, 1844.

Manual del sistema vigente de contribuciones en la isla de Cuba, La Habana, Imprenta del Gobierno, 1867.

Bibliografía pasiva

«Literatura, *Las dos bodas*», en *Diario de la Marina*, La Habana, 1, 219, 2, octubre 29, 1844.

Cardi, **Juan Ángel** (La Habana, 2 octubre 1914). Todavía en la escuela primaria, editó un semanario humorístico manuscrito. Trabajó como mandadero, vendedor, picapedrero, peón de albañil. Escribió para la radio y la televisión. Colaboró como periodista y dibujante humorístico en *Zig-Zag*, *Actualidad Criolla*, *El Pitirre*, *DDT*. Obtuvo el premio de cuento del Concurso 26 de julio de las FAR, en 1970, con su libro *Relatos de Pueblo Viejo*. Ha recibido mención de testimonio en el Concurso 14 de junio de la UJC (1973) por *Itinerario de un bombre de quince años* y primera mención en el concurso de literatura policial del MININT (1974) con su novela *Viernes en plural*. Obtuvo la Orden «Alfredo López» por más de treinta años dedicados al periodismo. Actualmente trabaja en *Palante*, *Verde Olivo y Bohemia*.

Bibliografía activa

La morada del hombre, La Habana, 1960.

La sublime ignorancia, La Habana, 1965.

El amor es una cosa de dos, La Habana, Bolsilibros Palante, 1966.

Brevísima pero muy documentada historia de la prensa, La Habana, Ediciones Palante, 1966.

Relatos de Pueblo Viejo, La Habana, Dirección Política de las FAR, 1970.

Itinerario de un hombre de quince años, La Habana, Instituto Cubano del Libro, Editorial

Orbe, 1975.

Bibliografía pasiva

Beltrán, Alejo, seudónimo de Leonel López Nussa, «*El amor es cosa de dos*», en *Granma*, La Habana, 2, 80, 7, marzo 22, 1966.

Mestas, María del Carmen, «El humor es una posición ante la vida», en *UPEC*, La Habana, 3, 10, 30-31, 1971.

Cardoso, Onelio Jorge (Véase **Jorge Cardoso, Onelio**)

Carnaval, El (La Habana, 1886-Id.) Semanario político y satírico. Fundado y dirigido por Emilio Bobadilla. Comenzó a editarse el 20 de marzo. Publicó caricaturas y críticas literarias del propio Bobadilla, firmadas con su conocido seudónimo *Fray Candil*. Se destaca la aparecida en el número correspondiente al 11 de abril de 1886, que trata sobre la *Poética* de Campoamor. El ejemplar antes citado fue el último visto.

Carpentier, Alejo (La Habana, 26 diciembre 1904-París, 24 abril 1980). Su primera infancia transcurre en el Cotorro (La Habana). Realiza estudios en el Candler College y en el Colegio Mimó, interrumpidos por un viaje a Francia en 1912; en París asistió a clases en el Liceo de Jeanson de Sailly. Estudia música con su madre. Inicia la carrera de arquitectura en la Universidad de La Habana (1921), pero pronto la abandona. En ese mismo año comienza a hacer periodismo en *La Discusión* —donde tiene a su cargo la sección de «Obras famosas»— y luego en *Chic, El Heraldo de Cuba* y *Social*. En 1923 es nombrado jefe de redacción de *Hispania* y, al año siguiente, de *Carteles*, revista en la que colaborará asiduamente hasta 1948. Escribe una historia de los zapatos para el órgano oficial de la Unión de Fabricantes de Calzado. Participa en la famosa Protesta de los Trece (1923), liderada por Rubén Martínez Villena, y se integra al Grupo Minorista. Asiste a un congreso de escritores celebrado en México (1926), viaja por el país y entabla amistad con el pintor Diego Rivera. Está entre los fundadores de la *Revista de Avance*, en 1927. En ella publica su poema «Liturgia». Por esa época sufre prisión, acusado de «comunista». En la cárcel escribe la primera versión de su novela *¡Ecue-Yamba-O!* Liberado, organiza junto con Amadeo Roldán conciertos de «música nueva», en los que se estrenan en Cuba obras de Stravinsky, Poulenc, Eric Satie y Malipiero. Colabora en *Musicalia, Revista de La Habana, Aventura en Mal Tiempo* (Santiago de Cuba). En 1928 escribe los argumentos de ballet *La Rebambaramba* y *El milagro de Anaquillé*, musicalizados por Amadeo Roldán. Conoce a Robert Desnos en un congreso de periodistas que se celebra en La Habana y, con el pasaporte y los papeles de identidad de éste, abandona subrepticiamente el país. Mariano Brull, funcionario de la embajada cubana en Francia, le arregla su estancia en ese país. Allí trabaja como jefe de redacción de la revista *Musicalia* —fundada por el compositor mexicano Manuel Ponce—, además de colaborar en *Bifur, Documents, Revista de Oriente, Cahier du Sud.* Conoce a André Breton, Louis Aragon, Tristan Tzara, Paul Eluard, George Sadoul, Benjamín Peret, Chirico, Ives Tangui, Raymond Quenau, Edgar Varesse, Arthur Honegger y Pablo Picasso. Breton lo invita a colaborar en *La Revolution Surrealiste.* En 1930 es nombrado jefe de redacción de *Imán*, revista publicada en castellano. Dirige los estudios «Fonoric», de París, dedicados a grabaciones musicales y programas de radio (1933-1939); allí colabora con Robert Desnos, Antonin Artaud, Jean Louis Barrault en la elaboración de programas radiales, entre los cuales pueden citarse *El gran lamento de Fantomes* —emitido por el Poste Parisien— y *Saludo al mundo*, de Walt Whitman —donde se utilizó por primera vez la cinta magnetofónica—. Viaja a Madrid, en donde publica *¡Ecue-Yamba-O!* (1934) y hace amistad con Federico García Lorca, Rafael Alberti, José Bergamín y Pedro Salinas. Participa, como representante de Cuba, en el II Congreso por la Defensa de la Cultura, celebrado en Madrid y Valencia en 1937, en compañía de Nicolás Guillén, Juan Marinello y Félix Pita Rodríguez. Regresa a Cuba dos años después. Aquí trabaja en la radiodifusora del Ministerio de Educación. Imparte clases de historia de la música en el Conservatorio Nacional (1941). Colabora en *Revista Cubana, Conservatorio, La Gaceta del Caribe, Orígenes*

y *Nuestro Tiempo.* Con Louis Jouvet visita Haití en 1944. Por encargo del Fondo de Cultura Económica de México, realiza investigaciones musicológicas, especialmente en Santiago de Cuba, las cuales permiten las revalorizaciones del olvidado Esteban Salas y de Manuel Saumell. Al año siguiente se instala en Venezuela, en donde realiza trabajos relacionados con la publicidad y la radio. Colabora en *El Nacional* de Caracas (1946-1958). Recorre la Gran Sabana Venezolana, el Alto Orinoco y el territorio amazónico entre 1947 y 1948. Con el triunfo de la Revolución cubana, en 1959, regresa a su patria. Aquí es nombrado vicepresidente del Consejo Nacional de Cultura. Imparte clases de historia de la cultura en la Escuela de Historia de la Universidad de La Habana. Al crearse la UNEAC figura entre sus vicepresidentes, además de ser uno de los responsables de la revista *Unión*, junto con Nicolás Guillén y Roberto Fernández Retamar. En representación oficial viaja a Bulgaria, Rumania, Hungría, Checoslovaquia, Polonia, RDA, China, Unión Soviética y Vietnam. Ocupa la dirección de la Editorial Nacional de Cuba en 1963, cargo que desempeña hasta 1968, año en que es designado ministro consejero para asuntos culturales en la Embajada de Cuba en París. En estos últimos años ha pronunciado numerosas conferencias y ha participado en varios eventos y congresos internacionales, como el VII Festival del Libro Mexicano (1961), el Encuentro de Escritores organizado por la universidad de Concepción, en Chile (1962), comparecencia ante el Tribunal Russell de Estocolmo para denunciar los crímenes cometidos por los norteamericanos en Vietnam y asistencia a los encuentros internacionales de Ginebra (1968). Ha sido jurado en importantes concursos cubanos y extranjeros. Colabora ocasionalmente en las más importantes publicaciones cubanas (*Granma*, *Casa de las Américas*, *Unión*, *Bohemia*, etc.) y en numerosas extranjeras. Escribió los libretos de *Yamba-O* (1928) y *La pasión negra* (1932), ambos con música de Marius François Gallard, y *Las puertas del Sol* (1970), con música de Michel Pung. Colaboró con Darius Milhaud en la cantata *Invocations*, con Paul Claudel en *Le livre de Cristophe Colomb* —para radio— y con René Dahon Maeterlink en *La princese Maleine*. Textos suyos han sido musicalizados por varios compositores, entre ellos el cubano Alejandro García Caturla. En *Social* y *Carteles* publicó traducciones del francés de cuentos, ensayos y artículos. Tradujo al francés el poema de Pablo Picasso *El entierro del Conde de Orgaz*. A partir de *El reino de este mundo* sus novelas han sido traducidas a distintas lenguas occidentales, incluyendo alemán, checo, danés, eslovaco, finlandés, francés, holandés, húngaro, inglés, italiano, lituano, noruego, polaco, portugués, rumano, ruso, sueco y servicroata, y algunas de ellas han visto numerosas ediciones. En diciembre de 1974, con motivo de cumplir su setenta aniversario, recibió numerosos homenajes, dentro y fuera de Cuba. El acto central, la noche del 26, fue organizado por el Comité Central del Partido Comunista de Cuba. En 1975, entre otras distinciones, fue investido como Doctor Honoris Causa en Lengua y Literatura Hispánicas de la Universidad de La Habana y recibió los premios internacionales «Cino del Duca» y «Alfonso Reyes 1975».

Bibliografía activa

¡Ecue-Yamba-O! Historia afrocubana, Madrid, Editorial España, 1933; Buenos Aires, Editorial Xanadu, 1968.

Viaje a la semilla, La Habana, Imprenta Úcar, García, 1944.

Viaje a la semilla y otros relatos, «El camino de Santiago», «Semejante a la noche», prólogo de Carlos Santander, Santiago de Chile, Editorial Nascimento, 1971.

La música en Cuba, México D. F., Fondo de Cultura Económica, 1946, La Habana, Editorial Luz-Hilo, 1961; 2.ª edición, La Habana, Imprenta Nacional, 1961.

El reino de este mundo, Relato, México D. F., edición y Distribución Iberoamericana de Publicaciones, 1949; Caracas, Organización Continental de los Festivales del Libro, 1958; Lima, Editora Latinoamericana, 1958; Lima, Imprenta Torres Aguirre, 1958; La Habana, UNEAC, 1964; Montevideo, Editorial Arce, 1965; 2.ª edición, Montevideo, ARCA, 1966; Barcelona, Seix Barral, 1967; México D. F., Compañía General de Ediciones, 1967; Santiago de Chile, Editorial Universitaria, 1967; Barcelona, Seix Barral, 1969; Santiago de

Chile, Editorial Universitaria, 1971.

Tristán e Isolda en Tierra Firme, reflexiones al margen de una representación wagneriana, ensayo, Caracas, Imprenta Nacional, 1949.

Los pasos perdidos, novela, México D. F., edición y Distribución Iberoamericana de Publicaciones, 1953; México D. F., General de Ediciones, 1959; La Habana, Talleres Tipográficos de Editorial Lex, *ca.* 1960; Montevideo, ARCA, 1966; 2.ª edición, México D. F., Compañía General de Ediciones, 1966; 3.ª edición, Id., 1967; 5.ª edición, Id., 1968; Buenos Aires, Editorial Andina, 1969; 7.ª edición, México D. F., Compañía General de Ediciones, *ca*, 1969; La Habana, UNEAC, 1969; 8.ª edición, México D. F., Compañía General de Ediciones, 1970; Barcelona, Barral, 1971.

«Unas palabras al lector», por Salvador Arias, La Habana Editorial Arte y Literatura, Ediciones Huracán, 1974.

El acoso, novela, Buenos Aires, Editorial Losada, 1956; Buenos Aires, Editorial Jorge Álvarez, 1966; La Habana, Instituto Cubano del Libro, 1969.

Guerra del Tiempo, tres relatos y una novela, «El Camino de Santiago», «Viaje a la semilla», «Semejante a la noche», *El acoso*, México D. F., Compañía General de Ediciones, 1958; Id., 1959; La Habana, UNEAC, 1963; Lima, Populibros Peruanos, 1964; 2.ª edición, México D. F., Compañía General de Ediciones, 1966; 4.ª edición, Id, *ca*, 1967; Buenos Aires, Editorial Andina, 1969; Santiago de Chile, Editorial Orbe, 1969; «El camino de Santiago», «Viaje a la semilla», «Semejante a la noche», «Los fugitivos», «Los advertidos», Barcelona, Barral Editores, 1970.

El siglo de las luces, novela, México D. F., Compañía General de Ediciones, *ca, 1962*; La Habana, Ediciones R, 1963; 2.ª edición, Id., 1965; Barcelona, Seix Barral, 1966; 3.ª edición, México D. F., Compañía General de Ediciones, 1966; Buenos Aires, Galerna, 1967; La Habana, Instituto Cubano del Libro, 1968; 4.ª edición, México D. F., Compañía General de Ediciones, 1968; Buenos Aires, Editorial Andina, 1969; 5.ª edición, México D. F., Compañía General de Ediciones, 1969; Barcelona, Barral Editores, 1970; La Habana, Editorial Arte y Literatura, 1974, Letras Cubanas.

Tientos y diferencias, ensayos, México D. F., Universidad Nacional Autónoma, 1964; La Habana, Ediciones Unión, 1966; Montevideo, Arca, 1967; 2.ª edición ampliada, Montevideo, Arca, 1970; 2.ª edición, La Habana, UNEAC, 1974.

El camino de Santiago, Buenos Aires, Galerna, 1967; 2.ª edición, Id., 1968.

Tres relatos, El camino de Santiago, Viaje a la semilla, Semejante a la noche, Montevideo, Ediciones Tauro, 1967.

Literatura y conciencia política en América Latina, Madrid, Alberto Corazón, 1969.

La ciudad de las columnas, ensayo, Barcelona, Editorial Lumen, 1970.

El derecho de asilo, relato, Barcelona, Editorial Lumen, 1972.

Concierto barroco, novela, México, Siglo XXI

editores, 1974.

Novelas y relatos, «Carpentier en la maestría de sus novelas y relatos breves», por Salvador Bueno, La Habana, UNEAC, 1974.

El recurso del método, novela, México, Siglo XXI editores, 1974; La Habana, Editorial Arte y Literatura, 1974, Letras Cubanas; La Habana, Editorial Arte y Literatura, Ediciones Huracán, 1974.

Letra y solfa, selección, prólogo y notas por Alexis Márquez R., Caracas, Síntesis Dosmil, 1975.

Bibliografía pasiva

Acosta, Leonardo, «El "barrocoamericano" y la ideología colonialista», en *Unión*, La Habana, 11, 2-3, 51-57, septiembre, 1972.

Adams, Mildred, «From magic, power», sobre *El reino de este mundo*, en *The New York Times Book Review*, Nueva York, 4, 20, mayo 19, 1957.

Alegría, Fernando, «Alejo Carpentier, realismo mágico», en su *Literatura y revolución*, México D. F., Fondo de Cultura Económica, 1970, págs. 92-125.

Alejo Carpentier, Cuarenta y cinco años de trabajo intelectual, Bibliografía, prólogo de Graziella Pogolotti, La Habana, Biblioteca Nacional José Martí, 1966.

«Alejo y la vocación», entrevista, en Juventud Rebelde, La Habana, 8, enero 15, 1968.

Alonso Alejandro Gumersindo, «Cine, La maravillosa realidad de Carpentier», en *Juventud Rebelde*, La Habana, 2, diciembre 31, 1974.

Alvarado, José, «*El recurso del método*», en *Excélsior*, México D. F., mayo 29 1974.

Álvarez Quiñones, Roberto, «La acción de Concierto barroco empieza en 1709, da un salto a la época actual y termina prácticamente en vísperas de la Revolución.» Expresó Alejo Carpentier en entrevista para *Granma* al llegar ayer a nuestro país», en *Granma*, La Habana, 10, 296, 5, diciembre 18, 1974.

«Presentada oficialmente en la librería «Lalo Carrasco» la novela *El recurso del método*, de Alejo Carpentier», en *Granma*, La Habana, 10, 299, 3, diciembre 21, 1974.

«Celebran acto central en homenaje a Alejo Carpentier por sus setenta años, en el Teatro Amadeo Roldán», en *Granma*, La Habana, 10, 304, 1, diciembre 27, 1974.

«Ofrece Alejo Carpentier interesante charla sobre su obra en la Biblioteca Nacional José Martí», en *Granma*, La Habana, 10, 305, 4, diciembre 28, 1974.

«Inaugurada la exposición Alejo Carpentier, lo real maravilloso latinoamericano», en la Casa de las Américas, Estrenan la premiere del filme del ICAIC «Habla Carpentier sobre La Habana 1912-1930», en *Granma*, La Habana, 10, 307, 6, diciembre 31, 1974.

«Confiere la Universidad de La Habana a Carpentier el título de Doctor Honoris Causa en Lengua y Literatura Hispánica», en *Granma*, La Habana, 11, 3, 4, enero 4, 1975.

Anderson Imbert, Enrique, «Formas en la novela contemporánea», en su *Crítica interna*, Madrid, Ediciones Taurus, 1960, págs. 269-270.

Ángel, Pedro, «Concierto barroco, una novela de Alejo Carpentier», en *Juventud Rebelde*, La Habana, 2, noviembre 24, 1975.

Arias, Salvador, «Preludio y variaciones, sobre *Tientos y diferencias*», en *El Caimán Barbudo*, La Habana, 3, 22, mayo, 1966.

Assardo, M. Roberto, «Semejante a la noche o la contemporaneidad del hombre», en *Cuadernos Americanos*, México D. F., 28, 163, 2, 263-271, marzo-abril, 1969.

«El concepto del tiempo circular en el relato "El camino de Santiago" de Alejo Carpentier», en *La Torre*, San Juan de Puerto Rico, 19, 72, 123-128, abril-mayo, 1971.

Augier, Ángel, «*Viaje a la semilla*, por Alejo Carpentier», en *Gaceta del Caribe*, La Habana, 1, 6, 28, agosto, 1944.

«*Guerra del tiempo*, por Alejo Carpentier», en *Universidad de La Habana*, La Habana, 27, 164, 195-196, noviembre-diciembre, 1963.

«Alejo Carpentier», en *Bohemia*, La Habana, 55, 52, 10-11, diciembre 27, 1963.

Barbero, Teresa, «Alejo Carpentier, *El derecho de asilo*», en *La Estafeta Literaria*, Madrid, 492, 946, mayo 15, 1972.

Benedetti, Mario, «Sobre paisajes y personas», en su *Crítica cómplice*, La Habana, Instituto Cubano del Libro, 1971, págs. 29-32.

Blanzat, Jean, «*Le Royaume de ce monde* d'Alejo Carpentier», en *Le Figaro Littéraire*, París, septiembre 11, 1954.

«*Chasse a l'homme* d'Alejo Carpentier», en *Le Figaro Littéraire*, París, marzo, 22, 1958.

«*Le partage des eaux* d'Alejo Carpentier», en *Le Figaro Littéraire*, París, enero, 7, 1959.

«Prólogo», en Carpentier, Alejo, *Le Siècle des Lumières*, París, Gallimard, 1962, págs. 3-8.

Bueno, Salvador, «En charla con Alejo Carpentier», en *Carteles*, La Habana, 34, 17, 36, abril 26, 1953.

«Alejo Carpentier novelista antillano y universal», en su *La letra como testigo*, La Habana, Universidad Central de Las Villas, 1957, págs. 153-179.

«Lo que me dijo Alejo Carpentier», en *Carteles*, La Habana, 40, 26, 36-37, junio 28, 1959.

«*El Siglo de las Luces*, por Alejo Carpentier», en *Universidad de La Habana*, La Habana, 27, 164, 188-190, noviembre-diciembre, 1963.

«*El siglo de las luces* en España», en *El Mundo*, La Habana, 64, 21 531, 4, marzo 18, 1966.

«Reflexiones de un novelista, sobre *Tientos y diferencias*», en *Bohemia*, La Habana, 58, 21, 9, mayo 27, 1966.

«Cuarenta y cinco años de trabajo intelectual, Exposición Carpentier», en *El Mundo*, La Habana, 65, 21 750, 4, noviembre 29, 1966.

«Nuevos relatos en *Guerra del tiempo*, en *La Gaceta de Cuba*, La Habana, 96, 32, septiembre, 1977.

«Notas para un estudio sobre la concepción de la historia en Alejo Carpentier», en *Universidad de La Habana*, La Habana, 195, 122-138, 1972.

«Carpentier en la maestría de sus novelas y relatos», en *Unión*, La Habana, 13, 1, 102-121, marzo 1974.

Callejas, Bernardo, «Introducción», en *El autor y su obra, Alejo Carpentier*, La Habana, MINED, Dirección Nacional de Educación General, 1973, págs. 3-7.

Campos, Jorge, «Alejo Carpentier, *La música en Cuba*», en *Revista Cubana*, La Habana, 23, 318-322, enero-diciembre, 1948.

«Letras de América, La Antilla de Alejo Carpentier, sobre *El Siglo de las luces*», en *Ínsula*, Madrid, 21, 240, 11, 15, noviembre, 1966.

«*El derecho de asilo*, un relato de Alejo Carpentier», en *Ínsula*, Madrid, 28, 307, 11, junio, 1972.

Carlos, Alberto J., «El anti-héroe en *El acoso*», en *Cuadernos Americanos*, México D. F., 29, 168, 1, 193-204, enero-febrero, 1970.

«Carpentier», en *Rotograbado de Revolución*, suplemento del periódico *Revolución*, La Habana, 2-9, abril 15, 1963.

Carr, Bill, «Carpentier and the Caribbean», en *Caribbean Studies*, Río Piedras, Puerto Rico, 11, 3, 75-82, octubre, 1971.

Castroviejo, Concha, «La novela no muere, Alejo Carpentier, *El siglo de las luces*» en *Informaciones*, Madrid, febrero 12, 1966.

Cruz Luis, Adolfo, «Mundonovismo y surrealidad en Alejo Carpentier», en *El Caimán Barbudo*, La Habana, 2.ª época, 41, 9-12, octubre, 1970.

«Latinoamérica en Carpentier, génesis de lo real maravilloso», en *Casa de las Américas*, La Habana, 15, 87, 48-59, noviembre-diciembre, 1974.

Chantraine de Van Praag, Jacqueline, «*El acoso* de Alejo Carpentier, estructura y expresividad», en *Actas del Tercer Congreso Internacional de Hispanistas*, publicadas bajo la dirección de Carlos H, Magis, México D. F., El Colegio de México, 1970, págs. 225-231.

Dallal, Alberto, «Alejo Carpentier, *El siglo de las luces*», en *Revista de la Universidad de México*, México D. F., 17, 10, 31, junio, 1963.

Debray, Regis, «Alejo Carpentier et le Réalisme, sobre *El siglo de las luces*», en *Partisans*, París, 8, 200-205, enero-febrero, 1963.

Desnoes, Edmundo, «*El siglo de las luces*», en *Casa de las Américas*, La Habana, 4, 26, 100-109, octubre-noviembre, 1964.

«El sentido de este mundo, sobre *El reino de este mundo*», en *Unión*, La Habana, 3, 4, 153-156, octubre-diciembre, 1964.

Diez, Luis A., «Carpentier y Rulfo, dos largas ausencias», en *Cuadernos Hispanoamericanos*, Madrid, 91, 272, 338-349, febrero, 1913.

Domenella, Ana Rosa, «De Carpentier, El recurso de este mundo, sobre *El recurso del método*», en *La Cultura en México*, Suplemento de la revista *Siempre*, México D. F., 644, X-XII, junio 12, 1974.

Dorante, Carlos, «*Tristán e Isolda en tierra firme* de Alejo Carpentier», en *El Nacional*, Caracas, julio 9, 1950.

Dorfman, Ariel, «El sentido de la historia en la obra de Alejo Carpentier», en su Imaginación y violencia en América, Santiago de Chile,

Editorial Universitaria, 1970, págs. 93-137.

Dubcava, Viera, «Zápas o naplnenie casu», «La lucha por llenar el tiempo», epílogo a Alejo Carpentier, *Stratené kroky, Los pasos perdidos*, Bratislava, Nakladatelstvo Pravda, 1971, págs. 281-289.

Dumas, Claude, «*El siglo de las luces*, de Alejo Carpentier, novela filosófica», en *Cuadernos Americanos*, México D. F., 25, 147, 4, 187-210, julio-agosto, 1966.

«Envía Fidel mensaje de felicitación a Alejo Carpentier», en *Granma*, La Habana, 11, 137, 1, junio 11, 1975.

Fernández de Castro, José Antonio, *Tema negro en las letras de Cuba, 1608-1935*, La Habana, Ediciones Mirador, 1943, págs. 91-94.

Fernández Retamar, Roberto, «Alegría por el regreso de Alejo Carpentier», en su *Papelería*, La Habana, Universidad Central de Las Villas, Dirección Publicaciones, 1962, págs. 160-164.

Flores, Julio, y otros, *El realismo mágico de Alejo Carpentier*, Valparaíso, Chile, Ediciones Orellana, 1971.

Foster, David William, «The "Everyman" theme in Carpentier's "El camino de Santiago"», en *Symposium*, Syracuse, 18, 3, 229-240, fall, 1904.

Franco, Jean, *La cultura moderna en América Latina*, México D. F., Joaquín Mortiz, 1971, págs. 118, 131, 142-143, 180, 228, 231, 232, 245, 297.

Fry, Gloria M., «El problema de la voluntad y el acto en "El camino de Santiago"», en *Revista de Estudios Hispánicos*, Alabama, 3, 1, 129-144, abril, 1969.

García Alzola, Ernesto, «La novela cubana en el siglo XX», en *Panorama de la literatura cubana*, conferencias, La Habana, Universidad de La Habana, Centros de Estudios Cubanos, 1970, págs. 199-205.

García Suárez, Pedro, «Alejo Carpentier», entrevista, en *Bohemia*, La Habana, 55, 21, 67-69, mayo 24, 1963.

Giacoman, Helmy F., editor general, *Homenaje a Alejo Carpentier, variaciones interpretativas en torno a su obra*, Nueva York, Las Americas Publishing, 1970.

Giordano, Jaime, «Unidad estructural en Alejo Carpentier», en *Revista Iberoamericana*, Pittsburgh, 75, 391-401, abril-junio, 1971.

Glissant, Edouard, «Alejo Carpentier et l'autre Amérique», en *Critique*, París, 10, 14, 105, 113-119, fév., 1956.

González, Aimée, «Alejo Carpentier y lo real maravilloso americano», en *Islas*, La Habana, 36, 92-99, mayo-agosto, 1970.

González León, Adriano, «Alejo Carpentier, *El acoso*», en *Revista Nacional de Cultura*, Caracas, 19, 120, 176-177, enero-febrero, 1957.

Gotas de lectura sobre novelas y relatos breves de Alejo Carpentier, La Habana, Consejo Nacional de Cultura, Dirección General de Literatura y Publicaciones, 1975.

Harss, Luis, «Alejo Carpentier o el eterno retorno», en *Los nuestros*, Buenos Aires, Editorial Suramericana, 1966, págs. 51-86.

Iragorri, Delia, «Un Carpentier menos retórico,

sobre *El derecho de asilo*», en *Imagen*, Caracas, 62, 12, agosto 29-septiembre 5, 1972.

Irish, James, «*El reino de este mundo* by Alejo Carpentier, a cuban criollo and the afrohaitian world», en *Savacou*, Kingston, 1, 1, 98-107, junio, 1970.

King, Lloyd, «The Soul of Afro-Caribbean Folk», en *Tapia*, Tunapuna, Trinidad & Tobago, 3, 22, 6-7, junio 3, 1973.

Korsi, Demetrio, «El estreno de *La pasión negra*, Un triunfo de Alejo Carpentier», en *Carteles*, La Habana, 18, 32, 16, 53, 60, agosto 7, 1932.

Kutéischikova, Vera, «Versión al ruso de *Los pasos perdidos*, de Alejo Carpentier», en *Literatura Soviética*, Moscú, 11, 197-200, noviembre, 1965.

Labrador Ruiz, Enrique, «*El acoso*, por Alejo Carpentier», en *Revista Cubana*, La Habana, 31, 3-4, 159-161, julio-diciembre, 1957.

Ladra, Luis Antonio, «Alejo Carpentier, *Viaje a la semilla*» en *Orígenes*, La Habana, 1, 3, 45-46, otoño, 1944.

Lask, Thomas, «Book of the Time, sobre *El siglo de las luces*», en *The New York Times*, Nueva York, 112, 38 537, 17, julio, 1963.

Lastra, Pedro, «Notas sobre la narrativa de Alejo Carpentier, en *Anales de la Universidad de Chile*», Santiago de Chile, 120, 25, 94-101, enero-marzo 1962.

«Aproximaciones a *¡EcueYamba-O!*», en *Eco*, Bogotá, 23, 1-2, 133-134, 50-67, mayo-junio, 1971.

Latchman, Ricardo Antonio, «Perspectivas de la literatura hispanoamericana contemporánea», en *Atenea*, Santiago de Chile, 35, 131, 380-381, 305-336, abril-septiembre, 1958.

Leante, César, «Confesiones sencillas de un escritor barroco», entrevista, en *Cuba*, La Habana, 3, 24, 30-33, abril, 1964.

«Un reto a la novela moderna, *El siglo de las luces*», en *Unión*, La Habana, 3, 2, 184-190, abril-junio, 1964.

León, María Teresa, «La música en Cuba por Alejo Carpentier», en *Revista Cubana*, La Habana, 22, 216-217, enero-diciembre, 1947.

Liscano, Juan, «Alejo Carpentier, intérprete de mitos necesarios», en *Trimestre*, La Habana, 3, 4, 473-479, octubre-diciembre, 1949.

López Morales, Eduardo, «Una conciencia crítica en la encrucijada cultural, sobre *Los pasos perdidos*, en *Revolución y Cultura*», La Habana, 28, 57-65, diciembre, 1974.

López-Nussa, Leonel, «Goya en *El siglo de las luces*», en *La Gaceta de Cuba*, La Habana, 3, 35, 4, abril 20, 1964.

Loveluck, Juan, «*Los pasos perdidos*, Jasón y el nuevo vellocino», en *Cuadernos Hispanoamericanos*, Madrid, 165, 414-426, septiembre 1963.

Maldonado-Denis, Manuel, «Alejo Carpentier y "El reino de este mundo"», en *Marcha*, Montevideo, 27, 1 285, 31, diciembre 17, 1965.

Marco, Joaquim, «Un gran maestro de la narrativa latinoamericana, Alejo Carpentier», sobre *El reino de este mundo*, en su *Ejercicios literarios*, Barcelona, Editorial Taber, 1969, págs.

317-323.

Maribona, Armando, «Postales parisienses, El nacionalismo de Carpentier», en *Diario de la Marina*, La Habana, 96, 282, 16, octubre 9, 1928.

Marinello, Juan, «Una novela cubana, sobre *¡EcueYamba-O!*», en su *Literatura hispanoamericana, Hombres-meditaciones*, México D. F., Ediciones de la Universidad Nacional de México, 1937, págs. 165-178.

«Sobre el asunto en la novela», sobre *El acoso*, en su *Meditación americana*, Buenos Aires, Ediciones Procyon, 1959, págs. 57-77, «Un homenaje excepcional», en *Bohemia*, La Habana, 56, 32, 94-95, agosto 7, 1964.

«Homenaje a Alejo Carpentier, Palabras a nombre del Comité Central del Partido Comunista de Cuba», en *Revista de la Biblioteca Nacional José Martí* La Habana, 3.ª época, 66, 17, 1, 9-17, enero-abril, 1975.

Márquez Rodríguez, Alexis, *La obra narrativa de Alejo Carpentier*, Caracas, Ediciones Universidad Central de Venezuela, 1970.

Meneses, Guillermo, «*El acoso*, novela de Alejo Carpentier», en *El Universal*, Caracas, 4, julio 11, 1957.

Miomandre, Francis de, «La magie et la foi», sobre *El reino de este mundo*, en *Les Nouvelles Litteraires*, París, 9, octubre 20, 1949.

«Lettres Ibériques», sobre *Los pasos perdidos*, en *Hommes et Mondes*, París, 92, 602-605, marzo, 1954.

Morán, Fernando, «De lo real maravilloso y de la Historia, Alejo Carpentier», en su *Novela y semidesarrollo, una interpretación de la novela hispanoamericana y española*, Madrid, Taurus, 1971, págs. 300-307.

Moretic, Yerko, «*El siglo de* las *luces*, la más reciente novela de Carpentier», en *La Aurora*, Santiago de Chile, 2.ª época, 1, 1, 64-77, enero-marzo, 1964.

Müller-Bergh, Klaus, «Oficios de tinieblas, de Alejo Carpentier», en *El ensayo y la crítica literaria en Iberoamérica*, edición al cuidado de Kurt L. Levy y Keith Ellis, Toronto, Instituto Internacional de Literatura Iberoamericana, 1970, págs. 249-255.

Alejo Carpentier, estudio biográfico-crítico, Nueva York, Madrid, Las Américas, 1972.

Asedios a Carpentier, once ensayos críticos sobre el novelista cubano, selección y nota preliminar, Santiago de Chile, Editorial Universitaria, 1972.

Nadeau, Maurice, «Révolution noire a Saint-Domingue», sobre *El reino de este mundo*, en *Lettres et Arts*, suplemento del periódico *France Observateur*, París, 13, 4-5, julio, 22, 1954.

«Antilles fabuleuses; courrant les clameurs disparates de l'histoire, le chant profond du port», sobre *El siglo de las luces*, en *L'Express*, París, 10, 575, 34-35, junio, 21, 1962.

Nuiry, Nuria, «Alejo Carpentier, una biografía a través de siete décadas y *El recurso del método*», en *Bohemia*, La Habana, 66, 52, 10-13 y 24, diciembre 27, 1974.

Oramas, Ada, «Diálogo con Alejo Carpentier», entrevista, en *Mujeres*, La Habana, 5, 10, 14-

17, octubre, 1965.

Orozco Sierra, Guillermo, «*El siglo de las luces* a través de la teoría de los «contextos» de su propio autor», en *Taller*, Santiago de Cuba, 22, 13-18, septiembre, 1971.

Ospovat, Lev, «El hombre y la historia en la obra de Alejo Carpentier», en *Casa de las Américas*, La Habana, 15, 87, 9-17, noviembre-diciembre, 1974.

Pacheco, José Emilio, «Vous êtes tous des sauvages!», sobre *El recurso del método*, en *Plural*, México D. F., 3, 9, 74-76, junio 15, 1974.

Palermo, Zulma, y otros, *Historia y mito en la obra de Alejo Carpentier*, compilación y noticia bibliográfica de Nora Mazziotti, Buenos Aires, Fernando García Cambeiro, 1972.

Pavel, María, «En Rumania sentí una impresión muy fuerte, pero también muy..., cubana», entrevista, en *Rumania de Hoy*, Bucarest, 7, 30-31, 1961.

Pavón Tamayo, Luis, «Notas en torno al *Recurso del método*», en *Revolución y Cultura*, La Habana, 2.ª época, 28, 50-55, diciembre, 1974.

Picón Salas, Mariano, «*El reino de este mundo*», en *El Nacional*, Caracas, noviembre 27, 1949.

Pineda, Rafael, «Despedida a Alejo Carpentier», en *Islas*, La Habana, 2, 2-3, 413-416, enero-agosto, 1960.

Piñeyro, Abelardo, «La Bienal de Sao Paulo y *El siglo de las luces*, entrevista a Alejo Carpentier», en *Pueblo y Cultura*, La Habana, 19, 16-21, enero, 1964.

Pogolotti, Graziella, «Reciente novela de Alejo Carpentier», sobre *El acoso*, en *El Mundo Ilustrado*, suplemento del periódico *El Mundo*, La Habana, 11, junio 23, 1957.

«Alejo Carpentier ensaya», sobre *Tientos y diferencias*, en *Casa de las Américas*, La Habana, 5, 31, 94-96, julio-agosto, 1965.

«El reino de este hombre, Alejo Carpentier en su 70 aniversario», en *Revolución y Cultura*, La Habana, 2.ª época, 20, 50-53, abril, 1974.

«Carpentier renovado», en *Casa de las Américas*, La Habana, 15, 86, 127-129, septiembre-octubre, 1974.

Pogolotti, Marcelo, «Este reino y el otro», sobre *El reino de este mundo*, en *El Mundo*, La Habana, 48, 15 305, 12, agosto 31, 1949.

«*El acoso*», en su *La República de Cuba al través de sus escritores*, La Habana, Editorial Lex, 1958, págs. 123-125.

Poniatowska, Elena, «El hijo pródigo», entrevista, en su *Palabras cruzadas*, México D. F., Era, 1961, págs. 216-230.

«"Hemos pasado del costumbrismo a la épica latinoamericana. Nuestros novelistas tienen que empezar dando nombre a las cosas", dice Alejo Carpentier», entrevista, en *La Cultura en México*, Suplemento de la revista *Siempre!* México D. F., 97, II-V, diciembre 25, 1963.

Portuondo, José Antonio, «El retorno literario de Alejo Carpentier», sobre *El acoso*, en *Nuestro Tiempo*, La Habana, 4, 18, 6, julio-agosto, 1957.

«José Soler Puig y la novela de la Revolución Cubana», sobre *El siglo de las luces*, en su *Cri-*

tica de la época y otros ensayos, La Habana, Editora del Consejo Nacional de Universidades, Universidad Central de Las Villas, 1965, págs. 197-199.

«Alejo Carpentier, creador y teórico de la literatura», en *Anuario L/L*, La Habana, 5, 3-15, 1974.

Priestley, J. B., «Book of a hundred months», sobre *Los pasos perdidos*, en *Sunday Time*, Londres, noviembre 4, 1956.

Rubén, José, «*Tientos y diferencias*, ensayos», en *Eco*, Bogotá, 65, 540-543, septiembre, 1965.

Rey del Corral, José Antonio, «*Los pasos perdidos* de Alejo Carpentier», en *Boletín Cultural y Bibliográfico*, Bogotá, 10, 4, 857-863, 1967.

Richard, Renaud, «Carpentier y la novelística ecuatoriana», en *Letras del Ecuador*, Quito, 149, 20-22, 29, abril, 1971.

Roa, Miguel F., «Alejo Carpentier, el recurso de Descartes, entrevista», en *Granma*, La Habana, 10, 116, 4, mayo 18, 1974.

Ross, Waldo, «Alejo Carpentier o sobre la metamorfosis del tiempo», en *Actas del Tercer Congreso Internacional de Hispanistas*, publicadas bajo la dirección de Carlos H., Magis, México D. F., El Colegio de México, 1970, págs. 753-764.

Ruffinelli, Jorge, «Descubriendo a América», sobre *Tientos y diferencias*, en *Marcha*, Montevideo, 29, 1 384, 29, diciembre 22, 1967.

Salomón, Nöel, *sobre dos fuentes antillanas y su elaboración* en El siglo de las luces *de Alejo Carpentier*, Talance, Francia, Institut d'études Ibériques et Ibéroaméricaines de l'Université de Bordeaux III, 1912.

Santana, Joaquín G., «Los pasos encontrados», entrevista, en *Cuba Internacional*, La Habana, 2, 17, 44-49, diciembre, 1970.

Santander, Carlos, «Lo maravilloso en la obra de Alejo Carpentier», en *Atenea*, Concepción, Chile, 42, 159, 409, 99-126, julio-septiembre, 1965.

«El tiempo maravilloso en la obra de Alejo Carpentier», en *Estudios Filológicos*, Valdivia, Chile, 4, 107-129, 1968.

Santos Moray, Mercedes, «Alejo Carpentier y el nouveau roman», en *El Caimán Barbudo*, La Habana, 2.ª época, 50, 24-26, octubre, 1971.

«Notas para un estudio de la novela en Alejo, Carpentier», en *Santiago*, Santiago de Cuba, 9, 189-196, diciembre, 1972.

«¿Novela, crónica, Testimonio?», sobre *El recurso del método*, en *Juventud Rebelde*, La Habana, 4, enero 16, 1975.

Schnelle, Kurt, «Carpentier und die Suche nach dem Geschichtsbwusstsein», «Carpentier y la búsqueda de una conciencia, histórica», epílogo a Alejo Carpentier *Hetzjagd*, *El acoso*, Leipzig, Verlag Philipp Reclam, junio, 1966, págs. 97-106.

Sorel, Andrés, «El mundo novelístico de Alejo Carpentier», en *Cuadernos Hispanoamericanos*, Madrid, 61, 182, 304-318, febrero, 1965.

«En torno a *El siglo de las luces* de Alejo Carpentier», en *Cuadernos para el Diálogo*, Madrid, 32, 39, mayo, 1966.

Suárez Solís, Rafael, «*¡Ecue-Yamba-O!* I, II y III»,

en *Ahora*, La Habana, 2, 175, 176 y 177, 1, 2; 1, 4 y 1, 7, abril 4, 5, y 6, 1934.

«El reino de este mundo», en *Alerta*, La Habana, 15, 200, 4, agosto 30, 1949.

«*Los pasos perdidos*» en *Diario de la Marina*, La Habana, 123, 193, 4-A, agosto 16, 1955.

«*Los pasos perdidos* y el idioma encontrado» en *Diario de la Marina*, La Habana, 123, 196, 4-A, agosto 19, 1955.

«*Los pasos perdidos* en la infancia del hombre», en *Diario de la Marina*, La Habana, 123, 200, 4-A, agosto 24, 1955.

«Epílogo a una crítica», en *Diario de la Marina*, La Habana, 123, 211, 4-A, septiembre 6, 1955.

«*El Quijote* lo escribió un cubano», en *Diario de la Marina*, La Habana, 124, 16, 4-A, enero 19, 1956.

«Felicitación y réplica», en *Diario de la Marina*, La Habana, 124, 23, 4-A, enero 27, 1956.

«Acotaciones a un libro de Carpentier, I y II», sobre *El siglo de las luces*, en *El Mundo*, La Habana, 63, 20 990 y 20 993, 4 y 4, junio 18 y 21, 1964.

Tijeras, Eduardo, «*El siglo de las luces* en su edición española», en *Cuadernos Hispanoamericanos*, Madrid, 70, 208, 199-204, abril, 1967.

Torrealba Lossi, Mario, «*El reino de este mundo*», en *El Universal*, Caracas, mayo 28, 1950.

Torres Fierro, Danubio, «*El recurso del método* de Carpentier, Los pasos perdidos de la picaresca», en *Diorama*, suplemento del periódico *Excélsior*, México D. F., 10-11, junio 16

1974.

Trigo, Pedro, «*El derecho de asilo*», en *Reseña*, Madrid, 9, 59, 11-12, noviembre, 1972.

Valdés Berrial, Sergio, «Caracterización lingüística del negro en la novela *¡Ecue-Yamba-O!*», en *Anuario L/L* La Habana, 2, 123-183, 1971.

Vandercammen, Edmond, «*Le partage des eaux*», en *Le Soir*, Bruselas, fév, 1, 1957.

«*Chasse a l'homme*», en *Le Soir*, Bruselas, marzo 19, 1958.

Vasconcelos, Ramón, «El folklorista de *Yamba O*», en su *Montparnase*, Impresiones de arte, La Habana, Cultural, 1938, págs. 125-137.

Vázquez Candela, Euclides, «Habla para *Granma* Alejo Carpentier», entrevista, en *Granma*, La Habana, 5, 73, 5, marzo 27, 1969.

Verna, Paul «Ce livre d'Alejo Carpentier», sobre *El reino de este mundo*, en *La Phalange*, Port-au-Prince, Haití, 11, 2 966, 1, 2, fév, 8, 1950.

Vilar, Sergio, «He aquí una gran novela, *El siglo de las luces*», en *Destino*, Barcelona, noviembre 17, 1966.

Villares, Ricardo, «Entrevista con Alejo Carpentier», en *Bohemia*, La Habana, 66, 52, 58-61, diciembre 27, 1974.

Villelaur, Anne, «*Le partage des eaux*», en *Les Lettres Françaises*, París, fév, 16-22, 1956.

«Suspense et ambiguité», sobre *El acoso*, en *Les Lettres Françaises*, París, avr, 17-23, 1958.

Vitier, Cintio, «Alejo Carpentier», en *Cincuenta años de poesía cubana, 1902-1952*, ordenación, antología y notas, La Habana, Dirección de Cultura del Ministerio de Educación, 1952, págs. 226.

Volek, Emil, «*Los pasos perdidos*» en *Universidad de La Habana*, La Habana, 32, 189, 25-37, enero-marzo, 1968.

«Análisis e interpretación de *El reino de este mundo* y su lugar en la obra de Alejo Carpentier», en *Unión*, La Habana, 6, 1, 98-118, marzo, 1969.

«Análisis del sistema de estructuras musicales e interpretación de *El acoso* de Alejo Carpentier», en *Philologica Pragensia*, Praga, 12, 1-24, 1969.

«Dos cuentos de Carpentier, dos caras del mismo método artístico», sobre «Semejante a la noche» y «El camino de Santiago», en *Nueva Narrativa Hispanoamericana*, Nueva York, Madrid, 1, 1, 7-19, enero, 1971.

«Algunas reflexiones sobre *El siglo de las luces* y el arte narrativo de Alejo Carpentier», en *Casa de las Américas*, La Habana, 13, 74, 42-54, septiembre-octubre, 1972.

Carricarte, **Arturo Ramón de** (La Habana, 6 noviembre 1880-Marianao, La Habana, 8 noviembre 1948). Realizó sus primeros estudios en La Habana, donde se graduó de bachiller (1894). En 1902 viajó a México. Obtuvo el premio de crítica en los juegos florales del Ateneo y Círculo de La Habana (1908). Al año siguiente ingresó en el servicio diplomático con el cargo de cónsul de Cuba en Montevideo. Miembro electo de distintas sociedades latinoamericanas. Fue galardonado en Cuba con el Gran Premio de Literatura (1913-1914) de la Academia Nacional de Artes y Letras por su novela *Historia de un vencido* (*El Ñáñigo*). Desempeñó distintos cargos en la Secretaría de Educación y el Senado. Fundó la Biblioteca Municipal de La Habana (1920), la cual dirigió hasta 1931, y el Museo José Martí. Fue profesor del Seminario Diplomático y Consular, anexo a la Facultad de Derecho de la Universidad de La Habana (1921). Dirigió *Helios* (Marianao, 1904). *El Mundo Artístico*, *Revista Martiniana* (1921-1927), *Revista Crítica* y *El Dictamen*, ambas de Veracruz, México. Fue editor de la edición en español de *The Havana Post* (1907). Colaboró en *La Época* (1904-1905), *América* (1907), *La Nación* (1919), *Azul y Rojo*, *El Fígaro*, *Bohemia*, *Gráfico*, *El Mundo*, *Diario de la Marina*, *Heraldo de Cuba*, *El Día*, *La Discusión*, *El Nuevo País*, *El Debate*, *Arte*, *El Triunfo* (cuyos editoriales escribió durante doce años), *El Sol* (Marianao). Utilizó los seudónimos *C. de Arracerit*, *A. R. de Castro*, *Blas Gil* y *Segundo Valbuena*.

Bibliografía activa

Noche trágica, esbozo de novela, Azul, relato, y *poemitas en prosa*, prólogo de Ricardo del Monte, La Habana, Establecimiento Tipográfico Salud, 1903.

El «nacionalismo» en América, glosa de un libro chileno, Montevideo, Ediciones de la *Revista Apolo*, 1909.

Un centenario, injusticia patriótica y desastre poético, crítica de actualidad, por *Segundo Valbuena*, seudónimo, La Habana, Editor Jesús Montero, 1914.

Del México intelectual, tres académicos, La Habana, El Fígaro, 1918.

Notas sobre Uruguay, La Habana, Imprenta El Fígaro, 1918.

Por qué es del pueblo cubano la casa en que nació Martí, La Habana, Imprenta y papelería de Rambla y Bouza, 1921.

Honremos a Martí, La Habana, Imprenta y Papelería de Rambla y Bouza, 1922.

El dictador, ensayo sobre el desarrollo de la enseñanza en América, 6.ª edición, Marianao, La Habana, Imprenta El Sol, 1923.

Martí en Isla de Pinos, octubre a diciembre de 1870, extracto de la biografía documental e iconográfica del Apóstol de la Independencia, La Habana, Imprenta Editorial América, 1923; edición especial de la R. Logia «Estrada Palma», en homenaje a los alumnos de las escuelas públicas del distrito de Marianao, laureados con el «Beso de la Patria», en el curso de 1946-1947, Marianao, La Habana, Imprenta de *El Sol*, 1947.

Iconografía del Apóstol José Martí, La Habana, Imprenta El Siglo XX, 1925.

El verdadero nacionalismo, acerca de un libro de Pastor del Río, La Habana, Imprenta El Fígaro, 1928.

La cubanidad negativa del apóstol Martí, La Habana, Editor Manuel Isaías Mesa Rodríguez, 1934.

Nuevos papeles de José Martí, prefacio al Centón de documentos hasta ahora inéditos y de otros dispersos no reproducidos los más,
desde su primera publicación, La Habana, edición del diario *Ahora*, 1934.

Martí y el leonismo, La Habana, Museo José Martí, 1939.

El magisterio, honra y esperanza de Cuba, conferencia, La Habana, Imprenta La Discusión, 1940.

Lo que dice y lo que no dice el manifiesto de Monsecristi, Marianao, La Habana, Imprenta El Sol, 1940.

Cubanas inmortales, Bernarda Toro de Gómez; evocación, homenaje de La Tribuna Libre, Marianao, La Habana, 1943.

Bibliografía pasiva

«Arturo Ramón de Carricarte, *El magisterio, bona y esperanza de Cuba*», en *América*, La Habana, 5, 2-3, 108, febrero-marzo, 1940.

Boti, Regino Eladio, «Carricarte, instantánea», en *Bohemia*, La Habana, 3, 36, 430, septiembre 8, 1912.

Carbonell, José Manuel, «Arturo Ramón de Carricarte y Armas, 1880», en su *La prosa en Cuba*, recopilación dirigida, prologada y anotada, tomo 5, La Habana, Imprenta Montalvo y Cárdenas, 1928, págs. 271-272, Evolución de la cultura cubana, 1608-1927, 16.

Carbonell, Miguel Ángel, «*Un centenario*», en *Universal*, La Habana, 3, 76, 8, junio 14, 1914.

Carrión, Miguel de, «*Noche trágica de Arturo Ramón de Carricarte*», en *Azul y Rojo*, La Habana, 3, 9, 2, febrero 28, 1904.

«Nuestras entrevistas, Hablando con el señor Arturo Ramón de Carricarte, director del

Museo y Biblioteca Martí», en *Carteles*, La Habana, 8, 14, 10, abril 5, 1925.

Suvillaga, Lázaro, seudónimo de Gilberto González y Contreras, «Arturo Ramón de Carricarte», en *Mañana*, La Habana, 5, 349, 2, septiembre 16, 1943.

Carrillo y O'Farrill, Isaac (La Habana, 11 mayo 1844-Id., 13 noviembre 1901) En 1854 ingresó en el Colegio El Salvador y dos años después pasó a la Real Universidad. Cursó Filosofía, se graduó de Bachiller en Artes (1860) y de Licenciado en Derecho Civil y Canónico (1866). Fue catedrático sustituto del Instituto de Segunda Enseñanza de La Habana (1867). En 1868 ingresó en el Partido Autonomista. Fue hecho prisionero en los sucesos ocurridos en el Teatro Villanueva (1869). Al ser puesto en libertad se trasladó a Nueva York, donde continuó estudios de derecho. Se recibió de abogado en la Corte Suprema del Estado de Nueva York (1874). Fue secretario de redacción de *El Mundo Nuevo*, y su director durante un año en ausencia de Enrique Piñeyro. En 1899, establecida la intervención norteamericana, volvió a Cuba. Fue nombrado magistrado de la Audiencia de La Habana. Colaboró en *El Siglo*, *Rigoletto*, *El Occidente* (tanto en el de Guanabacoa como en el de La Habana), *El País*, *Aguinaldo Habanero*, *Revista del Pueblo*, *El Ateneo*. Publicó el periódico *La Revolución*, del que salió un solo número. Es autor de la novela «María» (1863), que apareció en los folletines de *El Siglo*. Escribió además las piezas *Luchas del alma* (1864), *El que con lobas anda...*, representada en el Teatro Tacón en 1867, y *Magdalena* (1868?), cuyo manuscrito se perdió.

Bibliografía pasiva

Escoto, José Augusto, «Isaac Carrillo y O'Farrill, autobiografía y poesías escogidas», en *Revista histórica, crítica y bibliográfica de la literatura cubana*, Matanzas, 1, 3, 302-319, 1916.

Figarola Caneda, Domingo, «Isaac Carrillo y O'Farrill, páginas de una biografía», en *Cuba y América*, La Habana, 8, 5, 107, 98-101, diciembre 1901.

Carrión, Miguel de (La Habana, 9 abril 1875-Id., 30 julio 1929). Realizó los primeros estudios en su ciudad natal. Se graduó de bachiller en 1890. Ingresó en la Escuela de Derecho, pero tuvo que abandonarla al estallar la última guerra de independencia debido a sus actividades revolucionarias.

Emigró a los Estados Unidos. De regreso, en 1903, ganó por oposición una plaza de maestro de enseñanza primaria. Renunció a ella al año siguiente. En 1905 formó parte de la Asociación de Biología. Se graduó de médico en 1908 e ingresó en la Sociedad de Estudios Clínicos de La Habana. Dos años después, la Junta Rectoral de nuestra Universidad le adjudicó la Ayudantía Facultativa del Departamento de Rayos X, adscrita a la Escuela de Medicina, puesto que abandonó en 1913. A partir de entonces prestó servicios en la Asociación Cubana de Beneficencia, hasta que en 1917 ganó por oposición la cátedra de Educación Física, Juegos y Deportes y Anatomía, Fisiología e Higiene en la recién creada Escuela Normal de La Habana. Entre 1921 y 1922 trabajó directamente con el secretario de Instrucción Pública y Bellas Artes. Como miembro del Partido Popular Cubano fue candidato a representante por la provincia de Oriente (1922). Reintegrado a su cátedra, en 1923, fue nombrado secretario de la escuela y formó parte de una comisión para el estudio de las reformas del Reglamento General de Instrucción Primaria.

Por último, en 1926, se le nombró director de la Escuela Normal. Fue miembro de la Academia Nacional de Artes y Letras. Su abundante labor periodística comenzó en 1899 en el efímero *Libertad*, del que fue redactor. En 1903 fundó la revista especializada *Cuba Pedagógica*, en la que permaneció hasta abril de 1905. Creó, junto con Félix Callejas, la «revista para niños» *La Edad de Oro* (1904). También colaboró en las publicaciones *Azul y Rojo* (de la que fue director en 1904), *El Fígaro, Cuba Contemporánea, Letras, Archivo de la Policlínica, Revista de Medicina y Cirugía, El Comercio, La Discusión, La Noche, La Lucha* (de la que fue nombrado subdirector en 1919), *Heraldo de Cuba*. En colaboración con Alfredo Miguel Aguayo publicó en 1906 la obra de texto escolar *Estudios de la naturaleza*. Dentro del campo, de su profesión médica publicó *Los cálculos renales y su diagnóstico* (La Habana, Imprenta

El Siglo XX, 1912). Sus novelas *Las impuras* y *La esfinge* fueron traducidas al ucraniano bajo el título común de *Grishnitsi Sfinks* (Per zispah Kiev, Dnipro, 1966). Pronunció conferencias sobre distintas materias, científicas y literarias. Dejó inconclusa en los folletines de *Azul y Rojo* su novela *El principio de autoridad.*

Bibliografía activa

El milagro, novela, La Habana, Tipografía particular de *Azul y Rojo*, 1903.

La última voluntad, El Doctor Risco, En familia, De la guerra, Inocencia, relatos, La Habana, Alberto Castillo, editor, 1903.

Las honradas, novela, La Habana, Librería Nueva, 1917; 2.ª edición, Id., 1919; 3.ª edición, Id., 1920; La Habana, Academia de Ciencias de Cuba, Instituto de Literatura y Lingüística, 1966; La Habana, Instituto Cubano del Libro, 1973.

Las impuras, novela, La Habana, Librería Nueva, 1919; Lima, Imprenta Torres Aguirre, 1959, 2 T.; La Habana, Instituto Cubano del Libro, 1972.

Noche Buena, Relato corto, La Habana, Imprenta Rivero Argüelles, 1924.

La esfinge, novela, prólogo de Mario Parajón, La Habana, Comisión Nacional Cubana de la UNESCO, 1961.

La última voluntad y otros relatos, compilación y prólogo de Mercedes Pereira Torres, La Habana, Editorial Arte y Literatura, 1975.

Bibliografía pasiva

Bernal, Emilia, «A Don Miguel de Carrión», en *Bohemia*, La Habana, 10, 30, 3-4, julio 27, 1919.

Bueno, Salvador, «Una mujer en la sociedad burguesa», sobre *Las honradas*, en *Unión*, La Habana, 6, 2, 168-172, abril-junio, 1967.

Casey, Calvert, «Carrión o la desnudez», en *Lunes de Revolución*, La Habana, 52, 15-17, marzo 28, 1960.

«La esfinge, de Miguel de Carrión», en *Casa de las Américas*, La Habana, 22, 11-12, 63-65, marzo-junio, 1962.

Casteñeda, E. S., «*El milagro*, de Miguel de Carrión» en *Azul y Rojo*, La Habana, 3, 1, 2, enero 3, 1904.

Espinosa, Ciro, «Juicio sobre la novela *Las honradas*, de Miguel de Carrión», en su *Indagación y crítica, Novelistas cubanos*, La Habana, Cultural, 1940, págs. 121-175.

Gálvez, Napoleón, «Sobre una novela notable, *El milagro*, por Miguel de Carrión», en *La Discusión*, La Habana, 16, 2, 6, enero 2, 1904.

Hernández Guzmán, José, «Reflexiones semanales, en la muerte de Miguel de Carrión», en *El Dominical de La Lucha*, La Habana, 3, agosto 11, 1929.

Hernández Portela, Ramiro, «Miguel de Carrión y su libro», sobre *La última voluntad*, en *Azul y Rojo*, La Habana, 2, 6, 5, febrero 8, 1903.

«Homenaje a Miguel de Carrión» en *Cuba* en la *UNESCO*, La Habana, 2, 3, septiembre, 1961.

Lufriú, René, «Notas de un diletante, *Las impuras*», en *El Fígaro*, La Habana, 36, 28, 740, julio 27, 1919.

Mañach, Jorge, «Glosas, Miguel de Carrión», en *Excélsior-El País*, La Habana, 7, 213, 2, agosto 2, 1929.

«Glosas, *Las honradas*», en *Excélsior-El País*, La Habana, 7, 217, 2, agosto 6, 1929.

«Glosas, el mensaje de *Las honradas*», en *Excélsior-El País*, La Habana 7, 219, 2, agosto 8, 1929.

Mañalich, Ramiro, «Miguel de Carrión y Cárdenas, como pedagogo», en *Ideas*, La Habana, 2, 2, 88-96, septiembre, 1929.

Márquez Sterling, Manuel, «*El milagro*», en *El Fígaro*, La Habana, 19, 51, 626, diciembre 20, 1903.

Montori, Arturo, «La obra literaria de Miguel de Carrión», en *Cuba Contemporánea*, La Habana, 7, 11, 84, 337-352, diciembre, 1919.

Pogolotti, Marcelo, «El bovarismo criollo» e «Independencia de la mujer», en su *La República de Cuba al través de sus escritores*, La Habana, Editorial Lex, 1958, págs. 50-52 y 54-56.

Puñal, F. L., «Acerca de *Las impuras*, este año se celebra el centenario del nacimiento de Miguel de Carrión», en *Juventud Rebelde*, La Habana, 3, junio 23, 1975.

Remos y Rubio, Juan José, «La personalidad literaria de Miguel de Carrión», en *Ideas*, La Habana, 2, 2, 97-107, septiembre, 1929.

«Revista de Impresos, *La última voluntad*, por Miguel de Carrión», en *Cuba y América*, La Habana, 7, 49, 748, febrero 15, 1903.

Saavedra, Héctor de, «A través de la vida, Crítica de libros, *Las impuras*», en *El Fígaro*, La

Habana, 36, 25-26, 681, julio 6-13, 1919.

Torre, Miguel Ángel de la, «Tras la última página, *Las impuras*», en *Heraldo de Cuba*, La Habana, 8, 260, 2, octubre 4 1919.

Valle, Adrián del, «*El milagro*», en *Cuba y América*, La Habana, 8, 14, 4, 108, enero 24, 1904.

Varona, Enrique José, «Una novela nietzscheana», sobre *El milagro*, en *El Fígaro*, La Habana, 21, 6, 62, febrero 5, 1905.

«Carta a Miguel de Carrión sobre *Las honradas*», en *El Fígaro*, La Habana, 34, 38, 728, octubre 21, 1917.

XX, seudónimo de José Manuel Fuentevilla, «Cinematógrafo habanero», sobre *La última voluntad*, en *El Comercio*, La Habana, 18, 39, 2, febrero 15, 1903.

Yedra, Elena, «La imagen de la mujer en la obra de Miguel de Carrión, *Las honradas*», en *Islas*, La Habana, 51, 121-152, mayo-agosto, 1975.

Zayas, Fernando de, «*La última voluntad*», en *El Tipógrafo*, Matanzas, 3, 10, 1, marzo 8, 1903.

Carteles (La Habana, 1919-1960). Revista mensual de espectáculos y deportes. Comenzó a salir en junio. Fue fundada por Óscar H. Massaguer, quien ocupó inicialmente la dirección y administración. Desde febrero de 1922 ocupó la jefatura de redacción Federico de Ibarzábal. A partir de mayo de 1924 la revista cambia el formato y toma el subtítulo de «Semanario Nacional». Señala, además, que «inicia hoy una nueva era de prosperidad, esperando pueda en beneficio de sus lectores, desarrollar un extenso programa de iniciativas, que lo conviertan en la mejor revista gráfica de Cuba Republicana». El 30 de noviembre de 1924 Alfredo T. Quílez, que era antes gerente general, se convierte en director, y Emilio Roig de Leuchsenring asume la dirección artística. Desde el 26 de abril de 1925 Alejo Carpentier ocupa la jefatura de redacción. A partir del 2 de enero de 1927 Roig de Leuchsenring asume la subdirección. Desde el 1.º de abril de 1928 solo presenta el nombre del director. En el año 1930 aumenta el número de sus páginas. A partir del 17 de mayo de 1931 Conrado Walter Massaguer ocupa la dirección artística, Arturo Alfonso Roselló la jefatura de redacción y Alejo Carpentier la redacción en París. Desde el 23 de septiembre de 1934 vuelve a presentar solamente el nombre de Quílez como director. El 19 de mayo de 1950 presenta el siguiente lema: «Más que una revista una institución nacional, dedicada a servir a Cuba, no a servirse de Cuba». Comenzó a editar un suplemento infantil a partir del 2 de mayo de 1952. Desde el 10 de enero de 1954 la revista pasó a ser propiedad de B*ohemia* y Antonio Ortega fue su director. *Carteles* divulgó esencialmente temas de actualidad e información. Presentó, desde mayo de 1924, una sección editorial sobre política cubana, la cual fue suspendida desde comienzos de 1932 hasta la caída del dictador Machado. Más tarde, hacia 1956, este editorial desaparece lentamente y reaparece al triunfar la Revolución en enero de 1959. Presentó, mediante reportajes, entrevistas o artículos,

los acontecimientos políticos y sociales, nacionales e internacionales, más sobresalientes de la época. Publicó, como constante, los artículos costumbristas, históricos y políticos de Emilio Roig de Leuchsenring, muchos de los cuales aparecieron bajo sus seudónimos *El curioso parlanchín*, *U. Noquelosabe*, *Cristóbal de La Habana*, *Enrique Alejandro de Hermann*. Además aparecían con frecuencia trabajos acerca de la mujer, la educación, la historia de Cuba y universal, las artes plásticas, las figuras cubanas e hispanoamericanas, así como notas teatrales y críticas literarias y cinematográficas. Desde 1925 comenzaron a salir cuentos policíacos y fantásticos extranjeros; entre ellos, especialmente los norteamericanos a partir de 1950. Ya desde 1937 empiezan a aparecer algunos cuentistas cubanos como Enrique Serpa, Andrés Núñez Olano, Marcelo Salinas y Gustavo Grau Mederos. A partir del 7 de febrero de 1954 la revista contó con una sección fija de cuentistas hispanoamericanos, fundamentalmente cubanos; entre estos últimos figuraron Onelio Jorge Cardoso, Rogelio Llopis, Víctor Agostini, Virgilio Piñera, José Soler Puig, José Manuel Carballido Rey y otros. Alrededor del año 1956, comienzan a desaparecer de las páginas de *Carteles* los temas políticos nacionales de actualidad y no reaparecen hasta el triunfo de la Revolución. Fueron sus colaboradores, además de los ya mencionados, Alejo Carpentier, Félix Pita Rodríguez, Luis Felipe Gómez Wangüemert, Rafael Marquina, Rafael Suárez Solís, Antonio

Martínez Bello, Dora Alonso, *Roger de Lauria* (seudónimo de Ramón Rivera Gollury), Óscar Pino Santos, Mariblanca Sabas Alomá, Loló de la Torriente, Arturo Ramírez y otros. Finalizó su publicación el 31 de julio de 1960.

Bibliografía

«Actualidad, Los tribajadores de *Carteles* responden a Alfredo T. Quílez», en CTC, La Habana, 6, 67, 14-15, 39, septiembre, 1945.

«Del momento actual», en *Heraldo de Cuba*, La Habana, 20, 191, despedida», en *Carteles*, La Habana, 35, 2, 27, enero 10, 1954.

«Réplica a un ataque», en *Carteles*, La Habana, 16, 19, 11, julio 12, 1931.

Cartera Cubana, La (La Habana, 1838-1840). Revista fundada y dirigida por el Doctor Vicente Antonio de Castro, quien solicitó autorización el 18 de abril de 1838 para publicar *El Instructor Habanero*. No se le concedió el permiso, por lo que varió el plan y el título de la obra. Fundó entonces *La Cartera Cubana*, la cual comenzó en julio con carácter mensual. En el prospecto, aparecido en la página 2 del *Diario de La Habana* del 30 de junio de 1838, expresan que no se proponen «que *La Cartera Cubana* sea un vehículo de escándalo, sino por el contrario, un auxiliar eficaz del orden, de las leyes y de la propagación de los buenos principios de literatura y moral que tanto contribuyeron a la dicha y prosperidad de las naciones». Se editó en cinco tomos con un total de treinta entregas. En la introducción del segundo tomo (enero de 1839) anuncian que se le unen los editores de *El Plantel*. Aunque no menciona los nombres de los mismos, se sabe que eran Ramón de Palma y José Antonio Echeverría. El último tomo varió el formato de la portada. Estuvo dividida en cinco secciones: «Ciencias», «Literatura», «Costumbres», «Poesía», y «Variedades». La primera comprendía artículos sobre historia, medicina, química, educación. Ofrecía las observaciones meteorológicas de cada día y el resumen del mes de las enfermedades existentes en los hospitales de la ciudad. También contaba con la subsección «Apuntes para la historia de la isla de Cuba». La sección de «Literatura» publicó «El arte del buen decir», de Blas María de San Millán, y la crítica de los últimos libros publicados. Los trabajos aparecidos en la tercera sección eran anónimos; se afirma que muchos de ellos fueron escritos por José Victoriano Betancourt, Antonio Bachiller y Morales y Joaquín Santos Suárez. En la sección «Poesía» figuraron los nombres de Anacleto Bermúdez, José Jacinto Milanés, José Zacarías González del Valle, *Plácido* (seudónimo de Gabriel de la Concepción Valdés), Ignacio Valdés Machuca, A. Ribot y otros. Finalizó en diciembre de 1840. Confeccionado por Feliciana Menocal, se ha publicado el «Índice general de *La Cartera Cubana*», aparecido en la *Revista de la Biblioteca Nacional José Martí*, La Habana, 3.ª época, 4, 1-4, 48-71, enero-diciembre, 1962.

Bibliografía

Lanuza, Cayetano, «Comunicados», en *Noticioso y Lucero*, La Habana, 6, 297, 3, octubre 25, 1838.

Llaverías, Joaquín, «*La Cartera Cubana*» en su *Contribución a la historia de la prensa periódica*, tomo 2.

Prefacio de Elías Entralgo, La Habana, Talleres del Archivo Nacional de Cuba, 1959, págs. 85-107, Publicaciones del Archivo Nacional de Cuba, 48.

Majadero, El, seudónimo de? «Comunicados, Cartera Cubana», en *Diario de La Habana*, La Habana, 229, 2, agosto 17, 1838.

Pardo Pimentel, Nicolás, «A *La Cartera Cubana*», en *Noticioso y Lucero*, La Habana, 6, 51, 2, febrero 20, 1839.

Roig de Leuchsenring, Emilio, «*La Cartera Cubana* y *El Artista*», en su *La literatura costumbrista cubana de los siglos XVIII y XIX*, tomo 3, La Habana, Oficina del Historiador de la Ciudad de La Habana, 1962, págs. 143-149, Colección histórica cubana y americana, 25.

Cartera de Señoras (La Habana, 1812). Fue un periódico semanal, Antonio López Prieto señala, en la página LIII del tomo 1 de su *Parnaso Cubano* (La Habana, Editor Miguel de Villa, 1881), que era su redactor Juan Hernández Otero y que se editó desde el 5 de abril hasta el 28 de junio de 1812. No se ha visto la colección completa. Publicó poesías, modas y consejos a la mujer. También trató sobre el teatro de la época. Los colaboradores aparecieron bajo los seudónimos *El cartero* y *Doctor Oruga*. Al referirse a esta publicación, en la segunda parte de su trabajo «Bibliografía de la prensa cubana (de 1764 a 1900) y de los periódicos publicados por cubanos en el extranjero» —en *Revista Bibliográfica Cubana* (La Habana, 2, 8, 108, marzo-abril, 1938)—, Carlos Manuel Trelles expresa lo siguiente: «Es de escaso mérito literario».

Casa de la Cultura y Asistencia Social

Fue fundada en La Habana en 1937 como fusión del Círculo Español Socialista, el Círculo Republicano Español y la Alianza Republicana Española. Una de sus tareas fundamentales consistió en encabezar la lucha de apoyo y solidaridad con el pueblo español y la República Española en armas contra el fascismo. Su labor cultural fue amplia: grupos teatrales, coros, bibliotecas, charlas, conferencias. Contó con delegaciones en varias ciudades del interior. Celebró congresos nacionales en los que participaron delegados de toda la isla. En ellos se discutieron con énfasis los problemas relacionados con la liberación de España del yugo fascista. Hizo circular entre sus socios el periódico *Nosotros*, que constituyó el órgano de la institución. Al triunfo de la Revolución pasó a integrar la Sociedad de Amistad Cubano-Española, SACE.

Bibliografía

IV Congreso Nacional, Casa de la Cultura, Unidad Por la liberación de España, Unidad para la ayuda al pueblo español y a su Junta Suprema de Unión Nacional, La Habana, Gráfica Moderna, 1944.

Casa de las Américas

Organismo cultural inaugurado el 4 de julio de 1959. Sus objetivos fundamentales son que América Latina conozca los logros culturales de la Revolución cubana y que el pueblo de Cuba conozca las manifestaciones culturales del resto del continente latinoamericano para romper así, en el orden cultural, con el pasado de aislamiento y desconocimiento mutuo; lograr el intercambio a través de las publicaciones de la Casa con otras instituciones de Hispanoamérica y entre los hombres y mujeres que laboran en el quehacer cultural latinoamericano, mediante encuentros, certámenes literarios y plásticos y a través de festivales, y quebrar el bloqueo cultural impuesto por los Estados Unidos. Desde su fundación, la Casa de las Américas ha sido dirigida por Haydée Santamaría, miembro del Comité Central del Partido Comunista de Cuba. Cuenta con los departamentos de Artes Plásticas, Música, Teatro, Centro de Investigaciones Literarias, la Biblioteca «José A. Echeverría», Canje y Divulgación y Relaciones Internacionales. La actividad más importante que celebra la institución es su concurso literario anual, convocado a partir de octubre de 1959, y que cubre diversos géneros literarios. Auspicia también, por medio de susdistintos departamentos, el Encuentro de Plástica Latinoamericana, la actividad Música en la Casa y los festivales de teatro latinoamericano. El Centro de Investigaciones Literarias prepara actualmente un diccionario de escritores americanos y un panorama histórico literario de nuestro continente. En cuanto a sus publicaciones periódicas, la Casa edita la revista *Casa de las Américas*, publicación bimestral aparecida en julio de 1960, y que fue dirigida en sus inicios por un consejo de redacción formado por intelectuales latinoamericanos, y a partir del número 30 por Roberto Fernández Retamar; *Conjunto*, revista trimestral dedicada al teatro latinoamericano, cuyo primer número apareció en julio de 1964; *Boletín de Música*, que aparece mensualmente desde 1970. El grueso de las publicaciones de la Casa está formado por la colección Premio, edición anual de tantos volúmenes como premios se otorguen en el concurso; la colección Literatura Latinoamericana, que recoge las obras de los autores más representativos de Latinoamérica, desde las más antiguas expresiones del pensamiento indígena en el siglo XVI hasta las últimas manifestaciones de la nueva narrativa; la colección Cuadernos Casa de las Américas, dedicada a la publicación de ensayos y estudios de carácter monográfico; la colección La Honda, creada con el objeto de difundir obras que respondan a un tipo de lectura más ligero, como relatos cortos o breves antologías, además de ser un campo abierto a los autores jóvenes de América Latina; la serie Valoración Múltiple, dedicada a la recopilación de crítica y Bibliografía rela

tivas a escritores contemporáneos de América Latina, o a corrientes, escuelas y tendencias predominantes dentro de determinada época; la serie Conferencias y Seminarios, en la cual se recogen los textos o las versiones de los ciclos de conferencias organizados en la Casa; la colección Nuestros Países, que publica monografías sobre los países latinoamericanos y en general lo más trascendental de su pensamiento político y social.

Bibliografía

Bianchi Ross, Ciro, «Centro de Investigaciones Literarias», en *El Mundo*, La Habana, 67, 22 201, 2, mayo 14, 1968.

«Casa de las Américas», en *Boletín informativo de La Comisión Nacional Cubana de la UNESCO*, La Habana, 2, 7, 2-9, diciembre, 1963.

«La Casa de las Américas y su labor cultural», en *Romances*, La Habana, 29, 343, abril, 1965.

«Centro de Investigaciones Literarias», en *Boletín de la Comisión Nacional Cubana de la UNESCO*, La Habana, 7, 22, 16, enero-febrero, 1968.

«Dos señales de actividad de un centro de investigación», en *Granma*, La Habana, 5, 99, 4, abril 26, 1969.

«Entrevista con Óscar Collazo, director del Centro de Investigaciones Literarias de la Casa de las Américas», en *Granma*, La Habana 5, 155, 5, julio 1, 1969.

Feria, Lina de, «La Casa de las Américas y el

intelectual latinoamericano, I», en *Juventud Rebelde*, La Habana, 2, febrero 6, 1968.

«En la Casa también hay una Galería Latinoamericana, II», en *Juventud Rebelde*, La Habana, 2, febrero 7, 1968.

Rodríguez Bethencourt, Miriam, «Casa de las Américas, Centro de Investigaciones Literarias», en *El Mundo*, La Habana, 67, 22 347, 2, noviembre 22, 1968.

Rodríguez Herrera, Mariano, «La Biblioteca de la Casa de las Américas», en *Bohemia*, La Habana, 55, 52, 12-13, 66, diciembre 27, 1963.

Sarusky, Jaime, «Una batalla poco conocida, la Casa de las Américas en el continente», en *Bohemia*, La Habana, 67, 1, 10-13, enero, 1975.

Casa de las Américas (La Habana, 1960). Revista bimestral. Es órgano de la institución cultural del mismo nombre. Inicialmente fue dirigida por Haydée Santamaría (hasta el número 15-16). En el primer número, correspondiente al bimestre junio-julio, aparecían como subdirector y responsables, respectivamente, Alberto Robaina (permanece solo hasta el número 4) y Fausto Masó y Antón Arrufat. Estos últimos pasan a ser, desde el número 2, secretarios. A partir del número 5 comienza a funcionar un consejo de redacción integrado por Ezequiel Martínez Estrada, Juan José Arreola (solo figura en este número) y Elvio Romero (hasta el número 10); desde este mismo número queda como único secretario Arrufat, quien en el número siguiente pasa

a integrar el consejo de redacción. Entre los números 9 y 11-12 Pablo Armando Fernández realiza funciones de secretario de redacción. Desde este último número Manuel Galich se suma al consejo de redacción, en el que deja de figurar desde el siguiente Antón Arrufat por pasar a ocupar el cargo de jefe de redacción. Julio Cortázar y Emmanuel Carballo forman parte del consejo de redacción desde el número 13-14. Entre los números 17-18 y 29 no aparece director, solo el consejo de redacción integrado por Haydée Santamaría, Ezequiel Martínez Estrada (solo hasta el número 26), Manuel Galich, Julio Cortázar, Emmanuel Carballo (hasta el número 27), Ángel Rama (desde el 24) y Sebastián Salazar Bondy (desde el 26). A partir del número 30 Roberto Fernández Retamar funge como director. Aparece, entre este número y el 64, un comité de colaboración integrado por los ya citados Carballo, Cortázar, Galich, Rama, Salazar Bondy (solo hasta el número 31), así como por René Depestre, Edmundo Desnoes, Lisandro Otero, Graziella Pogolotti, Roque Dalton (entre los números 32 y 60), Mario Vargas Llosa (desde el número 32), Jorge Zalamea (entre los números 33 y 62), David Viñas (desde el número 45). Ambrosio Fornet (desde el 40) y Mario Benedetti (desde el 45). A partir del número 41 (y hasta el 50) Orlando Alomá funge como secretario. Posteriormente este cargo es ocupado por Ramón López (entre los números 54 y 65-66). En la introducción al volumen titulado *Diez años de la revista* Casa de las Américas (La Habana, Instituto Cubano del Libro 1970), se expresa que la misma «como publicación periódica de la Casa de las Américas, ha querido cumplir la tarea que se le encomendara, y por ello, radicalizándose al ritmo de la propia Revolución, ha recogido ejemplos valiosos de la literatura, el pensamiento, la confrontación en nuestro continente, considerándolo siempre como la unidad que es, y que la Revolución ha vuelto a revelarnos». Respecto al contenido de este volumen, editado con motivo de haber arribado la publicación a su primera década de existencia, se señala en la citada introducción lo siguiente: «[...] nos pareció útil, al cabo de estos primeros diez años, recoger algunas de las mejores páginas que han ido apareciendo en ella. Dado el número de materiales, nos ha sido necesario imponernos algunas limitaciones: así, decidimos contar solo con los textos que aparecieron por vez primera, en nuestra lengua, en la revista; y dentro de éstos, prescindir de aquéllos que hubiesen sido recogidos luego en libros cubanos o que tuviesen una extensión demasiado grande».

A partir del número 67 solo aparece en el machón de la revista el nombre del director, Fernández Retamar. Desde el 70 Adolfo Cruz-Luis ocupa el cargo de secretario. En las páginas de *Casa de las Américas* se han publicado cuentos, poemas, fragmentos de novelas, artículos y ensayos de variado carácter —histórico, literario, político, sociológico, estético, etc.—, críticas y resúmenes bibliográficos; se han difundido noticias de carácter cultural, tanto nacionales como del resto de Latinoamérica, y se han divulgado las actividades de la institución que la publica. Para ello ha contado, durante su trayectoria, con secciones como «Hechos/ Ideas», «Ficción» (o «Letras»), «Artes plásticas», «Libros», «Notas y comentarios», «Documentos», «Al pie de la letra» y otras. Con el objetivo de recoger «materiales relativos a nuestra América, que, habiéndose publicado tiempo atrás, son escasamente conocidos», comenzó a aparecer desde el número 80 la sección «Páginas salvadas», en la que han visto la luz textos de José Martí, Julio Antonio Mella, Raúl Roa, Juan Marinello, Rubén Martínez Villena, Regino Pedroso, Emilio Ballagas, Pedro Henríquez Ureña, Gabriela Mistral y otros. Muchos de sus números han sido dedicados a autores, países o hechos importantes del devenir histórico-cultural de Latinoamérica, tales como la nueva literatura cubana (22-23), mexicana (28-29), uruguaya (39) y peruana (64); el escritor argentino Ezequiel Martínez Estrada (33), el encuentro con Rubén Darío (42), el Che Guevara (46); la presencia de África en América (36), la situación del intelectual latinoamericano (45), la guerra del 68 (50), los diez primeros años de Revolución en Cuba (51-52); el imperialismo y los medios masivos de comunicación (77), el XX aniversario del asalto al Moncada (79), las Antillas de habla inglesa (91); Chile (69 y 83), Puerto Rico (70), Panamá (72). Entre sus colaboradores nacionales se destacan conocidas figuras de nuestras letras, como Salvador Bueno, Alejo Carpentier, Eliseo Diego, José Luciano Franco, Nicolás Guillén, Camila Henríquez Ureña, Fayad Jamís, Onelio Jorge Cardoso, Julio Le Riverend, José Lezama Lima, Juan Marinello, Manuel Moreno Fraginals, Virgilio Piñera, José Antonio Portuondo, José Rodríguez Feo, Cintio Vitier, así como Leonardo Acosta, Miguel Barnet, Adelaida de Juan, Guillermo Rodríguez Rivera, Esther Díaz Llanillo, Víctor Casáus, Rine Leal, César Leante, Luis Suardíaz, Ezequiel Vieta, Luis Marré, Rogelio Llopis, César López, Noel Navarro, Eduardo López Morales, Luis Rogelio Nogueras, Marcos Llanos, Antonio Benítez Rojo, Roberto Segre, Enrique López Oliva, Jesús Díaz, Manuel Cofiño, Trinidad Pérez Valdés, Mercedes Santos Moray, Jesús Sabourín, Raúl Hernández Novás, Roberto Díaz, Alejandro G. Alonso, Alberto Díaz Méndez, entre otros muchos. También ha contado con la colaboración de destacados intelectuales extranjeros, entre los que cabe mencionar a Jorge Enrique Adoum, Rafael Alberti, José María Arguedas, Italo Calvino, Ernesto Cardenal, Luis Cardoza y Aragón, Nils Castro, Óscar Collazos, Adalberto Dessau, Carlos Drummond de Andrade, Eduardo Galeano, Juan Gelman, Carlos María Gutiérrez, Noe Jitrik, Bernardo Kordon, Juan Larco, Manuel Maldonado Denis, Michèle y Armand Mattelart, Arqueles Morales, Bertalicia Peralta, Margaret Randall, Carlos Rincón, Gonzalo Rojas, Alejandro Romualdo, Adolfo Sánchez Vázquez, Laurette Sejourné, Jorge Timossi, Idea Vilariño, Ida Vitale y otros. Compilado por Aleida Domínguez y Luz

Bertha Marín, y con una introducción de Graziella Pogolotti, apareció *Casa de las Américas* (1960-1967). *Índice*, La Habana, Biblioteca Nacional José Martí. Hemeroteca e Información de Humanidades, 1969.

Bibliografía

Campuzano, Luisa, «Crónica, *Casa* n.º 40, desde la Revolución veinte escritores escriben...», en *Revista de la Biblioteca Nacional José Martí*, La Habana, 58, 3.ª época, 9, 1, 111-114, enero-marzo, 1967.

Torres, Otto Ricardo, «*Casa de las Américas*, La Habana, año XI, 1971», en *Thesaurus*, Bogotá, 28, 1, 168-171, enero-abril, 1973.

Casa del Teatro (Véase **Boletín de la Casa del Teatro**)

Casal, **Julián del** (La Habana, 7 noviembre 1863-Id., 21 octubre 1893). Cursó estudios en el Real Colegio de Belén, donde ingresó en 1870. Fundó con varios compañeros el periódico clandestino y manuscrito *El Estudio*, en el que publicó sus primeros versos. Se graduó de bachiller en 1880. Comenzó la carrera de derecho, pero no llegó a concluirla. En *El Ensayo* (semanario de ciencias, artes y literatura) apareció la primera colaboración conocida de Casal en un órgano de prensa. Visitó el Nuevo Liceo gracias a su amistad con Nicolás Azcárate. Allí conoció a Ramón Meza y se puso en contacto con los principales autores extranjeros del momento. Trabajó como escribiente de la Intendencia General de Hacienda. En 1888 se trasladó a España. Poco después regresó a La Habana en precaria situación económica. Comenzó a trabajar en *La Discusión* como corrector de pruebas y periodista. Por esos días estrechó relaciones con la familia Borrero. Fue redactor del semanario *La Familia Cristiana* (1891-1892). Colaboró en *La Habana Elegante*, donde publicó una serie de artículos titulada «La sociedad de La Habana» (el primero de ellos, sobre el capitán general Sabás Marín y su familia, le costó su puesto en la Intendencia General de Hacienda), *El Fígaro, La Habana Literaria, El Hogar, El País, La Caricatura, Diario de la Familia, Ecos de las Damas, La Lucha, El Pueblo, El Triunfo, La Unión Constitucional.* Junto con Gutiérrez Nájera y José Asunción Silva fue uno de los iniciadores del movimiento modernista. Tradujo poemas en prosa de Baudelaire. Parte de su prosa fue traducida al inglés (*Selected Prose of Julián del Casal.* Preface por Marshall E. Nunn. El Paso, Texas, University of Alabama, 1949). Utilizó los seudónimos *El Conde de Camors, Hernani* y *Alceste.*

Bibliografía activa

Hojas al viento, primeras poesías, La Habana, Imprenta El Retiro, 1890.

Nieve, Bocetos antiguos, Mi Museo ideal, Cromos españoles, Marfiles viejos, La gruta del ensueño, La Habana, Imprenta La Moderna, 1892, prólogo de Luis Gonzaga Urbina, México, 1893.

Bustos y rimas, La Habana, Imprenta La Moderna, 1893.

Selección de poesías, introducción de Juan J. Geada y Fernández, La Habana, Cultural, 1931.

Poesías completas, recopilación, ensayo preliminar, Bibliografía y notas de Mario Cabrera Saqui, La Habana, Dirección de Cultura del Ministerio de Educación, 1945.

Crónicas habaneras, compilación e introducción por Ángel Augier, prólogo de Samuel Feijóo, La Habana, Universidad Central de Las Villas, 1963.

Poesías, La Habana, Consejo Nacional de Cultura, 1963, Edición del centenario.

Prosas, La Habana, Consejo Nacional de Cultura, 1964, 3 V., Edición del centenario.

Sus mejores poemas, Madrid, Editorial América, s. a.

Bibliografía pasiva

Acosta, Agustín, «Evocación de Julián del Casal», en *Revista Cubana*, La Habana, 19, 5-15, enero-junio, 1945.

Arciniegas, Ismael Enrique, «Crítica sobre *Nieve*», en *El País*, La Habana, 15, 161, 3, julio 9 1892.

Augier, Ángel, «Julián del Casal, noviembre, 1863-octubre, 1893», en *Universidad de La Habana*, La Habana, 8, 50-51, 133-144, septiembre-diciembre, 1943.

«Evocación de Julián del Casal», en *Policía*, La

Habana, 2, 25, 4, diciembre, 1943.

«El periodista Julián del Casal», en *Álbum del cincuentenario de la Asociación de Reporters de La Habana, 1902-1952*, La Habana, Asociación de Reporters de La Habana, 1952, págs. 63-64.

Berger, Margaret Robinson, «The influence of Baudelaire on the Poetry of Julian del Casal», en *The Romanic Review*, Nueva York, 37, 2, 177-187, apr., 1946.

Cadenas, Juan José, «Crítica sobre el libro *Nieve*», en *El País*, La Habana, 15, 194, 3, agosto 17, 1892.

Conde Kostia, seudónimo de Aniceto Valdivia, «Crónica sobre el libro *Nieve*», en *La Lucha*, La Habana, 8, 96, 2-3, abril 22, 1892.

«Comentario sobre el libro de Julián del Casal *Bustos y Rimas*», en *El País*, La Habana, 17, 18, 2, enero 21, 1894.

Cruz, Manuel de la, «Julián del Casal», en su *Cromitos cubanos*, Madrid, Editorial Saturnino Calleja, 1926, págs. 229-243, Obras de Manuel de la Cruz, 5.

Chacón y Calvo, José María, «En torno a un epistolario de Julián del Casal», en *Boletín de la Academia Cubana de la Lengua*, La Habana, 7, 34, 346-373, julio-diciembre, 1958.

Duplessis, Gustavo, *Julián del Casal*, La Habana, Imprenta Molina, 1945.

Fernández de Castro, José Antonio, «Aniversario y revisión de Casal», en *Revista de La Habana*, La Habana, 1, 4, 10, 51-56, octubre, 1930.

Figueroa, Esperanza, «Bibliografía de Julián del Casal», en *Libros cubanos, Boletín de Bibliografía cubana*, La Habana, 2, 3-4, 33-38, 1942.

«Julián del Casal y Rubén Darío», en *Revista Bimestre Cubana*, La Habana, 50, 191-208, 1942.

Geada de Prulletti, Rita, «El sentido de la evasión en la poesía de Julián del Casal» y «Bibliografía de y sobre Julián del Casal, 1863-1893», en *Revista Iberoamericana*, Pittsburgh, 32 y 33, 61 y 63, 101 y 139, enero-junio y enero-junio, 1966 y 1967.

Gicovate, Bernardo, «Tradición y novedad en un poema de Julián del Casal», en *Nueva revista de filología hispánica*, México, 14, 1-2, 119-125, enero-junio, 1960.

Justo de Lara, seudónimo de José de Armas y Cárdenas, «Julián del Casal», en *Las Avispas*, La Habana, 2, 175, 1, octubre 23, 1893.

Lezama Lima, José, «Julián del Casal», en su *Analecta del reloj*, La Habana, Ediciones Orígenes, 1953, págs. 62-97.

«Julián del Casal», en su *Antología de la poesía cubana*, tomo 3, La Habana, Consejo Nacional de Cultura, 1965, 455-463.

Márquez Sterling, Manuel, «El espíritu de Casal», en *El Fígaro*, La Habana, 13, 41, 509, octubre 26, 1902.

Martí, José, «Julián del Casal», en su *Obras completas*, tomo 5, La Habana, Editorial Nacional de Cuba, 1963, págs. 221-222.

Meza, Ramón, «Julián del Casal», en *El Fígaro*, La Habana, 26, 43, 543-545, octubre 23,

1910.

Monner Sans, José María, *Julián del Casal y el modernismo hispanoamericano*, México D. F., El Colegio de México, 1952.

«Número dedicado a Julián del Casal», en *Universidad de La Habana*, La Habana, 27, 164, 7-183, 1963.

Nunn, Marshall, «Vida y obras de Julián del Casal», en *América*, La Habana, 4, 1, 49-55 octubre, 1939.

Poncet, Carmen P., «Dualidad de Casal, en *Revista Bimestre Cubana*, La Habana, 53, 193-212, 1944.

Portuondo, José Antonio, *Angustia y evasión de Julián del Casal* Conferencia leída el 10 de febrero de 1937 en el Palacio Municipal correspondiente a la Serie sobre Habaneros Ilustres, La Habana, Imprenta Molina, 1937.

Remos y Rubio, Juan José, «El nihilismo de Casal», en *Arte*, La Habana, 6, 197, 11, diciembre 15, 1919.

Roa, Raúl, «Poetas de Cuba, ensayo sobre Julián del Casal», en *Diario de la Marina*, La Habana, 94, 3, 3.ª sección, 29, enero 3, 1926.

Sánchez, Luis Alberto, «Julián del Casal» en su *Escritores representativos de América*, 2.ª Serie, tomo 1.

Madrid, Editorial Gredos, 1963, págs. 122-130.

Sos Gautreau, Ciriaco, *Julián del Casal o un falsario de la rima*, La Habana, Imprenta y Papelería La Prensa, 1893.

Torres Rioseco, A., «*A Rebours* y dos sonetos de Julián del Casal», en su *Ensayos sobre literatura latinoamericana*, Segunda serie, México D. F., 1958, págs. 90-92.

Varona, Enrique José, «Revista de libros», sobre *Hojas al viento*, en *Revista Cubana*, La Habana, 11, 473-477, 1890.

«Revista de libros», sobre *Nieve*, en *Revista Cubana*, La Habana, 16, 142-146, 1892.

«Notas editoriales, Julián del Casal», en *Revista Cubana*, La Habana, 18, 340-341, 1893.

Vitier, Cintio, «Casal como antítesis de Martí, Hastío, forma, belleza, asimilación y originalidad, Nuevos rasgos de lo cubano "El frío" y "Lo otro"», en su *Lo cubano en la poesía*, La Habana, Universidad de Las Villas, 1958, págs. 242-268.

«Julián del Casal en su centenario», en *Estudios críticos*, y Fina García Marruz, La Habana, Biblioteca Nacional José Martí, 1964, págs. 5-42.

Casanovas, Martín (Barcelona, 2 octubre 1894-La Habana, 14 abril 1966). Su nombre era Martí, castellanizado después a Martín. Llegó a Cuba por los años veinte y perteneció al Grupo Minorista. Colaboró en la revista *Social*. En 1927 contribuyó a fundar la *Revista de Avance*, en la que se destacó como crítico de arte. En ese mismo año guardó prisión acusado de comunista y fue expulsado del país por la dictadura de Machado. Radicado en México hasta 1951, adoptó la ciudadanía de ese país por el resto de su vida. Viajó por América del Sur (1951-1953), Europa y países del campo socialista (1954-1963). Colaboró en *Heraldo de Cuba*, *El Redondel*

(México), *Orbe* (Hollywood), *El Noticiero Universal* (Barcelona), *Berliner Zeitung* (RDA). Pertenecía a la Organización Internacional de Periodistas (Checoslovaquia). Volvió a Cuba en 1964. Aquí fue cronista internacional en *El Mundo* —del cual era corresponsal europeo desde 1960—, y colaborador en *Bohemia*. Prologó y seleccionó la *Órbita de la Revista de Avance*, La Habana, UNEAC, 1965; 2.ª edición, La Habana, Instituto Cubano del Libro, 1972.

Bibliografía pasiva

«Martín Casanovas», en *El Mundo*, La Habana, 65, 21 555, 1, 8, abril 15, 1966.

Torriente, Loló de la, «El compañero Martín Casanovas», en *El Mundo*, La Habana, 65, 21 556, 4, abril 16, 1966.

Casaus, **Víctor** (La Habana, 10 marzo 1944). Tras cursar hasta primer año de bachillerato, se graduó de secretariado en 1959. Cursó dos años en la Escuela de Periodismo y es Licenciado en Lengua y Literaturas Hispánicas de la Escuela de Letras y de Arte de la Universidad de La Habana. Ha trabajado como periodista en la COR y como director de documentales de la televisión nacional. Participó en el Congreso Cultural de La Habana. Colaborador en *Granma*, *Hoy*, *Bohemia*, *Verde Olivo*, *Casa de las Américas*, *Unión*, *La Gaceta de Cuba*, *Cuba*, *Pensamiento Crítico*, *Juventud Rebelde*. Fue miembro del consejo de redacción de El *Caimán Barbudo*. En el Concurso Casa de las Américas de 1970 obtuvo mención en poesía y en testimonio con *De una isla a otra isla* y *Girón en la memoria*, respectivamente. Ha publicado traducciones de poetas norteamericanos y versiones de poemas de Brecht. Trabaja como guionista en el ICAIC.

Bibliografía activa

Todos los días del mundo, poemas, La Habana, Ediciones La Tertulia, *1966*.

Girón en la memoria, La Habana, Casa de las Américas, *1970*.

Bibliografía pasiva

Alomá, Orlando, «Los nuevos», en *Casa de las Américas*, La Habana, 7, 41, 133-135, *marzo-abril, 1967*.

Castalia. Antología de poetas (La Habana, 1920-1921). Revista mensual. Comenzó a salir el 15 de marzo. Inicialmente fueron sus directores *Roger de Lauria* (seudónimo de Ramón Rivera Gollury) y Paulino G. Báez. A partir del 15 de noviembre de 1920 la dirige solamente Paulino G. Báez. La Jefatura de redacción estaba a cargo de Primitivo Cordero Leyva, quien desde el 15 de febrero de 1921 pasó a ocupar la subdirección. Se hizo cargo entonces de la jefatura de redacción Andrés Núñez Olano. En este año aparecía quincenalmente. Colaboraron en sus páginas poetas cubanos como Rubén Martínez Villena, Nicolás Guillén, Agustín Acosta, Manuel Navarro Luna, Ciana Valdés Roig, Enrique Serpa y otros. Publicó poesías y narraciones de autores hispanoamericanos conocidos. El último número encontrado corresponde al 20 de mayo de 1921. Dicho número fue también el último revisado por León Primelles, según señala en su *Crónica cubana*. 1919-1922 (La Habana, Editorial Lex, 1957, pág. 430).

Castellanos, Francisco José (La Habana, 6 diciembre 1892-Id., 10 octubre 1920). Cursó la primera enseñanza en el Colegio Alemán, de La Habana. Se graduó de Doctor en Derecho Civil y de Doctor en Filosofía y Letras en la Universidad de La Habana. Formó parte de un grupo de intelectuales que se reunió, de 1914 a 1915, en torno a la figura de Pedro Henríquez Ureña. Colaboró en *El Fígaro* entre 1915 y 1918. En *La Nación* publicó la serie titulada «El balcón de los diálogos», que firmaba con sus iniciales. Tradujo los *Ensayos* (México, 1917) de Robert Louis Stevenson y dejó inéditas traducciones de piezas de Lord Dunsay, cuentos de Edith Warthon y ensayos de Alice Meynell.

Bibliografía activa

Ensayos y diálogos, «En memoria de Francisco José Castellanos, amigo en la eternidad», poema, por Mariano Brull, «A Francisco José Castellanos, amigo en la clara y eterna noche», por José María Chacón y Calvo, «*In Memoriam*», por Félix Lizaso, París, Librería Cervantes, 1926; La Habana, publicación de la Comisión Nacional Cubana de la UNESCO, 1961.

Tres ensayos precedidos de evocación y un estudio, «Evocación», por José María Chacón y Calvo, «Francisco José Castellanos», por Félix Lizaso, La Habana, Secretaría de Educación, Dirección de Cultura, 1938.

Bibliografía pasiva

Guirao, Ramón, «Francisco José Castellanos, precursor, algunas ideas», en *Diario de la Marina*, La Habana, 95, 281, 3.ª sección, 33, octubre 9, 1927.

Lizaso, Félix, «Al margen de los nuevos, Francisco José Castellanos, Diálogos y ensayos» en *Social*, La Habana, 12, 7, 54, 100, julio, 1927.

«Francisco J., Castellanos», en su *Ensayistas contemporáneos, 1900-1920*, La Habana, Editorial Trópico, 1938, págs. 218-225 y 278-279.

Maestri, Raoul, «Francisco José Castellanos, precursor, su obra», en *Diario de la Marina*, La Habana, 95, 281, 34, sección, 33, octubre 9, 1927.

Mañach, Jorge, «Un ensayista cubano, Francisco José Castellanos, precursor», en *Revista de Avance*, La Habana, 1, 1, 9, 215-220 y 223, agosto, 1927.

Soto, Luis de, «Francisco José Castellanos», en *Social*, La Habana, 23 y 92, agosto, 1929.

Castellanos, Jesús (La Habana, 8 agosto 1879-Id., 29 mayo 1912). En La Habana cursó la primera enseñanza y el bachillerato, del que se graduó en 1893. Ese mismo año ingresó en la Universidad de La Habana, donde matriculó filosofía y letras y más tarde derecho. Desde muy joven sintió vocación por el dibujo y la literatura. Fue cofundador de los semanarios estudiantiles *La Joven Cuba* (1894), *La juventud Cubana* (1894) —donde publicó su primer poema—, y *El Habanero* (1895). En 1896, antes de terminar sus estudios, fue enviado por sus padres a México. Allí permaneció hasta 1898, tiempo en el que dedicó gran parte de sus esfuerzos y recursos a la causa separatista. Se afilió a los clubs «México y Cuba», «Morelos y Maceo» e «Hijos de Baire». Continuó en la Academia de San Carlos de esa ciudad estudios de dibujo comenzados en la Academia de San Alejandro de La Habana, e ingresó como alumno supernumerario en la Escuela Nacional Preparatoria de México. Ya de regreso a su patria inició estudios de arquitectura en la Universidad de La Habana, los cuales abandonó para graduarse por fin de Doctor en Derecho Civil (1904). Fue nombrado abogado de oficio (1906) y fiscal (1908) de la Audiencia de La Habana. Viajó a Francia, Bélgica y los Estados Unidos. Publicó sus primeros artículos en *La Discusión* (1901), donde también trabajó como caricaturista. Colaboró en *Patria* (1901-1902), *El Fígaro*, *Cuba y América*, *Letras*, *La Política Cómica*, *Azul y Rojo*. En 1908 obtuvo el premio en los juegos Florales del Ateneo de La Habana por su novela *La Conjura*. Con Max Henríquez Ureña fundó la Sociedad de Fomento del Teatro y la Sociedad de Conferencias (1910). Fue el primer director de la Academia Nacional de Artes y Letras (1910). Se destacó como conferencista. Utilizó el seudónimo *Scarpia*.

Bibliografía activa

Cabezas de estudio, *siluetas políticas*, La Habana, Imprenta Militar 1902.

De tierra adentro, cuento, La Habana, Imprenta Cuba y América, 1906.

La conjura, novela, y otras narraciones, Madrid, Tip. de la *Revista de Archivos*, 1909; Madrid, Editorial América, s. a., Biblioteca Andrés Bello, 20.

La manigua sentimental, novela corta, Madrid, 1910.

Rodó y su Proteo., discurso pronunciado el día 6 de noviembre, en la inauguración de la Sociedad de Conferencias, La Habana, Imprenta Comas y López, 1910.

Los optimistas, *Lecturas y opiniones*, Crítica de arte, «Jesús Castellanos, su vida y su obra», por Max Henríquez Ureña, La Habana, Imprenta Avisador Comercial, 1914, Colección póstuma publicada por la Academia Nacional de Artes y Letras, 1.

Los argonautas, *La manigua sentimental*, *relatos*, prólogo de José Manuel Carbonell, La Habana, Imprenta El Siglo XX, 1916, Colección póstuma publicada por la Academia Nacional de Artes y Letras, 2.

De la vida internacional, prólogo de José Manuel Carbonell, La Habana, Imprenta El Siglo XX, 1916, Colección póstuma publicada por la Academia Nacional de Artes y Letras, 3.

Los optimistas, Madrid, Editorial América, s. a.,

Biblioteca Andrés Bello, 51.

Bibliografía pasiva

Barros, Bernardo G., «Jesús Castellanos», en *Cuba Contemporánea*, La Habana, 8, 333-335, 1915.

Bazil, Osvaldo, «La bondad de Jesús Castellanos», en su *Cabezas de América*, La Habana, Imprenta Molina, 1933, págs. 71-75.

Bueno, Salvador, «Jesús Castellanos, 1879-1912», en su *Antología del cuento en Cuba*, 1902-1952, La Habana, Dirección de Cultura del Ministerio de Educación, 1953, págs. 29.

Carbonell, Miguel Ángel, «Jesús Castellanos», en su *Hombres de nuestra América*, prólogo de Ismael Clark, La Habana, Imprenta La Prueba, 1915, págs. 265-271.

Domínguez Roldán, Guillermo, *Jesús Castellanos, El porvenir de la literatura*, discurso de recepción del, leído por su autor en la sesión solemne celebrada el día 3 de julio de 1913, en el «Ateneo y Círculo de La Habana», discurso de contestación por el académico de número Max Henríquez Ureña, leído por su autor en la misma sesión, La Habana, Imprenta *Avisador Comercial*, 1914, págs. 5-16, 43-47.

García Vega, Lorenzo, «Jesús Castellanos», en su *Antología de la novela cubana*, La Habana, Ministerio de Educación, Dirección General de Cultura, 1960, págs. 159.

Guerra Núñez, Juan, «La novela de Jesús Castellanos», en *Cuba y América*, La Habana, 14, 31, 3, 39-40, marzo, 1910.

Henríquez Ureña, Max, «En el parque de Jesús del Monte, A propósito de *La conjura*», en *Letras*, La Habana, 24 época, 5, 20, 273-274, junio 6, 1909.

«Jesús Castellanos en la vida íntima», en *El Fígaro*, La Habana, 26, 46, 590-591, 1910.

«Jesús Castellanos», en *El Fígaro*, La Habana, 28, 22, 328, 1912.

Hernández Catá, Alfonso, «La muerte de Jesús Castellanos, carta», en *El Fígaro*, La Habana, 28, 29, 426, 1912.

Márquez Sterling, Manuel, «De mis lecturas, *Cabezas de estudio*», en *Azul y Rojo*, La Habana, 1, 6, 2-3, septiembre 7, 1902.

Pogolotti, Marcelo, «Un cubano en el umbral del siglo», en su *La República de Cuba al través de sus escritores*, La Habana, Editorial Lex, 1958, págs. 22-24.

Portuondo, José Antonio, «Jesús Castellanos, 1879-1912», en su *Cuentos cubanos contemporáneos*, selección, pról, y notas, México D. F., Editorial Leyenda, 1946, págs. 13-14.

Rodríguez Embil, Luis, «A la memoria de Jesús Castellanos» en *El Fígaro*, La Habana, 28, 28, 412, 1912.

Torriente, Loló de la, «Jesús Castellanos, un precursor», en *El Mundo*, La Habana, 61, 20 369, 4, junio 4, 1962.

Velasco, Carlos de, «Castellanos y el hispanoamericanismo», en *El Fígaro*, La Habana, 31, 36, 458, 1915.

Castellanos García, **Gerardo** (Key West, 21 octubre 1879-Guanabacoa, La Habana, 21 agosto 1956). Hijo del comandante del Ejército libertador Gerardo Castellanos Lleonart, exiliado en Cayo Hueso, realizó sus primeros estudios en esa ciudad, a la vez que trabajaba en la manufactura de tabaco. Regresó a Cuba en 1899 con su familia. Estudió piano y violín. En 1900 obtuvo un modesto cargo en la Tesorería General de la República, luego Ministerio de Hacienda, en donde trabajó hasta su jubilación, en 1939.

Fue miembro de la Academia de la Historia de Cuba, de la Sociedad Geográfica de Cuba, y de otras instituciones culturales cubanas y extranjeras. En 1936 ganó el primer premio del concurso nacional de la secretaría de Educación por su obra *Panorama histórico*. Sus primeras colaboraciones aparecieron en *El Pilareño*, periódico habanero de fines del siglo pasado. Más tarde colaboró en *El Estudiante* (1899) y *El Imparcial*, de Matanzas y el *Diario de Cuba*, de Santiago de Cuba. Después colaboró en las publicaciones habaneras *El Triunfo*, *La Discusión*, *El Mundo Ilustrado*, *Bohemia*, *El Mundo*, *Revista Bimestre Cubana*, *El Espectador Habanero*. *Indice*, *Ultra* (*La Habana Yacht Club*, *La Prensa*, De este último fue redactor. También colaboró en diversas publicaciones de Guanabacoa, en donde residía. Utilizó el seudónimo *Gerardo Casiol*.

Bibliografía activa

Relieves, ensayos biográficos, Carta-prólogo de M. Muñoz Bustamante, La Habana, Imprenta P. Fernández, 1910.

Adolfo del Castillo; en la paz y en la guerra. La Habana, Editorial Hermes, 1922.

Destellos históricos, *Episodios y biografías*, La Habana, 1923.

Soldado y conspirador, trabajo de ingreso presentado a la Academia de la Historia, leído y aprobado en la sesión de noviembre 17 de 1923, La Habana, Editorial Hermes, 1923; 39. Edición, Id., 1930.

Aranguren, del ciclo mambí, La Habana, Editorial Hermes, 1923.

Juan Bruno Zayas, médico y soldado, La Habana, 1924.

Por Yanquilandia, crónicas fugaces, La Habana, Editorial Hermes, 1924.

Andanzas y atisbos, La Habana, Editorial Hermes, 1925.

Huellas del pasado, viajes por Cuba, La Habana, Editorial Hermes, 1925.

Un paladín, Serafín Sánchez, La Habana, Editorial Hermes, 1926.

Tierras y glorias de Oriente, Calixto García Íñiguez, La Habana, Editorial Hermes, 1927.

Apuntes de un viaje por el cacicazgo de Cueiba, La Habana, Editorial Hermes, 1929.

Nueve caprichos, seguida de Apuntes de un viaje por el cacicazgo de Cueiba, La Habana, Editorial Hermes, 1929.

En busca de San Lorenzo, Muerte de Carlos Manuel de Céspedes, La Habana, Editorial Hermes, 1930.

Paseos efímeros, en automóvil y ferrocarril, Des-

file histórico, Guantánamo, Bijagual, Mantua, Remates de Guane, La Habana, 1930.

Francisco Gómez Toro, en el surco del Generalísima, La Habana, Imprenta Seoane y Fernández, 1932.

Hacia Gibara..., Notas e impresiones, La Habana, edición Seoane y Fernández, 1933.

Panorama histórico, ensayo de cronología cubana desde 1492 hasta 1933, La Habana, Imprenta Úcar, García, 1934, 3 T.

Motivos de Cayo Hueso, Contribución a la historia de las emigraciones revolucionarias cubanas en los Estados Unidos, La Habana, Imprenta Úcar, García, 1935.

Tópicos coloniales, En torno a Guanabacoa, discursos leídos en la recepción pública la noche del 23 de abril de 1936, La Habana, 1936.

Raíces del 10 de octubre de 1868.

Aguilera y Céspedes, discurso leído en la sesión solemne celebrada el 10 de octubre de 1937, La Habana, Imprenta El Siglo XX, 1937.

Los últimos días de Martí, La Habana, Imprenta Úcar, García, 1937.

Emilio Roig de Leuchsenring, trabajo leído en la recepción pública de E. R. de L., en la Academia de la Historia de Cuba, el 29 de septiembre de 1938, La Habana, Imprenta Molina, 1938.

La incógnita del Mayabeque, Güines, La Habana, Imprenta Valdés, 1938.

Paseo de La Habana a Acapulco, Mi conquista del Pacífico, La Habana, Imprenta Úcar, García, 1938.

Pensando en Agramonte; La Habana-Cama-güey, La Habana, Imprenta Úcar, García, 1939.

Legado mambí, Formación, odisea y agonía del archivo del General Máximo Gómez, La Habana, Úcar, García, 1940.

Lucubraciones con motivo de un libro inédito de Manuel Martínez-Moles, La Habana, Imprenta Molina, 1941.

Sondeo histórico, Máximo Gómez y su Diario de campaña, conferencia leída en la Institución Hispanocubana de Cultura la noche del 30 de mayo de 1941, La Habana, Imprenta Úcar, García, 1941.

Martí, Conspirador y revolucionario, La Habana, Imprenta Úcar, García, 1942.

Resplandores épicos, La Invasión, Máximo Gómez, Cruces, Mal Tiempo, La Habana, Imprenta Úcar, García, 1942.

Trinidad, la secular y revolucionaria, La Habana, Imprenta Úcar, García, 1942.

Evocación en el 75 aniversario del Grito de La Demajagua, La Habana, Talleres Alfa, 1943.

Motivos trinitarios, La Habana, Talleres Alfa, 1943.

Lino Dou, trabajo leído por su autor en sesión solemne el día 8 de noviembre de 1941, en la Asociación Cultura Femenina, La Habana, La Habana, Imprenta y Papelería Alfa, 1944.

Misión a Cuba; Cayo Hueso y Martí, La Habana, Imprenta y Papelería Alfa, 1944.

Oficiando ante Clío, frutos del Tercer Congreso de Historia, La Habana, Imprenta y Papelería Alfa, 1944.

Viajando por los mares de Trinidad, La Habana,

Imprenta Alfa, 1944.

Historia en Santiago, reflejos de un congreso, La Habana, Imprenta Alfa, 1946.

Tarja de bronce, Serafín Sánchez a través de su siglo, julio 2 de 1846-julio 2 de 1946, discurso leído en la sesión pública celebrada el 2 de julio de 1946, conmemorativo del centenario del nacimiento del ilustre cubano, La Habana, Imprenta El Siglo XX, 1946.

Relicario histórico, frutos coloniales de la vieja Guanabacoa, La Habana, Editorial Librería Selecta, 1948.

Bibliografía pasiva

B. E., «Gerardo Castellanos García, *Paseo de La Habana a Acapulco, mi conquista del Pacífico*», en *América*, La Habana, 4, 3, 93, diciembre, 1939.

Entralgo, Elías José, «Algunas obras cubanas trascendentes o trascendentales, «Gerardo Castellanos García» *Panorama histórico*, en *Revista Bibliográfica Cubana*, La Habana, 1 0 mayo 6, 210-211, julio 1936-diciembre, 1937.

«Gerardo Castellanos, *Pensando en Agramonte*», en *América*, La Habana, 5, 1, 94, enero, 1940.

«Gerardo Castellanos García» *Legado mambí*», en *América*, La Habana, 8, 2, 91, noviembre, 1940.

«Gerardo G. Castellanos, *Motivos trinitarios*», en *América*, La Habana, 21, 1 y 2, 94, enero-febrero, 1944.

«Gerardo G. Castellanos, *Trinidad, la secular y revolucionaria*», en América, La Habana, 18, 1 y 2, 93, abril-mayo, 1943.

González y Contreras, G., *Don Gerardo, Contribución a una tipología del espíritu cubano*, La Habana, Imprenta Úcar, García, 1935.

Rodríguez Fuentes, Lorenzo, «Bibliografías contemporáneas, Gerardo Castellanos García», en *Revista Bibliográfica Cubana*, La Habana, 1, 3, 172-175, mayo-junio, 1936.

Roig de Leuchsenring, Emilio, «Historia de historias, el *Panorama* de Gerardo Castellanos», en Carteles, La Habana, 23, 44, 26, 40, 44, noviembre 3, 1935.

Gerardo Castellanos, patriota e historiador, símbolo de cubanía, La Habana, Sociedad Cubana de Estudios Históricos e Internacionales, 1956.

Santovenia, Emeterio Santiago, «Gerardo Castellanos», en *Revista de la Biblioteca Nacional*, La Habana, 2.ª serie, 7, 3, 179-182, julio-septiembre, 1956.

Villarronda, Guillermo, «Los últimos días de Martí», en *El Espectador Habanero*, La Habana, 9, 51, I, septiembre, 1937.

Castellón, Pedro Ángel (La Habana, 2 agosto 1820-Nueva Orleans, Estados Unidos, 1856). Se desconocen los datos acerca de su educación. Se inició en el periodismo como traductor en *Faro Industrial de La Habana*. Por esa época colaboró también en *El Artista* (1848-1849). Estuvo vinculado a los planes expedicionarios de Narciso López. Emigró de Cuba antes de 1850. Hacia 1852 se estableció en Nueva Orleans, desde donde desarrolló sus actividades revolucionarias. Se dedicó al comercio de víveres, fue secretario de la Junta Madre de la Orden de la Joven Cuba, fundada en esa ciudad para ayudar a los planes revolucionarios, bajo la presidencia de un norteamericano, y trabajó como redactor de *El Faro de Cuba* y *El Independiente*. Colaboró además en los periódicos neoyorquinos *La Verdad* y *El Filibustero*. Por sus actividades en el exilio las autoridades españolas de la isla lo condenaron, en ausencia, a diez años de cárcel. Fue uno de los poetas que integraron la colección *El laúd del desterrado* (Nueva York, Imprenta de la Revolución, 1858). En los periódicos de Nueva York firmó con el seudónimo *Cuyaguateje*.

Bibliografía pasiva

Carbonell, José Manuel, «Pedro Ángel Castellón y Lavette, 1820-1860», en su *La poesía lírica en Cuba*, recopilación dirigida, prologada y anotada, tomo 3, La Habana, Imprenta El Siglo XX, 1928 págs. 35-36, Evolución de la cultura cubana, 1608-1927, 3.

Pedro Ángel Castellón, poeta y rebelde, discurso pronunciado en la inauguración del curso académico de 1928-1929, por el presidente de la Academia Nacional de Artes y Letras, Memoria del curso académico de 1927-1928 por el secretario de la Academia Ramón Agapito Catalá, La Habana, Imprenta Avisador Comercial, 1928.

Luaces, Joaquín Lorenzo, «Pedro Castellón», en *La Piragua*, La Habana, 1, 181-183, septiembre 23, 1856.

«Pedro Ángel Castellón», en Cuba y América, La Habana 7, 779, febrero 15, 1903.

Valdivia, Aniceto, «Un poeta cubano casi desconocido, Pedro Ángel Castellón», en Cuba Contemporánea, La Habana, 3, 8, 4, 365-374, agosto, 1915.

Zenea, Juan Clemente, «Mis contemporáneos, Pedro Ángel Castellón», en *Revista Habanera*, La Habana, 2 entrega 2, 113-114, 1861.

Castillo, **Aurelia** (Camagüey, 27 enero 1842-Id., 6 agosto 1920). Se educó en su ciudad natal. Comenzó a escribir desde muy temprano. Abandonó el país en 1875 en compañía de su esposo, coronel del ejército español, expulsado a causa de la protesta que formuló por el fusilamiento de Antonio L. Luaces y Miguel Acosta. Durante los años que permaneció en España (1875-1878) colaboró en la revista *Cádiz*, en *Crónica Meridional* (Almería) y *El Eco de Asturias*. Después de su regreso a Cuba colaboró en *La Luz*, *La Familia*, *El Camagüey*, *El Pueblo*, *El Progreso*, *Revista de Cuba*, *Revista Cubana*, *La Habana Elegante*. Participó en las tertulias literarias de José María de Céspedes. Obtuvo *accésit* (1877) de la Sociedad Colla de Sant Mus por su estudio sobre la Avellaneda. Como fruto de un viaje a Francia aparecieron publicadas en *El País* sus cartas sobre la Exposición Universal de París. Viajó también por España, Suiza, Italia, Estados Unidos y México. Expulsada de Cuba a causa del pésame enviado a Alfredo Zayas por la muerte de su hermano en el campo insurrecto, se trasladó de nuevo a España (1896-1898). A su regreso fundó el asilo «Huérfanos de la Patria». En 1904 viajó nuevamente a Europa. Formó parte de la directiva de la Sociedad de Labores Cubanas (1906) y participó en la fundación de la Academia Nacional de Artes y Letras (1910). Fue vicedirectora de su Sección de Literatura. Por estos años colaboró en *Bohemia*, *Social* y *Cuba Contemporánea*. Tradujo *La figlia d'Iorio*, de Gabriel D'Annunzio. En sus últimos años presidió la comisión editora de las obras de la Avellaneda y cuidó la edición de versos de Martí en sus primeras obras completas.

Bibliografía activa

Fábulas, Poemitas morales, prólogo de Patrocinio de Biedma, Cádiz, Tipografía La Mercantil, 1879; 2.ª edición, La Habana, Imprenta y papelería de Rambla y Bouza, 1910.

Adiós de Víctor Hugo a la Francia de 1852, La Habana, La Propaganda Literaria, 1885.

Biografía de Gertrudis Gómez de Avellaneda y juicio crítico de sus obras, La Habana, Imprenta de Soler, Álvarez, 1887.

Un paseo por Europa, Libro de viajes, Cartas de Francia, exposición de 1889, de Italia y de Suiza, La Habana, La Propaganda Literaria, 1891.

Pompeya, poema, La Habana, La Propaganda Literaria, 1891.

Un paseo por América, Cartas de México y de Chicagosto La Habana, Imprenta La Constancia, 1895.

Trozos guerreros y Apoteosis, La Habana, Imprenta La Mercantil, 1903.

Cuentos de Aurelia, La Habana, Imprenta y papelería de Rambla y Bouza, 1912.

Ignacio Agramonte en la vida privada, La Habana, Imprenta y Papelería de Rambla y Bouza, 1912.

Escritos de Aurelia Castillo de González y algunos de Francisco González del Hoyo, En apéndice, cartas de los señores Rafael Montoro, Manuel de la Cruz, Manuel Sanguily, Dulce María Borrero de Luján y Max Henríquez Ureña, La Habana, Imprenta El Siglo XX, 1913-1918, 6 V.

Bibliografía pasiva

«Aurelia Castillo, La dulce poetisa del sentimiento», en *Heraldo de Cuba*, La Habana, 9, 208, 1, agosto 8, 1920.

Borrero de Luján, Dulce María, «Aurelia Castillo de González», en *Cuba Contemporánea*, La Habana, 26, 105-118, 1921.

Casal, Julián del, «Aurelia Castillo de González», en su *Prosas*, tomo 1, La Habana, Consejo Nacional de Cultura, 1963, págs. 257-259.

Cortina, José Antonio, «Aurelia Castillo de González», en *Revista de Cuba*, La Habana, 5, 500, 1879.

Lezama Lima, José, «Aurelia Castillo de González», en su *Antología de la poesía cubana*, tomo 3, La Habana, Consejo Nacional de Cultura, 1965, págs. 405.

Poncet, Carolina, «Evocación de Aurelia Castillo», en *Revista de la Biblioteca Nacional José Martí*, La Habana, 4.

(1-4, 89-93, enero-diciembre, 1962.

Robert, Dulce María, «Aurelia Castillo de González», en *Cuba Contemporánea*, La Habana, 2.ª época, 20, 6, 4, 133-137, julio, 1916.

Rodríguez Rendueles, Manuel, «Las azucenas de Doña Aurelia», en *Evolución*, 2.ª época, 5, 117, 945-946, diciembre 25, 1918.

Castillo y Pérez, José de Jesús (Bejucal, La Habana, 28 noviembre 1786-La Habana, 27 febrero 1861). Se educó en Estados Unidos, en el colegio Santa María, de Baltimore, donde trabajó más tarde como profesor de elocución inglesa. Fue cofundador del periódico *El Patriota Americano* (1811). Ese mismo año fue nombrado socio numerario de la Real Sociedad Patriótica de La Habana. Ocupó el cargo de regidor del Ayuntamiento. En 1826 fue electo diputado a Cortes. Fue redactor de *El Noticioso Mercantil*. Es autor de «Cartas sobre Inglaterra, Francia y España» (*El Observador Habanero*, La Habana, 14-22, 25-26, 18-22, 18-23, y 14-16, julio 31, agosto 15, agosto 31, septiembre 15, septiembre 30 y octubre 15, 1820), así como de cartas dirigidas a Andrés Arango y Domingo del Monte, publicadas en la *Revista Cubana* (La Habana, 13 y 14: 140-145 y 367-371, 1891).

Bibliografía pasiva

Bachiller y Morales, Antonio, «Don José del Castillo», en su *Apuntes para la historia de las letras y de la instrucción pública en la isla de Cuba*, tomo 3, La Habana, Cultural, 1937, págs. 225-228.

Morales, Vidal, «Dos escritores cubanos, José del Castillo y Pérez-José Gabriel del Castillo y Azcárate», en *Cuba y América*, La Habana, 4, 89, 4-10, agosto 20, 1900.

Castillo y Sucre, Rafael del (Aguas de Maracaibo, Venezuela, 28 mayo 1741-Mérida, México, 17 abril 1783). Nació cuando su madre se encontraba en viaje de Cuba a Venezuela. Realizó sus estudios en La Habana. Cursó latín, retórica, filosofía, teología moral y escolástica. Se recibió de Bachiller, Licenciado y Maestro en Artes en la Universidad de La Habana. En 1757 obtuvo el título de Doctor. Ese mismo año pasó a España y se graduó de Doctor en Sagrada Teología y de Bachiller en Artes en la Universidad de Sigüenza. Muy joven aún se ordenó de sacerdote. Estudió Derecho Civil en el Real Colegio Seminario de Nobles de Madrid. Cursó además lecciones de física experimental, geografía, historia, etc. En 1763 fue elegido catedrático propietario de Teología y Escolástica en el Colegio Seminario de la Iglesia de Cuba. Ese mismo año se le otorgaron órdenes mayores. Fue nombrado administrador y capellán del hospital de caridad de San Francisco de Paula. En 1770 viajó por España, donde se hicieron famosos sus sermones. Se graduó de Bachiller en Sagrados Cánones en 1771. Viajo también por Italia y habló ante la Corte de Roma. Fue nombrado consultor y teólogo de cámara y más tarde covisitador general del Obispado. Obtuvo la dirección del Seminario de San Carlos (1775-1777). Fue tesorero y fiscal de la Real y Pontificia Universidad. Volvió a España en 1777. En 1780 se trasladó a México por haber sido nombrado maestre escuela de la Catedral de Mérida, Yucatán. Con Francisco Xavier Conde y Oquendo tradujo del latín la *Memoria histórica de la vida de Fray Daniel Concino*, de Lorenzo Rubio, que quedó inédita.

Bibliografía activa

Oración eucarística por el nacimiento del Infante de España Carlos Clemente celebrado en la ciudad de La Habana, Madrid, Imprenta de Pérez Soto, 1765.

Bibliografía pasiva

Bachiller y Morales, Antonio, «El Doctor Don Rafael del Castillo y Sucre», en su *Apuntes para la historia de las letras y de la instrucción pública en la isla de Cuba*, tomo 3, La Habana, Cultural, 1937, págs. 96-116.

Catalá, **Ramón Agapito** (La Habana, 18 agosto 1866-Id., 10 noviembre 1941). Cursó la primaria en La Habana. En sus años estudiantiles fundó el periódico *La Infancia* y editó *El Estudiante*. En 1885 comenzó a trabajar en *El Fígaro*, del que fue administrador y director (1909-1929). Tras graduarse de abogado ejerció con éxito la profesión. Fue cofundador de *Heraldo de Cuba* (1913) y colaborador en *La Lucha y Diario de la Marina*. Miembro de la Academia Nacional de Artes y Letras, de la Academia de la Historia de Cuba y de la Academia Cubana de la Lengua. Fue presidente, y más tarde Presidente de Honor, de la Asociación de la Prensa de Cuba. Viajó por América Latina como comisionado gubernamental. Es autor de *Divagaciones sobre la novela* (La Habana, Imprenta El Siglo XX, 1926), leído como contestación al discurso de ingreso en la Academia Nacional de Artes y Letras pronunciado por Carlos Loveira. Dejó inéditas una *Historia de Cuba* y una *Historia de la invasión*. Utilizó los seudónimos *Fabián Conde*, *Chroniqueur*, *Fígaro*, *Lucas Gómez* y *Mlle. Nitouche*.

Bibliografía activa

Miguel Teurbe Tolón, poeta y conspirador, La Habana, Imprenta El Siglo XX, 1924.

Bibliografía pasiva

Carbonell, José Manuel, «Ramón Agapito Catalá y Rivas, 1866», en su *La prosa en Cuba*, recopilación dirigida, prologada y anotada, tomo 1, La Habana, Imprenta Montalvo y Cárdenas, 1928, págs. 53-54, Evolución de la cultura cubana, 1608-1927, 12.

Conde Kostia, seudónimo de Aniceto Valdivia, «Ramón Agapito Catalá», en su *Mi linterna mágica*, La Habana, Ministerio de Educación, Instituto Nacional de Cultura, págs. 53-55.

Chacón y Calvo, José María, «Don Ramón Agapito Catalá; con motivo de su muerte», en *Revista Cubana*, La Habana, 16, 249-250, julio-diciembre, 1941.

Lamar Schweyer, Alberto, «Elogio de un talento ingenuo, El Doctor Ramón Agapito Catalá», en *El Fígaro*, La Habana, 41, 10, 257, octubre, 1924.

Soto Paz, Rafael, «Ramón Agapito Catalá», en su *Antología de periodistas cubanos*, La Habana, Empresa Editora de Publicaciones, 1943, págs. 190-191.

Catálogo (Santiago de Cuba, 1971). Boletín de la biblioteca «Elvira Cape». Publicación mimeografiada cuyo primer número correspondió al bimestre enero-febrero. «Con esta publicación, y dentro de sus posibilidades (más bien limitadas), pretendemos cubrir la necesidad de divulgar una serie de materiales que han resultado del quehacer investigativo y de la labor puramente creativa», señalaban en el trabajo «A modo de "editorial"», aparecido en el primer número. Integraban su consejo de redacción Adria Guerra, Emilio Setién, Rafael de Nacimiento, Efraín Nadereau y, desde mayo-junio de 1972, Leo Miranda. Posteriormente dicho consejo se denominó de dirección y sufrió variaciones en su estructura, al separarse del mismo Emilio Setién y Efraín Nadereau e incorporarse Efraín Montoya. Desde el ejemplar correspondiente al período enero-abril de 1975, con su mismo título, pasó a ser «Boletín de la Dirección Provincial de Bibliotecas del Consejo Nacional de Cultura de Oriente». Integran entonces su consejo de redacción Efraín Montoya, Esther García, Rafael de Nacimiento, María Teresa Torres y Leo Miranda. En sus páginas se publican trabajos de investigación sobre cuestiones históricas, artísticas y literarias, fundamentalmente sobre la propia ciudad, así como Bibliografías técnicas y científicas. En la sección «Notas y noticias» se ofrece información sobre las actividades culturales desarrolladas durante el período en la ciudad. Otras secciones interesantes son «Carteles orientales» (a cargo del Departamento de Artes) y «Bibliografía oriental» (bajo la responsabilidad del Departamento de Colección Cubana). La primera de estas secciones presenta, en cada número el catálogo de carteles existentes en el departamento de los diseñadores de la provincia. En la segunda se ofrece la Bibliografía oriental no localizada en la Bibliografía nacional. En un número especial de junio de 1972 se publicó un «Bosquejo cronológico de títulos editados en Manzanillo». Además han aparecido poemas de autores de la provincia. Sus colaboradores han sido, entre otros, Jesús Cos Causse, Angelina Castro García, Ángela Castellanos Martí, Alejandro Querejeta, Waldo Leyva, Francisco Ibarra, Luis Díaz, Francisco Lara, Ariel James, Ernesto Crespo Frutos, Amador Montes de Oca y Augusto Blanca.

Céfiro, El (Puerto Príncipe, 1866-1868). Según aparece en el *Catálogo de publicaciones periódicas cubanas de los siglos* XVIII *y* XIX (La Habana, Biblioteca Nacional José

Martí. Departamento Colección Cubana, 1965, pág. 127), era un periódico literario, semanal, publicado de noviembre de 1866 a noviembre de 1868, cuyo fundador fue Emilio Peyrellade y que estuvo dirigido por Domitila García y Sofía Estévez. El ejemplar más antiguo encontrado (19 de abril de 1868) presenta el siguiente subtítulo: «Periódico literario, de modas, costumbres y semi-oficial de la Sociedad Popular de Puerto Príncipe dedicado a sus socios.» Su editor era J. Federico Peyrellade y su redactora Sofía Estévez. Domitila García se había separado de la redacción «por causas ajenas a su voluntad» desde el número 13, según se lee en la reseña que de dicho número aparece en la edición del *Diario de la Marina* correspondiente al 15 de febrero de 1867. En los escasos números que se conservan se publicaron artículos en prosa sobre diversas cuestiones de interés para la mujer, así como narraciones, firmados estos trabajos por Juana de P., Luisa Jiménez, *Elvira*, *Rufina*, *La guayabera*, *La yumurina* y otras. Calcagno señala, en *su Diccionario biográfico cubano* (Nueva York, Imprenta y Librería de Néstor Ponce de León, 1878, pág. 268), que Sofía Estévez publicó, en folletines, sus novelas «Alberto el trovador» y «Doce años después». Domitila García expresa en su *Álbum poético fotográfico de escritoras y poetisas cubanas* (La Habana, Imprenta de *El Fígaro*, 1926, pág. 175), lo siguiente: «Por su índole, por ser el primer periódico redactado por dos jóvenes que apenas traspasaban el umbral de la vida, con carácter representativo social, la empresa tuvo una acogida entusiasta en toda la Isla; pero a los dos años de esparcir «El Céfiro» su soplo dulce y perfumado... ¡El huracán de la guerra abatió sus alas!...»

Centro Cubano de Investigaciones Literarias Quedó constituido a finales de 1961 como dependencia adscrita al Consejo Nacional de Cultura. Fue dirigido por Mario Parajón. Radicaba en el edificio que actualmente ocupa el Instituto de Literatura y Lingüística de la Academia de Ciencias. Su labor principal estuvo fundamentalmente encaminada a la publicación de obras de autores cubanos y españoles. Editó las colecciones Biblioteca Básica de Autores Cubanos, Biblioteca Básica de Autores Españoles y Viajeros. De la primera aparecieron, entre otras, las *Obras completas de José Jacinto Milanés* (1963), *Sab* (1963), de Gertrudis Gómez de Avellaneda, *Caniquí* (1963), de José Antonio Ramos, *Vida y escritos de Juan Clemente Zenea* (1964), de Enrique Piñeyro, *antología de la poesía cubana* (1965), de José Lezama Lima. Entre las españolas, *La Celestina* (1963), de Fernando de Rojas, *La Dorotea* (1964), de Lope de Vega, *Amadís de Gaula* (1965). De la colección Viajeros, *La isla de Cuba* (1964), de Richard Robert Madden, y *Viajes de don Jacinto Salas Quiroga* (1964). El Centro ofreció charlas y conferencias. Sus actividades cesaron en 1965.

Cepeda, Josefina de (Placetas, Las Villas, 18 noviembre 1907). Cursó la enseñanza primaria en Pinar del Río (La Habana, Las Villas y Oriente). En Holguín inició los estudios de bachillerato. En la Escuela Normal de Kindergarten se graduó de maestra en 1926. Tres años después concluyó sus estudios de piano, teoría y solfeo en el Conservatorio Hubert de Blanck. En 1938 contrajo nupcias con el escritor José Antonio Ramos. Trabajó veintiún años como maestra de kindergarten en la Escuela Anexa a la Normal. Fue directora y maestra de piano de la Academia de Artes e Idiomas del Círculo Cubano de Bellas Artes, cantante de la Sociedad Coral de La Habana y directora de programas radiales. Ha colaborado en las publicaciones cubanas *La Mujer*, *Diario de la Marina*, *Revista Bimestre Cubana*, *Universidad de La Habana*, *Gaceta del Caribe*, *Aidos*, *Artes*, *Avance*, *Hoy*, *Social*, *El País*, *Alerta*, *Ellas*, *Alma Mater*, *Acción*, *Carteles*, *Horizontes*, *Matanzas*, *Senderos*, *Vanidades*, *Orto*, *Pueblo*, *La Nación Cubana*, *América*, *El Camagüeyano*, *Revista de la Asociación Nacional de Kindergarten*, y en las extranjeras *Almanaque Ilustrado Hispano-Americano* (España), *Cuadernos de América* y *Magazine de* El Dictamen (México). Ha dado recitales de sus poesías en el Círculo Cubano de Bellas Artes, Lyceum, Pro-Arte Musical, Conservatorio Orbón. Ha viajado a Estados Unidos y México. Perteneció al Club de Mujeres Profesionales de La Habana. Fue incluida por Juan Ramón Jiménez en la anto-logía *La poesía cubana en 1936* (La Habana, Imprenta P. Fernández, 1937) y por Matilde Muñoz en *Antología de poetisas hispanoamericanas modernas* (Madrid, Aguilar, 1946). Poemas suyos han sido traducidos al inglés, alemán y polaco.

Bibliografía activa

Grana y armiño, versos, La Habana, Escuela Tipográfica de la Institución Inclán, 1935.

Versos, separata de la *Revista Bimestre Cubana*, La Habana, Imprenta Molina, 1936.

Palabras en soledad, poemas del sanatorio, 1938-39, La Habana, Editorial La Verónica, 1941.

La llama en el marzo, poesías, La Habana, Impresora Vega, 1954.

Bibliografía pasiva

Acevedo, Javier de, «Josefina de Cepeda», en *El avance criollo*, La Habana, 2, 195, 13, agosto 16, 1935.

Arciniegas, Ismael Enrique, «*Versos, de Josefina de Cepeda*», en *El Gráfico*, Bogotá, 26, 1 293, 753, agosto 22, 1936.

Arocena, Berta, «*Palabras en soledad*, de Josefina de Cepeda», en *El Mundo*, La Habana, 40, 12 696, 2, abril 4, 1941.

Buesa, José, «*Grana y armiño*», en *El avance criollo*, La Habana, 2, 90, 6, abril 17, 1935.

Carrera, Julieta, «Mujeres, cuatro mujeres y el amor», en *El Mundo*, La Habana, 34, 11 092, 4, octubre 18, 1934.

Costa, Octavio R., «Josefina de Cepeda y la

poesía», en *Diario de la Marina*, La Habana, 123, 53, 4-A, marzo 3, 1955.

González, Manuel Pedro, «*La llama en el marzo* Josefina de Cepeda, en *Humanismo*, México, 4, 33, 158-160, septiembre-octubre, 1953.

«El homenaje a Josefina de Cepeda», en *Diario de la Marina*, La Habana, 124, 84, 23-A, abril 8, 1956.

«Homenaje a Josefina de Cepeda», en *Mañana*, La Habana, 17, 83, 4, abril 8, 1956.

Jaume, Adela, «Josefina de Cepeda, gran lírica, y su último libro...», en *Diario de la Marina*, La Habana, 124, 58, 18.ª, marzo 9, 1956.

«Palabras a Josefina de Cepeda, en su homenaje», en *Diario de la Marina*, La Habana, 124, 82, 5-B, abril 6, 1956.

Jiménez, Juan Ramón, «La voz de Josefina de Cepeda», en *Universidad de La Habana*, La Habana, 36-37, 11, mayo-agosto, 1941.

«Josefina de Cepeda, *Palabras en soledad*», en *América*, La Habana, 11, 3, 92-93, septiembre, 1941.

Lazo, Raimundo, «Cinco libros cubanos», en *Diario de la Marina*, La Habana, 123, 38, 1C y 6C, febrero 13, 1955.

Loy, Ramón, «*La llama en el mar*, poesías, por Josefina de Cepeda», en *Alerta*, La Habana, 20, 14, 4, enero 18, 1955.

Marcos, Miguel de, «Josefina de Cepeda», en *El avance criollo*, La Habana, 2, 189, 6, agosto 9, 1935.

Marquina, Rafael, «Vida y carácter de Josefina de Cepeda, la poetisa de *La llama en el mar*»,

en *Pueblo*, La Habana, 16 marzo 29, 1956.

Ordetx, Isabel Margarita, «Homenaje a una poetisa», en *Prensa Libre*, La Habana, 16, 2552, 12, abril 14, 1956.

Pogolotti, Marcelo, «Actualidad poética», en *El Mundo*, La Habana, 53, 16 964, A-6, enero 5, 1955.

Portuondo, José Antonio, «Tarjetero, Cuba literaria, 1941», en *Revista Bimestre Cubana*, La Habana, 50, 3, 425, noviembre-diciembre, 1942.

Quintana, Jorge, «*Palabras en soledad* de Josefina de Cepeda», en *El Nuevo Mundo*, Suplemento, La Habana, 2, 71, 4, abril 6, 1941.

Remos y Rubio, Juan José, «Poesía y versos», en *Diario de la Marina*, La Habana, 123, 182, 4-A, agosto 3, 1955.

Riaño Jauma, Ricardo, «Josefina de Cepeda, una voz lírica de calidad», en *Síntesis*, Ciego de Ávila, Camagüey, 8, 1-3, octubre, 1942.

Rodríguez Expósito, César, «Josefina de Cepeda, *versos*», en su *Entre libros*, apuntes bibliográficos, La Habana, Editorial Cubanacán, s. a., págs. 185.

Suárez Solís, Rafael, «Por la línea del verso o por la poesía de la línea», en *Diario de la Marina*, La Habana, 123, 30, 16-A, febrero 4, 1955.

Villaverde, José R., «Versos de Josefina de Cepeda», en *El avance criollo*, La Habana, 2, 80, 6, abril 4, 1935.

Cepero Bonilla, **Raúl** (Sagua la Grande, Las Villas, 28 septiembre 1920-Lima, Perú, 27 noviembre 1962). Muy joven aún trabajó como auxiliar de oficina. Se graduó de bachiller en el Instituto del Vedado (1938) y de Doctor en Leyes en la Universidad de La Habana (1942). Durante sus años de estudiante trabajó como profesor auxiliar de Cívica en el Instituto del Vedado e ingresó en el Partido Comunista, cuyas filas abandonó más tarde. Obtuvo el título de periodista en la Escuela Profesional de Periodismo Manuel Márquez Sterling (1951). En 1951 asistió como delegado al Congreso Azucarero de la G. A. T. T., celebrado en Inglaterra. Durante los años de la tiranía batistiana realizó, con los dirigentes de la insurrección, diversas labores intelectuales y políticas. Fue detenido en diversas ocasiones. Al triunfo de la Revolución ocupó los cargos de Ministro de Comercio (1959-1960) y Presidente del Banco Nacional (1960-1962). Presidió numerosas delegaciones económicas cubanas en el extranjero. Viajó a Inglaterra, Francia, Italia, España, RFA, Yugoslavia, Suiza, Dinamarca, Brasil, México, Estados Unidos, Japón. Fue uno de los fundadores de la Comisión de Historia de la Academia de Ciencias. Colaboró en *Prensa Libre*, *Carteles*, *Bohemia*, *Acción*, *Tiempo en Cuba*, *Cuba Socialista*. Al regreso de una conferencia económica internacional, en la que había presidido la delegación cubana, perdió la vida junto a sus compañeros, en accidente de aviación.

Bibliografía activa

Azúcar y abolición, La Habana, Editorial Cenit, 1948; 2.ª edición, La Habana, Editorial Echevarría, 1959; Introducción de Carlos Funtanellas, La Habana, Instituto Cubano del Libro, 1971.

El Siglo, 1862-68, *un periódico en lucha contra la censura*, La Habana, Editorial Lex, 1957.

Política azucarera, 1952-1958, México D. F., Editorial Futuro, 1958.

The Cuban Revolution and the sugar markets, La Habana, Editorial Echevarría, 1959.

The Cuban Soviet Agreement, La Habana, Editorial Echevarría, 1960.

La independencia económica se conquista con la diversificación de los mercados extranjeros, La Habana, Editorial Echevarría, 1960.

Obras históricas, Contiene, El desarrollo económico de la sociedad, el comunismo primitivo; Azúcar y abolición; Atisbos del economismo histórico en el pensamiento cubano; *El Siglo*, 1862-1968, un periódico en lucha contra la censura; Política azucarera, *1952-1958*; Discurso en la Séptima Conferencia Regional de la FAO. Introducción de Julio Le Riverend, La Habana, Instituto de Historia, 1963.

Bibliografía pasiva

Mesa Martín, Aida, «La efemérides de la semana, Raúl Cepero Bonilla», en *Bohemia*, La Habana, 66, 47, 93, noviembre 22, 1974.

Petriccioni Ferrand, Guido, «*Azúcar y abolición* de Raúl Cepero Bonilla», en *Revista de la Biblioteca Nacional*, La Habana, 2.ª serie, 1, 1, 71, abril, 1949.

Cernadas, **Remigio** (La Habana, 1779-Id., 15 octubre 1859). Estudió en el Convento de Santo Domingo. En 1817 se graduó de Doctor en Filosofía y Teología en la Universidad de La Habana. Fue rector de la misma en diversas ocasiones (1819, 1826, 1830, 1836 y 1840). En 1830 ingresó como miembro en la Sociedad Patriótica de La Habana. Fue nombrado secretario del Obispado en 1836. Ejerció el magisterio. Se destacó, junto con Félix Varela, como el más notable orador sagrado de su época. Cultivó también la oratoria académica. Firmaba con las iniciales Fr. R. C.

Bibliografía activa

Coordinación del calendario de esta Provincia Santa Cruz de las Indias por Fr. R. C..., Prior del Convento de San Juan de Letrán, La Habana, *1828.*

Oración fúnebre que en las honras celebradas en la iglesia del Convento de Predicadores, en sufragio del alma del Excmo. e Illmo, señor don Juan José Díaz de Espada y Landa, dignísimo obispo de esta diócesis, el 27 de octubre de este año, con asistencia del ilustre claustro de la Real y Pontificia Universidad, dijo el M.R.P.M.F. Remigio Cernadas, del mismo orden y claustro, La Habana, Imprenta de don José Boloña, 1832.

Sermón predicado el día treinta y uno de noviembre de este año en la iglesia de Santo Domingo por el Padre Maestro Fray Remigio Cernadas, en la función de acción de gracias con que la Real y Pontificia Universidad celebró el restablecimiento de la importante salud del Rey Nuestro Señor, La Habana, Oficina de don José Boloña, 1832.

Elogio fúnebre en las honras celebradas en el sufragio del alma del Excmo. señor Conde de Santovenia en la iglesia del Convento de Reverendos Padres Predicadores, el día 14 de enero de 1832, con asistencia de la Real y Pontificia Universidad que dijo el R.P. Maestro F. Remigio Cernadas, La Habana, Oficina de don José Boloña, impresor de la Real Casa y Patrimonio y de las Reales Casas de Marina e Ingenieros, 1832.

Oración fúnebre que en las honras del Illmo, y Rmo, señor Doctor Pedro Varela y Jiménez, dignísimo Arzobispo de Santo Domingo, primado de las Indias y administrador electo de este Obispado, dijo el muy R.P.M. Fr. Remigio Cernadas, del orden de predicadores en la iglesia de nuestro P.S. Agustín el 28 de junio de este año, La Habana, Imprenta del Gobierno y Capitanía General, 1833.

Oración fúnebre pronunciada en la iglesia de los R.R.P.P., Predicadores en las honras hechas al Excmo. señor don Ángel Laborde y Navarro, Jefe de Escuadra de la Real Armada y Comandante General de este Apostadero, el día 6 de mayo, La Habana, Oficina de don José Boloña, 1834.

Oración fúnebre que en las honras que la venerable comunidad del Convento de predicadores de esta ciudad, celebró en sufragio del alma de nuestro Católico Monarca el señor don Fernando Séptimo (Q.E.P.D.) el día 24 de enero de este año, dijo el M.R.P.M. y Doctor en Sagrada Teología, Rector y Cancelario de la Real y Pontificia Universidad Fray Remigio Cernadas, La Habana, Imprenta del Gobierno y Capitanía General, 1834.

Oración fúnebre que en las solemnes exequias celebradas en la iglesia del Convenio de Nuestro Padre San Juan de Dios por el alma de nuestro católico Monarca el Señor Don Fernando Séptimo el día 15 de enero de este año dijo el M. Reverendo Padre Maestro Doctor en Sagrada Teología, Rector y Cancelario de esta Real y Pontificia Universidad Fray Remigio Cernadas, del sagrado orden de Predicadores, La Habana, Oficina de Don José Boloña, 1834.

Sermón predicado en la iglesia de nuestro P. S. Agustín el día 11 de julio de 1833, en la fiesta que la señora Condesa de Casa Lombillo dedicó a la preciosa sangre de Nuestro Señor Jesucristo, como un testimonio de su reconocimiento por haberla preservado de la epidemia conocida con el nombre de cólera morbus, La Habana, Oficina de don José Boloña, impresor de la Real Marina, 1834.

Oración fúnebre pronunciada por el Muy Reverendo Padre Maestro Fray Remigio Cernadas, Rector y Cancelario de la Real y Pontificia Universidad de La Habana, en las honras que la Real y esclarecida archicofradía del Santísimo Sacramento establecida en la parroquial del Espíritu Santo, consagró a la grata y respetable memoria del Excelentísimo Señor Don Joaquín Gascue y Pueyo, Gran Cruz de la Real y Militar Orden de San Hermenegildo, Mariscal de Campo de los Reales Ejércitos y Subinspector del Departamento del Real Cuerpo de Artillería de esta Plaza, en la iglesia de dicha parroquial el día 12 de noviembre de 1840, La Habana, Oficina de Don José Severino Boloña, 1840.

Bibliografía pasiva

Sanguily, Manuel, «Fray Remigio Cernadas», en su *Oradores de Cuba*, La Habana, Tipografía Moderna de Alfredo Dorrbecker, 1926, págs. 24-25.

Obras de Manuel Sanguily, 3.

Cervantes (La Habana, 1925-1946). «Revista mensual ilustrada», se leía en la cubierta, pero en su portada aparecía como «Revista mensual ilustrada de literatura. Arte. Ciencia». Fue fundada por Ricardo Veloso, según señala José María Labraña en la página 747 de su trabajo «La prensa en Cuba» —aparecido en *Cuba en la mano. Enciclopedia popular ilustrada* (La Habana, Imprenta Úcar, García, 1940, págs. 649-786) y editada en su Librería Cervantes, luego Cultural, S. A. Comenzó a publicarse en mayo de 1925, bajo la dirección de Luis García Triay, el cual fue sustituido por Rafael Pérez Lobo en octubre de 1927. De enero a junio de 1929 presentó en la portada el subtítulo de «Revista bibliográfica mensual ilustrada», que de ahí en adelante aparecería indistintamente en diferentes partes de la revista. Siempre conservó, además, el de «Revista mensual ilustrada». En 1932 solamente salieron los números de enero a junio bajo la dirección de Félix Lizaso. Al reaparecer en julio-agosto de 1933, asumió la dirección Alberto Sánchez. Desde esta misma fecha salió en forma irregular. Entre 1935 y principios de 1937 fueron sus directores sucesivamente, Luis de Miguel y Luis de Loperena. Por último vuelve a ocupar definitivamente la dirección Rafael Pérez Lobo desde julio-agosto de 1937. Aparecían en sus páginas notas y anuncios de libros que estaban a la venta en la librería que la editaba, generalmente acompañados de una nota crítica. Fue más divulgadora de la literatura española que de la cubana. También se ocupó de historia del arte, de gramática, de lingüística, de historia universal y de la mujer. En general, brindó el panorama cultural mundial de su época. Fueron sus colaboradores Juan Marinello, M. I. Mesa Rodríguez, Fernando Lles, Félix Callejas, *Conde Kostia* (seudónimo de Aniceto Valdivia), E. Gómez Baquero y otros. Además se publicaron trabajos de reconocidos escritores españoles. Finaliza su salida con el número correspondiente a enero-mayo de 1946.

Bibliografía

Mis, Georges, «Elogian en París a la revista *Cervantes*, Contribución a la crisis del libro», en *Cervantes*, La Habana, 14, 7-8, 27-28, julio-agosto, 1939.

Céspedes, **Carlos Manuel de** (Bayamo, Oriente, 18 abril 1819-Sierra Maestra, Oriente, 27 febrero 1874). Cursó la primera enseñanza en el colegio del Convento de Santo Domingo, de Bayamo, en el cual ingresa en 1829. Al egresar de dicho centro viaja a La Habana. En 1835 continúa sus estudios en el Seminario de San Carlos. Se gradúa de Bachiller en Derecho tres años más tarde. Viaja a España en 1840 a completar sus estudios. Obtiene el título de Licenciado en Leyes. De 1842 a 1844 viaja por Francia, Bélgica, Inglaterra, Suiza, Alemania, Italia, Grecia, Turquía, Palestina y Egipto. El dominio que tenía de varios idiomas le permitió estudiar la historia y las instituciones políticas de dichos países. En 1844 regresa a Cuba y se establece en Bayamo como abogado. Fue director de la Sociedad Filarmónica y de su Sección de Declamación. En 1849 fue síndico del Ayuntamiento de Bayamo. De 1852 a 1855 sufrió prisión en tres ocasiones diferentes. Colaboró en *La Prensa* (La Habana), *El Redactor* (Santiago de Cuba) y *La Antorcha* (Manzanillo, Oriente), donde ocupó además el cargo de redactor. En la logia «Buena Fe», constituida en Manzanillo en abril de 1868, desempeñó un papel importante y comenzó sus trabajos conspirativos. El 10 de octubre de 1868 se levanta en armas contra el dominio español, en su ingenio La Demajagua, liberta a sus esclavos y suscribe la *Declaración de independencia*, con lo que se da inicio a la Guerra de los Diez Años. El 20 de octubre toma militarmente a Bayamo, que es declarada capital provisional y sede del Gobierno de la Revolución. Allí funda el periódico *El Cubano Libre*. El 27 de diciembre firmó el Decreto sobre la esclavitud. En abril de 1869 la Asamblea de Guáimaro lo designa presidente de la República en Armas. El 29 de mayo de 1870 su hijo Óscar es hecho prisionero por los españoles y fusilado al negarse Céspedes a negociar sobre la base de su capitulación. El 31 de diciembre de 1870 cae prisionera de los españoles su esposa Ana de Quesada. El 27 de octubre de 1873, la Cámara de Representantes depone a Céspedes de su cargo de presidente de la República, acuerdo que acata disciplinadamente. Fija su residencia en San Lorenzo y allí muere combatiendo al enemigo. Es autor del drama *El conde de Montgomery*. Tradujo del francés *El cervecero rey*, de D'Arlincour, y *Las dos dianas*, de Alejandro Dumas; del latín, fragmentos de la *Eneida*.

Bibliografía activa

En defensa de Cuba, Madrid, 1841.

En días de prueba, Marzo 1.º de 1916.

«Al lector», por Néstor Carbonell, La Habana, Imprenta La Prueba, 1916, Biblioteca Cuba, 5.

La voz del precursor, prólogo de Hilda Parets, La Habana, Editorial Cuba, 1937.

De Bayamo a San Lorenzo, selección y Prólogo de Andrés de Piedra-Bueno, La Habana, Ministerio de Educación, Dirección de Cultura, 1944, Cuadernos de Cultura, 6.ª serie, 3.

Cartas a su esposa Ana de Quesada, La Habana, Instituto de Historia, 1964.

Escritos, compilación, e introducción de Fernando Portuondo del Prado, y Hortensia Pichardo Viñals, La Habana, Editorial de Ciencias Sociales, 1974.

Poesías, Prólogo de Osvaldo Navarro, La Habana, Consejo Nacional de Cultura, Dirección General de Publicaciones, 1974.

Bibliografía pasiva

«Carlos Manuel de Céspedes», en *La América*, Nueva York, 1, 3, 33-35, junio, 1, 1871.

Céspedes y Quesada, Carlos Manuel de, *Carlos Manuel de Céspedes*, París, Tipografía de Paul Dupont, 1895.

Cruz, Mary, «Centenario de la caída del Padre de la Patria, Céspedes o la virtud revolucionaria», en *La Gaceta de Cuba*, La Habana, 120, 17-20, febrero, 1974.

Griñán Peralta, Leonardo, *Carlos Manuel de Céspedes, análisis caracterológico*, Santiago de Cuba, Universidad de Oriente, 1968, Serie conmemorativa del centenario, 3.

Lufriu, René, *Carlos Manuel de Céspedes, redentor de los esclavos y padre de la patria*, La Habana, Imprenta y Librería La Propagandista, 1915.

Martí, José, «Céspedes y Agramonte», en su *Obras completas*, tomo 4, La Habana, Editorial Nacional de Cuba, 1963, págs. 358-362.

Montemar, Antonio, «Canto al Cauto, "Peinando lirios..."», en *El Mundo*, La Habana, 65, 21 707, 5, octubre 9, 1966.

Rodríguez, Mariano, «El niño Carlos Manuel» y

«El joven Carlos Manuel, II», en *Juventud Rebelde*, La Habana, 4 y 2, febrero 1 y 3, 1974.

Romero Proenza, Alfonso, «Centenario de la muerte de Carlos Manuel de Céspedes, 1874-1974.

Cronología de su vida», en *Boletín de Activismo de Historia*, La Habana, 1, 1, 4-7, diciembre, 1974.

Trujillo, Enrique, «Carlos Manuel de Céspedes», en su *Álbum de El Porvenir*, Nueva York, 1, 47-51, 1890.

Céspedes de Escanaverino, Úrsula (Finca Guajacabito, Bayamo, Oriente, 21 octubre 1832-Santa Isabel de las Lajas, Las Villas, 2 noviembre 1874). Recibió la enseñanza primaria en su propio hogar. También aprendió música y francés. En 1854 visita Villa Clara. Allí conoce a Ginés Escanaverino, con quien se casa en 1857. Obtiene el título de maestra en 1858 y junto con su esposo funda en Bayamo, pensionada por el Municipio, la Academia de Santa Úrsula, para la enseñanza femenina. Se trasladaron a La Habana durante algún tiempo (1863-1865). Posteriormente su esposo obtiene por oposición el cargo de director de la Escuela Superior para Varones, en San Cristóbal, Pinar del Río, mientras ella imparte clases en una escuela para niñas en el mismo lugar. Muertos sus hermanos y preso su padre durante la guerra del 68, la persecución desatada contra su familia los hace trasladarse a Santa Isabel de las Lajas. Sus primeros poemas los había publicado en *Semanario Cubano* (1855) y *El Redactor de Santiago de Cuba*, de la capital oriental. También colaboró en *La Regeneración* (Bayamo); *La Antorcha* (Manzanillo); *La Alborada, Eco de Villa Clara* (Villa Clara); *El Fomento, Hoja Económica de Cienfuegos* (Cienfuegos); *Correo de Trinidad, La Abeja* (Trinidad); *La Prensa, El Kaleidoscopio, La Idea, Cuba Literaria* (La Habana); *La Moda Elegante* (Cádiz, España). Su libro *Cantos postreros* fue publicado póstumamente por su esposo en reducida edición privada. Utilizó los seudónimos *La serrana* y *Carlos Enrique Alba*.

Bibliografía activa

Ecos de la selva, poemas, prólogo de Carlos Manuel de Céspedes, Santiago de Cuba, Imprenta de Espinal y Díaz, 1861.

Poesías, prólogo y selección de Juan José Remos, La Habana, Ministerio de Educación, Dirección de Cultura, 1948, Cuadernos de Cultura, octava serie, 2.

Bibliografía pasiva

Bueno, Salvador, «Úrsula Céspedes», en *El Mundo*, La Habana, 66, 22 145, 2, marzo 8, 1968.

Carbonell, José Manuel, «Úrsula Céspedes de Escanaverino, 1832-1874», en su *La Poesía lírica en Cuba*, recopilación dirigida, prologada y anotada, tomo 3, La Habana, Imprenta El Siglo XX, 1928, págs. 320-322, Evolución de la cultura cubana, 1608-1927, 3.

Escanaverino de Hernández, María Dolores,

«Úrsula Céspedes de Escanaverino», en *Archipiélago* Santiago de Cuba, 2, 16, 289-299, diciembre 31, 1929.

García de Coronado, Domitila, «Úrsula Céspedes de Escanaverino», en su *Álbum poético-fotográfico de escritoras y poetisas cubanas escrito en 1868 para la señora Doña Gertrudis Gómez de Avellaneda*, La Habana, Imprenta El Fígaro, 1926, págs. 65-76.

Triay, José E., «Úrsula Céspedes», en *La Lotería*, La Habana, 2, 25, 191, junio 21, 1885.

Cesto de Flores, **El** (La Habana, 1856-Id.). Era un «semanario dominical de amena literatura dedicado al bello sexo», según señala Araceli García Carranza en la página 39 de *Índices analíticos*, La Habana, Biblioteca Nacional José Martí. Departamento Colección Cubana, 1964). Comenzó a salir en la segunda quincena de marzo. En la sección «Gacetín» del periódico *Gaceta de La Habana* del 9 de marzo de 1856, se da la noticia de la próxima salida de *El Cesto de Flores* y se expresa que a su frente se hallan don Juan Cantalapiedra y don Antonio González Herrera; no obstante, en la revista aparecen como director Antonio López Arenosa y como redactores Antonio Cantalapiedra y José Poo. Publicó, en gran parte de sus páginas, poesías de autores conocidos, como Rafael María de Mendive, José de Armas y Céspedes, José Fornaris, Ramón Vélez Herrera, Joaquín Lorenzo Luaces y otros; además de traducciones de artículos de literatura extranjera y la novela «María»,

de López de Arenosa. También prestaron su colaboración Francisco de Paula Gelabert y Antonio Sellén. Aunque solo se ha encontrado hasta la entrega 12, se sabe que continuó saliendo hasta la 14, pues en la página 3 del periódico *Gaceta de La Habana* del 25 de junio de 1856, en la sección «Gacetín», se expresa que se halla en circulación dicha entrega. Preparado por Feliciana Menocal, con la colaboración de Araceli García Carranza, se ha publicado su índice analítico, aparecido en *Índices analíticos*, La Habana, Biblioteca Nacional José Martí. Departamento Colección Cubana, 1964, págs. 40-44.

Bibliografía

García Carranza, Araceli, «*El Cesto de Flores*», en *Índices analíticos*, La Habana, Biblioteca Nacional José Martí, Departamento Colección Cubana, 1964, págs. 39.

Ciclón (La Habana, 1955-1957; 1959). Revista literaria. Comenzó a salir en enero. Fue su fundador, director y administrador José Rodríguez Feo. Se publicaba cada dos meses. Desde julio de 1955 Virgilio Piñera fungió como secretario. Dejó de publicarse con la salida del ejemplar correspondiente a abril-junio de 1957. En 1959 reapareció y publicó un solo número, correspondiente al trimestre enero-marzo. Rodríguez Feo, que había sido, junto a José Lezama Lima, codirector de *Orígenes*, se separó de ésta por un incidente ocurrido a raíz de la publicación de un artículo de Juan Ramón Jiménez en que aludía a Vicente Aleixandre («Crítica paralela», año 10, número 34, 1953, págs. 3-14) sin que Lezama Lima contase con su aprobación en calidad de codirector. Entonces editó *Ciclón*, con la cual, según se expresaba en el primer número «[...] borramos a *Orígenes* de un golpe. A *Orígenes* que como todo el mundo sabe tras diez años de eficaces servicios a la cultura en Cuba, es actualmente solo peso muerto». *Ciclón* fue una revista puramente literaria que publicaba colaboraciones y traducciones inéditas, tanto de autores nacionales como extranjeros. Estaba completamente alejada de cualquier tipo de problema que no fuese literario, no obstante lo cual, según señala su director cuando reaparece en 1959, su publicación se había suspendido «porque en los momentos en que se acrecentaba la lucha contra la tiranía de Batista y moría en las calles de La Habana y en los montes de Oriente nuestra juventud más valerosa, nos pareció una falta de pudor ofrecer a nuestros lectores «simple literatura». Todo tipo de crítica política o social estaba condenada de antemano por la feroz censura». Tenía una sección fija dedicada a la crítica artístico-literaria: «Barómetro». En la sección «Revaluaciones» se publicaron estudios sobre Rubén Martínez Villena, Oscar Wilde y Macedonio Fernández. En sus páginas aparecieron trabajos de relevantes figuras de las letras en lengua hispánica, entre ellas Luis Cernuda, José Ferrater Mora, Jorge Luis Borges, Dámaso Alonso, Ernesto Sábato, Julián Marías, Alfonso Reyes, Carlos Bousoño,

Luis Alberto Sánchez, Guillermo de Torre, Adolfo Bioy Casares, Vicente Aleixandre, Jorge Guillén, Octavio Paz, Julio Cortázar. Contó con la colaboración de numerosos escritores jóvenes, entre ellos Luis Marré, Ambrosio Fornet, Rolando T. Escardó, Luis Suardíaz, Ezequiel Vieta, Rine Leal, Antón Arrufat, César López, Víctor Agostini, Roberto Branly, Manuel Díaz Martínez, Rolando Ferrer, Fayad Jamís, Aldo Menéndez, Pedro de Oráa. Su índice analítico, confeccionado por un equipo de investigadores, ha sido publicado en el tomo 1 de *Índices de las revistas cubanas*, La Habana, Biblioteca Nacional José Martí. Departamento de Hemeroteca e Información de Humanidades, 1969, págs. 237-293.

Bibliografía

«Borrón y cuenta nueva», en *Ciclón*, La Habana, 1, 1, entre 22 23, enero, 1955.

Rodríguez Feo, José, «La neutralidad de los escritores», en *Ciclón*, La Habana, 4, 1, entre 36-37, marzo, 1959.

Suárez Solís, Rafael, «Las pequeñas causas, *Ciclón*», en *Diario de la Marina*, La Habana, 123, 171, 4-A, julio 21, 1955.

Cine Cubano (La Habana, 1960). Revista mensual. Dirigida por Alfredo Guevara. Ha tenido una periodicidad irregular. Es una publicación especializada en cinematografía que ha dado preferencia siempre a todo lo relacionado con el cine cubano y latinoamericano, para lo cual ha contado con la colaboración de críticos y cineastas cubanos, así como de los dirigentes del ICAIC. Se encuentran, entre los primeros, Mario Rodríguez Alemán, Nicolás Cossío, Daniel Díaz Torres, Enrique Colina, Marisol Trujillo y Roberto Branly. También se han reproducido trabajos y publicado colaboraciones de conocidos críticos y cineastas extranjeros. Ocasionalmente han aparecido en sus páginas artículos y opiniones de escritores cubanos y latinoamericanos, casi siempre sobre la relación entre cine y literatura y cine y cultura. Se destacan Jesús Díaz, Edmundo Desnoes, Roberto Fernández Retamar, Alejo Carpentier, Camila Henríquez Ureña, Graziella Pogolotti, René Méndez Capote, Lisandro Otero, Ambrosio Fornet, Samuel Feijóo, Reynaldo González, Jaime Sarusky, Eliseo Diego, Guillermo Rodríguez Rivera, Víctor Casaus, entre los escritores cubanos, y René Depestre, Roque Dalton, Arqueles Morales, Mario Benedetti, Óscar Collazos, Ángel Rama, Jorge Timossi, entre los latinoamericanos.

Círculo de Amigos de la Cultura Francesa. Fue fundado en La Habana el 6 de diciembre de 1928. Su fundador y primer presidente fue Roberto de la Torre. Tuvo como finalidad propagar la lengua y la cultura francesas, además de dar a conocer otras culturas. Ofreció conferencias en español y francés. Así como conciertos, exposiciones, sesiones cinematográficas, etc. Contó con una biblioteca de más de 1500 volúmenes y con una discoteca. Bajo los auspicios del Círculo de Amigos de la Cultura Francesa se constituyó una agrupación de jóvenes literatos, poetas y músicos, que con el nombre de «Grupo Impar» celebró durante varios años un acto mensual de carácter artístico-literario. En 1965 cesó en sus funciones el Círculo de Amigos de la Cultura Francesa.

Bibliografía

«Le Cercle des Amis de la Culture Française de la Havane, Cuba», en *Anuario Cultural de Cuba 1943*, La Habana, Imprenta Úcar, García, 1944, págs. 387-388.

Martínez Bello, Antonio, «Instituciones de cultura privadas», en *Libro de Cuba*, 67 5, La Habana, publicaciones Unidas, 1954, págs. 675.

Círculo de Bellas Artes El 15 de marzo de 1930 quedó constituido el Círculo de Bellas Artes, producto de la fusión de dos instituciones: la Asociación de Pintores y Escultores y el Club Cubano de Bellas Artes. Su primer presidente fue Salvador Salazar Roig. Contaba con las Secciones de Literatura, Pintura, Música, Escultura y Arquitectura, a las que se agregó en 1935 la de Artes Gráficas, en 1945 la de Arte Suntuario y Arte Escénico y en 1956 la de Grabado. El Círculo estaba estructurado de la siguiente manera: un presidente, un secretario de actas, un secretario de correspondencia, un tesorero, un bibliotecario, cada uno con su vice, y diez vocales. Cada sección tenía un presidente y un secretario con sus vices correspondientes y tantos vocales como estimara la propia sección. En agosto de 1951 se publicó *Mensuario*, boletín mimeografiado del Círculo de Bellas Artes, del que solo aparecieron los números de 20 de agosto y 1.º de septiembre de 1951 y 1.º de octubre de 1952. Los objetivos de la institución, que fue de carácter privado y contó esporádicamente con ayuda oficial, fueron los de agrupar a los cultivadores de las bellas artes y las letras y a todas aquellas personas interesadas en las mismas, además de propiciar exposiciones, conferencias, tertulias literarias, conciertos, concursos y cualquier otra actividad que facilitara el desarrollo de nuestra vida cultural. El Salón Anual de Bellas Artes y la Escuela Libre de Artes Plásticas, organizados ambos por la Asociación de Pintores y Escultores, continuó desarrollando sus funciones. La Escuela Libre funcionó hasta 1967 con el nombre de Taller de Artes Plásticas «Camilo Cienfuegos», donde podían ingresar los interesados en desarrollar alguna vocación plástica. Las últimas actividades de esta institución cultural se desarrollaron en 1968, y estuvieron dedicadas a actos musicales y exposiciones de pintura y escultura con carácter individual.

Bibliografía

Estatutos del Círculo de Bellas Artes, La Habana, 1945.

Jaume, Adela, «En plena actividad el Círculo de Bellas Artes», en *Diario de la Marina*, La Habana, 125, 170, 17-A, julio 20, 1957.

López Salas, María, «El Salón de Bellas Artes», en *El Mundo del Domingo*, suplemento del periódico *El Mundo*, La Habana, 3, marzo 28, 1965.

Reglamentos del Círculo de Bellas Artes, La Habana, Escobar, 1939.

Torriente, Loló de la, «Salón del Círculo de Bellas Artes», en *El Mundo*, La Habana, 61, 20 595, 4, marzo 9, 1963.

Cirules, Enrique (Nuevitas, Camagüey, 5 noviembre 1938-18 diciembre 2016). Muy joven trabajó como obrero portuario en su ciudad natal. Allí desempeñó, después del triunfo de la Revolución, distintos cargos en la Central de Trabajadores, el Ministerio de Educación y el Consejo Nacional de Cultura. Ha colaborado en *El Caimán Barbudo*, *Casa de las Américas*. En 1971 obtuvo el premio de cuento en el concurso 26 de julio por su libro *Los perseguidos*. Al año siguiente, en el mismo certamen, ganó en el género de testimonio por *Conversación con el último norteamericano*. Dirige la revista *Revolución y Cultura*.

Bibliografía activa

Los perseguidos, La Habana, Instituto Cubano del Libro, 1971.

Conversación con el último norteamericano, La Habana, Instituto Cubano del Libro, 1973.

Bibliografía pasiva

Byron, Leslie, «Libros cubanos, Concurso MINFAR 1971, Cirules, hombres y fusiles», en *Universidad de La Habana*, La Habana, 196-

197, 343-345, 1972.

Pogolotti, Graziella, «Los distintos modos de la autenticidad», en *Universidad de La Habana*, La Habana, 198-199, 203-207, enero-febrero, 1973.

Torre Molina, Mildred de la, «El último americano», en *La Gaceta de Cuba*, La Habana, 115, 30-31, septiembre, 1973.

Vázquez, Antonio, «*Los perseguidos*», en *Santiago*, Santiago de Cuba, 7, 231-233, junio, 1972.

Civilización, La. Periódico semanal enciclopédico (La Habana 1857-Id.). Dedicado a las señoritas y señoras de La Habana. Religión. Historia. Comercio. Industria. Economía. Literatura. Bellas Artes. Biografías. Teatros. Costumbres. Modas. Anuncios; y en suma, todas las noticias importantes y útiles, todas las lecturas provechosas y amenas. El primer ejemplar salió el 23 de agosto. En ninguno de los ejemplares vistos se hace referencia a su director. Mantuvo dos secciones principales: «Revista universal» y «Álbum de las damas». La propia publicación ofrecía una relación de colaboradores en la que se destacaban los nombres de Ramón de Armas, Emilio Blanchet, Manuel Costales, Domingo del Monte y Portillo, Felipe López de Briñas, Rafael María de Mendive, José Agustín Millán, Rafael Otero, José Socorro de León, José Quintín Suzarte y Ramón Vélez Herrera. Desde el 1.º de noviembre de 1857 cambia su formato y mantiene únicamente la sección «Álbum de las damas», que José María Labraña señala, en la página 652 de su trabajo «La prensa en Cuba» —aparecido en *Cuba en la mano. Enciclopedia popular ilustrada* (La Habana, Imprenta Úcar, García, 1940, págs. 649-786)—, como un periódico literario con igual nombre dirigido por Luisa Pérez de Zambrana. Fue un periódico de actualidad cultural, tanto nacional como extranjera. Publicó artículos referentes a las bellas artes y sobre figuras literarias sobresalientes y notas bibliográficas. También publicó poesías y relatos de costumbres, modas y consejos a la mujer. Además de los anteriormente citados, colaboraron en sus páginas Antonio Sellén, Joaquín Lorenzo Luaces, Francisco de Paula Gelabert, Antonio Enrique de Zafra, Ramona Pizarro y José de Poo. El último número encontrado tiene fecha 21 de diciembre de 1857.

Clavileño. Cuaderno mensual de poesía (La Habana, 1942-1943). Comenzó a salir en agosto, editado por Gastón Baquero, Cintio Vitier, Emilio Ballagas, Eliseo Diego, Justo Rodríguez Santos, Luis Ortega Sierra, Fina García Marruz, Bella García Marruz y Ernesto González Puig. En el número correspondiente a enero-febrero de 1943 (último publicado), solamente aparecen como editores Gastón Baquero, Cintio Vitier, Eliseo Diego y Luis Ortega Sierra. Los dibujos estaban a cargo de Portocarrero y Felipe Orlando. La revista publicaba en su portada fragmentos de obras de la literatura universal. En sus páginas interiores, dedicadas fundamentalmente a la poesía, aparecieron poemas de algunos de sus editores y de Virgilio Piñera, Octavio Smith y Eugenio Florit, entre otros. Su índice analítico confeccionado por un equipo de investigadores, ha sido publicado en el tomo 1 de *Índices de las revistas cubanas*, La Habana, Biblioteca Nacional José Martí. Departamento de Hemeroteca e Información de Humanidades, 1969, págs. 77-91.

Bibliografía

Portuondo, José Antonio, «La actualidad literaria, *Clavileño*, La máscara y la persona», en *Gaceta del Caribe*, La Habana, 1, 2, 3, abril, 1944.

Claxon. Revista de difusión cultural (La Habana, 1934).

Claxon. Revista de difusión cultural (La Habana, 1934). Publicación mensual. Editada por la Federación Nacional de *Chauffeurs* de Cuba. Comenzó a salir en febrero, bajo la dirección de Manuel González Borrero. Desde agosto de 1934 apareció como «Revista defensora de los intereses generales del *chauffeur*» y a partir de junio de 1935 como «Revista de difusión cultural y automovilismo». En julio de 1936 cambia nuevamente su subtítulo por el de «Tribuna de cultura proletaria y automovilismo». Desde este momento el director se ocupa también de la administración. Presentaba una relación de redactores de la cual formaban parte, entre otros desconocidos hoy, Dora Alonso y Luis Aguiar Poveda. «Todos los nobles espíritus que propugnen el avance y superación de la Humanidad» eran sus colaboradores, según señalaba la propia revista en el machón. Además de artículos y trabajos sobre cuestiones obreras, fundamentalmente relativos a los problemas del ramo cuyos intereses representaba, publicaba trabajos sobre ciencia, filosofía, etc., así como poesías y cuentos. En la sección «Notas bibliográficas» (o «Bibliografía») aparecían reseñas críticas de libros publicados en Cuba y en el extranjero. También presentó desde julio de 1937 una sección de mujeres redactada por María L. Soler. En sus páginas vieron la luz numerosos cuentos de Dora Alonso, así como colaboraciones de Ángel Augier, Juan Marinello, Rafael Esténger, Héctor Poveda, Arturo Clavijo Tisseur, Joaquín Dicenta, J. Jerez Villarreal y otros escritores menos conocidos, algunos de ellos latinoamericanos. El último número revisado corresponde a enero-marzo de 1938.

Bibliografía

González Borrero, Manuel, «A los amigos de *Claxon*» en *Claxon*, La Habana, 4, 39-40, 28, agosto-septiembre, 1937.

«A lectores y amigos», en *Claxon*, La Habana, 5, 42, 10, enero-marzo, 1938.

Soler, María L., «*Claxon* inicia su sección de mujeres», en *Claxon*, La Habana, 4, 38, 8, julio, 1937.

«Un año más», en *Claxon*, La Habana, 3, 32, 3, 8, diciembre, 1936.

Club Atenas. Sociedad de cultura, recreo e instrucción, fundada por negros y mulatos el 21 de septiembre de 1917. Su tarea fundamental fue contribuir al mejoramiento cultural del pueblo cubano, y en especial de sus asociados. Trabajó además en favor de la igualdad de oportunidades para todos los ciudadanos. Contó con una mesa directiva formada por un presidente, un secretario, un tesorero y un contador, con los vices correspondientes, y los vocales. Su primer presidente fue Pantaleón Julián Valdés. Contó con las secciones de Ciencias Sociales, Ciencias Naturales, Bellas Artes, Intereses Morales, Intereses Económicos, Literatura, Prensa y Publicaciones y Recreo y Deportes. Cada una de ellas propiciaba diversas actividades, tales como conciertos, exposiciones, conferencias, recitales y veladas. En agosto de 1917 el comité gestor que trabajaba en favor de la organización de la institución publicó *Atenas*, boletín que siguió apareciendo como órgano oficial del Club. Sus salidas, anunciadas mensualmente, fueron irregulares. La sección de Literatura organizó las «Conversaciones Literarias», reuniones dominicales donde se leían y discutían libros y trabajos de los asociados. En agosto de 1951 el Club Atenas convocó el premio periodístico «*Lino D'Ou*», que fue otorgado anualmente al periodista profesional que publicara el mejor artículo o reportaje en torno a problemas relacionados con la unificación de la sociedad cubana. En los primeros años del triunfo de la Revolución desapareció esta agrupación basada en una diferenciación racial que ya no tiene razón de ser.

Bibliografía

«Club Atenas», en *Anuario Cultural de Cuba 1943*, La Habana, Imprenta Úcar, García, 1944, págs. 380-383.

Martínez Bello, Antonio, «Instituciones de cultura privadas», en *Libro de Cuba*, La Habana, publicaciones Unidas, 1954, págs. 657.

Valdés Herrera, Ramón María, *discurso en el 29.º aniversario de su fundación, 21 de septiembre 1917-1946*, La Habana, Imprenta Belascoaín 909, 1946.

Club Cubano de Bellas Artes. Fue constituido oficialmente el 19 de mayo de 1923. Su primer presidente fue Sergio Cuevas Zequeira. Como secretario general fungió Juan Marinello y como vicepresidentes Antonio Iraizoz, Esteban Valderrama —quienes fueron presidentes posteriormente—, Juan José Remos, Arturo Ramón de Carricarte, Eduardo González Manet y Eduardo Sánchez de Fuentes. Enrique José Varona fue su presidente de honor. Contó con las secciones de Pintura, Música, Teatro, Literatura e Historia. Surgió esta institución «pensando en Cuba, en sus necesidades artísticas e intelectuales; y sobre todo la idea de agruparnos, de constituir una fuerte organización, que abarcando las Bellas Artes en general, invadiera nuestro bello y fértil suelo, en gloriosa jornada desde oriente hasta occidente, demostrando los cubanos, no solo nuestra devoción a las artes y letras patrias, sino nuestro inalienable derecho a figurar —en una aspiración generosa— en el concierto de las naciones más cultas de la tierra». Su órgano oficial fue la *Gaceta de Bellas Artes*. Publicó, en tomos, muchas de las conferencias que ofrecieron. El primer tomo correspondió a *El arte y la literatura en Cuba*. No se sabe la fecha exacta de su desaparición.

Bibliografía

«El Doctor Joaquín V. Cataneo», entrevista, en *El País*, La Habana, 5, 27, 3, enero 27, 1927.

Club de Matanzas, El (Matanzas, 1879-1882). Periódico quincenal de literatura, ciencias y bellas artes. Comenzó a publicarse el 1.º de diciembre, bajo la dirección de Ildefonso Estrada y Zenea. Lo redactaron Federico Rosado y Guillermo Schweyer. Fue órgano del Club de Matanzas, cuyas actividades culturales y sociales reseñó. Publicó poesías de Emilio Blanchet, Nicolás Heredia, Nicanor A. González, Federico Rosado y otros. Además presentó artículos sobre literatura cubana y extranjera, bellas artes, música e historia local, bajo las firmas de José Luis Prado, F. Pacheco y Bonifacio Byrne. Desde el 10 de abril de 1881 (número extraordinario) ocupó la dirección Guillermo Schweyer. El último número encontrado corresponde al 31 de diciembre de 1881. En la página 25 del *Catálogo de publicaciones periódicas cubanas de los siglos XVIII y XIX*

(La Habana, Biblioteca Nacional José Martí. Departamento Colección Cubana, 1965) se señala que finalizó en julio de 1882 y que le sucedió *El Liceo de Matanzas*.

Cofiño, Manuel (La Habana, 16 febrero 1936-8 abril 1987). Cursó la primaria y el bachillerato (1950-1955) en La Habana. Después del triunfo de la Revolución trabajó como profesor de español y economía política e investigador y redactor de textos del Ministerio de Industrias. Fue jefe de la cátedra de Ciencias Sociales y vicedirector docente del Instituto Preuniversitario de La Habana (1962-1966). Impartió clases de Ciencias Sociales en el ISE. Asistió como delegado del Ministerio de Justicia al Congreso Cultural de La Habana (1968). Ha colaborado en *El País Gráfico*, *Prensa Libre*, *Bohemia*, *Revolución*, *Verde Olivo*, *El Mundo*, *La Gaceta de Cuba*, *Romances*, *Mujeres*, *Casa de las Américas*, *con la Guardia en Alto*, *Unión*, *El Caimán Barbudo*, *Cuba*, *Papeles de Son Armadans* (Palma de Mallorca), *Ahora* (Santiago de Chile), *Tribuna* (Rumania). Ha visitado España y Estados Unidos. En 1969 obtuvo mención en el Concurso David por su libro de poemas *Meditaciones y argumentos del transeúnte* y el premio de cuento el Concurso 26 de julio, de las FAR, por *Tiempo de cambio*. Ganó el premio de novela de 1971 en el Concurso Casa de las Américas por *La última mujer y el próximo combate*. En 1972 ganó el premio de cuento en el Concurso Infantil «La Edad de Oro» por *Las viejitas de las sombrillas*. En el Concurso UNEAC 1975 obtuvo mención por su novela *Cuando la sangre se parece al fuego*. Su novela premiada ha sido traducida al eslovaco, al rumano, al ruso y al inglés. Sus cuentos y poemas han sido traducidos al ruso.

Bibliografía activa

Borrasca, poemas, La Habana, Impresos Infante, 1962.

Un informe adventicio, Cuento, Palma de Mallorca, separata de *Papeles de Son Armadans*, 1969.

Tiempo de cambio, relatos, La Habana, Dirección Política del MINFAR, 1969.

Los besos duermen en la piedra, Cuento, Santiago de Chile, Editorial Ahora, 1971.

La última mujer y el próximo combate, La Habana, edición Casa de las Américas, 1971; 2.ª edición, México, Siglo XXI editores, 1972; Buenos Aires, Centro Editor de América Latina, 1972; La Habana, Editorial Arte y Literatura, 1975.

Cuando la sangre se parece al fuego, La Habana, UNEAC, 1975.

Bibliografía pasiva

Arias, Salvador, «Manuel Cofiño, *Tiempo de cambio*,» en *Anuario L/L*, La Habana, 2, 205-206, 1971.

Claro, Elsa, «La primera mujer y el próximo combate», en *Juventud Rebelde*, La Habana, 2, marzo 18, 1971.

Deschamps Chapeaux, Pedro, «*Cuando la sangre se parece al fuego*», en *La Gaceta de Cuba*, La Habana, 135, 4-5, agosto, 1975.

Díaz Martínez, Manuel, «*Tiempo de cambio*», en *La Gaceta de Cuba*, La Habana, 82, 27, abril-mayo, 1970.

Donoso Parejas, Miguel, «*La última mujer y el próximo combate*», en *El cuento, Revista de imaginación*, México D. F., 8, 8, 50, 483-484, diciembre, 1971.

Lavín Cerda, Hernán, «*Los besos duermen en la piedra*», en separata de *Ahora*, Santiago de Chile, 1, 22, septiembre 14, 1971.

López Ruiz, Juvenal, «Manuel Cofiño López, *La última mujer y el próximo combate*», en *Revista Nacional de Cultura*, Caracas, 32, 201, 147-148, noviembre-diciembre, 1971.

Menton, Seymour, «Sobre Manuel Cofiño, *La última mujer y el próximo combate*», en *Revista Iberoamericana*, Pittsburgh, 38, 79, 352-353, abril-junio, 1972.

Miyares, Eloína, «Algo sobre *La última mujer y el próximo combate*», en *Santiago*, Santiago de Cuba, 8, 249-253, septiembre, 1972.

Oleaga, Armando, «*La última mujer y el próximo combate*», en *El Caimán Barbudo*, La Habana, 2.ª época, 51, 28-29, noviembre, 1971.

Paporov, Yuri, «Una auténtica novela revolucionaria», en *Novedades de Moscú*, Moscú, n.º 11, 557, 6, marzo, 1973.

Portuondo, José Antonio, «Una novela revolucionaria», en *Casa de las Américas*, La Habana, 12, 71, 105-106, marzo-abril, 1972.

Rodríguez Sosa, Fernando, «Cofiño por debajo de Cofiño», sobre *Cuando la sangre se parece al fuego*, en *Bohemia*, La Habana, 67, 33, 24, agosto 15, 1975.

Rojas, Manuel, «*La última mujer y el próximo combate*», en *Casa de las Américas*, La Habana, 6, 67, 172-173, julio-ego., 1971.

«Sobre *La última mujer y el próximo combate*», en *Cahiers du monde hispanique et luso bresilien*, Toulouse, 17, 247, 1971.

Sosa, Ignacio, «La novela como ilustración y el ensayo como conciencia», en *Revista de la Universidad de México*, México D. F., 26, 6-7, 93, febrero-marzo, 1972.

«*Tiempo de cambio*», en *Granma*, La Habana, 6, 113, 4, mayo 12, 1970.

Torre, Augusto de la, «La literatura revolucionaria, *La última mujer y el próximo combate*», *Suplemento de Información*, Santiago de Cuba, 12, enero, 1972.

«*La última mujer y el próximo combate*, una novela de la Revolución», en *Verde Olivo*, La Habana, 13, 44, 62, octubre 31, 1971.

Colegio Nacional de Bibliotecarios Universitarios. Quedó constituido el 31 de mayo de 1955, en cumplimiento de la ley número 4 del 13 de noviembre de 1944, que disponía la colegiación de los profesionales universitarios. Agrupó a todos los graduados de la Escuela de Bibliotecarios de la Universidad de La Habana y a los que realizaron cursos en la Escuela de Verano, en la especialidad de Técnica Bibliotecaria, en la propia Universidad. Sus objetivos fueron los mismos que inspiraron la integración de la Asociación Nacional de Bibliotecarios Universitarios (Véase). Estuvo regido por un Comité Ejecutivo formado por un presidente, un secretario general y un tesorero, con sus vices correspondientes, y tres vocales. Contó además con un delegado por cada provincia. Su primer presidente fue Blanca Bahamonde. *Cuba Bibliotecológica*, que había sido órgano de la Asociación Nacional de Bibliotecarios Universitarios, pasó a ser el boletín oficial del Colegio Nacional de Bibliotecarios Universitarios. En junio de 1960 apareció el último número y cesó en sus funciones esta institución.

Bibliografía

«Código de ética y moral del Colegio Nacional de Bibliotecarios Universitarios», en *Cuba Bibliotecológica*, La Habana, 2.ª época, 1, 1, 19-22, enero-marzo, 1956.

«Declaración de principios del Colegio Nacional de Bibliotecarios Universitarios», en *Cuba Bibliotecológica*, La Habana, 2.ª época, 1, 1, 6-7 enero-marzo, 1956.

«Estatutos del Colegio Nacional de Bibliotecarios Universitarios», en *Cuba Bibliotecológica*, La Habana, 2.ª época, 1, 1, 8-18, enero-marzo, 1956.

Colibrí, El (La Habana, 1847-1848). A continuación del título expresaban: «Dedicado a las damas. Comprende artículos de ciencias, literatura, historia, bellas artes, costumbres, modas, composiciones poéticas, noticias locales, biografías, juicios críticos, máximas, anécdotas, noticias de las modas más recientes y de las publicaciones nuevas en todos ramos que se hagan en España, en esta isla y en los países extranjeros». Revista bimensual. Fue fundada por Ildefonso Estrada y Zenea en colaboración con Andrés Poey. Ambos aparecían como directores originalmente. Anunció su salida en el prospecto insertado por sus iniciadores en el *Diario de La Habana*, correspondiente al 20 de junio de 1847. En su primera entrega aparece una introducción, con fecha 14 de julio de 1847, en la que se expresa la idea de «establecer un periódico dedicado a nuestras Damas, en el que tengan además de las noticias de las modas más recientes, bellas páginas de lectura, tanto en prosa como en verso [...]». Ya en el segundo tomo aparece solamente Ildefonso Estrada y Zenea como director. En la penúltima entrega de este tomo se señala que la propiedad de la publicación ha pasado a manos de Antonio García Gutiérrez, quien, además, se encargará de su dirección. Con fecha 15 de enero de 1848 comenzaron a salir las entregas correspondientes al primer tomo de la segunda época, que apareció con el subtítulo «Miscelánea literaria», además del anterior. Al final del segundo y último tomo de esta época, cuyas entregas habían comenzado a repartirse el 15 de abril de 1848, se anuncia su nuevo director, Juan Miguel de Losada, quien publicó otro primer tomo (1848) correspondiente a lo que él denominó nueva serie. Este tomo final no se ha visto, pero Joaquín Llaverías reproduce en el tomo

2 de su *Contribución a la historia de la prensa periódica* (La Habana, Talleres del Archivo Nacional de Cuba, 1959, pág. 249), el facsímil de su portada. Publicó fundamentalmente poesías y crónicas culturales y de la sociedad de su época. Aparecieron notas bibliográficas y artículos biográficos de personajes no cubanos. Publicó más literatura extranjera que cubana. Colaboraron en sus páginas, además de sus directores, Antonio Bachiller y Morales, Leopoldo Turla, José Fornaris, Pedro Santacilia, Felipe López de Briñas, *Relator* (seudónimo de José María de la Torre), *Jeremías de Docaransa* (seudónimo de José María de Cárdenas y Rodríguez), *El cisne* (seudónimo de Vicente María de Torres) y otros. Joaquín Llaverías presentó, en las páginas 258-265 de su obra antes citada, un índice de todo lo publicado en esta revista. Además, Feliciana Menocal publicó otro índice en la *Revista de la Biblioteca Nacional José Martí*, La Habana, 3.ª época, 5, 1-4, 87-103, enero-diciembre, 1963.

Bibliografía

Llaverías, Joaquín, «*El Colibrí*», en su *Contribución a la historia de la prensa periódica*, tomo 2, prefacio de Elías Entralgo, La Habana, Talleres del Archivo Nacional de Cuba, 1959, págs. 240-250, 254-258, Publicaciones del Archivo Nacional de Cuba, 48.

Menocal, Feliciana, «Introducción al índice general de *El Colibrí*», en *Revista de la Biblioteca Nacional José Martí*, La Habana, 3.ª época, 5,

1-4, 78-86, enero-diciembre, 1963.

Colina. Revista de lucha por la cultura
(La Habana, 1945). Comenzó a publicarse
en diciembre, bajo la dirección de Jesús
Manzanal. Ocupaba la jefatura de redacción
Surama Ferrer. Era el responsable de la sección de arte y cultura Roberto Garriga. La
revista mencionaba, como miembros de honor,
al rector de la Universidad y al ejecutivo de
la F. E. U. Como miembros consejeros aparecían entre otros Miguel A. Fleites, Herminio
Portell Vilá, Carlos R. Corría, Luis de Soto y A.
Alfonso Bernal. Publicó artículos de historia,
política, literatura y medicina. Además, en sus
páginas aparecieron noticias internacionales,
nacionales, culturales y deportivas. Tuvo como
colaboradores a figuras como Emilio Roig de
Leuchsenring, Mirta Aguirre, Fernando Ortiz,
Juan Luis Martín, Isidro Méndez, Herminio
Portell Vilá y otros. El último ejemplar encontrado corresponde a noviembre de 1946.

Bibliografía

López Salas, María, «*Colina*, Revista de lucha
   por la cultura 1946», en *Vida Universitaria*, La
   Habana, 17, 190, 25, junio, 1996.

Colmena, La (La Habana, 1868-Id.). Periódico
semanal de literatura, artes y conocimientos
útiles. Comenzó a publicarse el 16 de febrero.
No se conoce el nombre de su director, pues
no aparecía en el periódico, aunque es interesante destacar que fueron sus suscriptores

fundadores Francisco Lersundi y José G. de
la Vega, Gobernador y capitán general de
la Isla el primero y Gobernador Político de
La Habana el segundo. Este semanario se
creó con el objetivo de fundar una escuela
diurna para niños y otra nocturna para artesanos, tarea que pensaban realizar mediante
el producto de la suscripción. En sus páginas
aparecieron, ocasionalmente, producciones
de Antonio Bachiller y Morales, Luisa Pérez
de Zambrana, Francisco de Paula Gelabert,
José Fornaris, Luis Victoriano Betancourt,
Felipe Poey. Dedicaba gran parte de sus ocho
páginas a problemas de educación. Publicó
cuentos y poesías de autores sin importancia
literaria, completamente desconocidos hoy. El
último ejemplar revisado corresponde al 16 de
agosto de 1868. Carlos Manuel Trelles indica,
en la tercera parte de su trabajo «Bibliografía
de la prensa cubana (de 1764 a 1900) y de
los periódicos publicados por cubanos en el
extranjero» —en *Revista Bibliográfica Cubana*
(La Habana, 2, 9, 147, mayo-junio, 1938)—, que
dicho número fue el último que se publicó.

Columna (Santiago de Cuba, 1968). Revista
bimensual de la Columna Juvenil de Escritores
y Artistas de Oriente (CJEAO). Comenzó a
publicarse en mayo-junio con el propósito
de «cubrir el vacío dejado por *Cultura'64*».
Además, intentaba «provocar —sin caer en
didactismos obsoletos— una verdadera ofen-
siva cultural que conmocione a todos los sec-
tores populares —trabajadores, estudiantes

y soldados— de la provincia». Editada bajo la orientación de la UJC, era su director Carlos Padrón y su subdirector, Manuel G. Caluff. La redacción y dirección artística estaban a cargo de Amado Cabezas Sanz. En el número 2 (julio-agosto), aparece un consejo de redacción integrado por Waldo Leyva (secretario de redacción), Jesús Cos Causse, Francisco García Benítez, Bertha del Castillo, Pedro Ortiz, Carlos Padrón, Alejandro Querejeta, Rafael Castro, Augusto de la Torre, Ernesto Crespo, Amado Cabezas. Aparecieron en estos dos números (únicos vistos) artículos, críticas y trabajos de creación —poesías y cuentos— de los jóvenes escritores de la provincia.

Collazo, **Enrique** (Santiago de Cuba, 28 mayo 1848-La Habana, 13 marzo 1921). En 1857 se trasladó a España, en donde cursó el bachillerato. Obtuvo el grado de alférez en la Academia de Artillería de Segovia (1866). Al estallar la guerra del 68 viaja a los Estados Unidos, desde donde viene a Cuba como expedicionario (1869). Debido al estado anémico en que se encontraba tiene que abandonar las tropas mambisas y se traslada a Jamaica y a Nueva York, y luego a Panamá y a Colombia, donde trabaja como fotógrafo, hasta que logra incorporarse de nuevo a la lucha en 1876. Después del Zanjón viaja con Gómez a Jamaica y más tarde a La Habana (1878) y Nueva York. Allí colabora en *Patria* (1894). Acompaña a Martí y a Gómez a Santo Domingo, y al estallar de nuevo la guerra desembarca en Cuba otra vez como expedicionario. Alcanzó el grado de general de brigada. Estuvo entre los representantes a la Asamblea de la Yaya (1897). Fue enviado por Calixto García en misión especial ante el gobierno de los Estados Unidos (1898). Dirigió *El Cubano* (1899). Al constituirse la República fue electo representante a la Cámara. Luego fue nombrado intendente general de la República. Fundó, junto con Márquez Sterling, *La Nación* (1906). Miembro de la Academia de la Historia de Cuba. Cultivó la pintura. Publicó su relato «De marcha en marcha» junto con otro de Álvaro Catá bajo el título común de *Episodios de la guerra* (La Habana, Imprenta O'Reilly, 1899). Utilizó los seudónimos *Cuba y Aguas verdes.*

Bibliografía activa

Desde Yara hasta el Zanjón, Apuntaciones históricas, La Habana, Tipografía La Lucha, *1893*; 2.ª edición, Id.; *La* Habana, Instituto Cubano del Libro, 1967.

Cuba independiente, La Habana, Imprenta La Moderna Poesía, 1900.

La cuestión presidencial en Cuba, La Habana, Imprenta C. Martínez, 1905.

Los sucesos de Cienfuegos, La verdad en su lugar, La Habana, 1905.

Los americanos en Cuba, La Habana, Imprenta C. Martínez, 1905-1906, 2 V.

La Revolución de agosto de 1906, La Habana, Casa Editorial C. Martínez, 1907.

Cuba intervenida, La Habana, Imprenta C. Martínez, 1910.

Cuba heroica, La Habana, Imprenta La Mercantil, 1912.

Cosas de Cuba, Cuentas claras, 1912, La Habana, Imprenta La Universal, 1913.

La Guerra en Cuba, Continuación de *Cuba heroica*, con un bosquejo biográfica del autor por el Doctor Emilio Roig de Leuchsenring, La Habana, Casa editora Librería Cervantes, 1926.

Bibliografía pasiva

Bueno, Salvador, «Ediciones del centenario del 68, sobre *Desde Yara hasta el Zanjón*», en *Universidad de La Habana*, La Habana, 32, 190, 157-158, abril-junio, 1968.

Camacho, Pánfilo Daniel, *Enrique Collazo, libertador e historiógrafo*, discurso leído en la sesión pública celebrada el 28 de mayo de 1948, conmemorativa del primer centenario del nacimiento del general Enrique Collazo, La Habana, Imprenta El Siglo XX, 1958.

Cruz, Manuel de la, «*Desde Yara basta el Zanjón*, apuntaciones históricas por Enrique Collazo», en *Revista Cubana*, La Habana, 17, 241-255, 1893.

Martínez Arango, Felipe, «Enrique Collazo y Tejada», en *Próceres de Santiago de Cuba*, índice biográfico alfabético, La Habana, 1946, págs. 66-67.

Rodríguez García, José Antonio, *sobre la vida y las obras del general Enrique Collazo*, La Habana, Publicaciones de la Academia de la Historia, 1923.

Sanguily, Manuel, «La Revolución Cubana juzgada por un insurrecto», en *Hojas Literarias*, La Habana, 1, 2, 123-212, abril, 30, 1893.

Collazo, **Miguel** (La Habana, 28-Id., La Habana, octubre 1936-1999). Cursó hasta tercer año en la Escuela de Artes Plásticas de San Alejandro. Junto a otros artistas expuso en la Galería Lex (1956) y en la Bienal de México. Aprobó el primer año de la carrera administrativa en la Universidad de La Habana. Trabajó como dibujante textil en la Textilera Ariguanabo (1960-1962) y como autor de libretos para televisión (1963). En 1963 matriculó en el Seminario de Dramaturgia auspiciado por el CNC. Obtuvo mención, ese mismo año, en el Concurso Nacional de Teatro del CNC por su obra *La boda*. Ha viajado por Rumania y Checoslovaquia. Colaborador en *Diario Libre, Cultura '64, Unión, La Gaceta de Cuba*. Fue responsable nacional de galerías en la Dirección General de Artes Plásticas del CNC. Trabaja como asesor literario en la Dirección Nacional de Literatura del CNC.

Bibliografía activa

El libro fantástico de Oaj, La Habana, Ediciones Unión, 1966.

El viaje, La Habana, UNEAC, 1968.

Onotoria, La Habana, UNEAC, 1973.

Bibliografía pasiva

Llopis, Rogelio, «Epílogo de una ojeada», en

Bohemia, La Habana, 59, 5, 33, febrero, 1967.

Oraá, Francisco de, «Intento de disección de un fantasma», sobre *Onoloria*, en *Unión*, La Habana, 12, 3-4, 139-149, julio-diciembre, 1973.

Piñera, Virgilio, «*El libro fantástico de Oaj*», en *Unión*, La Habana, 5, 3, 185-187, julio-septiembre, 1966.

Sedeña, Livia, «Miguel Collazo y *El libro fantástico de Oaj*», en *Granma*, La Habana, 2, 233, 5, agosto 23, 1966.

Cometa, **El** (Nueva York, 1855-Id.). Órgano de la Joven Cuba. Periódico fundado por Miguel Teurbe Tolón, quien además lo dirigía y redactaba. Su lema era «Luz, Unión y Libertad». Carlos Manuel Trelles, en la tercera parte de su «Bibliografía de la prensa cubana (1764 a 1900) y de los periódicos publicados por cubanos en el extranjero» —en *Revista Bibliográfica Cubana* (La Habana, 2, 9, 150, mayo-junio, 1938)— señala que el primer número salió el 16 de abril. Se anunciaba como decenal —días 1, 10 y 20 de cada mes—, pero no salió con esa periodicidad. Era editado por José Mesa. En el ejemplar correspondiente al 1 de julio (número 8, último que salió, según expresa Trelles en su trabajo antes citado), Miguel Teurbe Tolón pide a los suscriptores que «desde el presente número en adelante tengan la bondad de entenderse directa y exclusivamente con el que suscribe, como único propietario y redactor de *El Cometa*». En este mismo número aparece una advertencia en la que se expresa lo siguiente: «Esta Redacción no admite comunicaciones para insertarse en el periódico, a menos que el manuscrito sea firmado por alguna persona que salga responsable. El comunicado o remitido impreso aparecerá con el nombre o seudónimo que plazca al autor o remitente y la Redacción guardará sigilo mientras no se requiera la responsabilidad del contenido». Además de artículos y poesías en que se exaltaba la libertad de Cuba y se defendían las ideas anexionistas de la organización de que era vocero, aparecían en sus páginas noticias y trabajos enviados por colaboradores cubanos desde la isla. Mantuvo polémicas con otro periódico editado por cubanos en Nueva York, *La Verdad*, que era órgano de la junta Cubana. Teurbe Tolón publicaba, aparte de artículos políticos y discursos, sus romances cubanos en la sección de folletín, así como otras poesías bajo el título general de «El tiple libre», firmadas las últimas con su seudónimo *Lola la filibustera*. Otros colaboradores fueron Francisco Agüero Estrada, Fernando Rodríguez, José Felipe Díaz, *Media Luna*, *Eldifonso Jubilao*, *Tarabilla*.

Comisión Nacional Cubana de Cooperación Intelectual Fue creada en 1925 en cumplimiento del acuerdo tomado a raíz de la terminación de la Primera Guerra Mundial, que establecía la creación de una Comisión Internacional de Cooperación Intelectual y sus correspondientes nacionales, como parte de la organización de la Liga de las

Naciones. La Comisión Cubana fue reestructurada en 1937. Instituida como un organismo autónomo, estuvo basada en el principio de la universalidad. Fueron sus objetivos servir de intermediaria entre los organismos culturales de la República y las organizaciones internacionales de cooperación intelectual existentes o de nueva creación. Además, actuar como organismo consultivo y técnico del gobierno en aquellas materias que correspondieran a la labor de cooperación intelectual, así como propender al desarrollo de la cultura en Cuba. Entre sus actividades organizó la Segunda Conferencia o plática de La Habana (noviembre 1941), donde se trataron problemas relacionados con la agresión nazi a los pueblos europeos. Al término de la misma se emitió la *Declaración de la Plática de La Habana*, con texto en español, inglés, francés y portugués. La Comisión estuvo integrada por tres clases de miembros: corporativos, de número y ex oficio. Los miembros corporativos fueron las asociaciones e instituciones de carácter científico, literario, artístico, jurídico, pedagógico o de cualquier índole análoga. Estuvieron representadas por delegados designados al efecto. Los miembros de número se limitaron a treinta y cinco personas escogidas entre las más destacadas personalidades intelectuales. Los miembros ex oficio fueron los ministros de Estado y de Educación, los directores de Cultura y Enseñanza del Ministerio de Educación, el director de Relaciones Culturales del Ministerio de Estado y los jefes de las oficinas Panamericana y de Conexión con las Instituciones Internacionales del Ministerio de Estado, así como el delegado permanente de la Comisión ante el Instituto Internacional de Cooperación Intelectual con sede en París. Para el ejercicio de sus funciones la Comisión contó con la Junta General, el Consejo Directivo, la Comisión Ejecutiva, la Secretaría General Permanente y las Subcomisiones. El presidente permanente de la Comisión Nacional Cubana fue Antonio Sánchez de Bustamante. La Comisión Nacional Cubana de Cooperación Intelectual fue desintegrándose paulatinamente debido a los conflictos políticos por los que atravesaba el país.

Bibliografía

Actas y documentos, La Habana, Imprenta Úcar, García, 1942.

Creación del Centro Internacional de Cooperación Intelectual, La Habana, Imprenta Úcar, García, 1943.

Rodríguez, Herminio, «Comisión Nacional de Cooperación Intelectual, en *Anuario Cultural de Cuba* 1943, La Habana, Imprenta Úcar, García, 1944, págs. 331-334.

Torriente, Cosme de la, «La Cooperación Intelectual», en *Anuario Cultural de Cuba 1943*, La Habana, Imprenta Úcar, García, 1944, págs. 323-330.

Comisión Nacional Cubana de la UNESCO

La UNESCO (Organización de las Naciones Unidas para la Educación, la Ciencia y la

Técnica), nacida oficialmente el 4 de noviembre de 1946, tiene la función de colaborar con la ONU (Organización de Naciones Unidas) para atender las cuestiones de carácter educativo, científico y cultural. Cuba, como miembro de la UNESCO, tiene una Comisión Nacional Cubana. Fue creada por Decreto Presidencial n.º 4094, de 17 de diciembre de 1947. Su objetivo es mantener y desarrollar la cooperación entre Cuba y la UNESCO e impulsar y coordinar en el país las actividades que se realicen de acuerdo con los programas de esa organización internacional; la Comisión actuará, en lo que a dichas actividades concierne, como organismo asesor del gobierno. Tiene como funciones específicas las siguientes: servir como órgano de consulta del Gobierno Revolucionario en las cuestiones referentes a la UNESCO; servir de enlace entre los diversos ministerios, organismos del Estado y organizaciones nacionales de carácter educativo, científico y cultural y las Comisiones Nacionales de los estados miembros, la secretaría de la UNESCO y los expertos de esa organización; ejecutar y divulgar, en lo que compete, los programas y actividades de la UNESCO en el país e informar a dicha organización y a los organismos con ella relacionados, sobre los logros de Cuba en los campos de la educación, la ciencia y la cultura. Ha sido reestructurada en tres ocasiones por Decreto Presidencial: en noviembre de 1959, en septiembre de 1963 y en julio de 1967, con el fin de lograr una mejor integración y coordinación de las actividades de las instituciones nacionales afines con los programas de la UNESCO. El decreto de julio de 1967 estableció que es función del Ministerio de Educación, organismo al cual está adscrita la Comisión Nacional, designar los integrantes de la misma. Su estructura organizativa es la siguiente: presidente, cargo ocupado desde 1969 por Cordelia Navarro; consejo de dirección, integrado por un representante del Ministerio de Educación, Ministerio de Relaciones Exteriores, Academia de Ciencias, Consejo Nacional de Cultura y de la propia Comisión Cubana; comités de trabajo, integrados por compañeros destacados dentro de los campos de acción de la UNESCO: Educación, Ciencias Exactas, Ciencias Naturales, Ciencias Sociales y Humanas, Cultura y Comunicación; secretaría permanente, cargo desempeñado por María Díaz. La Comisión Nacional Cubana de la UNESCO ha colaborado en proyectos del gobierno revolucionario, tales como la erradicación del analfabetismo, la extensión y mejoramiento de la enseñanza primaria, el impulso al desarrollo científico y cultural. También se ha ocupado de la participación de Cuba en todas las conferencias convocadas por la UNESCO y ha preparado con los distintos organismos del Estado las peticiones de nuestro país dentro de los programas de asistencia técnica. Además, tramita las becas que la organización ofrece a los países miembros y cumplimenta los pedidos de informes, cuestionarios y encuestas. Mantiene estrechas relaciones con todas las entidades públicas, en la esfera de su competencia, y coordina el trabajo realizado por todas ellas y recibe amplia colaboración de las instituciones rectoras del desarrollo cultural del país, tales como el Consejo Nacional de Cultura y el Ministerio de Educación. La Comisión tiene además sus archivos y bibliotecas, esta última al servicio de los estudiosos que deseen utilizarla. Ha organizado también ciclos de conferencias, tanto económicas como científicas o de arte; ha preparado seminarios de investigaciones folclóricas, exposiciones internacionales de arte popular y de trajes regionales. Se ha preocupado por que las actividades que se realizan en el campo teatral, de la música y de las artes plásticas, tengan amplia difusión en el mundo, al propiciar la creación de centros nacionales afines a organismos internacionales no gubernamentales, como la Federación Internacional de Artes Plásticas, el Instituto Internacional del Teatro, el Consejo Internacional de Música y el Consejo Internacional de Museos. La Comisión edita libros y un boletín mensual, que ha aparecido periódicamente desde enero de 1952. Entre los libros publicados está la colección *Los fundamentos de la cultura cubana*, cursos de seguimiento para recién alfabetizados, *Actas de la Sociedad Antropológica de Cuba*. *El espejo de paciencia* y otros muchos títulos.

Bibliografía

«La Comisión Cubana de la UNESCO», en *Boletín informativo de la Comisión Nacional Cubana de la UNESCO*, La Habana, 1, 1, 1-2, marzo-abril, 1962.

González Manet, Enrique, «Labor de la Comisión Nacional Cubana de la UNESCO desde 1960», en *Boletín informativo de la Comisión Nacional Cubana de la UNESCO*, La Habana, 4, 11, 16, julio, 1965.

«Instalación de la nueva Asamblea General y Consejo Ejecutivo de la Comisión Nacional Cubana de la UNESCO», en *Boletín informativo de la Comisión Nacional Cubana de la UNESCO*, La Habana, 3, 9, 16, octubre 19, 1964.

Massip, Salvador, «La Comisión Nacional Cubana de la UNESCO», en *El Mundo*, La Habana, 47, 15 148, 10, marzo 1, 1949.

Comisión Permanente de Literatura
Quedó establecida el 13 de febrero de 1830 como organismo adscrito a la Sección de Educación de la Sociedad Económica de Amigos del País. Su presidente y su secretario fueron, respectivamente, Nicolás de Cárdenas y Manzano y Domingo del Monte. Entre sus miembros figuraron José Antonio Saco, Blas Osés, Anastasio Carrillo y Manuel González del Valle. La Comisión preparó un diccionario de cubanismos con más de setecientas voces, organizó concursos literarios anuales y otros certámenes. Intentó, sin éxito, crear una cátedra gratuita de humanidades. En 1831 fundó la *Revista Bimestre Cubana*. A solicitud de sus integrantes, la Comisión Permanente de Literatura fue convertida en corporación inde-

pendiente por Real Orden del 23 de diciembre de 1833, bajo el nombre de Academia Cubana de Literatura.

Bibliografía

Monte, Domingo del, «Exposición de las tareas de la Comisión de Literatura, leída por su secretario Domingo, del Monte, en la sesión extraordinaria del día 6 de diciembre, en *Acta de las juntas Generales de la Real Sociedad Económica de Amigos de este país, celebradas en los días 15, 16 y 17 de diciembre de 1830*, La Habana, Imprenta del Gobierno Capitanía General y Real Sociedad Económica por S. M., 1831, págs. 63-70.

«Exposición de las tareas de la Comisión permanente de Literatura, leída por su secretario Domingo del Monte, en la junta extraordinaria de la Sección de Educación del 13 de diciembre, y en la general de la Real Sociedad del 15 del mismo», en *Acta de las juntas Generales de la Real Sociedad Económica de Amigos de este país, celebradas en los días 15, 16 y 17 de diciembre de 1831*, La Habana, Imprenta del Gobierno, Capitanía General y Real Sociedad Económica por S. M., 1832, págs. 41-47.

«Exposición de la Comisión permanente de Literatura el año de 1832, extendida por su secretario Domingo del Monte y leída en la junta extraordinaria de la Sección de Educación del 19 de diciembre y en junta general de la Real Sociedad Patriótica del 21 del mismo, en *Acta de las Juntas Generales de La Real Sociedad Económica de Amigos de este país, celebradas en los días 17, 18 y 19 de diciembre de 1832*, La Habana, Imprenta del Gobierno, Capitanía General y Real Sociedad Económica por S. M., 1833, págs. 45-50.

Saco, José Antonio, «Fundación de una Academia en La Habana en 1834, y contienda deplorable que se suscitó entre ella y algunos miembros de la Sociedad Económica de La Habana» y «Academia Cubana de Literatura», en su *Colección de papeles científicos, históricos, políticos y de otros ramos sobre la isla de Cuba, ya publicados, ya inéditos, tomo 3*, La Habana, Editora del Consejo Nacional de Cultura, *1963*, págs. 1-10 y 10-15.

Suárez, Adolfo, «Un momento en el desarrollo de nuestra cultura», en *Mensajes*, La Habana, 1, 21, *s. p.*, octubre 8, 1970.

Comunista, El (La Habana, 1939-1941). Revista de teoría y práctica del marxismo-leninismo. Fue publicada mensualmente por el Partido Comunista de Cuba, a partir de noviembre. Su lema era «estudiar y luchar». Formaron el consejo de dirección Blas Roca, Aníbal Escalante, Fabio Grobart y Carlos Rafael Rodríguez. La propia revista define su contenido esencial: «Teoría y práctica por tanto, constituye el núcleo central de *El Comunista*. Todos los problemas fundamentales, que afectan la vida de nuestro pueblo, serán analizados aquí a la luz del marxismo leninismo, en forma accesible y popular. Su lectura será a la vez de aprendizaje y orientación. El caudal de nuestras experiencias será recogido para guía de todo el pueblo cubano.» También divulgó fragmentos de la obra de Lenin y de Stalin. Colaboraron en sus páginas figuras como Severo Aguirre, Manuel Luzardo, Rubén Calderío, William Z. Foster, Santiago Álvarez, además de los integrantes del consejo de dirección. El último número revisado corresponde a enero de 1941. Continuó saliendo desde abril de 1941 con el título de *Fundamentos*.

Conangla Fontanilles, **José** (Mont Blanc, Cataluña, 15 septiembre 1875-La Habana, 15 mayo 1965). Estudió en España hasta alcanzar nivel universitario. En 1895 llegó a Cuba e ingresó en la Universidad de La Habana, donde completó sus estudios. Adoptó la ciudadanía, cubana en 1909. Fue redactor de los diarios *El Nuevo País* (1905), *Cuba* (1906-1911), *La Noche* (1911-1934), El *Día* (1926-1927), *Mercurio* (*1928*). Además colaboró en *El Fígaro*, *Cuba Contemporánea*, *Revista Bimestre Cubana*, *El Hogar*, *Mundial*, *Universal*, *América*. Fundó y dirigió la *Revista Parlamentaria de Cuba* (*1921-1928*). Perteneció a la Sociedad Económica de Amigos del País, a la Academia de la Historia de Cuba y a otras instituciones cubanas y catalanas. Publicó *El alma de Cataluña* (La Habana, Imprenta La Milagrosa, 1941), antología poética catalana con traducciones hechas por él. Es autor del estudio preliminar a los artículos y discursos de Pi y Margall en pro de la autonomía y de la independencia de Cuba (*Cuba y Pi y Margall*. La Habana, Editorial Lex, 1947). Utilizó el seudónimo *Védico*.

Bibliografía activa

Elegía de la guerra, poesías, impresiones de la guerra de Cuba, amb un prefaci de Joan Maragall, Barcelona, Tipografía Catalana, 1904.

La ciudadanía adoptiva, límite prudencial y legal de sus derechos y deberes, contribución al estudio de una rama del derecho internacional privado, La Habana, Imprenta Moderno, 1916.

Cataluña y su voluntad, principales elementos y razones que debe tenerse en cuenta para el estudio de la cuestión catalana, La Habana, Imprenta El Siglo XX, 1919.

El Meu pare, que al cel sia, Evocació biogràfica, Montblanch, Imprenta Vda, Amonmany, 1920.

La conspiración y el martirio de Pintó, conferencia dada en el Centre Catalá de lit, La Habana el 10 de julio de 1921, La Habana, 1921.

El Eternal, Poesía y prosa, Barcelona, A. Artis impresor, 1921.

Montbianquines, Impressions, tipos y costumbres populares, Montblanch Imprenta de J. M. Recasens, 1921.

L'idioma català devant de la ciència, de la historia y de la lliure determinació dels pobles, Discurs inaugural dels Jocs Florals Catalans de l'Havana, celebrats el primer Diumenge de Maig de 1923, al Saló d'Actes de l'Acadèmia de Ciències, con traducción al castellano, La

Habana, Imprenta Graphical Arts, 1923.

Ciudadanía y extranjería, Objeciones a un anteproyecto de ley del Doctor José A. del Cueto, presentadas a la Sección de Derecho Civil de la Comisión Nacional Codificadora, La Habana, Imprenta E. López Salas, 1924.

Pasado, presente y *futuro de Cataluña*, La Habana, Imprenta Nuestra Señora de Montserrat, 1924.

Ricardo del Monte, íntimo, su ceguera y su muerte, conferencia, La Habana, Imprenta y Papelería La Universal, 1927.

Dictamen acompañatorio de la ponencia de Constitución provisional de la República Catalana, La Habana, Burgay, 1928.

El ideal confederativo ibérico, conferencia dada en el Círculo Republicano Español de La Habana el 3 de junio de 1933, La Habana, Imprenta La Milagros, 1933.

El Profundo humanitarismo de Pi Margall, conferencia, La Habana, Tipógrafos Molina, 1933.

Engaños y errores del comunismo, La Habana, Imprenta La Milagrosa, 1934.

La naturaleza de las cosas, ensayo para un estudio de geografía política, leído ante la Sociedad Geográfica de Cuba, en el salón de actos de la Academia de Ciencias de La Habana, en 23 de junio de 1935, La Habana, Imprenta La Milagrosa, 1935.

Espíritu humano y social del arte, conferencia dada en el Círculo de Bellas Artes de La Habana, el 28 de marzo de 1936, La Habana,

Imprenta Molina, 1936.

El abate de Pradt y su americanismo paradójico, estudio leído en el Círculo de Amigos de la Cultura Francesa de La Habana, el día 6 de diciembre de 1937, La Habana, Imprenta El Score, 1938.

Federalismo y confederalismo, conferencia en la Institución Hispano-Cubana de Cultura de La Habana el 15 de septiembre de 1939, La Habana, Imprenta Molina, 1939.

Humanología, cultivo de la razón, del sentimiento y del carácter, ensayos filosóficos, La Habana, Jesús Montero Editor, 1939.

La vida ejemplar de Sebastián Gelabert, La Habana, Editorial Atalaya, 1939.

Enseñanzas políticas de la ecología, estudio presentado al Primer Congreso Nacional Cubano de Geografía, La Habana, Imprenta Molina, 1943.

Juegos Florales de la Lengua Catalana, año 86 de su restauración, traducción castellana, La Habana, Burgay, 1944.

Las nacionalidades ibéricas, confederación o separatismo, conferencia, La Habana, Arellano y Compañía impresores, 1944.

Tomás Gener, del hispanismo ingenuo a la cubanía práctica, trabajo leído en recepción pública, el día 26 de mayo de 1950, La Habana, Imprenta El Siglo XX, 1950.

Semblanza de Gálvez, conferencia, La Habana, Imprenta de la Universidad de La Habana, 1953.

Martí y Cataluña, Examen retrospectivo de unos conceptos inverosímiles atribuidos al gran Apóstol cubano, La Habana, Publicaciones de la Comisión Nacional Organizadora de los Actos y Ediciones del Centenario y del Monumento a Martí, 1954.

Mirador humanista, ensayos, La Habana, 1954.

Los otros sentidos, Resonancias del Canto espiritual de Maragall, ensayo, La Habana, Cárdenas, 1957.

Bibliografía pasiva

Chacón y Calvo, José María «El alma de Cataluña...», en *Revista Cubana*, La Habana, 16, 226-228, julio-diciembre, 1941.

«José Conangla Fontanilles, Cuba y Pi Margall», en *América*, La Habana, 35, 1, 2 y 3, 94-95, octubre-noviembre y diciembre, 1947.

«José Conangla Fontanilles, Humanología», en *América*, La Habana, 1, 6, 94-95, junio, 1939.

«Letras, Engaños y errores del comunismo, ..., I», en *Acción*, La Habana, 1, 52, 18, octubre 7, 1934.

Suvillaga, Lázaro, seudónimo de Gilberto González Contreras, «José Conangla Fontanilles», en *Mañana*, La Habana, 5, 205, 2, agosto 21, 1943.

Concursos No encontramos la primera muestra de un concurso organizado sino hasta 1793, fecha de fundación de la Sociedad Patriótica de La Habana. El primer concurso, auspiciado y promovido por dicha Sociedad en el año antes citado, fue convocado a través de las páginas del *Papel Periódico de La Habana*, y los temas a desarrollar estuvieron ceñidos a cuestiones agrícolas, industriales y a la construcción de caminos. Entre los jurados figuraron Agustín de Ibarra, Joseph Ricardo O'Farrill, el conde de Casa Bayona, Joseph María Peñalver y el marqués Cárdenas de Montehermoso. Ninguno de los trabajos presentados reunió los suficientes méritos para ser premiados.

Durante el siglo diversas instituciones culturales crearon concursos. La Sociedad Económica continuó sus certámenes casi todos los años y ofreció diplomas y premios en dinero. Entre los premios que más se destacaron, otorgados por la Sociedad, cabe señalar el de la «Memoria sobre las causas que producen la alternación en las cosechas del café» (1829), de Tranquilino Sandalio de Noda, el de la «Memoria sobre la vagancia en la isla de Cuba» (1830), de José Antonio Saco y el de la «Oda al nacimiento de la Infanta María Isabel Luisa» (1831), de José Antonio Echeverría, premiada por la Comisión de Literatura de la Real Sociedad.

En 1834 se celebró un certamen, conocido como Aureola Poética, en honor de Francisco Martínez de la Rosa, a la sazón jefe del gobierno español. El torneo, presidido por el humanista italiano Pablo Veglia, contó con la participación de poetas destacados. El jurado otorgó el premio a las octavas «La Siempreviva», de *Plácido* (seudónimo de Gabriel de la Concepción Valdés).

En 1844 se fundó el Liceo de La Habana, que de inmediato organizó concursos, conocidos como Juegos Florales. Entre los premiados se destacan Federico Milanés por su «Sátira contra la manía de publicar tomos de poesías con títulos inadecuados y prólogos altisonantes y laudatorios»; Emilio Blanchet por su «¿Qué influencia debe concederse a las novelas y otras obras de ingenio en la moral pública y privada?»; Francisco de Frías, conde de Pozos Dulces, por su «Memoria sobre la industria pecuaria en la isla de Cuba»; Joaquín Lorenzo Luaces, que recibió premios por su composición «A Cyrus Field» y su «Oda al trabajo»; Ramón Vélez Herrera por su «Oda al cable submarino». En 1861 celebró el Liceo de Matanzas sus primeros Juegos Florales, cuyo jurado estuvo presidido por Gertrudis Gómez de Avellaneda. Alcanzó el primer premio Federico Milanés con su «Oda a la muerte de Quintana». En años posteriores fueron galardonados Luis González Acosta, Idelfonso Estrada y Zenea, Luis Alejandro Baralt, Nicolás Heredia. El Liceo Artístico y Literario de Guanabacoa, fundado en 1861, también propició concursos. En 1867 el Liceo de Puerto Príncipe, inaugurado poco tiempo antes, convocó a un concurso para enaltecer la memoria de Gaspar Betancourt Cisneros, del que resultó ganador Enrique José Varona con dos odas elegíacas. También premió ese año la memoria «Conveniencia de reservar a la mujer ciertos trabajos», de Emilio Bacardí. Las Conversaciones Literarias que se celebraban en la casa de José María de Céspedes en La Habana, propiciaron también concursos. Allí recibieron premios «Del teatro bufo y de la necesidad de reemplazarlo fomentando la nueva comedia», de Aurelio Mitjans, el «Adiós de Víctor Hugo a la Francia de 1852», de Aurelia Castillo, y el monólogo en verso «Fernando de Herrera» de Eliseo Giberga. En 1886 la Sociedad Provincial Catalana Colla de Sant Mus le otorgó a Ramón Meza un premio en sus Juegos Florales por la novela *Carmela*.

Durante la etapa republicana, la mayoría de las publicaciones periódicas, de las instituciones culturales que existían desde la época colonial y de las que surgieron, convocaron a innumerables concursos. Los ateneos de La Habana y de Matanzas, ambos creados al instituirse la República, convocaron a numerosos concursos. El de La Habana premió obras de Dulce María Borrero y Federico Uhrbach; el de Matanzas galardonó a Jesús Castellanos por su novela *La conjura*. En 1910 se fundó la Academia Nacional de Artes y Letras, que otorgó el Gran Premio Nacional de Artes y Letras, discutido cada año dentro de cada una de las distintas secciones que formaban la institución. Allí alcanzaron distinciones Dulce María Borrero, Carolina Poncet y José Antonio Ramos, entre otros. La revista *El Fígaro* también realizó concursos, sobre todo a partir de 1910. En 1912 obtuvo premio Emilio Roig de Leuchsenring con un artículo de costumbres titulado «¿Se puede vivir en La Habana sin un centavo?», y en 1921 Agustín Acosta por la décima «A la bandera cubana». Los liceos de La Habana y de Santiago de Cuba ofrecieron Juegos Florales anuales, en los que, entre 1913 y 1915, obtuvo los premios Agustín Acosta.

Los Juegos Florales Hispano-cubanos, convocados en 1915, premiaron a Felipe Pichardo Moya por su poema «Visión del istmo». En otras ciudades del interior del país también se celebraron estos eventos, entre los que cabe citar los Juegos Florales de Sancti Spíritus, que premiaron a Bonifacio Byrne en 1916 por su poema «La aguja». En 1925 se convocó a los Juegos Florales Antillanos, celebrados en Santiago de Cuba, en los que resultó ganador Max Henríquez Ureña por su trabajo «El intercambio de influencias literarias entre España y América durante los últimos 50 años. (1875-1925». En 1928 la actriz argentina, Camila Quiroga convocó, en coordinación con la Secretaría de Instrucción Pública, a un concurso dramático. El primer premio lo obtuvo Marcelo Salinas con *Alma guajira* y el segundo Jorge Mañach con *Tiempo muerto*. Entre 1934 y 1957 la firma comercial «El Encanto» otorgó anualmente el premio, periodístico «Justo de Lara» al mejor artículo o crónica periodística presentado. A partir de 1935 y hasta la década del 50, salvo algunas interrupciones, se instauraron los Concursos Nacionales de la Dirección de Cultura de la Secretaría de Educación. Se otorgaron siete premios, dos para obras inéditas y cinco para obras publicadas o inéditas. Aunque después sufrió algunas variantes en sus bases, en los inicios uno de los trabajos inéditos debía corresponder a la vida, la obra y la influencia de Enrique José Varona y el otro a una obra sobre la vida de Ignacio Agramonte. Las obras publicadas o inéditas que concursaran podían

ser de carácter histórico, filosófico, crítico, biográfico, económico, social, así como novelas, piezas teatrales, cuentos, ensayos, reportajes y trabajos de investigación científica. Entre 1941 y 1957 el Club de Leones de La Habana otorgó el premio periodístico «Eduardo Varela Zequeira», concedido a los mejores reportajes, según la opinión de los jurados, publicados entre enero y diciembre de cada año. En 1942, el Doctor Antonio Barreras estableció en el género cuento el concurso «Fernández Catá», de carácter nacional e internacional. En forma ininterrumpida esos premios fueron concedidos durante varios años a diversos escritores, entre ellos Félix Pita Rodríguez, Onelio Jorge Cardoso. Entre 1943 y 1957 el Municipio de La Habana otorgó el premio periodístico «Ruy de Lugo Viña», concedido al mejor trabajo publicado sobre un asunto libre, de «carácter municipal destinado a promover los lazos que unen las ciudades de América». La Comisión Nacional de Propaganda y Defensa del Tabaco Habano otorgó, desde 1943 y hasta 1952, premios anuales a los mejores artículos relativos al tabaco aparecidos en la prensa radial y escrita. El Ministerio de Defensa creó el premio periodístico «Enrique José Varona», otorgado mensualmente entre 1944 y 1958 al mejor trabajo presentado sobre cuestiones de interés nacional y que debía haber aparecido antes en cualquier publicación radial o escrita. En 1945 se instituyó con carácter nacional, como el más alto galardón periodístico, el premio «Juan Gualberto Gómez», concedido a diferentes formas de trabajo periodístico: reportaje vivo, reportaje de archivo, artículo o crónica, ilustraciones, información gráfica, caricatura y reportaje cinematográfico. El Lyceum Lawn Tennis Club, la Asociación Cubana de Bibliotecarios, el Club Atenas, también convocaron a concursos. Varios grupos y asociaciones teatrales establecieron premios, como el Premio Talía, el Premio Adad, el Premio «Luis de Soto». Después del triunfo de la Revolución desaparecieron los concursos antes mencionadme y surgieron otros. En octubre de 1959 la Casa de las Américas lanzó su primera convocatoria al concurso anual internacional Casa de las Américas, que se ha convertido en uno de los más prestigiosos concursos de habla hispana. Entre los galardonados cubanos se encuentran Fayad Jamís, José Soler Puig, Antonio Benítez, Miguel Cossío, Lisandro Otero, Pablo Armando Fernández y Manuel Cofiño. El Consejo Nacional de Cultura, desde su creación en 1961, ha convocado a diferentes concursos. Así, en 1963 convocó a un concurso nacional de teatro y de narraciones infantiles, y en 1972 creó el concurso nacional anual «La Edad de Oro», donde los trabajos presentados, tanto en prosa y en verso como composiciones musicales, deben ser ron temas propios para niños. La Unión de Escritores y Artistas de Cuba convoca desde 1965 y 1967 respectivamente los concursos UNEAC y David. El primero, convocado cada año, admite obras en los géneros de novela («Cirilo Villaverde»), cuento («Luis Felipe Rodríguez», teatro («José Antonio Ramos»), poesía

(«Julián del Casal») y, cada dos años, ensayo («Enrique José Varona») y biografía («Enrique Piñeyro»). En los últimos concursos se han añadido los premios de literatura infantil («Ismaelillo») y de testimonio («Pablo de la Torriente Brau»). El David, para autores inéditos, admite solo los géneros de cuento, poesía y teatro. En el primero han sido premiados Ezequiel Vieta, Raúl Aparicio, Noel Navarro, Manuel Díaz Martínez, Raúl González de Cascorro, José Martínez Matos, Alcides Iznaga, Antonio Benítez Rojo, Imeldo Álvarez, Antonio Hernández, Ana Núñez Machín, Hugo Chinea, Federico de Córdoba, José R. Brene, etc.; en el segundo, Raúl Rivero, Luis Rogelio Nogueras, Hugo Chinea, Julio A. Chacón, entre otros. Desde 1969 la Dirección Política de las Fuerzas Armadas Revolucionarias convoca su concurso anual «26 de julio». Se concursa en novela, poesía, teatro, cuento, testimonio, investigación, ensayo, biografía, música (sinfónica, de cámara, vocal y popular) y artes plásticas (pintura, grabado y escultura). «Todas las obras que se presenten deberán reflejar en su contenido un estímulo a la conciencia y actitud revolucionaria de nuestro pueblo». Han sido premiados Jesús Cos Cause, Roberto Díaz, Adolfo Martí, Manuel Cofiño, Olga Cabrera, Rafael Hernández, José Martínez Matas, Álvaro Prendes, Alfredo Reyes Trejo, Carlos del Toro, José A. Tabares, etc. Especial relieve ha tenido también el concurso de novela y cuento polidales, convocado por el Ministerio del Interior, que prácticamente ha creado un nuevo género en nuestra literatura. Otros organismos, como las universidades de La Habana (concurso «13 de marzo») y de Oriente (concurso «28 de mayo Batalla del Uvero»), la Unión de Jóvenes Comunistas (concurso «14 de junio»), la CTC (concurso «Rubén Martínez Villena»), los Comités de Defensa de la Revolución, la Federación de Mujeres Cubanas, la Asociación Nacional de Pequeños Agricultores, la Unión de Periodistas de Cuba, convocan también a concursos en diferentes géneros.

Bibliografía

Augier, Ángel, «Premios y apremios de Cultura», en *Gaceta del Caribe*, La Habana, 1, 9-10, marzo, 1944.

Azucena Isabel, «Masivo y poderoso movimiento cultural», sobre el Concurso 26 de julio, en *Bohemia*, La Habana, 66, 38, 20-21, septiembre 20, 1974.

«Cinco años del concurso, 13 de marzo, en *Extensión*, La Habana, 1, 2, 21 febrero, 1975.

«Concurso de obras dramáticas», en *Revista de Avance*, La Habana 2, 3, 19, 36, febrero 15, 1928.

«Concurso Hernández Catá», en *Revista Cubana*, La Habana, 25, 277-279, julio-diciembre, 1949.

«Concurso de la Dirección de Cultura», en *Revista Cubana*, La Habana, 27, 266-267, julio-diciembre, 1950.

«Concurso La Edad de Oro», en *Revolución y Cultura*, La Habana, 92-97, abril, 1972.

«Los concursos literarios» en *Revista Cubana*, La Habana, 11, 32-33, 266-270, febrero-marzo, 1938.

«Concursos literarios y científico», *Revista Cubana*, La Habana, 25, 276-277, julio-diciembre, 1949.

«Concurso 28 de mayo Batalla del Uvero», en *Granma*, La Habana, 10, 54, 3, marzo 6, 1974.

Díaz, Diana Yolanda, «Entregó Vilma Esplín los Premios a los ganadores del concurso La mujer en la Revolución, dedicado este año al II Congreso en *Granma*, La Habana, 10, 272, 3, noviembre 20, 1974.

Garavito, Julián, «*A propos du Prix Casa de las Américas et de la rencontre des écrivains latinoaméricains*», en *Cuba Sí*, París, 51-52, 22, octubre-diciembre, 19174-enero-marzo, 1975.

Herrera, Hermes, «Lograr que día a día se incorporen más universitarios al concurso, 13 de marzo, en *Extensión*, La Habana, 1, 5, 1, mayo, 1975.

El indio Naborí, seudónimo de Jesús Orta Ruiz, «Mientras se forja el acero, Concurso literario de la CTC», en *Revolución y Cultura*, La Habana, 20, 64-67, abril, 1974.

Juegos Florales del Liceo de Matanzas, Matanzas, Imprenta El Ferrocarril, 1865.

Liceo Artístico y Literario de Matanzas, Juegos Florales del año 1861, Matanzas, Establecimiento Tipográfico de *La Aurora del Yumurí*, 1861.

Liceo de Matanzas, Juegos Florales de 1882. Matanzas, Imprenta La Nacional, 1882.

Lorenzo Fuentes, José, «Los Concursos de la

UNEAC», en *El Mundo del Domingo*, suplemento del periódico *El Mundo*, La Habana, 3, octubre 2, 1966.

Maestri Arredondo, Raoul, «Balance literario 1928», en *Revista de Avance*, La Habana, 2, 3, 29, 345-346, diciembre 15, 1928.

Memoria sobre los Juegos Florales del Liceo de Matanzas, Matanzas, 1867.

Mitjans, Aurelio, «La Sociedad Patriótica, Sus certámenes», en *Estudio sobre el movimiento científico y literario de la isla de Cuba*, La Habana, Imprenta de A. Álvarez, 1890, págs. 105-107.

Oramas, Joaquín, «Señalan nuevas bases del Premio Casa de las Américas», en *Granma*, La Habana, 10, 120, 2, mayo 23, 1974.

Otero, Masdeu, Lisandro, «Los concursos literarios y nuestra intelectualidad», en *Literatura*, La Habana, 1, 2, 118-120, abril, 1938.

Pedroso, Conchita, «Normas y medidas que regirán los distintos géneros literarios que se presenten al Concurso Nacional 14 de junio, de la UJC», en *Granma*, La Habana, 10, 18, 4, enero 23, 1974.

Pompeyo, A., «Los Juegos Florales», en *Cuba y América*, La Habana, 12, 26, 3-4, mayo 20, 1908.

Portuorido, José A., «El premio justo de Lara», en *Gaceta del Caribe*, La Habana, 1, 1, 4, marzo, 1944.

Poveck, José Manuel, «Los Juegos Florales en Oriente», en *El Fígaro*, La Habana, 30, 20, 236, mayo 17, 1914.

«El premio Justo de Lara», en *Revista Cubana*, La Habana, 11, 32-33, 287-291, febrero-marzo, 1938.

«Los premios del concurso literario ediciones *Granma*», m *Revista del Granma*, suplemento del periódico *Granma*, La Habana, 3, 6, 1-16, febrero 5, 1967.

Rafael, «Concurso XVI aniversario del triunfo de la Revolución, del Ministerio del Interior, Nueva óptica al género en *Verde Olivo*, La Habana, 17, 13, 61, marzo 30, 1975.

«IV concurso La Edad de Oro, La creación Infantil, en *Verde Olivo*, La Habana, 17, 14, 59, abril 6, 1975.

Sanz Fals, E., «Dan a conocer los ganadores del concurso XV aniversario de los CTR», en *Granma*, La Habana, 11, 224, 4, septiembre 22, 1975.

Vecino Alegret, Fernando, «Discurso, en la entrega de premios del concurso 26 de julio», en *Verde* Olivo, La Habana, 15, 35, 8-16, septiembre 2, 1973.

Conde y Oquendo, Francisco Xavier (La Habana, 3 diciembre 1733-Puebla de los Ángeles, México, 5 octubre 1799). Estudió humanidades con los jesuitas. En la Universidad de San Jerónimo se graduó de Bachiller en Artes y de Doctor en Teología. Fue nombrado provisor y vicario de la Diócesis de La Habana (1770). Explicó Moral y Escritura Santa en el Seminario de San Carlos. Obtuvo el título de abogado. Desempeñó el cargo de Fiscal de la Curia Eclesiástica de La Habana. Se trasladó a España, donde llegó a ser muy apreciado. Fue nombrado por Pío VI, por recomendación del Consejo de Indias, en el cargo de Protonotario Apostólico y Caballero de la Cruz de Oro. Se le asoció al gremio de los Arcades de Roma con el nombre de Ermindo Abidense. Se trasladó a México. Su fama fue allí mayor que en Cuba. Fue nombrado en la iglesia de Puebla y más tarde ocupó el cargo de Canónigo de la Catedral (1796). Entre sus manuscritos se encontró su *Discurso sobre la elocuencia sagrada*, del que apareció un fragmento en *El Álbum de México* (1: 380-385 y 454-457, 1849), además de sermones, el *Juicio de la carta apologética del señor don José Pérez Catama, Deán de Valladolid, sobre la opinión de Benedicto XIV que sostenía por válida la consagración sin verbo sustantivo Est* y una *Colección de varios Papeles jurídicos, Informes, Escritos, Alegatos y Representaciones del Doctor F. Conde y Oquendo*. Reimprimió *La Josephina* (Madrid, Don Antonio de Sancha, 1780), de Fray Jerónimo Gracián, el *Trisagio Celestial* (Puebla, México, Don Pedro de la Rosa, 1787) y otros.

Bibliografía activa

Sermón que en la fiesta celebrada de orden del M. I. Ayuntamiento de la ciudad de La Habana, en acción de gracias por el nacimiento del Infante, predicó en la Parroquial Mayor el día 10 de marzo de 1772, el Doctor Francisco Xavier Conde, Presbítero Promotor Fiscal de la Curia Eclesiástica, Madrid, Imprenta de A. Pérez de Soto, 1772.

Elogio de Felipe V, Rey de España, al cual se adjudicó el segundo premio de eloquencia por la Real Academia Española en junta que celebró el día 22 de junio de 1779. Madrid, Joachín Ibarra, 1779; 2.ª edición, México, Felipe de Zúñiga y Ontiveros, 1785.

Oratio in funere Caroli III Hispaniarum atque Indiarum Regis Catholici et Potentissimi, habita in Templo Maximo Angepolitano [...], Madrid, Regia Academia Hispánica, 1779.

Oración fúnebre que en las exequias militares celebradas por la Plaza de México en su Santa Iglesia Metropolitana el día 28 de noviembre de 1786, dixo el Dr. D. F. X. C..., y O..., Prebendado de la Catedral de Puebla, México, Don Felipe Zúñiga y Ontiveros, 1787.

Oración al nacimiento del Príncipe, Madrid, 1792.

Disertación histórica sobre la aparición de la Portentosa imagen de María de la Guadalupe de México, México, Imprenta de La Voz de la Religión, 1852-1853, 2 V.

Bibliografía pasiva

Beristein de Souza, «Un habanero ilustre y poco conocido en su patria, Don Francisco Javier Conde y Oquendo», en *Revista de Cuba*, La Habana, 11, 317-320, 1882.

Toussaint, Manuel, «La obra de un ilustre cubano en México, el Doctor Francisco Javier Conde y Oquendo», en *Universidad de La Habana*, La Habana, 22, 125-135, febrero, 1939.

Congresos Los congresos, extendidos hoy a casi todas las ramas del saber humano, tuvieron en sus inicios (alrededor de la segunda mitad del siglo XVII) un carácter marcadamente Político. Después, ya entrado el siglo XIX, comienzan a desarrollarse eventos de contenido científico y humanístico. En Cuba, la primera noticia que tenemos de la celebración de este tipo de actividad es en el año 1812, fecha en que tuvo lugar en la ciudad de La Habana una Junta General de Periodistas. El documento que confirma su realización fue hallado en una Miscelánea titulada Cuba histórica y política, que debió pertenecer al bibliógrafo Antonio López Prieto. En 1884 se celebró en la ciudad de Matanzas el primer congreso pedagógico del que se tiene noticia, y ya en el siglo XX, en 1913, se desarrolló en La Habana un denominado Primer Congreso Nacional Pedagógico. Entre el 8 y el 13 de enero de 1939 se celebró en Santiago de Cuba el Primer Congreso de Arte Cubano, auspiciado por diversas instituciones culturales y por diferentes emisoras radiales. También la ciudad de Santiago de Cuba fue sede de Un Primer Congreso Nacional de Educación, entre el 3 y el 7 de enero de 1940, que fue celebrado de acuerdo con recomendaciones del Primer Congreso Internacional de Universidades (La Habana, febrero de 1930). En él se trataron cuestiones de interés para la enseñanza a todos los niveles. En 1941 tuvo lugar en La Habana el Primer Congreso Nacional de Periodistas, cuya organización estuvo a cargo de José Manuel Valdés Rodríguez, Alfredo Núñez Pascual y Lisandro Otero Masdeu. Iguales eventos se celebraron en años posteriores. A partir de 1942 y hasta 1960 tuvieron efecto, en diferentes localidades de la isla, los congresos nacionales de historia, auspiciados por la Sociedad Cubana de Estudios Históricos e Internacionales. Fueron organizados por Emilio Roig de Leuchsenring y tuvieron como finalidad «promover el mayor auge de los estudios históricos, y alentar su cultivo, así como difundir el conocimiento de la historia más allá del círculo de los especialistas, hasta el corazón mismo del pueblo». Auspiciado por varios intelectuales cubanos tuvo efecto en La Habana, entre el 20 y el 27 de febrero de 1953, un Congreso de Escritores Martianos, al cual asistieron algunas representaciones de países latinoamericanos, Estados Unidos y Francia. Se caracterizó, salvo alguna excepción, por presentar una visión incompleta de la vida y obra de José Martí, y por desfigurar su definido pensamiento antiimperialista. Desde el triunfo de la Revolución han tenido lugar varios congresos de carácter cultural y educacional, que han servido para ir viabilizando y esclareciendo las líneas fundamentales de la Revolución en ese campo. Con la asistencia de invitados fraternales de Europa y América se efectuó el Primer Congreso Nacional de Escritores y Artistas de Cuba (La Habana, 8 al 22 de agosto de 1961), que partió del principio de que «el diálogo de las culturas nacionales es la base sobre la cual se desarrolla la cultura universal». Aprobó una resolución que acepta «como deber y derecho de los escritores y artistas: luchar con sus obras por un mundo mejor», con el fin de «rescatar y revalorizar la tradición cultural cubana, antecedente de la cultura que ha de surgir en la nueva sociedad que estamos edificando». Entre los acuerdos figuró la creación de la Unión de Escritores y Artistas de Cuba. Del 14 al 16 de diciembre de 1962 tuvo lugar en La Habana el Primer Congreso Nacional de Cultura, que fue la culminación de todo un proceso de dos meses de discusión en fábricas, agrupaciones campesinas, granjas, universidades, organizaciones de masa, instituciones culturales, con el fin de opinar sobre el anteproyecto de los planes culturales del gobierno y contribuir con sus iniciativas a la elaboración de los planes de cultura de sus organizaciones respectivas. La resolución final del congreso planteó la ratificación a la política cultural del gobierno revolucionario, la superación cultural de las masas, el estudio e investigación de nuestras raíces culturales. Del 25 al 1.º de noviembre de 1967 se celebró en La Habana el Seminario Preparatorio al Congreso Cultural de La Habana, el cual debatió, entre participantes nacionales, cinco puntos que después serían ampliamente tratados en el Congreso, ya con carácter internacional. Ellos fueron: cultura e independencia nacional, la formación integral del hombre, la responsabilidad del intelectual ante los problemas del mundo subdesarrollado, cultura y medios masivos de comunicación y problemas

de la creación artística y del trabajo científico y técnico. El Congreso Cultural de La Habana (4-11 de enero de 1968), evento internacional celebrado tras el Seminario preparatorio de carácter nacional ya mencionado, se reunió bajo el rubro de «Reunión de intelectuales de todo el mundo sobre problemas de Asia, África y América Latina», y contó con la participación de cerca de quinientos delegados extranjeros, entre los cuales había científicos, escritores, técnicos, artistas, periodistas, profesores. El punto central sobre el cual giró el Congreso fue el tema «Colonialismo y neocolonialismo en el desarrollo cultural de los pueblos». Se discutieron problemas inherentes al subdesarrollo y al papel que deben desempeñar los intelectuales del tercer mundo, tanto en la creación artística como en el trabajo científico y técnico. El Primer Congreso Nacional de Educación y Cultura (La Habana, 23-30 de abril de 1971) constituye uno de los pasos más firmes dados por la Revolución para definir y orientar todo lo referente a la política educacional y cultural. Los 1800 delegados que participaron, aprobaron unánimemente una declaración final que, siguiendo un desarrollo consecuente de la línea de masas en la educación y la cultura, sirvió para dejar trazados los lineamientos dentro de ambos campos. Plantea además el documento la lucha por una cultura propia y sin la influencia nociva de las corrientes decadentistas que el imperialismo trata de imponer a los países subdesarrollados, y por la defensa y exaltación de los valores latinoamericanos y del tercer mundo, en general.

Varios han sido los congresos internacionales de los que Cuba ha sido país sede. Entre ellos, el Congreso Internacional de Universidades, La Habana, febrero 1930), en el cual se reunieron representaciones de casi todo el mundo para discutir preocupaciones e intereses comunes. Auspiciados por la Sociedad Colombista Panamericana tuvieron lugar en 1942 dos congresos, el Primer Congreso Interamericano de Archiveros, Bibliotecarios y Conservadores de Museos del Caribe y el Primer Congreso Histórico Municipal Interamericano. En 1943 organizó dicha institución el II Congreso de Prensa, que reunió a representantes de la prensa americana. En abril de 1949 La Habana fue sede del Cuarto Congreso del Instituto Internacional de Literatura Iberoamericana. Entre los delegados cubanos figuraron Fernando Ortiz, José María Chacón y Calvo, Raúl Roa y José Antonio Portuondo. La ciudad de Cárdenas sirvió de marco para la celebración, del 17 al 20 de mayo de 1950, de la Tercera Reunión Continental del Instituto Interamericano de Historia Municipal e Institucional, en la que estuvieron presentes países de la América Central, América del Sur y Las Antillas.

Bibliografía

«Del Congreso Nacional de Cultura», en *RC*, La Habana, 1, 4, febrero 15, 1968.

«Del Primer Congreso Nacional de Educación y Cultura», en «*Casa de las Américas*, La Habana, 11, 65-66, 2-23, marzo-junio, 1971, *discurso pronunciado por Osvaldo Dorticós en la inauguración del Congreso Cultural de La Habana, discurso pronunciado por Fidel Castro en la clausura del Congreso Cultural de La Habana*, La Habana, Instituto Cubano del Libro, 1968, Ediciones COR, 4.

Escala Millán, Luis, «Congresos Nacionales de Periodistas», en *Álbum del cincuentenario de la Asociación de Reporters de La Habana, 1902-1925*, La Habana, Editorial Lex, 1952, págs. 49-51.

Memoria del Congreso de Escritores Martianos, La Habana, Imprenta Úcar, García, 1953.

Memoria del Cuarto Congreso del Instituto Internacional de Literatura Iberoamericana, celebrado en la Universidad de La Habana, La Habana, Ministerio de Educación, Dirección de Cultura, 1949.

Memoria del Primer Congreso Nacional de Escritores y Artistas de Cuba, La Habana, Ediciones Unión, 1961.

Memoria del Primer Congreso Nacional de Periodistas, La Habana, 1941.

Memoria del Primer Congreso Nacional de Cultura, La Habana, Consejo Nacional de Cultura, 1963.

Memorias del Primer Congreso Nacional de Educación y Cultura, La Habana, Instituto Cubano del Libro, 1971.

Primer Congreso Nacional de Educación, Convocatoria, reglamento y temario, Santiago de Cuba, Imprenta Arroyo, 1940.

Primer Congreso Nacional de Educación, La

Habana, Imprenta Cuba Intelectual, 1940.

Primer Congreso Internacional de Archiveros, Bibliotecarios y Conservadores de Museos del Caribe, Acta final, La Habana, Imprenta P. Fernández, 1942.

Primer Congreso Nacional de la Federación de Doctores en Ciencias y en Filosofía y Letras, Informe contentivo de los acuerdos, recomendaciones, votos y resoluciones, La Habana, 1940.

Primer Congreso Pedagógico, Matanzas, Imprenta La Nacional, 1884.

Reunión de intelectuales de todo el mundo sobre problemas de Asia, África y América Latina, Seminario preparatorio, 25 octubre-2 noviembre, 1967, La Habana, 1967.

Roig de Leuchsenring, Emilio, «Congresos Nacionales de Historia», en *Veinte años de actividades del historiador de la ciudad de La Habana, 1935-1955*, V. 2, La Habana, Oficina del Historiador de la Ciudad, 1955, págs. 9-154.

«Sobre el Congreso Cultural de La Habana» en *Casa de las Américas*, La Habana, 8, 47, 100-121, marzo-abril 1968.

Soto Paz, Rafael, «Un documento sensacional, Una Junta de Periodistas del año 1812» en *Álbum del Cincuentenario de la Asociación de Reporters de Cuba*, 1902-1952, La Habana, Editorial Lex, 1954, págs. 159.

Conjunto (La Habana, 1964; 1967). Revista de teatro publicada por la Casa de las Américas. El primer número correspondió al bimestre julio-agosto. Era su jefe de redacción David Fernández. En 1964 solo se Publicaron tres números. Reapareció en 1967 (agosto-septiembre) como «Revista de teatro latinoamericano. Órgano del Comité Permanente de los Festivales», con el «propósito de contribuir a que superemos las distancias culturales y nos conozcamos mejor a través del teatro». Para ello, señala, «queremos recoger informaciones, gráficas, críticas sobre lo que se escribe y se realiza para la escena y en ella, en nuestros países. Además publicaremos, en cada número, una obra inédita, completa, de autor latinoamericano y, en la medida de lo posible, dedicaremos números Monográficos al teatro de cada uno de los países que integran este «conjunto» de pueblos llamado América Latina». Desde este mismo número aparecen Rine Leal como jefe de redacción e Isidora Aguirre (Chile), Enrique Avellán (Ecuador), Ramón Chalbaud (Venezuela), Helio Eichbauer (Brasil), Manuel Galich (Guatemala), Juan Vicente Melo (México), Carlos José Reyes (Colombia), Juan Ríos (Perú), Juan Manuel Tenuta (Uruguay), Nora Badía (UNESCO) como miembros de un consejo de redacción. En el número 9 aparece solo como «Revista de teatro latinoamericano», sin el consejo de redacción anterior. La preparación de este número estuvo bajo la responsabilidad de Manuel Galich, Rine Leal, Óscar Collazos y Arqueles Morales. El siguiente fue preparado por Galich y Morales. Desde el número 11-12 sale como «Publicación del Departamento de Teatro Latinoamericano», bajo la dirección de

Manuel Galich, con Adolfo Cruz-Luis como secretario (solo hasta el número 18.) A partir del número 19 Francisco Garzón Céspedes ocupa la jefatura de redacción. Desde el número 5 incluyó la sección «Entreactos», dedicada a noticias, comentarios y actualidades del teatro latino-americano en relación con lo internacional. Posteriormente comienza a aparecer la sección «Obras recibidas», en la que se ofrece «una breve síntesis bibliográfica de algunas publicaciones teatrales latinoamericanas recibidas por la Casa de las Américas». También han aparecido en sus páginas obras teatrales de creación colectiva, tanto nacionales como de otras naciones latinoamericanas. Han sido sus colaboradores, además de algunos de los integrantes del consejo de redacción antes citados, José Manuel Fernández, Nicolás Dorr, Beatriz Maggi, Carucha Camejo, César López, Edmundo Desnocs, Magaly Muguercia, Abelardo Estorino, Pedro Simón, Nati González Freire, Diony Durán, Freddy Artiles, Karla Barro, Pedro de la Hoz, Rosa Ileana Boudet, así como otros escritores latinoamericanos. Además, como había señalado al reaparecer en 1967, se han publicado en todos sus números obras inéditas de autores latinoamericanos, tales como Jorge Díaz, Enrique Buenaventura, Aimé Cesaire, Manuel Galich, Isidora Aguirre, Jorge Enrique Adoum y otros. En el número 11-12 apareció la obra del cubano Raúl Valdés Vivó «Las naranjas de Saigón». El número 24 fue dedicado al teatro infantil. En las páginas 139-142 del número 15 (enero-marzo de 1973)

se ha publicado un «Índice de los primeros quince números de la revista *Conjunto*», ordenado alfabéticamente por autores.

Bibliografía

«Los latinoamericanos que cultivan teatro», en *Conjunto*, La Habana, 2, 4, 1, agosto-septiembre, 1967.

Consejo Nacional de Cultura Fue creado por la ley 926 del Consejo de Ministros, firmada el 4 de enero de 1961, como organismo adscrito al Ministerio de Educación. Mediante la ley 1117, fechada en julio de 1963 dejó de ser un apéndice de dicho Ministerio para convertirse en un organismo central, bajo la superior dirección del Consejo de Ministros. Sus fines y funciones, por tanto, le vienen dados por la referida ley 1117. Corresponde esencialmente al Consejo planificar, orientar y dirigir todas las actividades que en el orden cultural realicen los organismos e instituciones oficiales, tanto nacionales como provinciales y municipales, a fin de que respondan a la política cultural del Estado; la dirección y organización de las actividades musicales de carácter cultural; la dirección y organización del sistema de bibliotecas públicas del país, las actividades relacionadas con las artes plásticas, exposiciones, adquisición y conservación de obras de arte por parte del Estado y la orientación e intensificación de la creación artística, la dirección y organización de espectáculos artísticos; la enseñanza de las artes y aquellas otras disciplinas destinadas a formar el personal técnico indispensable del organismo y sus distintos departamentos; rescatar las tradiciones que constituyen el patrimonio nacional, evitando que se mixtifiquen o desfiguren, ayudando a su conservación, estudio y difusión; la custodia, conservación y restauración de las edificaciones y lugares declarados o que se declaren en el futuro, Monumentos Nacionales; dirigir la orientación y organización de las actividades literarias, fundamentalmente mediante los talleres literarios, verdaderos «centros de estudio, laboratorios literarios donde los escritores noveles se sienten estimulados en su creación y auxiliados en su formación». Funcionan en distintos niveles (regional, municipal); con ellos «el CNC busca [...] agrupar [...] a los que dan sus primeros pasos en la literatura, para evitar que se pierdan, se desorienten o se desencanten por falta de un estímulo adecuado». Reunidos periódicamente analizan sus trabajos —poemas, cuentos, etc.—; regularmente son visitados por «escritores de mayor experiencia que les ofrecen charlas, lecturas, que enjuician conjuntamente con ellos los escritos de los integrantes del taller, aportando su visión más madura y experimentada de la creación literaria; enviándoles, asimismo, libros, folletos, conferencias, en suma, materiales que les permitan un conocimiento cada día más profundo y amplio de la literatura». Otras funciones del Consejo son la orientación y estímulo del desarrollo de un amplio movimiento de aficionados al arte; la promoción a través de los centros de trabajo y estudiantiles, del interés del pueblo por los espectáculos culturales, bibliotecas, museos; aprobar y tramitar, en coordinación con los organismos y autoridades competentes, la salida al extranjero de los diferentes exponentes de la cultura nacional, exposiciones, conjuntos artísticos y misiones culturales; reglamentar y organizar concursos públicos de carácter literario, como el concurso infantil «La Edad de Oro», y además, certámenes plásticos, etc.; intervenir en la elaboración de los protocolos de intercambio cultural con el extranjero; orientar, de acuerdo con el Ministerio de Relaciones Exteriores, la labor de los consejeros y agregados culturales, proveyéndoles del material indispensable para el desarrollo de sus funciones; coordinar con los organismos encargados de la radio, la televisión y la prensa, la mejor utilización que pueda hacerse de estos medios de comunicación para el desarrollo de la política cultural del Gobierno. Los lineamientos aprobados en el Primer Congreso Nacional de Educación y Cultura (La Habana, 23-30 de abril de 1971) han servido para afianzar y definir más aún lo referente a nuestra política cultural, función que compete directamente a este organismo. Para el cumplimiento de sus fines y el ejercicio de las actividades que le incumben, el Consejo Nacional de Cultura está estructurado de la siguiente manera: presidente, cargo que ha sido ocupado cronológicamente por Vicentina Antuña, Carlos Lechuga, Eduardo Muzio y Luis Pavón;

vicepresidente; el Consejo de Presidencia, formado por el presidente, el vicepresidente, los directores generales y otros que se estime conveniente, que asesora la instrumentación de los planes del desarrollo de la política cultural; el Consejo de Dirección, formado por los antes citados más los delegados provinciales, que se ocupa de estudiar y sugerir las cuestiones básicas de la política cultural, las normas más eficaces para el mejor desarrollo del organismo, así como de recoger y plantear las iniciativas de las organizaciones de masa, las direcciones generales, que se encargan de aplicar la Política cultural del organismo en todo lo relativo a sus actividades específicas, así como de planificar, dirigir, evaluar y controlar el cumplimiento de los planes de trabajo de las direcciones, departamentos y secciones nacionales y provinciales subordinadas a ella; las direcciones nacionales, subordinadas algunas a una Dirección General y otras directamente dirigidas por la Presidencia o Vicepresidencia. En ambos casos desarrollan la orientación cultural concreta de su manifestación. Existen direcciones nacionales especializadas, no especializadas y de apoyo. Son especializadas las direcciones de Literatura, Danza, Música y Artes Plásticas. Son no especializadas las de Relaciones Internacionales, Planeamiento, Economía. Entre las de apoyo figuran, en primer término, el Centro de Documentación, que publica monografías y Bibliografías y organiza diferentes actividades culturales, y divulgación, dedicada a la confección de afiches, programas, etc. Estas tres directrices que emanan de la direcciones nacionales contribuyen a planificar, hacer efectivo el cumplimiento de las tareas y brindar información relevante para el mejor desarrollo del trabajo conjunto del Consejo Nacional de Cultura. Las delegaciones provinciales de Cultura son los órganos que dirigen, organizan, administran, supervisan y ejecutan las actividades culturales de acuerdo con las orientaciones y directivas que les transmiten el presidente y demás funcionarios del organismo central. Están subordinadas a ellas las delegaciones regionales y municipales. A su vez, el delegado provincial está directamente subordinado al presidente del Consejo y es el máximo representante en provincias del Consejo Nacional de Cultura. Desde la creación de esta institución y hasta el año 1965 funcionó como dependencia de la misma el Centro Cubano de Investigaciones Literarias, que hizo investigaciones y recopilaciones de obras de autores cubanos, así como también tuvo a su cargo la Editora del Consejo Nacional de Cultura, dedicada a la publicación de libros de literatura española y cubana del siglo pasado. Entre muchos títulos publicados figuran los tres tomos de la *Antología de la poesía cubana*, preparada por José Lezama Lima; *Sab*, de Gertrudis Gómez de Avellaneda; *Contrapunteo cubano del azúcar y el tabaco*, de Fernando Ortiz; *Poesías*, de Julián del Casal; *Obras completas*, de José Jacinto Milanés; *Bosquejo histórico de las letras cubanas* de

José A. Portuondo. Las funciones del Centro fueron absorbidas por el Instituto de Literatura y Lingüística de la Academia de Ciencias. Han sido órganos de la institución el magazine, más tarde convertido en revista, *Pueblo y Cultura* (1961-1965?), que fue dirigido a partir del número 14 (septiembre de 1963) y hasta el 23 (mayo de 1964) por Félix Pita Rodríguez. A esta publicación le siguió *Revolution et/and Culture*, que circuló en tres idiomas (inglés, francés y español). Salieron pocos ejemplares. Entre octubre de 1967 y diciembre de 1970 se editó *RC*, dirigida por Lisandro Otero, y cuya segunda etapa, ahora bajo el título de *Revolución y Cultura*, comenzó en marzo de 1972. Su dirección está a cargo de Enrique Grules, junto a estas publicaciones, cada dirección especializada, así como grupos artísticos y direcciones de apoyo, tienen diversas publicaciones artístico-literarias, donde se reflejan la información y la política cultural y técnica del Consejo Nacional de Cultura.

Bibliografía

«El Centro de Investigaciones Literarias», en *Pueblo y Cultura*, La Habana, 21, 52-55, marzo, 1964.

Levante César, «¿Qué son los talleres literarios?», en *Revolución y Cultura*, La Habana, 14, 2-6, septiembre, 1973.

Conservatorio (La Habana, 1943). Revista trimestral publicada por el Conservatorio Municipal de Música de La Habana. El primer número correspondió al trimestre octubre-diciembre. Era su editor Ithiel León. En este primer número se expresaba que su «cartel de acción» era «dar a conocer las manifestaciones artísticas según las más puras tendencias actuales; críticas orientadoras e impersonales; difundir toda esa gran serie de valores de aquí y fuera de aquí que constituyen valiosos aportes a la cultura». Desde octubre-diciembre de 1945 se convirtió en publicación oficial del Conservatorio y fue dirigida por Ithiel León. Dos números después presentó una relación de redactores integrada por los músicos José Ardévol, Harold Gramatges, Argeliers León y Edgardo Martín. A partir de enero-marzo de 1948 Raúl G. Anckerman asume la dirección y administración y el cuerpo de redactores es renovado. «Los cambios introducidos desde este momento en la revista —señaló el nuevo director— obedecen al buen deseo de explorar nuevas rutas de presentación y contenido, tratando de obtener una uniformidad permanente que le imprima fisonomía propia, evitando así experimentos constantes.» Publicación dedicada casi exclusivamente a cuestiones musicales y a divulgar la problemática y las actividades del centro de que era órgano, publicaba en sus inicios, en la contraportada, textos escogidos sobre arte y poesía. Además de los músicos ya mencionados, contó con la colaboración de Alejo Carpentier, Rafael Suárez Solís, Jorge Mañach, Carlos M. de Céspedes y otros. El último ejemplar revisado corresponde a enero-septiembre de 1951.

Contreras, Félix (Pinar del Río, 10 diciembre 1939). Cursó muy irregularmente algunos grados de la primaria en su ciudad natal.

Apenas adolescente se empleó en diferentes labores, a la vez que realizaba algunos estudios de música y pintura. Perteneció al Movimiento 26 de julio (1957-1959). En 1961 se trasladó a La Habana, becado por el Gobierno Revolucionario, para realizar estudios de secundaria, preuniversitario y dramaturgia.

Obtuvo mención (1964) y premio (1965) en concursos del CNC pinareño. En 1966 comenzó estudios de periodismo en la Universidad de La Habana. Asistió al Congreso Cultural de La Habana (1968).

Ha trabajado como periodista en *Pionero* y *Cuba Internacional*. Tiene colaboraciones en *Casa de las Américas*, *Unión*, *Cultura '64*, *Bohemia*, *Mar y Pesca*, *OCLAE*, *Granma*, *Juventud Rebelde*. Es uno de los que integran la antología *Cinco poetas jóvenes* (La Habana, Ediciones Belic, 1965). Poemas suyos han sido traducidos al polaco y al rumano.

Bibliografía activa

El fulano tiempo, La Habana, Ediciones Unión, 1969.

Debía venir alguien, prólogo de Eliseo Diego, La Habana, Ediciones Unión, 1971.

Bibliografía pasiva

Nadereau, Efraín, «Un libro donde el poeta Félix Contreras afirma que «debía venir alguien», en *Boletín del Poeta*, Santiago de Cuba, 2, 3-4, 15-16, marzo-abril, 1972.

Orovio, Helio, «Sobre los cinco», en *La Gaceta de Cuba*, La Habana, 4, 46, 32, septiembre, 1965.

Cooperación (Guanabacoa, La Habana, 1945). «Periódico de interés general», según reza en el subtítulo del ejemplar más antiguo visto, fechado el 28 de julio de 1945. Fue su director-propietario F. L. Matamoros Fernández. A partir de octubre de 1946 se subtituló «Mensuario y vocero de la cultura» y desde marzo de 1947 «Periódico mensual de información y literatura». Fue una publicación de orientación izquierdista. Aparecieron en sus páginas cuentos, poemas, notas bibliográficas. En ella colaboraron escritores presumiblemente de Guanabacoa, pero también aparecieron trabajos de Fermín Peraza, *El Indio Naborí* (seudónimo de Jesús Orta Ruiz), Mario Rodríguez Alemán, Adolfo Menéndez Alberdi, Cleva Solís. Desde mayo de 1947 comenzó a insertar en sus páginas una especie de suplemento, *Señal*, que según parece estaba bajo la responsabilidad de Mirta García Vélez y Mario Rodríguez Alemán. Tenía este suplemento numeración independiente y paginación propia, pero a la vez continuaba la del mensuario. Allí se publicaban poemas, críticas de libros y notas sobre arte. El último número de *Cooperación* encontrado corresponde a los meses de julio y agosto de 1947, e incluye *Señal* de los propios meses y año.

Corbeta Vigilancia (Trinidad, Las Villas, 1820). Fue el primer periódico de la villa. A continuación del título aparece el subtítulo de «Correo semanario-marítimo de Trinidad», con el lema «Verdad sabida y buena fe guardada», según datos ofrecidos por Francisco Marín Villafuerte en la página 348 de su *Historia de Trinidad* (La Habana, Jesús Montero, Editor, 1945). Más adelante tomó los títulos de *Correo político literario mercantil de Trinidad, Correo de Trinidad, El Correo*. Comenzó a salir semanalmente el 3 de septiembre, dato afirmado por la propia publicación en su edición del 3 de enero de 1841. A partir de 1823 se publicaba dos veces a la semana. En 2 de enero de 1842 aparece también con esa periodicidad. Desde el 5 de agosto de 1847 se hace diario. Según parece fue fundado por Cristóbal Murtra, ya que éste introdujo la imprenta en Trinidad y, además, fue quien solicitó y obtuvo el permiso para publicarlo. Antonio Bachiller y Morales, en la página 36 del segundo tomo de su *Apuntes para la historia de las letras y de la instrucción pública en la isla de Cuba* (La Habana, Academia de Ciencias de Cuba. Instituto de Literatura y Lingüística, 1971), expresa que lo empezó a publicar José Julián Castiñeira y que «puede decirse que introdujo el folletín de los papeles de la Isla, pues desde los primeros números dedicó la parte inferior del periódico a la publicación de artículos amenos y jocosos, siendo dado a la sátira y manejando la lira con tanta y aún más destreza que la humilde prosa». De acuerdo a los ejemplares de los años vistos fue un periódico de interés general e información nacional y extranjera. Reflejó en sus páginas la historia local de Trinidad, tanto en el aspecto histórico social como en el cultural. Reprodujo trabajos de publicaciones cubanas de la época, entre ellos, especialmente, artículos de *El Lugareño* (seudónimo de Gaspar Betancourt Cisneros) sobre educación y artículos costumbristas de José Victoriano Betancourt. También publicó poesías, relatos y críticas literarias. Colaboraron en sus páginas Rafael María de Mendive, *Plácido* (seudónimo de Gabriel de la Concepción Valdés), Felipe López de Briñas, Rafael Hernández de Alba, J. A. Llópiz, Teodoro Guerrero y otros autores que firmaban con los seudónimos *Dásalo, Burquillos, El santanero*. En la página 352 de su obra antes citada, Francisco Marín Villafuerte señala que el último número visto por él corresponde al 15 de octubre de 1868, pero Carlos Manuel Trelles, en la página 178 del tomo 1 de su *Bibliografía cubana del siglo XIX* (Matanzas, Imprenta de Quirós y Estrada, 1911) indica que salió hasta 1869. Solo se ha revisado, en forma incompleta, desde 1841 hasta 1854 (el último ejemplar encontrado corresponde al 27 de diciembre.

Bibliografía

Llaverías, Joaquín, «*Correo de Trinidad*», en su *Contribución a la historia de la prensa periódica*, tomo 1.

Prefacio de Emeterio Santiago Santovenia, La

Habana, Talleres del Archivo Nacional de Cuba, 1957, págs. 184, 186, 188, 190, 206-207, 209, 386-392, 394.

(Publicaciones del Archivo Nacional de Cuba, 47.

Morín Villafuerte, Francisco, «*Corbeta Vigilancia*», en su *Historia de Trinidad*, prólogo de Rafael Rodríguez Altunaga, La Habana, Editor Jesús Montero, 1945, págs. 348-353.

Córdoba, **Federico** (La Habana, 17 noviembre 1878-Id., 8 septiembre 1960). Graduado de Bachiller, se doctoró en Derecho Civil en la Universidad de La Habana (1904). Desempeñó distintos cargos dentro de su profesión y llegó a ser magistrado del Tribunal Supremo en 1933. Profesor de la Escuela de Verano de la Universidad de La Habana, donde impartió cursos sobre Martí y los orígenes de la nacionalidad cubana. También ofreció conferencias en la Facultad de Filosofía y Letras de dicha universidad. Perteneció a la Academia de la Historia, de la cual fue secretario. Viajó por los Estados Unidos, México, Venezuela, España y Francia. Obtuvo premios en los concursos nacionales de literatura del Ministerio de Educación con los trabajos *Gaspar Betancourt Cisneros*, en 1938, y *Manuel Sanguily*, en 1942. Fundador de la *Revista de historia cubana y americana*, colaboró además en *Revista Bimestre Cubana*, *Cuba Contemporánea*, así como en publicaciones de la Academia de la Historia y del Ministerio de Educación. Dejó de pertenecer al Tribunal Supremo bajo la dictadura de Batista. En 1959 se le ofreció su reintegración a dicho Tribunal o el cargo de embajador, lo que no pudo aceptar debido a su avanzada edad.

Bibliografía activa

Juan Montalvo, La Habana, Imprenta El Siglo XX, 1922.

José Antonio Saco fue un carácter, La Habana, Tipografía Molino, 1931.

Gaspar Betancourt Cisneros, El Lugareño, La Habana, Editorial Trópico, 1938.

Flor Crombet, el Sucre cubano, La Habana, Cultural, 1939.

La expedición de Duaba, La Habana, Academia de la Historia de Cuba, 1940.

Hombre de mármol; Carlos Manuel de Céspedes, La Habana, Academia de la Historia de Cuba, 1940.

Eloy Alfaro, La Habana, Imprenta El Siglo XX, 1942.

Manuel Sanguily, La Habana, Seoane y Fernández, Impresores, 1942.

Luis Victoriano Betancourt, La Habana, Imprenta El Siglo XX, 1943.

Enrique Piñeyro, La Habana, Imprenta El Siglo XX, 1944.

Martí, líder de la independencia cubana, La Habana, Imprenta El Siglo XX, 1947.

Vida y obra de Germán Arciniegas, La Habana, Publicaciones del Ministerio de Educación, Dirección de Cultura, 1950.

Bibliografía pasiva

Entralgo, Elías José, «Todo un cubano», en *El Mundo*, La Habana, 59, 18 928, A4, septiembre 10, 1960.

«Efemérides, 8 de septiembre, Federico Córdoba Quesada», en *Bohemia*, La Habana, 62, 37, 105, septiembre, 11, 1970.

Portuondo, José Antonio, «Notas bibliográficas, Federico Córdoba, *Gaspar Betancourt Cisneros, El Lugareño* en Baraguá, La Habana, 1, 6, 14, febrero 25, 1938.

Córdoba, **Federico de** (La Habana, 26-12, 1910). Hijo de Federico Córdoba. Estudió la primera enseñanza en su ciudad natal. Se graduó de Bachiller en el Instituto de La Habana (1929). En los Estados Unidos cursó estudios militares y de literatura inglesa (1929-1931) y colaboró en *La Información* (1932-1933), de Nueva York. En 1933 regresó a Cuba. Su ensayo, aún inédito, *Personalidad y obra de Federico Nietzsche*, fue premiado en el Concurso Nacional de Literatura de la Secretaría de Educación (1937). Graduado de Doctor en Derecho Civil (1938), recibe mención honorífica del Colegio de Abogados en 1942 por su ensayo *La libertad condicional*, publicado al año siguiente. Inspector general y director general de Prisiones (1944-1952), crea en 1949 la Escuela Nacional Penitenciaria en la Prisión de La Habana. Desde 1959 ha desempeñado importantes cargos en el MINREX. Fue encargado de negocios en Venezuela (1961) y embajador en Gran Bretaña (1962-1963). Además, ha viajado a Escocia, España, Francia, y Checoslovaquia. En 1966 recibe el premio «Enrique Piñeyro», de ensayo, en el concurso de la UNEAC, por su obra *El fariseísmo en la política exterior norteamericana*. Ha sido jurado en los concursos de la UNEAC, a cuya sección de literatura pertenece. Tiene colaboraciones en *Revista Bimestre Cubana, Universidad de La Habana, Política Internacional, Unión, Economía y Desarrollo*. Participó en las conferencias de las asociaciones pro Naciones Unidas de Moscú y Ginebra (1973). Es director general de la Asociación Cubana de las Naciones Unidas y miembro de la Comisión de altos estudios políticos del MINREX.

Bibliografía activa

Edgar Allan Poe, La Habana, Imprenta Molina, 1932.

El biotipo, La Habana, Editor Jesús Montero, 1941.

Corea, unificación y solidaridad, La Habana, Ministerio de Relaciones Exteriores, Instituto de Política Internacional, 1967.

El fariseísmo en la política exterior norteamericana, La Habana, Ediciones Unión, 1967.

Bibliografía pasiva

Agramonte, Roberto, «Libros en revista, Federico de Córdoba Castro, *Edgar Allan Poe*», en *Revista Bimestre Cubana*, La Habana, 31, 1, 149, enero-febrero, 1933.

Augier, Ángel, «Notas, El fariseísmo como sistema de política», en *Unión*, La Habana, 6, 3,

115-117, julio-septiembre, 1967.

Conte, A., «El fariseísmo en la política exterior yanqui», entrevista a Federico de Córdoba, en *La Gaceta de Cuba*, La Habana, 5, 53, 3, octubre-noviembre, 1966.

«Espléndido resultó el homenaje de ayer a Carlos Rafael Rodríguez y a Federico de Córdoba en *Alma Mater*», en *Diario de la Marina*, La Habana, 106, 63, 3, 1.ª sección, marzo 15, 1938.

«Lecturas para un viernes, Federico de Córdoba Castro, *Fariseísmo en la política exterior norteamericana*, Premio de Ensayo de la UNEAC, La Habana, 1967», en *Bohemia*, La Habana, 59, 31, 107, agosto 4, 1967.

I.R.L.G., «Bibliografía, *El biotipo*, ensayo de Clínica Criminal, del Doctor Federico de Córdoba», en *Diario de la Marina*, La Habana, 110, 61, 4, 10 sección, marzo 12, 1942.

Otero, José Manuel, «Libros.» *El fariseísmo en la política exterior norteamericana*, en *Granma*, La Habana, 3, 229, 6, septiembre 15, 1967.

«Comentarios de libros, El *fariseísmo en la política exterior norte americana*», en *Verde Olivo*, La Habana, 8, 38, 15, septiembre 24, 1967.

Torriente, Loló de la, «Federico de Córdoba, Premio de Ensayo de la UNEAC.», en *El Mundo del Domingo*, suplemento del periódico *El Mundo*, La Habana, 7, diciembre 11, 1966.

Corona Ferrer, **Mariano** (Santiago de Cuba, 15 octubre 1870-Id., 18 abril 1914). En su ciudad natal cursó la primera enseñanza. Se hizo tipógrafo e ingresó en los talleres de *El Triunfo* (1888), donde aparecieron sus primeras colaboraciones. En 1893 fue elegido presidente del gremio de los tipógrafos de Santiago de Cuba. Es perseguido a causa de sus campañas contra el gobierno español y se ve precisado, tras el inicio de la guerra del 95, a incorporarse a la lucha armada. En el campo insurrecto es designado por Antonio Maceo director del periódico *El Cubano Libre*. Trabajó además como corresponsal de *Patria*. Al terminar la guerra, ostenta el grado de Comandante del Ejército Libertador. En Santiago de Cuba continúa publicando *El Cubano Libre*, que más tarde sería clausurado por sus críticas a la intervención norteamericana. Fue electo representante a la Cámara (1902-1906 y 1912-1914). Es autor, entre otras, de la zarzuela *El hijo del diablo*, y de las piezas *Camaleón político*, *Pesadilla*, *Los efectos del papalote*. Es conocido además como orador. Utilizó los seudónimos *Cobeador, Bariguá y Ney*.

Bibliografía activa

De la manigua, ecos de la epopeya, prólogo de Joaquín Navarro, Santiago de Cuba, Imprenta de El *Cubano Libre*, 1900.

El jaque, Zarzuela cómico-dramática en un acto, dividida en cuatro cuadros, en prosa; verso, Santiago de Cuba, Imprenta de *El Cubano Libre*, 1909.

Veras y bromas, En prosa y verso, prólogo de Gastón Mora, La Habana, Imprenta y Papelería de Rambla y Bouza, 1911.

Maceo, oración fúnebre pronunciada en la Cámara de Representantes, en la sesión solemne celebrada el 7 de diciembre de 1911, 159 aniversario de la muerte del glorioso caudillo, La Habana, Imprenta y papelería de Rambla y Bouza, 1912.

Prosas, Santiago de Cuba, Biblioteca Popular de Cultura Cubana, 1936.

Bibliografía pasiva

Henríquez Ureña, Max, «El libro de un humorista», sobre *Veras y bromas*, en *Letras*, La Habana, 2.ª época, 7, 34, 439, septiembre 10, 1911.

Soto Paz, Rafael, «Mariano Corona», en su *Antología de periodistas cubanos*, La Habana, Empresa Editora de Publicaciones, 1943, págs. 102-103.

Coronado, Francisco de Paula

Coronado, **Francisco de Paula** (La Habana, 8 enero 1870-Id., 30 noviembre 1946). Estudió pedagogía, derecho civil y filosofía y letras en la Universidad de La Habana. Maestro público. Emigró a los Estados Unidos en 1896. En Nueva York fue redactor de *Patria* y cofundador de *Cacarajícara*. Al terminar la guerra, volvió a Cuba. Fue Secretario de la legación cubana en México (1902-1904) y trabajó en la Secretaría de Educación. Colaboró en *La República*, *La Habana Elegante*, *El Fígaro*, *La Discusión*, *El Hogar*, *Cuba y América*, *Lo República Ibérica*, *Social*, *El Porvenir* (Nueva York, 1898), *Cuba y Puerto* Rico (Nueva York, 1898). A fines de 1920 se le nombró director de la Biblioteca Nacional, cargo que desempeñó hasta su muerte. Perteneció a la Sociedad Cubana de Teatro, al Ateneo de La Habana, a la Academia de la Historia de Cuba y a la Academia Española de la Lengua. Acumuló una valiosa biblioteca particular, rica en manuscritos y ediciones príncipe, la cual fue adquirida por la Universidad de Las Villas en 1960. Entre sus obras se citan los títulos *Apuntes para la vida del General Antonio Maceo* (Nueva York, 1897), *Crímenes de España en Cuba* (Nueva York, 1898), *La toma de Cárdenas en 1930* (La Habana, 1900), *Las ediciones de Plácido* (La Habana, 1909) y otros. Hizo el prefacio a la edición de 1929 de la *Historia de la isla y catedral de Cuba*, de Morell de Santa Cruz. Utilizó los seudónimos *César de Madrid* —con el que ejerció la crítica literaria de tono humorístico—, *Paul Beth*, *Paul Mabeth*, *El caballero de la blanca Luna*, *Fray Mostén*, *Pedro Sánchez*, *Panfilón*, *Panfilito*, *Marcelo Du-Quesne*, *Clarinete*.

Bibliografía activa

Frutos coloniales por *César de Madrid*, aud, Opúsculos, La Habana, La Propaganda Literaria, 1891, Folletos literarios, 1.

Calixto García Íñiguez, Datos para una biografía, La Habana, La Discusión, 1899.

Carlos A. Villanueva, La Habana, Imprenta El Siglo XX, 1926.

Bibliografía pasiva

Carbonell, José Manuel, «Francisco de Paula Coronado y Álvaro, 1870», en su *La prosa en Cubo*, recopilación dirigida, prologada y anotada, tomo 1, La Habana, Imprenta Montalvo y Cárdenas, 1928, págs. 81-89, Evolución de la cultura cubana, 1608-1927, 12.

Chacón y Calvo, José María, «La de un erudito, Don Francisco de Paula Coronado», en *Diario de la Marina*, La Habana, 114, 289, 4, diciembre 5, 1946.

Santovenia y Echaide, Emeterio Santiago, *Elogio del Doctor Francisco de P. Coronado y Álvaro*, leído en la sesión solemne celebrada el 30 de noviembre de 1948, La Habana, Imprenta El Siglo XX, 1948.

«Francisco de Paula Coronado y Álvaro», en *Feria nacional del libro 7.º La Habana*, 1946, La Habana, 1947, págs. 117-119.

Suvillaga, *Lázaro*, seudónimo de Gilberto González y Contreras, «Francisco de Paula Coronado», en *Mañana*, La Habana, 5, 363, 2, septiembre 24, 1943.

Correo de la Juventud (La Habana, 1899-Id.). Semanario ilustrado de literatura y sport. Órgano de la juventud cubana. Comenzó a publicarse el 27 de mayo. Era su director y administrador Raoul Diez Muro. Sus propósitos eran, según se expresaba en el primer número, «difundir por medio de esta pequeña revista semanal, que pretendemos que sea órgano de la juventud cubana, todas aquellas ideas que tiendan a nuestro progreso y elevación moral e intelectual, levantar el espíritu de los indolentes y robustecer el esfuerzo de los laboriosos, tener siempre dispuestas nuestras columnas para la publicación de todos aquellos hechos o proyectos que marcando con estela luminosa la marcha triunfal de nuestra época nos preparan para un futuro mejor, tal es el propósito de este semanario».

Publicó poesías, cuentos y críticas de teatro. Divulgó los relatos sobre la Guerra de Independencia de Tomás Estrada Palma. Contó con la colaboración de E. Hernández Myarel, Mario García Kohly, Juan de Dios Tejada, E. Cacho Negrete, J. Betancourt, R. Rodríguez Cáceres, R. Zamora, Comandante M. Secades, Licenciado R. Lorenzo y Pérez, María Suárez Coronado, A. Cañas y otros. El último número revisado corresponde al 9 de septiembre de 1899, pero se sabe que salió por lo menos hasta el 14 de octubre de dicho año, fecha que ofrece Carlos Manuel Trelles como la del fin de su publicación, en la tercera parte de su trabajo «Bibliografía de la prensa cubana (de 1764 a 1900) y de los periódicos publicados por cubanos en el extranjero» en *Revista Bibliográfica Cubana* (La Habana, 2, 9, 155, mayo-junio, 1938).

Correo de la Tarde (La Habana, 1857-1858). Periódico político, literario, económico y mercantil. Comenzó a salir el 31 de enero. José María Labraña señala, en la página 659 de su trabajo «La prensa en Cuba» —aparecido en *Cuba en la mano. Enciclopedia popular ilustrada* (La Habana, Imprenta Úcar, García, 1940, págs. 649-786)—, que fueron sus fundadores Pedro Figueredo, Domingo Arozarena y José Quintín Suzarte. En el periódico solo aparece el nombre de Suzarte como director-editor, desde el 20 de febrero hasta el 7 de mayo. Se publicaba diariamente. Entre el 7 de mayo y el 11 de noviembre no se especifica ningún cargo de la publicación. Desde el 11 de noviembre presenta a José Quintín Suzarte como editor-director y a Tristán Medina como director de la sección moral. También aparecen José Fornaris y Juan Clemente Zenea en los folletines. Tuvo como colaboradores fijos, entre otros, a Ramón Vélez, Fernando Valdés Aguirre, Antonio Sellén y Francisco de Paula Gelabert. Ofrecía editoriales que trataban sobre educación, política, ciencias y noticias sobre Cuba y España. Anunciaba las funciones artísticas de la época. Aparecieron en sus páginas, además, artículos sobre literatura, novelas extranjeras y relatos de costumbres. El último número revisado corresponde al 26 de diciembre de 1857. Carlos Manuel Trelles afirma, en la tercera parte de su trabajo «Bibliografía de la prensa cubana (de 1764 a 1900) y de los periódicos publicados por cubanos en el extranjero» —en *Revista Bibliográfica Cubana* (La Habana 2, 9, 155, mayo-junio, 1938)—, que salió hasta el 16 de agosto de 1858.

Bibliografía

«*Correo de la Tarde*», en *Prensa de La Habana*,
  La Habana, 5.ª época, 16, 123, 3, mayo 25,
  1858.

Correo de las Damas (La Habana, 1811). Comenzó a salir en marzo con carácter bisemanal. Fueron sus fundadores y directores Simón Bergaño y Villegas y Joaquín José García. José María Labraña señala, en la página 659 de su trabajo «La prensa en Cuba» —aparecido en *Cuba en la mano. Enciclopedia popular ilustrada* (La Habana, Imprenta Úcar, García, 1940, págs. 649-786)—, que fue el primer periódico dedicado al bello sexo. Esta afirmación aparece en el prospecto que precede a la publicación: «En medio de este entusiasmo —señalan— no falta quien se acuerde del bello sexo, de esas criaturas mitades de hombres, semejantes a el en alma, pero no en la delicadeza de los órganos, y si en Cádiz se publica con destino a ellas un periódico de este mismo nombre, en Londres *El Museo de las Sras.* (*The Lady's Museum*). En los Estados Unidos de América el *Porto-Follio* y otros muchos de las distintas ciudades y otros cultos y libres, como ahora nosotros comenzamos a serlo, tenga La Habana, nuestra querida patria, esto más que hasta la presente no ha tenido» [sic]. A partir del 18 de mayo de 1811 aparece el lema «*Miscuit utile & dulci*». Publicó historias de mujeres sobresalientes y críticas sobre el teatro de la época. Tanto sus poesías como sus relatos y trabajos sobre educación, eran dedicados a la mujer. Colaboraron en sus páginas Feliza Bracal, José Antonio Puig y otros autores que firmaron con los seudónimos *El terulito*, *Ramona Poncita*, *La dama tertuliana*, etc. Con la salida del número 74 (correspondiente al 28 de noviembre de 1811) cesó su publicación.

Correo de Nueva York, El (Nueva York, 1873). Periódico bisemanal dirigido al continente americano. El primer número vio la luz el 3 de octubre. Fue editado en sus inicios por L. Lameda Díaz; posteriormente por J. G. Cadalso y, a partir del 9 de enero de 1875, por José de Armas y Céspedes. Esta publicación se fundó con el ánimo de difundir noticias mercantiles y comerciales para el continente suramericano, pero una vez que Armas y Céspedes se ocupó de la edición, comenzaron a aparecer poemas —en su mayoría del propio Armas—, traducciones del poeta Leopardi realizadas por Luis Alejandro Baralt y cuentos de escritores franceses. También desde esa fecha las noticias sobre la guerra cubano-española cobraron mayor importancia en las páginas del periódico. El último número revisado corresponde al 6 de marzo de 1875.

Correo de Trinidad (Véase **Corbeta Vigilancia**)

Correo Habanero, El (La Habana, 1863-1864). Periódico literario, científico, crítico-burlesco y de modas. Fue su director-editor José Quintín Suzarte. Comenzó a publicarse semanalmente a partir del 1.º de noviembre. Desde el 27 de noviembre de 1863 modifica su subtítulo por «Periódico literario, científico, y crítico y de modas». Presentó tres secciones independientes: «El correo habanero», «Correo de las darnas» y «Las avispas del correo». En ellas aparecieron leyendas, cuentos, novelas, crónicas de salones y de modas y variedades. También se publicaron en sus páginas críticas y sátiras, en prosa o verso, a los vicios, costumbres e injusticias sociales. Entre sus colaboradores figuraron Alfredo Torroella, Ramón Ignacio Arnao, José Fornaris, Francisco y Antonio Sellén, Gustavo A. Suzarte, Rafael María de Mendive y otros. Finalizó el 27 de marzo de 1864. Compilado por Araceli García Carranza se publicó su índice en *Índices de revistas cubanas. Siglo XIX*, La Habana, Biblioteca Nacional José Martí. Departamento Colección Cubana, 1970, págs. 321-349.

Bibliografía

García Carranza, Araceli, «*El Correo Habanero, 1963-1864*», en *Índices de revistas cubanas, Siglo XIX*, compilados, La Habana, Biblioteca Nacional José Martí, Departamento Colección Cubana, 1970, págs. 317-319.

Correo Musical (La Habana, 1917-1918; 1928, Id.). Revista. Comenzó el 1.º de marzo, en forma quincenal, como «órgano del Conservatorio Nacional de Música La Habana». Era su director-propietario Huber de Blanck. Tenía como objetivos fundamentales «estrechar aún más las relaciones profesionales entre los que cultivan nuestro arte, cooperando en lo posible a enaltecer la cultura artística existente, y ofrecer, a la vez a nuestros favorecedores, una lectura fácil e interesante para el hogar». A mediados de 1918 varió su periodicidad a mensual. El último número (34) apareció en octubre de 1918. Diez años después, en noviembre de 1928 (número 35), «resurge a la luz pública, sin compromisos de ninguna clase», según se expresa en el artículo «En nuestro puesto», aparecido en el número mencionado, único revisado de esta nueva etapa. Además se señala en el mismo que la revista «aspira a ofrecer a sus lectores la más completa información sobre todos los conciertos, actos culturales, fiestas, veladas, exámenes, etc., etc., que se efectúen en todo el territorio nacional». Sus subtítulos la caracterizaban ahora como una «Publicación artística universal» y como una «Revista mensual ilustrada». Era editada por la Empresa *Correo Musical*, cuyo gerente era José Citarella, redactor en la etapa anterior de la revista. Entre sus más conocidos colaboradores se contaron Luis Alejandro Baralt, José Antonio Rodríguez García, Agustín Acosta, Renée Méndez Capote, J. Joaquín Nin, Jesús J. López, *Marcial Joroba* (seudónimo de Tomás Jústiz y del Valle.

Cortina, **José Antonio** (Guanajayabo, Guamutas, Matanzas, 19 marzo 1853-La Habana, 14 noviembre 1884). Cursó la enseñanza primaria en Cárdenas y el bachillerato en Matanzas (1867). En España realizó estudios de Derecho Administrativo, Civil y Canónico (1869-1873). Viajó por diversos países europeos y por los Estados Unidos. Perteneció a la Junta Central del Partido Autonomista (1879), en cuyas campanas políticas participó activamente. Se destacó como orador. Fue miembro de la Sociedad Económica de Amigos del País y de la Sociedad Antropológica, presidente de La Caridad del Cerro, del Liceo de La Habana y de la Sección de Literatura del Liceo de Guanabacoa. Fundó en 1877 la *Revista de Cuba*, de la cual fue director hasta su muerte. Dejó un tomo de poemas titulado *Ecos perdidos* (publicado por Luis A. de Arce en su *José Antonio Cortina: época y carácter. 1853-1884*, págs. 191-280). Publicó folletos relacionados con su profesión.

Bibliografía pasiva

Arce, Luis A. de José, *Antonio Cortina, época y carácter, 1953-1884*, La Habana, Editorial selecta, 1953.

Carbonell, José Manuel, «José Antonio Cortina, 1852-1884», en su *La oratoria en Cuba*, recopilación dirigida, prologada y anotada, tomo 2, La Habana, Imprenta Montalvo y Cárdenas, 1928, págs. 153-155, Evolución de la cultura cubana, 1608-1927, 8.

Cárdenas, Justo José de, «José Antonio Cortina», en *Revista de Cuba*, La Habana, 16, 462, 464, 1884.

Cruz, Manuel de la, «José Antonio Cortina», en su *Literatura cubana*, Madrid, Editorial Saturnino Calleja, 1924, págs. 241-245, Obras de

Manuel de la Cruz, 3.

Méndez Capote de Solís, Renée, «José Antonio Cortina», en su *Oratoria cubana*, ensayos, La Habana, Imprenta Editorial Hermes, 1927, págs. 115-117.

Mesa Rodríguez, Manuel Isaías, *José Antonio Cortina y Sotolongo*, La Habana, Imprenta Úcar, García, 1936.

Sanguily, Manuel, «José Antonio Cortina el día de su entierro», en su *Nobles memorias*, La Habana, Tipografía Moderna de Alfredo Dorrbecker, 1925, págs. 75-81.

Obras de Manuel Sanguily, I.

Tejera, Diego Vicente, «José Antonio Cortina, Su muerte», en su *Un poco de prosa*, La Habana, *El Fígaro*, 1895, págs. 13-21.

Cos Causse, **Jesús** (Santiago de Cuba, 15 octubre 1945). De familia humilde, trabajó desde Pequeño mientras cursaba la primaria. A Partir de 1959 se incorporó a diversas tareas laborales y políticas de la Revolución. En 1962 obtuvo una beca que le permitió hacerse bachiller y seguir cursos de agronomía en el Instituto «Rubén Martínez Villena». Ha viajado por la URSS, Vietnam, Corea y R. P. China. Su obra poética ha obtenido menciones en diversos concursos y ha alcanzado premio en el Concurso Nacional de los CDR (1967) y en la Semana de la Poesía en Oriente (1968). Su libro *Con el último violín* ganó el premio de poesía en el Concurso 26 de julio en 1970. Codirector del *Boletín del Poeta* (Santiago de Cuba) «Ha publicado también en El *Caimán*

Barbudo, *OCLAE*, *La Gaceta de Cuba*, *Unión*, *Santiago y Revolución y Cultura*. Es responsable general de la Sección de Literatura de la Columna juvenil de Escritores y Artistas de Oriente y miembro del consejo de redacción de la revista literaria *Columna*. Trabaja en el Departamento de Literatura del Consejo Nacional de Cultura en Oriente.

Bibliografía activa

Con el mismo violín, poesía, Lit La Habana, Dirección Política de la FAR, 1970.

El último trovador, poesía, La Habana, UNEAC, 1975.

Bibliografía pasiva

Castellanos, Ángela, «Las amas de Cos Causse», en *Santiago*, Santiago de Cuba, 9, 183-188, diciembre, 1972.

López Morales, Eduardo, «Libros, con la ventana abierta», en *Juventud Rebelde*, La Habana, 2, febrero 24, 1971.

Querejeta, Alejandro, «*Con el mismo violín de Cos Causse*», en *Sierra Maestra*, Santiago de Cuba, febrero 10, 1971.

Santana, Joaquín G., «La poesía, canción y documentos», sobre *El último trovador*, en *Bohemia*, La Habana, 6, 47, 28, noviembre 11, 1975.

Cossío Woodward, **Miguel** (La Habana, 17 abril 1938). Cursó estudios primarios y secundarios en su ciudad natal. Graduado de comercio en la escuela San Agustín. Fue profesor ayudante de la cátedra de economía de la Universidad de La Habana (1966). Delegado al Congreso Cultural de La Habana (1968). Ha viajado por Venezuela, México y Perú. En 1970 obtuvo el premio de novela Casa de las Américas con *Sacchario*. Es director de educación, ciencia y cultura de la Junta Central de Planificación.

Bibliografía activa

Sacchario, La Habana, Casa de las Américas, 1970; 2.ª edición, La Habana, Instituto Cubano del Libro, 1972.

Bibliografía pasiva

Fornet, Ambrosio, «A propósito de *Sacchario*», en *Casa de las Américas*, La Habana, 11, 64, 183-186, enero-febrero 1971.

Menton, Seymour, «Miguel Cossío Woodward, *Sacchario*», en *Revisa Iberoamericana*, Pennsylvania, 38, 78, 164-166, enero-marzo, 1972.

Costales, **Esther** (La Habana, 8 septiembre 1907). Cursó la enseñanza primaria en el Instituto Gloria Allo. Durante tres años recibió clases particulares de Gabriel García Galán. Dejó inconclusos sus estudios de piano y pintura. Trabajó en el Departamento de Prensa del Ministerio de Agricultura (1938-1945). Fue locutora y tuvo a su cargo diversos programas de radio y televisión, uno de los cuales, «Cortando el aire», fue premiado por la ACRIT como el más destacado programa de comentarios de radio y televisión. En 1945 la Escuela Profesional de Periodismo Manuel Márquez Sterling, le otorgó el Certificado de Aptitud Periodística Profesional. Fue redactora de *Romances*, *Cinema*, *Revista de Agricultura*, *Boletín agrícola para el campesino cubano*, *La Prensa*, *Acción*, *Trabajo*, *Tierra Libre*, *Zig-Zag*. Sus cuentos, poesías y artículos han aparecido en las publicaciones cubanas *Carteles*, *Bohemia*, *El País Gráfico*, *Bazar*, *Cúspide*, *Opiniones Libres*, *El Pueblo*, *Vanidades*, *Atenea*, *Tierra Libre*, *Cervantes*, *Cátedra*, *El País*, *El Mundo*, *Diario de la Marina*, *La Publicidad*, *Islas*, *Tiempo*, *Personalidad y Cultura Mental*, y en las extranjeras *Reconstrucción Social y Heraldo de Sonsonate* (El Salvador), *Atalaya* (Colombia), *Centinela* (Panamá), *Cultura Sexual y Física* (Argentina), Sus cuentos «La cicatriz» y «El silencio» fueron premiados en concursos convocados por las revistas *Atalaya y Alfa*, respectivamente. Ha ofrecido conferencias y lecturas de cuentos y poesías en la II Feria del Libro, el Círculo de Amigos de la Cultura Francesa, la Universidad de La Habana y en otras instituciones. Es autora de *Alimentación a base de productos agrícolas cubanos* (La Habana, Ministerio de Agricultura. Dirección de Agricultura. Oficina de Cultivos de Emergencia, 1943). Prólogo *Plenitud*, de Luis Duque, y *Alborada*, de Sabina Moliner.

Bibliografía activa

Del rosal de María Luz, poemas, La Habana, 193...

Lo eterno, poemas, La Habana, Editorial Argos,

1940.

Bibliografía pasiva

Agudelo, Gilberto, «Esther Costales», en *Atalaya*, Manizales, Colombia, 79, 7-13, abril, 1941.

Arango, Roberto, *Lo eterno*, de Esther Costales, en *¡Alerta!* La Habana, 7, 34, 3, febrero 8, 1941.

Arocena, Berta, «Una voz de mujer, Nacionalismo en la alimentación», en *El Mundo*, La Habana, 40, 13 292, 6, marzo 23, 1943.

Coballa, Rosa América, «Esther Costales de Verdura, poesía y emoción hecha mujer», en *Pueblo*, La Habana, 5, junio 26, 1956.

«*Lo eterno*, por Esther Costales», en *Claridad*, Buenos Aires, 20, 20, 346, 139-140, enero-abril, 1940.

Giró, Enrique A., «Esther Costales», en *Hechos*, La Habana, 2, 17, 34-36, octubre, 1953.

Ituarte, Manuel, «Una entrevista con Esther Costales», en *Razón en el Mundo*, La Habana, 4, 40, 5-7, febrero, 1957.

López, Pedro Alejandro, «Atisbos, *Lo eterno*», en El *Mundo*, La Habana, 39, 12 626, 4, enero 31, 1941.

Musal, Manuel, «En torno a *Lo eterno*» en *Pueblo*, La Habana, 5, 1 168, 5, marzo 11, 1941.

Otero, Ernestina, «Esther Costales», en *Mañana*, La Habana, 2.º época, 247, 2, octubre 20, 1948.

Costales y Govantes, Manuel (La Habana, 24 octubre 1815-Id. 22 marzo 1866).

Realizó estudios en los Padres Escolapios y en el Seminario de San Carlos. Se graduó de Bachiller en Leyes (1833) y de Abogado (1839). Enseñó filosofía, física y derecho patrio. Llegó a ser profesor del Seminario de San Carlos. Miembro de la Sociedad Patriótica (1840), de la cual fue nombrado socio de mérito en 1849. En 1860 fue elegido director de la Sociedad Económica de Amigos del País. Cofundador de *La Siempreviva* (1838). Coeditor durante algunos años del *Aguinaldo Habanero* y del *Álbum Religioso para los Niños*. Codirigió *Siglo XIX* y *Flores del Siglo*. Fue redactor de *El Faro Industrial* y de *La Administración*. También colaboró en *Diario de La Habana*, *El Artista*, *Cuba literaria y Los cubanos pintados por sí mismos* (la La Habana, Imprenta de Barcina, 1852). Su *Memoria sobre construcción y traslación de los rastros*, presentada al Ayuntamiento de La Habana, fue premiada con medalla de oro. Su *Libro de lectura para los niños* (ocho ediciones entre 1846 y 1867) fue recomendado por la Sección de Educación de la Sociedad Económica. Su obra *Educación de la mujer* alcanzó siete ediciones (1852-1884.

Bibliografía activa

Biografía del señor don José Agustín Govantes, La Habana, Imprenta de V. Torres, 1846.

Literatura, ¿Es opuesta a la gloria del escritor la retribución del trabajo literario? La Habana, Imprenta de Torres, 1847.

Elogio del Doctor Tomás Romay, médico honorario de la Real Cámara, socio de honor y de mérito de la Sociedad Económica de Amigos del País, leído en la junta General y pública del 15 de diciembre de 1849, La Habana, Imprenta del Gobierno, 1850.

Nota biográfica del Licenciado don Juan Francisco Funes, La Habana, 1950.

Florentina, Escenas sociales, La Habana, Imprenta del Tiempo, 1856; 2.ª edición, Matanzas, Imprenta El Yumurí, 1856.

Causa criminal contra el negro criollo, esclavo, Diego Nagle por homicidio al mayoral don Julián Martínez, La Habana, Imprenta del Tiempo, 1859.

Causa criminal contra el pardo libre José Gregorio González por tres homicidios consumados, dos frustrados, incendio y resistencia a la autoridad, La Habana, Imprenta de Próspero Massana, 1859.

Bibliografía pasiva

Eléctico, El, seudónimo de José Zacarías González del Valle, «Comunicado, Filosofía», I y II, en *Diario de La Habana*, La Habana, 233 y 236, 2 y 2, agosto 11 y 24, 1838.

Piñeyro, Enrique, «*Aguinaldo Habanero*, por Manuel Costales» y «Manuel Costales», en *Revista del Pueblo*, La Habana, 2.ª época, 81-82 y 90, marzo 15 y 30, 1866.

Costumbrismo. El término costumbrismo designa aquella forma de la literatura realista, característica de la burguesía en ascenso, que se preocupa por retratar y describir los *tipos* representativos de esa misma clase y sociedad. En todas lo etapas y géneros de la literatura se han dado eventuales descripciones de costumbres, de modos de existencia colectiva y de personajes representativos de las diversas clases sociales. Entre nosotros el *Espejo de paciencia* (1608) es un excelente resumen de costumbres criollas. Pero el *costumbrismo*, como género, como forma peculiar de expresión literaria con caracteres propios, no aparecerá sino con el auge de la burguesía. Así ocurrió en la Europa realista de Balzac y de Charles Dickens, con la proliferación de colecciones de artículos titulados *Los franceses pintados por sí mismos, Los españoles pintados por sí mismos*, etc. Lo que ocurre es que, en el proceso de la literatura romántica, el movimiento realista, que le es coetáneo, significa la vista puesta en los tipos característicos de la sociedad burguesa. Esto se hace con un doble objeto: por una parte, es la satisfacción de pintarse a sí mismos los miembros de esta sociedad y de la clase hegemónica, la burguesía, y por otra, el propósito de corregir ciertos errores sociales, determinadas costumbres, en beneficio de la propia clase burguesa. Cuando en Cuba alcanza madurez la clase burguesa de terratenientes cubanos, a fines del siglo XVIII, adquiere también conciencia de sus tipos y de sus costumbres sociales y comienzan sus escritores a descubrirlos y describirlas en los primeros periódicos del país. En el *Papel Periódico*, la figura más importante de costumbristas será Manuel de Zequeira y Arango, que hizo, en prosa y verso, felices pinturas de tipos y costumbres en artículos firmados con su nombre o con transparentes anagramas como *Armenau Queizel*, *Ezequiel Armuna*, *Izmael Raquenue*, *Enrique Agulema*, etc.

Una de las primeras colecciones de artículos de costumbres que poseemos es la publicada en 1840, con el nombre de *Escenas cotidianas*, de Gaspar Betancourt Cisneros, *El Lugareño*. Después del libro de Gaspar Betancourt Cisneros, tenemos la colección de artículos satíricos y de costumbres, del año 1847, publicada por José María de Cárdenas y Rodríguez, que se firmaba con el seudónimo de *Jeremías de Docaranza*. Estos artículos ya están mucho más influidos por Balzac.

Pero los costumbristas van poniendo poco a poco el dedo en la llaga sobre ciertas cuestiones fundamentales, sobre todo cuando ponen su vista en la raíz de la economía cubana: la caña de azúcar, los ingenios y los esclavos. Anselmo Suárez y Romero, no solo en su novela *Francisco*, sino en sus artículos de costumbres, hace una aguda descripción de la vida en el campo y especialmente en los ingenios. Algunos escritores hacen estas descripciones con pretensiones científicas, como es el caso de don Antonio Bachiller y Morales. Bachiller es un erudito que ha estudiado a Cuba primitiva, ha estudiado también la presencia del negro en Cuba y no deja de tener siempre una actitud científica, erudita, en sus artículos de costumbres. No es propiamente un costumbrista como *Jeremías de Docaranza*, como *El Lugareño*, como Suárez y Romero, como Francisco de

Paula Gelabert, como Juan Francisco Valerio, que son gentes que gozan con la pintura de las costumbres y de los tipos locales. Aparece ya el erudito, el científico, el hombre que trata de encontrar, detrás de la apariencia, la esencia de las cosas. Hay un grupo de hombres de este tipo que colaboraron en periódicos con algunas cosas de tipo costumbrista, pero que, en realidad, son más bien científicos preocupados por lo que hay detrás del tipo pintoresco. Uno de ellos es nada menos que Felipe Poey, la figura mas alta de la ciencia cubana en la segunda mitad del siglo XIX.

Los autores propiamente costumbristas son José Victoriano Betancourt, Anselmo Suárez y Romero, Francisco de Paula Gelabert, Juan Francisco Valerio, Luis Victoriano Betancourt, etc. Julián del Casal, en pleno Modernismo, escribió una serie de artículos que no son Propiamente artículos de costumbres, ya que constituyen una sátira social más aguda y directa, personal inclusive, antes que una pintura genérica, de tipos.

Sobre todos los costumbristas publicó Emilio Roig de Leuchsenring una serie de estudios, recogidos en cuatro tomitos de la Colección Histórica Cubana y Americana (1962), que son excelentes para conocer todo el proceso del costumbrismo en Cuba. Roig fue siempre un devoto del costumbrismo, y él mismo contribuyó a la literatura de costumbres. Su primer libro es una colección de artículos de costumbres publicado en San José de Costa Rica, con prólogo de José María Chacón y Calvo, titulado

El Caballero que ha perdido su señora (1923). Roig usó diversos seudónimos: *El Curioso Parlanchín, Uno que lo sabe, Enrique Alejandro de Hermann* y varios otros en las revistas *Carteles* y *Social*, en la que publicó sus artículos de costumbres. En los cuatro volúmenes ya mencionados, publicados por la Oficina del Historiador de la Ciudad de La Habana, se encuentra la nómina completa del costumbrismo, incluyendo los libros, los periódicos, las antologías y los principales costumbristas de Cuba.

El primer álbum de costumbristas, titulado *Los cubanos pintados por sí mismos. Colección de tipos cubanos*, La Habana, Imprenta y Papelería de Barcina, 1852), es una colección de artículos de diversos autores (Zequeira, Cárdenas y Rodríguez, José V. Betancourt, etc.), recogidos y prologados por un editor español. Pero lo interesante es que este español —Blas San Millán—, realizó su colección de artículos partiendo del concepto correcto de la estrecha relación entre el costumbrismo y la conciencia de la nacionalidad.

«Las naciones —dice San Millán en la Introducción de su libro— son como los individuos; el menor sarcasmo extranjero hiere agudamente *nuestra nacionalidad*, y no perdonamos a los que no nacieron en nuestro suelo, que con verdad o sin ella nos zahieran, ni aun siquiera que nos aconsejen.» Y añade más adelante: «Los cubanos han querido también pintarse a sí mismos y sin duda por los mismos motivos que han impulsado a franceses y españoles y que hemos tocado más arriba, tanto en bien como en mal, manifestar lo que valen: su intento no es formar caricaturas, sino retratos de tipos dados y exactos, no individualidades, sino fenómenos generales de la población y de sus costumbres en cada clase; esto les hará tropezar algunas veces con las ridiculeces; ¿y en dónde no abundan? Pero delineados los usos, los rasgos característicos, las profesiones, todas las maneras de vivir a que nos sujetan las condiciones precisas de cuanto nos rodea, con mano ligera, y con esa candidez franca a quien no ruboriza ni el elogio ni el vituperio propios cuando son verdaderos, se tendrá un cuadro agradable, un espejo sincero en que nos miremos y por el que podremos rehacer algún rizo que se desbarate el peinado, o estirar alguna arruga de la corbata».

Naturalmente que Blas San Millán no era un separatista cubano ni mucho menos, pero se daba cuenta de que los cubanos querían, como los franceses, como los españoles, etc., pintarse a sí mismos para mostrar su diferencia del resto de la humanidad, y acepta que esto sea así, y da una explicación correcta del costumbrismo y de su significación nacionalista. Este álbum primero está ilustrado con grabados de José Robles sobre dibujos de Víctor Patricio de Landaluze.

El segundo álbum, titulado *Tipos y costumbres de la Isla de Cuba*, editado en La Habana por Miguel de Villa, en 1881, ilustrado también por Landaluze, tiene un prólogo de don Antonio Bachiller y Morales en el cual subraya con gran justeza la significación del costumbrismo, y cómo va evolucionando desde los días del *Papel Periódico* hasta los momentos en que se edita este álbum. Bachiller señala la influencia del costumbrismo español y muestra cómo los costumbristas cubanos imitaron más a Mesonero Romanos que a Larra. La razón es obvia: Larra es un escritor esencialmente político y comprometido; Mesonero Romanos, por el contrario, es un amable contador de cuentos de la clase media española, muy simpático, exquisito escritor, pero no plantea problemas, no es un crítico mordaz de la situación existente, como lo fuera Larra. De aquí que los escritores cubanos, que eran los exponentes de la manera de ver la realidad de la clase dominante burguesa, prefieran imitar al amable Mesonero Romanos y no al atrevido *Fígaro*. Sin embargo, a veces la sombra de Larra pasa por más de un escritor de estos años, en los que también está presente la actitud del erudito, del historiador, del investigador, como en Enrique Fernández Carrillo y en el propio Bachiller y Morales.

Es muy comprensible que este gran álbum, que fue el «canto del cisne» del costumbrismo, fuera, al mismo tiempo, un primer intento de acercarse a lo pintoresco, a lo típico, con un sentido científico, con sentido de folclore. Se pudiera decir que en este álbum están las bases de los estudios folclóricos posteriores en Cuba. Porque aquí —lo que no ocurría en el álbum del 1852— ya se pretende dar razones científicas de cosas que antes pasaban inadvertidas. Es el momento positivista, científico, sociológico, folclorista de nuestra evolución cultural. Es al mismo tiempo, un momento en el cual se va a ir integrando cada vez más la conciencia de una pequeña burguesía de profesionales y, sobre todo, una clase nueva de artesanos, de trabajadores, una clase proletaria que comienza lentamente a tener conciencia de sí, que comienza a ser una *clase en sí* y se apresta a reclamar, la hegemonía en el movimiento histórico.

Sin embargo, esta hegemonía no va a lograrse entonces. Tendrá que transcurrir mucho tiempo para que esta *clase en sí* se convierta en una *clase para sí* y pueda culminar en una revolución triunfante. Pero es indudable que todos estos hombres que integraron el movimiento costumbrista, que lo hicieron desde el ángulo literario, y también desde el punto de vista plástico, son factores importantísimos en la formación de la conciencia cubana.

El *costumbrismo* durante el período republicano —de Emilio Roig de Leuchsenring a Eladio Secades— es apenas un eco del gran movimiento que se iniciara en el siglo XVIII y culminara en el XIX. Expresa ahora la decadencia de la clase que lo engendrara, la burguesía, y va perdiendo, por ello, profundidad y amplitud, hasta su total extinción en los momentos presentes.

Bibliografía

Bueno, Salvador, *Policromía y sabor de costumbristas cubanos*, Santiago de Cuba, Universidad de Oriente, Departamento de Extensión y Relaciones Culturales, 1953.

Portuondo, José Antonio, «Landaluze y el costumbrismo en Cuba», en *Revista de la Biblioteca Nacional José Martí*, La Habana, 3.ª época, 63, 14, 1, 51-83, enero-abril, 1972.

Roig de Leuchsenring, Emilio, *La literatura costumbrista cubana de los siglos XVIII y XIX*, La Habana, Oficina del Historiador de la Ciudad de La Habana, 1962, 4 V., Colección histórica cubana y americana, 23-26.

Covarrubias, Francisco (La Habana, 5 octubre 1775-Id., 22 junio 1850). Recibió una esmerada educación primaria. Estudió latín, filosofía, cirugía y anatomía. Trabajó como médico cirujano en un ingenio. Desde muy joven comenzó a actuar en comedias caseras, hasta que abandonó la medicina por la escena (1800). Actuó en los principales teatros de La Habana, Matanzas, Cienfuegos y Trinidad. Se le consideró el actor más popular de su época. Como autor, a partir de 1810 comenzó a escribir una o dos obras por año ninguno de cuyos textos ha llegado hasta nosotros. Se le considera el creador del llamado género chico cubano, al adaptar a nuestro ambiente los pasos, sainetes y entremeses españoles. En sus obras solía intercalar canciones (generalmente décimas) que alcanzaban gran popularidad. Entre los títulos de sus obras se mencionan *El peón de tierra adentro*, *La valla de gallos*, *Las tertulias de La Habana* (1814), *La feria de Carraguao* (1815), *Este sí que es chasco* (1816), *Los velorios de La Habana* (1818), *El tío Bartolo y la tía Catana* (1820), *El montero en el teatro* (1829), *El gracioso sofocado, ¿Quién reirá último?; o Cual más enredador, Los dos graciosos, No hay amor si no hay dinero, El forro del* catre. Se retiró del teatro en 1847.

Bibliografía pasiva

Larrondo y Maza, Enrique, *Francisco Covarrubias, fundador del teatro cubano*, La Habana, Cultural, 1928.

Millán, José Agustín, *Biografía de Don Francisco Covarrubias*, primer actor de *carácter jocoso de los teatros de La Habana*, La Habana, Imprenta del Faro, 1851.

Teurbe Tolón, Edwin y Jorge Antonio González «Francisco Covarrubias, creador del género vernáculo cubano», en su *Historia del teatro en La Habana*, La Habana, Universidad Central de Las Villas, Departamento de Publicaciones, 1961, págs. 74-85.

Crespo Francisco, Julio (Zaza del Medio, Las Villas, 18 diciembre 1935). Comenzó el bachillerato (1950) en el Instituto de Sancti Spíritus, en su provincia natal, pero tuvo que interrumpirlo para desempeñar distintos trabajos. De 1964 a 1966 estudió en la Facultad Obrera Campesina de la misma ciudad. Obtuvo el premio de cuento en el concurso «13 de marzo» (1972) con *Personajes de tu andar: historia* y los de poesía en el David 1972 con *A párrafo francés* y en el concurso de literatura infantil «La Edad de Oro» (1973) con *Haré un puente largo*. En el concurso 26 de julio de 1973 obtuvo mención por su libro de cuentos *Coordenadas*. Ha colaborado en *Santiago*, *Boletín Literario Provincial* (CNC, Las Villas), *El Caimán Barbudo*, *La Gaceta de Cuba*. Pertenece al Consejo de Redacción de *Línea* (Sancti Spíritus). Es presidente de la Brigada «Hermanos Saíz» de Las Villas. Desde 1962 trabaja en la biblioteca «Rubén Martínez Villena» de Sancti Spíritus. A partir de 1971 desempeña el cargo de Director Regional de Literatura del Consejo Nacional de Cultura.

Bibliografía activa

A párrafo francés, La Habana, UNEAC, 1973.

Personal es de su andar, historia, relatos, La Habana, Comisión de Extensión Universitaria de La Habana, Departamento de Publicaciones, 1973.

Haré un puente largo..., Poesía infantil, La Habana, Editorial Gente Nueva, 1974.

Bibliografía pasiva

Branly, Roberto, «Un autor habla de sus personajes o más bien de la historia», entrevista, en *Juventud Rebelde*, La Habana, 2, julio 17, 1972.

«De cuentista a Poeta», en *Juventud Rebelde*, La Habana, 3, octubre 3, 1972.

González, Eliseo, «*Personajes de tu andar, historia*» en *El Caimán Barbudo*, La Habana, 24 época, 73, 30-31, diciembre, 1973.

«Premio David de poesía» en *El Caimán Barbudo*, La Habana, 24 época, 61, 26, octubre, 1972.

Crespo y Borbón, **Bartolomé José** (El Ferrol, Galicia, 1811-La Habana, 1871). Hizo sus primeros estudios en el colegio gimnástico-militar de su ciudad natal. Vino a La Habana en 1821 recomendado al comandante general de la Marina, Ángel Laborde, quien facilitó su ingreso en el Colegio de Carraguao, donde fue discípulo, entre otros profesores, de Luz y Caballero. Se graduó de bachiller en el Seminario de San Carlos y pasó a la Real y Pontificia Universidad donde estudió economía política y algunos años de Medicina. Muy joven aún (1826) comenzó a colaborar en publicaciones periódicas. Colaboró en *El Nuevo Regañón de La Habana*, *El Plantel*, *Noticioso y Lucero*, *La Mariposa*, *La Gaceta*, *La Prensa*, *El Faro Industrial*, *Diario de la Marina*. Estuvo al frente de una academia mercantil y se dedicó, además, a dar clases privadas. Inventó una máquina para fabricar abanicos. Sus piezas teatrales, donde se recoge el habla típica del pueblo, son un antecedente de nuestro teatro popular. Utilizó el bozal, lenguaje de los negros africanos. Calcagno cita como suya la pieza *La muerte de Duelos*, de la que no se conoce la edición. Es autor además de Cartas a Simón Mancaperros, bajo el título *El Moro Ben Nanmi*. Su obra *A que me paso por ojos; o, Apuros de Covarrubias* fue puesta en escena por el propio Covarrubias en 1840. Su obra *Los pelones* fue representada con el título la *Mecontent; o, Los pelados arrepen-*

tidos. Firmó con los seudónimos *Lindoro, El Caricate habanero, La sirena cubana, Waltero, Luis de Borbón.* Sus más conocidos seudónimos son *El anfibio* y *Creto Gangá.*

Bibliografía activa

El chasco; o, Vale por mil gallegos el que llega a despuntar, comedia en un acto, La Habana, Imprenta José María Palmer, 1838.

Los pelones, Sainete, La Habana, Imprenta de Oliva, 1839.

El látigo del anfibio, Colección de sus poesías satíricas, Dedicadas a los extravagantes, La Habana, Imprenta del Comercio, 1839-1840, 8 cuadernos.

Laberintos y trifucas de canavá, Veraero hiloria en veso de lo que pasó a yo Creto Gangá y nengrita mio Francisca lucumí en la mácara, cuentá por yo memo, parte primero, Segundo erisión, La Habana, Oliva, 1846.

Un ajiaco; o, La boda de Pancha Jutía y *Canuto Raspadura,* juguete cómico, La Habana, Oliva, 1847.

Carta de Creto Gangá a su mujer Frasica Lucumi (q. e. p. d.) sobre el médico chino, La Habana, Imprenta de Oliva, 1847.

Las habaneras pintadas por sí mismas en miniatura, La Habana, Imprenta de Oliva, 1847.

Fiestas con motivo de la llegada del Excmo. señor don José de la Concha, La Habana, 1854.

Gagandisma y sobreinsaliente baile de gente de colore en la Grurieta de Marinabo, la noche de vinticuatro de angoto diete mismo saño de la Siñó y de la rinvueltura de la mundo, Din-

crinsión jecha por la negro bosale, Cuñusio po Creto Gangá, La Habana, Imprenta «El Iris», 1863.

Debajo del tamarindo, juguete cómico-lírico en dos cuadros, La Habana, Imprenta «La Honradez», 1864.

Bibliografía pasiva

Andueza, José María de, «El *chasco; o, Vale por mil gallegos el que llega a despuntar,* comedia en un acto, original, de don Bartolomé José Crespo», en su *Isla de Cuba pintoresca, histórica, política, literaria, mercantil e industrial, Recuerdos, apuntes, impresiones de dos épocas,* Madrid, Boix, 1841, págs. 86-90.

Cruz, Mary, *Creto Gangá,* prólogo de José Antonio Portuondo, La Habana, Instituto Cubano del Libro, 1974.

Huerta, J. G. de la, «*Las habaneras pintadas por sí mismos, Su* autor don Bartolomé José Crespo» en *La Prensa,* La Habana, 5, 2.ª época, 220, 3, octubre 7, 1847.

Roig de Leuchsenring, Emilio, «Bartolomé José Crespo», en su *La literatura costumbrista cubana de los siglos XVIII y XIX, Los escritores,* La Habana, Oficina del Historiador de la Ciudad, 1962, págs. 111-118, Colección histórica cubana y americana, 26.

X, seudónimo, «Crítica literaria, *Las habaneras pintadas por sí mismas en miniatura, Su* autor don Bartolomé José Crespo», en *Faro Industrial de La Habana,* La Habana, 7, 210, 1-21, agosto 29, 1847.

Criollismo. Término con que se conoce en nuestra literatura el tratamiento de temas y motivos vernáculos relacionados con el campesinado. Se manifiesta primordialmente en la lírica y en la narrativa, aunque, atendiendo al aspecto cronológico, no existe coincidencia en la plenitud de sus respectivos desarrollos (mediados del siglo XIX en la lírica; tercera y cuarta décadas del siglo XX en la narrativa). Las primeras manifestaciones criollistas entre nosotros se producen paralelamente al surgimiento del romanticismo; pero debido a las circunstancias históricas por las que atravesaba el país, la tendencia, rebasando los marcos meramente literarios, deviene en una indagación e interpretación de nuestra incipiente nacionalidad, en un planteamiento de «cubanía» por parte de nuestros artistas, los cuales se unen, con ello, al común empeño que distintas figuras se planteaban en otros órdenes de la vida nacional. Literariamente, este paulatino asentamiento de nuestra personalidad se había manifestado ya en la elección de la espinela por parte del campesino como forma propia de expresión en detrimento del romance, típica forma popular española. Por ello, ya desde los primeros empeños criollistas, debidos a Francisco Poveda Armenteros (1-796-1881) y Domingo del Monte (1804-1853), se hace evidente que la forma llamada a imponerse como cauce idóneo para la expresión del tema resultaría la decimista, representada por Poveda, mientras apenas encontraron eco popular los romances cubanos cultivados por Domingo del Monte, aunque es oportuno señalar que no faltan ejemplos de romances en la producción de tipo criollista de nuestros principales poetas cultos de la época, algunos de los cuales —como acontece con Ramón Vélez Herrera— vertieron en este molde sus mejores composiciones («La pelea de gallos», «La flor de la pitahalla».

En nuestro medio, el criollismo se encuentra íntimamente ligado a otro movimiento —el siboneyismo—, al que se adscriben prácticamente los mismos poetas que se acercaron al criollismo. Dentro de esta última tendencia fueron sus principales cultivadores —aparte de los ya citados Francisco Poveda Armenteros y Domingo del Monte— Ramón de Palma («La carrera de patos» «La dama cubana»), que en sus *Cantares de Cuba* (1854) realizó uno de los primeros estudios sobre nuestra poesía popular; Ramón Vélez Herrera, quien a las composiciones antes citadas une su leyenda poética «Elvira de Oquendo; o, Los amores de una guajira». Miguel Teurbe Tolón, con sus *Leyendas cubanas* (1856), y los dos principales escritores del movimiento siboneyista, José Fornaris y Joaquín Lorenzo Luaces, coeditores de *La Piragua*, revista que fue portavoz del movimiento. Luaces, en una zona de su poesía, es autor de varias glosas campesinas, así como de una serie de romances («La guajira coqueta», «El tuerto de Guanajay», etc.) y de algunas tradiciones cubanas, entre las que se destaca «La cruz de la serventía», no incluida en las distintas ediciones que de sus poesías completas se han realizado; también en sus «Anacreónticas cubanas» encontramos elementos criollistas, los cuales introduce el autor en su romántico empeño por cubanizar el género. Fornaris, más conocido como, cabeza del movimiento siboneyista (*Cantos del siboney*, 1855), incursionó con mejor fortuna en el criollismo, donde logró algunos romances aceptables como «Las palmas» y «La madrugada en Cuba». Pero sería *El Cucalambé* (seudónimo de Juan Cristóbal Nápoles Fajardo), una de las más enigmáticas personalidades de nuestra literatura, la figura que mejor expresaría la tendencia y el único que alcanzó en ella una genuina identificación con los hombres de nuestro campo, que le ha valido mantener una popularidad indeclinable entre ellos a través de más de un siglo (es sabido que numerosas décimas de *El Cucalambé* son cantadas por nuestros «guajiros», quienes las consideran anónimas, frutos de la entraña popular). El libro de Nápoles Fajardo, *Rumores del Hórmigo* (1856), conoció ya en el siglo XIX varias ediciones y ha permanecido como la obra más representativa de esta tendencia en nuestra lírica.

Aparte de Luaces, algunos de nuestros poetas románticos mayores nos han legado composiciones de tipo criollista. José Jacinto Milanés cultivó el romance antiesclavista en «El negro alzado» y es autor de varias glosas («El sinsonte y el tocoloro», «Adiós al tiple», «La muchacha bailadora», etc.), de tono ligero, a veces humorístico. *Plácido* (seudónimo de Gabriel de la Concepción Valdés), con sus poemas «Al Yumurí» y «Al Pan», antecede a Fornaris en el tratamiento de temas indigenistas y denota cierta influencia del criollismo en sus letrillas, aunque éstas no pertenecen propiamente a esta tendencia.

En la prosa, el criollismo no tuvo en el siglo XIX igual fuerza significativa que en nuestra lírica, y aunque elementos criollistas puedan encontrarse fundamentalmente en la producción de nuestros costumbristas, esta última tendencia (véase **Costumbrismo**) posee características muy definidas que la hacen ajena de modo substancial al movimiento criollista. En cambio, el segundo momento de esplendor de la tendencia criollista en nuestra literatura se expresa básicamente en prosa a través de un grupo de narradores encabezados por Luis Felipe Rodríguez, su figura más representativa. Un antecedente de la cuentística de tema campesino cultivada por este autor se encuentra en la producción de Jesús Castellanos reunida en el volumen *De tierra adentro* (1906), pero ambos autores difieren raigalmente en el tratamiento de la realidad reflejada en sus obras. Mientras en Castellanos el acercamiento al campesino resulta externo y éste es siempre observado con cierta indulgencia por parte del intelectual que se digna descender a él y hacerlo personaje de su obra, Luis Felipe Rodríguez va mucho más allá y, al identificarse plenamente con el destino de nuestros hombres de campo, bucea en las raíces de sus males hasta poner al desnudo la causa de sus penas en libros tan fundamentales para nuestra cuentística como *La pascua de la tierra natal* (1928) y *Marcos Antilla* (1932), o en su novela *La conjura de La Ciénaga* (1924), reelaborada y publicada más tarde con el título de *Ciénaga* (1937). Con su obra, Luis Felipe Rodríguez incorporó nuestra narrativa al movimiento criollista que se desarrollaba paralelamente en la América Latina y que produjo obras de la significación de *La vorágine, Los de abajo o Doña Bárbara*, por citar tan solo los tres grandes clásicos del momento criollista en la novela latinoamericana del siglo XX. A su vez, Luis Felipe Rodríguez abre una senda en nuestra cuentística que sería la más transitada entre nosotros durante la tercera y cuarta décadas del presente siglo. Cultivadores de talla dentro de la tendencia fueron, entre otros, Dora Alonso, Carlos Fernández Cabrera, Raúl González de Cascorro, Carlos Enríquez —autor de una de las novelas más representativas del movimiento, la plástica *Tilín García* (1939)—, Samuel Feijóo (*Juan Quinquín en Pueblo Mocho*, 1964). Sin embargo, el apego a un naturalismo estrecho y la reiteración de técnicas anquilosadas, como sucede en *Tierra inerme* (1961), de Dora Alonso, fueron minando la tendencia, que tuvo en Onelio Jorge Cardoso —en determinada etapa de su obra— un último gran cultivador, que pudo, gracias a su gran fuerza creadora, rebasar los estrechos cauces por los que ésta discurría.

Ya dentro de la narrativa posrevolucionaria, solo esporádicamente encontramos algunos ejemplos que sigan los patrones del tipo de narración criollista acuñado por Luis Felipe Rodríguez, al cual se ciñen, *grosso modo*, las ya citadas obras de Dora Alonso y Samuel Feijóo. El tratamiento de la temática campesina por autores más jóvenes, que no ha dejado de ser cultivada en la actual narrativa, discurre, sin embargo, por vías renovadoras, distintas a las que imperaron en el momento de esplendor de la tendencia que hemos dejado bosquejada.

Cristóbal Pérez, **Armando** (La Habana, 14 febrero 1938). Cursó la primera enseñanza en La Habana. Se recibió de Bachiller en Ciencias en el Instituto de Mariano (La Habana) en 1957. En la Universidad de La Habana cursó dos años de licenciatura en Diplomacia (1961-1962). Matriculó después la licenciatura en Ciencias Políticas, de la que se graduó en 1972. Obtuvo en 1971 premio en el Concurso Abdala, del MININT, por su ensayo biográfico *Guiteras: vida, acción y pensamiento;* en 1972, premio en el Concurso Primero de enero por su novela *Explosión en Tallapiedra*, mención en el Concurso UNEAC por la novela *Amanecer en silencio* y mención en el Concurso 26 de julio por su libro de cuentos *Contrapuntos*. En 1973 fue premiada su novela *La ronda de los rubíes* en el Concurso Primero de enero. En 1975 ganó mención en el mismo concurso por su libro *Ocho momentos del crimen*, algunos de cuyos cuentos aparecieron con otros de Ernesto Morales Alpízar en *Siete variaciones policiales*. Prólogo de Félix Pita Rodríguez (La Habana, Instituto Cubano del Libro. Editorial de Arte y Literatura, 1975). Ha publicado cuentos y artículos ensayísticos en *Bohemia*, *El Caimán Barbudo*, *Cuba Internacional*, *Lunes de Revolución*. Adaptaciones de su novela *La ronda de los rubíes* y de algunos de sus cuentos han sido transmitidas por la radio. Participó en el Primer Encuentro Nacional de Talleres Literarios (Varadero, 1974). Ha viajado a la Unión Soviética y la República Democrática Alemana. Es capitán del Ministerio del Interior.

Bibliografía activa

La ronda de los rubíes, prólogo de Francisco Garzón Céspedes, La Habana, Instituto Cubano del Libro, Editorial Arte y Literatura, 1973.

Bibliografía pasiva

Barbán, José H, «*No es tiempo de ceremonias*», en *El Caimán Barbudo*, La Habana, 2.ª época, *86*, 20-21, enero, 1975.

Fernández, Olga, «Nueva literatura policial», en *Cuba Internacional*, La Habana, 5, 45, 42, mayo, 1973.

«Ganadores del Concurso XIV Aniversario del Triunfo de la Revolución», en *Juventud Rebelde*, La Habana, 4, marzo 13, 19174.

Garzón Céspedes, Francisco, «Enfrentamiento con un enigma», en *El Caimán Barbudo*, La Habana, 2.ª época, 86, 20-21, enero, 1975.

«El género policiaco, un arma ideológica», en *Moncada*, La Habana, 8, 12, 40-42, abril, 1974.

Marqués, Bernardo, «Muchos personajes», en *Bohemia*, La Habana, 66, 12, 18, *marzo* 22, 1974.

Morera, José Luis, «Entrevista a Armando Cristóbal Pérez, Los nuevos momentos del crimen», en *Despegue*, La Habana, 5, 87, 8, *septiembre* 1, 1975.

Pita Rodríguez, Félix, «*La ronda de los rubíes*», en *El Caimán Barbudo*, La Habana, 2.ª época, 76, 29, *marzo*, 1974.

«*La ronda de los rubíes*» en *La Gaceta de Cuba*, La Habana, 120, 25, febrero, 1974.

Soledad, «Después de las 8 en *Liberación*», en *Juventud Rebelde*, La Habana, 4 *junio* 1, 1975.

Crítica (La Habana, 1929-1930; 1934 Id.). Semanario de política, humorismo y variedades. Según parece, comenzó a publicarse el 15 de diciembre, si tenemos en consideración que el número 2 corresponde al 22 de dicho mes. Tenía como lema «La verdad, toda la verdad, solamente la verdad». Fue dirigido por Aldo Baroni. Fungió como jefe de redacción Jesús J. López. En el ejemplar correspondiente al 5 de enero de 1930 (último de esta etapa que se ha encontrado) aparece la relación de redactores, entre los que se destacan Nicolás Guillén, José Luciano Franco, Enrique Serpa, Emilio Roig de Leuchsenring, Gustavo Robreño y Mario Kuchilán. Todo indica que la situación política imperante en la época impidió continuar su publicación. En abril de 1934 reaparece, en su segunda etapa, siempre bajo la dirección de Aldo Baroni. Cambia su antiguo lema por «Dice todo lo que los demás callan». Generalmente los trabajos no aparecían firmados por sus autores, a excepción de las colaboraciones ocasionales de Nicolás Guillén, Lino Dou y Fernando Ortiz, y las constantes de Emilio Roig de Leuchsenring. *Crítica* fue una publicación eminentemente política, pero se destaca por la reconocida calidad de sus redactores y colaboradores. El último número revisado corresponde al 17 de junio de 1934.

Criticón de La Habana, El (La Habana, 1804). Max Henríquez Ureña afirma, en el tomo 1 de su *Panorama histórico de la literatura cubana* (La Habana, Editorial Revolucionaria, 1967, pág. 77), que este periódico empezó a publicarse el 7 de octubre de 1804, y subsistió breve tiempo, pues solo llegaron a salir nueve números. En la tercera parte de su trabajo «Bibliografía de la prensa cubana (de 1764 a 1900) y de los periódicos publicados por cubanos en el extranjero» —en *Revista Bibliográfica Cubana* (La Habana, 2, 9, 161, mayo-junio, 1938)—, Carlos Manuel Trelles consigna, sin embargo, que su salida se inició el 16 de octubre de 1804 y que el día 7 de ese mismo mes se publicó su prospecto.

Según Antonio Bachiller y Morales, en el tomo 2 de su obra *Apuntes para la historia de las letras y de la instrucción pública en la isla de Cuba* (La Habana, Academia de Ciencias de Cuba. Instituto de Literatura y Lingüística, 1971, pág. 195), «se suspendió voluntariamente», y además señala que aparecieron en él «algunos poemas y artículos sobre expósitos, calles y críticas literarias de las otras publicaciones, como el *Papel Periódico* y *El Filósofo de La Habana*». Trelles también afirma, en su ya citado trabajo, que su publicación se extendió hasta el 11 de diciembre de 1804. No se ha revisado ningún ejemplar.

Crónica (La Habana, 1949). Revista quincenal de orientación y cultura. Comenzó a salir el 15 de enero, bajo la dirección de Mariano Sánchez Roca. En enero de 1953 (no se han encontrado ejemplares de los años 1950-1952) se encontraba en su segunda época y era dirigida aún por su director inicial. Salía entonces mensualmente. Dicho año fue dedicado al centenario de José Martí, por lo que aparecieron diversos artículos bajo las firmas de Emeterio Santovenia, Gabriela Mistral, José Gómez Sicre y Emilio Roig de Leuchsenring. Publicó el «Ideario Cubano» de Fermín Peraza. Hizo énfasis en la pintura, la música y el teatro cubanos. También salieron artículos sobre arquitectura cubana firmados por Marcelo Pogolotti. Publicó cuentos de Onelio Jorge Cardoso, Gerardo del Valle, Lydia Cabrera, Surama Ferrer, Enrique Labrador Ruiz y Nora Badía. Otras figuras que colaboraron en sus páginas fueron Raúl Roa, Luis Rodríguez Embil, Ricardo Riaño Jauma, Nydia Sarabia, Jorge Mañach, Herminio Portell Vilá. El último número encontrado corresponde a junio de 1953.

Crónica del Liceo de Puerto Príncipe
(Puerto Príncipe, 1867-18681). «Periódico de
literatura, ciencias, y artes. Órgano oficial
del Instituto de su nombre», se leía en el
único ejemplar encontrado, correspondiente
al 15 de marzo de 1868. Salía en forma quincenal. Era su director Ignacio Agramonte y
Sánchez. Como editor aparecía el marqués de
Santa Lucía (Salvador Cisneros Betancourt).
Su publicación se había iniciado, según
señala Carlos Manuel Trelles en la tercera
parte de su trabajo «Bibliografía de la prensa
cubana (de 1764 a 1900) y de los periódicos
publicados por cubanos en el extranjero»,
en *Revista Bibliográfica Cubana* (La Habana,
2, 9, 162, mayo-junio, 1938), en noviembre
de 1867. Publicó relatos, poesías y noticias
locales. Presentó en la relación de colaboradores a Gertrudis Gómez de Avellaneda,
Ana Betancourt de Mora, Ignacio Agramonte
Loynaz, Juan Clemente Zenea y Estrada, Emilio
Bacardí, José Ramón Betancourt, Francisco de
Rubalcava, Enrique de Varona y otros. Trelles
consigna, en su ya citado trabajo, que su publicación se extendió hasta 1868 y que en sus
páginas escribieron «Esteban de Jesús Borrero
y otros escritores notables de Camagüey».

Crónica Habanera, La (La Habana, 1895).
Periódico semanal de literatura, noticias y
anuncios. Redactado por las más eruditas
escritoras de Cuba y de la Península. Solo se
han visto dos ejemplares, el primero, salido
como número prospecto con fecha 20 de

diciembre de 1894, y el otro, el número 1,
fechado el 18 de enero de 1895. Dirigido por
Domitila García de Coronado —quien firmó
trabajos con su seudónimo *Ángela*—, fue
un periódico «escrito exclusivamente para
señoras y con la colaboración de respetables
caballeros». En los ejemplares vistos hay trabajos, en prosa y en verso, de Luisa Pérez de
Zambrana, Carlos Ciaño y Corina Agüero de
Costales, entre otros menos conocidos.

Crónica Habanera, La (La Habana, 1897).
«Periódico político-literario, artístico e intereses generales», se leía en el ejemplar más
antiguo revisado (5 de diciembre de 1897).
Dirigido por Benito Quevedo, tenía como
redactor-jefe al Licenciado Alberto Anillo.
Se publicaba los domingos. Desde el 22 de
febrero de 1898 fue su director-administrador-
propietario Pedro Pablo Martín. Cambió de
formato el 15 de agosto de 1898 y desde esta
misma fecha comenzó a subtitularse «Revista
semanal ilustrada dedicada a ciencias, literatura, sport, salones, teatros y espectáculos
públicos e intereses generales». Publicó
poemas, cuentos, noticias teatrales, notas
bibliográficas. Entre sus colaboradores figuran
Nieves Xenes, *Conde Kostia* (seudónimo de
Aniceto Valdivia), Antonio Cuyás Lima, Alberto
Anillo. Muchos trabajos aparecieron firmados
con seudónimos como *Un cómico de la lengua*,
G. de P., *N.* El último número revisado corresponde al 11 de diciembre de 1898.

Crucero (La Habana, 1960-Id.). Revista trimestral. Era órgano del Colegio Nacional de Doctores en Ciencias y en Filosofía y Letras. El primer número correspondió al trimestre enero-marzo. Se ocupó de la dirección general la Doctora Amelia Hernández Díaz. Publicaba trabajos de carácter literario, científico y artístico. Colaboraron en sus páginas, entre otros, Raimundo Lazo, Salvador Bueno, Roberto Fernández Retamar y Fayad Jamís. El último ejemplar revisado corresponde al trimestre julio-septiembre de 1960, que, según parece, fue el último que salió.

Cruz, **Manuel de la** (La Habana, 17 septiembre 1861-Nueva York, 19 febrero 1896). Cursó sus estudios en el colegio «San Anacleto», de La Habana. Muy joven aún viaja a Francia y España (1883 y 1884) y reside en Barcelona, donde enriquece su formación literaria y política. Desde España envía colaboraciones a *La Habana Elegante* y la *Revista Habanera*. Tras su regreso a Cuba colaboró asiduamente en *La Ilustración Cubana* (1885), de Barcelona, y *El Cubano* (1887). En 1888 polemiza con Cirilo Villaverde respecto a la figura de Narciso López, que Cruz estimaba era un anexionista.

En 1889 es designado corresponsal del diario *La Nación*, de Buenos Aires, cargo que desempeña hasta su muerte y desde el que da a conocer a las más destacadas personalidades cubanas. Fue también redactor de *El Fígaro* y *Revista Cubana*. Escribió además en *El País*, *El Almendares*, *El Porvenir*. Colaborador de Martí, recorrió la isla para preparar el terreno de la guerra. En 1894 desempeñó en Oriente una misión revolucionaria de unificación de fuerzas. Sostuvo una importante entrevista con Guillermón Moncada. Al comenzar la guerra del 95 se trasladó a Cayo Hueso y de allí a Nueva York, donde trabajó a las órdenes de Tomás Estrada Palma como secretario de la Delegación del Partido Revolucionario Cubano. Por esta misma época labora como redactor en *Patria*. Desplegó una gran actividad propagandista en favor de la Revolución. Dejó inédito parte de su estudio biográfico sobre Ignacio Agramonte. Utilizó los seudónimos *Un académico de la lengua*, *El académico de Banes*, *Isaías*, *Un colaborador asiduo*, *Enmanuel*, *Juan de las Guásimas*, *Micros*, *Un occidental*, *Un redactor*, *Raimundo Rosas*, *Juan Sincero*, *Bonifacio Sánchez*.

Bibliografía activa

La hija del montero, Cuento, La Habana, Imprenta La Correspondencia de Cuba, 1885.

El capitán Córdoba, novela, La Habana, Tipografía de Ruiz, 1886.

Juan Media Risa, novela, La Habana, Tipografía de Ruiz, 1887.

Tres caracteres, Bocetos biográficos cubanos, por *Isaías*, seudónimo, Key West, Tip. de La Revista Popular, 1889.

Episodios de la revolución cubana, La Habana, Establecimiento Tipográfico O'Reilly 9, 1890; 2.ª edición corregida y aumentada, prólogo de Manuel Márquez Sterling, notas biográficas por Domingo Figarola Caneda, La Habana, Miranda, López Seña, editores, 1911; La Habana, Instituto Cubano del Libro, 1967; Id., 1968.

Cromitos cubanos, Bocetos de autores hispanoamericanos, La Habana, Establecimiento Tipográfico La Lucha, 1892.

«Manuel de la Cruz, "mambí de las letras"», por Salvador Bueno, La Habana, Editorial Arte y Literatura, 1975.

La revolución cubana y la raza de color, apuntes y datos, por *Un cubano sin odios*, seudónimo, Key West, Imprenta La Propaganda, 1895.

Lienzos heroicos, La Habana, Imprenta La Prueba, 1916.

Obras de Manuel de la Cruz, Contiene, T. 1.

«Manuel de la Cruz», por José María Chacón y Calvo, estudios literarios, tomo 2.

La visión del valle, tomo 3.

Literatura cubana, tomo 4, Episodios de la revolución cubana, tomo 5.

Cromitos cubanos, tomo 6.

Crítica y filosofía, tomo 7.

Estudios históricos, Madrid, Editorial Saturnino Calleja, 1924-1926, 7 V.

Pasión de Cuba, selección y prólogo de Andrés de Piedra Bueno, La Habana, Dirección de Cultura del Ministerio de Educación, 1947.

Bibliografía pasiva

Bueno, Salvador, «Manuel de la Cruz, el crítico», en su *Figuras cubanas*, Breves biografías de grandes cubanos del siglo XIX, La Habana, Comisión Nacional Cubana de la UNESCO, 1964, págs. 267-276.

Carbonell, Néstor Leonelo, «Manuel de la Cruz, *Episodios de la Revolución Cubana*», en *El Porvenir*, Nueva York, 1, 7, 2, abril 29, 1890.

Figueroa, Pedro Pablo, *Un colorista cubano, Manuel de la Cruz*, Boceto literario, Lima, Imprenta y Librería y Encuadernación Gil, 1896.

Martí, José, «Carta a Manuel de la Cruz», en su *Obras completas*, tomo 5, La Habana, Editorial Nacional de Cuba, 1963, págs. 179-181.

Roa, Raúl, «Manuel de la Cruz», en su *Viento sur*, La Habana, Editorial Selecta, 1953, págs. 396-401.

Sanguily, Manuel, «*Cromitos Cubanos*», en *Hojas literarias*, La Habana, 1, 1, 17-63, marzo 31, 1893.

Trujillo, Enrique, «La revolución de Cuba, Un libro de Manuel de la Cruz», en *El Porvenir*, Nueva York, 1, 2, 2, marzo 19, 1890.

Valverde y Maruri, Antonio L., *Manuel de la Cruz, historiador y patriota cubano*, discurso leído en la sesión celebrada por la Academia de la Historia de Cuba el 19 de febrero de 1929, La Habana, Imprenta El Siglo XX, 1929.

Vitier, Cintio, «Manuel de la Cruz como caso estilístico en su *Crítica sucesiva*, La Habana, UNEAC, 1971, págs. 326-364.

Cruz, **Mary** (Camagüey, 25 abril 1923-15 abril 2013). Cursó la primaria y el bachillerato en su ciudad natal. En 1946 se graduó de Doctora en Pedagogía en la Universidad de La Habana. En las Universidades de Wayne (Detroit, 1954-1955) y Coral Gables (Florida, 1956-

1958) cursó Enseñanza de Lenguas Modernas Extranjeras y Orientación Vocacional. Fue profesora de español en Wayne University (1953-1955), en North Miami Beach High School (1956-1961) y en la Universidad de La Habana (1963-1964). Laboró como correctora de estilo y redactora científica en la Editorial del Ministerio de Educación de Cuba (1961-1966). Ha viajado por México, España, Canadá, Unión Soviética. Asistió al Primer Congreso Nacional de Cultura (La Habana, 1962). Miembro correspondiente de la Academia de la Historia de Cuba, por Miami, Flo. (1957). Obtuvo el premio «J. M. Tarafa», de la Academia de la Historia de Cuba, por su *Camagüey, biografía de una provincia* (1955). También ha obtenido mención en el concurso del Teatro Nacional de Cuba (1962) y menciones de biografía en los concursos 26 de julio de las FAR (1966) y UNEAC (1966). Como periodista trabajó en la COR Nacional y en *Granma*. Ha colaborado en *El País Gráfico, Colorama, Ellas, Vanidades, Cuba, Islas, El Mundo, El Caimán Barbudo, Unión, Anuario L/L; Negro y Blanco y Labores, Ideas, Jueves de Excélsior* (México); *Diario Las Américas* (Estados Unidos). Redactó el prólogo y las notas a la edición de la novela de Gertrudis Gómez de Avellaneda, *Sab* (La Habana, Instituto Cubano del Libro, 1973). Trabaja como investigadora literaria en el Instituto de Literatura y Lingüística de la Academia de Ciencias de Cuba.

Bibliografía activa

Mis versos, La Habana, Editora de libros y folletos, 1941.

Camagüey, biografía de una provincia, La Habana, Imprenta El Siglo XX, 1955.

Renato Guitart, La Habana, Instituto Cubano del Libro, COR Nacional, 1966.

El Mayor, La Habana, Instituto Cubano del Libro, 1972.

Creto Gangá, prólogo de José Antonio Portuondo, La Habana, Instituto Cubano del Libro, 1974.

Bibliografía pasiva

Bueno, Salvador, «De Iberoamérica», en *Información*, La Habana, 20, 84, C2, abril 8, 1956.

Colmenares, Octavio, «Mary Cruz, poetisa y mujer», en *Educación*, La Habana, 10, 11, 25, noviembre, 1950.

Cruz, Adolfo, «Biografía de un héroe», en *Revolución y Cultura*, La Habana, 2.ª época, 10, 73-75, 1973.

Galo Herrero, Gustavo, «Antología de poetas cubanos, Mary Cruz», en *Policía*, La Habana, 2, 18, 80, mayo, 1943.

Leal, Rine, «Cruz, Mary, *Creto Gangá*», en *Anuario L/L*, La Habana, 5, 200-202, 1974.

«Mary Cruz», en *Negro y Blanco y Labores*, México D. F., 20-21, enero 7, 1946.

Mejía, Francisco R., «Mis versos», en *Plus Ultra*, Ciudad Trujillo, 6, 29, 30, 31, 7-8, abril-mayo-junio, 1944.

«Mis versos, poesías por Mary Cruz», en *Es-*

tampa, Buenos Aires, enero 19, 1942.

Santos Moray, Mercedes, «Mary Cruz, El Mayor», en *El Caimán Barbudo*, La Habana, 2.ª época, 65, 29-30, febrero-marzo, 1973.

Sinklevich, Víctor, «Mary Cruz, "URSS, te amo"», en *Novedades de Moscú*, Moscú, n.º 2, 548, 6, 1973.

CTC (La Habana, 1939). Revista mensual. Órgano oficial de la Confederación de Trabajadores de Cuba (CTC.). Comenzó a salir en noviembre, dirigida por Lázaro Peña, quien se mantuvo siempre a su frente. La dirección artística estaba a cargo de Horacio. En enero de 1942 Carlos Fernández R., que hasta ese momento había ocupado la jefatura de redacción, pasa a ser codirector (ya en junio del año citado no aparece como tal). Otras diversas responsabilidades dentro de la publicación fueron desempeñadas en diferentes ocasiones por Jaime Gravalosa, Juan Arévalo, Manuel González Borrero y José Guardia, entre otros. El último ejemplar con formato de revista correspondió a noviembre y diciembre de 1947. El 7 de febrero de 1948 reapareció con formato de periódico, como «Órgano de los Trabajadores». En este número se expresa lo siguiente: «Para cumplir nuestro rol en los días que corren, abandonamos nuestra forma de revista y surgimos como periódico quincenal ahora y muy pronto semanario. Aspiramos a ser la voz de nuestra clase obrera, fiel intérprete de sus anhelos de mejoramiento económico, justicia social, democracia plena e independencia nacional. Nos esforzaremos por iluminar su camino de lucha y ser contribuyentes constantes de todas sus victorias. Ésa es nuestra gran ambición y nuestra firme promesa. Y aquí estamos.» En el número siguiente cambia su subtítulo por el de «Vocero de los trabajadores». De esta etapa solo se han visto números salteados. En el segundo semestre de 1950 aparece mensualmente y a finales de este mismo año es quincenal. Publicación dedicada a la unificación de todos los trabajadores en su lucha por reivindicaciones económicas, sociales y políticas, fue también órgano de denuncia de las arbitrariedades de los gobernantes de turno y divulgadora de las conquistas alcanzadas por el pueblo soviético en su camino hacia el socialismo. En sus páginas vieron la luz colaboraciones de las más destacadas figuras intelectuales de izquierda y de dirigentes obreros revolucionarios. De estos últimos se reprodujeron, con bastante frecuencia, sus discursos. Además publicó trabajos de interés histórico y literario. Tenía su sección de cines y teatros, así como una página dedicada a la mujer, «Nosotras», bajo la responsabilidad de Helena Gil. Entre los escritores que prestaron su colaboración resaltan Juan Marinello, Emilio Roig de Leuchsenring, Félix Pita Rodríguez, Manuel Navarro Luna, Ángel Augier, Benicio Rodríguez Vélez, Julio Le Riverend, Paco Alfonso y Antonio Núñez Jiménez. Otros destacados colaboradores fueron Jesús Menéndez, Blas Roca, Jacinto Torras, Nila Ortega, Ursinio Rojas, Adolfo G.

Merino, Flavio Bravo, José María Pérez, Israel Talavera, José M. Fleites, Pedro Luis Padrón y Faustino Calcines.

Bibliografía

«Cómo se hace CTC.», en CTC, La Habana, 7, 78, 11-15, agosto, 1946.

«Nuestra propaganda, arte y técnica al servicio de la mejor orientación», en CTC, La Habana, 5, 57, 20-22, noviembre, 1944.

«Nuestra salida», en CTC, La Habana 9, 94, 1, febrero 7, 1948.

«El nuevo precio de CTC.», en CTC, La Habana, 6, 63, 2, mayo, 1945.

«El precio de la revista CTC, y la opinión de los lectores», en CTC, La Habana, 6, 64, 2, junio, 1945.

«Primer aniversario de CTC.», en CTC, La Habana, 2, 12, 20, octubre, 1940.

Cuadernillos del teatro infantil y de la juventud, La Habana, 1965, Revista, El primer número correspondió al bimestre julio y agosto, La dirigió Nora Badía, Fueron sus redactores Roberto Fernández, Arminda Valdés Ginebra, Renée Potts y, desde enero de 1966, Dora Alonso, presentaba en sus páginas, según expresión propia, «todos aquellos materiales, cubanos o extranjeros, ya originales, ya traducidos, que contribuyen a guiar el creciente desarrollo de nuestros artistas profesionalmente entregados a la creación de los espectadores», Colaboraron en sus páginas Natividad González Freire, Joaquín Cobos, Rolando Arencibia, Silvia Barros, René Vega y otros, El último ejemplar encontrado corresponde a enero de 1966.

Cuadernos de la Universidad del Aire (La Habana, 1933; 1949-1952). Revista. Publicaba las conferencias pronunciadas en la Universidad del Aire, que dirigía Jorge Mañach. Desde el número 11 se subtituló «Publicación semanal». Cada cuaderno recogía las conferencias de las dos audiciones de la semana: martes y viernes. En esta primera etapa —que se extendió hasta finales de 1933— se ofrecieron dos cursos: «Evolución de la cultura» (diciembre de 1932-abril de 1933), que forma un volumen, con índice al final, de casi 700 páginas, y «Civilización contemporánea» (mayo-octubre de 1933), que integra un volumen de más de 600 páginas. Como conferenciantes desfilaron destacadas personalidades del ambiente cultural cubano de la época, tales como Salvador Salazar, Luis Alejandro Baralt, Jorge Mañach, Francisco Ichaso, Elías Entralgo, Emeterio Santovenia, Félix Lizaso, Emilio Ballagas, Rafael Suárez Solís, Medardo Vitier, Flora Díaz Parrado y otros. En estas conferencias se trataban todo tipo de temas: políticos, sociales, históricos, literarios, etc. En enero de 1949 comienzan a salir nuevamente, con un tamaño menor, como *Cuadernos de la Universidad del Aire del Circuito CMQ*. Desde enero de 1951, con el subtítulo «Mensuario de divulgación cultural», fue su director Jorge Mañach. En este nuevo período, cuyas charlas se extienden hasta diciembre de 1952, se ofrecieron los siguientes cursos: «Ideas y problemas de nuestro tiempo» (cuadernos 1 a 6), «Artes y letras de nuestro tiempo» (cuadernos 7 al 10), «Actualidad y destino de Cuba» (cuadernos 11 al 19), «Afirmaciones cubanas» (cuadernos 20 al 22), «La huella de los siglos» (cuadernos 23 al 37), «Curso del cincuentenario» (cuadernos 38 al 42) y «Los forjadores de la conciencia nacional» (cuadernos 43 al 49). Además de los escritores, críticos e investigadores ya mencionados —muchos de los cuales continuaron colaborando en esta empresa cultural—, participaron en esta etapa Luis Amado Blanco, Vicentina Antuña, José María Chacón y Calvo, Rafael Esténger, Ramiro Guerra, Raimundo Lazo, Fernando Ortiz, Cintio Vitier, Salvador Bueno, Camila Henríquez Ureña, Miguel Ángel Carbonell, Herminio Portell Vilá, Rafael García Bárcena, Juan José Remos, Marcelo Salinas, Antonio Iraizoz, Luis Gómez Wangüemert, Carlos Rafael Rodríguez, Julio Le Riverend, Emilio Roig de Leuchsenring, Ángel Augier y otros.

Bibliografía

Anido, Gastón, «*Cuadernos de la Universidad del Aire*, n.º 1», en *Magazine Social*, La Habana, 5, 3, 36, 40, abril, 1949.

«*Cuadernos de la Universidad del Aire*, n.º 5», en *Magazine Social*, La Habana, 5, 10, 36, 40, octubre, 1949.

Cuadernos de la Universidad del Aire del Circuito CMQ (Véase **Cuadernos de la Universidad del Aire**)

Cuadernos de las Culturas Africanas (La Habana, 1961-Id.). Revista publicada por la Comisión Nacional Cubana de la UNESCO. El primer número (único que se ha visto) correspondió al trimestre enero-marzo. En el mismo se expresa que la publicación «se propone presentar muy diversos aspectos culturales de origen africano, comprendiendo por tales no solamente los que se han configurado dentro del ámbito social de los pueblos de África, sino también aquellos otros que se han reproducido en suelo americano, transculturando en distintas formas sus expresiones originales. Especial consideración han de tener, por supuesto las desarrolladas en nuestra patria [...]». La dirección estaba a cargo de Isaac Barreal. Como traductores aparecían Paul Bartosch y John DuMoulin. En este primer número fueron reproducidos trabajos de publicaciones extranjeras. También aparecieron artículos del director y de Miguel Barnet.

Cuadernos Marxistas (La Habana, 1959-1960). «Publicación teórica mensual de la Juventud Socialista Universitaria», se lee en el ejemplar más antiguo visto, correspondiente a enero de 1960. Como director aparece Modesto Atocha, quien es sustituido posteriormente por Manuel Villaverde. En sus páginas se reproducían escritos de los fundadores del marxismo-leninismo, así como de otros teóricos socialistas extranjeros. Además veían la luz textos de discursos y conferencias de Juan Marinello, Severo Aguirre, Carlos Rafael Rodríguez, Blas Roca y otros. El último número revisado corresponde a noviembre de 1960.

Cuba (Véase **INRA**)

Cuba Bibliotecológica (La Habana, 1953-1955; 1956-1960). Revista trimestral. Órgano oficial de la Asociación Nacional de Profesionales de Biblioteca. El primer número correspondió al trimestre enero-marzo. La dirección estaba a cargo de Carmen Rovira Bertrán, quien en 1954 fue sustituida por Luisa León Planas. En el último número de la primera época (correspondiente a enero-junio de 1955) aparecía como directora María Teresa Freyre de Andrade. La publicación intentaba —según se lee en el «Editorial» de su primer número,— «llegar a convertirse en el vehículo indispensable para el intercambio de ideas nuevas, la difusión de noticias y de avances en el campo de nuestros estudios, y la defensa de los más altos intereses de nuestra profesión». Para ello —se añade más adelante— «abre desde ahora sus puertas a todos los bibliotecarios cubanos y extranjeros que quieran colaborar en este empeño, publicando los resultados de sus estudios, experiencias e investigaciones en el campo profesional». En el primer trimestre de 1956

reapareció, en su segunda época, con idéntica periodicidad y formato, pero como órgano oficial del Colegio Nacional de Bibliotecarios Universitarios. Estaba nuevamente bajo la dirección de Luisa León Planas, a quien sucedieron en el cargo Carmen Rovira y Evidia Blanco. En sus páginas se publicaron artículos sobre bibliotecas y bibliógrafos cubanos, sobre cuestiones técnicas y otros problemas relacionados con la profesión de bibliotecario, noticias sobre las actividades que desarrollaban los bibliotecarios cubanos, tanto a través de las asociaciones de que la revista fue órgano oficial como independientemente de las mismas. Además aparecieron reseñas bibliográficas sobre libros cubanos y extranjeros relativos a la materia específica de la revista. Entre sus redactores y colaboradores se contaron Fermín Peraza, Jorge Aguayo, Elena Vérez de Peraza, Ana Rosa Núñez, Andrés Alonso Sánchez, Raquel Robés Masses, Blanca Bahamonde, Olinta Ariosa, Dolores Rovirosa y otros. El último ejemplar revisado corresponde a enero-junio de 1960.

Cuba Contemporánea (La Habana, 1913-1927). Revista mensual. El número inicial apareció el 19 de enero. Desde su fundación fue dirigida por Carlos de Velasco, hasta 1920 en que falleció. A partir de mediados de este último año hasta su desaparición, la dirigió Mario Guiral Moreno. A lo largo de toda su existencia contó con un extenso grupo de redactores y colaboradores, entre los que se encontraban

Max Henríquez Ureña, Dulce María Borrero, Alfonso Hernández Catá, Ernesto Dihigo, José Antonio Ramos, José María Chacón y Calvo, Carlos Loveira, Luis Rodríguez Embil, Emilio Roig de Leuchsenring, Arturo Montori, Jesús Castellanos, Juan Miguel Dihigo, Enrique José Varona, Fernando Ortiz, Domingo Figarola Caneda, José Antonio Fernández de Castro, Bernardo G. Barros, Regino Eladio Boti, José Manuel Poveda, Manuel Sanguily, Miguel de Carrión, Juan Marinello, Antonio Iraizoz, Jorge Mañach y Agustín Acosta. En distintas ocasiones Julio Villoldo, Enrique Gay Galbó y Francisco González del Valle fungieron como jefe de redacción, secretario de redacción y administrador, respectivamente. Los iniciadores de esta empresa expusieron sus objetivos desde el primer momento: «Abierta a todas las orientaciones del espíritu moderno, sin otra limitación que la impuesta por el respeto a las opiniones ajenas, a las personas y a la sociedad, sin más requisito que el exigido por las reglas del buen decir [...]. Información general de todo lo que pueda interesarnos en cualesquiera de los múltiples aspectos de la inquieta vida de las actuales sociedades; noticia extensa o breve de cuantas obras se publiquen en Cuba y fuera de ella y atañaderas a nuestra historia, así como a la del resto de América; inserción de documentos antiguos y modernos; expresa dedicación al estudio de nuestros problemas en lo administrativo, en lo político, en lo moral y social, en lo económico, en lo religioso; tales son los asuntos que preferentemente ocuparán estas páginas [...]. La parte puramente literaria y artística merecerá también especial atención, puesto que las manifestaciones de las letras y de las artes son muy alto exponente del grado de cultura de los pueblos [...]». Estos lineamientos generales fueron viabilizados a través de varias secciones: «Bibliografía», a cargo de Max Henríquez Ureña y posteriormente dirigida por Enrique Gay Galbó, dedicada al comentario de los últimos libros publicados; «Notas editoriales», que, constituidas por resúmenes de noticias o acontecimientos importantes, sirvieron para comentar los principales sucesos de carácter patriótico, político, internacional, literario, científico o artístico relacionados con Cuba; «Noticias», que recogió información sobre los hechos más importantes ocurridos en Cuba y en el extranjero durante el mes anterior al de la publicación de cada número; «Revista de revistas», sección en la que se dieron a conocer extractos o condensaciones de artículos relacionados con Cuba aparecidos en revistas extranjeras; «Revistas extranjeras», donde se publicaron notas y comentarios que reflejan el movimiento literario y cultural del orbe; «Política internacional americana», a cargo de Ernesto Dihigo y Juan Z. Zamora, respectivamente; «Páginas para la historia de Cuba», sección encargada de publicar documentos inéditos relativos a nuestra historia, bajo la dirección de Francisco González del Valle; «Palpitaciones de la vida nacional», que recogió asuntos y problemas de preocupación nacional, encomendada a Arturo Montori, quien firmaba los artículos con el seudónimo *Monitor*. La publicación resultó un digno esfuerzo, en medio de un período de caos político, social y económico. Patrocinó campañas en favor del feminismo, por la aprobación de la ley del divorcio, en defensa de la enseñanza laica, de la necesidad de colegios cubanos; pero a pesar de tan loables empeños no supieron «atacar las raíces de la problemática nacional y tomar una posición política militante». No obstante, figuras aisladas de nuestra intelectualidad, colaboradores en muchos de sus números, sí supieron ahondar acertadamente en la desastrosa situación cubana, por ejemplo, en la interpretación de la ingerencia de los Estados Unidos en los asuntos internos de la isla. Aparecieron en total 44 volúmenes. El último número correspondió a agosto de 1927. En la colección Publicaciones de la Biblioteca Municipal de La Habana, Serie D: Índices de revistas cubanas, 3) se editó, confeccionado por Fermín Peraza Sarauza, el *Índice de Cuba Contemporánea* (La Habana, Municipio de La Habana, Departamento de Cultura, 1940).

Bibliografía

Baralt, Luis A., «El criticismo republicano, Varona y *Cuba Contemporánea*», en *Cuadernos de la Universidad del Aire del Circuito CMQ*, La Habana, 3, 39, 85-96, junio 6, 1952.

Guiral Moreno, Mario, «Nuestra primera década», en *Cuba Contemporánea*, La Habana, 11, 31, 121, 5-20, enero, 1923.

Guiral Moreno, Mario, «*Cuba Contemporánea*, Su origen, su existencia y su significación», en Peraza Sarausa, Fermín, *Índice de Cuba Contemporánea*, La Habana, Municipio de La Habana, Departamento de Cultura, 1940, págs. 9-36, publicaciones de la Biblioteca Municipal de La Habana, Serie D, Índices de revistas cubanas, 3.

La Habana, Cristóbal de la, seudónimo de Emilio Roig de Leuchsenring, «Carlos de Velasco y *Cuba Contemporánea*», *en Carteles*, La Habana, 33, 10, 77-78, marzo 9, 1952.

Hernández Catá, Alfonso, «Censo espiritual», en *Diario de la Marina*, La Habana, 96, 78, 2, 3.ª sección, marzo 18, 1928.

«La muerte de *Cuba Contemporánea*» en *Revista de Avance*, La Habana, 2, 3, 19, 59, febrero, 1928.

Nora, María Luz de, seudónimo de Loló de la Torriente, «Cincuentenario de *Cuba Contemporánea*», en *Bohemia*, La Habana, 55, 17, 76-77, abril 26, 1963.

Pogolotti, Marcelo, «Cuba Contemporánea», en su *La República de Cuba al través de sus escritores*, La Habana, Editorial Lex, 1958, págs. 41-48.

Roig de Leuchsenring, Emilio, «El adiós de *Cuba Contemporánea*», en *Social*, La Habana, 13, 3, 3-4, marzo, 1928.

«*Cuba Contemporánea* y su labor nacionalista», en *Social*, La Habana, 14, 12, 42, 67, 72, diciembre, 1929.

«Proyección ciudadana de nuestros hombres

de letras, *Cuba Contemporánea*, 1913-1927»,
en *Carteles*, La Habana, 24, 43, 38-39, octubre 24, 1943.

Cuba en el Ballet (La Habana, 1970). Publicación cuatrimestral editada por el Ballet Nacional de Cuba. El primer número correspondió a septiembre. Integraban su consejo de dirección Ángela Grau, Pedro Simón, Miguel Cabrera y Ricardo Reymena, este último en calidad de asesor artístico. Como colaboradores figuraban destacadas personalidades del ámbito danzario internacional, como Teodori Teodosiev, Fernando Alonso, Tana de Gámez, Irene Lidova, Arnold Haskell y Galina Ulanova, entre otras. Desde el primer número de 1972 Ángela Grau y Pedro Simón se encargaron de la dirección. Ricardo Reymena fungió entonces como director artístico, cargo que fue ocupado más tarde por Pericles Mora. A partir del número 2 de 1974 la dirección quedó a cargo de Pedro Simón. Dedicada por completo a cuestiones relacionadas con la danza, en sus páginas han aparecido fichas técnicas de las primeras figuras del Ballet Nacional de Cuba, así como artículos sobre la historia de esta manifestación en Cuba, las intérpretes famosas que visitaron el país en el pasado V las diferentes puestas en escena de algunos conocidos ballets. También publica entrevistas y artículos informativos sobre las distintas actividades danzarias en Cuba —tanto del Ballet Nacional, en las que se hace hincapié, como de las restantes compañías nacionales—

y en el extranjero, todo ello ilustrado con numerosas fotos. Entre sus colaboradores cubanos se cuentan Jorge Antonio González, Dino Carreras, Alejandro G. Alonso, Teresa Trujillo, Graciela Alamar, Hilario Alonso, Israel Moliner y otros. Algunas destacadas personalidades de nuestras letras han colaborado en ella con artículos o poemas, dedicados fundamentalmente a la primera figura del ballet cubano, Alicia Alonso; entre estos colaboradores se encuentran Juan Marinello, Alejo Carpentier, José Lezama Lima, Cintio Vitier, Roberto Fernández Retamar, Eliseo Diego, Loló de la Torriente y Fina García Marruz. En la contraportada de todos sus números se han reproducido obras de nuestros más conocidos artistas plásticos.

Cuba en Europa (Barcelona, España, 1910). Revista quincenal ilustrada. El primer número correspondió al 10 de marzo. Aunque no consta en el machón, fue dirigida y financiada por un grupo de cubanos residentes en España. En el primer número se expresaba que la revista «se dedicará al estudio de los problemas de resolución indispensable para que entre España y Cuba persistan y sean cada vez más sólidas las relaciones de nación a nación. Esos problemas, principalmente de carácter económico, los estudiaremos sin ningún exclusivismo, imparcial y desapasionadamente». A pesar de ser una revista dedicada en su generalidad a tratar problemas económicos y mercantiles, insertó en sus páginas trabajos de carácter literario e histórico firmados por notables escritores como *Conde Kostia* (seudónimo de Aniceto Valdivia), Alfonso Hernández Catá, Enrique Piñeyro, Fernando Ortiz, José Antonio Ramos, Ramón Meza, Manuel Serafín Pichardo, Luis Rodríguez Embil, Alfredo Miguel Aguayo, Álvaro de la Iglesia, Adrián del Valle, Saturnino Escoto y Carrión y otros. El último ejemplar revisado (número 172) corresponde al 30 de septiembre y 15 de octubre de 1917. Según parece su salida cesó en este año, pues solo hasta el mismo la menciona León Primelles en su *Crónica cubana. 1915-1918* (La Habana, Editorial Lex, 1955).

Cuba en la UNESCO (La Habana, 1960-1965). Revista editada por la Comisión Nacional Cubana de la UNESCO. El primer número apareció en septiembre. Su periodicidad fue muy irregular. Entre 1962 y principios de 1964 no apareció. Integraron el consejo de dirección el Doctor Elías Entralgo y Manuel Corrales. Publicó artículos sobre arte, literatura e historia. Dedicó números especiales a figuras intelectuales destacadas, como Cirilo Villaverde, Ramón Meza y Miguel de Carrión. Entre sus colaboradores se destacan Alejo Carpentier, Cintio Vitier, Fernando Portuondo y Salvador Bueno. El último número publicado, editado en febrero de 1965, ofreció una panorámica del teatro cubano.

Cuba Ilustrada (La Habana, 1910-1931). Revista mensual. El primer número publicado corresponde a febrero. En él anuncian que esta publicación «llega dispuesta a dar a conocer todo lo que vale y todo lo bello que hay en nuestra patria. Vamos a desenterrar del olvido a los que fueron admiración de generaciones pasadas y que hoy muy pocos recuerdan [...] [y] a mostrar a propios y extraños todo lo grande que hay en Cuba, en las letras y en las ciencias, en las artes [...]». Fue dirigida por Emilio Villaverde. Entre sus colaboradores habituales se contaban Emilio Lufríu, *Conde Kostia* (seudónimo de Aniceto Valdivia), Federico de Ibarzábal, Mario Lezcano. Publicó poemas de cubanos del siglo XIX, episodios de la guerra, notas de arte, trabajos sobre historia de América. Se han visto números sueltos de los años 1917 y 1918, y ningún ejemplar entre los años 1919 y 1926, pero se sabe que por lo menos hasta 1922 continuó saliendo, pues en su *Crónica cubana. 1919-1922* (La Habana, Editorial Lex, 1957) León Primelles la cita en dichos años e indica que, desde mayo de 1919, fue su jefe de redacción *Roger de Lauria* (seudónimo de Ramón Rivera Gollury). El último número localizado no tiene fecha, pero por anuncios y referencias que contiene se puede suponer que sea del año 1931. Consigna como director a Ángel R. Rivero y como propietaria a Mercedes A., viuda de Villaverde. Este ejemplar carece de material literario.

Cuba Intelectual (La Habana, 1885; 1909-1926). Repertorio quincenal de ciencias, artes, oficios e intereses generales. Revista que comenzó a salir el 16 de enero. Fue dirigida en toda su trayectoria por José Antonio Rodríguez García, autor de la mayor parte de los trabajos publicados. Durante su primera época, que se extendió hasta el 28 de febrero de 1885, contó con la colaboración de Antonio Bachiller y Morales, Enrique José Varona, Manuel Sanguily, José Quintín Suzarte, Francisco Calcagno, José de Armas, Rafael Montoro, Felipe Poey y otros. La segunda época comenzó a partir de junio de 1909, en forma mensual, sin subtítulo y con diferente formato. En el prospecto correspondiente a esta segunda época se expresa que «*Cuba Intelectual* no aspira a llenar ningún vacío, ni a competir con colega alguno; sino a obtener, por medios decorosos el favor del público y a ser una publicación más de las que contribuyen al "movimiento literario" de la patria amada». A partir del segundo semestre de 1913 cambia el formato y sale irregularmente, en serie numerada. En el último ejemplar revisado (número 79-80, correspondiente a 1926), el director declara: «No se admite ya suscripción, porque ahora *Cuba Intelectual* no puede ajustarse a la periodicidad por las múltiples ocupaciones de su único redactor». Y añade que la publicación «se dedica a las bibliotecas públicas de América y Europa, a la correspondencia literaria y al canje periodístico, a instituciones de fines intelectuales análogos a los de esta revista y a determinadas personas». Publicó documentos históricos, discursos de figuras cubanas sobresalientes y artículos de historia universal, de crítica literaria, de educación. Generalmente salía una nota o artículo bibliográfico sobre libros publicados recientemente. Divulgó algunos dramas de Gertrudis Gómez de Avellaneda y poesía hispanoamericana, cubana y española. Prestaron su colaboración, además de los antes mencionados Emilio Blanchet, Luisa Pérez de Zambrana Tomás Jústiz y otros.

Cuba Internacional (Véase **INRA**)

Cuba Libre (La Habana, 1899-1910). Semanario ilustrado / Política, ciencias, literatura, artes. Era su directora Rosario Sigarroa. Presentaba una relación de redactores formada, entre otros, por Enrique José Varona y Alfredo Zayas, así como una de colaboradores, entre los que se destacaban Dulce María Borrero, Evelio Rodríguez Lendián, Diego Vicente Tejera, Mario García Kohly y Federico Uhrbach. En sus comienzos, este semanario dedicaba breve espacio a la literatura, pero poco a poco lo fue ampliando hasta ser casi por completo una revista literaria. En ella aparecieron trabajos literarios de Néstor Leonelo Carbonell, Mario Muñoz Bustamante, Esteban Foncueva, Luis Rodríguez Embil, Arturo Ramón de Carricarte, Bonifacio Byrne, Miguel de Carrión, Ramón Roa, Francisco García Cisneros, José María Collantes, Fernando de Zayas, Carlos de la Torre y García, Aurelia Castillo de González, Mercedes Matamoros. Característico de esta revista fue la publicación de poemas y fragmentos de obras de las principales figuras del modernismo en América Latina. El último número revisado corresponde al 8 de febrero de 1910.

Cuba Literaria (La Habana, 1861-1863). Periódico mensual. Inició su salida el 15 de agosto, bajo la dirección de José Fornaris y José Socorro de León. En su introducción se expresa lo siguiente: «Por lo demás no pensamos levantar con *Cuba Literaria* la pirámide de la ilustración cubana, sino contribuir con nuestro grano de arena como lo han hecho antes *La Cartera Cubana, El Álbum, La Floresta, Las Flores del Siglo, La Siempreviva, Las Brisas,* etc., etc. Nuestra misión será de paz. En la época de la construcción no debemos detenernos sino avanzar, no debemos destruirnos unos a los otros sino unirnos para ilustrarnos, porque ilustrarnos es fortalecernos [...]». Se publicó en entregas, que formaron tres tomos, dos correspondientes a la primera época (1861-1862) y uno a la segunda. El tomo 1 de la primera época fue reeditado debido al exceso de suscriptores. Las entregas correspondientes al tomo de la segunda época comenzaron a repartirse a fines de 1862 y concluyeron en 1863, por lo que es éste, y no 1862, el año en que termina su publicación. Este tomo, dirigido solo por José Fornaris, presentó cambios en el formato y aumentó el número de páginas de cada entrega. Publicó poesías y artículos literarios, políticos y sobre la educación de la mujer. Fornaris escribió para su revista un nuevo libro de *Cantos populares.* Además divulgó los acontecimientos culturales de la época y ternas de contenido científico. Colaboraron en sus páginas figuras como Gertrudis Gómez de Avellaneda, Rafael María de Mendive, Antonio Bachiller y Morales, Ángel Mestre y Tolón, Emilio Blanchet, Luisa Pérez de Zambrana, Virginia Felicia Auber, Enrique Piñeyro, Ramón Zambrana, Francisco Javier Balmaseda, Joaquín Lorenzo Luaces, Eusebio Guiteras, Felipe López de Briñas, Manuel Costales, Anselmo Suárez y Romero, Antonio y Francisco Sellén, Fernando Valdés Aguirre, Felipe Poey y otros. Compilado por Araceli García Carranza, se publicó su índice en *Índices de revistas cubanas. Siglo XIX,* La Habana, Biblioteca Nacional José Martí. Departamento Colección Cubana, 1970, págs. 217-265.

Bibliografía

García Carranza, Araceli, «*Cuba Literaria,* 1861-1863», en *Índices de revistas cubanas, Siglo XIX,* compilados, La Habana, Biblioteca Nacional José Martí, Departamento Colección Cubana, 1970, págs. 211-215.

Cuba Literaria (Santiago de Cuba, 1904-1905). «Revista semanal ilustrada», aparecía como subtítulo en el ejemplar más antiguo visto, correspondiente al 14 de julio. Su propietario fue José Marino Henríquez y su director-redactor Max Henríquez Ureña. Publicó poesías, cuentos, críticas literarias y otros trabajos de variada índole. Contó con la colaboración de Pedro Henríquez Ureña, Manuel Serafín Pichardo, José Manuel Carbonell, Francisco García Cisneros, Dulce María Borrero, Lola Rodríguez de Tió, entre otros menos conocidos. El último número revisado corresponde al 24 de noviembre de 1904, pero según afirma el propio Max Henríquez Ureña en la segunda parte de su *Panorama histórico de la literatura cubana* (La Habana, Editorial Revolucionaria, 1967, pág. 297), su actividad se extendió hasta 1905.

Cuba 1960 (La Habana, 1960-Id.). Revista editada por la División de Publicaciones del Departamento de Asuntos Culturales del Ministerio de Relaciones Exteriores. El primer número correspondió a los meses julio, agosto y septiembre. En la «Presentación» del mismo se expresa, entre otras cosas, que «*Cuba 1960* es una publicación que responde a estos caracteres precisos: es mensaje de cultura y tribuna de ideas. Recogerá en cada edición el sólido aspecto de la cultura veraz que en el año de la Reforma Agraria tiene a todos los intelectuales honestos del país en laboriosa actividad. Pero *Cuba 1960* no se limita solo a exponer ideas de escritores cubanos, [sino] también de aquellos pensadores que en otras dimensiones del Continente aporten una realidad categórica humana y latinoamericana». En el número de referencia (único que se ha encontrado) aparecieron trabajos de carácter político, textos de intervenciones en la ONU de Raúl Roa, ministro de Relaciones Exteriores del Gobierno Revolucionario, artículos sobre cuestiones culturales, literarias y artísticas, así como trabajos de creación (poemas, cuentos, fragmentos de novela) y reseñas bibliográficas de obras publicadas en Cuba en ese período. Estas últimas eran realizadas por Francisco Baeza. Los trabajos antes mencionados se debían a Raúl Castro, Simone de Beauvoir, Ezequiel Martínez Estrada, Jorge Tallet, Graziella Pogolotti, Eduardo G. Manet, Fayad Jamís, Fausto Masó, Gustavo Eguren.

Cuba Musical (La Habana, 1903-1905). Revista artístico-literaria. Salió con carácter quincenal a partir del 1.º de septiembre. Era dirigida por J. Marín Varona. En el primer número define sus propósitos: «Podría entenderse que *Cuba Musical* habrá de ocuparse exclusivamente de asuntos musicales o que con el divino arte se relacionen y no es así; porque aún concediendo nuestra Revista especial atención a la música, sus columnas se ufanarán rindiendo culto a la amena literatura y al arte en todas sus manifestaciones.» Hizo énfasis en divulgar las actividades musicales y teatrales de todo el país. Publicó poesías, cuentos, relatos de contenido musical. Dio a conocer datos biográficos sobre músicos célebres, especialmente cubanos. También aparecieron notas bibliográficas. Colaboraron en sus páginas figuras como Max y Pedro Henríquez Ureña, Luis Alejandro Baralt, *Conde Kostia* (seudónimo de Aniceto Valdivia), Óscar

Ugarte, L. Cavada y otros. El 15 de julio de 1905, la dirección anuncia la suspensión de su salida, para «introducir grandes reformas que redundarán en beneficio de *Cuba Musical*».

Cuba Nueva (La Habana, 1915-1919). «Semanario nacionalista ilustrado», se lee en el ejemplar del primer número visto, de fecha 14 de noviembre de 1915. Era dirigido por Marco Antonio Dolz. Como secretario de redacción figuraba Luis Vázquez de Cuberos. Entre sus redactores estaban Ruy de Lugo Viña, Roberto Blanco Torres (*Fray Roblanto*), Manuel Rodríguez Rendueles, Jesús López Silvero y Luis Gonzaga Urbina. La propia revista presentaba como colaboradores a Agustín Acosta, Bonifacio Byrne, Emilio Bacardí, Luis Rodríguez Embil, Néstor y José Manuel Carbonell, Medardo Vitier, Rafael Argilagos, Joaquín Nicolás Aramburu, José G. Villa, Joaquín Navarro Riera (*Ducazcal*), Higinio Medrano. Aparecían críticas de libros, poemas, noticias teatrales. El último ejemplar revisado corresponde al 12 de diciembre de 1915. No se han encontrado ejemplares ni referencias de 1916 y 1917, pero según parece continuó saliendo durante esos años. El 20 de mayo de 1918 comenzó su tercera época, bajo la dirección de Víctor Manuel Cardenal. Salía ahora con otro formato y presentaba un consejo de redacción integrado por Sergio Cuevas Zequeira, Juan José Remos, Juan Antiga, Arturo Montori y Luis Padilla, entre otros. El último ejemplar de que se tiene noticias corresponde al 10 de julio de 1919, según refiere León Primelles en la página 48 de su *Crónica cubana. 1919-1922* (La Habana, Editorial Lex, 1957).

Cuba Pedagógica (La Habana, 1903). Revista de orientación educacional. El primer número salió en noviembre. Fueron sus fundadores Miguel de Carrión, Serafín Pro (quienes fueron además sus directores), Guillermo Gutiérrez y Félix Callejas. También fungieron como directores, posteriormente, Ramiro Guerra, Arturo Montori y Carlos H. Valdés Miranda. Entre sus redactores figuraron Heliodoro García Rojas, Alfredo Miguel Aguayo, José María Callejas y Alfonso Oliva. Su periodicidad fue variable (quincenal, trimensual y mensual). Esta revista se dedicó fundamentalmente a la publicación de materiales de instrucción escolar, métodos pedagógicos y demás recursos útiles para la enseñanza de alumnos primarios; pero en sus páginas aparecieron también cuentos, poesías, discursos literarios y lecturas para niños. Sus colaboradores más destacados fueron Enrique José Varona, Manuel Márquez Sterling, Juan Miguel Dihigo, Gonzalo Aróstegui, Dolores Borrero, Federico Uhrbach, Aurelia Castillo. Tuvo una sección bibliográfica que comentó los últimos libros editados. Es de notar que en las últimas revistas encontradas solo aparecen programas educacionales, índices académicos, métodos de evaluación, etc., lo que indica que la publicación, paulatinamente, fue marginando las cuestiones literarias, para convertirse así en una revista técnica. El último número revisado corresponde al 31 de mayo de 1922. Según parece su publicación cesó en este año, pues León Primelles señala, en la página 569 de su *Crónica cubana. 1919-1922* (La Habana, Editorial Lex, 1957), que solo ha visto los números correspondientes al primer semestre del mismo.

Cuba. Revista de difusión cultural (Santiago de Cuba, 1930). Publicación mensual. Artes, ciencias y letras. Comenzó a salir en mayo, como una continuación de *El Chofer de Cuba*. Fue dirigida por Manuel González Borrero. En su primer número, el director expresaba que «a pesar del flamante nombre de la publicación, ni hemos de envanecernos por el humilde aporte que estos cuadernos signifiquen en la prensa literaria de nuestra patria, ni mucho menos figurarnos que esta labor nos haga merecedores a otros lauros ni a más títulos que los que, legítimamente, hasta ahora hemos ostentado». Y más adelante añadía: «Prometemos seguir editando, como hasta aquí, una revista para trabajadores alertas y estudiosos, si bien, con un más definido concepto de nuestra responsabilidad en esta esfera.» Desde el número correspondiente a julio-agosto de 1931, Luis Aguiar Poveda ocupó la jefatura de redacción. En sus páginas aparecían poemas, cuentos, artículos de crítica literaria y otros trabajos sobre arte, educación, etc. Además, consagraban la parte final al suplemento «El Chofer de Cuba, órgano oficial de la Asociación "Gremio de Conductores de Automóviles de Santiago de Cuba». Automovilismo, aviación y variedades». Fueron sus colaboradores Ángel Augier, Manuel Navarro Luna, Rafael Esténger, Lino Horroutiner, Miguel Ángel Macau, Emilio Ballagas, Rosa Hilda Zell, Ciana Valdés Roig, Héctor Poveda, Leonardo Griñán Peralta, Arturo Clavijo Tisseur, Pedro Roig Fernández-Rubio, María C. Escanaverino, Fernando Jústiz, Francisco Domenech y otros. También contó con la colaboración de escritores extranjeros, entre los que se destaca Alberto Guillén, y reprodujo textos de José Carlos Mariátegui. El último ejemplar encontrado corresponde a enero-febrero de 1932.

Bibliografía

«Año nuevo», en *Cuba*, Santiago de Cuba, 1, 19-20, 3, noviembre-diciembre, 1931.

González Borrero, Manuel, «Una variante en la marcha», en *Cuba*, Santiago de Cuba, 1, 1, 6, mayo, 1930.

Cuba Socialista (La Habana, 1961-1967). Revista mensual. Comenzó a salir en septiembre. Su consejo de dirección estaba integrado por Fidel Castro, Osvaldo Dorticós Torrado, Blas Roca, Carlos Rafael Rodríguez y Fabio Grobart. En el editorial aparecido en el primer número el Primer Ministro, comandante Fidel Castro, señalaba que los objetivos principales de la publicación eran los siguientes: «Difundir las experiencias de la

Revolución cubana. Plantear y discutir los problemas que en los distintos aspectos enfrenta la Revolución. Examinar a la luz de la teoría científica del marxismo los distintos aspectos de la lucha que libra la clase obrera con el apoyo de los campesinos y de las demás capas laboriosas por alcanzar el Socialismo. Contribuir a la preparación ideológica y política —teórica y práctica— de los cuadros y militantes revolucionarios. Dar a conocer en Cuba las experiencias, los problemas y las contribuciones teóricas de los movimientos fraternales de América Latina y del mundo.» El editorial a que nos referimos concluye expresando que la revista «estará dedicada íntegramente a la noble y humana tarea de servir a la lucha por terminar la explotación del hombre por el hombre». Tuvo varias secciones fijas: «Comentarios del mes», con notas sobre problemas internacionales; «En los países socialistas», donde se daba a conocer el desarrollo de aspectos de la vida, la historia, la economía y la educación en estos países; «Vida de la organización revolucionaria» —más tarde llamada «Vida del Partido»— en la que se planteaban asuntos referentes a la estructura y a la vida interna de los núcleos del Partido y se exponían temas al respecto planteados por Marx, Lenin y otros dirigentes revolucionarios; «Documentación», en la que se incluían declaraciones, actas y manifiestos importantes de la historia cubana y extranjera, y «Reseña de libros y publicaciones», con comentarios sobre textos marxistas, libros de historia y de

literatura. Fueron colaboradores habituales de esta última sección Mirta Aguirre y Sidroc Ramos. Otros colaboradores de la publicación fueron Juan Marinello, Ernesto Guevara, Armando Hart, Raúl Roa, Sergio Aguirre, Ladislao González Carbajal, Julio Le Riverend, Severo Aguirre, Fernando Álvarez Tabío, Raúl Ferrer, Edith García Buchaca, Pelegrín Torras, Isidoro Malmierca, José Antonio Portuondo, Raúl Valdés Vivó, Lionel Soto, Jacinto Torras, Antonio Núñez Jiménez. Con la salida del número 66, correspondiente a febrero de 1967, finalizó su publicación. En dicho número expresa el Buró Político del Comité Central del Partido Comunista de Cuba lo siguiente: «Es criterio y decisión del Buró Político que la publicación de la revista teórica oficial del Partido debe ser interrumpida hasta que el Primer Congreso del mismo adopte decisiones sobre algunos de aquellos problemas teóricos, estratégicos y tácticos del movimiento revolucionario en el mundo y sobre problemas varios de la construcción del socialismo y el comunismo.» Realizado por Aleida Domínguez se publicó *Index. Cuba Socialista 1961-1965*, La Habana, Biblioteca Nacional José Martí. Centro de Información Humanística, 1966.

Cuba y América (Nueva York, 1897-1898; La Habana, 1899-1917). Periódico quincenal ilustrado, dedicado a los países Hispanoamericanos. El número inicial apareció el 1.º de abril. Fue, según se señalaba en sus páginas, una publicación de «política, intereses generales y variedades», con «crítica, sátira, ilustraciones y caricaturas». Durante toda su existencia fue dirigida por Raimundo Cabrera, quien firmaba algunos de sus artículos con el seudónimo *Ricardo Buenamar.* Desde el 1.º de enero de 1898 apareció como «Periódico semanal ilustrado, dedicado a los países Hispano-Americanos». Su periodicidad pasó a ser mensual a partir de agosto de 1898. El último número publicado en Nueva York corresponde a septiembre de ese año. Mientras *Cuba y América* se editó en Nueva York, se definió como una publicación dedicada a los emigrados cubanos que «tratará de responder dentro de su esfera al estado de espíritu, a las necesidades que en la emigración se manifiestan, y al lado de los periódicos que con más autoridad y títulos llevan en Nueva York y en distintos lugares de América la enseñanza del combate —combatiendo también modesta y resueltamente—, será en otro orden de ideas y de labor, como el órgano en que los amantes de las letras y de los estudios políticos y críticos, reflejen sus elucubraciones en estos días amargos de incertidumbres y de destierros». La mayoría de los trabajos se referían a la insurrección en Cuba, narraban episodios de la guerra, tanto en prosa como en verso. Tuvo una sección de «Bibliografía», que comentaba los últimos libros publicados. Entre los más asiduos colaboradores de esos años figuraban Enrique José Varona, Manuel Sanguily, Nicolás Heredia (quien en ocasiones utilizaba el seudónimo *Mostaza*), Esteban

Borrero Echeverría, Martín Morúa Delgado, Benjamín Giberga, Pedro Santacilia, Francisco de Paula Coronado, los hermanos Carlos Pío y Federico Uhrbach, Rafael de Castro Palomino, Bonifacio Byrne, *Justo de Lara* (seudónimo de José de Armas y Cárdenas), Francisco Sellén, Néstor Ponce de León, Luis Montané. Muchas colaboraciones aparecían firmadas con seudónimos, tales como *Nadie* (Juan Antonio García), *Pompeyo* (Antonio González Curquejo), *Lohengrin* (Francisco García Cisneros). Al cese de la dominación española, la publicación comenzó a imprimirse en La Habana como «Revista ilustrada». El primer número editado corresponde al 6 de febrero de 1899. Su periodicidad fue quincenal hasta el 20 de octubre de 1900. Aparecían en el machón, como redactores, Nicolás Heredia y Leopoldo Cancio; como director artístico, Ricardo de la Torriente, y como colaboradores, entre otros menos conocidos, Isaac Carrillo, Carlos Manuel Trelles, Vidal Morales y Morales, Bonifacio Byrne, Alfredo Zayas, Benjamín Giberga, Tomás Estrada Palma y Andrés Segura Cabrera. Entre el 5 de agosto de 1900 y el 20 de octubre del propio año fungió como director accidental Vidal Morales y Morales. A partir de noviembre de 1900 su formato se hizo más pequeño. Desde ese número la publicación adquirió una proyección más universal, pues comenzaron a aparecer traducciones, temas científicos, novelas europeas. A partir del 1.º de enero de 1901 el formato volvió a ser mayor. El cuerpo de redacción estaba formado, entonces, por Adrián del Valle, Fernando de Zayas, Antonio González Curquejo, Jesús Castellanos, Ramón Meza y Ramiro H. Portela. El 8 de diciembre de 1901 empezó a salir, independiente de la edición mensual, una semanal que publicó entre otros materiales, novelas como *Francisco*, de Anselmo Suárez y Romero, poemas y crónicas de teatro. A partir del 13 de septiembre de 1903, la revista se editó semanalmente. Desde el 6 de octubre de 1906 el formato volvió a ser mayor y presentó el subtítulo «Revista semanal. Política, ciencias, literatura, artes, variedades». Como jefe de redacción fungía Adrián del Valle; como redactores encontramos a Leopoldo Cancio, Antonio González Curquejo, José de Armas, Fernando Ortiz, Lorenzo Frau Marsal, Jesús Castellanos, Ramiro Hernández Portela, Aniceto Valdivia, Fernando de Zayas y Blanche Zacharie de Baralt, entre otros. En el grupo de colaboradores estaban Ramón Meza, Juan Santos Fernández, Manuel Valdés Rodríguez, Héctor de Saavedra, Enrique Piñeyro, Eulogio Horta, Francisco Sellén, Francisco García Cisneros, José G. Villa, Luis Rodríguez Embil, M. Rodríguez Embil y Eduardo de Ory. A partir del 2 de noviembre de 1907 fue su administrador Adrián del Valle. Desde el 4 de diciembre de ese año volvió a cambiar de formato y comenzó a editarse dos veces por semana. Como director artístico fungía Aurelio Melero. Entre el 2 de julio de 1908 y el 14 de enero de 1909 volvió a ser semanal. Desde febrero de 1909 a noviembre de 1910

su periodicidad fue mensual. La redacción de la revista manifestaría, por esta época, que el propósito de esta publicación es «contribuir a la cultura y regeneración del pueblo cubano. Recordarle su historia, sus ideales, la especialidad de su estado político y su deber de afianzar su Constitución con la práctica recta de los principios democráticos que la informan: de desprenderse de los errores e influencias de su pasado y regir sus destinos con personalidad propia y espíritu americano». En mayo de 1910 apareció el boletín diario *El Tiempo*, que salió hasta mediados del año 1912, y que tuvo la misma dirección y administración que la revista. Desde el 5 de diciembre de 1910 la publicación cambió de formato y se editó semanalmente; entre el 5 de febrero de 1911 y febrero de 1912 fue mensual. Salvador Salazar fungió como administrador desde el 3 de septiembre de 1911. A finales de febrero de 1912 volvió a salir semanalmente, hasta el 26 de abril de 1913. El 16 de marzo de 1912 aparece Salvador Salazar como jefe de redacción. En el número correspondiente al 26 de abril de 1913 ya mencionado, en una nota del director de la publicación, se señala que «con el presente número, *Cuba y América* se despide de sus antiguos abonados. A los dieciséis años de su fundación [...] sentimos flaquear la pluma y ansias de reposo». Reapareció en octubre de 1913, ahora en su segunda época y con un tamaño menor, como publicación mensual. Fueron redactores y colaboradores Max Henríquez Ureña, Domingo Figarola Caneda,

Agustín Acosta, Emilia Bernal, Fernando Ortiz, Arturo Ramón de Carricarte, René Lufríu, Adrián del Valle, Fernando Figueredo, Héctor de Saavedra, Aurelio Miranda, Salvador Massip, Félix Lizaso. Durante todos esos años la revista publicó cuentos, secciones bibliográficas, poemas, capítulos de libros, fragmentos de novelas, traducciones, materiales históricos cubanos e internacionales. Entre otros libros editó, por capítulos, *El laúd del desterrado*, *Poesías* de Joaquín Lorenzo Luaces y *De tierra adentro*, de Jesús Castellanos. El último número publicado corresponde a abril de 1917.

Bibliografía

«Aniversario de *Cuba y América*», en *Cuba y América*, La Habana, 2.ª época, 18, 2, 1, 2, octubre, 1914.

Bueno, Salvador, «Cuba y América, 1897-1917», en *Universidad de La Habana*, La Habana, 30, 177, 153-169, enero-febrero, 1966.

Cabrera, Raimundo, «*Cuba y América*», en *Cuba y América*, La Habana, 13, 29, 1, 5-6, febrero, 1900.

«Historia de *Cuba y América*», en *Cuba y América*, La Habana, 15, 34, 1, 9-13, noviembre 5, 1911.

«Con los tiempos», en *Cuba y América*, La Habana, 10, 22, 11, 1, octubre 6, 1906.

«*Cuba y América* en su segunda época», en *Cuba y América*, La Habana, 2.ª época, 18, 3, 1, 2, octubre, 1914.

«Lo que fuimos y lo que somos», en *Cuba y América*, La Habana, 2.ª época, 17, 1, 1, 4, octubre, 1913.

Cuba y la URSS (La Habana, 1945-1952). Revista mensual, órgano del Instituto de Intercambio Cultural Cubano-Soviético. El primer número correspondió al 1.º de agosto. Estuvo dirigida por un consejo integrado por Luis Gómez Wangüemert, Domingo Ravenet, Ricardo Riaño Jauma, Antonio Quevedo y Emilio del Junco. En abril de 1948 su formato se hizo más pequeño y el consejo de dirección se redujo a tres miembros: Luis Gómez Wangüemert, Domingo Ravenet y Emilio del Junco. Desde marzo de 1949 hasta septiembre de 1950, su consejo de redacción estuvo formado por Luis Gómez Wangüemert, Domingo Ravenet y Raúl Macías. A partir de 1950 su consejo de dirección estuvo constituido por Ángel Augier, Serafín Ruiz y Raúl Macías. Fue una revista de contenido variado que tuvo como finalidad divulgar noticias sobre distintos aspectos de la vida en la URSS. Además de conocidos intelectuales soviéticos, colaboraron en la publicación Juan Marinello, Mirta Aguirre, José Luciano Franco y Félix Pita Rodríguez, entre otros. El último número visto corresponde a los meses de mayo-junio de 1952.

Cubano, El (Nueva York, 1852-1854). Periódico que comenzó a salir en 1852, según señala Carlos Manuel Trelles en la cuarta parte de su «Bibliografía de la prensa cubana (de 1764 a 1900) y de los periódicos publicados por cubanos en el extranjero» —en *Revista Bibliográfica Cubana* (La Habana, 2, 10-12, 210, julio-diciembre, 1938)—. El 5 de marzo de 1853 (volumen 1, número 1) reaparece, luego de haber dejado de publicarse debido a que en «la víspera de entrar en prensa el número 4.º de *El Cubano*, tuvimos la desgracia de que fuese destruida, por un incendio a medianoche, la oficina de *La Verdad*, en la cual se imprimía nuestro papel», como expresan en el primer número. Su subtítulo lo caracterizaba como un «Periódico político, literario y económico». Su lema era «Patria y Libertad». Fue fundado por Miguel Teurbe Tolón, quien además lo redactaba en español e inglés. «La nueva forma con que reaparece *El Cubano* —señala— es no solamente más manuable y elegante, cual conviene a semejante clase de publicaciones, sino que cada número de esta nueva serie contendrá una quinta parte más de lectura que los de la antigua. Publicándose cada mes tres números de ocho páginas.» Tenía como objetivo, según expresión propia, «difundir por toda Cuba y Puerto Rico los principios y opiniones que tienden a su Revolución de independencia como único medio de salvarla de los peligros que la cercan».

Al igual que otros muchos periódicos publicados por los emigrados cubanos, sus páginas estaban dedicadas a hacer propaganda a favor de la libertad de la isla y a ofrecer noticias sobre las actividades que para lograrla se llevaban a cabo. Su tendencia era el anexionismo. También se publicaban poesías, novelas y ex-tractos de discursos sobre la cuestión cubana, pronunciados en la Cámara de Representantes de Washington. Miguel Teurbe Tolón publicó su novela «Lola Guara». Las colaboraciones aparecían, por lo general, firmadas con seudónimos: *María Toles, Don Juan, Jején, Carlos de Colins*. Además fueron publicadas poesías de José Agustín Quintero y Antonio María Betancourt. En una nota «A los comunicantes» se señalaba que el periódico «no admitirá comunicados anónimos ni bajo seudónimo, que no traigan al pie la firma verdadera de su autor, cuyo secreto será guardado estrictamente, publíquese, o no, el artículo. Se exceptúan de esta regla las comunicaciones de nuestros amigos de Cuba y Puerto Rico». Solo se han encontrado tres ejemplares, el último con fecha 25 de mayo de 1853, pero Trelles indica en su trabajo antes citado, que su salida se extendió hasta enero de 1854.

Cubano Libre [de Santiago de Cuba] El (Véase **Páginas literarias**)

Cuento El cultivo del cuento —tal como modernamente lo consideramos— resulta de aparición tardía en Cuba, incluso con relación al surgimiento de la novela. En rigor, el primer libro de cuentos en esta acepción que señalamos —*Lectura de Pascuas*, de Esteban Borrero Echeverría— no viene a publicarse hasta las postrimerías del siglo XIX (1899). El estudio de la cuentística cubana antes de esta fecha está aún por hacerse, pues, dadas las transformaciones del género, una cuidadosa revisión de las revistas literarias del siglo XIX, así como de las páginas de nuestros costumbristas, es factible que arroje un saldo de relatos —si no cualitativamente valiosos al menos cuantitativamente copiosos— que pudieran ubicarse dentro de lo que modernamente clasificamos como viñetas. La propia imprecisión del género, reflejada en la terminología de la época, ha movido a confusión durante años a los historiadores de nuestra literatura, quienes tradicionalmente han venido considerando como novela *Matanzas y Yumurí* (1837) de Ramón de Palma, con solo escasas páginas de extensión, mientras que *Mozart ensayando su Requiem* (1881), de Tristán de Jesús Medina —una noveleta— se halla clasificada como cuento.

Con todo, esta forma no estuvo ausente de la producción de algunas de nuestras figuras literarias más valiosas del siglo XIX (Martí, quien en *La edad de oro* nos legó la más hermosa trilogía de relatos con que cuenta la narrativa infantil nacional; Casal, Manuel de la Cruz, Cirilo Villaverde); pero ninguno de ellos recogió en volumen estas manifestaciones, las cuales —por otra parte no constituyen lo medular de su actividad como creadores. Resulta lícito, pues, mientras no se realice la investigación que hemos señalado con anterioridad, considerar *Lectura de Pascuas* como el libro de partida de nuestra cuentística.

Es de deplorar que Borrero Echeverría no incluyera en este tomito su cuento filosófico «Calófilo» —publicado en la *Revista de Cuba* en 1879—, muy superior a las otras tres narraciones que conforman el volumen. Años más tarde, publicaría el mejor de sus cuentos: *El ciervo encantado* (1905), alegoría de gran interés sociológico por la sutileza con que en él se aborda un tema —el de la frustración revolucionaria motivada por la ingerencia norteamericana— que habrían de desarrollar con posterioridad los novelistas de la primera generación republicana. No resulta insólito, pues, el silenciamiento que hizo objeto a este cuento la crítica burguesa durante más de medio siglo.

Pero la producción narrativa de Borrero Echeverría es escasa y lastrada por un demasiado evidente propósito filosófico. En realidad, la cuentística de temática cubana tiene su inicio en los cuentos de *De tierra adentro* (1906), de Jesús Castellanos, cuyo acercamiento al campesino en este libro —tanto temática como formalmente— resulta, sin embargo, esteticista, externo. Póstumamente, su obra cuentística no recogida en *De tierra adentro*, la cual se inclina a un cosmopolitismo de decidida filiación naturalista sin que por ello deje de encontrarse presente la nota de denuncia social que cada vez iría acentuándose en la producción ulterior de este autor, fue recogida al compilar sus obras la Academia Nacional de Artes y Letras en 1916.

Con todo, la obra cuentística de Jesús Castellanos no tuvo continuadores de talla. Mientras que en poesía nuestro posmodernismo puede mostrar con orgullo el binomio Boti-Poveda, y en la novela, aparte del propio Jesús Castellanos, Carlos Loveira y Miguel de Carrión lograron obras de incuestionable significación entre nosotros, en el período que media entre la publicación de *De tierra adentro* hasta la aparición de *La pascua de la tierra natal* (1928), de Luis Felipe Rodríguez, la única obra cuentística importante de autor cubano se desarrolla lejos de nuestra patria, aunque no completamente desvinculada de ella. Nos referimos, por supuesto, a la de Alfonso Hernández Catá, quien continuaría la directriz cosmopolita trazada en nuestra cuentística por Jesús Castellanos bajo la influencia del gran modelo que para los cuentistas de la época representaba Guy de Maupassant. Ante los relatos de Hernández Catá palidecen los de Luis Rodríguez Embil, Miguel Ángel de la Torre y los muy escasos de Loveira y Carrión, aquéllos que con mayor calidad literaria cultivaron el género en este período.

La otra directriz trazada por Jesús Castellanos encuentra su más alta expresión en la obra de Luis Felipe Rodríguez, quien con su ya citado libro *La pascua de la tierra natal* y muy especialmente con *Marcos Antilla* (1932), al desviar su atención del propósito sicológico que movía a Castellanos y a Hernández Catá y al centrarla en el sociológico hasta poner claramente de relieve la raíz de los males que afligían al campesino cubano, marca un hito en nuestra cuentística, cuyo rumbo ulterior determinará por varias décadas.

Respondiendo a un criterio estrechamente formalista, se ha tendido a menudo —aún después de nuestra Revolución— a subestimar la importancia literaria de Luis Felipe Rodríguez, argumentándose las deficiencias formales de sus cuentos. Es cierto que hay pobreza formal en sus relatos (pobreza formal de la que, por otra parte, tampoco estaban exentos los contemporáneos suyos que suelen oponérsele, quienes —desdichadamente— tuvieron más alientos para copiar modelos foráneos que para crear una cuentística nacional), mas, con todo, nos parece de elemental justicia para con Luis Felipe recordar que el llamado a la búsqueda de los valores autóctonos que en una de sus direcciones postuló el vanguardismo, encontró oído receptivo en nuestra cuentística en la obra de este autor, obra que no estaba a contrapelo con la norma estética de su época, sino que formaba parte de su sector de avanzada. Resulta injusto, pues, evaluar su obra ahistóricamente y aplicarle una tabla de valores actual que atienda solo a los elementos formales de la obra.

El movimiento de vanguardia, particularmente fecundo en nuestra poesía, se dejó sentir también en nuestra cuentística.

En 1930 escribió sus cuentos Arístides Fernández, aunque su impresión como libro no vino a realizarse hasta 1959, ya triunfante nuestra Revolución. También en 1930, Pablo de la Torriente Brau, en colaboración con Gonzalo Mazas Garballo, publica *Batey*.

La cuentística de estos dos autores ostenta diferencias sustanciales con respecto a la cultivada en las décadas anteriores. Arístides Fernández resulta el más influido por las corrientes literarias de vanguardia y el que más se aleja en su obra de los cánones naturalistas imperantes hasta entonces en buena parte de nuestra narrativa. En algunos de sus cuentos pueden rastrearse elementos expresionistas y, en general, sus relatos constituyen un precedente de una cuentística arrealista (tomando el término en su acepción más estrecha) que, pasando por los narradores de Orígenes en los años cuarenta, va a encontrar su mayor cultivo en los primeros años de la década del sesenta al setenta.

Los cuentos de *Batey* no hacen entera justicia al talento narrativo que indudablemente poseyó Pablo de la Torriente Brau. Escritos antes de que su autor cumpliera los treinta años, se resienten de cierta ingenuidad tanto formal como temática. Son cuentos de gran dinamismo, escritos con desenfado casi deportivo (piénsese en la importancia que revisten en ellos los motivos tomados al deporte, especialmente en «Páginas de una alegre juventud», relato con que cierra su libro), de muy variada temática, los cuales acusan ya la benéfica influencia de autores norteamericanos —especialmente la de O'Henry «El héroe», «Asesinato en una casa de huéspedes»—) y una superación del naturalismo zolesco de los autores de la primera generación republicana.

Colaboran también en esta corriente renovadora del género, Federico de Ibarzábal, fuertemente influido por Conrad, con las narraciones de *Derelictos* (1937) y *La charca* (1938), así como Enrique Serpa, cuyos mejores cuentos —«Aleta de tiburón», «La aguja»— se insertan en el volumen *Felisa y yo* (1937). Años más tarde, Serpa publicaría otro libro de cuentos —*Noche de fiesta* (1951) en el que repite, sin superarlas, la temática y las técnicas formales de su primer libro, lastrado ya por un naturalismo tardío, pleno de recursos melodramáticos.

El tema negro, que alcanzó en el género de poesía su expresión estética más afortunada entre nosotros, no dejó de tentar a los cuentistas. Lydia Cabrera con sus colecciones de relatos *Cuentos negros de Cuba* (1940) y *Por qué...* (1948) se destaca entre sus cultivadores. A ella se unen, entre otros, Ramón Guirao, Carlos Cabrera, Rómulo Lachatañeré (*O mío Yemayá*, 1938), y Gerardo del Valle, quien recogería sus cuentos ya bien entrada la Revolución en el volumen 1/4 *Fambá y 19 cuentos más* (1967.

La década del cuarenta al cincuenta es particularmente fecunda para nuestra cuentística. En ella llegan a su madurez o producen sus obras más significativas algunos de nuestros más destacados narradores.

De esta década son algunos de los relatos que con posterioridad recogerá en el volumen *Guerra del tiempo* (1958) la primera figura de nuestra narrativa, Alejo Carpentier. Igualmente aparecen en ella los cuentos de *Carne de quimera* (1947) y *Trailer de sueños* (1949), de

Enrique Labrador Ruiz, quien en la década anterior había escrito una trilogía de novelas importantes entre nosotros por las innovaciones técnicas que introducían. Surgen los primeros cuentos acabados de nuestros dos más señalados cuentistas contemporáneos: Onelio Jorge Cardoso y Félix Pita Rodríguez. Aparece también la antología de cuentos cubanos de José Antonio Portuondo —*Cuentos cubanos contemporáneos* (1947)—, la cual tiene como precedente la realizada por Federico de Ibarzábal —*Cuentos contemporáneos* (1937)—, primera de este tipo en Cuba. I, finalmente, es creado el Premio Hernández Catá, de tan saludable influencia para el desarrollo de nuestra cuentística. A este concurso anual, que se prolongó por más de una década, presentaron sus cuentos los más destacados narradores de aquel momento. Premios o menciones fueron obtenidos, entre otros, por Onelio Jorge Cardoso, Félix Pita Rodríguez, Enrique Labrador Ruiz, Dora Alonso, Ernesto García Alzola, Raúl González de Cascorro, Raúl Aparicio, José María Carballido Rey, Rosa Hilda Zell.

En contraste con la década precedente, el período que media entre 1950 y el triunfo de nuestra Revolución muestra un cierto estancamiento en el proceso evolutivo del género. Es obvio que el clima político vivido durante la tiranía batistiana conspiraba en contra del cultivo pleno de la literatura. Entre *El gallo en el espejo* (1952), de Labrador Ruiz, hasta la publicación de *El cuentero* (1958), de Onelio Jorge Cardoso, el saldo de la producción cuentística

en nuestro país resulta desalentador. El grupo que se nucleó en torno a la revista *Orígenes*, como se sabe, se consagró fundamentalmente al cultivo de la poesía: pero, aún así, algunos de sus integrantes incursionaron en el cuento de modo ocasional. Entre ellos sobresale Eliseo Diego, quien continuará la directriz poético-imaginativa comenzada en los años treinta por Arístides Fernández —a quien el grupo reivindica— en oposición a la línea criollista que continuaba prodigándose, pero ya con mengua de su eficacia artística.

Al triunfo de la Revolución, con respecto a la norma estética prevaleciente, se aprecia una marcada tendencia por parte de los escritores que forman su núcleo de avanzada a liquidar, tanto temática como formalmente, los restos del criollismo cultivado en las décadas anteriores. En estos autores, la influencia de la literatura norteamericana que ya habíamos apuntado como fuerza impulsora de nuestra cuentística a partir, primordialmente, de los años cuarenta, se torna decisiva y se mantendrá, aproximadamente, hasta 1966 en que de modo paralelo comienza a observarse la influencia cada vez más creciente de modelos que proceden de la literatura latinoamericana. Es de resaltar el auge que en los primeros años de la Revolución tuvo la cuentística de la llamada «ficción científica» o la de mera fantasía, cuentística que —en general— tuvo como común denominador el desasimiento de la circunstancia inmediata y en particular del proceso revolucionario por parte de sus autores.

La temática del quehacer revolucionario, por supuesto, no había dejado de cultivarse del todo. Una muestra la tenemos en *Gente de Playa Girón* (Premio Casa de las Américas 1962), de Raúl González de Cascorro. Pero es a partir de esta fecha señalada que aparece una nueva promoción de cuentistas, quienes —si bien con características individuales muy definidas— se preocupan por expresar artísticamente la coyuntura revolucionaria que les toca vivir, bien abordando la temática de las luchas internas contra los enemigos de la Revolución, en particular la lucha contra los bandidos en las montañas de El Escambray (buena parte de la producción de nuestros narradores más jóvenes ha abordado esta temática, así como la generada por la heroica victoria de nuestro pueblo en Playa Girón), bien tratando de traducir estéticamente en sus infinitas circunstancias cotidianas, el ingente esfuerzo de nuestro pueblo por edificar el socialismo. Entre estos autores se destacan Jesús Díaz (*Los años duros*, 1966); Julio Travieso (*Días de guerra*, 1967, *Los corderos beben vino*, 1970); Hugo Chinea (*Escambray* 60, 1970, *Contra bandidos* 1973); Sergio Chaple (*Ud. sí puede tener un Buick*, 1969); Manuel Cofiño (*Tiempo de cambio*, 1969); Enrique Cirules (*Los perseguidos*, 1971); Julio Chacón (*Canción militante en tres tiempos*, 1972.

Paralelamente a la obra de estos más jóvenes autores, cuentistas de generaciones anteriores continúan produciendo sus obras, tales como César Leante (*La rueda y la serpiente*, 1969); Imeldo Álvarez (*La sonrisa y la otra cabeza*, 1971); Noel Navarro (*La huella del pulgar*, 1972); Antonio Benítez (*Tute de Reyes*, 1967, *El escudo de hojas secas*, 1968). En tanto, algunos de los cuentistas más destacados de los años cuarenta —Onelio Jorge Cardoso, Félix Pita Rodríguez, Dora Alonso— continúan desarrollando su obra con ejemplar espíritu renovador, como puede apreciarse en los cinco volúmenes de nuevos cuentos (*El caballo de coral*, 1960; *La otra muerte del gato*, 1964; *Iba caminando*, 1966; *Abrir y cerrar los ojos*, 1969; y *El hilo y la cuerda*, 1974) que con posterioridad al triunfo de la Revolución ha publicado Onelio Jorge Cardoso.

El saldo de la cuentística cubana posrevolucionaria hasta la fecha resulta, quizás, el más satisfactorio que puedan mostrar los distintos géneros literarios cultivados entre nosotros en este período. Cada año los distintos concursos nos revelan el surgimiento de escritores noveles de alta promesa, los cuales con gran frescura van dejando la impresión literaria de la magna empresa que con su trabajo tesonero gesta nuestro pueblo.

Por otra parte, el Primer Congreso Nacional de Educación y Cultura, al delimitar muy claramente los lineamientos de lo que ha de ser la producción literaria en nuestro país, garantiza su correcto desarrollo, por lo que nada obsta para que, haciendo suya la ya rica tradición que en el género posee nuestra literatura y asimilando lo más valioso de la narrativa universal, las nuevas generaciones de narradores deparen a Cuba un sitial de primerísima jerarquía dentro de la cada vez más pujante literatura latinoamericana.

Bibliografía

Abesgaus, Maia, «*El cuento cubano del siglo XX*», en *Literatura Soviética*, Moscú, 10, 177-182, 1966.

Álvarez, Imeldo, «Prehistoria del cuento en Cuba», en *La Gaceta de Cuba*, La Habana, 10, 103, 13-15.

may-junio, 1972.

Benítez, Antonio, «Los precursores del cuento en Cuba», en *Unión*, La Habana, 9, 1, 6-13, marzo, 1972.

Bueno, Salvador, «Trayectoria del cuento y la narración corta en Cuba», en *Libro de Cuba*, La Habana, publicaciones Unidas, 1954, págs. 602-606.

Fernández Cabrera, Carlos, «La novela y el cuento en Cuba», en *Álbum del cincuentenario de la Asociación de Repórters de La Habana*, 1902-1952, La Habana, Editorial Lex, 1953, págs. 217-222.

Fornet, Ambrosio, *En blanco y negro*, La Habana, Instituto Cubano del Libro, 1967.

Puente, Antonio Eligio de la «Introducción» en Palma, Ramón de, *Cuentos cubanos*, La Habana, Cultural, 1928, págs. V-XLIV.

Remos y Rubio, Juan José, *Tendencias de la narración imaginativa en Cuba*, La Habana, La Casa Montalvo y Cárdenas, 1935.

Rodríguez Feo, José, «Breve recuento de la narrativa cubana», en *Unión*, La Habana, 6, 4, 131-136, diciembre, 1967.

Cuento, **El** (La Habana, 1921-Id.). Publicación mensual. Comenzó a salir en febrero. La propia revista expresa que estaba dedicada exclusivamente a la publicación de cuentos. En cada edición salían tres cuentos, uno cubano, otro español y otro vertido del francés o del inglés. Sobre los mismos señala que «los cuentos castellanos serán rigurosamente inéditos, y las traducciones se harán de las últimas revistas extranjeras, a fin de impedir que otras publicaciones se adelanten en la traducción». Entre los cuentos publicados figuraron los de Eduardo Zamacois, Pedro Mata, Armando Palacio Valdés, Augusto Martínez Olmedilla, Alfonso Hernández Catá, Lorenzo Frau Marsal, Luis Rodríguez Embil, Francisco G. de Cisneros y otros. El último ejemplar revisado corresponde a abril de 1921.

Cuevas Zequeira, **Sergio** (San Juan, Puerto Rico, 31 enero 1863-La Habana, 6 marzo 1926). Cursó las primeras letras en su ciudad natal y el bachillerato en Santurce (Puerto Rico). Ejerció el magisterio y fue director del Liceo de Mayagüez. Se graduó de Doctor en Filosofía y Letras en la Universidad de La Habana (1897), de la cual fue después profesor interino. Volvió a Puerto Rico en 1898. Allí, además de sus actividades pedagógicas, fundó los periódicos *El Territorio* y *Diario de Puerto Rico* y fue director de *El Liceo* y *El Liberal*. Regresó a Cuba ese mismo año y se dedicó al periodismo. Participó en las contiendas electoralistas de principios de la República. Llegó a ser electo consejero provincial. En 1913 volvió a la Universidad de La Habana como profesor auxiliar de Psicología, Moral y Sociología. Colaboró en *Diario de la Marina*, *La Opinión Nacional*, *La República Cubana*, *El Fígaro*, *Bohemia*, *Arte*, *La Discusión*. Estuvo entre los primeros redactores de *El Mundo*. También fundó la revista *Las Antillas* y dirigió *La Gaceta de Bellas Artes*. Fue miembro de la Sociedad Teatro Cubano, del Club Cubano de Bellas Artes, del Ateneo de La Habana y fundador de la Academia de la Historia de Cuba. La Academia Internacional de Bruselas lo nombró Profesor Honorario. Dejó inéditos los trabajos *Pláticas literarias*, *La revolución rusa* y *Problemas de la memoria*.

Bibliografía activa

Tesis para optar al grado de Doctor en la Facultad de Filosofía y Letras, leída y sostenida, Octubre de 1897, La Habana, Imprenta P. Fernández, 1897.

En la contienda, colección de artículos políticos, prólogo de Gastón Mora, La Habana, Tip. El Fígaro, 1901.

Pláticas agridulces, satirillas políticas y literarias, prólogo de Manuel Márquez Sterling, La Habana, Imprenta P. Fernández, 1906.

Discurso pronunciado por don Sergio Cuevas Zequeira en el acto de la repartición de premios a los alumnos del Centro Gallego efectuado en el Gran Teatro Nacional, La Habana, Imprenta de Solana, 1911.

Discurso pronunciado en la repartición de premios a los alumnos de la Asociación de Dependientes del Comercio el día 2 de septiembre de 1917, La Habana, Imprenta P. Fernández, 1918.

La función histórica de España en la Edad Media, discurso pronunciado en el Centro Asturiano el 4 de agosto de 1918, La Habana, R. Orizondo, 1918.

Carlos Manuel de Céspedes, discurso pronunciado en la noche del 10 de octubre de 1918, La Habana, Imprenta El Siglo XX, 1919.

Apuntes de moral, tomados en cátedra, según las diarias conferencias, por el alumno Manuel H. Hernández, La Habana, Imprenta y papelería de Rambla y Bouza, 1920.

Apuntes de sociología, tomados en clase por Horacio Reyes Lovio, Ángel F. Jiménez y Augusto Venegas Muiña, La Habana, Tip. Musical, 1921.

Discurso leído en la Academia de la Historia el 22 de junio de 1922, La Habana, Tipografía Moderna de Alfredo Dorrbecker, 1922.

Carlos Manuel de Céspedes, oración inaugural de la serie destinada por la Sección de Ciencias Históricas del Ateneo de La Habana a glorificar a los grandes hombres de Cuba, La Habana, Tipografía Moderna de Alfredo Dorrbecker, 1923.

Discurso pronunciado en el Club Femenino, La Habana, Tipografía Moderna de Alfredo Dorrbecker, 1923.

Discurso pronunciado en la Universidad de La

Habana confiriendo al Doctor Enrique José Varona el título de Catedrático Honorario, La Habana, Tipografía Moderna de Alfredo Dorrbecker, 1923.

Manuel de Zequeira y Arango y los albores de la literatura cubana, apuntes para un ensayo histórico-crítico, La Habana, Tipografía Moderna de Alfredo Dorrbecker, 1923, Biblioteca de las Antillas, Colección de folletos literarios, históricos y filosóficos, 3.

El Padre Varela, contribución a la historia de la filosofía en Cuba, La Habana, Tipografía Moderna de Alfredo Dorrbecker, 1923.

Discurso pronunciado en el Centro Catalán con motivo del 203.º aniversario de la pérdida de las libertades catalanas, La Habana, *Graphical Arts*, 1924.

Mirando hacia el lejano ayer, apuntes, La Habana, *Graphical Arts*, 1924.

Tres joyas de la literatura cubana, La Habana, *Graphical Arts*, 1924.

Mis primeros pasos, apuntes biográficos, La Habana, Nuestra Señora de Monserrat, 1925.

Ultima verba, La Habana, Nuestra Señora de Monserrat, 1925.

Bibliografía pasiva

Castellanos, Jesús, «Doctor Sergio Cuevas Zequeira», en su *Cabezas de estudio, siluetas políticas*, La Habana, Imprenta Militar, 1902, págs. 101-103.

González, Gerardo G., «Sergio Cuevas Zequeira, íntimo», en *Bohemia*, La Habana, 18, 12, 20, marzo 21, 1926.

Rodríguez García, José Antonio, *Elogios del Doctor Sergio Cuevas Zequeira, individuo de número, leído en la sesión solemne celebrada en la noche del 14 de marzo de 1928*, La Habana, Imprenta El Siglo XX, 1928.

Cultura (Guanajay, Pinar del Río, 1909). Revista de ciencias, arte e intereses generales. Comenzó a salir el 7 de noviembre en forma mensual. Era dirigida por Arturo Galí. La redactaban Moisés Miró, Ángel Ortega, Manuel Reyes y Luis Yero. Presentó dos lemas: «*Labor Omnia Vincit*» y «Solo la verdad nos pondrá la toga viril». Tenía entre sus propósitos, según expresa la revista, «propagar, difundir la ciencia, aunar ésta en armonioso y bello consorcio, a la amena literatura que solaza y da esparcimiento al ánimo, estableciendo de esta suerte un agradable y sugestivo dualismo. Es lo que nos proponemos los que esta Revista redactamos [...]». Más adelante señala que «la parte pedagógica [...] ha de revestir mayor interés que otra alguna, pues la sagrada y noble causa de la enseñanza, merecerá, justamente nuestra preferente y decidida atención». Poesías, aforismos, cuentos, trabajos sobre educación y certámenes literarios y pedagógicos completan la línea de Cultura. Colaboraron en sus páginas Federico Uhrbach, Fermín Valdés Domínguez, Joaquín Nicolás Aramburu, José Rodríguez Vélez, Adolfo Castellanos, Manuel M. Azcuy,

Julio Jover Anido y otros. El último ejemplar revisado corresponde al 7 de abril de 1910.

Cultura '64 (Santiago de Cuba, 1964-1967). Periódico mensual de arte y literatura. Publicado por el Consejo Nacional de Cultura de Oriente. Comenzó a salir en enero, con Rebeca Chávez como responsable de edición. En el primer número expresaban: «...iniciamos este «tabloide» que recogerá al máximo de sus posibilidades, no solamente opiniones críticas de las más diversas corrientes, sino que difundirá todo aquello que en materia de arte y literatura sea difundible, entendiendo con esto lo que posea calidad y valor, para ello nuestra divisa fundamental ha sido marcada ya por nuestro Primer Ministro: «...con la Revolución todo, contra la Revolución nada...» Desde junio de 1964 empezó a funcionar un consejo de redacción integrado por Madeline Santa Cruz Pacheco y Raúl Pomares. Además de dar a conocer en sus páginas a los nuevos valores literarios de la ciudad, esta publicación mantuvo una constante información sobre los más diversos aspectos del quehacer cultural de Santiago, tanto del presente como del pasado, sin olvidar por ello lo nacional e internacional. Colaboraron en ella, fundamentalmente, los jóvenes escritores y críticos de la capital oriental, entre los que se destacan, por su más constante aporte, Orlando Alomá, Belkis Cuza Malé y Rigoberto Cruz Díaz. Aparecieron trabajos ocasionales de José Antonio Portuondo, Ángel Arango y Lina de Feria. Este tabloide se publicó ininterrumpidamente hasta junio-julio de 1966. Desde ese momento hasta febrero de 1967 (fecha en que salió el último número) solo apareció una vez, sin numeración. La revista *Catálogo*, editada por la biblioteca «Elvira Cape», de Santiago de Cuba, dedicó el número correspondiente a noviembre-diciembre de 1972 (año 2, número 6) al «Índice de Cultura '64».

Culturales (La Habana, 1966-1967). Revista editada por la Dirección de Divulgación y Publicación del Consejo Nacional de Cultura. Comenzó en noviembre. Integraban la redacción Noel Navarro, Nicolás Cossío y Reynaldo González; los dos primeros formaron, desde el segundo número, el consejo de redacción. Dedicada a ofrecer un amplio panorama de todo el quehacer cultural en el país, aparecían en sus páginas artículos informativos sobre música, museos, monumentos, teatro, cine, arte, exposiciones, etc. Además, se publicaron entrevistas con autores y artistas. Firmaban estos trabajos los redactores antes mencionados. También contó con la colaboración de Nora Badía. El último ejemplar encontrado (número 3) corresponde a enero de 1967.

Curioso Americano, El (La Habana, 1892-1895 [...]; 1939). Correspondencia entre literatos, americanistas, anticuarios, timbrólogos, & & y revista de todo género de documentos y noticias interesantes. Durante toda su existencia fue dirigida por Manuel Pérez Beato. Su periodicidad varió en el transcurso de los años, pero prevaleció la salida mensual. La primera época de la publicación comprende del 1.º de diciembre de 1892 a julio de 1893, período en el cual editó catorce números; el año 2 comenzó en octubre de 1894 y finalizó en febrero de 1895, tiempo en el que publicó cinco números. Volvió a salir, ahora en su tercera época, el 15 de julio de 1899 y se publicó hasta octubre de 1900, con un total de doce números editados. Entre enero y mayo de 1901 salieron cinco números. Reapareció en mayo de 1907, ahora en su cuarta época, hasta mayo-junio de 1912. El año 5 aparece en noviembre de 1919, hasta mayo de 1920. No vuelve a ver la luz hasta los meses de septiembre y octubre de 1927, con el subtítulo de «Revista de historia y literatura»; sus salidas en esta época fueron muy irregulares. Desde mayo-junio de 1929 no volvió a aparecer sino hasta septiembre de 1939. Esta revista, de carácter más histórico que literario, tuvo dos secciones principales: una de preguntas y respuestas, donde se evacuaban datos curiosos de interés para literatos, americanistas, anticuarios e historiadores, y otra que tuvo como fin «dar publicidad a cuantos documentos, noticias, descubrimientos, etc., sean dignos de sacarse del olvido, sobre todo relacionados con la historia de Cuba». Publicó también genealogías de apellidos cubanos notables. El último número visto corresponde a diciembre de 1939. Bajo la responsabilidad de Araceli García Carranza se ha confeccionado su índice, que se encuentra a disposición del público en las gavetas del departamento de Colección Cubana de la Biblioteca Nacional José Martí.

Cúspide (Central Mercedita, La Habana, 1937-1939). Publicación mensual. Órgano del Club «Mercedita». Comenzó a salir el 15 de marzo, bajo la dirección de José Cabrera Díaz. En marzo de 1939 su jefe de redacción, Félix Muñoz, expresa: «*Cúspide* es, sin duda alguna, al presente, crisol donde se han fundido las esperanzas de buena parte de la intelectualidad "ignorada» de Cuba.» Publicó fundamentalmente poesía, cuento y crítica literaria. Presentó artículos sobre historia de Cuba, educación, instituciones culturales y figuras literarias. Parte de sus páginas estuvieron dedicadas a la mujer, en el aspecto político y cultural. También salieron notas bibliográficas de libros publicados recientemente. Colaboraron en sus páginas Fernando Ortiz, Mirta Aguirre, Ángel Augier, Mariblanca Sabas Alomá, Dora Alonso, Ricardo Riaño Jauma, Enrique Serpa, Marcelo Salinas, Rafael Marquina, Raimundo Lazo, Félix Lizaso, Josefina García Marruz, Antonio Penichet, Agustín Acosta y otros. Cesó su publicación en agosto de 1939.

Bibliografía

Madruga, Juan de, seudónimo, «Muere un animador de la cultura», en *Cuba Nueva en Acción*, La Habana, 2.ª época, 1, 27, 12, agosto 9, 1939.

Cuza Malé, Belkis (Guantánamo, Oriente, 15 junio 1942). Cursó la primaria en su pueblo natal. Se graduó de Bachiller en Letras en el Instituto de Santiago de Cuba (1956-1961). Comenzó estudios en las Escuelas de Letras de las universidades de Oriente y de La Habana, pero no los concluyó. Fue responsable de Relaciones Exteriores y de Literatura y Publicaciones del Provincial del CNC de Oriente. Trabajó como profesora de español en secundarias de Santiago de Cuba. Ha colaborado en *Hoy*, *Granma*, *Surco*, *Sierra Maestra*, *Cultura '64*, *Oriente*, *Pueblo y Cultura*, *Unión*, *Casa de las Américas*, *La Gaceta de Cuba*, *El Mundo*, *Bohemia*, *Pájaro Cascabel* (México). *El Escarabajo de Oro* (Argentina), *Calé Solo*, *Unicornio* (Estados Unidos), *Ruedo Ibérico* (España), *Lettres Nouvelles* (Francia). Obtuvo menciones de poesía en los concursos Casa de las Américas 1962, 1963, 1969 y 1970, y en el UNEAC 1968. En este último concurso ganó también mención de biografía. Desde 1968 trabaja como redactora en *La Gaceta de Cuba*.

Bibliografía activa

El viento en la pared, poemas, prólogo de Juan Fernando Esguerra, Santiago de Cuba, Universidad de Oriente, Departamento de Extensión y Relaciones Culturales, 1962.

Los alucinados, Santiago de Cuba, Unión de Escritores y Artistas, 1962.

Tiempos de Sol, poesía, La Habana, Ediciones El Puente, 1963.

Cartas a Ana Frank, La Habana, Ediciones Unión, 1966.

Bibliografía pasiva

Pérez Sarduy, Pedro, «El epistolario Belkis-Ana», en *El Caimán Barbudo*, La Habana, 3, 22-23, junio, 1966.

CH

Chacón, **Julio A.** (Matanzas, 22 mayo 1936).
Se graduó de maestro en la Escuela Normal de
Matanzas. Durante la lucha contra la tiranía de
Batista fue dirigente estudiantil. Militó también
en el Movimiento 26 de julio. Al triunfo de la
Revolución trabajó en Radio 26 y en el perió-
dico *Girón*, ambos de su ciudad natal. Ganó el
Premio David de cuento en 1971 con su libro
Canción militante a tres tiempos. Miembro
del Partido Comunista de Cuba, Labora en el
Ministerio del Azúcar, donde dirige el Centro
de Información.

Bibliografía activa

Canción militante a tres tiempos, La Habana,
UEAC, 1972.

Bibliografía pasiva

Callejas, Bernardo, «Premios David 1971.
Canción militante a tres tiempos», en *Universidad de La Habana*, La Habana, 196-197, 2-3,
356-358, 1972.

Chacón Nardi, **Rafaela** (La Habana, 24
febrero 1926-11 marzo 2001). Maestra normalista. Graduada de la Facultad de Educación de
la Universidad de La Habana. Realizó estudios
de posgraduada en París y Chile. Ha obtenido
varias becas, entre ellas la de la UNESCO en
1963. Trabajó como maestra de enseñanza primaria, profesora de la Escuela Normal y de los
cursos de verano de las universidades de La
Habana y Las Villas. Ha desempeñado labores
como funcionaria del Centro Regional de la
UNESCO en el Hemisferio Occidental y, dentro
del Ministerio de Educación de Cuba, como
coordinadora e inspectora nacional de artes
visuales, directora de Extensión Educacional
y vicedirectora del Instituto de Superación
Educacional. Viajó a Perú, Brasil, México,
España, Italia, Bélgica, Holanda, URSS, RDA
y Bulgaria. Ha representado a Cuba en distintos congresos internacionales. Participó en
el Congreso Cultural de La Habana (1968) y
en el Primer Congreso Nacional de Educación
y Cultura (1971). Tiene colaboraciones en
Gaceta del Caribe, *Noticias de Hoy*, *El Mundo*,
El País, *Revista Lyceum*, *Bohemia*, *Boletín
Cubano de la UNESCO*, *La Gaceta de Cuba*,
Casa de las Américas; Cuadernos Americanos,
Revista Antológica América (México). Su obra
poética ha sido traducida al ruso, al francés y
al inglés y recogida en antologías. Desde 1970
es asesora nacional de educación artística en
la dirección de formación del personal docente
del MINED.

Bibliografía activa

Viaje al sueño, poemas, La Habana, 1948.
Viaje al sueño, 36 nuevos poemas y una car-
ta de Gabriela Mistral, La Habana, Sociedad
Colombista Panamericana, 1957.
Monografía de la profesión del periodista, La
Habana, Universidad de La Habana, Facultad
de Educación, 1949.
La alfabetización en México, una experiencia

educativa que pudiera utilizarse en Cuba, México D. F., Ediciones Lyceum, 1951.

Los museos y la educación, La Habana, Comisión Nacional Cubana de la UNESCO, 1957.

Homenaje a Conrado y a Manuel, La Habana, FMC-MINED, 1962.

Apreciación de las artes visuales, La Habana, MINED, 1963.

De rocío y de humo, Elegía, Madrid-Palma de Mallorca, Mossen Alcover, 1965.

Relieves griegos, Marianao, La Habana, Imprenta MINED, 1967.

Egipto antiguo, La Habana, Imprenta MINED, 1968.

Cuba precolombina, Talla y cerámica, La Habana, Imprenta MINED, 1969.

Prehistoria hispánica, La Habana, Imprenta MINED, 1969.

Prehistoria, II. Lascaux, La Habana, Imprenta MINED, 1969.

Perú precolombino, La Habana, Imprenta MINED 1970.

Pintura cubana, Portocarrero, La Habana, Imprenta MINED, 1970.

Vasos griegos, La Habana, MINED 1970.

Arquitectura colonial cubana, La Habana, Imprenta MINED, 1973.

Expresión plástica infantil, Didáctica, I, La Habana, Instituto Cubano del Libro, 1973.

Bibliografía pasiva

Ballagas, Emilio, «*Viaje al sueño*, por Rafaela Chacón Nardi», en *Magazine Social*, La Habana, 4, 7, 44, octubre, 1948.

Duarte, María Elena, «Silencio, niños pintando», en *Mujeres*, La Habana, 13, 11, 42-45, noviembre, 1973.

González Manet, Enrique, «Pequeños pacientes descubren el mundo de los colores», en *Boletín de la Comisión Nacional Cubana de la UNESCO*, La Habana, 12, 46, 6-10, julio-agosto 1973.

Guillén, Nicolás, «Elogio de Rafaela Chacón Nardi», en *Magazine de Hoy*, suplemento del periódico *Hoy*, La Habana, 4 julio 4, 1948.

Iznaga, Alcides, «La blanco en la poesía de Rafaela Chacón Nardi», en *La Correspondencia*, Cienfuegos, marzo 17, 1954.

Lázaro, Ángel, «Un primer libro de versos», en *Carteles*, La Habana, 30, 7, 25, febrero 17, 1949.

Manet, Eduardo, «Presencia y ejemplo de Rafaela Chacón Nardi», en *Pueblo*, La Habana, 12, 582, 5, mayo 28, 1948.

Massip, José, «Los Libros, *Viaje al sueño*, 36 nuevos poemas y una carta de Gabriela Mistral», en *Nuestro Tiempo*, La Habana, 5, 21, 19, enero-febrero, 1958.

Navarro Luna, Manuel, «Contestación al mensaje de Armando Guerra», en *Orto*, Manzanillo, 37, 3-4, 13-14, marzo-abril, 1949.

Suárez Solís, Rafael, «Resonancias, Otro poeta más importa al mundo», en *Información*, La Habana, 12, 71, 14-15, marzo 24, 1948.

Valdés Rodríguez, José Manuel, «Rafaela Chacón, poetisa sensible, educadora alerta», en *El mundo*, La Habana, 53, 16 882, B-9, septiembre 29, 1954.

Chacón y Calvo, **José María** (Santa María del Rosario (La Habana, 29 octubre 1892-La Habana, 8 noviembre 1969). Cursó la primaria en La Habana. Se recibió de bachiller en 1911. Ese mismo año, con Salvador Salazar, Felipe Pichardo Moya y otros, fundó la Sociedad Filomática. Se graduó de Doctor en Derecho (1913) y en Filosofía y Letras (1915) en la Universidad de La Habana. Desde 1915 trabajó como abogado consultor de la Secretaria de Justicia. Viajó a España en 1918 como secretario de la Legación de Cuba en Madrid. Dio conferencias en el Ateneo de esa ciudad y fue electo vicepresidente de su Sección Ibero-Americana. También dio conferencias en la Cátedra «Francisco de Vitoria» de la Universidad de Salamanca. Durante esos años de su primera estancia en Madrid colaboró en la *Revista de Filología Española*. Realizó trabajos en los Archivos de Indias y de Simancas. Mantuvo relaciones de trabajo con Ramón Menéndez Pidal. En Cuba fue director de la Sociedad de Conferencias (1923), en la que desarrolló una intensa actividad, sobre todo en su segunda época, en la organización de conferencias sobre literatura cubana. Fue además cofundador de la Sociedad de Folklore Cubano (1923). En 1934 se le designó Director de Cultura de la Secretaría de Educación, cargo que desempeñó, con una breve interrupción, hasta 1944. Por estos años realizó un nuevo viaje a España. Su labor en la Secretaría de Educación dio por resultado la creación de la *Revista Cubana* y de los *Cuadernos de Cultura*. Representó a Cuba en el XXVI Congreso Internacional de Americanistas, celebrado en Sevilla (1935), en calidad de vicepresidente. Fue profesor visitante de Middelbury College (1944) y de la Columbia University. Desempeñó la cátedra de literatura cubana en la Universidad Católica de Villanueva de 1946 a 1961. Era miembro de la Academia Nacional de Artes y Letras, cuya vicepresidencia ocupó por algún tiempo, y de la Academia de la Historia de Cuba. Fue presidente de la Academia Cubana de la Lengua, en cuyo *Boletín* publicó distintos trabajos, y de la Sección de Literatura del Ateneo de La Habana. Colaborador en *El Fígaro*, *El Mundo*, *Diario de la Marina*, *Revista Bimestre Cubana*, *Revista Cubana*, *Cuba Contemporánea*, *Universidad de La Habana* y *Revista Lyceum*. Entre su amplia labor como compilador y prologuista pueden mencionarse su antología *Las cien mejores poesías cubanas* (Madrid, Editorial Reus, 1922), la selección y prólogo de la colección de prosas de José María Heredia titulada *Revisiones literarias* (La Habana, Publicaciones del Ministerio de Educación. Dirección de Cultura, 1947), y la de poemas de José Joaquín Palma, *Poesías* (La Habana, Ministerio de Educación. Dirección de Cultura, 1951). Tuvo bajo su cuidado y prologó también la edición de las obras de Manuel de la Cruz (Madrid, Saturnino Calleja, 1924-1926. 7 V.). Se destacó como conferencista.

Bibliografía activa

Los orígenes de la poesía en Cuba, La Habana, Imprenta El Siglo XX, 1913.

Gertrudis Gómez de Avellaneda, las influencias castellanas, examen negativo, La Habana, Imprenta El Siglo XX, 1914.

Romances tradicionales en Cuba, contribución al estudio del folklore cubano, La Habana, Imprenta El Siglo XX, 1914.

José María Heredia, conferencia leída en la Sociedad de Conferencias, el 11 de abril de 1915, La Habana, Imprenta El Siglo XX, 1915.

Vida universitaria de Heredia, papeles inéditos, La Habana, Imprenta El Siglo XX, 1916.

Cervantes y el romancero, conferencia leída el 10 de diciembre de 1916, en el Ateneo de La Habana, La Habana, Imprenta El Siglo XX, 1917.

Hermanito menor, San José de Costa Rica, García Monge, 1919.

Ensayos de literatura cubana, Madrid, Editorial Saturnino Calleja, 1922.

Ensayos sentimentales, s. l., 1922; 2.ª edición, San José de Costa Rica, J. García Monge Editor, 1923.

El primer poema escrito en Cuba, Documentos inéditos referentes al Obispo Fray Juan de las Cabezas, La Habana, Imprenta Maza, Arroyo y Caso, 1922.

Del epistolario de Heredia, Madrid, Imprenta de los Sucesores de Hernando, 1924.

Los comienzos literarios de Zenea, Madrid, Imprenta Viuda e Hijos de Jaime Ratés, 1927.

Ensayos de literatura española, Madrid, Editorial Hernando, 1928.

Cedulario cubano, los orígenes de la colonización, Madrid, Compañía Cubana de Publicaciones, 1929.

El documento y la reconstrucción histórica, La Habana, Editorial Hermes, 1929.

Nueva vida de Heredia, Santander, 1930.

Ideario de la colonización de Cuba, ensayo de historia sinóptica, La Habana, Imprenta Molina, 1933.

Un juez de Indias, vida documental de José Francisco Heredia, Madrid, Tip. de Archivos, 1933.

La experiencia del indio, ¿un antecedente a las doctrinas de Vitoria?, Madrid, Imprenta La Rafa, 1934.

Criticismo y colonización, La Habana, 1935.

El Padre Varela y la autonomía colonial, La Habana, Imprenta Molina, 1935.

Cartas censorias de la conquista, La Habana, Dirección de Cultura, 1938.

Evocación de Pichardo, La Habana, Dirección de Cultura, 1938.

Sánchez Albornoz; medievalista y hombre actual, La Habana, Secretaría de Educación, Dirección de Cultura, 1938.

Criticismo y libertad, Evocación de José Francisco Heredia, Regente de Caracas, La Habana, Publicaciones de la Secretaría de Educación, Dirección de Cultura, 1939.

Estudios heredianos, La Habana, Editorial Trópico, 1939.

El horacianismo en la poesía de Heredia, discurso en la sesión solemne celebrada el día 2 de enero de 1940.

Contestación al discurso de recepción del académico electo José María Chacón y Calvo, por Antonio Sánchez de Bustamante y Montoro, La Habana, Imprenta Molina, 1939.

El primero que supo ejecutar, Elogio de Carlos Manuel de Céspedes, La Habana, Dirección de Cultura, publicaciones de la Secretaría de Educación, 1939.

Evocación de Justo de Lara, conferencia leída en el Ateneo de La Habana en la sesión del 3 de marzo de 1943, La Habana, *Revista de La Habana*, 1943.

Juan Clemente Zenea, poeta elegíaco, La Habana, Imprenta El Siglo XX, 1951.

Don Raimundo Cabrera; o, la evocación creadora, discurso leído en la sesión pública celebrada en conmemoración del centenario del nacimiento del ilustre cubano, el día 18 de diciembre de 1952, La Habana, Imprenta El Siglo XX, 1952.

Diario en la muerte de mi madre, La Habana, Imprenta P. Fernández, 1953.

Dos maestros de Colombia, Gómez Restrepo y Sanín Cano, La Habana, 1953.

El Padre Varela y su apostolado, La Habana, Comisión Nacional Cubana de la UNESCO, 1953.

Los días cubanos de Menéndez Pidal, La Habana, 1961.

Bibliografía pasiva

Bueno, Salvador, «En la muerte de José María Chacón y Calvo», en *Revista de la Biblioteca Nacional José Martí*, La Habana, 3.ª época, 12, 61, 1, 144-147, enero-abril, 1970.

Díez-Canedo, Enrique, «Retrato antiguo de José María Chacón, ensayista sentimental» y «Heredia y Martí», en su *Letras de América*, estudios sobre las literaturas coloniales, México D. F., El Colegio de México, 1944, págs. 174-178 y 179-183.

Entralgo, Elías José, «José María Chacón y Calvo», en su *Perfiles, apuntes críticos sobre literatura cubana contemporánea*, prólogo de Salvador Salazar, La Habana, Editorial Hermes, 1923, págs. 95-127.

Gay Calbó, Enrique, «Bibliografía, José María Chacón y Calvo», en *Cuba Contemporánea*, La Habana, 43, 15, 169, 180-187, enero, 1927.

Gutiérrez Vega, Zenaida, «José María Chacón y Calvo en las letras hispánicas», en *Cuadernos Hispanoamericanos*, Madrid, 208, 115, abril, 1967.

José María Chacón y Calvo, un hispanista cubano, Madrid, Instituto de Cultura Hispánica, 1969.

Henríquez Ureña, Max, «José María Chacón y Calvo», en *El Fígaro*, La Habana, 30, 10, 116, 1914.

Jiménez, José Olivio, «Los cincuenta años de vida literario de José María Chacón y Calvo», en *Boletín de la Academia Cubana de la Lengua*, La Habana, 2.ª época, 11, 1, 5-12, enero-diciembre, 1964.

Lázaro, Ángel, «Semblanza, José María Chacón y Calvo», en *Carteles*, La Habana, 29, 27,

26-27, julio 4, 1948.

«Un diario íntimo de Chacón y Calvo», en *Carteles*, La Habana, 34, 25, 58, junio 21, 1953.

Lizaso, Félix, «José María Chacón y Calvo», en su *Ensayistas contemporáneos, 1900-1920*, La Habana, Editorial Trópico, 1938, págs. 183-188 y 270-274.

Mañach, Jorge, «*El Hermanito menor de Chacón*», en *Chic*, La Habana, 12, 90, 18-55, febrero, 1923.

«*Los Ensayos sentimentales*» en *Chic*, La Habana, 12, 93, 16, mayo, 1923.

Millares Vázquez, M., «Chacón y Calvo nos habla de cosas de España que podríamos imitar en Cuba», en *Carteles*, La Habana, 20, 20, 28, 37, junio 3, 1934.

Novás Calvo, Lino, «José María Chacón y Calvo, el peregrino de los archivos», en *Revista Cubana*, La Habana, 5, 257-277, marzo, 1936.

Santovenia, Emeterio Santiago, «Crítica e investigación históricas, La obra de Chacón y Calvo», en *Acción*, La Habana, 1, 77, 1, 18, noviembre 6, 1934.

Suárez Silva, Jaime, «Tópicos actuales, Chacón y Calvo y su *Evocación de* Justo de Lara», en *Cuba Nueva en Acción*, La Habana, 2.ª época, 6, 207, 1, 8, agosto 31, 1944.

Suárez Solís, Rafael, «Chacón, el magnífico», en *Carteles*, La Habana, 21, 8, 40, febrero 25, 1940.

Vitier, Medardo, «Un crítico cubano, Chacón y Calvo», en *El Fígaro*, La Habana, 40, 3, 41, 1923.

«José María Chacón y Calvo», en su *Apunta-ciones literarias*, La Habana, edición Minerva, 1935, págs. 155-158.

«Chacón y Calvo, como en familia», en su *Valoraciones*, tomo 1.

Nota preliminar por Mariano Rodríguez Solveira, La Habana, Universidad Central de Las Villas, 1960, págs. 225-228.

Chaple, **Sergio** (La Habana, 2 octubre 1938). Cursó la primaria en su ciudad natal. Trabajó en la oficina de la fábrica de tabacos La Corona (1957-1966). Graduado de Bachiller en Letras en el Instituto de la Víbora (1961) y de Licenciado en Lengua y Literatura Españolas en la Escuela de Letras y de Arte de la Universidad de La Habana (1962-1966). Realizó estudios de teoría literaria en la Universidad Carolina de Praga (1967-1969). Obtuvo premios de cuento en los concursos «Rubén Martínez Villena», de la Escuela de Letras y de Arte (1964), en el Concurso Nacional Interuniversidades (1965) y en el «Luis Felipe Rodríguez» de la UNEAC (1974), este último con su libro *Hacia otra luz más pura*. Ha sido jurado de cuento en los concursos Nacional de Aficionados Universitarios, de *Juventud Rebelde*, OCLAE, Federación de Mujeres Cubanas, «David» y «Luis Felipe Rodríguez» de la UNEAC, Casa de las Américas, «26 de julio» del MINFAR. Ha colaborado en *Alma Mater*, *El Caimán Barbudo*, *Cultura '65*, *La Gaceta de Cuba*, *Unión*, *El Placer de Leer*, *Casa de las Américas*, *Santiago*, *Anuario L/L*, *Marcha* (Montevideo), *Siempre* (México), *El Cuento*

(México), *Romboid* (Checoslovaquia). Algunos de sus cuentos han sido traducidos al búlgaro, al checo, al alemán, al ruso, al eslovaco. Ha sido antologado varias veces en Cuba y el extranjero. Miembro del Partido Comunista de Cuba. Trabaja como investigador literario en el Instituto de Literatura y Lingüística de la Academia de Ciencias de Cuba, de cuyo Grupo de Literatura es responsable.

Bibliografía activa

Ud, sí puede tener un Buick, relatos, La Habana, Instituto Cubano del Libro, 1969.

Rafael María de Mendive, Definición de un poeta, La Habana, Ediciones Unión, 1973.

Hacia otra luz más pura, La Habana, UNEAC, 1975.

Bibliografía pasiva

Augier, Ángel, «Indagación en Mendive», en *Anuario L/L*, La Habana, 3-4, 233-234, 1972-1973.

Ávila, Leopoldo, seudónimo, «La colección Pluma en Ristre», en *Verde Olivo*, La Habana, 10, 21, 17, mayo 25, 1969.

Casáus, Víctor, «Heras; y Chaple, Un paso más allá de la promesa», en *Pensamiento Crítico*, La Habana, 31, 175-185, agosto, 1969.

Claro, Elsa, «Usted sí puede, crónica impresionista sobre un libro nuevo» en *Juventud Rebelde*, La Habana, 4, mayo 28, 1969.

Dubcova, Viera, «3-20 Popoludni», en *Romboid*, Bratislava, 9, 1, 29, enero, 1974.

Martori, Raquel, «*Hacia otra luz más pura*, Sergio Chaple, premio en el Concurso UNEAC 1974, habla sobre esta obra su trabajo, los planes inmediatos», en *Juventud Rebelde*, La Habana, 3, enero 10, 1975.

Navarro, Noel, «*Hacia otra luz más pura*», en *El Caimán Barbudo*, La Habana, 2.ª época, 95, 29-30, octubre, 1975.

Otero, José Manuel, «Marcial Arana en *Ud, sí puede tener un Buick*», en *Granma*, La Habana, 5, 155, 5, julio 1, 1969.

Rodríguez, Luis Enrique, «El estructuralismo y Rafael María de Mendive», en *Universidad de La Habana*, La Habana, 198-199, 207-210, enero-febrero, 1973.

Suárez, Adolfo, «Por una crítica que no adultere los valores humanos», entrevista, en *El Caimán Barbudo*, La Habana, 2.ª época, 94, 10-11, septiembre, 1975.

Torriente, Loló de la, «Estimula la Universidad a los jóvenes escritores», en *El Mundo del Domingo*, suplemento del periódico *El Mundo*, La Habana, 5, noviembre 26, La Habana 65.

«Los jóvenes en *Unión*», en *El Mundo*, La Habana, 63, 21 157, 4, diciembre 31, 1964.

Charanga, La (La Habana, 1857-1860). «Periódico literario, joco serio y casi sentimental, muy pródigo en bromas, pero no pesadas, y de cuentos, pero no de chismes, muy abundante de sátiras, caricaturas y otras cosas, capaces de arrancar lágrimas a una vidriera», aparecía como subtítulo en su portada. Comenzó a salir el 16 de agosto con carácter semanal. Fue fundado por Juan

Martínez Villergas, quien ocupó la dirección desde sus inicios hasta el 27 de junio de 1858. Lo sustituye Manuel Hiráldez de Acosta hasta 1859, año en que se hace cargo de la dirección R. L. Palomino.

Desde el 13 de febrero de 1859 toma el subtítulo de «Periódico crítico-literario». Fueron sus redactores *El tambor mayor* (seudónimo de Juan Martínez Villergas), *El bombo* (seudónimo de Víctor Patricio de Landaluze) y *El maestro triquiñuelas* (seudónimo de Manuel Hiráldez de Acosta). Entre sus secciones más constantes se destacan «Galería de personajes ilustres», «Revista charanguera» y «Anuncios». Publicó poesías, relatos de costumbres y críticas teatrales. Contó con la colaboración de Juan Antonio Calderín, Jorge Florit de Roldán, Juan de Ariza, A. María Gutiérrez y otros autores que firmaron con los seudónimos de *El trombón*, *El bachiller claridoso*, *La bandereta*. A partir del 29 de abril de 1860 se fundió con el *Eco del Comercio*, aunque continuó saliendo con su título original y sin alterar ni el formato ni el contenido. Colaboraron en sus páginas caricaturistas como Víctor Patricio de Landaluze, Tejada y Ferrán. Se afirma que fue el primer periódico de caricaturas que se publicó en Cuba. El último número encontrado corresponde al 29 de julio de 1860, año en que finalizó su publicación, según señala Carlos Manuel Trelles en la cuarta parte de su trabajo «Bibliografía de la prensa cubana (de 1764 a 1900) y de los periódicos publicados por cubanos en el extranjero» —en

Revista Bibliográfica Cubana (La Habana, 2, 10, 213, julio-diciembre, 1938).

Chericián, David (Véase **Fernández Chericián, David**)

Chic. La revista de lujo (La Habana, 1917-1927; 1933-1959). Fundada por Lorenzo de Castro, inicia su salida quincenal a partir del 1.º de mayo. Define su carácter al expresar: «*Chic* ha de proporcionar a la sociedad distinguida y culta de La Habana, la última novedad en la quincena transcurrida, recogiendo en sus páginas como un alto honor los acontecimientos sociales más sobresalientes, aquellos que se destacan por su esplendidez y puntualidad, que merecen ser consignados en caracteres de oro para conservarlos de manera gráfica en las colecciones que anualmente se conservarán preferentemente en todo hogar verdaderamente distinguido, como el recuerdo más eficaz de aquellos actos de la vida en los cuales hemos intervenido de manera grata y memorable.» Desde junio de 1919 salió mensualmente. A partir de octubre de 1920 aparece Guillermo R. Martínez Márquez como redactor jefe. En septiembre de 1922, fecha en que cambia su formato, Lorenzo de Castro se convierte en director literario. En enero de 1923 asume la dirección artística Pedro A. Valer. Desde febrero de 1924 ocupa la jefatura de redacción E. Avilés Ramírez, hasta agosto de 1926 en que es sustituido por Enrique Serpa como director literario. La revista suspende su publicación en marzo de 1927. Durante esta primera etapa se caracterizó por retratar a la burguesía cubana, especialmente la habanera. Divulgó trabajos sobre artes plásticas y teatro cubano, y artículos históricos y literarios. Publicó cuentos y poesías de escritores de la época y dio a conocer muchos de los nuevos autores. Prestaron su colaboración en esta etapa Rubén Martínez Villena, Alejo Carpentier, Juan Marinello, Alfonso Hernández Catá, Emilio Roig de Leuchsenring, Andrés Núñez Olano, Enrique Serpa, Regino Pedroso, José Tallet, Jorge Mañach, Luis Gómez Wangüemert, Luis Rodríguez Embil, Ciana Valdés Roig, Álvaro de la Iglesia, Enrique Labrador Ruiz y otros. El 1.º de diciembre de 1933 reaparece, ahora con un nuevo formato y con el subtítulo «Revista ilustrada». «Las páginas de *Chic* —se expresa en este número— han de ser grato refugio de las bellas artes. Sin banderín político alguno, queremos olvidarnos de nuestras luchas fratricidas. Solo hacemos literatura frívola y reseñas teatrales y cinematográficas. También dedicaremos atención preferente a la cultura física, base donde descansa la belleza de la mujer elegante.» La revista aclara, en enero de 1956, que «fue fundada y dirigida por Lorenzo de Castro desde 1917», pero éste sigue apareciendo como director hasta marzo del propio año. A partir de dicha fecha ocupa la dirección Yolanda Martín, a quien relevan, desde mayo de 1959, Álvaro Menéndez y H. Espinet Borges, como directores general y

técnico respectivamente. Desde este mismo momento cambia nuevamente su formato. En esta segunda etapa Hollywood llenó gran parte de sus páginas hasta alrededor del año 1945. En adelante hizo mayor hincapié en temas de la cultura cubana. Cuentos, poesías, relatos y novelas rosa aparecieron en sus números al igual que artículos de cultura física e interés general. Colaboraron José María Chacón y Calvo, Max Henríquez Ureña, Mariano Brull, Agustín Acosta, Ana Núñez Machín, Mariblanca Sabas Alomá, Federico Ibarzábal, José de la Luz León, Alberto Lamar Schweyer y otros. Según parece, su publicación cesó en diciembre de 1959.

Bibliografía

«Chic», en *La Libertad*, La Habana, 1, 34, 3, septiembre 12, 1922.

Chinea, **Arturo** (Báez, Las Villas, 28 septiembre 1940). Realizó estudios primarios, pero tuvo que abandonarlos para emplearse en diversos oficios. Al triunfo de la Revolución fue dirigente tabacalero en la provincia de Las Villas. Ingresó en la Escuela de Milicias de Matanzas, y con ésta combatió en Playa Girón. Durante la lucha contra los bandidos en el Escambray fue jefe de información de un, sector, luego de todo el Escambray y finalmente de la jefatura de la Lucha Contra Bandidos del Ejército del Centro. Con posterioridad fue dirigente de la Central de Trabajadores y laboró en la Comisión de Orientación Revolucionaria.

En 1970 obtuvo mención en el género de cuento en el concurso anual que convoca la Unión de Escritores y Artistas de Cuba.

Bibliografía activa

Escambray en sombras, relatos, La Habana, Instituto Cubano del Libro, 1969.

Bibliografía pasiva

Ávila, Leopoldo, seudónimo de? «La colección Pluma en Ristre», en *Verde Olivo*, La Habana, 10, 21, 17, mayo 25, 1969.

Claro, Elsa, «El otro Escambray», en *Juventud Rebelde*, La Habana, 3, julio 7, 1969.

Chinea, **Hugo** (Sancti Spíritus, Las Villas, 1 abril 1939). Realizó estudios primarios y secundarios en su ciudad natal y en Santa Clara. Cursó estudios de economía en la Unión Soviética (1964). Posteriormente se graduó de Licenciado en Ciencias Políticas en la Universidad de La Habana. Ha sido profesor de economía y filosofía marxista, subdirector de la escuela «Marx-Engels-Lenin», subdirector de fuerza de trabajo del MINTRAB, periodista de la agencia informativa Prensa Latina y director de la revista *Cuba Internacional*. Colaboraciones suyas han aparecido en *Teoría y Práctica*, *El Caimán Barbudo*, *La Gaceta de Cuba*, *Unión*. Asistió al Seminario Latinoamericano de Recursos Humanos celebrado en Ginebra en 1970. En 1969 obtuvo el premio David de cuentos por su libro *Escambray '60*, y en 1972 el «Luis Felipe Rodríguez» de la UNEAC por *Contra bandidos*. Miembro del Partido Comunista de Cuba, en cuyo departamento de cultura, del Comité Central, labora actualmente.

Bibliografía activa

Escambray '60, La Habana, UNEAC, 1970.

Contra bandidos, La Habana, UNEAC, 1973.

Bibliografía pasiva

«Breve diálogo con Hugo Chinea», en *La Gaceta de Cuba*, La Habana, 111, 25, abril, 1973.

Cirules, Enrique, «*Contra bandidos*», en *Revolución y Cultura*, La Habana, 21, 48-49, marzo, 1974.

Claro, Elsa, «Un Escambray en el David», en *Juventud Rebelde*, La Habana, 4, julio 31, 1969.

Martí, Adolfo, «*Contra bandidos*», en *El Caimán Barbudo*, La Habana, 2.ª época, 71, 15, octubre, 1973.

Piñeyro Loredo, Carlos, «Tres premios para tres autores», en *Cuba Internacional*, La Habana, 5, 43, 65, marzo, 1973.

Rafael, «Meridiano, Hugo Chinea, *Contra bandidos*» en *Verde Olivo*, La Habana, 15, 3, 48, enero 21, 1973.

Chofer de Cuba, **El** (Santiago de Cuba, 1927-1930). Incorporada a *La Voz del Chauffeur*. Revista mensual ilustrada. Automovilismoliteratura y variedades. Comenzó a salir en julio como «Órgano de la Asociación de Conductores de Automóviles». Fue dirigida por Manuel González Borrero. En su primer ejemplar se expresa que «*El Chofer de Cuba* podemos decirlo sin jactancia no solo viene a colmar las ansias nobles del chofer cubano, más que a eso, viene a ocupar un puesto en el plantel de las publicaciones cultas y a difundir por todo el hemisferio colombiano el arte y la literatura de nuestros pensadores». Publicó en toda su trayectoria artículos o traducciones sobre automovilismo y aviación y las creaciones literarias de poetas y cuentistas hispanoamericanos conocidos. También publicó notas bibliográficas. Con frecuencia sus trabajos versaron sobre historia y educación. Fueron sus colaboradores Ángel Augier, R. Varona Pupo, Carlos A. Castellanos, Ricardo Riaño Jauma, Pastor del Río, Rafael Esténger, José María Asanza y otros. En el número correspondiente a enero de 1930 se expresa que la revista «ha de mantener por sobre todas las cosas, la misma ideología que hasta aquí, es decir, sin perjuicio de observar la más pulcra selección en los trabajos de carácter literario que inserten, sostendremos en las páginas interiores, y como suplemento del nuevo título, el que la revista lleva en el presente momento, y seguiremos defendiendo con el entusiasmo de siempre la causa obrera general y a los conductores de automóviles en particular. Más claro, *El Chofer de Cuba* será inseparable suplemento, irá en las planas interiores del nuevo nombre que adopte la publicación». Finalizó su salida con la publicación del número correspondiente a febrero-marzo de 1930. A partir de mayo de este año le sucedió *Cuba. Revista de difusión cultural.*

Chofre, Francisco (Cullera, Valencia, 4-11 1924). Vino a Cuba en 1949. Trabajó en labores agrícolas en una finca situada por la carretera de Nuevitas, Camagüey, entre 1949 y 1955. En este último año se traslada a La Habana, en donde, junto con Ramón Azarloza y José Jorge Gómez, publica la revista *Presencia*. Ha colaborado en *La Calle*, *Prensa Libre*, *Qué*, *Lunes de Revolución*, *Islas*, *Palante*, *El Sable*, *Unión*. Después del triunfo de la Revolución trabajó como auxiliar de oficina en el INRA. Un cuento suyo fue premiado en el concurso «Federico de Ibarzábal» (1956), de la Federación Provincial de Escritores de La Habana, e incluido en *6 poesías* y *5 cuentos premiados* (La Habana, Sociedad Colombista Panamericana. Departamento de Imprenta, 1956); al año siguiente volvió a ganar el mismo premio. En 1966 obtuvo mención de novela en el Concurso Casa de las Américas por *La Odilea*, parodia de la *Odisea* de Homero. Tiene publicado, en colaboración con Ramón Azarloza, el libro *Unos cuentos* (Prólogo de Salvador Bueno. La Habana, Talleres Tipográficos de *Modas Magazine*, 1958). Desde 1965 escribe libretos para radio y televisión en el Instituto Cubano de Radiodifusión. Ha utilizado el seudónimo *Choico.*

Bibliografía activa

La Odilea, La Habana, UNEAC, 1968.

Bibliografía pasiva

López Morales, E., «Esta novela es un batazo», en *Casa de las Américas*, La Habana, 9, 54, 177-181, mayo-junio, 1969.

Sáez, Luis M., «Cinco preguntas a cinco menciones, Francisco Chofre», en *Bohemia*, La Habana, 58, 1, 22-23, marzo 18, 1966.

www.ingramcontent.com/pod-product-compliance
Lightning Source LLC
Chambersburg PA
CBHW051207120726
47905CB00004B/1011